SECONDE SÉRIE

DE LA

BIBLIOTHÈQUE

LATINE-FRANÇAISE

traductions nouvelles

DES AUTEURS LATINS

AVEC LE TEXTE EN REGARD

DEPUIS ADRIEN JUSQU'A GRÉGOIRE DE TOURS

publiée

PAR C. L. F. PANCKOUCKE

OFFICIER DE LA LÉGION D'HONNEUR

VITRUVE

traduction nouvelle

(avec de nombreuses figures pour l'intelligence du texte)

PAR M. CH.-L. MAUFRAS

Membre de la Société des antiquaires de Normandie
de la Société linnéenne du Calvados
de la Société pour la conservation et la description des monuments historiques
professeur au collége Rollin

TOME SECOND ET DERNIER.

PARIS

C. L. F. PANCKOUCKE, ÉDITEUR

RUE DES POITEVINS, 14

—

1848

Vitruve
L'architecture
Tome 2

23663

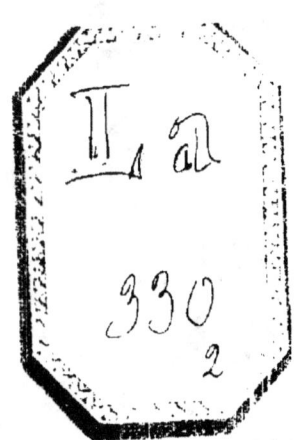

SECONDE SÉRIE

DE LA

BIBLIOTHÈQUE

LATINE-FRANÇAISE

DEPUIS ADRIEN JUSQU'A GRÉGOIRE DE TOURS

publiée

PAR C. L. F. PANCKOUCKE

OFFICIER DE LA LÉGION D'HONNEUR

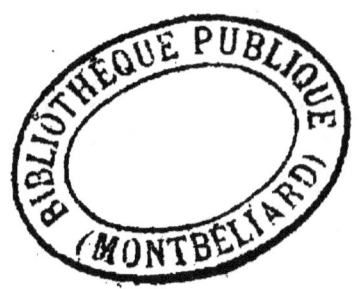

IMPRIMERIE PANCKOUCKE,
rue des Poitevins, 14.

L'ARCHITECTURE

DE

VITRUVE

TRADUCTION NOUVELLE

PAR M. CH.-L. MAUFRAS

Membre de la Société des antiquaires de Normandie, de la Société linnéenne du Calvados,
de la Société pour la conservation et la description des monuments historiques,
professeur au collège Rollin.

TOME SECOND

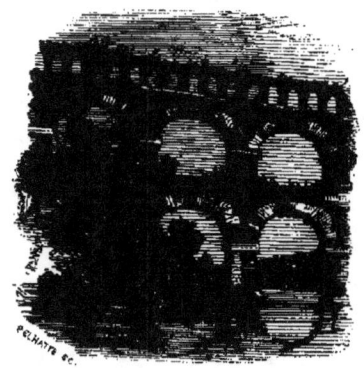

PARIS

C. L. F. PANCKOUCKE, ÉDITEUR

OFFICIER DE L'ORDRE ROYAL DE LA LÉGION D'HONNEUR

RUE DES POITEVINS, 14

1847

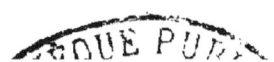

Les matières que renferme ce second volume sont d'une bien haute importance, puisque les cinq livres qui le composent forment chacun un traité particulier d'architecture civile, de peinture à fresque, d'hydrologie, d'astronomie et de mécanique. Malgré les coups si nombreux et si funestes portés à l'ouvrage par la main du temps ou plutôt par celle des hommes, des savants infatigables dans leurs recherches, sont parvenus à jeter la lumière jusque dans les ténèbres du neuvième livre, un de ceux qui avaient le plus souffert. Mais c'est en vain qu'ils ont lutté contre les difficultés insurmontables de la partie mécanique. Pas un seul monument ancien qui puisse nous faire sortir de tant d'obscurité, nous donner la clef de tant d'énigmes restées indéchiffrables! Et les chapitres surtout où il est question des machines de guerre, sont tellement malades, tellement gangrenés, comme le dit Philander, que toute la science d'Esculape lui-même ne pourrait venir à bout de les guérir. C'est donc de guerre lasse, c'est après avoir compulsé tout ce qui a été écrit peut-être sur ce sujet, qu'il m'a fallu renoncer à donner une explication satisfaisante de quelques-unes de ces machines qui, oubliées depuis longtemps, ne présentent, du reste, que l'intérêt d'un obstacle franchi.

M. VITRUVII POLLIONIS
DE ARCHITECTURA
LIBER SEXTUS.

PRÆFATIO.

ARISTIPPUS philosophus Socraticus, naufragio quum ejectus ad Rhodiensiùm litus animadvertisset geometrica schemata descripta, exclamavisse ad comites ita dicitur : « Bene speremus! hominum enim vestigia video : » statimque in oppidum Rhodum contendit, et recta gymnasium devenit, ibique de philosophia disputans muneribus est donatus, ut non tantum se ornaret, sed etiam eis, qui una fuerant, et vestitum et cetera, quæ opus essent ad victum, præstaret. Quum autem ejus comites in patriam reverti voluissent, interrogarentque eum quidnam vellet domum renuntiari, tunc ita mandavit dicere : ejusmodi possessiones et viatica liberis oportere parari, quæ etiam e naufragio una possent enatare.

Namque ea vera præsidia sunt vitæ, quibus neque fortunæ tempestas iniqua, neque publicarum rerum mutatio, neque belli vastatio potest nocere. Non minus eam sententiam augendo Theophrastus, hortando doctos potius esse quam pecuniæ confidentes, ita ponit : doctum

M. VITRUVE POLLION

DE L'ARCHITECTURE

LIVRE SIXIÈME.

INTRODUCTION.

ARISTIPPE, philosophe de l'école de Socrate, ayant été jeté par la tempête sur les côtes de l'île de Rhodes, et ayant aperçu des figures géométriques tracées sur le sable, s'écria, dit-on : « Ayons bon espoir, mes amis ! car je vois des indices qui me révèlent qu'il y a ici des hommes. » Il se dirige aussitôt vers la ville de Rhodes, va droit au gymnase, y discute sur quelques matières de philosophie, et est comblé de présents qui le mettent à même, non-seulement de s'entretenir lui-même honorablement, mais encore de fournir à ses compagnons de naufrage des vêtements et toutes les choses nécessaires à la vie. Ces hommes eurent le désir de retourner dans leur patrie, et allèrent lui demander ce qu'il voulait faire savoir à sa famille : « Recommandez à mes enfants, leur dit-il, d'acquérir de tels biens que, si dans un voyage ils sont surpris par la tempête, leur bagage puisse échapper avec eux au naufrage. »

Les véritables ressources de la vie sont en effet celles auxquelles ni l'injustice de la fortune, ni l'inconstance des événements, ni les malheurs de la guerre, ne peuvent porter atteinte. Théophraste va plus loin. En exhortant les hommes à mettre leurs espérances plutôt dans

ex omnibus solum neque in alienis locis peregrinum,
neque amissis familiaribus et necessariis inopem amico-
rum, sed in omni civitate esse civem, difficilesque fortunæ sine timore posse despicere casus; at qui non
doctrinarum, sed felicitatis præsidiis putaret se esse
vallatum, labidis itineribus vadentem, non stabili, sed
infirma conflictari vita.

Epicurus vero non dissimiliter ait, pauca sapientibus
fortunam tribuere; quæ autem maxima et necessaria sunt,
animi mentisque cogitationibus gubernari. Hæc ita esse
plures philosophi dixerunt. Non minus poetæ, qui an-
tiquas comœdias Græce scripserunt, easdem sententias
versibus in scena pronuntiaverunt, ut Eucrates, Chio-
nides, Aristophanes, maxime etiam cum his Alexis, qui
Athenienses ait ideo oportere laudari, quod omnium
Græcorum leges cogunt parentes ali a liberis, Atheniensium non omnes, nisi eos, qui liberos artibus erudis-
sent [1]. Omnia enim munera a fortuna quum dantur, ab
ea facillime adimuntur; disciplinæ vero conjunctæ cum
animis nullo tempore deficiunt, sed permanent stabiliter ad summum exitum vitæ.

Itaque ego maximas infinitasque parentibus ago atque
habeo gratias, quod Atheniensium legem probantes me
arte erudiendum curaverunt, et ea, quæ non potest esse
probata sine litteratura encyclioque doctrinarum omnium
disciplina. Quum ergo et parentum cura, et præcepto-
rum doctrinis auctas haberem copias disciplinarum,
philologis et philotechnis rebus commentariorumque
scripturis me delectans, eas possessiones animo paravi,

l'instruction que dans les richesses, il déclare que de tous les mortels le savant seul a la prérogative de n'être point étranger hors de sa patrie, de ne point manquer de personnes qui l'aiment, après avoir perdu ses amis, d'être citoyen dans toutes les villes du monde, de braver et de mépriser les revers de la fortune; il ajoutait que celui qui viendrait à faire fond, moins sur les avantages de la science que sur le bonheur de la fortune, éprouverait avec amertume combien, dans le chemin glissant de la vie, le pied est peu ferme, peu solide.

Épicure dit aussi que le sage doit peu à la fortune; que tout pour lui repose sur la grandeur et sur la force de son âme. Tel a été le langage d'un grand nombre de philosophes. Les poëtes mêmes, dans les anciennes comédies grecques, ont fait retentir la scène de vers exprimant la même idée : ce sont Eucrate, Chionide, Aristophane, et surtout Alexis. Celui-ci dit que les Athéniens méritent le plus grand éloge de ce que la loi commune à tous les Grecs, qui obligeait les enfants à nourrir leurs père et mère, n'avait chez ce peuple d'application qu'à l'égard des enfants qui en avaient reçu de l'instruction. Et tous ces présents que la fortune fait à l'homme, ne les lui dérobe-t-elle pas le plus souvent, tandis que les sciences, liées, pour ainsi dire, à notre existence, loin de jamais nous faire défaut, demeurent nos compagnes fidèles jusqu'au dernier instant de notre vie.

Aussi quelles actions de grâces n'ai-je pas à rendre aux auteurs de mes jours, qui, comprenant toute la justice de la loi athénienne, ont pris soin de me faire instruire dans un art qui ne peut avoir d'importance qu'autant qu'il renferme, comme dans un cercle, et la connaissance de la littérature, et celle des autres sciences. Grâce à la sollicitude de mes parents et à l'enseignement de mes maîtres, j'ai acquis de nombreuses connaissances, et c'est au goût que j'ai pour les belles-lettres et pour les arts, aussi

e quibus hæc est fructuum summa : nullam plus habendi
esse necessitatem, eamque esse proprietatem divitiarum
maxime, nihil desiderare. Sed forte nonnulli hæc levia
judicantes putant, eos esse tantum sapientes, qui pecu-
nia sunt copiosi. Itaque plerique ad id propositum con-
tendentes, audacia adhibita cum divitiis etiam notitiam
sunt consequuti.

Ego autem, Cæsar, non ad pecuniam parandam ex
arte dedi studium, sed potius tenuitatem cum bona
fama, quam abundantiam cum infamia sequendam pro-
bavi; ideo notities parum est assequuta; sed tamen his
voluminibus editis, ut spero, posteris etiam ero notus.
Neque est mirandum, quid ita pluribus sim ignotus.
Ceteri architecti rogant et ambiunt, ut architectentur;
mihi autem a præceptoribus est traditum, rogatum non
rogantem oportere suscipere curam; quod ingenuus
color movetur pudore, petendo rem suspiciosam. Nam
beneficium dantes, non accipientes ambiuntur. Quid
enim putemus suspicari, qui rogetur de patrimonio
sumptus faciendos committere gratiæ petentis, nisi quod
prædæ compendiique ejus causa judicet faciendum ?

Itaque majores primum a genere probatis opera tra-
debant architectis; deinde quærebant, si honeste essent
educati ingenuo pudori, non audaciæ protervitatis committendum judicantes. Ipsi autem artifices non erudie-
bant nisi suos liberos aut cognatos, et eos viros bonos
instituebant, quibus tantarum rerum fidei pecuniæ sine
dubitatione permitterentur. Quum autem animadverto

bien qu'au plaisir que je puise dans la lecture des bons ouvrages, que je dois l'avantage d'avoir enrichi mon âme d'un bien dont la possession m'a fait comprendre que le trop n'est pas nécessaire, et que la véritable richesse est celle qui ne laisse rien à désirer. Je sais qu'il y a des personnes qui, faisant bon marché de cette philosophie, ne voient de sagesse que là où il y a beaucoup d'argent. Aussi la plupart des hommes ne tendant qu'à ce but, arrivent, à force d'audace, à acquérir réputation et richesse tout à la fois.

Pour moi, ô César, ce n'est point en vue d'amasser des richesses que je me suis livré à l'étude de l'architecture : pauvreté et bonne réputation valent mieux, à mon avis, que richesse et mauvais renom. Aussi je suis peu connu ; mais j'espère que la publication de mon ouvrage apprendra mon nom, même à la postérité. Et faut-il s'étonner que je sois resté inconnu au plus grand nombre ! Les autres architectes n'épargnent ni prières ni instances pour se produire. Pour moi, j'ai appris de mes maîtres qu'un architecte doit attendre qu'on vienne le prier de se charger d'un travail, et qu'il ne peut, sans rougir, faire une demande qui l'expose à d'injurieux soupçons : car ce n'est pas de la bouche de celui qui rend un service, mais bien de celle de la personne qui le reçoit, que doit venir la prière. Quelle ne devrait pas être la défiance de celui à qui l'on demanderait une partie de son bien pour que l'emploi en fût confié au bon plaisir d'un demandeur ? Ne penserait-il pas qu'on veut s'enrichir à son préjudice ?

Voilà pourquoi nos ancêtres n'employaient un architecte qu'après s'être assurés de l'honnêteté de sa naissance, de la bonté de son éducation. C'était à l'homme simple et modeste, et non à celui qui n'a en partage que présomption et effronterie, que s'adressait leur confiance. Les architectes n'instruisaient alors que leurs enfants et leurs parents, et ils en faisaient des hommes de bien, à la fidélité desquels on pût sans inquiétude

ab indoctis et imperitis tantæ disciplinæ magnitudinem
tractari, et ab his, qui non modo architecturæ sed omnino
ne fabricæ quidem notitiam habent, non possum
non laudare patres familias eos, qui litteraturæ fiducia
confirmati per se ædificantes ita judicant, si imperitis
sit committendum, ipsos potius digniores esse ad suam
voluntatem, quam ad alienam pecuniæ consumere summam.

Itaque nemo artem ullam aliam conatur domi facere,
uti sutrinam, vel fullonicam, aut ex ceteris quæ sunt
faciliores, nisi architecturam; ideo quod qui profitentur,
non arte vera sed falso nominantur architecti. Quas ob
res corpus architecturæ rationesque ejus putavi diligentissime
conscribendas, opinans id munus omnibus gentibus
non ingratum futurum. Igitur quoniam in quinto
de opportunitate communium operum perscripsi, in hoc
volumine privatorum ædificiorum ratiocinationes et commensus
symmetriarum explicabo.

I. De ædificiis disponendis secundum locorum proprietates.

Hæc autem ita erunt recte disposita, si primo animadversum
fuerit, quibus regionibus aut quibus inclinationibus
mundi constituantur[2]. Namque aliter Ægypto,
aliter Hispania[3], non eodem modo Ponto, dissimiliter
Romæ, item ceteris terrarum et regionum proprietatibus
oportere videntur constitui genera ædificiorum[4]:

confier des sommes importantes. Aussi quand je vois des
gens sans instruction, sans expérience, exercer une
science aussi noble, des gens complétement étrangers,
je ne dirai pas aux connaissances nécessaires à l'architecte, mais même à celles qu'on exige du maçon, je ne
puis qu'approuver ces pères de famille qui, forts d'ailleurs de leurs connaissances littéraires, pensent que, si
tant est qu'ils doivent confier leurs travaux à des manœuvres, il vaut mieux qu'ils en prennent eux-mêmes
la direction, libres d'employer, comme ils l'entendent,
les sommes qu'ils aventureraient.

Si l'on ne voit personne essayer de se mêler chez soi
de la besogne facile du cordonnier, du foulon, ou de
tout autre artisan de même sorte, il n'en est pas de
même de l'architecte; pourquoi? parce que ce n'est véritablement pas à leur talent que ceux qui font profession d'être architectes, doivent le nom qu'ils usurpent.
Voilà les raisons qui m'ont porté à renfermer avec le
plus grand soin, en un seul corps, tout ce qui a rapport
à l'architecture, dans la pensée que cet ouvrage pourrait
être accueilli avec plaisir; et comme, dans le cinquième
livre, j'ai traité des règles particulières aux édifices
publics, je vais dans celui-ci donner le plan et les proportions des maisons particulières.

I. De la disposition des maisons appropriées aux localités.

La disposition d'une maison aura été avantageusement choisie, si, pour la bâtir, on a eu égard au pays et
au climat. Qui ne voit, en effet, qu'une maison doit être
différemment construite en Égypte qu'en Espagne, autrement dans le royaume de Pont qu'à Rome; que tel
pays, tel climat exige une ordonnance particulière, parce
qu'ici la terre est rapprochée de la ligne que parcourt

quod alia parte solis cursu premitur tellus, alia longe
ab eo distat, alia per medium temperatur. Igitur uti
constitutio mundi ad terræ spatium inclinatione signiferi circuli, et solis cursu, disparibus qualitatibus naturaliter est collocata, ad eumdem modum etiam ad regionum rationes cœlique varietates videntur ædificiorum
debere dirigi collocationes.

Sub septentrione ædificia testudinata et maxime con-
clusa et non patentia, sed conversa ad calidas partes
oportere fieri videntur. Contra autem sub impetu solis
meridianis regionibus, quod premuntur a calore, pa-
tentiora conversaque ad septentrionem et aquilonem sunt
faciunda. Ita quod ultro natura lædit, arte erit emen-
dandum. Item reliquis regionibus ad eumdem modum
temperari, quemadmodum cœlum est ad inclinationem
mundi collocatum.

Hæc autem ex natura rerum sunt animadvertenda,
et consideranda, atque etiam ex membris corporibusque
gentium observanda [5]. Namque sol quibus locis medio-
criter profundit vapores, in his conservat corpora temperata : quæque proxime currendo deflagrat, eripit
exurendo temperaturam humoris. Contra vero refrigeratis regionibus, quod absunt a meridie longe, non ex-
hauritur a caloribus humor, sed ex cœlo roscidus aer,
in corpora fundens humorem, efficit ampliores corpora-
turas, vocisque sonitus graviores. Ex eo quoque sub
septentrionibus nutriuntur gentes immanibus corporibus, candidis coloribus, directo capillo et rufo [6]; oculis
cæsiis, sanguine multo, quoniam ab humoris pleni-
tate, cœlique refrigerationibus sunt conformati.

Qui autem sunt proximi ad axem meridianum, sub-

le soleil, que là elle s'en trouve à une grande distance, qu'ailleurs elle tient le milieu entre ces deux extrémités. L'aspect du ciel, par rapport à l'étendue de la terre, fait naturellement sentir à notre globe une influence différente, selon l'inclinaison du zodiaque, et le cours du soleil; il en résulte que l'emplacement des maisons doit être approprié à la nature des lieux et à la différence des climats.

Dans les pays septentrionaux, les maisons doivent être voûtées, parfaitement closes, avec de petites ouvertures, et tournées vers les parties où règne la chaleur. Au contraire, dans les régions méridionales qui sont exposées à l'action brûlante du soleil, elles doivent avoir de vastes ouvertures, et être tournées vers le septentrion et l'aquilon. Ainsi ce que la nature présente d'incommode, pourra être corrigé par l'art; et dans tous les pays, il faudra choisir une exposition accommodée à l'exposition du ciel, eu égard à l'élévation du pôle.

Il y a là des remarques, des observations, une étude à faire sur la nature des choses, et sur l'organisation des hommes. En effet, aux lieux où le soleil verse une chaleur modérée, les corps conservent dans une juste proportion les éléments qui les composent; mais ceux que, dans sa course plus rapprochée, il brûle, il consume, perdent leur humidité, ce qui en rompt l'équilibre. Dans les régions froides, au contraire, le grand éloignement du soleil empêche que l'humidité ne soit épuisée par la chaleur; bien plus, l'air chargé de rosée, remplissant les corps d'humidité, leur donne plus d'ampleur, et rend le son de la voix plus grave. Voilà aussi pourquoi les régions septentrionales voient naître des peuples à la taille colossale, au teint blanc, à la chevelure plate et rousse, à l'œil pers, au tempérament sanguin, soumis qu'ils sont à l'influence d'un ciel froid et humide.

Quant à ceux qui sont voisins de la ligne équinoxiale,

jectique solis cursui, brevioribus corporibus, colore fusco, crispo capillo, oculis nigris, cruribus invalidis, sanguine exiguo, solis impetu perficiuntur. Itaque etiam propter sanguinis exiguitatem timidiores sunt ferro resistere ; sed ardores ac febres sufferunt sine timore, quod nutrita sunt eorum membra cum fervore. Itaque corpora, quæ nascuntur sub septentrione, a febri sunt timidiora et imbecilla, sanguinis autem abundantia ferro resistunt sine timore.

Non minus sonus vocis[7] in generibus gentium dispares et varias habet qualitates; ideo quod terminatio orientis et occidentis circa terræ librationem, qua dividitur pars superior et inferior mundi, habere videtur libratam naturali modo circuitionem, quam etiam mathematici horizonta dicunt. Igitur quoniam id habemus certum animo sustinentes, a labro, quod est in regione septentrionali, linea trajecta ad id quod est super meridianum axem, ab eoque altera obliqua in altitudinem ad summum cardinem, qui est post stellas septentrionum, sine dubitatione animadvertemus ex eo, esse schema trigoni mundo, uti organi, quam σαμβύκην Græci dicunt[8].

Itaque quod est spatium proximum imo cardini ab axis linea in meridianis finibus, sub eo loco quæ sunt nationes, propter brevitatem altitudinis ad mundum, sonitum vocis faciunt tenuem et acutissimum, uti in organo chorda quæ est proxima angulo : secundum eam autem reliquæ ad mediam Græciam remissiores efficiunt in nationibus sonorum scansiones : item a medio in ordinem crescendo ad extremos septentriones, sub altitudine cœli, nationum spiritus sonitibus gravioribus ab

et qui reçoivent perpendiculairement les rayons du soleil, ils ont la taille plus petite, la peau basanée, les cheveux crépus, les yeux noirs, les jambes faibles, et peu de sang dans les veines à cause de l'ardeur du soleil. Aussi cette disette de sang leur fait-elle appréhender toute espèce de blessure; mais ils supportent sans crainte les chaleurs et les fièvres, parce que leurs corps y sont accoutumés. Les corps, au contraire, qui naissent au septentrion, craignent la fièvre, qui les affaiblit; mais l'abondance du sang leur ôte la crainte que pourrait leur donner une blessure.

Il n'y a pas moins de différence, de diversité dans le son de la voix des différents peuples de la terre, selon l'inclinaison de la ligne qui, bornant à l'orient et à l'occident la vue tout autour du globe, qu'elle divise en deux hémisphères, l'un supérieur, l'autre inférieur, semble former un cercle naturel que les mathématiciens appellent horizon. Une fois cette vérité reconnue, supposons que du bord de l'horizon, qui est vers le septentrion, on tire une ligne jusqu'au centre de l'axe du méridien, et que de ce point on trace obliquement une autre ligne qui s'élève jusqu'au pôle qui est derrière la constellation de l'Ourse, nul doute que ces lignes ne forment sur le globe une figure triangulaire semblable à l'instrument appelé par les Grecs sambyce.

Il suit de là que les peuples qui habitent l'espace le plus rapproché de la partie inférieure du triangle, c'est-à-dire sous l'équateur, ont, à cause du peu d'élévation du pôle, un son de voix plus grêle, plus aigu, comme les cordes qui, dans l'instrument, sont les plus voisines de l'angle. En suivant la progression, les peuples qui habitent le milieu de la Grèce, ont dans le son de la voix moins d'élévation; et si, partant de ce point, nous nous étendons, en parcourant la ligne, jusqu'aux extrémités septentrionales, à la partie la plus élevée du pôle, nous

natura rerum exprimuntur. Ita videtur mundi conceptio tota propter inclinationem consonantissime per solis temperaturam ad harmoniam esse composita.

Igitur quæ nationes sunt inter axis meridiani cardinem ac septentrionalis medio positæ, uti in diagrammate musico, mediæ vocis habent sonitum in sermone : quæque progredientes ad septentrionem sunt nationes, quod altiores habent distantias ad mundum, spiritus vocis habentes humore repulsos ad hypatas et proslambanomenon, a natura rerum sonitu graviore coguntur uti : eadem ratione e medio progredientes ad meridiem gentes paranetarum netarumque acutissimam sonitu vocis perficiunt tenuitatem.

Hoc autem verum esse, ex humidis naturæ locis graviora fieri et ex fervidis acutiora, licet ita experiendo animadvertere. Calices duo[9] in una fornace æque cocti, æquoque pondere, ad crepitumque uno sonitu sumantur : ex his unus in aquam demittatur, postea ex aqua eximatur : tunc utrique tangantur. Quum enim ita factum fuerit, largiter inter eos sonitus discrepabit, æquoque pondere non poterunt esse. Ita et hominum corpora uno genere figurationis et una mundi conjunctione concepta, alia propter regionis ardorem acutum spiritum aeris exprimunt tactu[10], alia propter humoris abundantiam gravissimas effundunt sonorum qualitates.

Item propter tenuitatem cœli, meridianæ nationes, ex acuto fervore mente expeditius celeriusque moventur ad consiliorum cogitationes. Septentrionales autem gentes, infusæ crassitudine cœli, propter obstantiam aeris

trouverons les nations faisant entendre naturellement des sons de voix plus graves. Il semble que le monde ait été, suivant son inclinaison, formé dans une proportion harmonique parfaitement en rapport avec la température que donne le soleil.

Les nations qui habitent le milieu entre l'équateur et le pôle ont, en parlant, un son de voix semblable aux tons qui occupent le milieu dans le diagramme. Celles qui avancent vers le septentrion, parce que le pôle est plus élevé pour elles, et que l'humidité remplit les conduits de la voix, font entendre naturellement et nécessairement des sons plus graves, comme l'hypate et la proslambanomenos. Voilà pourquoi aussi les peuples qui s'étendent de la région moyenne vers le midi ont, dans la voix, le timbre grêle et aigu des paranetes et des netes.

Cette vérité, que les lieux naturellement humides grossissent la voix, et que ceux qui sont chauds la rendent plus aiguë, peut se démontrer par cette expérience. Si l'on prend deux godets de terre, cuits ensemble dans le même fourneau, ayant même poids et même son, que l'on plonge l'un des deux dans l'eau, et qu'après l'en avoir retiré, on vienne à les frapper tous deux, on trouvera une grande différence dans les sons qu'ils rendront, aussi bien que dans leur poids. Il en est de même des corps des hommes : bien que formés de la même manière, et composés des mêmes éléments, les uns doivent à la chaleur du climat les sons aigus que leur voix fait entendre, les autres rendent des sons dont la qualité grave est le résultat d'une humidité abondante.

C'est encore à la subtilité de l'air, à la chaleur du climat, que les peuples méridionaux sont redevables de cette activité dans la conception de leurs projets. Les septentrionaux, au contraire, assoupis par la densité de l'air, refroidis par l'humidité de l'atmosphère, ont de l'en-

humore refrigeratæ, stupentes habent mentes. Hoc autem ita esse, a serpentibus licet aspicere [11], quæ per calorem quum exhaustam habent humoris refrigerationem, tunc acerrime moventur; per brumalia autem et hiberna tempora mutatione cœli refrigeratæ, immotæ sunt stupore. Ita non est mirandum, si acutiores efficit calidus aer hominum mentes, refrigeratus autem contra tardiores.

Quum sint autem meridianæ nationes animis acutissimis infinitaque solertia consiliorum, simul ut ad fortitudinem ingrediuntur, ibi succumbunt; quod habent exustas ab sole animorum virtutes. Qui vero refrigeratis nascuntur regionibus, ad armorum vehementiam paratiores sunt, magnisque virtutibus sunt sine timore, sed tarditate animi sine considerantia irruentes, sine solertia, suis consiliis refragantur. Quum ergo ab natura rerum hæc ita sint in mundo collocata, ut omnes nationes immoderatis mixtionibus sint disparatæ, placuit ut inter spatia totius orbis terrarum regionumque medio mundi populus Romanus possideret fines.

Namque temperatissimæ ad utramque partem et corporum membris animorumque vigoribus pro fortitudine sunt in Italia gentes. Quemadmodum enim Jovis stella [12] inter Martis ferventissimam et Saturni frigidissimam media currens temperatur, eadem ratione Italia inter septentrionalem meridianamque ab utraque parte mixtionibus temperatas et invictas habet laudes. Itaque refringit barbarorum virtutes forti manu, consiliis meridianorum cogitationes. Ita divina mens civitatem populi Romani egregia temperataque regione collocavit, uti orbis terrarum imperio potiretur.

gourdissement dans l'esprit. C'est une vérité dont les serpents pourront nous donner une preuve : lorsque la chaleur a épuisé l'humidité froide qui est dans leur corps, ils sont d'une agilité extraordinaire ; l'hiver revient-il avec ses rigueurs, ses frimas, ce changement de température les refroidit, les engourdit, les rend immobiles. Il ne faut donc pas s'étonner que la chaleur donne de la vivacité à l'esprit de l'homme ; le froid, au contraire, de la pesanteur.

Mais ces nations méridionales avec toute leur pénétration, leur subtilité, s'il vient à être question de faire acte de valeur, se trouvent sans énergie : le soleil, par sa chaleur, les énerve et leur ôte la force du courage ; tandis que celles qui naissent dans les pays froids ont plus d'assurance au milieu des horreurs de la guerre, et y déploient une valeur à toute épreuve ; mais la pesanteur de leur esprit, le défaut de réflexion, le manque d'habileté sont les plus grands obstacles à l'exécution de leurs desseins. S'il est entré dans le plan de la nature de mettre entre toutes les nations des différences aussi marquées, elle a aussi voulu que le peuple romain occupât sur la terre l'espace intermédiaire qui participait à l'influence de ces divers climats.

C'est en effet le mélange de vigueur corporelle et de force d'âme qui fait le caractère des peuples d'Italie. La planète de Jupiter doit sa nature tempérée à sa position entre la chaleur immodérée de Mars et le froid excessif de Saturne ; on peut dire, par la même raison, que c'est à la situation de l'Italie, entre le septentrion et le midi, qu'on doit attribuer la supériorité incontestable de ses qualités. Par sa valeur elle triomphe de la force des barbares, comme par sa prudence elle déjoue les projets des méridionaux. Il semble que les dieux n'aient placé la ville du peuple romain dans une région aussi belle et aussi tempérée que pour établir son empire sur toute la terre.

Quod si ita est, uti dissimiles regiones ab inclinationibus cœli, variis generibus sint comparatæ, et ut etiam naturæ gentium disparibus animis et corporum figuris qualitatibusque nascerentur, non dubitemus ædificiorum quoque rationes ad nationum gentiumque proprietates apte distribuere, quum habeamus ab ipsa rerum natura solertem et expeditam monstrationem.

Quoad potui summa ratione proprietates locorum ab natura rerum dispositas animadvertere, exposui, et quemadmodum ad solis cursum et inclinationes cœli oporteat ad gentium figuras constituere ædificiorum qualitates, dixi. Itaque nunc singulorum generum in ædificiis commensus symmetriarum et universos et separatos breviter explicabo.

II. De ædificiorum privatorum proportionibus et mensuris secundum naturam locorum.

Nulla architecto major cura esse debet, nisi uti proportionibus ratæ partis habeant ædificia rationum exactiones. Quum ergo constituta symmetriarum ratio fuerit, et commensus ratiocinationibus explicati, tunc etiam acuminis est proprium providere ad naturam loci aut usum aut speciem, et detractionibus vel adjectionibus temperaturas efficere, uti, quum de symmetria sit detractum aut adjectum, id videatur recte esse formatum, in aspectuque nihil desideretur.

Alia enim ad manum species esse videtur, alia in excelso; non eadem in concluso, dissimilis in aperto; in quibus magni judicii est opera, quid tandem faciendum

S'il est vrai que les pays, si diversement modifiés par
les climats, soient appropriés à la nature différente des
nations qui les habitent, et que les peuples y naissent
avec de si grandes disparités, tant du côté de l'esprit que
de celui du corps, ne doutons point que la disposition
des maisons ne doive également être assortie au tempérament de chaque peuple, puisque la nature nous ouvre
elle-même, d'une manière aussi simple qu'ingénieuse,
la voie que nous devons suivre.

J'ai expliqué, avec toute l'exactitude qu'il m'a été
possible d'y apporter, les propriétés que la nature a dé-
parties à chaque lieu; j'ai dit comment il fallait disposer
les édifices suivant le cours du soleil, et l'inclinaison du
ciel, suivant la nature des peuples; je vais maintenant
donner en peu de mots les proportions générales et particulières de chaque espèce d'édifice.

II. Des proportions et des mesures que doivent avoir les édifices des particuliers, suivant la nature des lieux.

Le premier soin de l'architecte doit être de prendre
une mesure déterminée pour régler les proportions de
l'édifice dans son ensemble. Une fois ces proportions
bien établies, une fois toutes les mesures parfaitement
prises sur le plan, ce sera alors faire preuve de talent,
que de savoir, selon que la nature du lieu, l'usage et la
beauté le demandent, retrancher ou ajouter pour faire
des amendements, sans que les corrections paraissent
faire perdre à la symétrie rien de sa régularité, rien
de ce qui plaît à la vue.

Tel objet placé sous la main est vu d'une tout autre
manière, quand il est élevé; tel autre se trouve dans un
lieu enfermé, qui est tout différent lorsqu'il est à découvert. C'est dans la combinaison des moyens à pren-

sit. Non enim veros videtur habere visus effectus, sed
fallitur sæpius judicio ab eo mens [13]. Quemadmodum
etiam in scenis pictis videntur columnarum projecturæ,
mutulorum ecphoræ, signorum figuræ prominentes,
quum sit tabula sine dubio ad regulam plana. Similiter
in navibus remi, quum sint sub aqua directi, tamen oculis infracti videntur, et quatenus eorum partes tangunt
summam planitiem liquoris, apparent, uti sunt, directi; quum vero sub aqua sunt demissi, per naturæ
perlucidam raritatem remittunt enatantes ab suis corporibus fluentes imagines ad summam aquæ planitiem [14],
atque hæ ibi commotæ efficere videntur infractum remorum oculis aspectum.

Hoc autem sive simulacrorum impulsu seu radiorum
ex oculis effusionibus, uti physicis placet, videmus,
utraque ratione videtur ita esse, uti falsa judicia oculorum habeat aspectus.

Quum ergo quæ sunt vera falsa videantur, et nonnulla aliter quam sunt oculis probentur, non puto
oportere esse dubium, quin ad locorum naturas aut
necessitates, detractiones aut adjectiones fieri debeant [15],
sed ita uti nihil in his operibus desideretur. Hæc autem
etiam ingeniorum acuminibus non solum doctrinis efficiuntur.

Igitur statuenda est primum ratio symmetriarum, a
qua sumatur sine dubitatione commutatio; deinde ex-
plicetur operis futuri et locorum imum spatium, longitudinis et latitudinis: cujus quum semel constituta fuerit
magnitudo, sequatur eam proportionis ad decorem apparatio, uti non sit considerantibus aspectus eurythmiæ

dre dans ces circonstances, que le jugement se fait remarquer. L'œil ne calcule pas toujours avec exactitude ;
souvent il nous induit en erreur par ses appréciations.
Dans un tableau, les colonnes semblent se détacher sur
le fond, les mutules être en saillie, les statues s'avancer
hors de la toile que nous savons pourtant avoir une surface plane. Les rames d'un vaisseau, bien que droites
sous l'eau, nous paraissent néanmoins rompues, et tant
que leurs parties ne font qu'effleurer la superficie de
l'eau, elles apparaissent telles qu'elles sont, droites ;
mais elles ne sont pas plutôt plongées dans l'eau que,
à cause de la rareté transparente de l'élément qui laisse
passer jusqu'à sa surface l'image que le corps des rames
y envoie, et qui vient s'y refléter, elles produisent à
l'œil l'effet de rames brisées.

Or, que ce soient les objets qui renvoient leur image
ou qui reçoivent, comme le veulent les physiciens, les
rayons qui partent de nos yeux, il n'en est pas moins
vrai, dans l'un et l'autre cas, que nos yeux portent des
jugements erronés.

Puis donc que ce qui est vrai semble ne pas l'être, et
que certaines choses sont reconnues pour n'être pas ce
que l'œil les a jugées, je ne crois pas qu'on doive douter
qu'il ne soit nécessaire d'ajouter ou de retrancher, selon
que l'exige la nature des lieux, sans toutefois que les
changements laissent rien à désirer ; mais pour réussir
en cela, il faut avoir autant de pénétration que de
science.

Le premier point sera donc d'établir une règle de proportion à laquelle on puisse faire d'une manière précise
les changements nécessaires ; le second, de tracer le plan
du bâtiment que l'on veut faire, en y joignant celui de
la localité, avec la longueur et la largeur : une fois les
dimensions bien prises, on y conformera les proportions
et la convenance, afin qu'au premier aspect on en sai-

dubius. De qua, quibus rationibus efficiatur, est mihi pronuntiandum; primumque de cavis ædium, uti fieri debeant, dicam.

III. De cavis ædium, sive atriis, de alis, tablino et peristylio; de tricliniis, œcis, exedris, pinacothecis et eorum dimensionibus; de œcis more Græco.

Cava ædium [16] quinque generibus sunt distincta, quorum ita figuræ nominantur : Tuscanicum, Corinthium, tetrastylon, displuviatum, testudinatum. Tuscanica sunt in quibus trabes in atrii latitudine [17] trajectæ habeant interpensiva et collicias [18] ab angulis parietum ad angulos tignorum intercurrentes, item asseribus stillicidiorum in medium compluvium [19] dejectis. In Corinthiis iisdem rationibus trabes et compluvia collocantur, sed a parietibus trabes recedentes in circuitione supra columnas imponuntur. Tetrastyla sunt, quæ subjectis sub trabibus angularibus columnis et utilitatem trabibus et firmitatem præstant, quod neque ipsæ magnum impetum coguntur habere, neque ab interpensivis onerantur.

Displuviata autem sunt [20], in quibus deliquiæ arcam sustinentes stillicidia rejiciunt. Hæc hibernaculis maximas præstant utilitates, quod compluvia erecta non obstant luminibus tricliniorum. Sed ea habent in refectionibus molestiam magnam, quod circa parietes stillicidia confluentia continent fistulæ, quæ non celeriter recipiunt ex canalibus aquam defluentem : itaque redun-

sisse facilement l'eurythmie. C'est de cet accord symétri-
que, et des moyens d'y parvenir, que je vais parler maintenant. Je commencerai par expliquer comment doivent
être faites les cours des maisons.

III. Des cavædium, ou atrium, et de leurs ailes; du cabinet d'étude et du
péristyle; des salles à manger, des salons, des exèdres; des galeries de
tableaux, et de leurs dimensions; des salons à la manière des Grecs.

Les cavædium sont de cinq espèces. Leur disposition
les a fait appeler toscans, corinthiens, tétrastyles, découverts et voûtés. Les toscans sont ceux où il y a deux
poutres qui, s'étendant dans la largeur de la cour, soutiennent les poutres de traverse, et les conduits des
noues qui sont entre les angles des murs et les croix que
font les poutres; outre cela, les pièces de bois qui soutiennent le toit, disposé en pente pour l'écoulement des
eaux, inclinent vers le compluvium. Les cavædium corinthiens ont aussi des poutres et un compluvium disposés de la même manière; seulement ces poutres s'éloi-
gnent davantage des murs et portent sur des colonnes
dans le pourtour de la cour. Les tétrastyles sont ceux
où quatre colonnes, placées aux angles formés par les
poutres, soutiennent ces poutres et les affermissent,
parce qu'il n'est pas nécessaire qu'elles aient une grande
longueur, et qu'elles n'ont point à supporter la charge
des traverses.

Les cavædium découverts sont ceux où les coyaux
qui soutiennent le chéneau renvoient l'eau de pluie par
derrière. La disposition de ces cours est très-avantageuse,
en ce que, pendant l'hiver, le compluvium, étant tout
droit, n'empêche point la lumière de pénétrer dans les
appartements; mais ce qu'il y a de très-désagréable, ce
sont les réparations qu'elles exigent; les eaux qui coulent
en abondance de dessus les toits, ont bientôt rempli les

dantes restagnant, et intestinum opus et parietes in eis generibus ædificiorum corrumpunt. Testudinata vero [21] ibi fiunt, ubi non sunt impetus magni, et in contignationibus supra spatiosæ redduntur habitationes.

Atriorum vero longitudines [22] et latitudines tribus generibus formantur : et primum genus distribuitur, uti longitudo quum in quinque partes divisa fuerit, tres partes latitudini dentur. Alterum quum in tres partes dividatur, duæ partes latitudini tribuantur. Tertium, uti latitudo in quadrato paribus lateribus describatur, inque eo quadrato diagonios linea ducatur, et quantum spatium habuerit ea linea diagonios, tanta longitudo atrio detur.

Altitudo eorum, quanta longitudo fuerit, quarta dempta, sub trabes extollatur, reliquum lacunariorum [23] et arcæ supra trabes ratio habeatur. Alis dextra ac sinistra latitudo, quum sit atrii longitudo ab triginta pedibus ad pedes quadraginta, ex tertia parte [24] ejus constituatur. Ab quadraginta ad pedes quinquaginta longitudo dividatur in partes tres et dimidiam : ex his una pars alis detur. Quum autem erit longitudo ab quinquaginta pedibus ad sexaginta, pars quarta longitudinis alis tribuatur. Ab pedibus sexaginta ad octoginta longitudo dividatur in partes quatuor et dimidiam : ex his una pars fiat alarum latitudo. Ab pedibus octoginta ad pedes centum, in quinque partes divisa longitudo, justam constituerit latitudinem alarum. Trabes earum liminares [25] ita altæ ponantur, ut altitudines latitudinibus sint æquales.

Tablino [26], si latitudo atrii erit pedum viginti, dempta

tuyaux de descente qui ne leur ouvrent point un passage assez libre au moment où elles sortent des chéneaux; elles grossissent, elles regorgent, et elles altèrent la menuiserie des croisées, et les murs de ces sortes d'édifices. Les cavædium voûtés se font où il y a peu d'espace, et ce moyen permet de rendre plus spacieux les appartements des étages qu'elles supportent.

La longueur et la largeur des cavædium en forment trois genres différents. Le premier, c'est quand, ayant divisé la longueur en cinq parties, on en donne trois à la largeur; le second, lorsque, l'ayant divisée en trois parties, deux sont consacrées à la largeur; le troisième, quand, ayant tracé un carré équilatéral, et tiré dans ce carré une ligne diagonale, on prend cette diagonale pour en faire la longueur.

La hauteur, jusqu'au-dessous des poutres, doit être égale à la longueur, moins une quatrième partie. La profondeur des plafonds aura, au-dessus des poutres, une proportion convenable. La largeur des deux galeries, qui se développent à droite et à gauche, doit être du tiers de la longueur de la cour, si elle est de trente à quarante pieds; si sa longueur est de quarante à cinquante pieds, elle sera divisée en trois parties et demie, dont une sera donnée à la largeur de la galerie; si elle est de cinquante à soixante pieds, les galeries auront la quatrième partie; si elle est de soixante à quatre-vingts pieds, on la divisera en quatre parties et demie, dont une sera pour la largeur des galeries. Enfin, si elle est de quatre-vingts à cent pieds, la cinquième partie de cette longueur donnera justement la largeur des galeries. Les architraves de ces galeries seront placées assez haut pour que la hauteur réponde à la largeur.

Le cabinet d'étude aura les deux tiers de la largeur

tertia, ejus spatio reliquum tribuatur. Si erit ab pedibus triginta ad quadraginta, ex atrii longitudine tablino
dimidium tribuatur. Quum autem ab quadraginta ad sexaginta, latitudo dividatur in partes quinque, et ex his
duæ tablino contribuantur. Non enim atria minora ac
majora easdem possunt habere symmetriarum rationes.
Si enim minorum symmetriis utemur in majoribus, neque tablina neque alæ utilitatem poterunt habere; sin
autem majorum in minoribus utemur, vasta et immania
in his ea erunt membra. Itaque generatim magnitudinum
rationes exquisitas et utilitati et aspectui conscribendas
putavi.

Altitudo tablini ad trabem adjecta latitudinis octava
constituatur. Lacunaria ejus [27] sexta latitudinis ad altitudinem adjecta extollantur. Fauces minoribus atriis e tablini latitudine dempta tertia, majoribus dimidia, constituantur. Imagines item alte cum suis ornamentis [28]
ad latitudinem alarum sint constitutæ. Latitudines os-
tiorum ad altitudinem, si Dorica erunt, uti Dorica, si
Ionica erunt, uti Ionica perficiantur, quemadmodum de
thyromatis, in quibus quarto libro rationes symmetriarum sunt expositæ. Compluvii lumen latum latitudinis atrii ne minus quarta, ne plus tertia parte relinqua-
tur; longitudo uti atrii pro rata parte fiat.

Peristylia [29] autem in transverso tertia parte longiora
sint quam introrsus : columnæ tam altæ quam porticus
latæ fuerint. Peristyliorum intercolumnia ne minus trium,
ne plus quatuor columnarum crassitudine inter se distent. Sin autem Dorico more in peristylio columnæ erunt

de la cour, si elle est de vingt pieds. Si elle est de trente à quarante, on ne lui en donnera que la moitié; si elle est de quarante à soixante, on divisera cette largeur en cinq parties, dont deux seront données au cabinet d'étude. Les petits atrium et les grands ne peuvent avoir les mêmes proportions: car si les proportions des petits sont suivies pour les grands, les cabinets d'étude, aussi bien que les galeries, ne pourront être d'aucune utilité; et si, au contraire, on se sert des proportions des grands atrium pour les petits, ces parties seront trop vastes. Voilà pourquoi, en général, il faut, pour déterminer les proportions qu'ils doivent avoir, consulter l'usage auquel on les destine, et l'effet qu'elles produiront à la vue.

La hauteur du cabinet d'étude, jusqu'au-dessous des poutres, doit être égale à sa largeur, plus une huitième partie. La profondeur du plafond ajoutera à cette hauteur la sixième partie de la largeur. L'entrée des plus petites cours sera des deux tiers de la largeur du cabinet d'étude, et celle des plus grandes de la moitié de cette largeur. La hauteur des images avec leurs ornements, sera proportionnée à la largeur des galeries. Pour la largeur et la hauteur des portes, on suivra les proportions doriques, si elles doivent être doriques, et les proportions ioniques, si elles doivent être ioniques. On se conformera aux proportions qui ont été établies à cet égard au quatrième livre. L'ouverture du compluvium ne peut avoir ni moins du quart, ni plus du tiers de la largeur de l'atrium; quant à sa longueur, elle sera proportionnée à celle de l'atrium.

La longueur des péristyles doit avoir en travers un tiers de plus qu'en profondeur. Les colonnes seront aussi hautes que le portique sera large. Les entre-colonnements ne comprendront ni moins de trois diamètres de colonne, ni plus de quatre. Si toutefois les colonnes du péristyle doivent être d'ordre dorique, il sera nécessaire

faciundæ, uti in quarto libro de Doricis scripsi, ita mo-
duli sumantur, et ad eos modulos triglyphorumque rationes disponantur.

Tricliniorum quanta latitudo fuerit [30], bis tanta longitudo fieri debebit. Altitudines omnium conclaviorum [31],
quæ oblonga fuerint, sic habere debent rationem, uti
longitudinis et latitudinis mensura componatur, et ex ea
summa dimidium sumatur, et quantum fuerit, tantum
altitudini detur. Sin autem exedræ [32] aut œci quadrati
fuerint [33], latitudinis dimidia addita, altitudines educan-
tur. Pinacothecæ, uti exedræ, amplis magnitudinibus
sunt constituendæ: œci Corinthii, tetrastylique, quique
Ægyptii vocantur [34], latitudinis et longitudinis, uti supra tricliniorum symmetriæ scriptæ sunt, ita habeant
rationem, sed propter columnarum interpositiones spa-
tiosiores constituantur.

Inter Corinthios autem et Ægyptios hoc erit discrimen : Corinthii simplices habent columnas aut in podio
positas aut in imo, supraque habent epistylia et coronas [35], aut ex intestino opere aut albario; præterea supra coronas curva lacunaria ad circinum delumbata [36].
In Ægyptiis autem supra columnas epistylia [37], et ab
epistyliis ad parietes, qui sunt circa, imponenda est con-
tignatio, supra coaxationem pavimentum, sub dio ut sit
circuitus. Deinde supra epistylium ad perpendiculum
inferiorum columnarum imponendæ sunt minores quarta
parte columnæ : supra earum epistylia et ornamenta lacunariis ornantur, et inter columnas superiores fenestræ
collocantur; ita basilicarum ea similitudo, non Corin-
thiorum tricliniorum, videtur esse.

de recourir aux mesures dont j'ai parlé au quatrième livre, à propos de l'ordre dorique, pour en régler les proportions aussi bien que celles des triglyphes.

Les salles à manger doivent être deux fois aussi longues que larges. La hauteur de tous les appartements qui sont oblongs, sera déterminée de cette manière : on en réunira la longueur à la largeur, et du tout on prendra la moitié : cette moitié sera la mesure qu'on lui donnera. Si les salons et les exèdres sont carrés, on ajoutera la moitié de la largeur pour en avoir la hauteur. Les galeries de tableaux, comme les exèdres, seront établies sur une plus grande échelle. Les salons corinthiens, et les tétrastyles, et ceux qu'on appelle égyptiens, auront en longueur et en largeur les proportions qui viennent d'être prescrites pour les salles à manger; mais l'emplacement des colonnes exige un espace plus étendu.

Les salons corinthiens et les salons égyptiens offriront pourtant cette différence, que les corinthiens ont des colonnes du même ordre, avec ou sans piédestal, et soutiennent des architraves et des corniches en menuiserie ou en stuc. De plus, au-dessus de sa corniche, s'arrondit le plafond en voûte surbaissée, tandis que les salons égyptiens ont les architraves sur les colonnes, et des planchers qui vont des architraves jusqu'aux murs qui sont alentour. Le dessus de ce plancher est pavé et forme une galerie découverte qui tourne tout autour. Sur l'architrave, au droit des colonnes d'en bas, on en élève de nouvelles d'un quart plus petites. Elles sont surmontées de leurs architraves et des autres parties de l'entablement sur lesquelles posent les ornements du plafond. Entre les colonnes d'en haut sont placées les fenêtres; ce qui les fait ressembler aux basiliques, bien plus qu'aux salles à manger corinthiennes.

Fiunt autem etiam non Italicæ consuetudinis œci,
quos Græci Κυζικηνοὺς appellant[38]. Hi collocantur spectantes ad septentrionem, et maxime viridia prospicientes, valvasque habent in medio. Ipsi autem sunt ita
longi et lati, uti duo triclinia, cum circuitionibus[39]
inter se spectantia, possint esse collocata, habentque
dextra ac sinistra lumina fenestrarum valvata[40], uti
viridia de lectis[41] per spatia fenestrarum prospiciantur.
Altitudines eorum[42] dimidia latitudinis addita constituuntur.

In his ædificiorum generibus omnes sunt faciendæ
earum symmetriarum rationes, quæ sine impeditione
loci fieri poterunt : luminaque parietum altitudinibus,
si non obscurabuntur, faciliter erunt explicata : sin autem impedientur ab angustiis aut aliis necessitatibus, tum
opus erit ut ingenio et acumine de symmetriis detractiones aut adjectiones fiant, uti non dissimiles veris symmetriis perficiantur venustates.

———

IV. Ad quas cœli regiones quæque ædificiorum genera spectare debeant,
ut usui et salubritati sint idonea.

Nunc explicabimus quibus proprietatibus genera ædificiorum ad usum et cœli regiones apte debeant spectare.
Hiberna triclinia et balnearia uti occidentem hibernum
spectent[43], ideo quod vespertino lumine opus est uti ;
præterea quod etiam sol occidens adversus habens splendorem, calorem remittens, efficit vespertino tempore
regionem tepidiorem. Cubicula et bibliothecæ ad orientem spectare debent : usus enim matutinum postulat
lumen ; item in bibliothecis libri non putrescent. Nam

On fait encore des salons dont le style n'appartient point à l'Italie : les Grecs les appellent cyzicènes. Ils sont tournés vers le septentrion, et ont vue le plus souvent sur des jardins. Leurs portes sont au milieu. Ils doivent être assez longs et assez larges pour contenir deux tables à trois lits, mises en regard l'une de l'autre, avec l'espace exigé pour la commodité du service. Ils ont à droite et à gauche des fenêtres qui ouvrent jusqu'au bas comme des portes, afin que de dessus les lits on puisse facilement voir les jardins. Leur hauteur répond à la largeur, plus la moitié de cette largeur.

Pour ces sortes d'édifices, on ne peut guère adopter de proportions que celles que comporte la nature du lieu. Il est facile d'avoir des jours, si la hauteur des murs voisins ne vient pas intercepter la lumière; s'il y avait obstacle à cause du peu d'espace ou de toute autre raison, c'est alors qu'il faudrait user de son adresse et de son talent pour diminuer ou augmenter les proportions de manière à exécuter de belles choses qui ne fussent point contraires aux véritables proportions.

IV. Vers quelle partie du ciel doit être tournée chaque espèce d'édifices, pour qu'ils soient commodes et sains.

Je vais maintenant expliquer vers quelles parties du ciel doivent être tournés les divers genres d'édifices, suivant l'usage auquel ils sont destinés. Les salles à manger d'hiver et les bains auront vue sur le couchant d'hiver, parce qu'on a besoin de la lumière du soir, et encore parce que le soleil couchant, en envoyant en face sa lumière, répand vers le soir une douce chaleur dans les appartements. Les chambres à coucher et les bibliothèques seront tournées vers l'orient; leur usage demande la lumière du matin; et de plus les livres ne pourrissent

quæcumque ad meridiem et occidentem spectant, a tineis
et humore libri vitiantur, quod venti humidi advenientes procreant eas et alunt, infundentesque humidos spiritus pallore volumina corrumpunt.

Triclinia verna et autumnalia ad orientem. Nam cum
prætentura luminibus adversa, solis impetus progrediens ad occidentem efficit ea temperata ad id tempus,
quo opus solite est uti. Æstiva ad septentrionem, quod
ea regio, non ut reliquæ quæ per solstitium propter calorem efficiuntur æstuosæ, eo quod est aversa a solis
cursu, semper refrigerata, et salubritatem et voluptatem in usu præstat. Non minus pinacothecæ et plumariorum textrinæ 44 pictorumque officinæ, uti colores
eorum in opere propter constantiam luminis immutata
permaneant qualitate.

V. De ædificiorum propriis locis et generibus ad quascumque personarum
qualitates convenientibus.

Quum ad regiones cœli ita ea fuerint disposita, tunc
etiam animadvertendum est, quibus rationibus privatis
ædificiis propria loca patribus familiarum, et quemadmodum communia cum extraneis ædificari debeant.
Namque ex his quæ propria sunt, in ea non est potestas omnibus introeundi nisi invitatis; quemadmodum
sunt cubicula, triclinia, balneæ ceteraque, quæ easdem
habent usus rationes. Communia autem sunt, quibus
etiam invocati suo jure de populo possunt venire, id est

point dans ces bibliothèques, tandis que dans celles qui sont exposées au midi et au couchant, les teignes et l'humidité gâtent les livres, parce que les vents humides font naître et nourrissent ces insectes, et altèrent les livres en les faisant moisir.

Les salles à manger dont on se sert au printemps et pendant l'automne, doivent être tournées vers l'orient : car, à l'aide d'un rideau placé devant les fenêtres, on éloigne les rayons du soleil, dont la marche rapide vers l'occident y laisse bientôt une douce température pour le temps où l'on a particulièrement besoin de s'en servir. Les salles d'été regarderont le septentrion, parce que cette exposition ne ressemble point aux autres que les chaleurs du solstice rendent insupportables; opposée au cours du soleil, toujours fraîche, elle offre à la fois salubrité et agrément. Cette exposition ne convient pas moins pour les galeries de tableaux, et les ateliers de broderie et de peinture, parce que le jour, qui y est toujours égal, ne fait rien perdre aux couleurs de leur éclat.

V. Des édifices considérés sous le rapport de leur disposition particulière, relativement à la qualité des personnes qui doivent les habiter.

Après avoir ainsi orienté une maison, il faudra s'occuper de la manière d'en distribuer les différentes parties, selon qu'elles seront destinées au père de famille, ou aux étrangers. Ce n'est, en effet, que sur une invitation qu'on peut entrer dans les appartements particuliers, tels que chambres à coucher, salles à manger, bains et autres pièces également consacrées à des usages particuliers. Mais il est d'autres parties dans lesquelles le public a le droit d'entrer sans être invité : ce sont les vestibules, les cavædium, les péristyles et autres endroits destinés à des usages communs. Or, les personnes d'une

vestibula, cava ædium, peristylia, quæque eumdem habere possunt usum. Igitur his qui communi sunt fortuna,
non necessaria magnifica vestibula[45], nec tablina neque
atria, quod hi aliis officia præstant ambiundo, quæ ab
aliis ambiuntur[46].

Qui autem fructibus rusticis serviunt, in eorum vesti-
bulis stabula, tabernæ, in ædibus cryptæ, horrea, apo-
thecæ ceteraque, quæ ad fructus servandos magis quam
ad elegantiæ decorem possunt esse, ita sunt facienda.
Item feneratoribus et publicanis commodiora et specio-
siora et ab insidiis tuta : forensibus autem et disertis
elegantiora et spatiosiora ad conventus excipiundos;
nobilibus vero, qui honores magistratusque gerendo
præstare debent officia civibus, facienda sunt vestibula
regalia, alta atria, et peristylia amplissima, silvæ,
ambulationesque laxiores, ad decorem majestatis perfectæ : præterea bibliothecæ, pinacothecæ, basilicæ,
non dissimili modo quam publicorum operum magnificentia comparatæ, quod in domibus eorum sæpius
et publica consilia et privata judicia arbitriaque conficiuntur[47].

Ergo si his rationibus ad singulorum generum per-
sonas, uti in libro primo de decore est scriptum, ita
disposita erunt ædificia, non erit quod reprehendatur :
habebunt enim ad omnes res commodas et emendatas
explicationes. Earum autem rerum non solum erunt in
urbe ædificiorum rationes, sed etiam ruri, præterquam
quod in urbe atria proxima januis solent esse, ruri vero

condition ordinaire n'ont besoin ni de magnifiques vestibules, ni de cabinets de travail, ni de cours spacieuses, parce qu'elles vont ordinairement présenter leurs hommages aux autres, sans qu'on vienne en faire autant chez elles.

Ceux qui font trafic des biens de la terre, doivent avoir à l'entrée de leur maison des étables, des boutiques, et, dans l'intérieur, des caves, des greniers, des celliers et autres pièces qui servent plus à la conservation des fruits qu'à la beauté et à l'agrément de la maison. Aux gens d'affaires et aux financiers, il faut des demeures plus commodes et plus belles, et qui soient à l'abri des voleurs. Il en faut encore de plus élégantes et de plus grandes aux avocats et aux gens de lettres, qui ont à recevoir beaucoup de monde. La noblesse, enfin, qui occupe les grandes charges de la magistrature et de l'État, devant donner audience au public, doit avoir de magnifiques vestibules, de vastes cours, des péristyles spacieux, des jardins ombragés, de larges promenades; tout doit être beau et majestueux; ajoutez à cela des bibliothèques, des galeries de tableaux, des basiliques dont la magnificence égale celle des édifices publics, parce que chez eux les affaires publiques se traitent souvent en conseil, et que les différends des particuliers y sont réglés par sentence du juge et par arbitrage.

Si la disposition des édifices a été de cette manière appropriée aux différentes conditions des personnes, les principes posés dans le premier livre, au sujet de la bienséance, auront été parfaitement observés, et les parties de chaque maison seront commodes et correctes. Telles sont les règles dont l'application importe, non-seulement aux constructions de la ville, mais encore à celles de la campagne, avec cette différence pourtant qu'à la ville la cour vient immédiatement après la porte, et qu'à la

pseudourbanis[48] statim peristylia, deinde tunc atria
habentia circum porticus pavimentatas spectantes ad
palæstras et ambulationes.

Quoad potui, urbanas rationes ædificiorum summatim perscripsi, ut proposui : nunc rusticorum expeditionem, ut sint ad usum commoda, quibusque rationibus
collocare oporteat ea, dicam.

VI. De rusticorum ædificiorum rationibus

Primum de salubritatibus[49], uti in primo volumine
de mœnibus collocandis scriptum est, regiones aspiciantur, et ita villæ collocentur. Magnitudines earum
ad modum agri, copiasque fructuum comparentur :
cortes[50] magnitudinesque earum ad pecorum numerum, atque quot juga boum opus fuerit ibi versari, ita
finiantur. In corte culina quam calidissimo loco designe-
tur, conjuncta autem habeat bubilia[51], quorum præsepia ad focum[52] et orientis cœli regionem spectent ; ideo
quod boves lumen et ignem spectando[53] horridi non
fiunt. Item agricolæ regionum periti non putant oportere aliam regionem cœli boves spectare nisi ortum solis.

Bubilium autem debent esse latitudines, nec minores
pedum denum, nec majores quindenum[54] : longitudo,
uti singula juga, ne minus occupent pedes septe-
nos. Balnearia[55] item conjuncta sint culinæ : ita enim
lavationi rusticæ ministratio non erit longe. Torcular[56]
item proximum sit culinæ : ita enim ad olearios fructus
commoda erit ministratio : habeatque conjunctam vi-

campagne les péristyles touchent à l'habitation du maître, et que les cours sont entourées de portiques pavés qui ont vue sur les palestres et les promenades.

Je viens, autant qu'il m'a été possible de le faire sommairement, de donner, comme je l'avais promis, la manière de disposer les maisons de la ville; je vais dire comment il faut s'y prendre pour rendre celles de la campagne commodes et propres aux usages auxquels elles sont destinées.

VI. De la disposition des maisons à la campague.

Il faut d'abord s'occuper de la salubrité, comme nous l'avons prescrit dans le premier livre au sujet des fondements des murs, et pour cela, examiner les différentes expositions, et donner la meilleure à la maison. Sa grandeur doit être proportionnée à l'étendue de la terre, à la quantité des produits; le nombre et la grandeur des basses-cours seront déterminés par la quantité des bestiaux et le nombre des charrues. La cuisine sera placée dans l'endroit le plus chaud de la cour, et les étables à bœufs y attenant auront leurs crèches tournées vers la cheminée et le soleil levant; les bœufs, à la vue du feu et de la lumière, ne deviennent point hérissés. Aussi les laboureurs expérimentés pensent-ils que les étables à bœufs ne doivent être exposées qu'au soleil levant.

Leur largeur ne doit pas avoir moins de dix pieds ni plus de quinze; quant à leur longueur, elle devra être dans la proportion de sept pieds au moins pour chaque paire de bœufs. Que la salle de bains soit aussi contiguë à la cuisine; le service qu'exigent les bains à la campagne sera plus facile. Il faudra encore que le pressoir soit tout auprès de la cuisine : cette proximité rendra plus aisée la préparation des olives; viendra ensuite le cellier

nariam cellam, habentem ad septentrionem lumina fenestrarum [57]; quum enim alia parte habuerit, qua sol
calefacere possit, vinum quod erit in ea cella, confusum ab calore efficietur imbecillum.

Olearia autem ita est collocanda, ut habeat a meridie
calidisque regionibus lumen : non enim debet oleum
congelari, sed tepore caloris extenuari. Magnitudines
autem earum ad fructuum rationem et numerum dolio-
rum sunt faciendæ; quæ quum sint cullearia [58], per medium occupare debent pedes quaternos. Ipsum autem
torcular, si non cochleis torquetur, sed vectibus et
prelo premitur, ne minus longum pedes quadraginta
constituatur : ita enim erit vectiario spatium expeditum;
latitudo ejus ne minus pedum senum denum : nam sic
erit ad plenum opus facientibus libera versatio et
expedita. Sin autem duobus prelis loco opus fuerit,
quatuor et viginti pedes latitudini dentur.

Ovilia et caprilia ita magna sunt facienda, ut singula
pecora areæ ne minus pedes quaternos et semipedem,
ne plus senos possint habere. Granaria sublimata [59] et
ad septentrionem aut aquilonem spectantia disponantur : ita enim frumenta non poterunt cito concalescere,
sed afflatu refrigerata diu servantur : namque ceteræ
regiones procreant curculionem [60] et reliquas bestiolas
quæ frumentis solent nocere. Equilia [61] quam maxime
in villa, ubi loca calidissima fuerint, constituantur, dum
ne ad focum spectent : quum enim jumenta proxime
ignem stabulantur, horrida fiunt.

Item non sunt inutilia præsepia, quæ collocantur extra culinam [62] in aperto, contra orientem; quum enim

dont les fenêtres tireront le jour du septentrion : car si elles étaient exposées de manière à laisser pénétrer la chaleur du soleil, le vin qu'il contiendrait tournerait et perdrait de sa force.

L'endroit où l'on serre les huiles doit, au contraire, avoir ses jours ouverts du côté du soleil du midi : car la gelée leur est nuisible, au lieu qu'une douce chaleur conserve leur qualité. La grandeur des celliers doit être proportionnée à la quantité des fruits, et au nombre des tonneaux, qui, s'ils sont de la plus grande mesure, doivent occuper par le milieu une place de quatre pieds. Quant au pressoir, si la machine, au lieu d'être à vis, est à leviers et à arbre, il n'aura pas moins de quarante pieds de longueur, ce qui permettra de faire jouer librement le levier. Sa largeur ne sera pas moindre que seize pieds. Par là les ouvriers auront tous leurs mouvements libres et faciles. Mais si l'on a besoin de deux machines, il faudra donner au pressoir vingt-quatre pieds de largeur.

Les étables à brebis et à chèvres doivent être assez grandes pour que chaque bête puisse avoir quatre pieds et demi de place au moins, et six au plus. Les greniers seront élevés et tournés vers le septentrion ou vers l'aquilon ; ces précautions empêcheront le grain de s'échauffer, et la fraîcheur du vent les conservera longtemps. Les autres expositions engendrent les charançons et tous ces insectes qui rongent ordinairement le blé. Il faut que les écuries soient bâties tout auprès de la maison, dans l'endroit le plus chaud, pourvu toutefois qu'elles ne soient pas tournées vers la cheminée, car les chevaux qui se trouvent placés dans le voisinage du feu perdent le poli de leur poil.

Il n'est point non plus inutile que des crèches soient placées en dehors de la cuisine, à découvert, du côté de l'orient; en hiver, lorsque par un beau temps, les bœufs

in hieme anni sereno cœlo in ea traducuntur, matutino
boves ad solem pabulum capientes, fiunt nitidiores.
Horrea, fœnilia, farraria [63], pistrina extra villam facienda videntur, ut ab ignis periculo sint villæ tutiores.
Si quid delicatius in villa faciendum fuerit, ex symmetriis, quæ in urbanis supra scripta sunt, constituta ita
struantur, ut sine impeditione rusticæ utilitatis ædifi-
centur.

Omnia ædificia ut luminosa sint, oportet curari; sed
quæ sunt ad villas, faciliora videntur esse, ideo quod
paries nullius vicini potest obstare : in urbe autem aut
communium parietum altitudines aut angustiæ loci impe-
diundo faciunt obscuritates. Itaque de ea re sic erit expe-
riundum : ex qua parte lumen oporteat sumere, linea ten-
datur ab altitudine parietis, qui videtur obstare ad eum
locum, cui lumen oporteat immittere; et si ab ea linea,
in altitudinem quum prospiciatur, poterit spatium puri
cœli amplum videri, in eo loco lumen erit sine impeditione.

Sin autem officiunt trabes seu limina [64] aut contignationes, de superioribus partibus aperiatur, et ita immit-
tatur : et ad summam ita est gubernandum, ut e quibuscumque partibus cœlum prospici poterit, per eas
fenestrarum loca relinquantur [65] : sic enim lucida erunt
ædificia. Quum autem in tricliniis ceterisque conclavibus
maximus est usus luminis, tum etiam in itineribus, cli-
vis scalisque; quod in his sæpius alii aliis obviam ve-
nientes ferentes sarcinas solent incurrere.

Quoad potui distributiones operum nostratium, uti
sint ædificatoribus non obscuræ, explicui : nunc etiam

y sont menés, ils prennent leur nourriture au soleil du matin, et deviennent plus beaux. Les granges, les greniers à foin et à blé, le moulin doivent être construits à une certaine distance de la maison, pour qu'elle n'ait rien à craindre du feu. Si l'on veut ajouter quelque ornement à la maison, les proportions qui ont été données ci-dessus pour les édifices de la ville, pourront être suivies, pourvu qu'il n'en résulte aucun embarras pour le service de la ferme.

Tous les édifices doivent être parfaitement éclairés; le point est important. C'est une chose facile à la campagne, où les murailles d'un voisin ne peuvent venir s'opposer au jour; à la ville, au contraire, la hauteur d'un mur mitoyen, le rapprochement des maisons répandent de l'obscurité. Pour voir si l'on aura assez de jour, il faut faire l'expérience suivante : du côté où l'on voudra prendre le jour, on tendra une corde depuis le haut du mur qui peut faire obstacle au jour, jusqu'à l'endroit où il doit être reçu; et si de cette corde, en regardant en haut, on peut découvrir une vaste étendue du ciel, la lumière arrivera dans le lieu sans empêchement.

Si le jour était arrêté par une poutre, un linteau, un plancher, il faudrait faire des ouvertures au-dessus des obstacles qu'il rencontre, et l'introduire par là; en un mot, il faut s'y prendre de manière que partout où le ciel pourra être vu à découvert, il y ait place pour des fenêtres : c'est ainsi qu'on aura des maisons bien éclairées. Les chambres et les salles à manger exigent beaucoup de jour; mais c'est surtout aux passages, aux escaliers en limaçon et aux droits qu'il faut en donner, parce que souvent il arrive que des personnes s'y rencontrent venant les unes d'un côté, les autres de l'autre, et s'y croisent avec des fardeaux qu'elles portent.

Je viens d'expliquer la manière de distribuer les maisons en Italie, assez clairement, je pense, pour que les

quemadmodum Græcorum consuetudinibus ædificia distribuantur, uti non sint ignota, summatim exponam.

VII. De Græcorum ædificiorum eorumque partium dispositione.

Atriis Græci quia non utuntur, neque ædificant, sed ab janua introeuntibus itinera faciunt latitudinibus non spatiosis, et ex una parte equilia, ex altera ostiariis cellas, statimque januæ interiores finiuntur. Hic autem locus inter duas januas Græce θυρωρεῖον appellatur. Deinde est introitus in peristylium : id peristylium in tribus partibus habet porticus ; in quarta parte, quæ spectat ad meridiem, duas antas inter se spatio amplo distantes, in quibus trabes invehitur, et quantum inter antas distat, ex eo tertia dempta spatium datur introrsus. Hic locus apud nonnullos προστὰς, apud alios παραστὰς nominatur.

In his locis introrsus constituuntur œci magni, in quibus matres familiarum cum lanificis habent sessionem. In prostadii autem dextra ac sinistra cubicula sunt collocata, quorum unus thalamus, alterum antithalamus[66] dicitur. Circum autem in porticibus triclinia quotidiana, cubicula etiam et cellæ familiaricæ[67] constituuntur. Hæc pars ædificii gynæconitis appellatur[68].

Conjunguntur autem his domus ampliores habentes latiora peristylia[69], in quibus pares sunt quatuor porticus altitudinibus, aut una, quæ ad meridiem spectat, excelsioribus columnis constituitur. Id autem peristylium, quod unam altiorem habet porticum, Rhodiacum[70] appellantur. Habent autem eæ domus vestibula egregia

constructeurs n'y trouvent rien d'obscur. Je vais dire
sommairement comment les Grecs ont l'habitude de disposer leurs maisons, afin qu'on ne l'ignore pas.

VII. De la disposition des édifices grecs, et des parties qui les composent.

Les cours ne sont point en usage chez les Grecs, aussi
n'en bâtissent-ils point ; mais de la porte d'entrée on pénètre dans un corridor assez étroit, ayant d'un côté les
écuries, de l'autre la loge du portier, et terminé par
une porte intérieure. Ce passage, ainsi placé entre deux
portes, s'appelle en grec θυρωρεῖον. De là on entre dans le
péristyle. Ce péristyle a des portiques de trois côtés ; à
celui qui regarde le midi, il y a deux antes, placés à
une grande distance l'un de l'autre, qui soutiennent un
poitrail ; l'espace compris entre les deux antes, moins
un tiers, donne la profondeur de ce lieu, que quelques-
uns appellent προστάς, et d'autres παραστάς.

C'est là que sont placées intérieurement de grandes
salles où les mères de famille vont s'asseoir au milieu des
femmes qui apprêtent les laines. A droite et à gauche du
prostadium se trouvent des chambres, dont l'une s'appelle *thalamus*, l'autre *antithalamus*. Autour des portiques sont les salles à manger ordinaires, les chambres
à coucher, le logement des domestiques. Cette partie
de la maison s'appelle gynécée.

A ce bâtiment s'en joint un autre plus vaste, ayant
de plus larges péristyles, dont les quatre portiques sont
de hauteur égale, ou dont l'un, celui qui regarde le midi,
est soutenu par des colonnes plus hautes. Ce péristyle,
dont le portique est plus élevé, se nomme rhodien. Il y
a de ce côté de magnifiques vestibules, des portes particulièrement belles. Les portiques des péristyles sont

et januas proprias cum dignitate porticusque peristyliorum albariis et tectoriis et ex intestino opere lacunariis
ornatas, et in porticibus, quæ ad septentrionem spectant, triclinia Cyzicena et pinacothecas; ad orientem
autem bibliothecas; exedras ad occidentem; ad meridiem vero spectantes œcos quadratos tam ampla magnitudine, uti faciliter in eis tricliniis quatuor[71] stratis
ministrationum ludorumque operis[72] locus possit esse
spatiosus.

In his œcis fiunt virilia convivia : non enim fuerat
institutum matres familiarum eorum moribus accum-
bere. Hæc autem peristylia domus andronitides dicuntur, quod in his viri sine interpellationibus mulierum
versantur. Præterea dextra ac sinistra domunculæ constituuntur habentes proprias januas, triclinia et cubicula
commoda, uti hospites advenientes non in peristylia,
sed in ea hospitalia recipiantur[73]. Nam quum fuerunt
Græci delicatiores et fortuna opulentiores, hospitibus
advenientibus instruebant triclinia, cubicula, cum penu
cellas, primoque die ad cœnam invitabant, postea mit-
tebant pullos, ova, olera, poma reliquasque res agre-
stes. Ideo pictores ea, quæ mittebantur hospitibus,
picturis imitantes xenia[74] appellaverunt. Ita patres
familiarum in hospitio non videbantur esse peregre, habentes secretam in his hospitalibus libertatem.

Inter hæc autem peristylia et hospitalia, itinera sunt,
quæ mesaulæ dicuntur, quod inter duas aulas media
sunt interposita; nostri autem eas andronas appellant.
Sed hoc valde est mirandum, nec enim Græce nec La-

ornés de stuc, de peintures et de lambris en menuiserie. Le long du portique qui regarde le septentrion,
sont placées les salles à manger, nommées cyzicènes,
et les cabinets de tableaux; celui qui regarde l'orient
contient la bibliothèque; celui de l'occident renferme
les salles de conférence; on voit au portique du midi
les grandes salles carrés assez vastes et assez spacieuses
pour pouvoir contenir sans difficulté quatre tables à
trois lits, avec l'espace nécessaire pour le service et
pour les jeux.

Ces salles sont réservées aux festins des hommes; il
n'est point d'usage chez eux d'admettre à leur table les
mères de famille. Ces péristyles s'appellent *andronitides*,
parce que les hommes n'y sont point importunés par les
femmes. Il y a encore à droite et à gauche de petits appartements avec des portes particulières, des salles à
manger et des chambres commodes, destinées à recevoir
les étrangers qu'on ne met point dans les appartements
qui ont des péristyles. Les Grecs, si délicats et si somptueux, faisaient préparer, à l'arrivée de leurs hôtes, des
salles à manger, des chambres à coucher, un office bien
approvisionné. Le premier jour ils les invitaient à leur
table, et les jours suivants, ils leur envoyaient des pou-
lets, des œufs, des légumes, des fruits et toutes les autres choses qu'ils recevaient de la campagne. Voilà pourquoi les peintres ont appelé *xenia* les peintures qui
représentent ces présents qu'on envoyait à ses hôtes.
Ainsi les pères de famille ne se sentaient point étrangers
sous le toit hospitalier, jouissant, dans ces appartements, de la même liberté qu'ils auraient eue chez eux.

Entre ces péristyles et les appartements consacrés aux
hôtes, sont des passages appelés *mesaulæ*, nom tiré de
la position qu'ils occupent entre deux bâtiments; nous
les appelons, nous, *andrones*. Et ce qu'il y a d'étonnant, c'est que ce mot n'a point en grec la même signi-

tine potest convenire. Græci enim ἀνδρῶνας appellant
œcos, ubi convivia virilia solent esse, quod eo mulie-
res non accedunt. Item aliæ res sunt similes, uti xystus,
prothyrum, telamones et nonnulla alia ejus modi : ξυστὸς
enim, Græca appellatione, est porticus ampla latitudine,
in qua athletæ per hiberna tempora exercentur. Nostri
autem hypæthras ambulationes xysta appellant, quas
Græci παραδρομίδας dicunt. Item prothyra Græce dicuntur, quæ sunt ante januas vestibula; nos autem appel-
lamus prothyra, quæ Græce dicuntur διάθυρα.

Item si qua virili figura signa mutulos aut coronas
sustinent, nostri telamones appellant; cujus rationes,
quid ita aut quare dicantur, ex historiis non inveniuntur : Græci vero eos ἄτλαντας vocitant. Atlas enim hi-
storia formatur sustinens mundum, ideo quod is primum
cursum solis et lunæ siderumque omnium ortus et occasus, mundique versationum rationes rigore animi solertiaque curavit hominibus tradendas, eaque re a pictori-
bus et statuariis deformatur pro eo beneficio sustinens
mundum; filiæque ejus Atlantides, quas nos Vergilias,
Græci autem Πλειάδας nominant?5, cum sideribus in
mundo sunt dedicatæ.

Nec tamen ego ut mutetur consuetudo nominationum
aut sermonis, ideo hæc proposui; sed ut ea non sint
ignota philologis, exponenda judicavi. Quibus consuetudinibus ædificia Italico more et Græcorum institutis
conformantur exposui, et de symmetriis singulorum generum proportiones perscripsi; ergo quoniam de venustate decoreque ante est scriptum, nunc exponemus de

fication qu'en latin. Les Grecs, en effet, appellent ἀνδρῶνες les grandes salles où les hommes ont coutume de faire leurs festins, sans que les femmes y paraissent. Nous nous servons encore de quantité de mots pris dans des acceptions différentes, tels que *xystus*, *prothyrum*, *telamones* et quelques autres. Ξυστός, dans l'acception grecque, signifie un vaste portique où s'exercent les athlètes pendant l'hiver, et nous, nous appelons *xysta* les promenades découvertes que les Grecs nomment περιδρομίδες. Les Grecs appellent encore *prothyra* les vestibules qui sont devant les portes; chez nous, *prothyra* est le διάθυρα des Grecs.

Si quelques figures d'hommes soutiennent des mutules ou des corniches, nous les nommons *telamones*. Pourquoi leur donne-t-on ce nom? C'est ce que l'histoire ne nous apprend pas : les Grecs les appellent ἄτλαντες. L'histoire représente Atlas soutenant le ciel sur ses épaules, parce qu'il est le premier qui, après de longues et judicieuses observations, enseigna aux hommes le cours du soleil et de la lune, le lever et le coucher des astres, les révolutions de l'univers; et c'est en récompense de ce bienfait que les peintres et les statuaires l'ont représenté soutenant le ciel sur ses épaules, et que ses filles Atlantides, que les Latins appellent *Vergiliæ*, et les Grecs Πλειάδες, ont été mises au nombre des étoiles.

Ce n'est pas pour changer des noms consacrés par l'usage que j'ai fait cet exposé; mais j'ai cru ne pas devoir taire des choses que les philologues ne devaient pas ignorer. Après avoir exposé les différentes manières de construire les édifices tant en Grèce qu'en Italie, et donné les proportions suivies par les deux peuples, après avoir parlé de leur beauté et de leur disposition, il me reste à traiter de leur solidité et des moyens de les faire

firmitate, quemadmodum ea sine vitiis permaneat et ad
vetustatem collocetur.

VIII. De firmitate et fundamentis ædificiorum.

Ædificia quæ plano pede instituuntur[76], si fundamenta eorum facta fuerint ita, ut in prioribus libris de
muro et theatris a nobis est expositum, ad vetustatem
ea erunt sine dubitatione firma. Sin autem hypogea con-
camerationesque instituentur, fundationes eorum fieri
debent crassiores quam quæ in superioribus ædificiis
structuræ sunt futuræ, eorumque parietes, pilæ, columnæ ad perpendiculum inferiorum medio collocentur,
uti solido respondeant : nam si in pendentibus[77] onera
fuerint parietum aut columnarum, non poterunt habere perpetuam firmitatem.

Præterea inter limina secundum pilas et antas postes
si supponentur[78], erunt non vitiosæ : limina enim et
trabes structuris quum sint oneratæ, medio spatio pan-
dantes frangunt sublisæ[79] structuras. Quum autem
subjecti fuerint et subcuneati postes, non patiuntur in-
sidere trabes, neque eas lædere.

Item administrandum est, uti levent onus parietum
fornicationes cuneorum divisionibus, et ad centrum respondentes earum conclusuræ : quum enim extra trabes,
aut liminum capita, arcus cuneis erunt conclusi, primum non pandabit materies levata onere ; deinde si
quod e vetustate vitium ceperit, sine molitione fultura-
rum faciliter mutabitur.

durer à jamais, sans qu'ils aient à souffrir des injures du temps.

VIII. De la solidité et des fondements des édifices.

Si les édifices qui se construisent au rez-de-chaussée, ont leurs fondements faits de la manière que nous avons enseignée dans les livres précédents qui traitent des murailles et des théâtres, ils renfermeront certainement toutes les conditions d'une longue durée. Mais si des caves nécessitent la construction d'une voûte, il faudra donner aux fondements plus d'épaisseur qu'ils n'en auraient, s'il n'était question que d'édifices bâtis hors de terre, et faire en sorte que les murailles, les piliers, les colonnes soient parfaitement d'aplomb sur les mêmes parties inférieures, et ne reposent point sur le vide : car si le poids des murailles et des colonnes porte à faux, impossible de compter sur une grande solidité.

Il ne sera pas mauvais de placer au-dessus de chaque linteau deux poteaux qui se rapprochant par le haut s'appuieront sur les pieds-droits : car les linteaux, les poitrails qui ont à supporter une lourde maçonnerie, venant à plier au milieu, se rompent, et entraînent cette maçonnerie. Mais ces poteaux, ayant été mis dessus et bien assujettis, empêcheront que les linteaux ne s'affaissent et n'endommagent les constructions.

Il faut encore avoir soin que le poids des murs soit allégé par des décharges faites avec des pierres taillées en forme de coin, et dont les lignes correspondent à un centre. Les arcs formés avec des pierres ainsi taillées, venant se fermer aux deux extrémités du linteau et du poitrail, empêcheront d'abord que le bois, déchargé de son fardeau, ne plie, et permettront, si le temps vient à occasionner quelque dommage, de le réparer facilement, sans qu'il soit besoin d'avoir recours aux étais.

Itemque quæ pilatim [80] aguntur ædificia, et cuneorum divisionibus, coagmentis ad centrum respondentibus, fornices concluduntur, extremæ pilæ in his latiores spatio sunt faciundæ, ut vires eæ habentes resistere possint, quum cunei ab oneribus parietum pressi, per coagmenta ad centrum se prementes extruserint incumbas [81]. Itaque si angulares pilæ erunt spatiosis magnitudinibus, continendo cuneos firmitatem operibus præstabunt.

Quum in his rebus animadversum fuerit, uti ea diligentia in his adhibeatur, non minus etiam observandum est, uti omnes structuræ perpendiculo respondeant [82], neque habeant in ulla parte proclinationes. Maxima autem esse debet cura substructionum, quod in his infinita vitia solet facere terræ congestio : ea enim non potest esse semper uno pondere, quo solet esse per æstatem; sed hibernis temporibus recipiendo ex imbribus aquæ multitudinem, crescens et pondere et amplitudine disrumpit et extrudit structurarum septiones.

Itaque ut huic vitio medeatur, sic erit faciundum, uti primum pro amplitudine congestionis crassitudo structuræ constituatur; deinde in frontibus [83] anterides, sive erismæ [84] sint, una struantur, crassitudine eadem qua substructio, eæque inter se distent tanto spatio [85], quanto crassitudo constituta fuerit substructionis. Procurrant autem ab imo quantum altitudo substructionis est futura, deinde contrahantur gradatim ita, uti summam habeant prominentiam quanta operis est crassitudo.

Præterea introrsus contra terrenum, uti dentes con-

Les édifices élevés sur des piliers réunis par des arcades
formées avec des pierres taillées en forme de coin, et
dont les jointures correspondent à un centre, exigent
que les piliers des angles soient plus larges, afin qu'ils
puissent opposer plus de résistance aux pierres taillées
en forme de coin qui, chargées par le poids des murailles, et s'abaissant par les jointures vers le centre,
pourraient faire reculer les impostes. Si donc on donne
beaucoup de largeur aux piliers des extrémités, les pierres en forme de coin seront fortement contenues, et l'ouvrage y gagnera en solidité.

Après que toutes ces observations auront été exactement mises en pratique, il faudra encore faire attention
à ce que toutes les parties de la maçonnerie soient bien
d'aplomb, sans que rien penche d'aucun côté. C'est surtout aux murs des souterrains qu'il faut apporter le plus
grand soin, à cause des terres qui ordinairement déter-
minent grand nombre d'accidents. Les terres, en effet,
n'ont pas dans les autres saisons le même poids qu'en
été; pénétrées par les pluies abondantes de l'hiver, elles
se gonflent, et par le poids et le volume qu'elles acquièrent, elles pressent et rompent la maçonnerie.

Pour remédier à cet inconvénient, il faut d'abord
proportionner l'épaisseur du mur au volume de terre
qu'il a à soutenir, bâtir ensuite en même temps que le
mur et en dehors, des arcs-boutants et des contre-forts
dont la largeur soit égale à celle des fondements, et qui
soient distants les uns des autres de toute la grandeur
qu'on aura donnée à l'épaisseur des fondements. La partie inférieure devra avoir autant de longueur que les
fondations auront de hauteur, puis ils se rétréciront
graduellement de manière que la partie supérieure
de leur saillie ne soit pas plus grande que le mur n'est
épais.

Il faudra encore disposer en dedans une espèce de

juncti muro serratim struantur, uti singuli dentes ab muro tantum distent, **quanta** altitudo futura erit substructionis : crassitudines autem habeant dentium structuræ uti muri. Item in extremis angulis, quum recessum fuerit ab interiore angulo, spatio altitudinis substructionis, in utramque partem signetur, et ab his signis diagonios structura collocetur, et ab ea media, altera conjuncta cum angulo muri. Ita dentes et diagoniæ structuræ non patientur tota vi premere murum, sed dissipabunt retinendo impetum congestionis.

Quemadmodum opera sine vitiis oporteat constitui, et uti caveatur, incipientibus exposui : namque de tegulis aut tignis aut asseribus immutandis non eadem est cura, quemadmodum de his, quod ea, quamvis sint vitiosa, faciliter mutantur. Ita quæ nec solida quidem putantur esse, quibus rationibus hæc poterunt esse firma, et quemadmodum instituantur, exposui.

Quibus autem copiarum generibus oporteat uti, non **est** architecti potestas; ideo quod non in omnibus locis omnia genera copiarum nascuntur, uti in proximo volumine est expositum. Præterea in domini est potestate, utrum lateritio, an cæmentitio, an saxo quadrato velit ædificare. Itaque omnium operum probationes tripartito considerantur, id est fabrili subtilitate, magnificentia et dispositione. Quum magnificenter opus perfectum aspicietur a domini potestate, impensæ laudabuntur ; quum subtiliter, officinatoris probabitur exactio ; quum vero venustate, proportionibus et symmetriis habuerit auctoritatem, tunc fuerit gloria architecti.

dentelure en forme de scie qui soit jointe au mur, et
opposée à la terre. Chaque dent devra s'éloigner du mur
à une distance égale à la hauteur des fondements; la
maçonnerie de ces dents sera aussi épaisse que celle du
mur. Enfin à l'extrémité des angles, après s'être éloigné
de l'angle intérieur d'un espace égal à la hauteur des
fondements, on fera une marque de chaque côté, et de
l'une de ces marques à l'autre, on dirigera un mur dia-
gonal, du milieu duquel un autre ira joindre l'angle du
mur. Par cette disposition les terres seront arrêtées, retenues; les dentelures et les murailles diagonales empêcheront que tout leur poids ne vienne peser contre le mur.

Je viens d'enseigner à ceux qui entreprennent de bâtir
la manière de faire une construction sans défaut, et les
mesures qu'il faut prendre pour cela : car pour ce qui
regarde les couvertures, les poutres, les chevrons, leur
renouvellement ne présente pas la même importance;
et, s'ils viennent à pourrir, il est facile de les remplacer.
Donner les moyens de rendre solide ce qui ne paraissait
pas susceptible de l'être, tracer le plan d'une bonne disposition, tel a été le but que je me suis efforcé d'atteindre.

De quelle espèce de matériaux faut-il se servir? Voilà
ce qu'il n'est pas au pouvoir de l'architecte de déterminer, parce qu'on ne trouve pas en tous lieux toute espèce de matériaux, comme nous l'avons dit dans le dernier livre, et qu'il dépend de la volonté de celui qui
fait bâtir d'employer la brique, le moellon ou la pierre
de taille. Tout ouvrage peut être considéré sous trois
points de vue, la main d'œuvre, la magnificence et la
disposition. Quand un ouvrage se distingue par une magnificence et une perfection qui annoncent la richesse
du possesseur, on loue la dépense; s'il se fait remarquer
par le fini du travail, on apprécie le mérite de l'ouvrier;
mais lorsqu'il se recommande par la beauté et la justesse
des proportions, c'est alors que triomphe l'architecte.

Hæc autem recte constituuntur, quum is et a fabris et ab idiotis patiatur accipere se consilia[86]. Namque omnes homines, non solum architecti, quod est bonum possunt probare; sed inter idiotas et eos hoc est discrimen, quod idiota, nisi factum viderit, non potest scire quid futurum sit; architectus autem simul animo constituerit, antequam inceperit, et venustate, et usu, et decore quale sit futurum, habet definitum.

Quas res privatis ædificiis utiles putavi, et quemadmodum sint faciunda, quam apertissime potui perscripsi. De expolitionibus autem eorum, ut sint elegantes et sine vitiis ad vetustatem, in sequenti volumine exponam.

Et son succès sera assuré, s'il veut bien ne pas fermer l'oreille aux conseils des simples ouvriers, et même des personnes étrangères à son art : car ce n'est point à l'architecte seulement qu'il est donné de juger ce qui est bon. Il y a pourtant cette différence entre l'architecte et celui qui ne l'est pas, que ce dernier ne peut se faire une idée de l'ouvrage que lorsqu'il est terminé; tandis que l'architecte, avant même d'avoir commencé l'exécution du plan qu'il a imaginé, saisit parfaitement de son œuvre future la beauté, la disposition, la convenance.

Je viens de tracer le plus nettement qu'il m'a été possible la marche qu'il faut suivre dans la construction des édifices particuliers; je vais, dans le livre suivant, exposer les moyens de les embellir et de les préserver longtemps de toute altération.

NOTES

DU LIVRE SIXIÈME*.

─ ● ─

1. ─ *Atheniensium non omnes, nisi eos, qui liberos artibus cru-dissent.* La population d'Athènes, dit Plutarque (*Vie de Solon*, ch. xxx), s'augmentait chaque jour, par le grand nombre d'étrangers qu'attirait de toutes parts la liberté dont on jouissait dans l'Attique. Mais la plus grande partie de son territoire n'offrait qu'un sol ingrat et stérile, et les marchands qui faisaient le commerce maritime, n'apportaient rien à ceux qui ne leur donnaient rien en échange. Solon, frappé de ces inconvénients, tourna du côté des arts l'industrie de ses concitoyens, et fit une loi qui dispensait un fils de l'obligation de nourrir son père, quand celui-ci ne lui avait point fait apprendre un métier.

2. ─ *Si primo animadversum fuerit, quibus regionibus aut quibus inclinationibus mundi constituantur.* Bien que Vitruve, dans l'explication qu'il donne de l'influence des climats sur le corps humain, ne soit pas toujours d'une grande exactitude, il n'en est pas moins vrai qu'un architecte doit différemment construire les édifices dans les diverses contrées, suivant le climat et la nature du pays. Et ces règles générales, que l'auteur donne dans ce chapitre, l'architecte doit savoir les appliquer à une infinité de cas particuliers, parce qu'il ne faut pas croire que la température soit exactement la même dans les pays situés sous le même climat : car combien de circonstances, comme les vents, les volcans, le voisinage de la mer, la position des montagnes, ne se combinent-elles pas avec l'action du soleil, et ne rendent-elles pas la température très-différente dans des lieux placés sous le même parallèle?

3. ─ *Namque aliter Ægypto, aliter Hispania.* Ces pays ont en

* J'ai besoin, avant de commencer les notes de ce second volume, d'adresser de sincères remercîments pour toutes les attentions dont j'ai été l'objet de leur part, à M. Lucas, directeur de l'imprimerie de M. Panckoucke, et à M. J. Chenu, correcteur et collaborateur, aussi modeste que distingué, de la collection des Classiques. Je les prie d'avoir pour agréable le seul témoignage que je puisse leur offrir de ma reconnaissance.

effet des horizons différents. Or, l'horizon est un cercle qui rase la surface de la terre, et qui sépare la partie visible de la terre et du ciel, de celle qui est invisible. Ce mot, purement grec, signifie à la lettre *finissant* ou *bornant* la vue, ὁρίζω, *termino*, *definio*, d'où en latin *finitor*.

4. — *Ceteris terrarum et regionum proprietatibus oportere videntur constitui genera ædificiorum.* Bien que ce précepte saute aux yeux, les architectes ne sauraient trop se pénétrer de cette idée, que ce n'est point seulement par imitation qu'ils doivent procéder, et que ce serait grandement se tromper que de transporter l'architecture italienne dans les pays septentrionaux; qu'avant de tracer un plan, ils doivent étudier la nature du climat, connaître les mœurs et les habitudes du pays.

5. — *Hæc autem ex natura rerum sunt animadvertenda, et consideranda, atque etiam ex membris corporibusque gentium observanda.* Montesquieu, dans le XIVe livre de l'*Esprit des lois*, examine l'influence du climat sur les mœurs, le caractère et les lois des peuples; et bien qu'on puisse dire en général qu'il en étend trop les effets, il est incontestable, et plusieurs auteurs anciens et modernes l'ont remarqué, que la température, la localité, la nourriture contribuent à former les inclinations de l'homme, et à déterminer sa constitution morale; mais il n'en est pas moins vrai, comme le dit l'éditeur anonyme de 1764, que l'éducation et les lois peuvent vaincre ses inclinations et ses mœurs, et leur donnant une autre direction, le former au vice ou à la vertu. L'histoire est remplie de changements arrivés dans les mœurs des peuples; et souvent une génération ne ressemble en rien à celle qui l'a précédée. Personne ne sera tenté d'attribuer ces révolutions à l'influence du climat. *Voyez* MONTESQUIEU, *de l'Esprit des lois*, liv. XIV, ch. 2.

Hippocrate, Platon, Aristote et les hommes les plus doctes de l'antiquité ont reconnu et proclamé l'influence du climat sur la société; et Varron (*Écon. rur.*, liv. 1, ch. 2), parlant de la division qu'Ératosthène fait de notre globe, semblerait donner tort à J.-J. Rousseau qui, dans le *Contrat social*, attribue cette doctrine à Montesquieu.

Mais si nous ne nous attachons qu'aux affections corporelles de chaque nation par rapport au climat, nous verrons qu'on a assez généralement observé que les habitants des climats chauds sont plus petits, plus secs, plus vifs, plus gais, communément plus spirituels, moins laborieux, moins vigoureux; qu'ils ont la peau moins blanche ; qu'ils sont plus précoces ; qu'ils vieillissent plus tôt, et vivent moins longtemps que les habitants des climats froids ; que les femmes des pays chauds sont moins fécondes que celles des pays froids ; que les premières sont plus jolies, mais moins belles que les dernières, etc.

6. — *Sub septentrionibus nutriuntur gentes immanibus corporibus, candidis coloribus, directo capillo et rufo.* Tacite a dit des Germains : *Truces et cœrulei oculi, rutilæ comæ, magna corpora.* « Leurs yeux bleus et farouches, leurs cheveux d'un blond ardent, leurs grands corps. » Comment douter, dit Pline (*Hist. Nat.*, liv. II, ch. 80), que l'Éthiopien brûlé par l'ardente chaleur d'un astre trop près de lui, ne lui doive ce teint brûlé, cette barbe et ces cheveux crépus? Les plages glacées du septentrion, au contraire, ne voient que des peaux blanches, de longues chevelures blondes, etc.

7. — *Non minus sonus vocis.* Vitruve revient encore dans ce passage aux principes de Pythagore, qui prétend qu'une harmonie générale compose et fait mouvoir le globe.

Pour démontrer, d'après ce principe, dit de Bioul, comment la voix de l'homme n'est pas la même dans les différents climats, il se sert d'une comparaison plus ingénieuse qu'exacte. Vitruve suppose placé sur le globe un triangle semblable à l'instrument de musique appelé *sambyce*, qui est composé de plusieurs cordes inégales qui vont toujours en augmentant, ce qui forme un triangle. L'embarras où se trouvait l'auteur pour expliquer en aussi peu de mots comment tout dans le monde se réduit aux principes de la musique, rend l'interprétation de ce passage assez

Fig. 88.

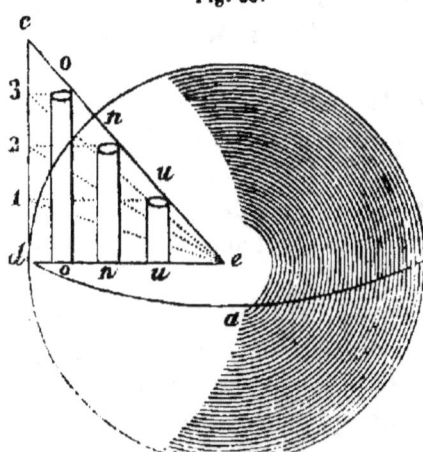

difficile. Joconde, que Perrault a suivi, l'a rendu d'une manière, et Barbaro, dont Galiani a adopté l'interprétation, le rend d'une autre. L'explication de ce dernier m'a paru préférable ; la voici : soit l'horizon du monde *dab* ; du bord septentrional *d*, on tire la ligne *de*, au centre de l'axe du méridien ou de l'équateur *e* ; et de ce point *e* on tire par en haut une autre ligne oblique jusqu'au pôle *c*. Ensuite, quoique l'auteur ne le dise pas, on tire encore une autre ligne du point *c* jusqu'au point *d*, ce qui forme le triangle *edc*. Cela posé, voici son raisonnement : les peuples qui ont le pôle peu élevé, comme ceux, par exemple, qui, dans la fig. 88, occupent l'espace *d*1, ont le ton de la voix semblable à celui de la corde de la sambyce *uu*, qui est égale à l'élévation du pôle *d*1. Ceux qui ont le pôle plus élevé, comme *d*2, ont le ton de la corde qui est égale à l'élévation du pôle *nn*. Ceux qui ont le pôle encore plus élevé, comme *d*3, ont le ton de la corde *oo*, qui est égal à l'élévation du pôle *d*3. Il en est de même pour les autres.

Cette hypothèse de Pythagore, par laquelle il veut prouver que tout ce qui se fait dans le monde, est l'effet d'une harmonie générale, est assurément une des plus ingénieuses des anciens.

8. — *Uti organi, quam* σαμβύκην *Græci dicunt.* La sambyce était un instrument à cordes, usité en Chaldée, et dont on se servit à la dédicace et à l'adoration de la statue de Nabuchodonosor. Euphorion rapporte que les Parthes et les Troglodytes faisaient usage de sambyces à quatre cordes. C'est aussi lui qui nous assure, d'après Suidas, que les sambyces étaient des instruments de musique triangulaires. Musonius nous apprend encore que la sambyce, espèce de cythare triangulaire, fut inventée par Ibycus, et que, suivant Semus de Délos, la Sibylle fut la première à se servir de cet instrument appelé sambyce, du nom de son inventeur. Dans la fig. 88, j'ai substitué des tuyaux aux cordes pour éviter toute confusion dans les lignes.

Une machine de guerre dont il est parlé au dernier chapitre du xe livre, portait le nom de sambyce.

9. — *Calices duo.* L'expérience des godets de terre, dit Perrault, a plus de rapport avec ce dont il s'agit que la sambyce : car il est vrai que les choses sèches rendent un son plus haut, plus aigu que celles qui sont humectées, parce que la vitesse du frémissement des corps durs et secs, quand ils sont frappés, étant cause qu'ils frappent aussi l'air avec plus de vitesse, rend le son plus aigu ; et au contraire, la lenteur du mouvement des corps que l'humidité à relâchés, frappant l'air par des secousses moins entrecoupées, rend un son plus bas.

10. — *Exprimunt tactu.* Philander, dans une de ses notes, trouve digne de remarque ce que rapporte Janus Parrhasius, d'après Capella et Ausone, qu'il y a dans les arbres différentes proportions musicales. En effet, dit-il, plus un arbre est élevé, plus sont aigus les sons que leur fait rendre le vent qui les agite ;

moins ils sont hauts, plus les sons sont graves. *Voyez* le passage
d'Ausone, lett. xxv, v. 9.

Le phénomène dont parle ici Philander s'explique par la différence de grosseur que présente un arbre d'une de ses extrémités
à l'autre. Mais il n'en est pas d'un arbre comme d'une corde,
dont les sons seront d'autant plus aigus qu'elle sera plus mince;
ce ne sont point les branches, ce n'est point le tronc qui fait entendre des sons. L'air, en se précipitant sur eux, éprouve les
mêmes agitations sonores que lui fait éprouver une baguette
qu'on fait mouvoir régulièrement dans l'espace.

11. — *Hoc autem ita esse, a serpentibus licet aspicere.* Galien,
à la fin du second livre *De affectis locis*, dit que la chaleur accé-
lère le mouvement dans l'animal; que le froid, au contraire, le
paralyse, l'amortit; que c'est pour cette raison que les animaux
d'une nature plus froide ont coutume de se cacher pendant
l'hiver; que, pendant cette saison, la vipère engourdie ne mord
point; que dans l'été, au contraire, et surtout pendant la canicule, elle est pleine d'activité et de fureur. *Voyez* OVIDE, *Métamorph.*, liv. II, v. 173.

12. — *Jovis stella.* Vitruve suit le système, qui porta par la
suite le nom de Ptolémée, qui place la terre au centre de l'univers,
et fait tourner autour d'elle toutes les planètes, en les supposant
s'éloigner de ce centre dans l'ordre suivant : la Lune, placée le
plus près d'elle, ensuite Mercure, Vénus, le Soleil, Mars, Jupiter et Saturne placé le plus loin. Comme Mars est très-près du
Soleil, on jugeait qu'il devait avoir très-chaud. Il n'en est pas
de même du système des pythagoriciens et de Cléante de Samos,
renouvelé par Copernic. Ils placent Mars beaucoup plus loin du
Soleil que la terre, tellement que par rapport à la terre, Mars
serait dans la classe des planètes les plus froides.

13. — *Non enim veros videtur habere visus effectus, sed fallitur sæpius judicio ab eo mens.* Il y a, dit Perrault, deux choses
dans la vue : l'impression, c'est-à-dire la réception de l'image de
l'objet dans l'organe, et la réflexion que fait naître cette image,
ce qui peut s'appeler le jugement. Or, ce jugement est de deux
espèces : par l'une on juge de la bonté, de la beauté, de l'utilité
et des autres qualités qui se connaissent quand on les a examinées à loisir; par l'autre on juge de la grandeur, de la figure, de
la couleur, de la distance des objets à l'instant même où on les
aperçoit; c'est ce qu'on appelle le jugement de la vue. Mais pour
entendre ce que veut dire Vitruve, il faut considérer que ce juge-

ment de la vue n'est point infaillible, et qu'il peut être surpris ;
en sorte qu'il est quelquefois nécessaire qu'il soit aidé par l'autre
jugement, c'est-à-dire qu'il ait recours à la réflexion qu'il faut
employer pour bien juger des images, comparant toutes les choses
qui leur appartiennent les unes aux autres, et faisant servir ce
qu'on a de connu et d'assuré pour juger de ce qui ne l'est
pas, se servant, par exemple, de la grandeur connue pour faire
juger de la distance, ou de la distance dont on est assuré pour
juger de la grandeur.

14. — *Quum vero sub aqua sunt demissi, per naturæ perlucidam
raritatem remittunt enatantes ab suis corporibus fluentes imagines
ad summam aquæ planitiem.* Vitruve suppose que le passage des
espèces visuelles se fait par les pores, qui sont au milieu diaphane,
et que ce sont ces pores qui le rendent diaphane. Mais, dit Perrault, il est assez difficile de concevoir que cela se fasse ainsi,
parce qu'il est impossible qu'il y ait assez de conduits dans un
corps pour donner passage à toutes les espèces qui le traversent
de tous côtés, et que ces conduits soient parallèles et obliques en
cent mille façons, comme cela est nécessaire, parce qu'un corps
diaphane l'est toujours également partout. De plus, on remarque
que les corps transparents cessent de l'être lorsqu'ils sont raré-
fiés, c'est-à-dire lorsque leurs pores sont élargis, et qu'ils le deviennent derechef par la condensation, ce qui se voit dans la
neige et dans le brouillard, qui sont de l'eau que la raréfaction
rend opaque et impénétrable à la vue.

La raison qui fait que la raréfaction d'un corps transparent le
rend opaque, est que la vue n'étant autre chose que l'impression
que l'œil reçoit de l'objet, par le moyen du milieu qui la lui
transmet telle qu'il l'a reçue, il est impossible qu'il la transmette
telle qu'il l'a reçue, s'il n'est homogène ; et parce qu'il est composé de parties de nature différente, les impressions qui lui
viennent de l'objet seront altérées en passant d'une partie à une
autre, et, par conséquent, l'œil les recevra d'une autre manière.
Or, il est constant que la raréfaction du milieu le rend hétérogène,
parce qu'elle ne se fait que par l'interposition d'un corps qui
remplit les espaces de celui dont les parties ont changé de situation
par la raréfaction. Ainsi, Vitruve se trompe, lorsqu'il dit qu'une
rame à demi enfoncée dans l'eau paraît rompue à cause du
mouvement que doit faire la partie qui est dans l'eau pour
renvoyer son image jusqu'à la superficie. Le pli qu'offrent ces
rames vient de la raréfaction que souffrent les rayons visuels en
passant obliquement d'un milieu plus dense, celui de l'eau, dans

un autre qui l'est moins, celui de l'air. *Voyez* Lucrèce, *de la Nat. des choses*, liv. IV, v. 439.

15. — *Quum ergo quæ sunt vera falsa videantur, et nonnulla aliter quam sunt oculis probentur, non puto oportere esse dubium, quin ad locorum naturas aut necessitates, detractiones aut adiectiones fieri debeant.* Cette maxime de Vitruve est approuvée, selon Perrault, de la plupart des architectes et des sculpteurs qui regardent la pratique judicieuse de ce changement de proportions comme une des choses les plus fines de leur art ; c'est par là qu'ils prétendent remédier aux mauvais effets que les aspects désavantageux peuvent produire dans les ouvrages, lorsqu'ils en corrompent ou du moins qu'ils empêchent d'en voir la véritable proportion, à cause du raccourcissement qui arrive aux choses qui sont vues obliquement. On donne, par exemple, moins de diminution aux grandes colonnes, qu'à celles qui sont petites, selon la règle établie au ch. 2 du liv. III ; on augmente la hauteur des architraves et des autres ornements à proportion que les colonnes sont plus grandes, ainsi qu'il a été dit au ch. 3 du liv. III ; on incline toutes les faces verticales des membres qui sont posés en haut, comme architraves, frises, corniches, tympans, acrotères, ainsi qu'il a été dit au même lieu. On allonge aussi de même les statues placées dans des lieux élevés, et qui ne peuvent être vues que du pied de l'édifice sur lequel elles sont posées.

Mais il y a des architectes et des sculpteurs qui ne pensent pas qu'il faille avoir toujours égard à ces raisons ; quelques-uns même estiment que ces précautions ne doivent être employées que rarement, parce que, selon leur opinion, l'œil ne se trompe point aussi facilement que le prétend Vitruve, parce qu'une longue habitude et une expérience aussi souvent réitérée qu'elle l'est à un âge parfait, ont tant de fois corrigé les premières erreurs, qu'il n'y retombe que rarement. Et il est vrai que la certitude de ce jugement est une chose que tout le monde a, sans y penser, sans songer aux règles de la perspective, et sans examiner expressément les raisons et les différents effets de l'éloignement, qui dépendent de l'étrécissement des angles que forment les lignes visuelles et de l'affaiblissement des teintes des objets ; ce sens commun manque rarement à observer ces circonstances, de sorte que pour rendre nécessaire la précaution que Vitruve veut que l'on apporte, par le changement des proportions, contre les erreurs que l'éloignement et l'obliquité des aspects pourraient causer, il faudrait supposer que tout ce qui appartient à la vue dépend de l'œil : ce qui n'est pas exact, parce qu'elle se sert toujours du jugement du sens commun qui la redresse, et il n'arrive guère que ce jugement lui manque; autrement la perspective et la peinture tromperaient toujours.

Ces raisons qui, à la vérité, ne sont pas capables de détruire tout à fait celles que Vitruve a données, quand il a établi son précepte du changement des proportions, peuvent cependant lui apporter des restrictions. Et pourquoi n'en serait-il pas de l'architecture comme de la sculpture? L'œil accoutumé à ses proportions, comme il l'est à celles du corps humain, se plairait-il à les voir changées? Mais quand même ce changement pourrait tromper le sens commun, quand même on en userait seulement pour faire paraître les choses élevées aussi grandes que celles qui sont en bas, cela ferait-il un bon effet? Ne faut-il pas, au contraire, que les parties qui sont au haut des édifices paraissent plus petites que celles qui sont au bas? Les anciens d'ailleurs n'ont pas pratiqué ce changement de proportions.

16. — *Cava œdium*. Perrault et Galiani regrettent que, parmi les ruines des anciens édifices, il ne se trouve aucune cour de maison assez entière pour faciliter l'interprétation de ce chapitre. Nous sommes plus heureux aujourd'hui, puisqu'on en a découvert plusieurs, parfaitement conservées, dans les ruines de Pompéies. Toutes celles que de Bioul y a vues et examinées sont de l'espèce que Vitruve appelle corinthiennes, c'est-à-dire carrées ou rectangles, et entourées de colonnes qui portent le devant des corps de logis qui ferment leur enceinte. Ces corps de logis s'avancent assez fort, et couvrent un espace assez large entre le mur et les colonnes, ce qui forme des galeries par lesquelles on se rend, à couvert, dans les pièces qui sont rangées tout le long du mur : c'étaient le plus souvent les salles à manger.

17. — *In atrii latitudine*. Le mot *atrium* qui, comme nous le verrons bientôt, a un autre sens, est mis ici pour exprimer en général le dedans des maisons, c'est-à-dire ce qu'on voit par la porte quand elle est ouverte, la cour et les vestibules. Virgile a pris ce terme dans la même acception quand il a écrit :

> Apparet domus intus, et atria longa patescunt.
>
> (*Æneidos* lib. II, v. 483.)

Et ensuite :

> Porticibus longis fugit, et vacua atria lustrat.
>
> (*Æneidos* lib. II, v. 528.)

18. — *Interpensiva et collicias*. Barbaro a cru que le mot *inter*

pensiva signifiait une pièce de bois dont une des extrémités était appuyée sur l'angle des murs, et l'autre sur l'angle que formaient les poutres en se croisant, et cela parce qu'il s'est imaginé que les mots *interpensiva* et *colliciæ* désignaient une même chose; mais en examinant le texte avec un peu plus d'attention, on voit que ce sont deux choses bien différentes. Le premier signifiait les deux poutres *bd,bd* (fig. 89) qui traversaient la longueur de la cour, et l'autre les conduits des noues *en*.

Fig. 89.

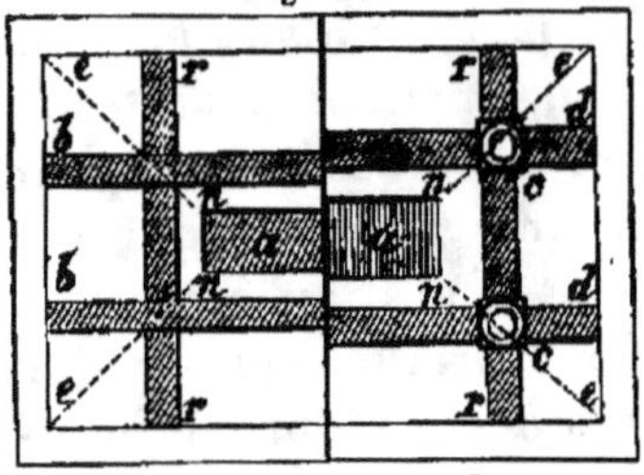

Perrault, qui suit l'interprétation de Philander, croit qu'*interpensiva* exprimait des potences ou plutôt des soutiens posés diagonalement, dont l'extrémité inférieure était enfoncée dans l'angle des murs, et dont l'extrémité supérieure portait les poutres dans l'endroit où elles se croisaient. Son explication forcée, et les changements qu'il fait encore ici au texte, font voir qu'il s'éloigne du vrai sens.

Malgré l'autorité de Barbaro et de Perrault, Galiani croit que par *interpensiva* on doit entendre, comme Baldi, les deux poutres *bd,bd* qui étaient posées sur les deux premières *rr,rr*, et formaient avec elles un carré long. Si l'on analyse le mot *interpensiva*, on verra qu'il signifie proprement une poutre qui pend dans le milieu entre deux autres. Ce que dit l'auteur un peu plus loin, en parlant des cours tétrastyles, prouve que telle est la vraie signification de ce mot. Des colonnes *cc* doivent être placées pour soutenir les poutres dans l'endroit où elles se croisent; ce qui, dit-il, produit deux avantages, l'un que les poutres qui traversent la largeur, auront moins de fatigue, et seront moins sujettes à plier, quand même la cour serait un peu large : *neque ipsæ trabes magnum impetum coguntur habere*. Par *trabes*, comme nous l'avons vu tout à l'heure, il entend proprement les poutres qui traversent la longueur de la cour; et, quoi qu'en dise Perrault, par *impetus* Vitruve désigne la longueur de la poutre et la charge qui serait dessus. En effet, des poutres supportées par des colonnes ne fatiguent pas autant dans leur longueur, *non coguntur habere magnum impetum*. Ce qu'il dit ensuite des cours couvertes et voûtées, prouve encore mieux que c'est là le sens qu'il faut donner à ce mot. L'autre avantage, c'est que le poids de ces poutres n'est pas augmenté par celui des poutres qui traversent : *neque ab interpensivis onerantur*. Ces colonnes placées par dessous, immédiatement à l'endroit

où elles se croisent, les empêchent de plier. Dans les cours corinthiennes, il faut nécessairement faire porter ces poutres tout autour par des colonnes, parce qu'étant beaucoup plus étendues
que les cours toscanes, il serait impossible de trouver des poutres
assez longues pour les faire d'une seule pièce ; si même on en
trouvait, on ne pourrait les employer, à cause qu'elles éprouve-
raient trop de fatigue et plieraient infailliblement.

19. — *In medium compluvium.* « Au milieu des cours, dit de
Bioul, se trouve un enfoncement carré ou rectangle, suivant la
forme de la cour, profond d'environ un pied ; le fond en était
très-uni et pavé de carreaux de marbre, comme le reste de la cour.
C'était là le réceptacle nommé *compluvium*, dans lequel toutes
les eaux de pluie qui tombaient sur les toits venaient s'écouler. »
De Bioul se trompe ; c'était le milieu de l'atrium qui restait ouvert,
qu'on nommait *compluvium*, et l'espèce de bassin qui était au-
dessous pour recevoir les eaux versées par la pente des toits, s'appelait *impluvium* : la pente des toits *en,en* (fig. 89) s'avançant assez
fort, les y versait elle-même. Cet *impluvium* est représenté par la
lettre *a* dans la même figure. Au moyen de cet enfoncement, la
partie élevée de la cour et les galeries étaient toujours à sec.

Il est presque impossible, dit de Bioul, de deviner ce que c'était
que le *compluvium* (disons *impluvium*) des anciens, qu'on n'emploie
plus aujourd'hui, sans avoir vu les maisons de Pompéies. Aussi
est-il étonnant que Perrault, qui n'en avait pas vu, ait à peu près
représenté la chose dans la figure qu'il donne de la cour corinthienne ; voici comment : il place les galeries qui l'entourent sur
des trottoirs assez élevés au-dessus du pavé de la cour ; ce pavé
de trois ou quatre pieds plus bas environ que celui des galeries, ressemble assez au *compluvium* (*impluvium*) ; il y a cette
différence, que cet enfoncement, ainsi que toute la cour, sont
bien plus spacieux qu'ils n'étaient l'un et l'autre chez les anciens.
Le *compluvium* (*impluvium*) occupait chez eux, au milieu de la
cour, un espace de 3 ou 4 mètres, tandis que celui de Perrault
en occupe au moins 35, dans une cour très-vaste. Il suppose qu'on
y descend des galeries par cinq degrés, au lieu que, dans les cours
de Pompéies, on y descend par un seul degré, puisqu'il n'a
qu'un pied d'enfoncement.

Mais cet espace laissé par Perrault au milieu de la cour, n'est
pas ce qu'il appelle *compluvium* (*impluvium*). Il est certain, dit-il,
que le *compluvium* (*impluvium*) est un lieu qui reçoit et amasse
les eaux de pluie, selon l'explication de Festus. Mais les inter-

prètes de Vitruve ne s'accordent pas sur la signification que ce mot doit avoir ici. Barbaro entend que *medium compluvium* est un réservoir placé sur le plancher qui couvre le *cava œdium;* Cesariano croit que c'est un cloaque ou citerne qui est sous la cour. Mais ce *medium compluvium*, à voir la manière dont en parle Vitruve, peut être pris avec plus de vraisemblance pour un chéneau qui, étant à l'extrémité des toits, fait un carré composé de quatre canaux; de sorte que ce carré dans lequel toute l'eau de pluie qui tombe sur les toits est reçue, peut être appelé *medium compluvium*. De plus, Vitruve, parlant des toits de la cour découverte, dit que leurs *compluvia* étant élevés sur des murs, ne dérobent point le jour des fenêtres, comme aux autres cours qui ont des auvents, sur l'extrémité desquels les *compluvia* sont placés (Vitruve ne dit point qu'ils fussent élevés sur les murs; il se sert de l'expression *erecta,* qui signifie que le *compluvium* était tout droit, c'est-à-dire qu'il comprenait toute l'ouverture de la cour dont l'enceinte était formée par quatre murs sans auvents). La difficulté qui reste, c'est qu'il n'est point dit ici par où s'écoule l'eau des chéneaux. Il y a apparence que dans les encoignures, au droit de chaque colonne, il y avait une gouttière qui jetait l'eau dans la cour, suivant une règle de Vitruve, qui est de percer des têtes de lion le long de la corniche, au droit des colonnes; à moins qu'on ne veuille percer les colonnes par le milieu, du haut en bas, pour recevoir une descente de plomb qui conduise l'eau sous terre dans un égout.

Les cours des anciens n'étaient pas semblables à celles de nos palais, de nos grands hôtels. Suivant leur dénomination, c'était la partie cave, le creux ou le vide de la maison, qui servait à donner de l'air et du jour dans l'intérieur, et à recevoir les eaux de pluie qui tombaient des toits. Toutes celles que de Bioul a vues à Pompéies sont très-petites; on s'en ferait une idée bien fausse, si on les comparait à celles de nos grands hôtels. Les quadriges des anciens, quoique bien plus petits que nos voitures, n'auraient pu y entrer. Les bâtiments qui les entourent sont très-peu élevés; ils n'ont que le rez-de-chaussée. Dans les murs de la galerie sont les portes des appartements. On y voit aussi quelques ouvertures assez élevées qui servent de fenêtres; elles ne ressemblent point aux nôtres. Il paraît que les Romains, dans l'intérieur de leurs maisons, préféraient l'obscurité à la lumière, sans doute pour éviter la chaleur. Ils ne prenaient jamais, non plus, le jour sur la rue; toutes leurs fenêtres étaient dans l'intérieur; ainsi les toits avancés garantissaient de la pluie les portes et les fenêtres, et empêchaient les rayons du soleil de pénétrer dans les appartements.

20. — *Displuviata autem sunt.* Pour ne pas m'écarter du texte, et donner au mot *displuviata* toute son expression, je suppose, dit de Bioul, que cette cour est entièrement découverte, et que la pente des toits, au lieu de verser les eaux dans la cour, les verse de l'autre côté, c'est-à-dire en dehors. Le mot *stillicidium* signifie ici, comme toutes les fois que Vitruve l'emploie, la pente du toit qui est favorable à l'écoulement des eaux. Vitruve (liv. II, ch. 1) appelle les toits des cabanes des premiers hommes *stillicidia*; et (liv. IV, ch. 7), en parlant de la forme que doit avoir le toit d'un temple toscan, il dit : *stillicidium tertiario respondere debet.* Pline appelle aussi *stillicidia* l'épaisseur du feuillage des arbres, quand elle est capable de mettre à couvert de la pluie, parce que l'eau s'écoule de l'extrémité des branches, comme de dessus la pente d'un toit. J'ai donc représenté cette cour entièrement découverte, sans aucun auvent; et la pente des toits n'est pas, comme dans les autres, dirigée vers la cour, mais en dehors, du côté opposé, comme l'indiquent les expressions *stillicidia rejiciunt* : par là rien n'empêche la lumière de pénétrer dans les salles à manger, *non obstant luminibus tricliniorum.*

21. — *Testudinata vero.* Si l'on fait bien attention au texte, dit de Bioul, et si l'on n'oublie pas l'interprétation qui vient d'être donnée du mot *impetus*, on verra clairement que les cours voûtées, *testudinatum*, étaient entièrement couvertes, et non entourées de portiques voûtés, comme l'a cru Perrault; parce que, d'après les expressions de l'auteur, on ne pouvait faire des cours couvertes qu'autant qu'elles étaient peu spacieuses, *ubi non sunt impetus magni*, et qu'on avait besoin d'agrandir par ce moyen la partie supérieure de l'habitation qui se trouvait augmentée de tout l'espace qu'il y avait au-dessus de la cour. Galiani fait observer, en outre, qu'il devait naturellement y avoir une espèce de cour entièrement couverte, et qu'il aurait été étonnant que Vitruve ne l'eût pas mise au nombre des cinq dont il parle dans ce chapitre : elle ne s'y trouverait pas, en effet, si la cour voûtée était telle que Perrault la représente. Et si elle était telle, ajoute Galiani, elle ne mériterait pas de faire une espèce séparée, puisqu'elle ne diffère pas assez de la cour corinthienne : car il n'y a entre elles d'autre différence, sinon que la couverture des portiques de l'une était portée par des voûtes, et celle de l'autre par des poutres.

L'atrium testudiné, dit Le Mazois dans son magnifique travail sur Pompéies (1re partie, p. 23), était celui où le toit ne laissait point de *compluvium*, ou espace à découvert. *In hoc locus si nullus relictus erat, sub divo qui esset, dicebatur* testudo *a testudinis similitudine* (VARRO, *de Ling. Lat.*, lib. v, c. 161). « Si ce lieu ne reçoit le jour d'aucun côté, il prend le nom de *testudo*, à cause de sa ressemblance avec la carapace d'une tortue. » Ce passage prouve d'une manière irrécusable qu'il n'était pas nécessaire que le *cavædium* fût voûté pour être testudiné, comme on l'a cru, et qu'il lui suffisait d'être sans compluvium pour être rangé dans cette classe.

22. — *Atriorum vero longitudines.* C'est mal à propos qu'on a fait un nouveau chapitre des alinéa 3, 4, 5, 6, 7, parce que Vitruve y traite, comme dans les alinéa précédents, de la disposition des cours. Celui qui le premier a fait cette division, et qui a induit tous les autres en erreur, s'est imaginé que le mot *atrium*, employé dans ce chapitre pour désigner les cours des maisons, n'était pas synonyme de *cavum ædium*, dont il se sert précédemment pour exprimer le même objet, mais que *atrium* était le synonyme de *vestibulum*. D'après cela, dit de Bioul, des commentateurs ont fait de *atrium* une espèce de vestibule. Ils auraient vu combien ils étaient dans l'erreur, s'ils avaient fait attention à ce que dit l'auteur dans le ch. 10 de ce livre, où l'on voit clairement que l'*atrium* et le *vestibulum* sont deux choses différentes, comme nous le remarquerons alors; et s'ils avaient réfléchi, ils auraient vu que l'auteur, après avoir distingué, au commencement de ce chapitre, cinq espèces de cours, continue ici à en donner les proportions, et que ce sont ces proportions qu'on trouve décrites dans ces alinéa. Il est cependant aisé de voir que *atrium* et *cavum ædium* signifient la même chose. Au commencement du chapitre, on lit : *cava ædium Tuscanica sunt in quibus trabes in atrii latitudine trajectæ, etc.*; dans le ch. 8 de ce livre, en parlant de cette partie de la maison dans laquelle tout le monde pouvait entrer sans être invité, il dit alors *vestibula, cava ædium, peristylia, etc.*; et un peu après, en parlant des maisons de la noblesse, il dit qu'elles doivent avoir *vestibula regalia, alta atria et peristylia.* En un mot, partout dans son ouvrage on voit que les mots *atrium* et *vestibulum* signifient deux choses différentes, et, au contraire, que le mot *atrium* est synonyme de *cavum ædium.* Tel est aussi le sentiment de Barbaro, de Palladio, de Scamozzi, d'Ortiz, de Marquez. Il est encore confirmé par Festus, qui a écrit : « Atrium est genus ædificii ante ædem continens mediam arcam in quam collecta ex omni tecto pluvia descendit.

Dictum autem atrium vel quia id genus ædificii Atriæ primum in Etruria sit institutum, vel quia e terra oriatur quasi aterreum. » Joconde ayant reconnu cette vérité, n'a fait, dans son édition, qu'un seul chapitre de ces deux parties.

Nous sommes néanmoins, sur la véritable signification de ces mots, dans une grande ignorance. « Nous suivons sans examen la tradition et l'usage, dit Aulu-Gelle (*Nuits attiques*, liv. xvi, ch. 5), et nous semblons exprimer notre idée sans l'énoncer en effet. Je citerai le mot *vestibulum*, qui se rencontre si fréquemment dans nos conversations, et qu'on emploie le plus souvent sans en avoir examiné le sens. Des hommes, qui ne sont pas dépourvus d'instruction, entendent par ce mot (je l'ai souvent remarqué) la première pièce de la maison, ce qu'on nomme vulgairement *atrium*. C. Élius Gallus, dans son ouvrage *de la Signification des mots usités dans le droit civil*, liv. ii, a dit : Le vestibule n'est pas dans la maison, ne fait pas partie de la maison ; c'est un espace vide devant la porte d'entrée, entre la la rue et la maison ; c'est la cour entre les deux ailes et le corps principal du logis. »

Cicéron, dans une lettre à Atticus, semble faire entendre que cela était ainsi, lorsqu'il dit que, passant par la rue Sacrée, il fut poursuivi par des assassins envoyés par P. Clodius, et que pour s'en défendre *secessit in vestibulum M. Tertii Domionis*, afin que les amis qui l'accompagnaient pussent empêcher cette troupe de gens armés de se jeter sur lui. *Voyez* VARRON, *de la Langue lat.*, liv. v, ch. 162.

Bien que l'espèce de cour couverte qui se trouvait à l'entrée des maisons, dit Le Mazois, portât indistinctement le nom de *cavædium* et celui d'*atrium*, je croirais pourtant volontiers que cette dernière dénomination était prise quelquefois dans un sens collectif, et qu'elle signifiait alors non-seulement le *cavædium*, mais toute la partie publique, c'est-à-dire l'entrée de la maison.

En effet, Pline le Jeune, décrivant sa maison de Laurentinum, dit (liv. ii, lett. 17) : *In prima parte atrium frugi*. « On trouve d'abord un atrium modeste. » Puis il décrit le portique de cet atrium, et enfin la cour à laquelle il donne le nom de *cavædium* : *Est contra medias cavædium hilare*. « Au milieu est un cavædium agréable. »

L'atrium était *une espèce d'édifice ayant une cour au milieu* (FESTUS, *de la Significat. des mots*, liv. ier, p. 24 de l'édit. Panckoucke), *et formant la partie antérieure de la maison* (AULU-GELLE, *Nuits att.*, liv. xvi, ch. 5). *Ce lieu était ouvert à tout*

le monde (VARRON, *de la Langue lat.*, liv. v, ch. 182). Il était
confié à la garde d'un domestique appelé *atriensis*.

Indépendamment des pièces dont Vitruve entoure l'atrium, il
s'y trouvait encore presque toujours un lieu consacré aux dieux
Lares, appelé *lararium*. Il n'était quelquefois distingué que par
l'image figurée ou symbolique de ces divinités, peinte sur la muraille; mais le plus souvent on y dressait un petit autel qu'on
avait soin de couvrir d'offrandes, et sur lequel on faisait des sacrifices. L'usage de semblables autels n'existait point dans les
premiers temps de Rome : car il était défendu par les lois de
Numa, d'adorer les dieux chez soi, ou ailleurs que dans leurs
temples.

Dans le lieu le plus secret de la maison, on consacrait encore
une petite chapelle où l'on adorait les divinités auxquelles on était
le plus attaché, et où l'on renfermait aussi les objets les plus
précieux et les papiers importants; c'est ce qu'on appelait le *sacrarium*.

23. — *Reliquum lacunariorum.* Quelle mesure représente ce
reliquum ? C'est ce que n'ont expliqué ni Vitruve, ni ses commentateurs. Voici comment le comprend Galiani : Au huitième alinéa
de ce chapitre, Vitruve enseigne que la hauteur des salles à manger doit être déterminée par la moitié de la somme de la longueur
et de la largeur. Il est probable que c'est là la proportion qui convient aux cours (*atriis, cavœdiis*) qui étaient ou couvertes ou découvertes. Or, le précepte veut que la hauteur des cours couvertes
soit prise de la mesure de leur longueur, moins une quatrième
partie. Ainsi, soit la longueur de la cour 25 pieds, la largeur 15;
la moitié des deux sommes sera 20. La hauteur de la cour, dé-
duite de sa longueur dont on ôte une quatrième partie, sera 25,
moins 6 1/4 c'est-à-dire 18 3/4. La différence entre ce premier
nombre 18 3/4, et le second 20, est 1 1/4; c'est là le *reliquum*
qu'il faut donner à la profondeur des plafonds, au-dessus des
poutres. Cette explication n'est point approuvée par Newton, qui
croit que le *reliquum* n'est autre chose que la quatrième partie
qui est ôtée sur la longueur.

24. — *Ex tertia parte.* La raison nous dit que cette troisième
partie de la longueur qui est attribuée à la largeur des galeries,
ne doit s'entendre que pour les deux prises ensemble, de manière que chacune n'a que la sixième partie de la longueur de la
cour.

« La signification du mot *ala*, dans le ch. 4 (selon quelques

éditions) du liv. vi de Vitruve, dit Le Mazois (2ᵉ partie, p. 24),
n'a jamais été bien comprise; l'interprétation la plus suivie est de
prendre ce mot comme exprimant l'intérieur du portique du cavædium : mais outre que les maisons découvertes à Pompéies font
connaître ce qu'étaient les ailes, c'est-à-dire des pièces semblables
au *tablinum*, mais plus petites, placées à droite et à gauche de
l'atrium, et aussi ornées de portraits, les observations suivantes
achèveront de prouver que la première interprétation est vi-
cieuse.

« 1°. Vitruve parle des ailes des atrium d'une manière générale,
sans spécifier à quelle espèce de ceux-ci elles appartiennent. Or,
l'atrium toscan, et souvent le testudiné et le *displuviatum*, n'ont
point de colonnes et, par conséquent, point de portiques; cependant ils ont des ailes. Le mot *ailes* ne peut donc signifier l'*intérieur du portique*.

« 2°. Vitruve dit : *alis dextra et sinistra latitudo, etc.* Si l'atrium
était tétrastyle ou corinthien, et que véritablement le mot *ailes*
signifiât l'intérieur du portique, pourquoi dire à *droite et à
gauche*, lorsque le portique tournant autour de l'*impluvium* se
trouvait avoir quatre côtés ? Ne suffisait-il pas de dire *alis latitudo*,
sans ajouter *dextra et sinistra ?* Le mot *alis* doit donc se rapporter
à une chose qui n'existait que de deux côtés, et non sur quatre,
comme la largeur du portique.

« 3°. Vitruve établit la largeur des ailes en rapport avec la
grandeur de l'atrium (et cela doit être; car la grandeur du *tablinum* étant fixée sur cette donnée, les ailes qui lui sont semblables
et qui sont destinées au même usage, doivent avoir la même symétrie); mais après avoir fixé cette largeur, s'il a entendu parler
de l'intérieur du portique, pourquoi donner encore celle de l'*impluvium ?* N'est-il pas clair que la largeur du portique étant défal-
quée de celle de l'atrium, l'excédant doit rester pour l'*impluvium ?*
Il a donc voulu parler d'une dimension qui ne se combine point
avec celle de l'*impluvium ;* et, par conséquent, il est ici question
de toute autre chose que de la largeur des portiques.

« 4°. Enfin, si les ailes doivent signifier l'intérieur du portique,
pourquoi cette même largeur de l'*impluvium* qui doit être le tiers
ou le quart de l'atrium, se trouve-t-elle dans un rapport incom-
patible (hors un seul cas) avec les diverses proportions données
aux ailes par Vitruve quelques lignes auparavant?

« Il est donc clair que Vitruve n'a jamais voulu exprimer par
le mot *alæ* la largeur d'un portique. »

Malgré tout mon respect pour le talent et l'expérience de

M. Le Mazois, je ne puis adopter ici sa décision, et croire que les
ailes dont parle Vitruve soient ces deux pièces placées sur la même
ligne, l'une à droite, l'autre à gauche de l'atrium, que l'on remarque dans quelques-uns des plans qu'il a donnés de plusieurs maisons
de Pompéies. Entrons dans certaines cathédrales par la porte du
milieu; devant nous se présente la nef, la grande nef, c'est-à-dire
la division principale, centrale, l'espace qui se trouve entre le
portail et l'entrée du chœur, qui est compris entre les divisions
latérales, c'est-à-dire les nefs secondaires, vulgairement appelées
bas-côtés, au delà desquelles on aperçoit, à droite et à gauche,
des chapelles placées à la suite les unes des autres. Avançons jusqu'au milieu du transept, c'est-à-dire jusqu'à cette nef transver-
sale qui donne aux églises la forme d'une croix; appellera-t-on,
a-t-on jamais appelé *ailes* les bras de cette croix? Non, assurément. Ce qu'on nomme *ailes*, ce sont les nefs secondaires, les
bas-côtés. Eh bien, changeons les noms de toutes ces divisions
dont la disposition est celle de la partie des maisons romaines qui
nous occupe : le *chœur* sera le *tablinum*; la *grande nef*, le *cavœ-
dium*; les *bas-côtés* ou *ailes* seront les *galeries* ou *ailes*; les *chapelles* latérales seront les diverses *pièces* qui sont rangées le long
des galeries; les transepts qui ne sont le plus souvent que deux
chapelles plus grandes que les autres, sans grilles qui les séparent
des galeries ou ailes, seront ces deux pièces qu'aucun mur ne
sépare des galeries ou ailes, qui sont un peu plus grandes que
celles qui les précèdent, auxquelles M. Le Mazois donne le nom
d'ailes; ce qui ne peut être admis, du moins j'ose le penser; et je
ne sache pas qu'un seul des commentateurs que j'ai eus entre les
mains, ait pensé autrement. Maintenant, que Vitruve parle de ces
ailes d'une manière générale, sans spécifier l'espèce des cavædium
à laquelle elles appartiennent, qu'importe, si les principaux cavædium, c'est-à-dire les corinthiens, les tétrastyles et quelquefois
les testudinés, avaient des colonnes. Et encore l'atrium toscan,
dont la disposition était celle du tétrastyle, moins les quatre colonnes, avait lui-même ses galeries, ses ailes. M. Le Mazois veut
que les ailes qui étaient à droite et à gauche, soient autre chose
que les galeries, parce que ces galeries tournant autour de l'*impluvium*, avaient quatre côtés? Mais les cavædium dont parle
Vitruve avaient tous plus de longueur que de largeur, et alors les
ailes étaient les deux côtés les plus longs du rectangle; et même
dans un cavædium carré, les mots *dextra* et *sinistra* devaient
s'appliquer tout simplement à la droite et à la gauche des personnes qui y entraient. Et puis, quoi de plus naturel, de plus

juste que de déterminer la largeur des ailes sur la grandeur de l'atrium avec lequel elles doivent être en harmonie? C'est ce que fait Vitruve, c'est ce qu'il fait en dernier lieu, avant de passer aux proportions des pièces intérieures, aux proportions du *tablinum* par lequel il commence, comme étant la pièce qui a le le plus d'importance.

25. — *Trabes earum liminares.* Le mot *limen* signifie généralement ce qui est posé en travers, et plus particulièrement ce qui traverse ou le haut ou le bas des portes, *superum, inferum limen*, le seuil, le linteau; et il paraît, dit Perrault, que les Latins ne faisaient pas cette distinction comme nous. A la fin du ch. 9 de ce livre, Vitruve parle du jour qui était empêché par le *limen* des fenêtres, c'est-à-dire par leur linteau. Il faut donc entendre par *trabes liminares alarum*, les architraves soutenues par les colonnes qui étaient aux côtés des cours, et qui en formaient les galeries.

26. — *Tablino.* C'était probablement ce que nous nommons les archives, où l'on conservait les registres de recette et de dépense, comme dans la *pinacotheca* on conservait les tableaux. Ce serait une erreur, de confondre, comme l'a fait Philander, le *tablinum* avec la *pinacotheca*, dont Vitruve donne séparément la description.

27. — *Lacunaria ejus.* Si par *lacunaria* on n'entend pas ici le plafond d'une voûte cintrée que l'auteur désigne (p. 32) par ces expressions, *curva lacunaria ad circinum delumbata*, il faut absolument supposer avec Perrault qu'il y a une faute de copiste, et lire vi au lieu de iii; on aura facilement fait cette faute en écrivant le *six* de cette manière vi. Si nous supposons que l'auteur ne veuille qu'un enfoncement ordinaire dans le plafond, il est évident, dit de Bioul, qu'en le faisant du tiers de la largeur de la galerie, il serait plus d'une fois plus grand qu'il ne doit être.

28. — *Imagines item alte cum suis ornamentis.* Les *nobiles* jouissaient du droit de faire dessiner leurs images, *jus imaginum;* leurs descendants les conservaient avec un soin extrême, et les faisaient porter devant eux aux funérailles. *Voyez* PLINE, *Hist. Nat.*, liv. xxxv, ch. 2. « N'omettons point ici une idée moderne, continue Pline; on dédie aujourd'hui dans les bibliothèques, en or, en argent, ou du moins en bronze, non-seulement les bustes des hommes dont la voix immortelle retentit en ces lieux, mais encore des bustes imaginaires. Les regrets des curieux ont prêté

des traits à des têtes inconnues, par exemple à celle d'Homère....
Cet usage fut, je crois, établi à Rome par Asinius Pollion, qui le
premier, en ouvrant une bibliothèque, fit des beaux génies une
propriété publique. »

Ces images, au rapport de Polybe (liv. vi, ch. 51), étaient pour
l'ordinaire de cire et de bois, quoiqu'il y en eût quelquefois de
marbre ou d'airain. On les exposait dans l'*atrium* de la maison,
enfermées dans des boîtes de bois; on ne les sortait que dans les
circonstances solennelles. *Voyez* JUVÉNAL, sat. VIII.

Appius Claudius fut le premier qui les introduisit dans les
temples, l'an de Rome 259.

Le droit d'images généalogiques fut d'abord particulier aux
patriciens; mais les plébéiens l'obtinrent dans la suite, lors de
leur admission aux dignités curules.

Vitruve veut que la hauteur des images soit proportionnée à
la largeur des galeries, et la largeur de ces mêmes images à la
hauteur des galeries.

Les ornements des images, selon Perrault, doivent s'entendre des
piédestaux qui les soutiennent, de même que l'architrave, la frise
et la corniche qui sont posées sur les colonnes, sont appelées les
ornements de la colonne. L'expression n'est pas très-juste : car il
semble qu'il n'est pas raisonnable de donner le nom d'ornements
à des choses aussi nécessaires et aussi essentielles que des architraves, des corniches et des piédestaux, les colonnes et les statues étant ordinairement des parties qu'on peut plutôt prendre
pour des ornements que pour des choses dont les édifices ne peuvent se passer.

29. — *Peristylia.* Outre la cour dont on vient de parler, il y
en avait encore aux maisons de la ville de beaucoup plus grandes,
appelées péristyles, c'est-à-dire entourées de colonnes. Les logements des maîtres se trouvaient tout autour. Ces peristyles ressemblaient parfaitement aux cloîtres des abbayes et des couvents
des religieux : usage qu'ils avaient pris de la manière de bâtir
des Romains.

30. — *Tricliniorum quanta latitudo fuerit.* Le *triclinium*, ou
lieu où mangeaient les Romains, portait ce nom à cause des trois
lits qui y étaient ordinairement dressés autour de la table. On
appelait aussi *triclinium* les lits sur lesquels mangeaient les Romains, parce que chaque lit était pour trois personnes, et rarement pour quatre. Cicéron, dans son plaidoyer contre L. C. Pi-
son, lui reproche d'entasser les Grecs autour de ses tables, cinq

sur un lit, souvent davantage : *Græci stipati quini in lectulis, sæpe plures.*

> Sæpe tribus lectis videas cœnare quaternos.
>
> (Horatius, *Serm.* lib. iii, sat. 4, v. 86.)

On mettait sur les lits des coussins plus ou moins précieux, suivant la richesse du maître de la maison.

> Jam pater Æneas, et jam Trojana juventus
> Conveniunt, stratoque super discumbitur ostro.
>
> (Virgilius, *Æneidos* lib. I, v. 699.)

> Nec non et Tyrii per limina læta frequentes
> Convenere, toris jussi discumbere pictis.
>
> (*Ibid.*, v. 707.)

Chacun soutenait la partie supérieure de son corps sur le bras gauche; la tête était un peu élevée; on appuyait le dos sur des coussins; les membres étaient étendus de toute leur longueur, ou légèrement fléchis. Les pieds du premier convive allaient à la hauteur du dos du second, qui avait les siens dans la même position à l'égard du troisième, avec un oreiller entre deux. La tête du second convive se trouvait ainsi au niveau de la poitrine du premier; aussi pour lui parler, et surtout s'il s'agissait d'un secret, il fallait qu'il se penchât sur son sein. *Cœnabat Nerva cum paucis*, dit Pline le Jeune (liv. iv, lett. 22), *Veiento proximus, atque etiam in sinu recumbebat.* Dans la conversation, ceux qui portaient la parole se redressaient sur les coussins du lit, au lieu qu'en mangeant ils se tenaient toujours appuyés sur le coude,

> Et cubito remanete presso.
>
> (Horatius, *Carm.* lib. i, od. 27, v. 8.)

On faisait usage de la main droite, et quelquefois des deux mains pour se servir. Nous ne voyons pas que les Romains employassent ni couteau, ni fourchette; de là le *manibus unctis* d'Horace (liv. i, épît. 16, v. 23).

Bien que Vitruve se serve ici du mot *triclinium* pour désigner la salle à manger, on voit, d'après ce qui précède, que ce mot signifiait proprement la table, avec les trois lits sur lesquels les convives étaient assis, ou plutôt couchés. Vitruve lui a donné ce sens au ch. 7 de ce livre, où parlant des grandes salles à manger des Grecs, il les appelle, non plus *triclinia*, mais *œci*, c'est-à-dire des *maisons*, et cela à cause de leur grandeur, qui était telle, qu'elles pouvaient contenir quatre triclines (*quatuor triclinia*); mais ici, dans ce ch. 3, on ne peut douter que Vitruve n'ait entendu par *triclinium* la salle même où l'on dressait une table à trois lits.

Les domestiques affectés au service particulier des salles à manger s'appelaient *tricliniarchæ*.

Dans les premiers temps, dit Le Mazois, on s'asseyait à table (Virgile, *Énéide*, liv. vii, v. 176). L'usage de manger couché s'introduisit de Carthage à Rome, à la suite des guerres puniques (Isidore, *Origines*, liv. xx, ch. 11); mais ces lits étaient d'une forme grossière (*ibid.*), revêtus de matelas rembourrés de jonc ou de paille (Pline, *Hist. Nat.*, liv. viii, ch. 73). Les matelas de bourre, de laine, furent plus tard apportés des Gaules (*ibid.*), et ils furent bientôt suivis de coussins remplis de plumes. D'abord ces lits tricliniaires, petits et bas (Isidore, *Origines*, liv. xx, ch. 11), furent de bois : les formes en étaient rondes et solides ; puis, sous Auguste, elles commencèrent à devenir carrées et ornées (Pline, *Hist. Nat.*, liv. xxxiii, ch. 52). Avant Sylla, on ne comptait pas à Rome plus de deux lits de table garnis en argent (*ibid.*), quoique Carvilius Pollion, chevalier romain, inventeur de ce genre de magnificence, eût aussi fait des lits puniques, plaqués en or pur (Pline, *Hist. Nat.*, liv. xxxiii, ch. 51). Sous Tibère, on commença à revêtir les lits de bois précieux, et enfin d'écaille (Pline, *Hist. Nat.*, liv. xxxiii, ch. 52). Lorsque la première simplicité eut disparu, on couvrit les lits de table de couvertures tricliniaires brodées en couleurs ; c'était à Babylone que se faisaient les plus belles. A la fin de la république, des couvertures semblables avaient été vendues 800,000 sesterces (1,600 fr.), et les mêmes achetées par Néron 4,000,000 (8,000 fr.). Les places n'étaient point indifférentes ; chacune avait son rang et sa dignité. Voici, selon Ciacconius, *De Triclinio Romano*, p. 23, dans quel ordre les convives étaient placés :

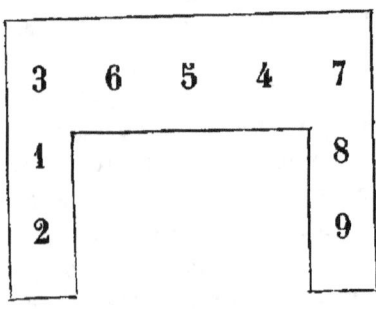

1. Le maître de la maison.

2. Sa femme : les femmes ne se couchaient point sur le lit ; elles s'y asseyaient (Valère Maxime, liv. ii, ch. 1, n° 2).

3. Un convive.

4. Place consulaire, place d'honneur.

5. 6. 7. 8. 9. Convives ou ombres, c'est-à-dire personnes amenées par un convive, sans avoir été invitées.

31. — *Altitudines omnium conclaviorum.* Cette règle générale ne peut, selon Perrault, être appliquée aux grandes pièces : car

une salle de 12 toises sur 6, ce qui donne une somme de 18 toises,
en aurait 9 de haut, et la galerie des Tuileries, qui a 243 toises
de longueur sur 5 de largeur, en devrait avoir 124 de hauteur.
La règle établie plus bas pour la hauteur des pièces qui ont une
grande longueur est plus sûre ; c'est de prendre pour la hauteur
la largeur et demie.

32. — *Sin autem exedræ.* Les exèdres étaient, comme le dit
Cicéron, *cellæ ad colloquendum,* des salles garnies de siéges où
l'on conversait. On a vu dans le ch. 11 du liv. v, que les exèdres étaient dans les palestres les lieux où les philosophes, les
rhéteurs, les sophistes avaient coutume de tenir leurs conférences,
et de disputer entre eux. C'étaient, selon Perrault, des espèces
de petites académies, bien que Budée prétende que ce que les
les anciens appelaient exèdres, répondait plutôt à ce que nous
appelons *chapitres* dans les cloîtres ou dans les églises collégiales.

33. — *Aut œci quadrati fuerint.* Chez les Grecs il y avait des
œci ou salles réservées aux festins que donnaient les hommes
(Vitruve, liv. vi, ch. 7). Un célèbre ouvrier nommé Sosus
exécuta à Pergame l'*asaratos œcos* (salle non balayée), ainsi
nommée de ce que les petits compartiments, de nuances diverses,
représentaient les débris qu'on jette dans un repas, et qu'ensuite
il s'agit de balayer (Pline, *Hist. Nat.,* liv. xxxvi, ch. 60). Dans
ce même ch. 7, Vitruve nous dit que les dames se tenaient dans
les *œci* avec les femmes qui filaient les laines. C'étaient les pièces
qu'en français on appelle *salles.*

34. — *OEci Corinthii, tetrastylique, quique Ægyptii vocantur.*
Perrault croit que Vitruve distingue trois sortes de salles, les corinthiennes, les tétrastyles, les égyptiennes. Newton partage
cette opinion. Il en est autrement de Barbaro et de Galiani, qui
pensent qu'il n'est ici question que de deux espèces de salles :
Barbaro, que la salle corinthienne et la salle tétrastyle n'en font
qu'une seule ; Galiani, que la salle tétrastyle et la salle égyptienne
sont la même. Mais après avoir mûrement réfléchi sur les paroles
du texte, Newton trouve que les salles tétrastyles avaient quatre
colonnes qui servaient, non-seulement à proportionner la largeur
avec la hauteur, mais aussi à affermir l'étage de dessus ; que les
corinthiennes et les égyptiennes avaient un plus grand nombre
de colonnes, mais avec cette différence, que les salles corinthiennes avaient toujours près du mur leurs colonnes qui étaient
ou simplement posées sur le pavé, ou assises sur des piédestaux,
tandis que les salles égyptiennes, assez semblables aux basiliques,

avaient dans leur pourtour un portique formé de colonnes éloignées du mur, sur lesquelles il y avait un entablement avec
plate-forme et balustrade entre ce mur et ces colonnes au-dessus
desquelles s'élevait un second ordre de colonnes d'un quart plus
petites que les premières. Ces salles égyptiennes devaient être
magnifiques et d'une proportion admirable, tant à cause de l'ornement des colonnes qu'à cause de leur hauteur. Leur disposition procurait trois grands avantages : le premier, c'est qu'elles
pouvaient être dégagées des quatre côtés qui répondaient à quatre
appartements ; le second, qu'on y respirait un air très-frais en
été ; le troisième, que le jour qui venait d'en haut n'éblouissait
pas autant, et laissait, tout à l'entour, l'espace vide pour y placer
des tableaux et autres ornements dont on voulait les décorer,
espace qui d'ordinaire est occupé en grande partie par les fenêtres.

35. — *Supraque habent epistylia et coronas.* Vitruve ne parle
point ici de la frise que les anciens omettaient souvent au dedans
des édifices, comme étant un obstacle à l'introduction de la lumière. Cette suppression de la frise donnait cette espèce de corniche qu'on appelle *architravée*, dont l'usage est fréquent.

36. — *Delumbata.* Ce mot pourrait être traduit littéralement
par *éreinté*, parce que les sortes de voûtes qu'il désigne sont plus
faibles que les autres. Si le mot *éreinté* était en usage, dit Perrault, il serait d'autant plus significatif qu'on est déjà accoutumé
à la métaphore des *reins*, en fait de voûtes, dont les parties qui
s'élèvent et qui posent sur les impostes, sont vulgairement appelées les *reins*.

37. — *Supra columnas epistylia.* Cette suppression de la frise et
de la corniche, à l'intérieur, a déjà été indiquée, au ch. 1er du
liv. v, dans la description de la basilique de Fanum. Bien que les
édifices anciens qui subsistent encore ne nous présentent que fort
peu d'exemples de cette manière, on peut dire néanmoins qu'elle
était appuyée sur la raison qui veut que les ornements d'architecture
soient fondés sur quelque usage. Or, l'usage des corniches étant
de défendre les murs et les colonnes des injures du temps, elles
sont inutiles dans des lieux couverts ; elles seraient même nuisibles
dans une pièce telle que le salon égyptien, décrit dans ce chapitre,
où elles ne feraient qu'intercepter le jour d'en haut, le seul que cette
pièce puisse avoir. Je suis donc persuadé avec Perrault et Galiani,
dit de Bioul, que le mot *epistylium* ne signifie ici autre chose que
l'architrave, bien qu'il exprime parfois tout l'entablement. Per-

rault, à cette occasion, rapporte l'exemple d'un ancien édifice qui existait encore de son temps auprès de Bordeaux, nommé les *Tutèles*, dont il donne la figure. Elle représente une colonnade d'ordre corinthien au-dessous de laquelle règne un attique ; entre l'attique et les chapiteaux des colonnes, il n'y a que l'architrave.

38. — *OEci, quos Græci* Κυζικηνοὺς *appellant.* La ville milésienne de Cyzique était dans une île du même nom, dans la mer de Propontide. Elle était très-renommée pour la magnificence des bâtiments qui étaient tous de marbre, jusqu'aux murailles de la ville, dit L. Florus. Il y a apparence que le nom donné aux grandes et magnifiques salles dont parle Vitruve, a été pris de là.

39. — *Cum circuitionibus.* J. Martin, ayant cru que, par *triclinia*, il fallait entendre des salles à manger qui faisaient une partie de l'édifice appelé *œcos*, a traduit *circuitiones* par leurs *promenoirs environ*. Mais la manière dont Vitruve s'en explique au ch. 7, fait voir qu'en cet endroit le mot *triclinia* désigne les tables à trois de ces lits sur lesquels on se couchait pour manger. D'ailleurs, l'explication donnée à ce passage est prise de ce même chapitre 7, où Vitruve, parlant encore de ces salles à manger, en fait concevoir la grandeur par le nombre des tables à trois lits qu'elles pouvaient contenir, outre la place qu'il fallait pour le service qu'il appelle *ministrantium locus*.

40. — *Lumina fenestrarum valvata.* Des interprètes ont traduit ces mots par *fenêtres doubles*. C'est une erreur, selon Perrault. Y aurait-il du sens, en effet, à dire que les fenêtres des lieux où l'on mange doivent être doubles, afin que ceux qui sont à table, c'est-à-dire éloignés des fenêtres, puissent voir dans les jardins. Et supposé qu'on entende par des fenêtres doubles, des fenêtres larges, elles ne sauraient faire autre chose que de découvrir, à ceux qui en sont éloignés, une plus grande partie du ciel ; au lieu que, lorsqu'elles sont ouvertes jusqu'au bas, on découvre, non-seulement la campagne qui est éloignée, mais même les lieux plus proches, les jardins, par exemple. Pline le Jeune, dans la description qu'il fait de sa maison des champs, parlant d'une chambre qui avait vue sur la mer de trois côtés, dit : *Undique valvas aut fenestras non minores valvis habet.* Et il semble que par *valvas aut fenestras*, il veut faire entendre qu'on ne saurait dire si ce sont des portes ou des fenêtres ; aussi les appelle-t-on communément en français des *portes-fenêtres*.

41. — *De lectis.* La plupart des exemplaires portent *de tectis*, ce qui ne paraît pas avoir de sens. Tous les commentateurs ont adopté la correction de Philander, *de lectis*.

42. — *Altitudines eorum.* Les proportions des salles cyzicènes ne sont point indiquées dans ce chapitre. Cependant, d'après la hauteur qui leur est assignée, laquelle doit égaler une fois et demie leur largeur, on pourrait, selon l'opinion de Galiani, supposer qu'elles étaient carrées, puisque nous avons vu auparavant qu'on prescrivait cette hauteur pour les salles carrées. Si pourtant elles avaient été telles, il eût été inutile de répéter quelle devait être leur hauteur. Il est donc plus probable qu'elles étaient deux fois aussi longues que larges, parce que cette forme est plus convenable pour placer, comme l'auteur le prescrit, deux triclines en face l'un de l'autre. De Bioul est d'autant plus persuadé que ces salles devaient avoir ces dimensions, que ce sont celles que Vitruve, au commencement du chap. 5 de ce livre, assigne aux salles destinées aux triclines.

43. — *Uti occidentem hibernum spectent.* Perrault fait remarquer que Vitruve semble vouloir dire que les salles à manger ne servaient que le soir; et cela confirme l'opinion que l'on a que les anciens ne mangeaient guère que le soir, et que s'ils dînaient, ce n'était que fort légèrement. Hippocrate parle de manger deux fois le jour, comme d'une chose qui n'était pas ordinaire. Celse dit que ceux qui dînent doivent se contenter de peu de chose, sans manger de chair, et même sans boire, si c'est en hiver; c'est peut-être la raison pour laquelle Isidore (liv. xx, ch. 2) ne compte le dîner pour rien.

Le principal repas chez les Romains était ce qu'on appelait *cœna*. Ils le prenaient à la neuvième heure ou trois heures après midi, en été. *Voyez* CICÉRON, *Lett. fam.*, liv. ix, lett. 26; MARTIAL, liv. iv, épigr. 8, v. 6; et à la dixième heure en hiver. Voyez *Auct. ad Herenn.*, lib. iv, c. 51; PLINE LE JEUNE, lett. 3, liv. i. Vers le milieu du jour les Romains prenaient un autre repas, *prandium*, le *dîner*, appelé anciennement *cœna* (κοινή), c'est-à-dire *cibus communis a pluribus sumptus* (PLUTARQUE, *Sympos.*, liv. viii, ch. 6), parce que c'était le repas qu'on faisait autrefois en commun, ou en famille, ou avec des amis; et alors ils prenaient quelque nourriture le soir. Mais lorsque les Romains enrichis donnèrent plus de temps à leur repas principal ou commun, ils le différèrent jusqu'à la fin du jour, pour ne pas interrompre leurs affaires, et ils firent à midi un léger déjeuner qu'on appela *prandium. Voyez* les *Antiquités rom.* de A. Adam.

44. — *Plumariorum textrinœ.* On ne sait pas bien précisément ce qu'était parmi les anciens le *plumarium opus.* Quelques-uns croient que c'était un ouvrage fait avec des plumes d'oiseaux ; mais il y a plus d'apparence, dit Perrault, que c'était de la broderie, qui diffère de la tapisserie en ce que la broderie n'est pas une étoffe continue et tissée, mais une étoffe composée de pièces rapportées, ou de fils couchés sur une étoffe ou sur une toile, de la même manière que les plumes des oiseaux sont sur leur peau.

45. — *Vestibula.* Nous avons peu de notions sur la forme extérieure et sur la distribution intérieure des maisons romaines ; il ne nous en reste aucune espèce de modèle, et les ruines de Pompéies ne suffisent pas pour faire connaître, dans tous leurs détails, les édifices habités par les Romains opulents. Bien que les grammairiens ne soient pas sûrs de la signification du mot *vestibulum*, on peut dire que c'était une vaste place devant la porte qui servait d'accès à l'*atrium*. Il ne formait pas, à proprement parler, une partie du bâtiment. « Lorsqu'on bâtissait du temps de nos pères des maisons spacieuses, on laissait devant la porte un espace vide, dit Aulu-Gelle (liv. xvi, ch. 5), une cour entre la rue et le corps principal de l'édifice. Là se tenaient, avant d'être admis, ceux qui venaient saluer le maître de la maison ; ils n'étaient ni dans la rue ni dans la maison. Cette large place où l'on faisait, pour ainsi dire, station, fut appelée vestibule. *Quæro, si te hodie domum tuam redeuntem coacti homines et armati non modo limine tectoque ædium tuarum, sed primo aditu vestibuloque prohibuerint, quid acturus sis?* (CICERO, *pro C. Cæcina*, c. xii.) « Eh bien ! je vous le demande à mon tour, si aujourd'hui, lorsque vous retournerez chez vous, des hommes rassemblés et armés vous éloignaient, non-seulement de la porte et de l'intérieur, mais des premières avenues et du parvis de votre maison, je vous le demande, quelle action auriez-vous ? »

46. — *Quod hi aliis officia præstant ambiundo, quæ ab aliis ambiuntur.* A Rome, c'était un très-grand honneur que de recevoir des visites, comme c'était une très-grande marque de déférence d'en faire. Les hommes d'une fortune médiocre attendaient de plus faibles qu'eux l'honneur de la visite qu'ils faisaient eux-mêmes à de plus puissants. *Voyez* MARTIAL, qui (liv. ii, épigr. 18) a fait à ce sujet une plaisante épigramme contre Maximus.

47. — *Et privata judicia arbitriaque conficiuntur.* A Rome, dit de Bioul, les juges et les arbitres étaient toujours pris parmi les citoyens les plus distingués. Lorsqu'il survenait un différend entre des particuliers, le demandeur requérait le préteur de lui nommer une ou plusieurs personnes pour juger son affaire (*judicem vel*

judicium) : demandait-il une seule personne, c'était un juge proprement dit, *judex*, ou bien un arbitre, *arbiter*; s'il demandait plus d'une personne, *judicium*, c'étaient alors des *recuperatores* ou *centumviri*. Ce fut d'abord parmi les sénateurs qu'on prit les juges, pour les affaires des particuliers; mais l'an 631 de la fondation de Rome, le tribun Sempronius Gracchus publia une loi qui ôtait aux sénateurs le pouvoir de juger, et le transportait à l'ordre des chevaliers. Cependant, quelque temps après, le droit de juger fut commun aux uns et aux autres. Ces juges s'assemblaient quelquefois dans les basiliques qui faisaient partie des édifices publics, dont Vitruve a décrit la construction et la forme dans le ch. 1er du liv. v; mais on conçoit que, dans le temps de la grande richesse de Rome, il était impossible de rendre dans les basiliques publiques tous les jugements qu'entraînait la quantité de différends qui survenaient entre les citoyens qui formaient son immense population. Les juges et les arbitres rendaient donc cette justice chez eux. Le luxe ayant été porté à un point incroyable dans cette ville, la noblesse, c'est-à-dire les sénateurs et les chevaliers, auxquels était réservé le droit de juger, firent construire chez eux des basiliques, à l'instar de celles qui faisaient partie des édifices publics. Voilà pourquoi Vitruve, dans ce chapitre, veut qu'une basilique, avec ses accessoires, se trouve au nombre des édifices qui composaient l'habitation de la noblesse romaine.

48. — *Ruri vero pseudourbanis.* Voyez COLUMELLE, *Écon. rur.*, liv. 1er, ch. 6.

49. — *Primum de salubritatibus.* Si l'on veut avoir plus de détails sur ce que voulaient les anciens à ce sujet, il faut consulter les auteurs qui ont traité de l'agriculture : CATON, *Écon. rur.*, ch. 1er; VARRON, *Écon. rur.*, liv. 1er, ch. 6; COLUMELLE, *Écon. rur.*, liv. 1er, ch. 2; PALLADIUS, *Écon. rur.*, liv. 1er, ch. 2 et suiv.

50. — *Cortes.* — Voyez VARRON, *Écon. rur.*, liv. 1er, ch. 13. Il est probable que notre mot *cour* a pris son origine du mot *cors*.

51. — *Conjuncta autem habeat bubilia.* Les étables destinées aux bestiaux, dit Columelle (*Écon. rur.*, liv. 1er, ch. 6), ne devront être ni trop chaudes ni trop froides. Les animaux soumis au joug auront des étables d'été et des étables d'hiver. Les détails que donne Columelle sont intéressants; j'engage à les lire. *Voyez* aussi PALLADIUS, *Écon. rur.*, liv. 1er, ch. 21.

52. — *Ad focum.* J'ai cru, dit Perrault, qu'on pouvait sans difficulté traduire ici *focum* par cheminée, puisqu'il est question de la cuisine, où il est certain que les anciens avaient des cheminées :

car on doute qu'ils en eussent dans leurs chambres, qu'ils chauf-
faient seulement, à ce qu'on croit, ou par des conduits qui apportaient la vapeur chaude d'un feu qui était allumé dans un fourneau souterrain, ou par une espèce de charbon de terre qui brûlait
sans faire de fumée, et que Suétone appelle *miscui carbones*, dans
la *Vie de Tibère*. Cependant on trouve dans les auteurs anciens
bien des passages qui peuvent faire croire qu'ils avaient des cheminées dans leurs chambres. Il paraîtrait, d'après Homère, que
les Grecs faisaient du feu dans leurs chambres, même en été, car
la princesse Nausicaa, qui s'était baignée dans la rivière, après
midi, se faisait allumer du feu dans sa chambre, en y arrivant.
Suétone dit que la chambre de Vitellius fut brûlée, le feu ayant
pris à la cheminée. Appien d'Alexandrie et Aristophane font mention de cheminées. Virgile dit (églog. 1, v. 83) :

> Et jam summa procul villarum culmina fumant.

Il paraît donc certain que les anciens avaient des cheminées,
comme l'a prouvé, par plusieurs autres passages, Octavio Ferrari.
Elles n'étaient cependant pas faites comme les nôtres : c'était au
milieu de la chambre qu'elles étaient construites, sans tuyau ni
manteau ; il y avait seulement au haut de la chambre, et au milieu
du toit, une ouverture pour la fumée qui sortait d'ordinaire par
là. C'est pourquoi Horace dit (ode 11, liv. IV) :

> Sordidum flammæ trepidant volantes
> Vertice fumum.

Et (ode 2, livre des *Épodes*) :

> Positosque vernas, ditis examen domus,
> Circum renidentes lares !

Et (sat. 5, liv. 1er) :

> Udos cum foliis ramos urente camino.

Ailleurs il conseille à son ami de mettre force bois dans le foyer
pour chasser le froid :

> Dissolve frigus, ligna super foco
> Large reponens.

Cicéron dit la même chose à Atticus dans une des lettres adres-
sées à cet ami : *Luculento camino utendum censeo.*

Tous ces passages confirment encore l'existence des cheminées
chez les anciens.

Vitruve lui-même (liv. VII, ch. 3), en parlant des corniches que l'on fait dans les chambres, avertit de les faire simples et sans sculpture dans les lieux où l'on fait du feu.

53. — *Boves lumen et ignem spectando.* — *Voyez* PALLADIUS. *Écon. rur.*, liv. 1er, ch. 21.

54. — *Bubilium autem debent esse latitudines, nec minores pedum denum, nec majores quindenum.* « On lit *bubilium* au lieu de *cubilium*, dit Pontédéra ; mais c'est évidemment une erreur. Vitruve a pu déterminer l'espace nécessaire à chaque bœuf, et non la grandeur des étables, qui doit être proportionnée au nombre des bœufs. La même faute se rencontre dans Columelle (*Écon. rur.*, liv. 1er, ch. 6) : « Lata bubilia esse oportebit pedes decem, vel « minime novem : quæ mensura et ad procumbendum pecori, « et jugario ad circumeundum laxa ministeria præbeat. » Il faut corriger et mettre *lata cubilia.* C'est avec raison que Palladius (*Écon. rur.*, liv. 1er, ch. 21) a écrit : « Octo pedes ad spatium « standi singulis boum paribus abundant et in porrectione xv. » Pontédéra se trompe, et son erreur vient de ce qu'il a lu *longitudines* au lieu de *latitudines.* Columelle, dont il invoque l'autorité, a dit lui-même : *lata bubilia esse oportebit,* etc., et non *longa.*

55. — *Balnearia.* — *Voyez* COLUMELLE, *Écon. rur.*, liv. 1er, ch. 6.

56. — *Torcular.* — *Voyez* COLUMELLE, *Écon. rur.*, liv. 1er, ch. 6. Si l'on veut avoir tous les détails relatifs au pressoir des anciens, il faut lire, dans l'*Écon. rur.* de Caton, les ch. XIII, XVIII, XX, XXI, XXII, LXIV, LXV, LXVI, LXVII, LXVIII, CXLV, CXLVI.

57. — *Habeatque conjunctam vinariam cellam, habentem ad septentrionem lumina fenestrarum.* Telle est l'exposition que lui donnent aussi Pline, Palladius, Columelle. De plus, disent ces deux derniers auteurs, il devra se trouver très-éloigné des bains, du four, du trou à fumier, de toutes les immondices d'où s'échappent des émanations fétides, ainsi que des citernes ou des eaux saillantes dont les évaporations gâtent le vin.

58. — *Quæ quum sint cullearia.* Le vase que les Latins appelaient *culleare* contenait vingt amphores. Fannius a dit du *culleus* :

> Est et bis decies quem conficit amphora nostris
> Culleus, hoc nulla est major mensura liquoris.

Prenons en passant une idée de la grandeur de ces mesures :

				Littres.	Décil.
Le *culleus* contient	20	amphores	ou	517	90
L'amphore	2	urnes		25	89
L'urne	4	conges		12	94
Le conge	6	setiers		3	23
Le setier	2	hémines			53
L'hémine	2	quartes			26
La quarte	2	*acetabula*			13
L'*acetabulum*	1	cyathe 1/2			4
Le cyathe	4	*ligula*			1
La *ligula*.					

59. — *Granaria sublimata.* Pour le blé, il faut le serrer dans de hauts greniers où les vents soufflent du nord et de l'est, et où l'humidité ne puisse pénétrer d'aucun côté. *Voyez* VARRON, *Écon. rur.*, liv. 1er, ch. 57; COLUMELLE, *Écon. rur.*, liv. 1er, ch. 6; PALLADIUS, *Écon. rur.*, liv. 1er, ch. 19; PLINE, *Hist. Nat.*, liv. XVIII, ch. 73.

Varron dit encore (*ubi supra*) que certains cultivateurs construisent dans leurs champs mêmes des greniers qui sont comme suspendus. On en voit de ce modèle dans l'Espagne Citérieure, et dans certaines contrées de l'Apulie. Ces greniers sont éventés, non-seulement sur les côtés par les courants qui viennent des fenêtres, mais encore par l'air qui frappe en dessous leur plancher.

Cette disposition des greniers avait pour but principal la ventilation des grains. Il y avait encore un autre avantage dont ne parlent pas ces auteurs, dit un annotateur de Pline, mais qui n'était guère moins important, c'était d'empêcher les souris d'y pénétrer. « En Valais, dit Fée (*Voyage inédit dans la Suisse occidentale*), les granges sont isolées du sol, à l'aide de poteaux qui portent de larges dalles élevées à deux ou trois pieds de terre, et plus larges que les poteaux eux-mêmes. Cet isolement a pour but d'empêcher les mulots et les souris d'y pénétrer. Ces animaux fort communs partout, et qui fourmillent dans le Valais, s'établiraient dans les granges, et là, pullulant avec une incroyable rapidité, y nourriraient, au dépens du cultivateur, leurs générations affamées. »

« Pour du blé, dit Quinte-Curce (liv. VII, ch. 4), il n'y en avait point, ou peu: car les barbares ont de profondes fosses qu'ils appellent *syrrhes*, lesquelles ils cachent si subtilement qu'il n'y a que ceux qui les ont faites qui les puissent trouver, et c'est là qu'ils retirent leurs grains. »

60. — *Namque ceteræ regiones procreant curculionem.* Pourquoi *ceteræ?* s'écrie Pontédéra. Pourquoi excepter l'Italie, où les
charançons sont les plus nuisibles au blé? Ne faudrait-il point
lire *namque calidæ?* C'est au moins le sens adopté par l'auteur du *Compendium : vaporatæ enim regiones curculiones et alia
genera bestiarum nutriunt.* L'erreur du commentateur vient de ce
qu'il ne donne pas au mot *regiones* la signification qu'il doit
avoir.

61. — *Equilia.* Voyez Palladius, *Écon. rur.*, liv. 1er, ch. 21.

62. — *Extra culinam.* Le mot cuisine ne désigne pas toujours,
et ici particulièrement, le lieu où l'on préparait les mets, et il
n'est pas probable que les étables et les écuries y fussent placées.
C'était plutôt un office vaste et exhaussé, afin que la charpente fût
à l'abri du feu, et que les gens de la maison pussent s'y tenir com-
modément dans toutes les saisons de l'année.

63. — *Horrea, fœnilia, farraria.* «Peu importe, dit Palladius
(*Écon. rur.*, liv. 1er, ch. 48), en quel endroit on serrera le foin,
la paille, le bois et les cannes, pourvu que cet endroit soit sec,
ouvert à tout vent et éloigné de la métairie, dans la crainte du
feu.» Bien que le mot *horrea* signifie ordinairement des greniers
à serrer le blé, quand il est battu, et que le mot de grange signifie un lieu à serrer les gerbes, il y a apparence que, comme il
s'agit ici du danger du feu, Vitruve a entendu par *horrea* nos
granges : car les grammairiens tiennent que *horreum* se dit *ab
horrore spicarum;* or, les épis ne sont qu'aux gerbes; ils ne sont
point au grain, quand il est battu; d'ailleurs la signification du
mot *horreum* s'étend dans Horace jusqu'aux caves et aux celliers :

> Nardi parvus onyx eliciet cadum
> Qui nunc Sulpiciis accubat horreis.
>
> *(Carm. lib. iv, ode 12.)*

Il semblerait aussi que le mot *farraria*, de *far*, qui signifie le
grain du blé battu, devrait être traduit par *grenier à blé;* mais
parce que le blé battu n'est pas sujet à prendre feu, comme la
paille et le foin, Perrault a cru que Vitruve avait pu se servir de
farraria pour désigner un grenier à serrer les pailles, et que de
même que *far* qui signifie du blé battu est dit de *faciendo*, par la
même raison, la paille pouvait aussi être dite *far*, parce que la
même action qui sépare le grain de la paille, sépare aussi la paille

du grain. Le mot français *foarre* ou *feurre*, qui signifie de la paille, vient peut-être de ce mot *farraria*.

64. — *Sin autem officiunt trabes seu limina.* C'est bien *limina* qu'il faut lire, comme au dernier chapitre de ce livre, et dans Pline (*Hist. Nat.*, liv. xxxvi, ch. 21), *difficillime hoc contigit in limine ipso quod foribus imponebat.* Voilà pourquoi Varron, au ch. 4 du liv. ii, a donné au mot *limen* l'épithète de *inferius* pour le distinguer du *limen superius.* Nonius a exprimé l'un et l'autre : « Exue limen superius quod mihi misero sæpe confregit caput, inferum autem ubi ego omneis digitos defregi meos. »

65. — *Per eas fenestrarum loca relinquantur.* Vitruve ne prescrit aucune règle pour la proportion des croisées. Toutes les fenêtres des maisons découvertes à Herculanum, sont petites, fermées simplement avec des volets de bois ; quelques-unes ont des châssis garnis de talc ou de pierre spéculaire. On a trouvé dans cette ville de gros morceaux de plaques de verre épaisses et brutes ; ce qui prouve que l'art d'étendre le verre sur des tables pour en faire des espèces de vitres, n'était pas totalement ignoré. On voit dans les tableaux d'Herculanum quantité de paysages embellis de superbes palais. Les fenêtres des maisons et des temples ne paraissent pas toujours d'une forme agréable ; on en voit qui sont rondes, d'autres carrées, d'autres en feuilles de trèfle, en ovale, en figures très-singulières ; quelques-unes sont placées près des angles des murs. Elles ne sont pas toujours alignées et espacées avec régularité et proportion. On voit dans plusieurs bâtiments des anciens Romains, qu'ils donnaient à leurs fenêtres à peu près la même coupe que nous leurs donnons, c'est-à-dire un parallélogramme rectangle dont la hauteur est le double de la largeur ; ils les formaient simplement en cadre de tableau. Ils coupaient un peu les bords inférieurs de la pierre qui couvre la fenêtre, pour procurer plus de jour, et pour donner à la couverture la forme d'une petite voûte apparente. En un mot, la forme des fenêtres qui sont en usage aujourd'hui en France, est la même que celle qui était observée dans les bâtiments du temps de l'empereur Auguste ; mais les Romains les faisaient beaucoup plus petites. On voit dans les tableaux d'Herculanum, que les anciens connaissaient l'usage de garnir les fenêtres de jalousies, c'est-à-dire de petits treillis de bois ; mais il paraît qu'ils ignoraient l'art de former des jalousies en linteaux mobiles qui donnent par le moyen d'une tringle, ou d'une corde qui les lie tous, la quantité de lumière qu'on désire.

PLAN D'UNE MAISON ROMAINE.

Fig. 90.

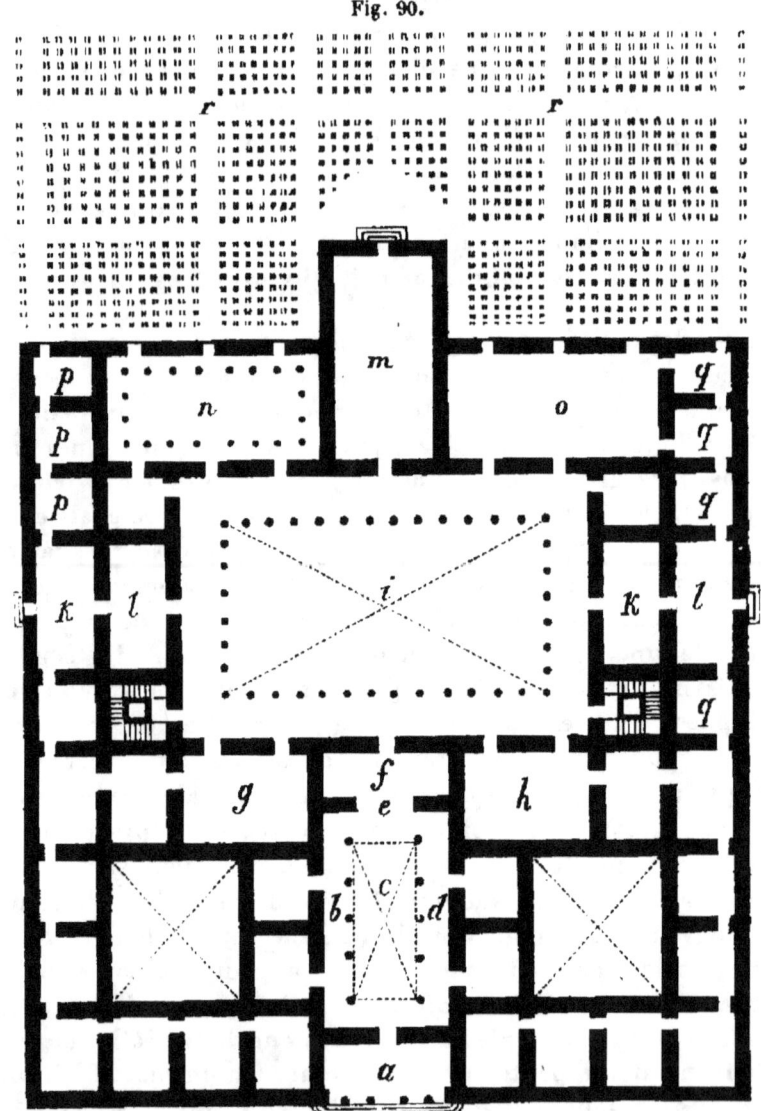

a. *Vestibulum*. Le vestibule.

bcd. *Atrium*. L'atrium.

c. *Cavum œdium*. Le *cavædium* au milieu duquel se trouve l'*impluvium*. La cour.

db. *Alæ*. Les ailes, les galeries.

e. *Fauces*. La porte.

f. *Tablinum*. Le cabinet d'étude.

g. *Pinacothecæ*. La galerie de tableaux.

h. *Exedra*. Le cabinet de conversation.

i. *Peristylium.* Le péristyle.

k. *Triclinia hiberna.* Les salles à manger d'hiver.

l. *Triclinia verna et autumnalia.* Salles à manger pour le printemps et l'automne.

m. *Basilica.* La basilique

n. *Triclinia æstiva sive œci Ægyptii.* Salle à manger d'été, ou salle égyptienne.

o. *OEci Cyziceni.* La salle cyzicène.

p. *Balnearia.* Les bains.

q. *Cubicula.* Les chambres à coucher.

r. *Viridia.* Le jardin.

La distribution des maisons chez les Romains, dit Le Mazois, quoique subordonnée aux localités, au rang, à la fortune et au nombre des maîtres, était assez généralement la même pour toutes. Les principales divisions consacrées par l'usage se répétaient dans chacune d'elles, et il n'existait guère d'autre différence entre les habitations des citoyens que leur décoration et ces pièces accessoires plus ou moins utiles que le luxe ajoute au nécessaire.

Chaque maison un peu considérable était divisée, pour ainsi dire, en deux parties distinctes, comme on peut s'en convaincre en examinant les maisons découvertes à Pompéies, et les fragments du plan antique conservés au Capitole. La première renfermait toutes les pièces d'un usage public; l'autre était destinée au logement des maîtres et aux dépendances du service.

La partie publique renfermait le portique, le *prothyrum,* le vestibule, le *cavædium,* le *tablinum,* les ailes, les *fauces* et diverses autres pièces.

La partie privée contenait le péristyle, les chambres à coucher, le triclinium, les *œci,* la *pinacotheca,* la bibliothèque, les bains, l'exèdre, le xyste, etc.

Parmi les pièces qui composaient les maisons des gens aisés, s'en trouvait une, uniquement consacrée au culte de Vénus. Les Grecs la nommaient ἀφροδίσιον, et les Latins *venereum.* Elle était précédée d'une sorte d'antichambre, *procœton,* où logeait l'esclave cubiculaire. Son emploi était de veiller à la sûreté de cette chapelle d'amour; il en éloignait les importuns; il conservait dans une cassette les souliers des dames romaines, objet de luxe qu'elles quittaient souvent dans la journée, même avant de se mettre à table. Plaute appelle les servantes *sandaligerulæ.* C'est dans ces lieux qu'on a retrouvé ces peintures érotiques qui composent le cabinet secret du Musée royal de Naples. L'usage de ces représentations obscènes était fréquent dans l'antiquité, et il y avait peu de maisons qui n'eussent quelqu'une de ces peintures lascives, appelées par les Grecs γρύλλοι, *bamboches*, *saletés*, *pourceaux*, et par les Latins *libidines*, dans la composition desquelles excellaient Polignote et Parrhasius.

66. — *Antithalamus*. C'était là que se tenaient les servantes. Cette pièce devait être tout près du *thalamus*, pour qu'elles fussent à portée d'entendre la voix de leur maîtresse, et qu'elles pussent se rendre immédiatement à leurs ordres. Les exemplaires portent le mot *amphithalamus*, corrigé par Hermolaüs. Il y a apparence que cette partie dont Vitruve parle est celle que Pline, dans ses lettres, appelle *procœton*, c'est-à-dire lieu qui est devant celui où l'on couche. Nous l'appelons *antichambre*. Pline dit que son antichambre touche à sa chambre; ici, au contraire, nous voyons que l'*antithalamus* des Grecs était séparé du *thalamus* par le vestibule ou passage appelé *prostadium*. Et peut-être Pline ne dit-il que son antichambre était joint à sa chambre que parce que ce n'était pas une chose ordinaire.

67. — *Cellæ familiaricæ*. La véritable signification de ces deux mots jette Perrault dans l'incertitude. Bien qu'il dise qu'il n'y a pas apparence que Vitruve se soit servi par mégarde de *cella*, au lieu de *sella*, il n'en traduit pas moins *cellæ familiaricæ* par *garde-robes*, malgré toute la différence de signification des mots *cella* (petite chambre) et *sella* (chaise). Et on peut croire aussi, selon lui, que Vitruve a ajouté le mot *familiaricæ* pour désigner l'usage de cette pièce qui était destinée pour la commodité des nécessités ordinaires; mais que ce qui est appelé ici *garde-robe* n'était qu'un lieu pour serrer la chaise et les autres meubles nécessaires à la chambre, et non pas le lieu qui en français est appelé *le privé*, parce qu'il ne s'en trouve point dans les bâtiments qui nous restent des anciens, et que ce qu'ils appelaient *latrinæ* était des lieux publics où allaient ceux qui n'avaient pas d'esclaves pour vider et laver leurs bassins, qui étaient aussi appelés *latrinæ*, *a lavando*, suivant l'étymologie de M. Varron. En cela, Perrault est dans l'erreur : car dès l'entrée d'une petite maison de Pompéies, dit Le Mazois, on trouve un réduit sous l'escalier, destiné à l'usage des domestiques ou des personnes étrangères qui visitaient l'atrium. Là sont situées les fosses d'aisances, disposées comme elles le sont de nos jours. Le choix de l'emplacement éloignait la mauvaise odeur de l'intérieur de l'édifice. Les *cellæ familiaricæ* ne sont donc plus que l'*ergastulum*, ou logement des esclaves qui était placé auprès du lieu affecté à leur service. Il paraît, d'après plusieurs maisons de Pompéies qu'on prenait peu de soin pour leur procurer des logements commodes ou même salubres.

68. — *Hæc pars ædificii gynæconitis appellatur.* La différence qui existait entre les mœurs des Grecs et celles des Romains, amenait une manière différente de distribuer les habitations. Chez les Grecs, le quartier des femmes était absolument séparé de celui des hommes; ce qui faisait, pour ainsi dire, deux maisons placées à côté l'une de l'autre.

Les Grecs, dit Corn. Nepos, dans sa préface, regardent la plupart des usages reçus parmi nous comme contraires à l'honnêteté. Quel est, en effet, le Romain qui rougit de conduire sa femme dans un festin? Quelle mère de famille n'occupe pas le premier appartement de la maison, et ne fréquente pas compagnie? Il en est tout autrement dans la Grèce : les femmes ne sont admises qu'aux repas de famille; dans leur maison, elles n'habitent que la partie la plus reculée qu'on appelle gynécée, et dont l'accès n'est permis qu'aux plus proches parents. »

La vie des femmes, surtout quand elles se trouvaient en puissance de mari, et qu'elles étaient vierges ou veuves, était extrêmement retirée. Le παρθενών, appartement des vierges, était fermé soigneusement par des verroux. Les femmes ne pouvaient même passer d'un appartement dans un autre sans permission. Les femmes mariées depuis peu étaient tenues aussi sévèrement que les vierges; se présenter à la porte extérieure eût été pour elles une tache à leur réputation. Elles osaient à peine franchir le seuil qui les séparait de l'αὐλή. Leur captivité devenait moins rigoureuse, quand elles avaient donné un enfant à leur mari. Elles acquéraient alors le titre de μήτηρ, dérivé, dit-on, de μὴ τηρεῖσθαι, *n'être plus enfermé.* Cette liberté, cependant, dépendait toujours du consentement du mari. Dans tous les cas, la modestie des femmes leur faisait un devoir de n'user de cette faveur qu'avec la plus grande réserve. Elles ne paraissaient en public que la tête couverte d'un voile assez épais pour dérober leur beauté à tous les regards. *Voyez les Antiquités grecques.*

69. — *Habentes latiora peristylia.* Ne devrait-on point lire *lautiora* au lieu de *latiora?* Car si l'édifice est plus grand, le péristyle devra nécessairement être plus large; mais comme *habent eæ domus vestibula egregia et januas proprias cum dignitate....* il faudra bien que les péristyles soient *lautiora.*

70. — *Rhodiacum.* Pourquoi ce portique est-il appelé *rhodien?* Serait-ce parce qu'étant tourné au midi, et ayant le soleil tout le long du jour, il est semblable à l'île de Rhodes, dans laquelle Pline dit que le soleil est rarement caché par des nuées ?

71. — *Tricliniis quatuor.* Au ch. 5 de ce livre, *triclinium* est pris pour la salle où l'on mangeait, et dans laquelle étaient les tables avec leurs trois lits. Ici il ne signifie, à la lettre, que la table avec ses trois lits. Varron (*Écon. rur.*, liv. III, ch. 13) dit : « Au milieu du bois est une espèce d'élévation où l'on avait disposé trois lits (*ubi triclinio posito*), et où l'on servit à souper. » Et au liv. I, ch. 59 : « Quand on fait construire un fruitier, il faut avoir soin d'en ouvrir les fenêtres au nord, et de laisser un libre accès aux vents qui soufflent de ce côté. Il importe toutefois de les garnir de volets ; car un vent continu finit par ôter aux fruits leurs sucs et par les rendre insipides. Pour plus de fraîcheur encore, on recouvre en stuc les voûtes, les murailles et même les planchers de ces fruitiers. On voit encore certaines personnes y faire dresser des lits pour prendre leurs repas (*triclinium sternere solent cœnandi causa*).

72. — *Ludorumque operis.* On sait que pour réjouir ces riches voluptueux, on donnait des jeux et des spectacles, pendant qu'étendus sur leurs lits, ils jouissaient des plaisirs de la table. Cet usage existait aussi chez les Romains. Juvénal (sat. II) nous apprend que durant leurs repas, ils regardaient des danses lascives, des pantomimes ou des combats de gladiateurs ; d'autres se contentaient de la lecture d'un livre (PLUTARQUE, *Sympos.*, liv. VII, quest. 8) ; d'autres aimaient à faire jouer quelques scènes de comédie (JUVÉNAL, sat. II ; PLINE LE JEUNE, liv. I, lett. 15 ; liv. III, lett. 1 ; liv. VI, lett. 31) ; d'autres à entendre des vers récités par quelques poëtes (PERSE, sat. I) ; souvent ils avaient un concert durant leurs repas (SPARTIEN, *Vie d'Adrien*, ch. XXIV ; PÉTRONE, *Satyricon*, ch. XXXIV).

73. — *Uti hospites advenientes non in peristylia, sed in ea hospitalia recipiantur.* L'hospitalité, dans les anciens temps, était soigneusement pratiquée. Ce n'était pas seulement une vertu ; c'était un devoir de l'exercer envers tout le monde ; il n'y avait rien de plus sacré. Née d'une commisération naturelle, on la trouve, dit de Bioul, chez les peuples que la civilisation n'a pas absolument corrompus ; elle existe encore en Écosse, dans une grande partie de l'Orient, et surtout en Pologne. Nous voyons dans Homère avec quel dévouement les Grecs exerçaient l'hospitalité. L'opulence dont ils jouirent, après avoir repoussé les armées des Perses qui voulaient envahir leurs provinces, cette opu-

lence accrue encore par leur commerce répandu chez toutes les
nations connues, n'étouffa pas chez eux ce sentiment qui leur
avait été transmis par leurs ancêtres. Si la sainte hospitalité subsista dans la Grèce aux plus beaux jours de sa gloire et de sa
puissance, ce pieux devoir n'y fut pas, non plus, négligé au jour
du malheur, après le triomphe de Paul Émile, lorsque Rome y
établit sa domination.

PLAN D'UNE MAISON GRECQUE.

Fig. 91.

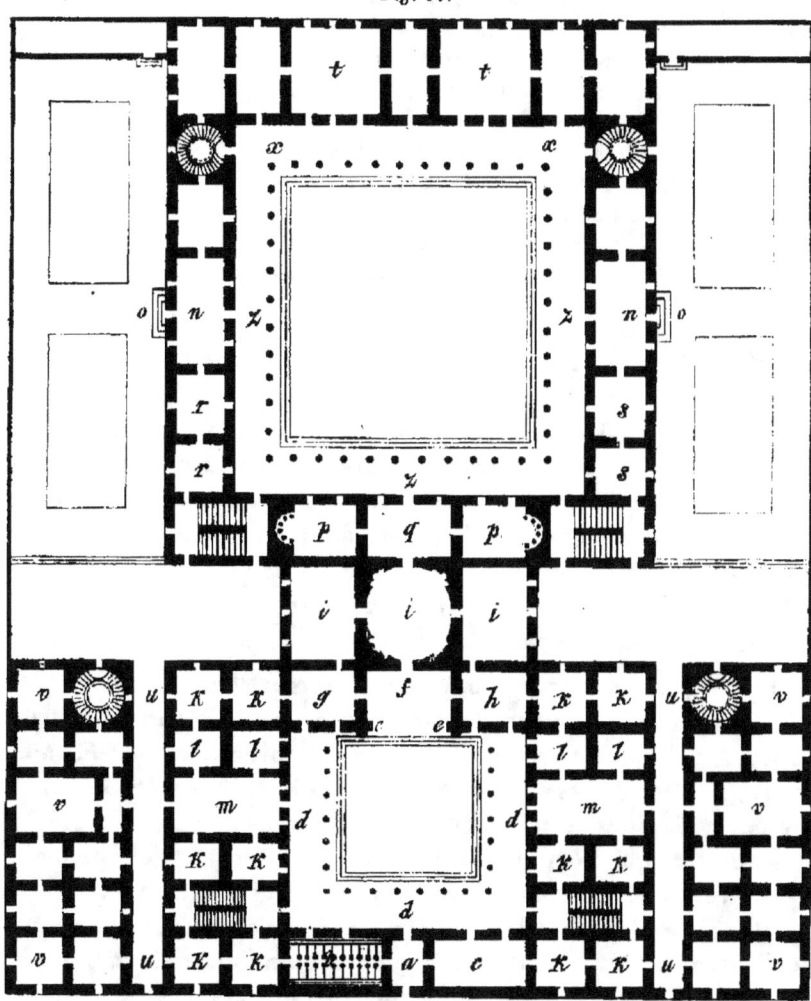

a. *Itinera.* Le passage appelé θυρωρεῖον.
b. *Equilia.* Les écuries.
c. *Ostiarii cella.* La loge du portier.
d. *Peristylium.* Les trois portiques du péristyle.

e. *Duæ antæ*. Les deux antes.

f. Le lieu appelé προστάς.

g. *Thalamus*.

h. *Antithalamus*.

i. *OEci magni*. Les grandes salles où les mères de famille filaient avec leurs servantes.

k. *Cubicula*. Les chambres à coucher.

l. *Cellæ familiaricæ*. Logement des esclaves.

m. *Triclinia*. Les salles à manger.

n. *Vestibula egregia*. Les beaux vestibules des appartements des hommes.

o. Les portes particulières aux appartements des hommes.

p. *Triclinia cyzicena*. Les salles appelées cyzicènes.

q. *Pinacothecæ*. Le cabinet de tableaux.

r. *Bibliothecæ*. Les bibliothèques.

s. *Exedræ*. Les cabinets de conversation.

t. *OEci quadrati*. Les grandes salles à manger.

u. *Mesaulæ*. Les passages appelés mésaules.

v. Les appartements des hôtes.

x. *Porticus Rhodiaca*. Le portique rhodien.

z. *Tres porticus*. Les trois autres portiques du péristyle.

74. — *Xenia*. Dans les premiers temps, les présents étaient rares chez les Romains ; mais, dans la suite, l'accroissement du luxe les rendit fréquents et très-dispendieux. Les clients et les affranchis envoyaient des présents à leurs patrons ; les esclaves à leurs maîtres ; les citoyens aux empereurs et aux magistrats ; les personnes liées entre elles, les unes aux autres, dans plusieurs occasions, aux calendes de janvier, appelées *strenæ*, aux fêtes de Saturne, aux réjouissances publiques, *apophoreta* ; on en faisait aux hôtes, *xenia*. — *Voyez* SUÉTONE, *Vie d'Oct. Auguste*, ch. LXXV ; *Vie de Caligula*, ch. XV, et *de Vespasien*, ch. XIX.

75. — *Quas nos Vergilias, Græci autem* Πλειάδας *nominant*. Elles étaient au nombre de sept : Alcynoë, Céléno, Électre, Maïa, Astérope, Mérope et Taygète. *Voyez* OVIDE, *Fastes*, liv. IV, v. 169. On les nomme Pléiades, soit de leur mère Pléione, une des Océanides, soit du mot grec πλέω, *naviguer*, parce que la constellation qui porte leur nom, et qu'on voit au mois de mai, se montre à une époque favorable à la navigation.

Vitruve (liv. IX, ch. 5) semble indiquer qu'elles sont à la queue du Taureau, et Pline dit la même chose, *in cauda Tauri septem quas appellavere Vergilias*, bien que certains auteurs rapportent qu'on ne voit que la partie antérieure de cet animal :

Vacca sit an taurus, non est cognoscere promptum.
Pars prior apparet, posteriora latent.

Seu tamen est taurus, sive hoc est femina signo,
Junone invita munus amoris habet.

(Ovidius, Fast. lib. IV, v. 717.)

76. — *Ædificia quæ plano pede instituuntur.* Vitruve recom -
mande trois choses dans toute construction : la solidité, l'utilité,
la beauté. Il a déjà fait connaître les proportions des différentes
parties qui composent l'habitation, et l'harmonie qui doit régner
entre elles ; ce qui contribue à l'utilité et à la commodité ; il est
entré avec détail dans tout ce qui concerne l'ornement et la
beauté ; ce dernier chapitre est consacré au troisième objet, la
solidité. Et à cet égard, il distingue deux sortes de constructions :
celles qui se font sur la superficie du sol, celles qui se font au -
dessous. Il a traité de tout ce qui avait rapport aux premières,
dans les livres III et V ; quant aux secondes, qu'il appelle *hypo-
gées*, mot composé de ὑπό, *sous*, et de γῆ, *terre*, elles doivent
avoir des murs souterrains plus épais que les murs supérieurs ;
mais il n'assigne ni mesure ni proportion ; il recommande seulement une chose fort importante, qui malheureusement est quelquefois oubliée, c'est d'éviter les porte-à-faux qui sont de tous
les vices les plus opposés à la nature. En mettant deux ordres
l'un sur l'autre, il est nécessaire que les axes des colonnes supérieures et inférieures se répondent à plomb, ne fassent qu'une
même ligne perpendiculaire.

Le P. Laugier n'aime pas les porte-à-faux ; aussi dans ses *Essais
sur l'architecture*, ch. I, art. 2, s'écrie-t-il : « Je me vois contraint
de m'élever contre les dômes, dont tant de gens me paraissent
amoureux. On dira en leur faveur tout ce qu'on voudra ; il sera
toujours vrai que c'est une chose monstrueuse de voir un péristyle
entier de colonnes, porté sur quatre grandes arcades qui ne leur
offrent qu'un fondement faux, parce qu'il est excavé. Tous les
architectes conviennent que le vide doit être sur le vide, et le
plein sur le plein. Or, les dômes avec ordre d'architecture, nous
mettent toujours le plein sur le vide. Si l'on veut faire des dômes,
qu'on les fasse autrement qu'ils ne sont. Un architecte donnera
idée de son génie, s'il invente une manière de les construire qui
en conserve les agréments en évitant le défaut insupportable des
porte-à-faux. Si la chose n'est pas possible, il vaut beaucoup
mieux n'en pas faire. »

Il était difficile de déterminer l'épaisseur des murs, puisque c'est
d'après la hauteur du mur, la qualité du terrain et celle des matériaux qu'on doit décider ce qu'il faut faire à cet égard. Au -
dessus des fondements, le mur doit aller en talus ; c'est une des

bases principales de la solidité. Voilà pourquoi, selon de Bioul, les Égyptiens, les plus anciens et les plus habiles des architectes, qui s'attachaient surtout à faire des ouvrages qui résistassent au temps, avaient adopté la forme pyramidale comme base de leur architecture. Cette forme se voit dans l'ensemble, et on la retrouve dans les parties de ces constructions colossales qui ont résisté à tant de siècles.

77. — *Nam si in pendentibus.* C'est-à-dire si les murs portent, non pas sur d'autres murs construits sur une base solide, mais sur des poutres ou sur des linteaux, il faut avoir recours à quelques moyens de consolidation.

78. — *Postes si supponentur.* Par deux sortes de décharges, il est possible d'affermir les murs aux endroits où ils ont des vides, comme au droit des portes et des fenêtres dont les linteaux sont chargés du mur qui est au-dessus. La première se fait par deux

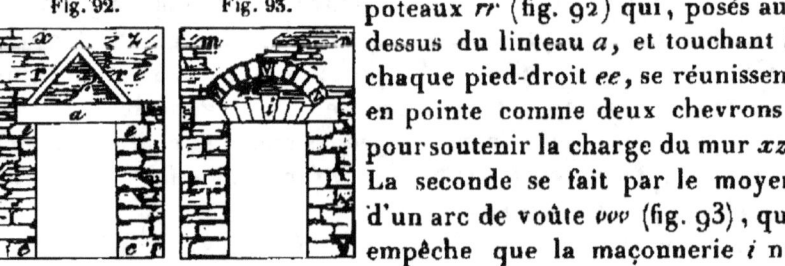

Fig. 92.   Fig. 93.

poteaux *rr* (fig. 92) qui, posés au-dessus du linteau *a*, et touchant à chaque pied-droit *ee*, se réunissent en pointe comme deux chevrons, pour soutenir la charge du mur *xz*. La seconde se fait par le moyen d'un arc de voûte *vvv* (fig. 93), qui empêche que la maçonnerie *i* ne s'affaisse, parce qu'elle est allégée d'une partie de son faix, savoir de la partie *mn*.

79. — *Sublisæ.* Stratico et Perrault ont suivi la correction de Philander qui, au lieu de *sub lysi*, lit *sua lysi.* Car, dit Perrault, bien que *lysis*, au ch. 2 du liv. III, signifie la cymaise ou talon d'une corniche, il n'y a point d'apparence que Vitruve ait songé à un membre d'architecture dont il ne s'agit aucunement ici; de sorte que *lysis* doit se prendre selon sa signification grecque, à la lettre, c'est-à-dire pour la rupture d'un mur qui se fait par la séparation des pierres dont il est composé. Les grammairiens pourtant croient que Vitruve a voulu par ce mot désigner le vide et l'ouverture d'une porte. *Sublisæ* me paraît préférable.

80. — *Pilatim.* Ces piliers sont carrés. On les nomme en grec στήλαι, en latin *stelæ.* Quand ils sont ronds, ils prennent le nom de κίονες et de στύλοι. *Pila* a formé *oppilare* pour signifier *affermir, boucher.* Lucrèce (liv. VI, v. 725) l'a employé dans le sens de *obstruer,* empêcher le libre cours d'un fleuve :

Est quoque uti possit magnus congestus arenæ
Fluctibus adversis oppilare ostia contra,
Quum mare permotum ventis ruit intus arenam.

Jecinoris oppilatio a été traduit par les médecins *obstruction du foie*.

81. — *Extruserint incumbas.* Il semblerait que par *incumbæ* Vitruve a entendu les pierres taillées en forme de coin qui, dans une arcade, inclinent de chaque côté de celle qui, placée au milieu, est perpendiculaire au centre. Ou bien, ce qui est encore plus vraisemblable, *incumba* serait cette dernière pièce du jambage sur laquelle on commence à placer les voussoirs, et à former le cintre d'une voûte ou d'une arcade, l'*imposte*. Philander fait observer en passant que dans les péristyles, les portiques, les temples, aux portes, aux fenêtres, les anciens architectes ont fait retomber presque tous les arcs, non sur des piliers carrés, mais sur des colonnes rondes; et c'était un grand vice, à son avis, puisqu'ils doivent se rapporter au sommet du fût, ce qui ne pouvait avoir lieu entre deux objets dont l'un était rond et l'autre angulaire.

82. — *Perpendiculo respondeant.* Tout le monde connaît l'instrument dont se servent les ouvriers pour élever perpendiculairement un mur ou un pan de bois, et pour juger de son aplomb et de son surplomb, je veux dire le *plomb*, ce petit poids de métal qui est attaché au bout d'une ligne, ou cordeau, passée dans une plaque de fer ou de cuivre appelée *chas*.

83. — *In frontibus.* En dehors, c'est-à-dire à la face du mur.

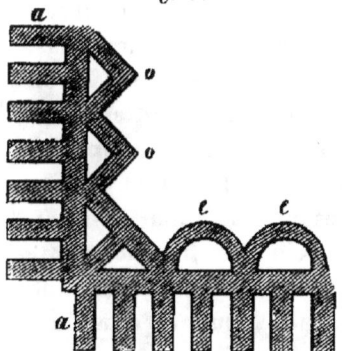
Fig. 94.

In frontibus est évidemment opposé à *introrsus contra terrenum.* Il y a donc des éperons aux deux faces du mur, dont les uns, ceux qui sont en dehors *aa*, sont droits et parallèles, et dont les autres, ceux qui sont en dedans *oo*, font des angles qui sont en forme de dents de scie (fig. 94).

On ne peut pas toujours bâtir sur un terrain uni; c'est là un inconvénient qu'on rencontre quelquefois. L'Italie surtout, qui, dans toute sa longueur, est traversée par les montagnes de l'Apennin, et qui en est presque entièrement composée, n'offre guère partout que les pentes de ces montagnes, aux

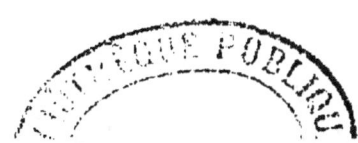

fondements des édifices. Si l'on excepte les villes qui sont dans la
belle plaine de la Lombardie, la plupart des autres sont bâties au
milieu des montagnes. On sait que l'ancienne Rome était assise sur
sept collines. Pour construire les maisons à mi-côte, on sent qu'il
fallait commencer à niveler le terrain. On coupait donc dans la
pente de la montagne, et on jetait les terres plus bas; on soutenait ensuite ces terres avec une muraille et des éperons. Ce sont
ces éperons *aa* (fig. 94, p. 101) qui étaient employés pour soutenir les terres jetées en avant, *in frontibus*. Ensuite, du côté
opposé, par derrière, pour soutenir les terres de la montagne
dont la pente était coupée verticalement, on se servait des dentelures en forme de scie *oo*, qui se trouvaient effectivement en
dedans de l'édifice, *introrsum*.

84. — *Anterides, sive erismæ*. Ces deux mots grecs employés ici
par Vitruve, signifient des *appuis*. Ils viennent du verbe ἐρείδω,
étayer, résister. Nos mots français *éperons* et *arcs-boutants* sont
métaphoriques, dit Perrault, et désignent les deux espèces d'appuis que l'on met aux murs. Les uns marqués *aa* (fig. 94),
perpendiculaires au mur, sont appelés *éperons,* parce qu'ils sont
attachés au mur, de même que l'éperon l'est au talon; les autres
marqués *ee*, nommés arcs-boutants, sont arqués, et de la même
espèce que ceux que Vitruve dit ressembler à des dents de scie *oo*.
Stratico fait remarquer qu'en employant les mots *anterides* et
erismæ, Vitruve a voulu indiquer deux choses qui font le même
office, et entre lesquelles il ne met plus tard aucune différence.

85. — *Eæque inter se distent tanto spatio*. On lisait dans le
texte : « Deinde in frontibus anterides, sive erismæ sint, una struantur, eæque inter se distent tanto spatio, quanto altitudo substructionis est futura, crassitudine eadem qua substructio. Procurrant
autem ab imo quantum crassitudo constituta fuerit substructionis. »
Ce qui semblerait vouloir dire qu'il faut que les éperons soient
aussi distants les uns des autres que le mur qu'ils soutiennent a
de hauteur; et, selon Perrault, ce ne serait point raisonnable :
car plus le mur que les éperons appuient est haut, et plus les
éperons doivent être proches les uns des autres; aussi a-t-il cru
devoir faire les corrections suivantes : « Deinde in frontibus anterides, sive erismæ sint, una struantur, crassitudine eadem qua substructio, eæque inter se distent tanto spatio, quanto crassitudo
constituta fuerit substructionis. Procurrant autem ab imo quantum
altitudo substructionis est futura. » Car cette grandeur de l'empâtement des éperons qui croît à proportion que le mur qu'ils

appuient est haut, lui semble plus raisonnable que celle qui en diminue le nombre à mesure que le mur s'élève. On pourrait dire néanmoins que la raison, qui l'a porté à chercher quelque moyen de rétablir ce passage, est fondée sur une opinion contraire à celle des architectes qui veulent que les empâtements des murs soient proportionnés à leur largeur et non à leur hauteur.

86. — *Et ab idiotis patiatur accipere se consilia.* Ce conseil est excellent; et Apelle partageait l'opinion de Vitruve. « Quand ses ouvrages étaient terminés, dit Pline (*Hist. Nat.*, liv. xxxv, ch. 36), il les exposait sous un avant-toit à la critique des passants, et, caché derrière, il écoutait les observations, regardant le public comme un juge plus exact que lui. »—« C'est une chose étonnante, s'écrie Cicéron (*de l'Orat.*, liv. iii, ch. 51), qu'il y ait tant de différence entre l'ignorant et l'homme habile, lorsqu'il faut produire, et qu'il y en ait si peu lorsqu'il ne faut que juger ! »

LIBER SEPTIMUS.

PRÆFATIO.

Majores quum sapienter tum etiam utiliter instituerunt, per commentariorum relationes cogitata tradere
posteris, uti ea non interirent, sed singulis ætatibus
crescentia voluminibus edita, gradatim pervenirent ve-
tustatibus ad summam doctrinarum subtilitatem. Itaque
non mediocres, sed infinitæ sunt his agendæ gratiæ [1],
quod non invidiose silentes prætermiserunt, sed omnium generum sensus conscriptionibus memoriæ traden-
dos curaverunt.

Namque si non ita fecissent, non potuissemus scire,
quæ res in Troja fuissent gestæ [2], nec quid Thales, Democritus, Anaxagoras, Xenophanes reliquique physici sen-
sissent de rerum natura; quasque Socrates, Plato, Aristoteles, Zenon, Epicurus aliique philosophi hominibus
agendæ vitæ terminationes finivissent; seu Crœsus,
Alexander, Darius ceterique reges quas res aut quibus
rationibus gessissent, fuissent notæ, nisi majores præ-
ceptorum comparationibus omnium memoriæ ad poste-
ritatem commentariis extulissent.

Itaque, quemadmodum his gratiæ sunt agendæ, sic

LIVRE SEPTIÈME.

INTRODUCTION.

Nos ancêtres ne pouvaient rien imaginer de plus sage ni de plus utile que de mettre par écrit leurs découvertes, pour les faire passer à la postérité; non-seulement le souvenir ne s'en effaçait point, mais chaque âge venant y ajouter ses lumières, elles arrivèrent par degrés, à travers les siècles, à la plus grande perfection. Ce ne sont donc point de légères, mais d'immenses actions de grâces que nous devons leur rendre, puisque, loin d'être assez égoïstes pour garder le silence sur leurs vastes connaissances, ils eurent à cœur de nous les transmettre dans de généreux écrits.

Et s'ils n'en avaient point usé ainsi, nous n'aurions pu connaître les malheurs de Troie; et les opinions de Thalès, de Démocrite, d'Anaxagore, de Xénophane et des autres physiciens, sur les lois de la nature; et les principes que les Socrate, les Platon, les Aristote, les Zénon, les Épicure et les autres philosophes ont posés pour la conduite de la vie; et les actions de Crésus, d'Alexandre, de Darius et des autres rois, et les mobiles de ces actions, tout serait resté dans l'oubli, si nos ancêtres n'avaient eu soin de nous les faire connaître dans des ouvrages qui sont arrivés jusqu'à nous.

Mais si ces grands hommes méritent notre reconnais-

contra qui eorum scripta furantes pro suis prædicant
sunt vituperandi, quique non propriis cogitationibus
nituntur scriptorum, sed invidis moribus aliena violan-
tes gloriantur, non modo sunt reprehendendi, sed etiam,
quia impio more vixerunt, pœna condemnandi. Nec tamen hæ res non vindicatæ curiosius ab antiquis esse
memorantur; quorum exitus judiciorum qui fuerint,
non est alienum quemadmodum sint nobis traditi explicare.

Res Attalici [3] magnis philologiæ dulcedinibus inducti
quum egregiam bibliothecam Pergami ad communem
delectationem instituissent, tunc item Ptolemæus, infinito zelo cupiditatisque incitatus studio, non minoribus
industriis ad eumdem modum contenderat Alexandriæ
comparare. Quum autem summa diligentia perfecisset,
non putavit id satis esse, nisi propagationibus in semi-
nando curaret augendam. Itaque Musis et Apollini ludos
dedicavit, et quemadmodum athletarum sic communium
scriptorum victoribus præmia et honores constituit.

His ita institutis quum ludi adessent, judices litterati,
qui ea probarent, erant legendi. Rex quum jam ex civitate sex lectos habuisset, nec tam cito septimum ido-
neum inveniret, retulit ad eos, qui supra bibliothecam
fuerant, et quæsiit, si quem novissent ad id expeditum.
Tunc ei dixerunt, esse quemdam Aristophanem, qui
summo studio summaque diligentia quotidie omnes libros ex ordine perlegeret. Itaque in conventu ludorum
quum secretæ sedes judicibus essent distributæ, cum ce-

sance, nous devons couvrir de blâme ceux qui ont dérobé leurs écrits pour se faire gloire d'en être les auteurs;
et ces plagiaires qui n'ont point une idée qui leur soit
propre, et que l'envie a poussés à se parer des dépouilles
d'autrui, méritent, non-seulement une forte censure,
mais encore une punition sévère, à cause de leur conduite criminelle. Les anciens, dit-on, ne manquèrent
jamais de châtier cette sorte de crime; et il n'est point
hors de propos de raconter ici ce que l'histoire nous a
appris des jugements rendus à ce sujet.

Les rois attaliques, entraînés par le goût des belles-
lettres, avaient formé à Pergame une magnifique bibliothèque, pour la satisfaction de leurs sujets, et Ptolémée,
animé du même zèle et de la même ardeur, mit la même
activité, le même empressement à en faire une semblable
à Alexandrie. Après l'avoir achevée avec le plus grand
soin, il ne crut pas devoir en rester là, et voulut
l'augmenter, en jetant, pour ainsi dire, des semences pour
de nouveaux ouvrages. Il institua donc des jeux en l'honneur des Muses et d'Apollon, et de même qu'il y avait
pour les athlètes des récompenses et des honneurs, de
même il y en eut pour tous les écrivains qui remporte-
raient le prix.

Lorsque tout eut été ainsi organisé, et que l'époque
des jeux fut arrivée, il fallut choisir parmi les gens de
lettres les juges qui devaient apprécier le mérite de chaque ouvrage. Le roi en avait déjà choisi six dans la ville;
mais il ne pouvait arriver à en trouver un septième qui
fût digne de cet honneur. Il s'adresse à ceux qui avaient
soin de la bibliothèque, et leur demande s'ils ne con-
naîtraient point un homme capable de remplir le but.
Ils lui parlèrent d'un certain Aristophane qui venait chaque jour, avec la plus grande régularité, lire attentive-
ment tous les livres, les uns après les autres. Dans l'assemblée des jeux, des siéges particuliers avaient été

teris Aristophanes citatus, quemadmodum fuerat locus ei designatus, sedit.

Primo poetarum ordine ad certationem inducto, quum recitarentur scripta, populus cunctus significando monebat judices, quos probarent. Itaque quum ab singulis sententiæ sunt rogatæ, sex una dixerunt, et quem maxime animadverterunt multitudini placuisse ei primum præmium, insequenti secundum tribuerunt. Aristophanes vero, quum ab eo sententia rogaretur, eum primum pronuntiari jussit, qui minime populo placuisset.

Quum autem rex et universi vehementer indignarentur, surrexit et rogando impetravit, ut paterentur se dicere. Itaque silentio facto docuit unum ex his eum esse poetam, ceteros aliena recitavisse; oportere autem judicantes non furta sed scripta probare. Admirante populo et rege dubitante, fretus memoria e certis armariis infinita volumina eduxit, et ea cum recitatis conferendo coegit ipsos furatos de se confiteri. Itaque rex jussit cum his agi furti, condemnatosque cum ignominia dimisit: Aristophanem vero amplissimis muneribus ornavit, et supra bibliothecam constituit.

Insequentibus annis a Macedonia Zoilus[4], qui adoptavit cognomen, ut Homeromastix vocitaretur, Alexandriam venit suaque scripta contra *Iliadem* et *Odysseam* comparata regi recitavit. Ptolemæus vero quum animadvertisset poetarum parentem philologiæque omnis ducem

1

réservés pour les juges, et Aristophane, appelé avec les autres, occupa la place qui lui avait été assignée.

La lice fut d'abord ouverte aux poëtes qui se mirent à lire leurs pièces. Le peuple, par ses applaudissements, fit comprendre aux juges ceux auxquels il donnait la préférence, et, lorsqu'on leur demanda leur avis, six se trouvèrent d'accord, et attribuèrent le premier prix à celui qu'ils remarquèrent avoir fait le plus de plaisir au peuple, et le second à celui qui suivait. Mais Aristophane, lorsqu'on vint à lui demander son opinion, fut d'avis qu'on donnât le premier prix à celui qui avait le moins plu au peuple.

A la vue de la vive indignation que témoignait le roi avec le peuple, Aristophane se lève, et demande qu'on veuille bien l'écouter. On fait silence, et il déclare qu'il ne voit qu'un seul poëte parmi les candidats; que les autres n'ont fait que réciter des vers qui ne leur appartenaient pas; que le devoir du juge était de faire récompenser les véritables auteurs, et non les plagiaires. Pendant que le peuple admirait cette réponse, et que le roi balançait encore sur le parti qu'il avait à prendre, Aristophane, comptant sur sa mémoire, fit apporter de certaines armoires un grand nombre de volumes, et par les rapprochements qu'il en fit avec les morceaux qui avaient été lus, il força les plagiaires à confesser leur larcin. Le roi fit intenter contre eux une action, et les renvoya chargés d'une condamnation ignominieuse. Pour Aristophane, il reçut les présents les plus magnifiques, et fut mis à la tête de la bibliothèque.

Quelques années après, le Macédonien Zoïle, qui se faisait appeler le Fléau d'Homère, vint à Alexandrie, et lut au roi les écrits qu'il avait composés contre l'*Iliade* et l'*Odyssée*. Ptolémée, indigné qu'on maltraitât de la sorte le prince des poëtes, le père des lettres, et qu'on fît si peu de cas de celui dont toutes les nations admi-

absentem vexari, et cujus ab cunctis gentibus scripta
suspicerentur, ab eo vituperari, indignatus nullum ei
dedit responsum. Zoilus autem quum diutius in regno
fuisset, inopia pressus summisit ad regem postulans ut
aliquid sibi tribueretur.

Rex vero respondisse dicitur, Homerum, qui ante
annos mille decessisset, ævo perpetuo multa millia hominum pascere : item debere qui meliori ingenio se pro-
fiteretur, non modo se unum, sed etiam plures alere
posse. Et ad summam mors ejus ut parricidii damnati
varie memoratur : alii enim scripserunt a Philadelpho
esse in crucem fixum ; nonnulli Chii in eum lapides esse
conjectos; alii Smyrnæ vivum in pyram esse conjectum.
Quorum utrum ei acciderit, merenti digna constitit
pœna : non enim aliter videtur promereri, qui citat eos,
quorum responsum, quid senserint scribentes, non potest coram indicari.

Ego vero, Cæsar, neque alienis indicibus mutatis, in-
terposito nomine meo id profero corpus, neque ullius
cogitata vituperans, institui ex eo me approbare : sed
omnibus scriptoribus infinitas ago gratias, quod egregiis
ingeniorum solertiis ex ævo collatis abundantes alius
alio genere copias præparaverunt, unde nos uti fontibus haurientes aquam et ad propria proposita traducen-
tes, fecundiores et expeditiores habemus ad scribendum
facultates, talibusque confidentes auctoribus audemus
institutiones novas comparare.

Igitur tales ingressus eorum habens, quos ad propo-
siti mei rationes animadverti præparatos, inde sumendo
progredi cœpi. Namque primum Agatharchus Athenis[5],

raient les écrits, et qui n'était point là pour se défendre, dédaigna de lui répondre. Zoïle, après être resté long-temps dans le royaume de Ptolémée, se sentant pressé par le besoin, fit supplier le roi de lui accorder quelque secours.

Le roi lui fit répondre, dit-on, qu'Homère, mort depuis mille ans, avait bien pu, pendant tout ce temps, faire vivre des milliers d'hommes; que Zoïle devait bien pouvoir, lui qui affichait un génie supérieur, entretenir et lui-même et plusieurs autres encore. Bref, sa mort fut celle du parricide, bien que les circonstances en soient rapportées diversement : car les uns disent que Ptolémée le fit mettre en croix; quelques autres, qu'il fut lapidé à Chio; d'autres qu'il fut brûlé vif à Smyrne. Mais quel qu'ait été le genre de son châtiment, il est certain qu'il le mérita : c'est ainsi que doit être traité celui qui s'avise d'attaquer un écrivain qui ne peut être appelé à se présenter pour défendre les pensées qu'il a répandues dans ses écrits.

Pour moi, ô César, je n'ai point fait disparaître les noms des auteurs où j'ai puisé, pour les remplacer par le mien. Dans l'ouvrage que je publie, il ne m'est point venu à l'esprit de déprécier les inventions d'autrui pour faire valoir les miennes; je rends, au contraire, mille actions de grâces à tous les auteurs, de ce que, ayant de tout temps recueilli les pensées ingénieuses des hommes de talent, ils nous ont préparé, chacun dans son genre, une ample moisson; c'est là que, puisant comme à une source féconde des idées que nous approprions à notre travail, nous nous sentons pleins d'abondance et de facilité pour écrire; c'est éclairé de leurs lumières que nous avons osé entreprendre un nouveau traité.

Riche de matériaux que je trouvais tout préparés pour l'exécution de mon projet, je me les suis appropriés, et j'ai mis la main à l'œuvre. Et d'abord c'est Agatharque

Æschylo docente tragœdiam, scenam fecit, et de ea commentarium reliquit. Ex eo moniti Democritus et Anaxagoras de eadem re scripserunt[6], quemadmodum oporteat ad aciem oculorum radiorumque extensionem, certo loco centro constituto, ad lineas ratione naturali respondere, uti de incerta re certæ imagines ædificiorum in scenarum picturis redderent speciem, et quæ in directis planisque frontibus sint figurata, alia abscedentia, alia prominentia esse videantur.

Postea Silenus[7] de symmetriis Doricorum edidit volumen; de æde Junonis, quæ est Sami Dorica, Theodorus; de Ionica Ephesi, quæ est Dianæ, Chersiphron et Metagenes[8]; de fano Minervæ, quod est Prienæ Ionicum, Phileos; item de æde Minervæ Dorica, quæ est Athenis in arce, Ictinus et Carpion[9]; Theodorus Phocæus de tholo, qui est Delphis; Philo de ædium sacrarum symmetriis et de armamentario[10], quod fecerat Piræi in portu; Hermogenes de æde Dianæ Ionica, quæ est Magnesiæ pseudodipteros, et Liberi Patris Teo monopteros; item Argelius de symmetriis Corinthiis, et Ionico Trallibus Æsculapio[11], quod etiam ipse sua manu dicitur fecisse; de Mausoleo Satyrus et Phyteus[12], quibus vera felicitas summum maximumque contulit munus.

Quorum enim artes ævo perpetuo nobilissimas laudes et sempiterno florentes habere judicantur, et cogitatis egregias operas præstiterunt. Namque singulis frontibus singuli artifices sumpserunt certatim partes ad ornandum et probandum, Leochares, Bryaxis, Scopas, Praxi-

qui, lorsqu'Eschyle faisait connaître la bonne tragédie, faisait les décorations pour le théâtre d'Athènes, et laissa le premier un travail sur cette matière. A son exemple, Démocrite et Anaxagore écrivirent sur le même sujet; ils ont enseigné comment on pouvait, d'un point fixe, donné pour centre, si bien imiter la disposition naturelle des lignes qui sortent des yeux en s'élargissant, qu'on parvenait à faire illusion, et à représenter sur la scène de véritables édifices qui, peints sur une surface droite et unie, paraissent les uns près, les autres éloignés.

Un livre fut ensuite composé par Silenus sur les proportions de l'ordre dorique; un autre par Theodorus sur le temple de Junon, d'ordre dorique, qui est à Samos; un autre par Chersiphron et Métagène, sur celui de Diane, d'ordre ionique, bâti à Éphèse; un autre par Phileos sur celui de Minerve, d'ordre ionique, qui est à Priène; un autre par Ictinus et Carpion, sur celui de Minerve, d'ordre dorique, bâti dans la citadelle à Athènes; un autre par Theodorus, le Phocéen, sur le temple en forme de coupole qui est à Delphes; un autre par Philon sur les proportions des temples, et sur l'arsenal qu'il avait fait au port du Pirée; un autre par Hermogène sur le temple pseudodiptère de Diane, d'ordre ionique, qui est à Magnésie, et sur celui de Bacchus qui est monoptère, bâti dans l'île de Téos; un autre par Argelius sur les proportions de l'ordre corinthien, et sur le temple d'Esculape, d'ordre ionique, qu'il bâtit, dit-on, de sa propre main, chez les Tralliens; un autre sur le Mausolée par Satyrus et Phyteus, dont un véritable succès couronna l'œuvre magnifique et sublime.

Ce chef-d'œuvre a mérité l'approbation de tous les siècles qui n'ont cessé de louer et d'admirer le génie de ceux qui avaient conçu l'idée d'un tel ouvrage, à l'exécution duquel ils prêtèrent une main si habile. Les faces de ce monument furent entreprises par autant d'artistes,

teles ; nonnulli etiam putant Timotheum ; quorum artis
eminens excellentia coegit ad septem spectaculorum ejus
operis pervenire famam [13].

Præterea minus nobiles multi [14] præcepta symmetriarum conscripserunt, ut Nexaris, Theocydes, Demo-
philos, Pollis, Leonides, Silanion, Melampus, Sarnacus, Euphranor. Non minus de machinationibus [15], uti
Diades, Archytas, Archimedes, Ctesibios, Nymphodo-
rus, Philo Byzantius, Diphilos, Democles, Charidas,
Polyidos, Pyrrhos, Agesistratos. Quorum ex commentariis quæ utilia esse his rebus animadverti, collecta in
unum coegi corpus, et ideo maxime, quod animadverti
in ea re ab Græcis volumina plura edita, ab nostris
oppido quam pauca. Fussitius enim unum de his rebus
primus instituit edere volumen [16] : item Terentius Varro [17]
de novem disciplinis, unum de architectura, Publius
Septimius duo.

Amplius vero in id genus scripturæ adhuc nemo incu-
buisse videtur, quum fuissent et antiqui cives magni architecti, qui potuissent non minus eleganter scripta
comparare. Namque Athenis Antistates, et Callæschros,
et Antimachides, et Porinos architecti Pisistrato, ædem
Jovi Olympio facienti, fundamenta constituerunt : post
mortem autem ejus propter interpellationem reipublicæ
incepta reliquerunt. Itaque circiter annis quadringentis
post Antiochus rex quum in id opus impensam esset pollicitus, cellæ magnitudinem et columnarum circa dipte-
ron collocationem, epistyliorumque et ceterorum orna-

et les Léocharès, les Bryaxis, les Scopas, les Praxitèle, et même, suivant quelques écrivains, Timothée, travaillèrent à l'envi aux admirables ornements dont ils le décorèrent. Aussi l'éminente supériorité de leur art fit mettre ce monument au nombre des sept merveilles du monde.

Il y a encore un grand nombre d'artistes moins renommés qui ont laissé des préceptes pour les proportions, tels que Nexaris, Théocydes, Démophile, Pollis, Léonides, Silanion, Melampus, Sarnacus, Euphranor. D'autres ont écrit sur les machines, comme Diade, Architas, Archimède, Ctesibius, Nymphodore, Philon de Byzance, Diphile, Démoclès, Charidas, Polyidos, Pyrrhos, Agesistratos. Ce que leurs observations m'ont présenté d'utile pour mon travail, je l'ai pris pour en former ce recueil; la principale raison, c'est que j'ai remarqué que sur cette matière les Grecs ont écrit beaucoup de livres et les Romains fort peu. Fussitius est le premier qui ait publié un excellent volume sur cette matière. Terentius Varron, dans ses neuf livres sur les sciences, en a aussi consacré un à l'architecture; Publius Septimius en a écrit deux.

Voilà les seuls écrivains qui se soient occupés de cette science, bien que de tout temps Rome ait produit de grands architectes, parfaitement en état d'écrire sur leur art. Les architectes Antistates, Calleschros, Antimachides et Porinos jetèrent les fondements du temple que Pisistrate faisait élever à Jupiter Olympien, à Athènes. A sa mort, les troubles qui survinrent dans la république, leur firent suspendre leurs travaux. Environ quatre cents ans après, le roi Antiochus promit les sommes nécessaires à l'achèvement de cet édifice. Et la vaste cella, et la distribution du double rang des colonnes du portique, et l'harmonie des proportions de l'architrave et des autres parties de l'entablement, on les dut encore

s.

mentorum ad symmetriarum distributionem, magna solertia scientiaque summa, civis Romanus Cossutius nobiliter est architectatus. Id autem opus non modo vulgo, sed etiam in paucis a magnificentia nominatur.

Nam quatuor locis sunt ædium sacrarum marmoreis operibus ornatæ dispositiones, e quibus proprie de his nominationes clarissima fama nominantur. Quorum excellentiæ prudentesque cogitationum apparatus, suspectus habent in deorum sessimonio. Primumque ædes Ephesi Dianæ Ionico genere a Chersiphrone Gnosio, et filio ejus Metagene est instituta ; quam postea Demetrius ipsius Dianæ servus et Pæonius Ephesius dicuntur perfecisse. Mileti Apollini item Ionicis symmetriis idem Pæonius Daphnisque Milesius instituerunt. Eleusine Cereris et Proserpinæ cellam, immani magnitudine, Ictinus Dorico more, sine exterioribus columnis ad laxamentum usus sacrificiorum pertexuit.

Eam autem postea, quum Demetrius Phalereus Athenis rerum potiretur, Philon, ante templum in fronte columnis constitutis, prostylon fecit : ita aucto vestibulo laxamentum initiantibus [18] operique summam adjecit auctoritatem. In Asty [19] vero Olympium amplo modulorum comparatu, Corinthiis symmetriis et proportionibus (uti supra scriptum est) architectandum Cossutius suscepisse memoratur : cujus commentarium nullum est inventum. Nec tamen a Cossutio solum de his rebus scripta sunt desideranda, sed etiam a C. Mutio, qui magna scientia confisus ædes Honoris et Virtutis Marianæ cellæ columnarumque et epistyliorum symmetrias legitimis artis

à un citoyen romain, à Cossutius, architecte d'un grand talent et d'un rare savoir. Ce n'est point là un ouvrage ordinaire, et dans le petit nombre de temples qu'on cite, il se distingue par sa magnificence.

Il n'y a, en effet, que quatre temples bâtis en marbre dont l'admirable disposition a rendu les noms tout particulièrement célèbres. Leurs plans ont été tracés avec une telle supériorité de science et de talent, qu'on les a admirés même dans le conseil des dieux. Le premier est le temple de Diane, à Éphèse, d'ordre ionique, commencé par Chersiphron de Gnose, et par son fils Métagène; ce furent, dit-on, Demetrius, serf de Diane elle-même, et Péonius d'Éphèse qui l'achevèrent plus tard. Le second est celui que le même Péonius et Daphnis le Milésien bâtirent à Apollon dans la ville de Milet; il était d'ordre ionique. Le troisième est le temple de Cérès et de Proserpine. Il fut bâti à Éleusis par Ictinus dans les proportions de l'ordre dorique, avec une cella d'une grandeur extraordinaire, sans colonnes extérieures, afin qu'il y eût plus d'espace pour l'accomplissement des sacrifices.

Par la suite, du temps que Demetrius commandait à Athènes, Philon, ayant orné de colonnes la façade de ce temple, le fit prostyle. Par là le vestibule fut agrandi, ce qui donna plus d'espace à ceux qui ne participaient pas encore à la célébration des mystères, et rendit cet édifice beaucoup plus majestueux. Le quatrième, enfin, est celui de Jupiter Olympien que Cossutius, comme nous l'avons dit ci-dessus, se chargea de bâtir à Athènes, dans les proportions de l'ordre corinthien, et sur une très-grande échelle. Cependant on n'a trouvé de lui aucun commentaire. Et Cossutius n'est point le seul dont nous ayons à regretter les écrits sur cette matière, il y a encore C. Mutius qui, plein d'assurance dans ses vastes lumières, acheva le temple de l'Honneur et de la Vertu que fit bâtir Marius. Il donna

institutis perfecit. Id vero si marmoreum fuisset, ut
haberet, quemadmodum ab arte subtilitatem, sic ab
magnificentia et impensis auctoritatem, in primis et
summis operibus nominaretur.

Quum ergo et antiqui nostri inveniantur non minus
quam Græci fuisse magni architecti, et nostra memoria
satis multi, et ex his pauci præcepta edidissent, non
putavi silendum, sed disposite singulis voluminibus de
singulis exponendum. Itaque quoniam sexto volumine
privatorum ædificiorum rationes perscripsi, in hoc qui
septimum tenet numerum, de expolitionibus, quibus
rationibus et venustatem et firmitatem habere possint,
exponam.

────────

I. De ruderatione.

Primumque incipiam de ruderatione[20], quæ principia
tenet expolitionum, uti curiosius summaque providentia
solidationis ratio habeatur. Et si plano pede erit rude-
randum, quæratur solum si sit perpetuo solidum, et ita
exæquetur, et inducatur cum statumine rudus : sin
autem omnis, aut ex parte congestitius locus fuerit,
fistucationibus cum magna cura solidetur. In contignationibus vero diligenter est animadvertendum, ne, qui
paries non exeat ad summum, sit exstructus sub pavimentum, sed potius relaxatus supra se pendentem habeat coaxationem. Quum enim solidus exit, contignationibus arescentibus, aut pandatione sidentibus, permanente

à la cella, aux colonnes, aux architraves, les proportions dictées par les règles les plus pures de l'art. S'il eût été de marbre, pour que la richesse de la matière répondît à la beauté du plan, il eût été mis en première ligne avec les plus beaux monuments.

Comme il s'est trouvé parmi nos ancêtres des architectes aussi distingués que chez les Grecs, et que de notre temps il y en a eu un assez grand nombre, comme je n'en vois d'ailleurs que quelques-uns qui aient donné des préceptes de leur art, j'ai cru que je devais, non garder le silence, mais traiter méthodiquement, dans chacun de mes livres, chaque partie de mon sujet. Voilà pourquoi, après avoir enseigné, dans le sixième livre, la manière de bâtir les édifices particuliers, je vais, dans le septième, expliquer comment les enduits peuvent réunir à la fois la beauté et la solidité.

I. De la rudération.

Je vais commencer par la rudération, qui est cette première couche grossière destinée à recevoir l'enduit extérieur. Il faut veiller avec le plus grand soin à ce qu'elle ait toute la solidité nécessaire. S'il est question d'un rez-de-chaussée, on doit examiner si le sol est partout bien solide, bien uni, et faire l'application de cette première couche de mortier grossier ; mais si le sol est en tout ou partie composé de terre rapportée, il sera très-important de le raffermir en le battant avec le mouton qui sert à enfoncer les pilotis. Quant aux étages supérieurs, il faudra bien prendre garde qu'il ne se rencontre immédiatement sous le plancher quelqu'un de ces murs qui ne s'élèvent point jusqu'au haut de l'édifice, et laisser entre le plancher et le haut de ce mur un

structuræ soliditate, dextra ac sinistra secundum se facit in pavimentis necessario rimas.

Item danda est opera ne commisceantur axes æsculini quernis [21], quod querni, simul ac humorem perceperunt, se torquentes rimas faciunt in pavimentis. Sin autem æsculus non erit, et necessitas coegerit propter inopiam uti quernis, sic videtur esse faciundum, ut secentur tenuiores; quo minus enim valuerint, eo facilius clavis fixi continebuntur. Deinde in singulis tignis extremis partibus axes binis clavis figantur, uti nulla ex parte possint se torquendo angulos excitare. Namque de cerro, aut fago, seu farno nullus ad vetustatem potest permanere. Coaxationibus factis, si erit, filix, si non, palea substernatur, uti materies ab calcis vitiis defendatur.

Tunc insuper statuminetur ne minore saxo quam quod possit manum implere. Statuminationibus inductis rudus, si novum erit, ad tres partes una calcis misceatur [22]; si redivivum fuerit, quinque ad duum mixtiones habeant responsum. Deinde rudus inducatur, et vectibus ligneis, decuriis inductis [23], crebriter pinsatione solidetur, et id pinsum absolutum non minus crassitudine sit dodrantis. Insuper ex testa nucleus inducatur, mixtionem habens ad tres partes unam calcis, ne minore sit crassitudine pavimentum digitorum senum. Supra nucleum ad regulam et libellam exacta pavimenta struantur sive sectilibus seu tesseris [24].

espace qui les sépare. Qu'un plancher vienne à sécher ou à s'affaisser sous son propre poids, ce mur, par la résistance qu'offrira la solidité de sa construction, occasionnera nécessairement des fentes dans l'aire.

Il faudra encore faire en sorte que des planches d'esculus ne soient point mêlées à des planches de chêne, parce que le chêne n'a pas plutôt pris l'humidité qu'il se déjette et fait fendre les aires. Si toutefois on manque d'esculus, et que, faute de ce bois, on soit obligé de se servir de chêne, il faudra alors employer des planches plus minces; moins elles seront épaisses, plus il sera facile de les fixer, de les arrêter avec des clous. Ensuite on attachera sur chaque solive les deux bords de chaque planche avec un clou de chaque côté, afin que, dans toute leur longueur, ils ne puissent se relever en se tourmentant. Quant au cerrus, au hêtre, au farnus, ce sont des bois qui n'ont pas de durée. Une fois les planches assemblées, on les couvrira de fougère, si l'on en a, sinon de paille, afin que le bois ne puisse se gâter par la chaux.

On posera alors un premier lit fait avec des cailloux qui seront au moins gros à remplir la paume de la main. Ce lit une fois achevé, on s'occupera de la rudération, qui sera composée d'une partie de chaux et de trois de cailloux, si ce sont des recoupes de pierres de taille, et de deux parties de chaux et de cinq de cailloux, s'ils proviennent de démolitions. On étendra ensuite cette matière, et un nombre suffisant d'hommes armés de leviers de bois sera chargé de la battre longtemps, et de la rendre parfaitement compacte; cette couche terminée n'aura pas moins de neuf pouces d'épaisseur. Là dessus on fera le noyau composé de tuileaux avec lesquels on mêlera une partie de chaux contre trois de ciment; son épaisseur sera au moins de six doigts. Sur ce noyau parfaitement dressé avec la règle et le niveau, on appliquera le pavé, qu'il doive être fait en mosaïque ou avec des carreaux.

Quum ea exstructa fuerint, et fastigia sua exstructiones habuerint [25], ita fricentur, uti si sectilia sint, nulli gradus in scutulis [26], aut trigonis, aut quadratis, seu favis exstent [27], sed coagmentorum compositio planam habeat inter se directionem. Si tesseris structum erit, ut eæ omnes angulos habeant æquales, nullibique a fricatura exstantes: quum enim anguli non fuerint omnes æqualiter plani, non erit exacta, ut oportet, fricatura. Item testacea spicata Tiburtina [28] sunt diligenter exigenda, ut non habeant lacunas, nec exstantes tumulos, sed sint extenta et ad regulam perfricata. Super fricaturam, levigationibus et polituris quum fuerint perfecta, incernatur marmor, et supra loricæ ex calce et arena inducantur [29].

Sub dio vero [30] maxime idonea faciunda sunt pavimenta, quod contignationes humore crescentes, aut siccitate decrescentes, seu pandationibus sidentes, movendo se, faciunt vitia pavimentis: præterea gelicidia et pruinæ non patiuntur ea integra permanere. Itaque si necessitas coegerit, ut minime vitiosa fiant, sic erit faciundum. Quum coaxatum fuerit, super altera coaxatio transversa sternatur, clavisque fixa duplicem præbeat contignationi loricationem; deinde ruderi novo tertia pars testæ tunsæ admisceatur, calcisque duæ partes ad quinque mortarii mixtionibus præstent responsum. Statuminatione facta, rudus inducatur, idque pinsum absolutum ne minus pede sit crassum.

Tunc autem nucleo inducto (uti supra scriptum est),

Quand le pavé aura été posé avec la pente qu'il doit avoir, on le polira avec la pierre ponce, de manière que, s'il est composé de petites pièces oblongues, ou triangulaires, ou carrées, ou hexagones, il ne reste rien de raboteux, rien qui présente la moindre aspérité sur le bord des jointures, et que, s'il est formé de carreaux, tous les angles en soient parfaitement unis, sans qu'aucun sorte du niveau, faute d'avoir été frotté : car si tous les angles ne sont pas également aplanis, c'est qu'ils n'auront point été convenablement polis. Les carreaux de Tibur, disposés en forme d'épis de blé, sont d'un bon usage, quand on a eu soin de les choisir sans creux ni bosses, présentant une surface bien unie. Lorsqu'on sera arrivé à avoir une superficie bien polie, bien luisante, on tamisera de la poudre de marbre, et on étendra par-dessus un mélange de chaux et de sable.

Quant aux pavés qui doivent être exposés à l'air, il faut les faire avec une solidité toute particulière. Les planches sur lesquelles ils reposent se gonflent par l'humidité, se rétrécissent par la sécheresse, s'affaissent par leur propre poids, et ces différentes causes ont bientôt disjoint les pavés; joignez à cela les gelées et les frimas, qui les empêchent de rester en bon état. Voici ce qu'il faudra faire au besoin, pour qu'ils ne perdent rien de leur solidité. Lorsqu'on aura fait un premier plancher, on mettra par-dessus en travers un second rang de planches qui, fixées sur les solives avec des clous, formeront un double plancher. On fera ensuite un mélange de recoupes de pierres de taille et de tuileaux pilés qui y entreront pour une troisième partie, et on ajoutera à cinq parties de cette mixtion, deux parties de chaux. Quand on aura posé un premier lit de ce blocage, on étendra la rudération, et cette couche bien battue n'aura pas moins d'un pied d'épaisseur.

On la couvrira alors de cette autre couche dont nous

pavimentum e tessera grandi circiter binum digitum
cæsa struatur, fastigium habens in pedes denos digitos
binos; quod, si bene temperabitur et recte fricatum
fuerit, ab omnibus vitiis erit tutum. Uti autem inter
coagmenta materies ab gelicidiis ne laboret, fracibus
quotannis ante hiemem saturetur[31]; ita non patietur in
se recipere gelicidii pruinam. Sin autem curiosius vi-
debitur fieri oportere, tegulæ bipedales inter se co-
agmentatæ supra rudus substrata materia collocentur,
habentes singulis coagmentorum frontibus excisos canali-
culos digitales, quibus junctis impleantur calce ex oleo
subacta, confricenturque inter se coagmenta compressa.
Ita calx quæ erit hærens in canalibus, durescendo non
patietur aquam neque aliam rem per coagmenta transire.
Quum ergo fuerit hoc ita perstratum, supra nucleus
inducatur, et virgis cædendo subigatur : supra autem
sive ex tessera grandi, sive ex spica testacea struantur
fastigiis, quibus est supra scriptum; et, quum sic erunt
facta, non cito vitiabuntur.

* * *

II. De maceratione calcis ad albaria opera perficienda.

Quum a pavimentorum cura discessum fuerit, tunc
de albariis operibus[32] est explicandum. Id autem erit
recte, si glebæ calcis optimæ ante multo tempore, quam
opus fuerit, macerabuntur[33]; uti, si qua gleba parum
fuerit in fornace cocta, in maceratione diuturna liquore
defervere coacta uno tenore concoquatur. Namque
quum non penitus macerata sed recens sumitur, quum

avons parlé plus haut, puis on posera le pavé composé de grands carreaux d'environ deux doigts d'épaisseur, en leur donnant une inclinaison de deux doigts par dix pieds d'étendue. Si toutes ces précautions sont bien prises, si le poli a été ménagé avec soin, cet ouvrage sera à l'abri de toute altération. Et pour que, à travers les joints, les planches n'aient point à souffrir des gelées, il faudra chaque année, avant l'hiver, bien imbiber le pavé de lie d'huile, ce qui empêchera l'humidité de la gelée de pénétrer. Voulez-vous avoir quelque chose de plus soigné encore, mettez sur la rudération qui couvre les planchers, des carreaux de deux pieds, parfaitement joints ensemble, sur les bords desquels vous creuserez de petites rainures d'un doigt de largeur; remplissez-les de chaux détrempée avec de l'huile, et, lorsqu'elle sera durcie, on la polira avec le grès. La chaux renfermée dans ces petits canaux empêchera en durcissant que l'eau ou toute autre chose ne passe à travers les jointures. Sur ces carreaux on étendra le noyau, et on le battra avec force, puis on pavera soit avec de grands carreaux, soit avec des carreaux disposés en forme d'épis de blé, en leur donnant la pente dont on a parlé plus haut. Le pavé ainsi disposé durera longtemps sans perdre de sa solidité.

II. De la préparation de la chaux pour faire le stuc.

Après m'être occupé de la confection des pavés, je vais expliquer la manière de traiter les ouvrages en stuc. Il sera à propos d'éteindre les meilleures pierres de chaux, longtemps avant qu'on ne s'en serve, afin que si quelqu'une d'elles n'a point été assez cuite dans le fourneau, elle puisse en s'éteignant à loisir se délayer, et acquérir la qualité que lui eût donnée une plus grande cuisson : car si elle est employée toute fraîche, si elle

fuerit inducta habens latentes crudos calculos, pustu-
las emittit, quia calculi in opere, uno tenore quum non
permacerantur, dissolvunt et dissipant tectorii politiones.

Quum autem habita erit ratio macerationis, et
id curiosius opere præparatum erit, sumatur ascia, et
quemadmodum materia dolatur, sic calx in lacu macerata ascietur [34]. Si ad eam offenderint calculi, non erit
temperata : quumque siccum et purum ferrum educetur,
indicabit eam evanidam et siticulosam ; quum vero pin-
guis fuerit et recte macerata, circa id ferramentum uti
glutinum hærens, omni ratione probabit se esse temperatam. Tunc autem machinis comparatis camerarum
dispositiones in conclavibus expediantur, nisi lacunariis
ea fuerint ornata [35].

III. De camerarum dispositione, albario et tectorio opere.

Quum ergo camerarum postulabitur ratio [36], sic erunt
faciundæ. Asseres directi disponantur [37] inter se, ne plus
spatium habentes pedes binos, et hi maxime cupressini;
quod abiegni ab carie et ab vetustate celeriter vitiantur :
hique asseres quum ad formam circinationis fuerint distributi, catenis dispositis [38], ad contignationes, sive
tecta erunt, crebriter clavis ferreis fixi religentur : eæque
catenæ ex ea materia comparentur, cui nec caries [39], nec
vetustas, nec humor possit nocere, id est e buxo, juni-
pero, olea, robore, cupresso ceterisque similibus præter
quercum, quod ea se torquendo rimas faciat quibus
inest operibus.

n'est pas entièrement éteinte, si, quand on vient à la mettre en œuvre, elle renferme encore des grumeaux qui ne soient pas bien cuits, elle produit à l'extérieur de l'ouvrage des espèces de pustules, parce que ces grumeaux ne s'éteignant pas en même temps que la chaux, font éclater l'enduit et lui font perdre son poli.

Lorsque la chaux sera éteinte, et qu'elle aura été soigneusement préparée, on prendra une doloire en fer, et on coupera cette chaux délayée dans un bassin, comme on enlève un copeau de bois avec une plane. Si l'outil rencontre des grumeaux, c'est qu'elle n'est pas bien éteinte, s'il en sort sec et pur, c'est qu'elle aura été éventée; sans avoir été assez abreuvée; si elle s'y attache comme de la glu, cette qualité onctueuse prouvera qu'elle est bien détrempée. Il faudra alors préparer les choses nécessaires pour faire les voûtes des appartements dont les planchers ne forment point un plafond horizontal.

III. De la disposition des planchers en forme de voûte; du stuc et du crépi.

Quand on voudra faire un plancher en forme de voûte, voici comment on s'y prendra. Des soliveaux parallèles seront disposés entre eux de manière qu'il n'y ait pas plus de deux pieds d'espace de l'un à l'autre. Les meilleurs sont ceux de cyprès, parce que le sapin ne se conserve pas longtemps; il pourrit promptement. Ces soliveaux disposés en forme de cintre, et retenus avec des clous de fer, seront attachés par de nombreux liens au plancher ou au toit; ces liens devront être faits avec un bois que ne puisse altérer ni la pourriture, ni la vermoulure, ni l'humidité, tel que le buis, le genévrier, l'olivier, le rouvre, le cyprès, et les arbres de même nature, excepté le chêne, qui, en se tourmentant, fait fendre les ouvrages dans lesquels on l'emploie.

Asseribus dispositis, tum tomice ex sparto Hispanico [40] arundines Græcæ [41] tunsæ ad eos, uti forma
postulat, religentur : item supra cameram materies ex
calce et arena mixta subinde inducatur, ut, si quæ
stillæ ex contignationibus aut tectis ceciderint, susti-
neantur. Sin autem arundinis Græcæ copia non erit, de
paludibus tenues colligantur, et mataxæ tomicis [42] ad
justam longitudinem una crassitudine alligationibus temperentur, dum ne plus inter duos nodos alligationibus
binos pedes distent; et hæ ad asseres, uti supra scriptum
est, tomice religentur, cultellique lignei in eas configantur : cetera omnia, uti supra scriptum est, expediantur.

Cameris dispositis et intextis, imum cœlum earum
trullissetur [43], deinde arena dirigatur, postea aut creta
aut marmore poliatur. Quum cameræ politæ fuerint,
sub eas coronæ sunt subjiciendæ; eæque, quam maxime
tenues et subtiles oportere fieri videntur : quum enim
grandes sunt, pondere deducuntur, nec possunt se sustinere : in hisque minime gypsum debet admisceri [44], sed
excreto marmore uno tenore perduci, uti ne præcipiendo
non patiatur uno tenore opus inarescere. Etiamque
cavendæ sunt in cameris priscorum dispositiones, quod
earum planitiæ coronarum gravi pondere impendentes
sunt periculosæ.

Coronarum autem aliæ sunt puræ, aliæ cælatæ [45].
Conclavibus, aut ubi ignis [46] aut plura lumina sunt po-
nenda, puræ fieri debent, ut eo facilius extergeantur :
in æstivis exedris, ubi minime fumus est, nec fuligo

Les soliveaux une fois mis en ordre, on y attachera, avec des cordes de sparte d'Espagne, des roseaux grecs écachés, en leur faisant suivre la courbure de la voûte. Par-dessus on mettra une couche de mortier de chaux et de sable, afin que les gouttes d'eau qui viendraient à tomber des planchers ou des toits puissent être retenues. Si le roseau grec manquait, il faudrait avoir recours aux roseaux minces des marais. On en ferait des bottes qui auraient une longueur convenable avec une grosseur bien égale; on les attacherait avec les mêmes cordes de sparte, de manière que, entre chaque nœud, il n'y eût pas plus de deux pieds de distance : elles seraient attachées aux soliveaux, comme nous l'avons dit plus haut, et fixées avec des chevilles de bois; tout le reste se ferait comme il a été dit ci-dessus.

Lorsque les planchers en forme de voûte et leurs compartiments auront été ainsi préparés, il faudra en crépir la concavité avec du plâtre, puis l'aplanir avec du mortier de chaux et de sable, enfin la polir avec une composition de chaux et de craie ou de marbre. La polissure une fois terminée, on s'occupera des corniches, auxquelles on donnera le plus de finesse et de légèreté possible; si elles sont trop massives, elles ne peuvent soutenir leur poids, qui finit par les faire tomber. Il n'y faut point employer de plâtre; on ne doit se servir, dans toute leur longueur, que de marbre tamisé, de peur que, en prenant plus vite que le marbre, le plâtre ne permette pas que l'ouvrage sèche également. Voilà pourquoi, dans ces sortes de planchers, il faut s'écarter de la manière des anciens, qui donnaient trop d'épaisseur à ces corniches, que leur poids rendait dangereuses.

Les corniches sont ou simples ou sculptées. Dans les appartements où l'on doit faire du feu, ou allumer beaucoup de lumières, elles doivent être simples pour être plus faciles à nettoyer. Dans les salons d'été, où il n'y a

potest nocere, ibi cælatæ sunt faciendæ; semper enim album opus propter superbiam [47] candoris non modo ex propriis, sed etiam ex alienis ædificiis concipit fumum.

Coronis explicatis parietes quam asperrime trullissentur; postea autem supra trullissationem subarescentem deformentur directiones arenati [48], ut longitudines ad regulam et lineam, altitudines ad perpendiculum, anguli ad normam respondentes exigantur : namque sic emendata tectoriorum in picturis erit species. Subarescente, iterum ac tertio inducatur [49] : ita quo fundatior erit ex arenato directura, eo firmior erit ad vetustatem soliditas tectorii.

Quum ab arena præter trullissationem non minus tribus coriis fuerit deformatum [50], tunc e marmoreo grano directiones sunt subigendæ, dum ita materies temperetur, uti, quum subigitur, non hæreat ad rutrum, sed purum ferrum e mortario liberetur. Grano inducto et inarescente, alterum corium mediocre dirigatur : id quum subactum fuerit et bene fricatum, subtilius inducatur. Ita cum tribus coriis arenæ et item marmoris solidati parietes fuerint, neque rimas neque aliud vitium in se recipere poterunt.

Sed et baculorum subactionibus fundatæ soliditates, marmorisque candore firmo levigatæ, coloribus cum politionibus inductis, nitidos expriment splendores. Colores autem [51] udo tectorio quum diligenter sunt inducti, ideo non remittunt, sed sunt perpetuo permanentes, quod calx, in fornacibus excocto liquore, et facta raritatibus evanida jejunitate, coacta corripit in

ni fumée ni suie qui puisse gâter, on peut les sculpter; et la blancheur de cet ouvrage perd toujours de la pureté de son éclat, même par la fumée des édifices voisins.

Après l'achèvement des corniches, il faudra crépir les murailles le plus grossièrement possible. Lorsque ce crépi commencera à sécher, on y ébauchera des moulures avec du mortier de chaux et de sable, de manière que les lignes horizontales étant exactement de niveau, et les verticales descendant parfaitement à plomb, leurs angles répondent justement à l'équerre; telle doit être la régularité des encadrements qui renfermeront les peintures. A mesure que l'enduit séchera, on mettra une seconde et une troisième couche; plus ces couches seront nombreuses, plus l'enduit offrira de solidité et de durée.

Après que sur le crépi de plâtre on aura mis trois couches de mortier au moins, on fera l'application d'une couche de stuc à gros grains. Il devra être pétri et corroyé de manière qu'il ne s'attache point à la truelle, et que le fer en sorte bien net. Sur cette couche encore humide on en mettra une seconde dont le grain sera moins gros; quand elle aura été bien pressée, bien battue, on en appliquera une troisième faite avec de la poudre très-fine. Lorsque les murs auront été ainsi recouverts de trois couches de mortier de sable, et d'autant de celles de stuc, elles ne seront sujettes ni à se fendre ni à s'altérer d'aucune manière.

Ces couches qui par le battage acquièrent la plus grande dureté, et auxquelles la polissure donne la blancheur éblouissante du marbre, recevant la couleur en même temps que le poli, projettent l'éclat le plus brillant. Or, les couleurs soigneusement appliquées sur le stuc humide, loin de se ternir, conservent toujours leur fraîcheur, parce que la chaux ayant perdu dans le fourneau toute son humidité, et étant altérée par sa rareté

9.

se quæ res forte eam contigerunt, mixtionibusque ex
aliis potestatibus collatis seminibus seu principiis, una
solidescendo in quibuscumque membris est formata,
quum fit arida, redigitur, uti sui generis proprias videatur habere qualitates.

Itaque tectoria, quæ recte sunt facta, neque vetusta-
tibus fiunt horrida, neque quum extergentur, remittunt colores. nisi si parum diligenter, et in arido fuerint
inducti. Quum ergo ita in parietibus tectoria facta fuerint, uti supra scriptum est, et firmitatem et splendorem
et ad vetustatem permanentem virtutem poterunt habere. Quum vero unum corium arenæ et unum minuti
marmoris erit inductum, tenuitas ejus minus valendo
faciliter rumpitur, nec splendorem politionibus, propter
imbecillitatem crassitudinis, proprium obtinebit.

Quemadmodum enim speculum argenteum tenui la-
mella ductum, incertas et sine viribus habet remissiones
splendoris, quod autem e solida temperatura fuerit factum, recipiens in se firmis viribus politionem, fulgentes
in aspectu, certasque considerantibus imagines reddit :
sic tectoria, quæ ex tenui sunt ducta materia, non modo
fiunt rimosa, sed etiam celeriter evanescunt. Quæ autem
fundata arenationis et marmoris soliditate sunt crassitudine spissa, quum sunt politionibus crebris subacta,
non modo fiunt nitentia, sed etiam imagines expressas
aspicientibus ex eo opere remittunt.

Græcorum tectores non solum his rationibus utendo
faciunt opera firma, sed etiam mortario collocato [52],
calce et arena ibi confusa, decuria hominum inducta,
ligneis vectibus pinsant materiam, et ita ad certamen

et sa sécheresse, pompe avec avidité tout ce qui la touche, et que de ce mélange naît un composé de différents principes qui se condensent pour ne plus former qu'un seul corps, et qui, en séchant, conservent les qualités propres à chacun d'eux.

Aussi les enduits qui sont faits comme il faut, ne s'altèrent point en vieillissant, et ne perdent leurs couleurs, quand on les nettoie, que lorsqu'elles ont été étendues avec peu de soin et sur une couche sèche. Lors donc que sur les murailles les enduits auront été faits comme nous l'avons dit ci-dessus, ils renfermeront toutes les conditions voulues de solidité, d'éclat et de durée. Mais si l'on ne mettait qu'une couche de mortier de sable et une de marbre fin, un enduit aussi mince n'offrant point assez de résistance, se romprait facilement, et ne pourrait, vu son peu d'épaisseur, obtenir un brillant poli.

Un miroir d'argent composé d'une lame légère ne représente les objets que d'une manière faible et incertaine, tandis que celui qui est fait d'une plaque solide, pouvant recevoir un poli convenable, reflète les images d'une manière brillante et distincte. Il en est de même des enduits : ceux qui ne sont formés que d'une couche mince, non-seulement se gercent, mais encore perdent promptement leur lustre; au lieu que ceux auxquels plusieurs couches de mortier de sable et de marbre ont donné une épaisseur solide, venant à acquérir le plus beau poli à force d'être battus, deviennent si luisants qu'ils réfléchissent parfaitement les objets placés devant eux.

Les stucateurs grecs ont encore un autre moyen qui leur réussit aussi bien que celui-là : ils disposent un bassin dans lequel ils mettent pêle-mêle la chaux et le sable, et un nombre d'homme suffisant est chargé de corroyer cette matière avec des leviers de bois; quand

subacta tunc utuntur. Itaque veteribus parietibus nonnulli crustas excidentes[53] pro abacis utuntur; ipsaque
tectoria abacorum et speculorum divisionibus circa se
prominentes habent expressiones.

Sin autem in cratitiis tectoria erunt facienda[54], quibus necesse est in arrectariis et transversariis rimas fieri,
ideo quod, luto quum linuntur, necessario recipiunt
humorem; quum autem arescunt extenuati, in tectoriis
faciunt rimas; id ut non fiat, hæc erit ratio. Quum
paries luto inquinatus fuerit, tunc in eo opere cannæ
clavis muscariis[55] perpetuæ figantur : deinde iterum
luto inducto, si priores transversariis ordinibus fixæ
sunt, secundæ erectis figantur, et ita, uti supra scriptum
est, arenatum et marmor et omne tectorium inducatur.
Ita cannarum duplex in parietibus ordinibus transversis
fixa perpetuitas, nec segmina nec rimam ullam fieri
patietur.

IV. De politionibus in humidis locis.

Quibus rationibus siccis locis tectoria oporteat fieri,
dixi; nunc quemadmodum humidis locis politiones expediantur, ut permanere possint sine vitiis, exponam.
Et primum conclavibus, quæ plano pede fuerint[56], ab
imo pavimento[57] alte circiter pedibus tribus pro arenato
testa trullissetur et dirigatur, uti eæ partes tectoriorum
ab humore ne vitientur. Sin autem aliquis paries perpetuos habuerit humores[58] paulum ab eo recedatur, et

elle a été fortement battue, on la met en œuvre. Elle acquiert une telle dureté, qu'on se sert des morceaux arrachés à d'anciennes murailles pour en faire des abaques, et qu'autour de ces enduits taillés en abaques et en miroirs, on fait des moulures qui les encadrent.

Si des enduits doivent être faits sur des murs de cloison, il arrivera infailliblement que les pièces de bois qui montent et celles qui traversent se tourmenteront, parce que, lorsqu'on vient à les couvrir de terre grasse, elles prennent nécessairement l'humidité, et qu'en séchant elles se rétrécissent, ce qui fait fendre les enduits. Voici le moyen d'éviter cet inconvénient : lorsque la cloison sera couverte de terre grasse, on attachera sur toute son étendue, avec des clous à tête large et plate, des cannes sur lesquelles on mettra une seconde couche de terre grasse, puis un autre rang de cannes qui seront droites, si les premières ont été mises en travers; ensuite, comme on l'a dit tout à l'heure, on enduira avec le mortier de sable d'abord, et après avec du stuc. Ce double rang de cannes appliquées sur la cloison, les unes coupant les autres, et clouées partout, empêchera qu'il n'y ait ni rupture, ni gerçure.

IV. Des enduits qu'il faut faire dans les lieux humides.

Je viens d'enseigner la manière de faire les enduits dans les lieux secs; il me reste à expliquer comment on doit s'y prendre pour que, dans les lieux humides, ils puissent durer sans altération. Et d'abord, dans les appartements qui sont au rez-de-chaussée, ce n'est point, jusqu'à la hauteur d'environ trois pieds au-dessus du niveau du pavé, avec du mortier de sable, mais avec du ciment, qu'il faut faire les enduits, pour éviter que cette partie du mur souffre de l'humidité. Mais si

struatur alter tenuis [59] distans ab eo quantum res patietur, et inter duos parietes canalis ducatur inferior
quam libramentum conclavis fuerit, habens nares ad
locum patentem. Item quum in altitudinem perstructus
fuerit, relinquantur spiramenta : si enim non per nares
humor et in imo et in summo habuerit exitus, non minus in nova structura se dissipabit. His perfectis, paries
testa trullissetur et dirigatur, et tunc tectorio poliatur.

Sin autem locus non patietur structuram fieri, canales fiant, et nares exeant ad locum patentem. Deinde
tegulæ bipedales ex una parte supra marginem canalis
imponantur, ex altera parte bessalibus laterculis pilæ
substruantur, in quibus duarum tegularum anguli se-
dere possint; et ita a pariete hæ distent, ut ne plus
pateant palmum; deinde insuper erectæ hamatæ tegulæ [60] ab imo ad summum parietem figantur, quarum
interiores partes curiosius picentur [61], ut ab se respuant
liquorem : item in summo supra cameram habeant spiramenta.

Tum autem calce ex aqua liquida dealbentur, uti
trullissationem testaceam non respuant; namque propter jejunitatem, quæ est a fornacibus excocta, trullissationem non possunt recipere nec sustinere, nisi calx
subjecta utrasque res inter se conglutinet et cogat coire.
Trullissatione inducta pro arenato testa dirigatur, et

le mur était humide dans toute son étendue, il faudrait
s'en éloigner un peu et construire à une distance convenable du gros mur un mur étroit, en pratiquant au
milieu de ces deux murs un canal qui serait au-dessous
du niveau de l'appartement, et qui aurait des ouvertures dans un lieu découvert. Dans la hauteur de ce
petit mur, on aurait eu soin de ménager aussi des conduits : car si l'humidité ne trouve point à se dissiper par
des ouvertures pratiquées par le haut et par le bas,
l'enduit de la nouvelle construction ne sera pas moins
exposé à se gâter. Cela fait, on étendra sur le petit
mur l'enduit fait de chaux et de ciment; on le dressera
ensuite avec le mortier de sable; puis on le polira avec
le stuc.

Si l'emplacement ne permet pas de bâtir le petit mur,
on fera des canaux dont les ouvertures déboucheront
dans un lieu découvert. Ensuite, des tuiles de deux pieds
seront posées sur l'un des bords du canal, et sur l'autre
on élèvera des piles avec des briques de huit pouces,
sur lesquelles les angles de deux tuiles pourront poser,
de manière qu'elles ne soient pas éloignées du mur
de plus d'un palme; d'autres tuiles à rebords, posées
sur champ les unes au-dessus des autres, seront attachées depuis le bas du mur jusqu'au haut; l'intérieur en
sera soigneusement enduit de poix, afin que l'humidité
ne s'y attache point; il y aura aussi des soupiraux à la
partie supérieure, au-dessus de la voûte.

On blanchira alors avec de la chaux délayée dans de
l'eau, afin que le ciment puisse s'attacher : car à cause
de la sécheresse que leur a donnée la chaleur du fourneau, les tuiles ne peuvent ni recevoir ni retenir l'enduit, si la chaux qu'on interpose n'attache ces deux
matières l'une à l'autre, et n'en fait, pour ainsi dire,
un seul corps. Sur la couche de plâtre on étendra le
mortier de ciment en place de celui de sable, èt le reste

cetera omnia, uti supra scripta sunt in tectoriorum rationibus, perficiantur.

Ipsi autem politionis eorum ornatus proprias debent habere decoris rationes, uti et locis aptas et generum discriminibus non alienas habeant dignitates. Tricliniis hibernis non est utilis hæc compositio, nec megalographia[62] nec camerarum coronario opere subtilis ornatus, quod ea et ab ignis fumo et ab luminum crebris fuliginibus corrumpuntur. In his vero supra podia abaci[63] ex atramento sunt subigendi et poliendi, cuneis silaceis[64] seu miniaceis interpositis : explicata camera pura et polita, etiam pavimentorum non erit displicens, si quis animadvertere voluerit, Græcorum ad hibernaculorum usum minime sumptuosus et utilis apparatus.

Foditur enim infra libramentum triclinii altitudo circiter pedum binum, et solo fistucato inducitur aut rudus, aut testaceum pavimentum[65] ita fastigatum, ut in canali habeat nares. Deinde congestis et spisse calcatis carbonibus[66], inducitur ex sabulone et calce et favilla mixta materies crassitudine semipedali ad regulam et libellam, et summo libramento cote despumato redditur species nigri pavimenti. Ita conviviis eorum et quod poculis et sputismatis effunditur, simul cadit siccescitque[67], quique versantur ibi ministrantes, etsi nudis pedibus fuerint, non recipiunt frigus ab ejus modi genere pavimenti.

s'achèvera, suivant la méthode que nous avons prescrite plus haut pour les enduits.

Les ornements qui relèvent le poli des enduits doivent avoir un caractère qui leur soit propre, offrir des conditions qui conviennent aux pièces qu'ils embellissent, et être en harmonie avec leur destination. Les salles à manger d'hiver n'exigent pas une telle préparation ; point de superbes peintures, point de ces sculptures délicates qui ornent les corniches des voûtes : la fumée du feu, la suie produite par les lumières souvent allumées, gâtent tout. On doit se contenter de faire au-dessus des lambris, qui sont à hauteur d'appui, des panneaux en noir, bien polis, que l'on sépare par d'autres compartiments avec de l'ocre ou du cinabre. La voûte doit aussi être simple et polie, et la composition du pavé qu'emploient les Grecs dans ces sortes de pièces, ne déplaira pas à celui qui voudra l'examiner de près, parce qu'il coûte peu et qu'il est commode.

On creuse au-dessous du niveau que doit avoir le pavé de la salle à manger, à deux pieds environ de profondeur, et après avoir bien battu le sol, on y met une couche de plâtras ou de tessons, légèrement inclinée vers le canal. On étend ensuite du charbon, qu'on y entasse et qu'on bat fortement pour le couvrir d'une couche de mortier composé de sable, de chaux et de cendre, de l'épaisseur d'un demi-pied, et dressé avec la règle et le niveau. Après avoir bien poli avec la pierre la superficie de cet enduit, on a un pavé du plus beau noir. Tel est l'avantage de ces sortes de pavés, que l'eau qu'on y répand, soit en rinçant les coupes, soit en se lavant la bouche, sèche immédiatement, et que ceux qui servent à table peuvent marcher nu-pieds sans prendre froid.

V. De ratione pingendi parietes.

Ceteris conclavibus, id est vernis, autumnalibus, æstivis, etiam atriis et peristyliis constitutæ sunt ab antiquis ex certis rebus certæ rationes picturarum: namque pictura imago fit ejus, quod est seu potest esse[68], uti hominis, ædificii, navis reliquarumque rerum, e quarum finibus certisque corporibus figurata similitudine sumuntur exempla. Ex eo antiqui, qui initia expolitionibus instituerunt, imitati sunt primum crustarum marmorearum varietates et collocationes; deinde coronarum et silaceorum miniaceorumque cuneorum[69] inter se varias distributiones.

Postea ingressi sunt, ut etiam ædificiorum figuras columnarumque et fastigiorum eminentes projecturas imitarentur: patentibus autem locis, uti exedris, propter amplitudinem parietum scenarum frontes tragico more, aut comico, seu satyrico designarent: ambulationes vero, propter spatia longitudinis, varietatibus topiorum ornarent[70] ab certis locorum proprietatibus imagines exprimentes: pinguntur enim portus, promontoria, litora, flumina, fontes, euripi[71], fana, luci, montes, pecora, pastores: nonnullis locis item signarent megalographiam habentem deorum simulacra, seu fabularum dispositas explicationes, non minus Trojanas pugnas, seu Ulyssis errationes, per topia, ceteraque quæ sunt eorum similibus rationibus ab rerum natura procreata.

Sed hæc, quæ a veteribus ex veris rebus exempla sumebantur, nunc iniquis moribus improbantur. Nam pinguntur tectoriis monstra potius quam ex rebus finitis

V. De la manière de peindre les murailles.

Dans les autres appartements, c'est-à-dire dans ceux qu'on habite au printemps, en automne, en été, et même dans les vestibules et dans les péristyles, les anciens avaient accoutumé de prendre dans la nature même les sujets de leurs peintures. Et, en effet, la peinture ne doit représenter que ce qui est ou ce qui peut être, comme un homme, un édifice, un vaisseau, ou toute autre chose dont on imite avec exactitude la forme et la figure. Aussi les anciens, qui firent les premières peintures sur les enduits, imitèrent les différentes bigarrures du marbre, et firent ensuite des compartiments variés, traçant des figures rondes et triangulaires en jaune et en rouge.

Après cela ils en vinrent à représenter des édifices avec des colonnes et des frontons, qui se détachaient parfaitement sur le fond. Dans les lieux spacieux, dans les salles de conférences, par exemple, où les murs présentent de grandes surfaces, ils peignaient des scènes tragiques, comiques ou satiriques. Les galeries, à cause de leur longueur, furent ornées de paysages qu'ils animaient par des points de vue tirés de certaines localités; c'étaient des ports, des promontoires, des rivages, des fleurs, des fontaines, des ruisseaux, des temples, des bois, des montagnes, des troupeaux, des bergers; dans quelques endroits ils peignaient de grands sujets où figuraient les dieux; ou bien c'étaient des épisodes empruntés à la mythologie, ou les guerres de Troie, ou les voyages d'Ulysse; partout des paysages : nulle part rien qui ne fût en harmonie avec les productions de la nature.

Mais cette belle nature, dans laquelle les anciens allaient prendre leurs modèles, nos goûts dépravés la repoussent aujourd'hui. On ne voit plus sur les murs que des monstres, au lieu de ces représentations vraies,

imagines certæ : pro columnis enim statuuntur calami, pro fastigiis harpagæ et mituli [72] striati cum crispis foliis et volutis teneris, item candelabra ædicularum sustinentia figuras, supra fastigia earum surgentes ex radicibus, cum volutis coliculi teneri plures habentes in se sine ratione sedentia sigilla, non minus etiam ex coliculis flores dimidiata habentes ex se exeuntia sigilla, alia humanis, alia bestiarum capitibus similia [73].

Hæc autem nec sunt nec fieri possunt nec fuerunt. Ergo ita novi mores coegerunt, uti inertia mali judicis conniveant artium virtutes. Quemadmodum enim potest calamus vere sustinere tectum, aut candelabrum ædiculas et ornamenta fastigii, seu coliculus, tam tenuis et mollis, sustinere sedens sigillum, aut de radicibus et coliculis ex parte flores dimidiataque sigilla procreari? At hæc falsa videntes homines non reprehendunt, sed delectantur, neque animadvertunt si quid eorum fieri potest nec ne. Judiciis autem infirmis obscuratæ mentes non valent probare quod potest esse cum auctoritate et ratione decoris. Neque enim picturæ probari debent, quæ non sunt similes veritati [74]; nec si factæ sunt elegantes ab arte, ideo de his statim debet recte judicari, nisi argumentationis certas habuerint rationes sine offensionibus explicatas [75].

Etenim etiam Trallibus quum Apaturius Alabandeus eleganti manu finxisset scenam in minusculo theatro, quod ἐκκλησιαστήριον apud eos vocitatur, in eaque fecisset pro columnis signa, Centaurosque sustinentes

naturelles ; en place de colonnes, on met des roseaux ;
les frontons sont remplacés par des espèces de harpons
et des coquilles striées, avec des feuilles frisées et de
légères volutes. On fait des candélabres soutenant de
petits édifices, du haut desquels s'élèvent, comme y ayant
pris racine, quantité de jeunes tiges ornées de volutes,
et portant sans raison de petites figures assises; on voit
encore des tiges terminées par des fleurs d'où sortent
des demi-figures, les unes avec des visages d'hommes,
les autres avec des têtes d'animaux.

Or, ce sont là des choses qui ne sont pas, qui ne
peuvent être, qui n'ont jamais été. Cependant ces nouvelles fantaisies ont tellement prévalu que, faute d'un
homme qui soit en état de les apprécier, les arts dépé-
rissent journellement. Quelle apparence, en effet, que
des roseaux soutiennent un toit, qu'un candélabre porte
des édifices, que les ornements de leur faîte, c'est-à-dire
des tiges si faibles et si flexibles, portent des figures
assises, ou que des racines et des tiges produisent des
fleurs et des demi-figures? A la vue de ces faussetés, il
ne s'élève pas un mot de blâme; on s'en amuse, au contraire, sans prendre garde si ce sont des choses qui
soient possibles ou non. Les esprits obscurcis par la faiblesse de leur jugement, ne sont point en état d'apprécier le mérite, la beauté d'un ouvrage. Une peinture
n'est pas digne d'approbation, si elle ne représente point
la vérité. Il ne suffit pas qu'un sujet soit peint avec tout
le prestige de l'art, pour qu'on doive immédiatement le
juger avec avantage; encore faut-il que le dessin n'offre
dans aucune de ses parties rien qui blesse la raison.

La ville de Tralles possédait un petit théâtre qui portait le nom d'ἐκκλησιαστήριον[1], pour lequel Apaturius,
Alabandin, avait peint une scène avec talent. Au lieu
de colonnes, il y avait représenté des statues et des

_____
(1) Lieu de réunion.

epistylia, tholorum rotunda tecta, fastigiorum prominentes versuras, coronasque capitibus leoninis ornatas,
quæ omnia stillicidiorum e tectis habent rationem; præterea supra eam nihilominus episcenium, in quo tholi,
pronai, semifastigia, omnisque tecti varius picturis fuerat ornatus : itaque quum aspectus ejus scenæ propter
asperitatem eblandiretur omnium visus, et jam id opus
probare fuissent parati, tum Licinius mathematicus
prodiit et ait :

Alabandeos satis acutos ad omnes res civiles haberi,
sed propter non magnum vitium indecentiæ insipientes
eos esse judicatos, quod in gymnasio eorum quæ sunt
statuæ, omnes sunt causas agentes, in foro autem discos
tenentes aut currentes seu pila ludentes : ita indecens
inter locorum proprietates status signorum, publice civi-
tati vitium existimationis adjecit. Videamus item nunc
ne Apaturii scena efficiat et nos Alabandeos aut Abderitas [76]. Quis enim vestrum domos supra tegularum
tecta potest habere aut columnas, seu fastigiorum explicationes? Hæc enim supra contignationes ponuntur,
non supra tegularum tecta. Si ergo quæ non possunt in
veritate rationem habere facti, in picturis probaveri-
mus, accedemus et nos his civitatibus, quæ propter hæc
vitia insipientes sunt judicatæ.

Itaque Apaturius contra respondere non est ausus,
sed sustulit scenam, et ad rationem veritatis commuta-
tam, postea correctam approbavit. Utinam dii immortales fecissent, ut Licinius revivisceret, et corrigeret

centaures soutenant les architraves, des toits arrondis comme des dômes, des frontons avec de grandes saillies, des corniches ornées de têtes de lion, toutes choses qui ne conviennent qu'aux larmiers. Il n'en avait pas moins peint au-dessus un second ordre avec d'autres coupoles, des porches, des moitiés de faîte, et toutes les autres parties qui ornent un toit. Tout l'aspect de cette scène charmait les yeux de tous les spectateurs, par l'heureuse distribution des teintes, et on allait approuver ce travail, lorsque le mathématicien Licinius se présenta et dit :

Les Alabandins passent pour ne point manquer d'une certaine habileté dans toutes les affaires civiles; mais une petite faute contre la convenance leur a fait perdre l'opinion qu'on avait de leur jugement, en ce que les statues qu'ils ont placées dans le lieu de leurs exercices, représentent toutes des avocats, tandis que celles qui sont dans le barreau, représentent des personnes qui tiennent des disques, qui s'exercent à la course, qui jouent à la paume; ces statues, si maladroitement placées dans des lieux qui ne leur conviennent pas, ont grandement fait tort à la réputation des habitants. Prenons garde que la scène d'Apaturius ne nous fasse prendre pour autant d'Alabandins ou d'Abdéritains. Qui de vous a jamais vu des maisons, des colonnes posées sur les tuiles, ou sur le faîte d'autres maisons? C'est sur les pavés que reposent ces parties d'un bâtiment, et non sur des toits. Si nous approuvons, dans une peinture, ce qui ne peut exister en réalité, nous nous mettrons sur la même ligne que ces peuples, sur le jugement desquels de telles fautes ont fait passer condamnation.

Apaturius n'osa rien répondre; il enleva la scène, changea tout ce qui se trouvait contre la vérité, et la fit agréer après avoir fait les corrections convenables. Plût aux dieux que Licinius pût revenir à la vie pour nous ramener à la raison, et rectifier ces erreurs qui se

hanc amentiam tectoriorumque errantia instituta! Sed
quare vincat veritatem ratio falsa, non erit alienum
exponere. Quod enim antiqui insumentes laborem et
industriam probare contendebant artibus, id nunc coloribus et eorum eleganti specie consequuntur; et quam
subtilitas artificis adjiciebat operibus auctoritatem, nunc
dominicus sumptus efficit ne desideretur.

Quis enim antiquorum non, uti medicamento, minio
parce videtur usus esse [77]? At nunc passim plerumque
toti parietes inducuntur : accedit huc chrysocolla [78],
ostrum, armenium [79]. Hæc vero quum inducuntur, etsi
non ab arte sunt posita, fulgentes tamen oculorum red-
dunt visus; et ideo quod pretiosa sunt, legibus excipiun-
tur, ut ab domino, non a redemptore, repræsententur [80].

Quæ commonefacere potui, ut ab errore discedant in
opere tectorio, satis exposui : nunc de apparationibus,
ut succurrere potuerit, dicam, et primum, quoniam de
calce initio est dictum, nunc de marmore ponam.

———

VI. De marmore quomodo paretur ad tectoria.

Marmor non eodem genere omnibus regionibus procreatur, sed quibusdam locis glebæ ut salis micas perlucidas habentes nascuntur, quæ contusæ et molitæ
præstant tectoriis et coronariis operibus utilitatem.
Quibus autem locis hæ copiæ non sunt [81], cæmenta
marmorea sive assulæ dicuntur, quæ marmorarii ex
operibus dejiciunt, pilis ferreis contunduntur, cribris-

sont introduites dans la peinture! Pourquoi cet abus a-t-il triomphé de la vérité? C'est ce qu'il ne sera pas hors de propos de dire ici. Autrefois c'était du talent et de la perfection du travail que les peintres faisaient dépendre le succès de leurs efforts; ceux d'aujourd'hui n'attachent de prix qu'à l'éclat des couleurs et à l'effet qu'elles produisent : jadis c'était le talent de l'artiste qui seul donnait du prix à son travail; maintenant les dépenses de celui qui fait travailler en tiennent lieu.

Les anciens n'employaient le minium, comme couleur, qu'en très-petite quantité; à présent on en voit presque partout peintes des murailles tout entières, aussi bien que de chrysocolle, d'ostrum, d'armenium. Ces couleurs, bien qu'appliquées sans art, ne laissent pas d'éblouir par leur éclat; et c'est à cause de leur cherté que la loi a voulu qu'elles fussent fournies par celui qui fait travailler, et non par celui qui travaille.

J'ai cherché, par les avis que je viens de donner, à prévenir, autant qu'il m'a été possible, l'abus qui s'est introduit dans les peintures à fresque; il me reste maintenant à traiter de la manière de préparer les matériaux, et, puisque j'ai commencé par parler de la chaux, je vais m'occuper du marbre.

VI. De la manière de préparer le marbre pour en faire du stuc.

Le marbre ne se rencontre pas partout dans les mêmes conditions : dans certaines localités, on le trouve par morceaux avec de petits grains luisant comme du sel. Pilé et broyé, il est avantageux pour faire les enduits et les corniches. Dans les lieux où ne se trouve pas cette espèce, on ramasse les éclats appelés *ossulæ*, que les marbriers font tomber du marbre qu'ils travaillent; on les écrase avec des pilons de fer, et on les sasse pour en

que excernuntur. Eæ autem excretæ tribus generibus seponuntur; et quæ pars grandior fuerit, quemadmodum supra scriptum est, arenato primum cum calce inducitur, deinde sequens ac tertia, quæ subtilior fuerit.

Quibus inductis et diligenti tectoriorum fricatione lævigatis, de coloribus ratio habeatur, uti in his perlucentes exprimant splendores; quorum hæc erit differentia et apparatio. Colores alii sunt [82], qui per se certis locis procreantur et inde fodiuntur : nonnulli ex aliis rebus, tractationibus aut mixtionibus seu temperaturis compositi, perficiuntur, uti præstent eamdem in operibus utilitatem.

VII. De nativis coloribus.

Primum autem exponemus quæ per se nascentia fodiuntur, uti sil, quod Græce ᾤχρα dicitur [83]. Hæc vero multis locis, ut etiam in Italia, invenitur, sed quæ fuerat optima Attica, ideo nunc non habetur, quod Athenis argenti fodinæ quum habuerint familias, tunc specus sub terra fodiebantur ad argentum inveniendum, quum ibi vena forte inveniretur, nihilominus uti argentum persequebantur; itaque antiqui egregia copia silis [84] ad politionem operum sunt usi.

Item rubricæ copiose [85] multis locis eximuntur, sed optimæ paucis, ut Ponto Sinope, et Ægypto, in Hispania Balearibus, non minus etiam Lemno, cujus insulæ vectigalia Atheniensibus senatus populusque Romanus concessit fruenda.

faire trois sortes de poudre : la plus grosse, comme nous l'avons dit ci-dessus, se mêle avec la chaux, pour faire la première couche que l'on met sur le mortier de sable ; la moyenne vient ensuite, puis la troisième qui est la plus fine.

Après que ces couches d'enduits auront été unies et polies avec soin, il faudra s'occuper des couleurs destinées à les couvrir de leur brillant éclat. Elles sont de différente nature, et leur préparation n'est point la même. Les unes se forment d'elles-mêmes dans certains lieux d'où on les tire; les autres sont un composé de diverses matières dont la préparation, ou le mélange, ou la combinaison produisent dans les ouvrages le même effet que les autres.

VII. Des couleurs naturelles.

Nous allons d'abord parler des couleurs qui se produisent d'elles-mêmes dans la terre, comme le sil, que les Grecs appellent ὤχρα. On le trouve en plusieurs endroits et même en Italie; mais le meilleur, celui de l'Attique, manque aujourd'hui. Lorsque des compagnies exploitaient les mines d'argent qui sont à Athènes, on creusait des puits pour aller chercher ce métal, et quand on venait à rencontrer quelque filon de sil, on le suivait comme si c'eût été de l'argent ; aussi les anciens avaient en abondance de l'excellent sil, qu'ils employaient sur les enduits.

La rubrique se tire en abondance de beaucoup de lieux; mais la bonne est rare, et ne se trouve guère qu'à Sinope, dans le royaume de Pont, en Égypte, aux îles Baléares, en Espagne, et dans l'île de Lemnos, dont les revenus ont été laissés aux Athéniens par le sénat et le peuple romain.

Parætonium [86] vero ex ipsis locis unde foditur habet
nomen. Eadem ratione melinum [87], quod ejus vis metalli
insulæ Cycladi Melo dicitur esse.

Creta viridis [88] item pluribus locis nascitur, sed optima Smyrnæ : hanc autem Græci θεοδότιον vocant [89],
quod Theodotus nomine fuerat, cujus in fundo id genus
cretæ primum est inventum.

Auripigmentum [90], quod ἀρσένικον Græce dicitur, foditur Ponto. Sandaraca [91] item pluribus locis, sed optima
Ponto proxime flumen Hypanim habet metallum. Aliis
locis, ut inter Magnesiæ et Ephesi fines, sunt loca,
unde effoditur parata, quam nec molere nec cernere
opus est, sed sic est subtilis, quemadmodum si qua est
manu contusa et subcreta.

VIII. De minio et argento vivo.

Ingrediar nunc minii rationes explicare [92]. Id autem
agris Ephesiorum Cilbianis primum memoratur esse inventum, cujus et res et ratio satis magnas habet admirationes. Foditur enim gleba, quæ anthrax dicitur,
antequam tractationibus ad minium perveniat, vena,
uti ferri magis subrufo colore, habens circa se rubrum
pulverem. Quum id foditur, ex plagis ferramentorum
crebras emittit lacrymas argenti vivi, quæ a fossoribus
statim colliguntur.

Hæ glebæ quum collectæ sunt in officinam, propter
humoris plenitatem conjiciuntur in fornacem, ut inter-
arescant : et is qui ex his ab ignis vapore fumus suscita-
tur, quum resedit in solum furni, invenitur esse argen-

La couleur parétonienne tire son nom du lieu même où on la trouve. La méline tire de même le sien de l'île de Mélos, une des Cyclades, où ce minéral abonde.

La terre verte se rencontre aussi dans plusieurs localités; mais la meilleure vient de Smyrne; les Grecs l'appellent Ͽεοδότιον, parce qu'un nommé Théodote possédait le fonds où elle fut trouvée pour la première fois.

L'orpiment, qui en grec est appelé ἀρσένικον, se tire du royaume de Pont. Le minium se trouve également en plusieurs lieux; mais le meilleur s'exploite aussi dans le Pont, auprès du fleuve Hypanis. Il y a d'autres endroits, comme les confins de Magnésie et d'Éphèse, d'où on le tire tout préparé, sans qu'il soit besoin ni de le broyer ni de le sasser; et il est aussi fin que si quelque main d'homme l'eût pilé et tamisé.

VIII. Du cinabre et du vif-argent.

Je vais maintenant parler de la préparation du cinabre. On le trouva, dit-on, pour la première fois, sur le territoire de Cilbianis, près d'Éphèse. La manière de l'extraire et de le préparer est assez curieuse. On le tire de terre par mottes, qu'on appelle anthrax, avant que la manipulation l'ait fait passer à l'état de cinabre. La veine de cette matière, enveloppée d'une poussière rouge, a une couleur de fer un peu roussâtre. Quand on l'extrait, les coups de pic en font sortir de nombreuses gouttes de vif-argent que les ouvriers s'empressent de recueillir.

Lorsque ces mottes ont été réunies dans l'atelier, on les jette dans un four pour leur faire perdre l'humidité dont elles sont pleines, et la chaleur du feu en fait sortir une vapeur qui, en retombant sur l'aire du four, se trouve être du vif-argent. On retire les mottes, et

tum vivum. Exemptis glebis, guttæ eæ, quæ residebunt, propter brevitatem non possunt colligi, sed in vas aquæ converruntur, et ibi inter se congruunt et una confunduntur. Eæ autem quum sint quatuor sextariorum mensuræ, quum expenduntur, inveniuntur esse pondo centum.

Quum in aliquo vase est confusum, si supra id lapidis centenarii pondus imponatur, natat in summo [93] neque eum liquorem potest onere suo premere, nec elidere, nec dissipare : centenario sublato, si ibi auri scrupulum imponatur, non natabit, sed ad imum per se deprimetur. Ita non amplitudine ponderis, sed genere singularum rerum [94] gravitatem esse, non est negandum.

Id autem multis rebus est ad usum expeditum : neque enim argentum, neque æs sine eo potest recte inaurari [95]: quumque in veste intextum est aurum, eaque vestis contrita, propter vetustatem usum non habeat honestum, panni in fictilibus vasis impositi supra ignem comburuntur; is cinis conjicitur in aquam, et additur ei argentum vivum : id autem omnes micas auri corripit in se, et cogit secum coire; aqua defusa, quum id in pannum infunditur, et ibi manibus premitur, argentum per panni raritates propter liquorem extra labitur, aurum compressione coactum intra purum invenitur [96].

IX. De minii temperatura.

Revertar nunc ad minii temperaturam [97]. Ipsæ enim glebæ, quum sunt aridæ, pilis ferreis contunduntur et moluntur, et lotionibus et cocturis crebris, relictis stercoribus, efficitur ut adveniant colores. Quum ergo hæ

les gouttes qui se sont déposées dans le four ne pouvant être ramassées, à cause de leur petitesse, sont balayées dans un vase plein d'eau où elles se mêlent et se confondent. Quatre sétiers de cette matière pèsent cent livres.

Que l'on vienne à remplir quelque vase de cette substance, une pierre du poids de cent livres, mise dessus, nagera à sa surface sans pouvoir, par sa pesanteur, ni la comprimer, ni la séparer, ni l'éparpiller. Si à la place de ce poids de cent livres, on met seulement un scrupule d'or, il ne surnagera pas; il descendra tout de suite au fond; ce qui prouve clairement que la gravité des corps ne dépend pas de la quantité de la matière pesante, mais de sa qualité.

On se sert du vif-argent dans beaucoup de cas; sans lui il est impossible de bien dorer l'argent et le cuivre; lorsqu'un vêtement tissé d'or vient à s'user, et que sa vieillesse le met hors d'état d'être décemment porté, on le brûle dans un vase de terre, et la cendre en est jetée dans de l'eau. On y ajoute du vif-argent auquel toutes les parcelles d'or vont s'attacher, se joindre. On répand l'eau, et l'on verse dans un linge que l'on presse avec les mains, le vif-argent qui passe au travers à cause de sa fluidité, et l'or, malgré la compression, reste parfaitement pur dans le linge.

IX. De la préparation du cinabre.

Je reviens à la préparation du cinabre. Lorsque les mottes sont sèches, on les pile, on les broie avec des pilons de fer, et à force de lotions et de coctions, on fait disparaître toute matière étrangère, et la couleur

emissæ sunt ex minio per argenti vivi relictionem quas in se naturales habuerat virtutes, efficitur tenera natura et viribus imbecilla.

Itaque quum est in expolitionibus conclavium tectis inductum, permanet sine vitiis suo colore : apertis vero, id est peristyliis, aut exedris, aut ceteris ejusmodi locis [98], quo sol et luna possit splendores et radios immittere, quum ab iis locus tangitur, vitiatur, et, amissa virtute coloris, denigratur. Itaque quum et alii multi, tum etiam Faberius scriba, quum in Aventino voluisset habere domum eleganter expoli...., peristylii parietes omnes induxit minio, qui post dies triginta facti sunt invenusto varioque colore. Itaque primo locavit inducendos alios colores.

At si quis subtilior fuerit, et voluerit expolitionem miniaceam suum colorem retinere, quum paries expolitus et aridus fuerit, tunc ceram Punicam igni liquefactam paulo oleo temperatam seta inducat [99] : postea carbonibus in ferreo vase compositis, eam ceram apprime cum pariete calefaciundo sudare cogat, fiatque ut peræquetur : deinde cum candela linteisque puris subigat [100], uti signa marmorea nuda curantur.

Hæc autem καῦσις [101] Græce dicitur : ita obstans ceræ Punicæ lorica non patitur, nec lunæ splendorem nec solis radios lambendo eripere ex his politionibus colorem. Quæ autem in Ephesiorum metallis fuerunt officinæ, nunc trajectæ sunt ideo Romam, quod id genus venæ postea est inventum Hispaniæ regionibus, ex qua-

arrive. Lorsque, par le dégagement du vif-argent, le cinabre à perdu les qualités naturelles qu'il contenait, sa substance s'amollit et n'a plus la même force.

Lorsqu'il est employé dans les appartements dont les enduits sont à couvert, le cinabre conserve sa couleur sans altération; mais dans les lieux exposés à l'air, comme les péristyles, les exèdres, et quelques autres endroits semblables où peuvent pénétrer les rayons du soleil et l'éclat de la lune, il s'altère, il perd la vivacité de sa couleur, il se noircit aussitôt qu'il en est frappé. C'est une expérience qui a été faite par plusieurs personnes, et entre autres par le secrétaire Faberius. Ayant voulu avoir dans sa maison du mont Aventin d'élégantes peintures, il fit peindre avec du cinabre tous les murs du péristyle, qui au bout de trente jours ne présentaient plus qu'une couleur désagréable et bigarrée; ce qui l'obligea à les faire repeindre une seconde fois avec d'autres couleurs.

Voici ce que font des personnes mieux avisées, pour que leurs enduits conservent la couleur du cinabre qu'elles préfèrent. Lorsque la couleur a été parfaitement étendue, et qu'elle est bien sèche, on la couvre, avec un pinceau, d'une couche de cire punique qu'on a fait fondre, et à laquelle on a mêlé un peu d'huile; on met ensuite du charbon dans un réchaud, on chauffe cette cire, aussi bien que la muraille, on la liquéfie, puis on l'étend bien uniment; enfin on prend une bougie et des linges blancs avec lesquels on polit, comme on le fait pour les statues nues faites de marbre.

C'est ce qu'on appelle en grec καῦσις [1]; l'application de cette couche de cire punique empêche que la lumière de la lune et les rayons du soleil, en donnant sur ces enduits, n'en enlèvent la couleur. Les fabriques qui étaient autrefois dans les mines d'Éphèse, sont maintenant transférées à Rome, parce qu'on a trouvé ce mi-

_____
[1] Brûlure.

rum metallis glebæ portantur, et per publicanos Romæ
curantur. Eæ autem officinæ sunt inter ædem Floræ et
Quirini.

Vitiatur minium admixta calce : itaque si quis velit
experiri id sine vitio esse, sic erit faciundum. Ferrea
lamna sumatur[102]; ei minium imponatur, ad ignem collocetur, donec lamna candescat ; quum e candore color
immutatus fuerit eritque ater, tollatur lamna ab igne,
et si refrigeratum restituatur in pristinum colorem, sine
vitio esse probabitur : sin autem permanserit nigro colore, significabit se esse vitiatum.

Quæ succurrere potuerunt mihi de minio dixi. Chrysocolla[103] apportatur a Macedonia[104]; foditur autem ex
his locis, qui sunt proximi ærariis metallis. Armenium
et indicum[105] nominibus ipsis indicatur quibus in locis
procreantur.

X. De coloribus qui arte fiunt.

Ingrediar nunc ad ea quæ ex aliis generibus tracta-
tionum temperaturis commutata, recipiunt colorum
proprietates : et primum exponam de atramento, cujus
usus in operibus magnas habet necessitates, ut sint notæ,
quemadmodum præparentur certis rationibus artificio-
rum ad id, temperaturæ.

Namque ædificatur locus uti laconicum[106], et expo-
litur marmore subtiliter et lævigatur : ante id fit forna-
cula habens in laconicum nares, et ejus præfurnium
magna diligentia comprimitur, ne flamma extra dis-
sipetur. In fornace resina collocatur : hanc autem ignis
potestas urendo cogit emittere per nares intra laconicum

néral en Espagne, d'où il est facile d'en transporter les mottes qui sont préparées par des hommes spéciaux dont les fabriques sont situées entre le temple de Flore et celui de Quirinus.

On falsifie le cinabre avec de la chaux; quand on voudra s'assurer qu'il n'y a point eu de falsification, voici ce que l'on fera : on prendra une lame de fer sur laquelle on mettra du cinabre; on la soumettra à l'action du feu jusqu'à ce qu'elle devienne blanche, et on ne la retirera que quand de blanche qu'elle était devenue par la chaleur, elle aura pris une teinte noire : si, étant refroidie, elle reprend sa couleur première, on peut être assuré que le cinabre est pur; si, au contraire, elle conserve sa teinte noire, c'est qu'il aura été sophistiqué.

Je viens de dire ce que je sais sur le cinabre. La chrysocolle vient de Macédoine; on la tire des lieux voisins des mines de cuivre. L'armenium et l'indicum font connaître par leurs noms les lieux qui les produisent.

X. Des couleurs artificielles.

Je vais maintenant parler des matières qui, par la proportion du mélange de différentes substances préparées d'une certaine manière, perdent leurs qualités naturelles pour acquérir la propriété des couleurs. Commençons par le noir, dont l'usage est si nécessaire dans beaucoup d'ouvrages, afin de bien faire connaître tous les moyens par lesquels on peut arriver à l'obtenir.

On bâtit un petit édifice en forme d'étuve; on en tapisse le dedans avec une couche de stuc que l'on polit avec soin. En avant on construit, avec une bouche dans l'étuve, un petit fourneau dont la porte doit être hermétiquement fermée, pour qu'elle ne puisse livrer passage à la flamme. On jette de la résine dans le fourneau.

fuliginem, quæ circa parietem et cameræ curvaturam
adhærescit : inde collecta partim componitur ex gummi
subacto ad usum atramenti librarii [107], reliqua tectores,
glutinum admiscentes [108] in parietibus utuntur.

Sin autem hæ copiæ non fuerint paratæ, ita necessitatibus erit administrandum, ne exspectatione moræ res
retineantur. Sarmenta aut tædæ schidiæ comburantur ;
quum erunt carbones, exstinguantur : deinde in mortario
cum glutino terantur : ita erit atramentum tectoribus
non invenustum.

Non minus si fæx vini arefacta, et cocta in fornace
fuerit, et ea contrita cum glutino in opere inducetur,
perquam atramenti suavem efficiet colorem, et quo
magis ex meliore vino parabitur, non modo atramenti,
sed etiam indici colorem dabit imitari.

XI. De cæruleo et usta.

Cærulei temperationes [109] Alexandriæ primum sunt
inventæ, postea item Vestorius Puteolis instituit faciundum. Ratio autem ejus cum iis rebus e quibus est
inventa, satis habet admirationis [110]. Arena enim cum
nitri flore conteritur adeo subtiliter, ut efficiatur quemadmodum farina, et æri Cyprio limis crassis, uti sco-
bis, facto, mixta conspergitur, ut conglomeretur : deinde
pilæ manibus versando efficiuntur, et ita colligantur, ut
inarescant : aridæ componuntur in urceo fictili ; urceus
in fornace ponitur, ita æs et ea arena ab ignis vehementia confervescendo quum coaluerint, inter se dando

Soumise à l'action du feu, cette substance produit une fumée qui est forcée de passer dans l'étuve aux parois et à la voûte de laquelle elle s'attache transformée en suie. On en ramasse une partie que l'on détrempe avec de la gomme, pour en faire l'encre à écrire; le reste, mêlé à de la colle, sert à peindre les murailles.

Si l'on manque des moyens de faire ce noir, on pourra, pour qu'aucun retard ne vienne entraver l'ouvrage, faire face à la nécessité de cette manière : on brûlera des sarments ou des copeaux de pin; lorsqu'ils seront réduits en charbon, on les éteindra. Ce charbon pilé dans un mortier avec de la colle, fournira pour la peinture des murailles un noir assez beau.

On pourra encore, avec de la lie de vin desséchée, et cuite dans un fourneau, puis broyée avec de la colle, obtenir un très-beau noir, et plus le vin dont elle est le résidu aura de qualité, plus il sera facile d'en obtenir, non-seulement le noir ordinaire, mais encore une couleur imitant l'indicum.

XI. Du bleu d'azur et de l'ocre brûlée.

Ce fut à Alexandrie que se fit, pour la première fois, la préparation du bleu d'azur, et Vestorius en a établi depuis une fabrique à Pouzzol. La manière de le préparer avec les substances qui le composent, est assez curieuse. On broie du sable avec de la fleur de nitre, aussi fin que de la farine; on y mêle de la limaille de cuivre de Chypre faite avec de grosses limes, puis on la mouille pour en faire une pâte, dont on forme avec les mains des boules qu'on presse de manière à les faire sécher. Une fois sèches, elles sont déposées dans un vase de terre qu'on met dans une fournaise. Là, le cuivre et le sable entrant en fusion par la violence du feu, finissent

et accipiendo sudores, a proprietatibus discedunt, suisque rebus, per ignis vehementiam confecta, cæruleo rediguntur colore.

Usta vero[111], quæ satis habet utilitatis in operibus tectoriis, sic temperatur. Gleba silis boni coquitur, ut sit in igne candens; ea autem aceto exstinguitur et efficitur purpureo colore.

XII. De cerussa, ærugine et sandaraca.

De cerussa[112] ærugineque, quam nostri ærucam vocant, non est alienum quemadmodum comparetur dicere. Rhodii enim in doliis sarmenta componentes, aceto suffuso, supra sarmenta collocant plumbeas massas; deinde dolia operculis obturant, ne spiramentum obturata emittant[113]: post certum tempus aperientes inveniunt e massis plumbeis cerussam. Eadem ratione lamellas æreas collocantes, efficiunt æruginem[114], quæ æruca appellatur.

Cerussa vero quum in fornace coquitur, mutato colore ad ignis incendium, efficitur sandaraca[115]. Id autem incendio facto ex casu didicerunt homines, et ea meliorem usum præstat, quam quæ de metallis per se nata foditur.

XIII. De ostro.

Incipiam nunc de ostro dicere[116], quod et carissimam[117] et excellentissimam[118] habet præter hos colores aspectus suavitatem. Id autem excipitur[119] ex conchylio

par ne plus faire qu'un seul corps, auquel la liquéfaction a communiqué les qualités réciproques des deux substances qui n'ont plus de propriété distincte, l'action du feu la leur ayant fait perdre, et qui se trouvent converties en une couleur bleue d'azur.

L'ocre brûlée, dont on tire un assez bon parti dans les peintures sur enduit, se prépare de cette manière : on fait rougir au feu une motte de bonne ocre jaune; on l'éteint dans du vinaigre, ce qui lui donne une couleur de pourpre.

XII. De la céruse , du vert-de-gris et du minium.

Il n'est point hors de propos de dire ici comment on prépare la céruse et le vert-de-gris que nous appelons *æruca*. Les Rhodiens mettent des sarments dans des tonneaux au fond desquels ils versent du vinaigre. Sur ces sarments ils placent des lames de plomb; puis on ferme soigneusement les tonneaux pour que le contenu ne perde rien de sa force. Après un temps déterminé on ouvre, et les morceaux de plomb se trouvent convertis en céruse. Si on les remplace par des lames de cuivre, on obtient le vert-de-gris qu'on appelle *æruca*.

La céruse brûlée dans une fournaise perd sa couleur par l'action du feu, et se change en minium. C'est le hasard qui, dans un incendie, apprit aux hommes à la faire. Elle est d'une qualité supérieure à celle que l'on tire des mines, où elle se forme aux dépens du métal.

XIII. De la pourpre.

Je vais commencer à parler de la pourpre, qui, de toutes les couleurs, est la plus chère et celle qui flatte le plus agréablement la vue. C'est d'un coquillage de

marino, e quo purpura inficitur, cujus non minores sunt quam ceterarum naturæ rerum considerantibus admirationes; quod habet non in omnibus locis quibus nascitur unius generis colorem, sed solis cursu naturaliter temperatur.

Itaque quod legitur Ponto et Galatia, quod hæ regiones sunt proximæ ad septentrionem, est atrum: progredientibus inter septentrionem et occidentem invenitur lividum: quod autem legitur ad æquinoctialem orientem et occidentem, invenitur violaceo colore: quod vero meridianis regionibus excipitur, rubra procreatur potestate; et ideo hoc rubrum Rhodo etiam insula creatur[120] ceterisque ejusmodi regionibus, quæ proximæ sunt solis cursui.

Ea conchylia quum sunt lecta, ferramentis circa scinduntur, e quibus plagis purpurea sanies, uti lacryma profluens, excussa in mortariis terendo comparatur: et, quod ex concharum marinarum testis eximitur, ideo ostrum est vocitatum[121]. Id autem propter salsuginem cito fit siticulosum, nisi mel habeat circumfusum[122].

XIV. De coloribus qui imitantur purpuram.

Fiunt etiam purpurei colores infecta creta[123] rubiæ radice[124] et hysgino[125]; non minus et ex floribus[126] alii colores. Itaque tinctores quum volunt sil Atticum imitari[127], violam aridam conjicientes in vas cum aqua, confervescere faciunt ad ignem; deinde quum est temperatum, conjiciunt in linteum, et inde manibus expri-

mer que se tire la matière dont se fait la pourpre, qui offre à l'œil de l'observateur une des plus admirables productions de la nature. Cette couleur ne présente point la même teinte dans tous les lieux où elle est produite; la nature la nuance selon les climats.

La pourpre qu'on recueille dans le Pont et la Gaule, doit à ces contrées voisines du septentrion sa teinte foncée. Elle prend une nuance livide entre le septentrion et l'occident; celle qui naît entre l'orient et l'occident équinoxial tire sur le violet. Quant à celle qui nous vient des pays méridionaux, elle est parfaitement rouge; c'est cette qualité que nous envoient l'île de Rhodes, et les autres contrées qui sont plus voisines du cours du soleil.

Quand on a ramassé ces coquillages, on fait tout autour une incision d'où coulent quelques gouttes d'une humeur pourprée. On les fait tomber dans un mortier, où on les prépare en les broyant; et parce que ce sont des coquillages de mer qui produisent cette couleur, on lui a donné le nom de *ostrum* [1]. Les parties salées qu'elle contient ne tarderaient pas à la dessécher, si on ne la conservait dans du miel.

XIV. Des couleurs qui imitent la pourpre.

On compose encore des couleurs pourprées, en teignant la craie avec les racines de la garance et de l'hysginum. Les fleurs produisent aussi d'autres couleurs. Lorsque les teinturiers veulent imiter l'ocre jaune de l'Attique, ils mettent dans un vase plein d'eau des violettes sèches, qu'ils font bouillir sur le feu. Lorsque l'in-

(1) *Ostrea*, huître.

mentes, recipiunt in mortarium aquam ex violis colo-
ratam, et eo cretam Eretriam infundentes[128], et eam
terentes, efficiunt silis Attici colorem[129].

Eadem ratione vaccinium temperantes[130], et lac miscentes, purpuram faciunt elegantem. Item qui non
possunt chrysocolla propter caritatem uti, herba, quæ
lutum appellatur[131], cæruleum inficiunt, et utuntur
viridissimo colore : hæc autem infectiva appellantur.
Item propter inopiam Indici, cretam Selinusiam[132],
aut annulariam vitro, quod Græci ἰσάτιν appellant,
inficientes[133], imitationem faciunt indici coloris.

Quibus rationibus et rebus ad dispositionem firmi-
tatis quibusque decoras oporteat fieri picturas, item
quas habeant omnes colores in se potestates, ut mihi
succurrere potuit, in hoc libro perscripsi. Itaque omnes
ædificiorum perfectiones, quam habere debeant oppor-
tunitatem ratiocinationis, septem voluminibus sunt
finitæ : in sequenti autem de aqua, si quibus locis non
fuerit, quemadmodum inveniatur, et qua ratione inducatur, quibusque rebus, si erit salubris et idonea probetur, explicabo.

fusion est achevée, on verse le tout dans un linge, d'où l'on exprime avec les mains l'eau colorée par les violettes. On la reçoit dans un mortier, on y répand de la craie érétrienne, et en la broyant on obtient la couleur de l'ocre jaune de l'Attique.

Employant le vaccinium de la même manière, on fait, avec le lait qu'on y mêle, une belle couleur de pourpre. Ceux qui ne peuvent se servir de la chrysocolle à cause de sa cherté, teignent l'azur avec le suc d'une plante qu'on appelle pastel, et obtiennent un très-beau vert ; c'est là ce qu'on appelle de la teinture. L'indicum est rare ; mais pour en imiter la couleur, il suffit de mêler de la craie sélinusienne ou annulaire avec le pastel que les Grecs appellent ἴσατις.

Je viens de composer ce livre de tout ce que j'ai pu me rappeler sur la manière de crépir, sur le choix des matériaux à employer, sur la solidité de l'enduit destiné à recevoir la peinture, sans qu'elle soit exposée à perdre son éclat, enfin sur les propriétés que renferment les différentes couleurs. Ainsi, ce qui peut contribuer à rendre les édifices aussi parfaits et aussi commodes qu'ils doivent l'être, se trouve réuni dans les sept livres qui précèdent. Dans le suivant, je vais parler des eaux, de la manière d'en trouver dans les lieux qui en manquent, des moyens de les y amener, et des caractères qui en font connaître la bonté et la qualité.

NOTES

DU LIVRE SEPTIÈME.

1. — *Itaque non mediocres, sed infinitæ sunt his agendæ gratiæ.* Vitruve commence ce livre par l'éloge des lettres, et rend hommage aux savants qui nous ont transmis les événements passés et les découvertes faites de leur temps. Il cite les artistes et les poëtes qui ont d'abord fait fleurir les arts et les lettres dans la Grèce, où les siècles de la belle littérature furent aussi ceux qui produisirent les plus fameux artistes. Il parle d'abord d'Homère, qu'il appelle le père des poëtes. Il florissait cent ans environ avant la première olympiade. Il n'est point d'auteur, à l'exception peut-être d'Hésiode, qui soit plus ancien que lui. Rien ne peut être comparé à sa poésie; il s'essaya dans le genre épique, celui-là même qui présente le plus de difficultés, et, prenant un vol d'aigle, s'élança au plus haut degré que puissent atteindre les forces humaines, par son immortelle *Iliade*. En vain les plus grands génies ont cherché à l'imiter. Le plus ancien poëte de la Grèce fut aussi le meilleur; ce qui fait dire à Velleius Paterculus : « Neque ante illum quem ille imitaretur, neque post illum qui eum imitari posset, inventus est. »

Les beaux-arts, et surtout l'architecture, étaient déjà connus dans le temps d'Homère; il nous apprend qu'avant le siége de Troie, la ville d'Orchestre était célèbre, à cause du temple de Neptune qui s'y trouvait, et que Minerve en avait un magnifique à Athènes. Nous voyons dans Pline que le temple de Diane, en Aulide, fut bâti plusieurs siècles avant la guerre de Troie. Homère parle aussi de plusieurs palais qui existaient en Grèce avant cette guerre.

Les Grecs avaient appris l'architecture des Égyptiens, qui, sous Inachus (1970 avant J.-C.), fondèrent en Grèce la première colonie égyptienne. Les autres colonies que Cécrops, en 1657 avant J.-C.; Cadmus, en 1594; Danaüs, en 1586, amenèrent en Grèce, en faisant connaître le culte de leurs dieux, y firent

aussi connaître cet art qui, chez eux, y était entièrement consacré. Nous voyons, en effet, que peu après le temps de Cécrops,
Deucalion fit bâtir un temple en l'honneur de Jupiter Phixius,
c'est-à-dire de Jupiter par le moyen de qui il avait été sauvé des
eaux du déluge. Ce temple subsista environ neuf cent cinquante
ans, jusqu'à la cinquantième olympiade. Lorsqu'il fut tombé en
ruines, Pisistrate entreprit d'en bâtir un autre, sous le nom de
Jupiter Olympien, qui est celui dont parle Vitruve dans l'introduction de ce livre. L'histoire parle ensuite de deux célèbres architectes, Trophonius et Agamède, qui étaient l'un et l'autre fils
d'Erginus, postérieur à Hercule et à Thésée d'une génération.
Ils avaient bâti le temple de Neptune Hippius, éloigné d'un stade
de Mantinée. Pausanias nous apprend (liv. VIII, ch. 10) que
l'empereur Adrien fit enfermer cet ancien temple dans un nouveau qu'il fit bâtir.

Les Grecs, dit de Bioul, ne sont donc pas les inventeurs de l'architecture; ils la doivent aux Égyptiens, auxquels ils doivent
également les autres arts. Nous savons par les témoignages de l'antiquité, et Hérodote surtout nous l'assure (liv. II, ch. 4), que la
plupart des noms des dieux ont été portés d'Égypte en Grèce avec
leur culte. Aussi Homère, avant de composer ses poëmes, parcou-
rut-il l'Égypte pour s'instruire plus particulièrement de la théologie mythologique, et apprendre des prêtres égyptiens quantité
de choses inconnues en Grèce, sur la généalogie, les dignités et
les emplois de leurs dieux; ce qui fait dire au savant Huet, évê-
que d'Avranches, qu'Homère, qui avait visité les Égyptiens, rap-
porta de chez eux cet esprit fabuleux qui lui fit inventer non-
seulement les admirables poëmes qu'ils nous a laissés, mais
encore mille nouveautés dans la généalogie, les dignités et les
emplois des divinités grecques; et ce fut là qu'il se perfectionna
dans la poésie, qui y a toujours été soigneusement cultivée. Quelques écrivains nient que l'Égypte ait influé sur les arts de la
Grèce; j'invite à lire les p. 217 et suiv. du t. 1er de l'*Histoire de
l'architecture* de M. Daniel Ramée.

2. — *Quæ res in Troja fuissent gestæ.* Ce n'est pas seulement
à cause de son ancienneté que Vitruve cite Homère le premier,
c'est encore parce que les anciens regardaient les événements qui
se sont passés à Troie, non comme une simple histoire, mais
comme le fond de leur théologie. C'est pourquoi les livres d'Homère où ces événements sont rapportés, étaient en grande véné-
ration; on estimait son histoire, on admirait sa poésie, et ses
livres étaient réputés sacrés. Aussi Vitruve les nomme avant de

parler des ouvrages qui traitent de la philosophie et de la morale, avant de citer l'histoire de Crésus, d'Alexandre et de Darius; et si l'on a infligé à Zoïle, surnommé le fléau d'Homère,
ce châtiment dont il parle, pour avoir écrit contre ce poëte, c'est
parce qu'il avait tourné en ridicule un ouvrage qui traitait de la
religion.

3. — *Reges Attalici*. Alexandre le Grand mourut la première
année de la cent quatorzième olympiade. Ses généraux se parta-
gèrent l'empire. L'Égypte, l'ancienne patrie des arts, échut à
Ptolémée. Il fit bâtir le phare d'Alexandrie qui passa pour une
des sept merveilles du monde; et son fils Ptolémée Philadelphe
fonda à Alexandrie cette fameuse bibliothèque dont il est parlé
dans cette introduction. Au rapport d'Aulu-Gelle, elle contenait
sept cent mille volumes. Galien nous apprend que pour augmenter cette bibliothèque, Ptolémée et ses successeurs achetaient
très-cher tous les manuscrits qu'ils pouvaient se procurer; ce
qui donna lieu à la fraude : car, afin de les faire valoir davantage,
des vendeurs attribuaient aux auteurs célèbres des traités qu'ils
n'avaient point composés. Ce fut par les conseils de Demetrius de
Phalère, auquel on avait d'abord confié le soin de cette bibliothèque, que Ptolémée fit traduire d'hébreu en grec, par des Juifs
que lui envoya Éléazar, les livres de la loi de Moïse; c'est ce
qu'on nomme la version des Septante. La bibliothèque d'Alexandrie fut brûlée par les Romains dans la guerre que César fit en
Égypte. Aulu-Gelle dit que le feu y fut mis par mégarde, et par
des soldats étrangers, craignant sans doute qu'un tel acte de bar-
barie ne fût reproché à ceux de sa nation, vu que les Perses,
tout barbares qu'ils étaient, avaient épargné la bibliothèque
d'Athènes, lorsque Xerxès prit la ville et qu'il la fit brûler. Dans
le même temps, les rois de Pergame, Attale et Eumène, s'im-
mortalisaient par leur sagesse et leur amour pour leurs sujets.
Ils fondèrent une bibliothèque comme celle d'Alexandrie, ce qui
excita la jalousie des Égyptiens, au point que Ptolémée Philadelphe défendit l'exportation du papyrus ou papier d'Égypte; il
excita par là l'industrie des habitants de Pergame. Plutarque nous
apprend dans la *Vie de Marc Antoine*, que la bibliothèque des
rois de Pergame contenait deux cent mille volumes.

4. — *Zoilus*. Le Zoïle dont parle ici Vitruve n'est point, selon
Stratico, le même que cet autre Zoïle qui vécut longtemps auparavant, disciple de l'orateur Polycrate, contemporain de Platon, et maître d'Anaximène, qui fut un des précepteurs d'Alexan-

dre le Grand. Il vécut très-longtemps, jusqu'à la fin du règne de
Philippe, qui mourut dans la xc° olympiade. Vossius et Oléarius ne font qu'un seul Zoïle des deux qui ont existé; mais il
est impossible que le même homme ait été contemporain de
Platon et de Ptolémée. Oléarius traite de fable le récit de Vitruve; il s'appuie surtout sur l'autorité de Reinesius, qui prétend que ce Zoïle, l'Homéromastix, connut Socrate, Platon et
Isocrate, contre lesquels il exerça également son stylet. Il faut
lire sur ce sujet un *Mémoire des Inscriptions et Belles-Lettres*,
1736, où l'opinion de Vossius, de Reinesius et autres est sa-
vamment discutée, et où l'on fait voir que les deux Zoïle dont il
vient d'être parlé ont existé. La sévérité du châtiment dont
parle Vitruve est assurément trop grande, puisque pour aucun
crime il n'est point de plus grand supplice; mais, comme l'explique Galiani, les livres d'Homère étaient sacrés, et y porter la
main, c'était se rendre coupable de sacrilége.

5. — *Agatharchus Athenis, Æschylo docente tragœdiam,
scenam fecit.* La plupart des tragédies, chez les Grecs, représen-
tant les actions des dieux, étaient regardées comme des ouvrages
sacrés. L'origine de ces spectacles était due aux fêtes de Bacchus.
La partie de ces fêtes qui se célébraient dans les temples, consistant en chœurs, c'est-à-dire en chants graves et monotones, était
nécessairement triste. Thespis essaya d'introduire dans ses chœurs
un personnage qui récitait quelqu'un des exploits de Bacchus,
ce qui fit un épisode, c'est-à-dire un morceau étranger dans le
chœur. Eschyle essaya d'ajouter un second personnage qui forme
un dialogue avec le premier. Les beaux jours de la Grèce com-
mençaient alors à paraître, dit de Bioul; vainqueurs des Perses
aux journées de Salamine et de Platée, on vit les Grecs assemblés
en Élide pour les grands jeux, écouter Hérodote, qui avait quitté
la Carie pour venir leur lire son histoire : c'était dans la LXXVII°
olympiade. Eschyle donna alors sa première tragédie régulière;
et les beaux-arts virent naître Agélade d'Argos, maître de Phidias; Onatus, qui fit la statue de Gélon; Agénor et Glaucias
d'Épire. Agatharque, qui peignait les décorations pour le théâtre
sur lequel Eschyle faisait représenter ses tragédies, composa,
suivant Vitruve, le premier traité de perspective. C'est mal à
propos que Perrault, d'après une correction de Barbaro, a substitué le mot *tragicam* au mot *tragœdiam*. Et d'ailleurs Barbaro a
reconnu plus tard son erreur, puisque, dans sa traduction italienne, il a remis *tragœdiam*. On sait qu'Eschyle réforma la tragédie, et introduisit le bon goût dans ce genre de poésie à

Athènes, mais qu'il ne fut jamais peintre de décorations. Aussi le
véritable sens de cette phrase est-il que, quand Eschyle faisait
représenter ses tragédies à Athènes, *Æschylo docente tragœdiam,*
Agatharque en peignait les scènes, *scenam fecit Agatharchus.*

6. — *Ex eo moniti Democritus et Anaxagoras de eadem re
scripserunt.* La clarté de ce passage est plus que suffisante pour
convaincre ceux qui ont voulu douter si les anciens connaissaient
l'art de la perspective, puisque Vitruve dit qu'ils enseignaient la
manière de représenter, sur la scène, de véritables édifices qui,
quoique peints sur une superficie plate et unie, c'est-à-dire sur la
toile, paraissaient les uns près, les autres éloignés, et cela en
imitant la disposition naturelle des lignes qui répondent toutes à
un même point (*lineas ratione naturali respondere*), que nous
nommons le point de vue, ou le point de perspective, *et radiorum extensionem*, et selon le point de distance.

Il est vrai, dit de Bioul, que les règles de la perspective ne
sont pas observées bien exactement dans les peintures qui se sont
conservées, et qui sont parvenues jusqu'à nous, hormis le morceau de peinture à fresque qu'on a trouvé dans les ruines de
Villeya, et qu'on voit à Parme dans une des salles de l'Académie ;
les règles de la perspective y sont observées. Dans tous les autres
morceaux de peinture que j'ai vus à Rome, à Naples, à Portici,
où on en a réuni un grand nombre, qu'on a tirés des ruines d'Herculanum et de Pompéies, je n'en ai remarqué aucun qui indiquât
que le peintre connût la perspective. Je dois cependant faire observer que tous ces morceaux étaient peints sur des murailles
d'où on les a sciés ; et que, selon Pline, ceux qui peignaient
dans ce genre, n'étaient pas les meilleurs peintres. Ces peintures
prouvent bien que ceux qui les ont faites ignoraient cet art, mais
non pas que l'art était inconnu de leur temps. J'ose dire que
même à présent que l'on connaît certainement ces règles, il y a
une infinité de tableaux dans lesquels on ne les a pas suivies, et
qui sont remplis de fautes contre la perspective ; on n'en peut
pas conclure cependant que cet art soit généralement ignoré,
mais que les peintres qui les ont dessinés sont des ignorants (*Discours de M. Sallier sur la perspective des anciens*, t. II des *Mémoires des Inscriptions et Belles-Lettres*).

La perspective, qui, suivant la remarque d'un grand maître
(Léonard de Vinci, *Traité de peinture*, ch. 1), est la première
chose qu'un jeune peintre doive apprendre, était donc connue
dans la Grèce, à cette époque où les arts semblaient annoncer
les pas rapides qu'ils allaient faire, où les malheurs mêmes de la

Grèce servirent à leurs progrès. Après les ravages des Perses, il fallut rebâtir Athènes. Phidias, sous le gouvernement de Périclès, dirigea la construction des nouveaux édifices, et les décora de chefs-d'œuvre de sculpture sortis de ses mains et de celles de ses élèves. Tout devint grand alors à Athènes, et la distance qui fut franchie dut paraître étonnante, lorsqu'on compara les ouvrages d'Agélade à ceux de Phidias, c'est-à-dire ceux du maître et ceux de l'élève. Il en était de même pour les lettres; ce même temps vit paraître Euripide, Sophocle, Euphorion et Aristophane. On croyait qu'Eschyle avait porté la tragédie à sa perfection, lorsque Sophocle fit connaître un genre nouveau. Il sut émouvoir, non par des paroles, mais par des images sentimentales qui pénètrent jusqu'à l'âme; il fit voir dans l'art de Melpomène des beautés inconnues jusqu'alors, et un talent supérieur à celui de tous ceux qui avaient avant lui parcouru cette carrière.

Les plus heureuses circonstances firent alors fleurir les arts dans la Grèce; l'esprit humain s'y développa tout entier; chaque olympiade vit éclore de nouveaux prodiges. L'histoire nous a conservé les noms des plus célèbres sculpteurs de ce temps. Outre Léocharès, Briaxis, Scopas et Praxitèle, dont Vitruve parle dans cette introduction, Polyclète et Myron, dont il a parlé dans le ch. 10 du liv. 1er, florissaient à cette époque. Les malheurs qu'éprouva Athènes pendant les guerres du Péloponnèse furent funestes aux arts; mais Thrasybule lui ayant rendu la liberté, et l'ayant délivrée du joug des Lacédémoniens, l'art dont les destinées furent toujours liées à celles d'Athènes parut renaître alors, et les élèves des grands maîtres précédents, Naucide, Dinomène, Canachus et Patrocle se signalèrent dans la xcve olympiade. *Voyez* Pline, *Hist. Nat.*, liv. xxxiv, ch. 19.

Peu après la guerre du Péloponnèse, Épaminondas changea tout le système des États de la Grèce; il fit prendre à Thèbes, sa patrie, la prépondérance. Vainqueur à Leuctres des Lacédémoniens, qui depuis trente ans étaient maîtres de la Grèce, il inspira une telle crainte que Sparte se réconcilia avec Athènes, et se ligua avec elle contre les Thébains, dans la cile olympiade. Pline (*Hist. Nat.*, liv. xxxiv, ch. 19) place à cette époque le temps des célèbres sculpteurs Polyclès, Céphissodote, Léocharès et Hypatodore. Xénophon et Platon étaient alors dans la fleur de leur génie.

Thèbes et Sparte recommencèrent une guerre à laquelle toutes les villes de la Grèce prirent part. Épaminondas la termina par la bataille de Mantinée, où il remporta la victoire; ce fut le terme de sa glorieuse carrière. Ses dernières paroles, en expirant, furent pour conseiller aux Thébains de faire la paix, même au moment de leur triomphe. Ils suivirent son conseil; elle fut conclue la deuxième année de la cıv^e olympiade. La tranquillité générale succéda aux troubles de la Grèce. C'est à cette époque que florissaient Praxitèle, Zeuxis, Pamphile, Euphranor et d'autres artistes. Ce que Praxitèle était dans la sculpture, Pamphile, Euphranor, Zeuxis, Nicias et Parrhasius le furent dans la peinture. Cet art ne fut porté à sa perfection que par ces maîtres: car Quintilien nous apprend (liv. xıı, ch. 10) que Zeuxis et Apollodore, son maître, passent pour être les premiers qui aient introduit les lumières et les ombres dans leurs tableaux.

Ménandre, l'ami d'Épicure, parut sur la scène comique; il répandit dans ses pièces le sel attique, sans s'écarter des lois de la bienséance, et fit voir l'affinité qui régnait entre la poésie et l'art auquel Apelle et Lysippe imprimaient le caractère des grâces; et Démosthène se montra le plus grand orateur du siècle dont nous parlons, et de tous les âges.

Enfin l'époque de la plus haute élégance et de la plus grande délicatesse de l'art, fut sous Alexandre le Grand, après la cvı^e olympiade. Les Grecs, tranquilles sous son empire, s'adonnèrent aux plaisirs et aux beaux-arts. Outre Lysippe qui avait seul le droit de jeter le portrait d'Alexandre en fonte, Apelle celui de le peindre, et Pyrgotèles celui de le graver en pierre fine, on distingua encore parmi les sculpteurs Agésandre, Polydore et Athénodore, auteurs du Laocoon; et parmi les peintres, Aristide, Protogène et Nicomaque.

Voyez dans Quintilien (liv. xıı, ch, 10) l'esquisse rapide que fait cet auteur des qualités d'une partie des artistes qui viennent d'être cités.

7. — *Postea Silenus.* Vitruve ne fait qu'ébaucher ici l'histoire des architectes qui ont vécu avant lui, et se contente de citer leurs noms et le sujet des livres qu'ils ont écrits. Silenus, Theodorus, Phileos, Carpion, Theodorus le Phocéen, ne sont nommés que dans Vitruve. Tous leurs ouvrages ont péri.

8. — *Chersiphron et Metagenes.* — *Voyez* PLINE, *Hist. Nat.*, liv. vıı, ch. 38. Vitruve parle encore de ces deux architectes (liv. x, ch. 6) à l'occasion du moyen ingénieux dont ils usèrent pour transporter, des carrières à Éphèse, les fûts des colonnes destinées au temple de Diane.

9. — *Item de æde Minervæ Dorica, quæ est Athenis in arce,*

Ictinus et Carpion. Pausanias (liv. VIII, ch. 41) dit que l'architecte Ictinus qui construisit le temple d'Apollon Epicurius, sur le mont Cotyle, auprès de la ville de Phigalie, vécut au temps de la gloire de Périclès, et éleva le Parthenon à Athènes. Plutarque, dans la *Vie de Périclès*, dit que Callicrate construisit le Parthenon avec Ictinus. Celui-ci bâtit encore le temple de Cérès à Éleusis.

> . . . . .Hic clari viguere Menecratis artes
> Atque Ephesi spectata manus, vel in arce Minervæ
> Ictinus, magico cui noctua perlita fuco,
> Allicit omne genus volucres, perimitque tuendo.
>
> (AUSONIUS, *Edyll.* x, v. 308.)

10. — *Philo de ædium sacrarum symmetriis et de armamentario.* — *Voyez* PLINE, *Hist. Nat.*, liv. VII, ch. 38; CICÉRON, *de l'Orateur*, liv. 1er, ch. 14; VALÈRE MAXIME, liv. VIII, ch. 12. Plutarque (*Vie de Sylla*, ch. XX) dit que l'arsenal construit à Athènes par l'architecte Philon fut brûlé par Sylla. Junius assure qu'il existe encore de Philon un traité sur la construction des tours, des murailles, etc., sur la défense et l'attaque des villes.

11. — *Et Ionico Trallibus Æsculapio.* Turnèbe (liv. II, ch. 3) fait remarquer que le mot *Æsculapium* est employé ici par Vitruve pour désigner le *temple d'Esculape;* il est la traduction littérale de Ἀσκληπιεῖον. Les Latins ont dit de même : *Minervium* et *Dianium.*

12. — *De mausoleo Satyrus et Phyteus.* Pline (*Hist. Nat.*, liv. XXXVI, ch. 14) fait mention de l'architecte Satyrus qui fut chargé par Ptolémée Philadelphe d'ériger, dans Alexandrie, un obélisque de quatre-vingts coudées, taillé sans sculpture par ordre du roi Necthebis. Vitruve parle, au liv. 1er, ch. 1er (t. 1er, p. 38), d'un architecte nommé Pythius; au liv. IV, ch. 3 (t. 1er, p. 348), d'un autre nommé Pytheus, et ici d'un troisième qu'il appelle Phyteus; ces trois noms ne désigneraient-ils point le même homme ?

13. — *Coegit ad septem spectaculorum ejus operis pervenire famam.* On n'est nullement d'accord sur l'énumération de ces ouvrages admirables d'architecture ou de sculpture. On nomme communément : 1° les jardins suspendus et les murs de Babylone; 2° les pyramides d'Égypte; 3° le phare d'Alexandrie; 4° le colosse de Rhodes; 5° le Jupiter Olympien de Phidias; 6° le temple de Diane, à Éphèse; 7° le tombeau de Mausole.

14. — *Præterea minus nobiles multi*, etc. De ces neuf écrivains, à peine nous reste-t-il autre chose que les noms. Pline (*Hist. Nat.*, liv. xxxv, ch. 40) consacre quelques lignes à Euphranor, qu'il a déjà cité parmi les statuaires en airain.

15. — *Non minus de machinationibus*, *uti Diades*, etc. Tous les exemplaires ont *Cliades*; mais il n'est pas difficile de voir que l'erreur du copiste est venue de la ressemblance qu'il y a entre *cl* et *d*; et puis le nom de Diades est très-célèbre entre ceux qui ont écrit sur les machines. Vitruve en parle encore au liv. x, ch. 19. *Voyez* sur Architas, AULU-GELLE, *Nuits attiques*, liv. x, ch. 12. Vitruve consacre à Ctésibius le ch. 7 de son liv. x; Pline parle de lui (*Hist. Nat.*, liv. vii, ch. 38), et Athénée (liv. iv, ch. 23). Agésistrate est peut-être le même que Agasistrate, dont Athénée fait mention dans son livre Περὶ μηχανημάτων. Des ouvrages de ces douze auteurs, aucun n'est arrivé jusqu'à nous, excepté ceux d'Archimède; encore n'avons-nous rien de lui sur la mécanique. La publication du traité de Vitruve, qui réunit tout ce qui se trouvait de mieux dans les autres, est sans doute cause qu'on les a négligés; nous devons un peu nous consoler de leur perte.

16. — *Fussitius enim unum de his rebus primus instituit edere volumen.* Vitruve passe maintenant aux Romains qui ont écrit sur l'architecture. Au lieu de *unum* qui ne se trouve, il est vrai, que dans quelques manuscrits, on lit *mirum,* ce qui doit être une faute. Vitruve dit que les Grecs ont beaucoup écrit sur l'architecture, et les Romains fort peu. Fussitius n'a donc dû écrire qu'un volume, comme l'indique, du reste, suffisamment le *item Terentius Varro* qui n'en a écrit qu'*un* également, *unum.*

17. — *Item Terentius Varro.* Quelques hommes ont eu, dans l'antiquité, la passion des portraits, entre autres Atticus, l'ami de Cicéron, qui écrivit un traité sur ce sujet, et Varron, qui eut l'idée vraiment généreuse d'insérer dans ses nombreux ouvrages, non-seulement les noms, mais en quelque sorte les portraits de sept cents hommes célèbres. *Voyez* PLINE, *Hist. Nat.*, liv. xxxv, ch. 2. Quel est cet art dont parle Pline? Il est sans doute question de la gravure sur bois, dont l'origine remonte à la plus haute antiquité. Peut-être aussi que les Romains obtenaient, par la pression, des épreuves de leurs dessins. Ainsi, dit un annotateur de Pline, les ouvrages à gravures étaient connus des anciens, et, parmi ces ouvrages à gravures, sont des biographies à portraits, de véritables iconographies. Quelles sont encore ces neuf sciences dont Varron a traité ? La perte de tous ces ouvrages nous laisse dans une complète incertitude à ce sujet.

18. — *Ita aucto vestibulo laxamentum initiantibus.* Quelques interprètes, comme J. Martin, ont cru, qu'il y avait faute en cet endroit, et qu'il fallait lire *aucto vestibulo laxamentum intrantibus adjecit,* au lieu de *laxamentum initiantibus* qu'il y a dans le texte. Je n'ai point cru, non plus que Perrault, qu'il dût y avoir rien à corriger, parce que *initiantes* peut signifier ceux qui n'étaient pas encore *initiati,* c'est-à-dire qui n'étaient pas encore admis aux sacrifices de Cérès qu'on appelait *initia.*

19. — *In Asty.* Ἄστυ signifie en grec une *ville.* Les Athéniens appelaient leur ville simplement la *ville* par excellence. Les Romains les ont imités en disant *Urbs* au lieu de *Roma.*

20. — *Primumque incipiam de ruderatione.* Les Romains excellaient surtout dans la manière de faire de bons pavés. Beaucoup de ces pavés se sont parfaitement conservés jusqu'à nos jours. On en a trouvé qui étaient encore tout entiers, particulièrement dans les ruines des anciens édifices de Rome, de Palestrine, de Naples, de Pompéies, d'Herculanum; on en a trouvé dans toute l'Italie, et dans les autres parties de l'Europe et de l'Asie, partout où il existe des ruines d'édifices romains. Les pavés sont ordinairement les parties les plus intactes, ce qui prouve leur grande solidité. Tous ont été construits d'après les règles rapportées par Vitruve dans ce chapitre.

Les Romains, selon de Bioul, avaient parmi leurs esclaves des ouvriers appelés *pavimentarii* qui exécutaient les détails de tous ces ouvrages. La première opération était d'étendre sur le sol, après s'être assuré de sa solidité, une couche de cailloux ou de petites pierres brisées, qui se mettait à sec, sans mélange d'aucun mortier. Cela s'appelait *statuminare, statuminatio,* ce qui est mis dessous pour soutenir et affermir quelque chose, *id quo res stare potest,* comme l'interprète Hermolaüs sur Pline. Sur cette première couche on en jetait une seconde aussi de pierres concassées, mais mêlées avec de la chaux; c'était ce qu'on appelait *ruderare,* parce que, comme le remarque l'auteur du *Compendium architecturæ : « Rudus est majores lapides contusi calce mixti,* la rudération est un mélange de grosses pierres concassées et de chaux. »

21. — *Ne commisceantur axes æsculini quernis.* Palladius (*Écon. rur.,* liv. I, ch. 9) suit Vitruve pas à pas. Il ajoute que le cerrus, le hêtre, le farnus feront un très long usage, si une couche de paille ou de fougère empêche l'humidité de la chaux de pénétrer jusqu'au corps du plancher. Pline (*Hist. Nat.,* liv. xxxvi, ch. 62) fait la même recommandation pour tous les bois qui travaillent.

22. — *Rudus, si novum erit, ad tres partes una calcis misceatur.* Quand on prenait pour la rudération des pierres ou des cailloux nouvellement tirés de la carrière, ou des éclats de pierre de taille, cela se nommait *rudus novum;* et lorsqu'on la composait de fragments de pierres tirées d'un vieux mur, on l'appelait *redivivum.* Ces vieilles pierres tirées depuis longtemps, étant beaucoup plus sèches, ou plutôt plus poreuses, exigeaient une plus grande quantité de chaux. Aussi Vitruve veut-il qu'on mêle avec ces cailloux deux parties de chaux sur cinq de pierres; tandis qu'avec de nouvelles pierres, il n'exige qu'une partie de chaux sur trois de pierres. *Voyez* PALLADIUS, *Écon. rur.,* liv. i, ch. 9.

Perrault, dit de Bioul, s'est trompé et a confondu le *statumen* avec le *rudus,* ce qui lui a fait mettre de la chaux dans le *statumen.* Son erreur vient de ce que Vitruve, immédiatement après avoir rapporté (p. 122) comment on composait la rudération, dit : *Staturninatione facta, rudus inducatur;* ce que Perrault traduit ainsi : « Cette couche étant faite, on mettra la matière de la rudération. » Tellement qu'il a cru que cette composition, dans laquelle il entrait de la chaux, n'était pas celle de la *rudération,* mais celle du *statumen.* Il est pourtant facile de voir que la matière dont l'auteur rapporte la composition, ne peut être autre que celle de la rudération; mais comme la rudération s'étend toujours sur une couche de cailloux (*statumen*), il suppose que cette couche de cailloux a été faite d'avance; voilà pourquoi, après avoir indiqué la composition de la rudération, il dit : *Staturninatione facta, rudus inducatur.*

23. — *Decuriis inductis.* L'essentiel pour la rudération est d'être bien battue. Vitruve recommande de la faire battre par un nombre d'hommes suffisant, et il emploie pour cela l'expression *decuriis inductis.* Il dit encore au ch. 3 de ce livre : *decuria hominum inducta,* expression générale qui signifie une quantité d'hommes indéterminée, proportionnée à l'ouvrage et à l'espace où on veut les employer. Barbaro et Perrault ont entendu par là des hommes disposés dix par dix; ils se sont trompés, je crois.

24. — *Ad regulam et libellam exacta pavimenta struantur sive sectilibus seu tesseris.* Philander pense qu'au lieu de *tesseris,* on devrait mettre *tessellata.* Suétone, parlant de l'un et de l'autre pavé, dit (*Vie de J. César*, ch. xlvi) : « Multi prodiderunt quamvis tenuem adhuc et obæratum, in expeditionibus tessellata et sectilia pavimenta circumtulisse. » Le pavé, qu'il fût fait avec des carreaux de marbre blanc ou en mosaïque, *sive sectilibus seu tesseris*, était enfoncé dans l'enduit nommé le noyau, *nucleus*, qui lui servait de ligament ; et on le mettait bien de niveau avec la règle.

Philander a cru que les mots *pavimenta sectilia* signifiaient la mosaïque, et *tesseræ* des carreaux de marbre ou de pierres, etc. Le sentiment de Perrault qui pense que *tesseræ* signifie la mosaïque, et *sectilia* un pavé en parquet, paraît à tout égard bien plus probable. En effet, la mosaïque est un ouvrage de rapport composé de petits morceaux de pierres taillés en forme de cubes ou de dés à jouer, et l'on sait que *tesseræ* signifie des dés à jouer. Les morceaux de marbre qui composaient les mosaïques des pavés d'Herculanum et de Pompéies, avaient tous une forme cubique, de la grosseur du bout du petit doigt ; *sectilia*, au contraire, est un pavé en parquet, fait avec des pierres de différentes figures, triangulaires, carrées, oblongues ou en losanges, hexagones.

L'annotateur de Suétone dit qu'on appelait *tessellæ* de petites pierres de diverses couleurs, et Sénèque (*Quest. Nat.*, liv. vi, ch. 31), qu'un savant digne de foi qui se trouvait au bain, lors du tremblement de terre de Campanie, affirmait qu'il avait vu les petits carreaux qui pavaient le sol du bain, se séparer les uns des autres, puis se rapprocher.

Cependant il pourrait se faire, suivant la remarque de Newton, que par le mot *tesseræ* Vitruve eût voulu désigner des pierres plus grandes que celles qu'on emploie pour la mosaïque ; car il recommande, *si tesseris structum erit, ut et omnes angulos habeant æquales*. Il est vrai que plus les pierres sont petites, plus les angles doivent être justes pour que l'ouvrage soit solide. Et il est certain que les pièces, dont la mosaïque était faite, devaient être cubiques ou à peu près, afin qu'elles se joignissent parfaitement, et qu'elles pussent imiter toutes les figures et toutes les nuances de la peinture, chaque petite pièce n'ayant qu'une couleur de même que les points de la tapisserie à l'aiguille.

Les pavés furent peints dans le principe ; ils furent faits ensuite en mosaïque, *lithostrota*, c'est-à-dire *lapillis strata* (λίθος, pierre, et στρώννυμι, étendre). *Voyez* VARRON, *Écon. rur.*, liv. iii, ch. 1. Pline (*Hist. Nat.*, liv. xxxvi, ch. 60) nous apprend que l'invention des pavés vient originairement des Grecs, qui y prodiguèrent les ornements de la peinture, jusqu'à l'époque où ils cédèrent la place aux mosaïques.

« Les mosaïques furent en vogue à Rome dès le temps de Sylla, continue-t-il (*ubi supra*, ch. 64); le carrelage de son temple de la Fortune, à Préneste, encore debout aujourd'hui, se compose de petites pièces rapportées. » De Bioul dit qu'une partie de ce pavé en mosaïque qui était dans le temple de la Fortune, à Préneste, aujourd'hui Palestrine, se conserve à Rome dans le palais Barberini qui appartient au prince de Palestrine, où on l'a fait porter. On regarde cette mosaïque comme un des plus beaux monuments de l'antiquité. Elle est composée de petits fragments de marbre; on y voit plusieurs figures d'animaux et de plantes, une tente avec des soldats, une galère, des prêtres qui forment un chœur de musique, des personnages occupés à des travaux rustiques, des tours, des obélisques, des temples, des cabanes et des barques.

25. — *Et fastigia sua exstructiones habuerint.* Stratico pense que par le mot *fastigia* il faut entendre ces éminences qui peuvent résulter de la réunion des pierres, quelle que soit leur forme, et que ce sont ces éminences qu'il faut polir avec la pierre ponce, *ut nulli gradus exstent.* Cependant Perrault et quelques autres commentateurs le traduisent par *pente*, *inclinaison*, et j'abonde d'autant plus volontiers dans leur sens, que Vitruve dit ensuite, en parlant du pavé, *fastigium habens in pedes denos digitos binos*, ayant une inclinaison de deux doigts par dix pieds.

26. — *Nulli gradus in scutulis.* — *Scutulæ* vient de *scutum*, qui signifie un *bouclier long*, différent du *clypeus*, qui était un *bouclier rond*. C'est à tort que Philander donne à ces morceaux de marbre une forme ronde, en s'appuyant surtout sur Palladius, qui (liv. 1er, ch. 9), après s'être servi des expressions *tesseras aut scutulas*, ajoute *quibus æquale reddatur angulis lateribusque conjunctis*; ce qui n'exprime rien d'arrondi.

27. — *Seu favis exstent.* Lorsque je cherchais, dit Philander, quelle pouvait être ici la signification du mot *favus*, je me trouvai en face d'une ruche d'abeilles, et après avoir examiné les alvéoles hexagones, je compris que Vitruve avait employé le mot *favus* pour exprimer l'idée de *frustum hexagonum*. Chaque cellule d'un rayon, dit Varron (*Écon. rur.*, liv. III, ch. 16), a six angles, ce qui fait autant de côtés que l'abeille a de pattes.

28. — *Testacea spicata Tiburtina.* Je crois que ces briques étaient plutôt faites à Tibur qu'il n'était d'usage de les y employer. On les appelait *spicata*, parce qu'elles étaient posées comme les grains de blé dans l'épi. Cette manière de paver est encore pratiquée en Italie, où on la nomme *a spinadi pesce*, à cause de la ressemblance de cette espèce d'ouvrage avec les arêtes de poisson. Ce sont des carreaux oblongs, ou des briques qu'on pose verticalement sur leur côté étroit, de manière qu'elles forment un angle entre elles. Les rues de Sienne et de toutes les villes des États d'Urbain sont pavées de pareilles briques. Cette disposition est presque généralement adoptée pour nos parquets.

Nous retrouvons dans l'architecture romane des pierres disposées de cette manière. « Lorsqu'on se servait de pierres plates ou moellons, dit M. A. de Caumont (*Architect. relig. du moyen âge*), on les rangeait sur le côté en les inclinant alternativement à droite et à gauche, d'où l'on a appelé cette manière de construire *maçonnerie en arête de poisson*. »

29. — *Et supra loricæ ex calce et arena inducantur.* Varron a dit (*Écon. rur.*, liv. 1ᵉʳ, ch. 57) : *Parietes et solum opere tectorio marmorato loricandi*, « revêtir les murailles et le sol d'un mastic composé de marbre pilé. » Et Pline, en parlant de l'ichneumon (*Hist. Nat.*, liv. viii, ch. 36) : *Mergit se limo sæpius, siccatque sole. Mox ubi pluribus eodem modo se coriis loricavit, in dimicationem pergit.* « Il (l'ichneumon) se plonge à plusieurs reprises dans le limon, puis se sèche au soleil. Quand il s'est ainsi cuirassé de plusieurs couches, il marche au combat. » Le mot *lorica* signifie ici une *couche*, un *enduit*; il a encore d'autres significations, même dans Vitruve, comme nous le verrons plus tard.

30. — *Sub dio vero.* — *Subdialia pavimenta* est ce que nous appelons une terrasse. C'est aux Grecs que Pline (*Hist. Nat.*, liv. xxxvi, ch. 62) en attribue l'invention. Les terrasses qui se font au-dessus des maisons, ne réussissent que dans les pays chauds; dans les pays où la pluie se congèle, elles sont pleines d'inconvénients. Pline, à l'endroit cité, et Palladius (liv. vi, ch. 11) ont du reste entièrement tiré de Vitruve tout ce qu'ils disent sur la construction des pavés.

31. — *Fracibus quotannis ante hiemem saturetur.* L'huile, dit Pline (*Hist. Nat.*, liv. xv, ch. 6), diminue dans un vase de bois, et s'y détériore. Il en est de même si on la laisse sur la lie ou sur des *fraces*, c'est-à-dire sur la chair de l'olive pressurée qui forme le marc.

32. — *De albariis operibus.* Par ces mots il faut entendre le stuc, ou toute espèce d'enduit de couleur blanche, qu'on étend

12.

sur les murs pour les crépir en les polissant. *Tectorium opus* est une expression plus générale, par laquelle on comprend toute espèce d'enduits. Ce n'est pas, comme l'ont cru quelques interprètes, un simple blanchissement avec la chaux seule ; car comment pourrait-il survenir de ces espèces de pustules dont parle Vitruve, *quum fuerit inducta habentes lutentes calculos, pustulos emittit?* Comment tirerait-on des corniches avec ce qu'il nomme *opere albario* dans le ch. 2 du liv. v? Et puis, ne dit-il pas au ch. 10 du liv. v : *albario sive tectorio poliatur,* ce qui fait voir clairement que c'était une matière qui avait de la consistance, c'est-à-dire un enduit propre à couvrir la première couche formée de briques concassées dont il devait remplir tous les vides. Il serait difficile de savoir en quoi cet enduit différait de celui qui est nommé *marmoratum.* Il se peut que ces mots fussent synonymes et qu'ils signifiassent tous deux du stuc ; à moins que *opus marmoratum* ne signifie proprement le stuc qui se faisait avec la poudre de marbre, et *albarium opus,* celui qui se faisait avec le plâtre : *Usus gypsi in albariis gratissimus,* dit Pline (*Hist. Nat.,* liv. xxxvi, ch. 59).

33. — *Si glebæ calcis optimæ ante multo tempore, quam opus fuerit, macerabuntur.* La chaux n'est point employée de la même manière dans les enduits. Il y en a qu'on prend en mottes pour en faire immédiatement usage ; on ne s'en sert que pour les enduits les plus grossiers. Quant à celle qu'on appelle *intrita,* c'est-à-dire celle qui a été macérée par le temps et mêlée avec du vin, on la réserve pour les plus beaux enduits. *Intrita quo vetustior,* dit Pline (*Hist. Nat.,* liv. xxxvi, ch. 55), *eo melior.* « Plus l'intrite est vieille, mieux elle vaut. » Les anciennes lois sur la construction portent : « Que nul entrepreneur n'emploie d'intrite qui ait moins de trois ans. » Aussi les murs ne se lézardaient pas !

34. — *Sic calx in lacu macerata ascietur.* Souvent on aime les voûtes en stuc, dit Palladius (*Écon. rur.,* liv. 1er, ch. 14). On fait entrer dans cette composition de la chaux éteinte depuis longtemps. La chaux, pour être bonne, doit pouvoir être taillée, comme le bois, avec une doloire, *ascia calcem quasi lignum dolabis.* Si le tranchant de l'outil ne rencontre aucun obstacle, si les parties qui s'y attachent sont molles et visqueuses, la chaux convient à ces sortes d'ouvrages.

35. — *Nisi lacunariis ca fuerint ornata.* Les anciens avaient deux sortes de plafonds : les uns voûtés, qu'ils nommaient *cameræ* et *concamerationes* ; les autres horizontaux, faits en bois, qu'ils appelaient *lacunaria* et *contignationes*. Il n'y avait, dit de Bioul, que les plafonds voûtés qui fussent couverts d'enduit ; ceux qui étaient faits en bois ne l'étaient pas. Voilà pourquoi Vitruve dit qu'on préparera les choses nécessaires pour faire les voûtes des appartements dont les planchers ne forment point de plafonds horizontaux. Ces plafonds de bois ont entièrement disparu, et nous n'en pouvons juger que par la description qu'en ont faites Vitruve et les autres auteurs qui ont parlé des édifices de l'antiquité. Ils nous apprennent que ceux des palais étaient de bois précieux, et d'ouvrages de marqueterie fort riches par la diversité des bois de couleur, l'ivoire, la nacre de perles, et par les compartiments qui les composaient. Il y en avait qui étaient ornés de lames de bronze, ou faits tout entiers de cette matière.

36. — *Quum ergo camerarum postulabitur ratio.* Servius dit que le mot *camera* vient de *camurus* qui veut dire *courbé*. Philander aime mieux le faire venir du grec. Galien nous apprend qu'en effet les architectes appelaient ce genre de structure χαμάρα. Les anciens, selon une remarque de Saumaise, ne connaissaient que trois sortes de voûtes : la première, *fornix*, était faite en forme de berceau ; la seconde, *testudo*, en forme de tortue ; la troisième, *concha*, en forme de coquille.

37. — *Asseres directi disponantur.* Palladius (*Écon. rur.*, liv. Ier, ch. 13), qui suit encore Vitruve dans tout ce passage, s'est aussi servi de l'expression *asseres directi* ; mais ses traducteurs ne l'ont point comprise. Employé pour qualifier des soliveaux destinés à former une voûte, le mot *directi* ne peut signifier *droit, horizontal* ; sa véritable signification est *parallèle,* comme le texte même le fait comprendre clairement peu après, dans Vitruve : *Hique asseres quum ad formam circinationis fuerint distributi.* Perrault ne l'a point rendu.

38. — *Catenis dispositis.* Vitruve appelle *catenæ* ce que nos charpentiers nomment *liens.* Ce sont des morceaux de bois qui ont un tenon à chaque bout, et qui, étant chevillés, entretiennent la charpente en tirant ; de même que les esselières et les jambettes l'entretiennent en résistant. Ils servent ici à attacher les soliveaux aux solives du plancher, ou aux chevrons du toit. Quoique l'auteur ne le dise pas expressément, il est aisé de comprendre que ces liens doivent être de différentes grandeurs, proportionnés à la distance qui se trouve entre la courbe ou cintre et le plancher ou le toit.

39. — *Ex ea materia comparentur, cui nec caries.* Pline (*Hist.*

Nat., liv. xvi, ch. 68) dit que la pourriture et la vermoulure n'attaquent point le cyprès, le cèdre, l'ébène, le lotos, le buis, l'if, le genévrier, l'olivier sauvage, l'olivier; parmi les autres espèces, le larix, le rouvre, le liége, le châtaigner et le noyer n'y sont sujets que fort tard.

40. — *Ex sparto Hispanico.* Pline (*Hist. Nat.*, liv. xix, ch. 7 et 8) explique la manière de préparer cette herbe extraordinaire, et donne un aperçu des nombreux et différents usages auxquels on l'emploie.

41. — *Arundines Græcæ.* Par *canne grecque*, de Bioul croit qu'il faut entendre la grosse canne qui pousse abondamment en Grèce et en Italie, surtout aux environs de Rome. Cette canne est aussi connue en France; mais elle ne croît ni aussi haute, ni aussi grosse dans les provinces du nord.

42. — *Et mataxæ tomicis.* Perrault et Baldi, en parlant de ces fascines de jonc, voudraient qu'au lieu de *mataxæ tomicæ* (je mets *tomicis*, de *tomex*, *icis*, parce que je ne trouve dans Palladius et Columelle qu'un mot de la troisième déclinaison : *tomicibus alligatus*, *tomice palmea ligato*), on lût *mataxatæ tomicæ*, quoique tous les manuscrits soient d'accord sur ce passage. Galiani, sans rien changer au texte, en a saisi la véritable signification, en faisant de *tomicæ* (c'est-à-dire *tomicis*, au génitif) le régime de *alligationibus*.

43. — *Imum cœlum earum trullissetur.* L'enduit des murailles se faisait chez les anciens avec beaucoup plus de soin qu'on ne le fait aujourd'hui; car on en mettait jusqu'à sept couches différentes, comme nous venons de le voir. Appliquer le premier enduit s'appelait *trullissare.* On employait du plâtre, selon les uns, un mortier composé de chaux et de cailloux ou de briques concassées, selon les autres. Appliquer le second s'appelait *arena dirigere*; celui-là se faisait avec de la chaux mêlée de sable; excepté dans les endroits humides, où on y mêlait de la tuile pilée. Appliquer le troisième, destiné à recevoir un plus beau lustre que les autres, s'appelait *creta aut marmore polire*; il était composé de chaux, de poudre de marbre, ou de plâtre, ou d'autres matières semblables. C'est ce que nous appelons le stuc. Les anciens, dit de Bioul, employaient souvent celui qui était composé avec le plâtre, comme nous faisons encore aujourd'hui, c'est-à-dire avec le gypse ou sulfate de chaux, qui est une substance minérale composée de chaux et d'acide sulfurique, et appelée pierre à plâtre. Cette substance se trouve abondamment dans plusieurs endroits

de l'Italie et de la France. La butte Montmartre en est toute formée. Les stucateurs, pour s'en servir, lui donnent une demi-
cuisson; ils la pulvérisent ensuite, et en forment un mortier, en
l'imprégnant d'eau. Il est étonnant de voir avec quelle vitesse il
durcit, et il n'est plus possible après cela de l'amollir en le mouil-
lant. Comme ce stuc sèche beaucoup plus vite que celui qui est
composé de poudre de marbre, Vitruve recommande de ne les
pas mêler ensemble, parce qu'alors il ne manquerait pas de s'y
former des crevasses. On mettait trois couches de ce stuc composé
de marbre pulvérisé sur les trois autres faites avec le mortier de
sable ou de gravier. La première de ces couches avait le grain
beaucoup plus gros que celui de la seconde, et le grain de la
troisième, qui était destinée à recevoir le plus beau poli, n'était
qu'une poudre extrêmement fine, comme Vitruve le dit dans ce
chapitre, et le confirme dans le sixième de ce livre. La troisième
est la seule qu'on emploie aujourd'hui. Les stucateurs l'appliquent immédiatement sur l'enduit composé de chaux et de sable.
Si cette manière est plus expéditive, le stuc est bien moins solide.
Chacune de ces sept couches était bien battue et bien repoussée,
et le tout était enfin couvert de marbre pilé et passé au tamis. Un
tel revêtement n'avait cependant pas au delà d'un doigt d'épaisseur, et il acquérait une dureté, une blancheur et un poli qui le
rendaient luisant comme un miroir. Il existe des dessus de table
faits avec des morceaux d'enduits qu'on avait sciés de ces murs.
Il n'est même pas possible d'abattre le revêtement des murs et des
piliers de ce qu'on appelle le *sette sale* des bains de Titus, à Rome,
et de la *piscina mirabile*, qui est près de Baïes; il est aussi dur
que du fer, et aussi poli qu'un miroir. Aux bâtiments communs
et aux tombeaux, dont le côté intérieur n'est pas fait avec le
même soin, le revêtement a deux doigts d'épaisseur.

44. — *In hisque minime gypsum debet admisceri.* Cependant
Pline (liv. xxxvi, ch. 59) dit : *Usus gypsi in coronis gratissimus.*
Mais le gypse est très-voisin de la chaux. Il en est de plusieurs
sortes : l'un est une pierre cuite, celui, par exemple, de Syrie
et de Thurium ; l'autre est fossile, c'est celui de Cypre et de
Perrhébie ; enfin on en trouve à fleur de terre, c'est le gypse
tymphaïque. La pierre dont la cuisson fournit le gypse doit ressembler à l'alabastrite, ou au marbre. On sait par expérience que
le meilleur résulte de la pierre spéculaire ou de quelque autre à
feuillets écailleux.

45. — *Coronarum autem aliæ sunt puræ, aliæ cælatæ.* La dé-

coration des chambres que de Bioul a vues dans les ruines des
bains de Titus, à Rome, et de Pompéies, près de Naples, ressemble parfaitement à celle dont parle Vitruve dans ce chapitre.
Sous la voûte des chambres règne une petite corniche en stuc dont la
saillie est de deux ou trois doigts. Elle est unie ou ornée de feuillages. Cette corniche coupe la partie supérieure de la porte,
laquelle, suivant les règles de l'architecture, doit avoir trois
cinquièmes de la hauteur de la chambre ; et de cette manière la
chambre se trouve coupée en deux parties. La partie supérieure
qui sert comme de frise à la partie d'en bas, est à celle-ci comme
deux est à trois. L'espace qui est au-dessus et au-dessous de la
corniche est partagé en compartiments ou panneaux qui sont plus
hauts que larges, et qui ont ordinairement la largeur de la porte,
laquelle forme elle-même un de ces compartiments ; il y en a
d'autres plus petits, ronds ou carrés, dans lesquels sont peints
des figures, des paysages. Dans un de ces compartiments, long de
deux pieds environ, et haut de trois pouces, étaient peints, en
très-petit, des gladiateurs, sur un fond noir. Le dessin des figures
était de la plus grande beauté. Au-dessus de la corniche se trouve
la même division, de manière cependant que les compartiments
en sont plus larges que longs ; on y avait aussi peint des paysages,
des marines, ou autres sujets semblables.

On voit une muraille divisée et décorée de cette manière dans
la galerie des tableaux tirés d'Herculanum, qui est à Portici. C'est
un morceau d'environ dix-huit pieds de long sur treize de large.
Cette muraille a, comme nous l'avons dit, des panneaux au-
dessus et au-dessous de la corniche qui est enrichie de feuillages.
Des trois compartiments d'en bas, celui du milieu est le plus
grand. Le premier est encadré en jaune, et les autres en rouge.
Dans ces panneaux on voit des paysages sur des fonds rouges ou
jaunes. Au-dessus de la corniche, il y a quatre autres panneaux,
dont deux tombent sur le panneau du milieu qui est au-dessous
de la corniche ; sur l'un est représenté un amas de médailles sur
une table, avec du papier, des tablettes, une écritoire et une
plume ; sur l'autre on voit des poissons et d'autres comestibles.
« Elle (la chambre) est revêtue de marbre tout autour, à hauteur
d'appui ; et au défaut du marbre est une peinture qui représente
des feuillages et des oiseaux sur des branches, mais si délicate-
ment, qu'elle ne le cède point à la beauté du marbre même. »
(PLINE LE JEUNE, liv. v, lett. 6).

46. — *Aut ubi ignis.* Les Romains n'avaient point dans leurs
appartements de cheminées faites comme les nôtres, parce qu'ils

n'imaginèrent pas de tuyaux pour laisser passer la fumée. On faisait le feu au milieu d'une salle basse, au haut de laquelle il y avait une ouverture pratiquée au milieu du toit, par où la fumée sortait. Cette sorte de salle servait dans les commencements de la république à faire la cuisine; c'était encore le lieu où l'on mangeait; mais dès que le luxe se fut glissé dans Rome, les salles basses furent seulement destinées pour les cuisines. On mettait dans les appartements des fourneaux portatifs ou des brasiers, dans lesquels on brûlait un certain bois qui, frotté avec du marc d'huile, ne fumait point. Sénèque dit que, de son temps, on inventa des tuyaux qui, passant dans les murailles, échauffaient également toutes les chambres par le moyen du feu qu'on faisait dans les fourneaux placés au pied des murs. On rendait aussi les appartements d'été plus frais, en se servant pareillement de tuyaux qui s'élevaient des caves, d'où ils tiraient la fraîcheur qu'ils répandaient en passant dans les appartements.

47. — *Propter superbiam.* Cette délicatesse, qui fait que la blancheur ne peut rien souffrir de ce qui peut salir, sans être offensée, est rendue par une métaphore élégante, *superbia*; et il semble que nos maçons aient voulu imiter cette figure, quand ils ont expliqué par le mot de *fierté*, la dureté de certaines pierres qui éclatent lorsqu'elles sont posées sur quelque chose qui leur résiste avec trop de force.

48. — *Deformentur directiones arenati.* Je ne pense point que par cette expression il faille entendre simplement cette surface parfaitement plane qui s'obtient à l'aide de la règle et du plomb. Vitruve s'est déjà servi du mot *directiones*, au liv. iv, ch. 3 (t. i^er, p. 354), pour décrire les cadres qui sont dans les plafonds des corniches doriques, et bien qu'il ne signifie pas proprement et particulièrement des moulures, mais seulement en général des choses qui sont conduites en droite ligne, et, pour parler comme nos ouvriers, qui sont poussées, on peut cependant dire que ce qui est énoncé par ce mot n'est autre chose que des moulures.

49. — *Subarescente, iterum ac tertio inducatur.* A quoi se rapporte ce mot *subarescente?* On trouve dans de vieux manuscrits : *subarescente primo.* La phrase serait donc celle-ci : *subarescente primo* (*arenato*), *iterum ac tertio inducatur* (*arenatum*). Voici comment Palladius (*Écon. rur.*, liv. i, ch. 15) a imité ce passage : *Prima trullis frequentetur inductio; quum siccari cœperit, iterum inducatur, ac tertio.* « On repassera souvent avec la truelle la première couche ; lorsqu'elle commencera à se sécher, on en mettra une seconde, puis une troisième. "

50. — *Quum ab arena præter trullissationem non minus tribus coriis fuerit deformatum.* — *Voyez* PALLADIUS, *Écon. rur.*, liv. 1, ch. 15.

51. — *Colores autem.* Les anciens, dit de Bioul, avaient deux manières de peindre sur les murs, l'une à fresque, *udo tectorio*, l'autre à sec, *in arido*. La première s'appelle *à fresque*, parce qu'on peint sur l'enduit fraîchement appliqué, et lorsqu'il conserve encore son humidité. Les couleurs sont uniquement détrempées avec l'eau, ou avec de l'eau de chaux ; celle-ci sert pour le blanc ; et, comme le dit très-bien Vitruve, cette peinture est la plus solide de toutes, et celle qui dure le plus longtemps, parce que les couleurs pénétrant dans l'enduit, s'amalgament tellement avec lui qu'elles ne font plus qu'un même corps. Au contraire, les peintures à sec, c'est-à-dire celles qui se font par l'application des couleurs sur le mur lorsqu'il est entièrement séché, ne subsistent pas longtemps, parce que ces couleurs ne pénètrent pas dans l'enduit, et restent seulement attachées à sa superficie, au moyen de la colle dans laquelle elles sont détrempées ; la moindre humidité les ternit, ou les fait tomber.

Cette manière de peindre sur le mortier, avant qu'il soit sec, outre l'avantage que Perrault lui attribue, de conserver éternellement les couleurs qui lui sont incorporées, et celui dont Vitruve ne parle point, et qui la fait principalement estimer par les peintres, celui de rendre la peinture vive sans être luisante, est encore recommandable en ce qu'elle empêche que les couleurs qu'on applique ne sèchent trop tôt : car cela donne bien de la peine dans toutes les autres sortes de peinture à détrempe, dans lesquelles les couleurs changent tellement en séchant, que ce qui est brun fraîchement appliqué, devient fort clair une fois sec ; ce qui fait qu'il est très-difficile de savoir bien précisément ce que l'on fait, et que l'on est obligé en travaillant d'essayer les couleurs, en les couchant sur des tuiles qui les sèchent en un moment, et font voir quelles elles deviendront en séchant sur l'ouvrage. Mais il y a d'ailleurs une autre incommodité à cette peinture, comme Pline le fait remarquer, c'est que la plupart des couleurs ne peuvent résister au sel de la chaux, que Pline appelle son amertume, et qui corrompt toutes les couleurs végétales, et une grande partie des couleurs minérales, en sorte qu'il ne reste presque que les terres qui puissent conserver leur couleur, et la défendre de l'action de la chaux ; mais ces mêmes terres affaiblissent la force de la chaux , et rendent la superficie des enduits moins dure.

Il est difficile d'assurer , dit Le Mazois, 2ᵉ part., p. 65 , que la couleur fût incorporée au stuc par le moyen de l'eau de chaux : Vitruve et Pline gardent le silence à cet égard. Peut-être les couleurs étaient-elles liées par une colle légère ; du moins est-il vrai qu'il n'y eut jamais deux couches de peinture l'une sur l'autre , si ce n'est lorsqu'on peignit des figures ou des ornements sur un fond ; et il est remarquable que ce sont précisément ces peintures, faites après coup , qui résistent le moins à l'impression de l'air et de l'humidité. Indépendamment de la colle nommée *glutinum* , on se servait encore pour peindre de différentes gommes. La *sarcocolla* était celle que les peintres employaient de préférence. Enfin ils connaissaient , comme nous, l'emploi du lait pour la peinture (PLINE , *Hist. Nat.*, liv. xxxv, ch. 56 ; VITRUVE, liv. vii , ch. 14), quoique ce procédé soit regardé comme une découverte récente.

52. — *Mortario collocato*. Le mot *mortarium* signifie ici le bassin dans lequel on prépare le mortier , et non le mortier lui-même. C'est ce que Pline (*Hist. Nat.,* liv. xxxvi , ch. 55) exprime de cette manière : « In Græcia tectoriis etiam arenatum, quod inducturi sunt , prius in mortario ligneis vectibus subigunt. »

53. — *Nonnulli crustas excidentes*. Galiani , et de Bioul , qui adopte peut-être un peu trop facilement les opinions de Galiani, croient qu'on se donnait la peine d'enlever de dessus des vieux murs les morceaux d'un enduit aussi dur que du fer , qu'on les taillait , qu'on les sciait , et cela pour les employer en guise de briques dans de nouveaux murs : je n'en crois rien. J'aimerais mieux l'opinion de Barbaro , qui pense qu'on en formait des panneaux sur lesquels on peignait , après les avoir incrustés dans les murs. Mais il me semble que Perrault a saisi le sens le plus probable. Et de Bioul ne dit-il pas lui-même que ces enduits acquéraient une dureté , une blancheur et un poli qui les rendaient luisants comme des miroirs , et qu'il avait vu des dessus de table faits avec les morceaux de ces enduits ? Nous avons déjà vu au ch. 3 du liv. iii , que les anciens appelaient *abaques* de petites tables carrées et polies, sur lesquelles ils traçaient des figures.

54. — *Sin autem in cratitiis tectoria erunt facienda*. Perrault ne partage point l'opinion de Philander, qui croit que ces sortes de murs étaient faits de cannes entrelacées comme des claies , ce

qu'exprime le mot *crates* : car il est évident que les cannes que
Vitruve a entrelacées sur ce mur, ne sont point ce qui le fait être
cratitius, parce qu'elles n'y sont mises que pour faire tenir l'enduit
sans lequel le nom peut subsister, puisque le mur était fait de
poteaux qui, étant posés droits, en avaient d'autres en travers
qui les liaient et leur donnaient une forme de grille.

55. — *Clavis muscariis.* Il est assez difficile de préciser ce que
c'est qu'un *clavus muscarius.* On juge seulement, dit Perrault,
que Vitruve a voulu signifier une espèce de clous qui ont la tête
large et plate, parce que Pline dit (*Hist. Nat.,* liv. xii, ch. 57)
que les plantes dont la graine est en ombelle, faisant comme un
bouquet plat au haut de la tige, ont leur graine *in muscariis.*
Aurait-on appelé ces clous *muscarii,* à cause de leur ressemblance
avec la tête large et plate des mouches? Les clous qu'on emploie
encore aujourd'hui pour le même usage, en Italie, s'appellent
muscardini, ce qui signifie la même chose.

56. — *Quæ plano pede fuerint.* Ces expressions semblent indiquer clairement que les maisons des anciens avaient plusieurs
étages. Cependant Galiani croit que les maisons des personnes
riches, de même que les palais, n'avaient que le rez-de-chaussée,
parce que, dit-il, Vitruve ne parle jamais ni des escaliers, ni du
plan d'en haut, non plus que Pline dans la description qu'il nous
a laissée de ses maisons de campagne. Peut-être a-t-il raison pour
ces dernières; mais quant à la villa Adrienne, il paraît visible-
ment qu'il y a eu des appartements les uns au-dessus des autres,
comme on le voit aussi aux bains d'Antonin et de Dioclétien, tels
qu'ils étaient il y a deux cents ans. Quelques parties de ces édifices
surprenants avaient jusqu'à trois galeries les unes au-dessus des
autres, ainsi qu'on le voit dans les plans des thermes de Dioclétien, que le cardinal Gravelle a fait graver par le célèbre Kock,
d'Alost, en 1558; ils représentent ces thermes dans l'état où ils
étaient avant que le pape Pie IV en eût converti la plus grande
partie en une église, qu'on nomme aujourd'hui Sainte-Marie-des-
Anges.

57. — *Ab imo pavimento.* Vitruve recommande, pour les
chambres du rez-de-chaussée, d'élever à la hauteur de trois pieds
au-dessus du pavé un enduit fait avec du ciment, qui mette le
mur à l'abri de l'humidité. Car le ciment reçoit l'humidité sans
la conserver, comme le mortier de sable. La chaux mêlée depuis
quelque temps au sable, et imprégnée de gaz carbonique, ne se
laisse plus pénétrer par l'humidité, tandis que la tuile, toute pilée

qu'elle est, conserve sa qualité absorbante, et pompe toujours l'humidité.

58. — *Perpetuos habuerit humores.* Il est certain qu'il s'agit ici de l'humidité que la terre communique au mur, lorsqu'elle est plus haute que le plancher de l'appartement, et alors il est aisé de comprendre que le lambris de poterie peut rendre le dedans des appartements exempt de cette humidité, parce que l'eau s'écoule par le canal qui est entre les deux murs, et que la vapeur humide qui y est renfermée, s'exhale par les soupiraux qui sont en haut. Dans l'Italie, qui est traversée du nord au midi par l'Apennin, et surtout dans l'ancienne Rome, dont les édifices étaient construits sur la pente des sept collines, contre un terrain plus élevé, on devait avoir souvent recours, pour se garantir de l'humidité, aux moyens indiqués par Vitruve. On voit dans les cent voûtes, *cento camere*, qui servaient de logement à la garde prétorienne, et qui existent encore dans les ruines de la villa de l'empereur Adrien, près de Tivoli, que les murs qui, s'ils eussent été simples, auraient été fort humides à cause de la terrasse qu'ils soutiennent, sont encore si secs aujourd'hui que le foin s'y conserve pendant plusieurs années. L'intérieur de ces murs est fait avec tant de soin, et leur pavé est si poli, qu'il est facile de s'apercevoir qu'on a cherché à empêcher, autant qu'il était possible, que l'humidité ne pût s'y attacher.

59. — *Struatur alter tenuis.* Après s'être demandé si ce second mur doit être construit à l'extérieur ou à l'intérieur de la chambre, Sratico ne trouve pas de meilleure réponse à se faire que celle-ci : Peu importe le côté où on élèvera ce mur, pourvu qu'on établisse un courant d'air qui, passant de bas en haut entre les deux murs, enlève l'humidité. Je crois qu'il importe tant que ce mur soit à l'intérieur, que si on faisait autrement on augmenterait le mal au lieu d'y remédier. Que les murs de nos appartements soient humides, on ne s'avisera jamais, pour se mettre à l'abri de l'humidité, d'aller placer à l'extérieur ou des lambris, ou des cadres avec toile et papier ou étoffe. Il ne peut plus d'ailleurs y avoir de doute après les mots *sin autem locus non patietur structuram fieri*, dont le sens est, que si l'intérieur de la chambre est trop étroit pour qu'on puisse y bâtir ce second mur, il faut, au lieu d'un mur, se contenter d'une cloison faite de tuiles creuses qui prennent beaucoup moins de place.

60. — *Hamatæ tegulæ.* Il y a des tuiles plates, il y en a de courbes; d'autres ont des rebords qui s'élèvent de chaque côté avec un milieu plat ; ce sont celles-là que Vitruve appelle *hamatæ*, à crochet. On s'en sert pour couvrir les maisons, pour carreler, pour faire des revêtements. La partie apparente est ou naturelle ou vernie. Les tuiles flamandes étaient peintes ; les anciennes représentaient des figures antiques, et le plus souvent des soldats. Quelques-unes offraient des compartiments, et quelquefois des devises mauresques ; mais elles n'approchent point de la beauté des modernes. Ces sortes de tuiles s'appellent, à Paris, *carreaux de faïence.* Laët., dans son addition au *Dictionnaire de Baldi,* dit avoir vu dans deux vieux exemplaires *animatæ tegulæ,* au lieu de *hamatæ,* et il croit, ce qui ne manque pas de vraisemblance, que ce mot *animatæ* signifie des tuiles qui sont en forme de canal, *quasi animæ emittendæ, hoc est spiritui seu vapori exhalando aptæ* ; de manière que *olla animatoria* signifie une marmite dont le couvercle a un tuyau pour laisser sortir la fumée.

61. — *Curiosius picentur.* Pour exprimer la même idée, Caton se sert du verbe *oppicare* (*Écon. rur.*, ch. cxx) et Columelle de *impicare* (*Écon. rur.*, liv. xii, ch. 29).

62. — *Nec megalographia.* C'est-à-dire une peinture consacrée aux grands sujets, tels que les dieux, les personnages illustres, les batailles, les sujets mythologiques. Pline a dit dans un autre sens *rhyparagraphos*, peintre de compositions triviales (*Hist. Nat.*, liv. xxxv, ch. 37). Vitruve commence à parler des peintures qu'on faisait sur les enduits. Les anciens, dit de Bioul, ont excellé dans cette manière de décorer. Il y avait des décorations différentes pour chaque espèce d'appartement ; aussi étaient-elles variées à l'infini. Les peintures trouvées dans les thermes de Rome, et surtout dans ceux de Titus, où Raphaël a puisé les charmantes idées des dessins arabesques qui ornent les galeries du Vatican ; celles qu'on a trouvées à Herculanum et à Pompéies, nous font voir avec quelle richesse on décorait les appartements. C'eût été pécher contre les règles de la convenance que de représenter dans quelque partie d'un édifice, un sujet qui n'eût pas été adapté à l'usage du lieu, comme nous en verrons des exemples dans le chapitre suivant. Dans celui-ci on ne parle que du genre des couleurs qu'il convenait d'employer pour décorer les salles à manger d'hiver, à cause de la fumée, qui ne permettait que des compartiments en noir, en rouge et en jaune.

63. — *Abaci.* On appelle panneaux des tables d'attente carrées, rondes, ovales ou d'autres figures qui s'élèvent avec une légère saillie sur les murs, et sur lesquelles on met quelque peinture ou quelque inscription. Les lambris dont on couvre le bas des murs, et qu'on fait ordinairement à hauteur d'appui, ne peuvent être que la signification du mot *podium*, qui signifie *balustrade*, *appui*; et comme il s'agit ici des ornements dont les murailles sont revêtues, le mot *abacus* doit signifier nécessairement les panneaux qui sont sur les murs au-dessus des lambris.

64. — *Cuneis silaceis.* Les anciens n'employaient pas toute espèce de sil pour peindre les panneaux; ils ne se servaient que de sil marbré, parce que le marbre qu'il contient résiste à l'action corrosive de la chaux. *Voyez* PLINE, *Hist. Nat.*, liv. XXXIII, ch. 56.

65. — *Testaceum pavimentum.* Ces deux mots doivent être pris pour la matière avec laquelle on fait le pavé. C'est dans ce sens que les a employés Columelle (*Écon. rur.*, liv. 1, ch. 6) et Palladius (*Écon. rur.*, liv. 1, ch. 9 et 19).

66. — *Deinde congestis et spisse calcatis carbonibus.* On trouve ce même passage dans Pline (*Hist. Nat.*, liv. XXXVI, ch. 63), et dans Palladius (*Écon. rur.*, liv. 1, ch. 9).

67. — *Simul cadit siccessitque.* L'effet produit par la structure des planchers des Grecs, celui d'absorber les liquides qui étaient répandus dessus, jette quelque lumière sur l'étymologie du nom *asarota* qu'ils leur donnaient. Le mot *asarota* signifie *non balayé*; c'est vraisemblablement de cette sorte de salle que Vitruve veut parler ici. L'étymologie que les grammairiens en ont prise dans Pline est bien bizarre, dit Perrault. Pline dit que le premier plancher fait de cette sorte par Sosus, qui en fut l'inventeur, était composé d'une infinité de petites pièces de différentes couleurs qui représensaient les débris qui peuvent demeurer sur un plancher après un festin, et qui le faisaient paraître comme non balayé. N'est-il pas plus croyable que ces planchers noirs qui, à cause de leur sécheresse, absorbaient ce qui se répandait dessus, devaient plutôt être appelés *asarota*, parce qu'il ne les fallait point balayer ni essuyer avec des éponges comme les autres planchers, quand ils étaient mouillés?

La coutume de décorer les murailles avec des peintures, dit Le Mazois, 2ᵉ part., p. 65, remontait à une haute antiquité. Les Égyptiens, qui prétendaient avoir connu l'art de peindre 6000 ans avant les Grecs (PLINE, *Hist. Nat.*, liv. XXXV, ch. 5), préféraient quelquefois, à ce qu'il paraît, l'éclat des couleurs au brillant des marbres précieux dont ils construisaient leurs monuments;

car ils coloraient fréquemment les ornements d'architecture et les bas-reliefs de leurs édifices les plus somptueux. On peut croire qu'à cette époque les Juifs et les autres peuples de l'Asie étaient dans le même usage , d'après ce que dit le prophète Ézéchiel des portraits des Chaldéens peints sur les murailles (ÉZÉCHIEL, ch. XXIII, ✝ 14). Cependant Homère, en décrivant le palais de Priam et celui d'Alcinoüs, ne parle aucunement de peinture, et il n'en est fait, je crois, mention dans aucun passage de ses poëmes (si ce n'est pour les vaisseaux). Ce fut Sicyone ou Corinthe qui fit connaître cet art à la Grèce (PLINE, *Hist. Nat.*, liv. XXXV, ch. 5). Il ne consistait dans le commencement qu'en de simples traits sans ombres ni nuances; puis Cléophane parvint à colorer légèrement cette peinture linéaire; enfin le génie des Grecs éleva cet art au plus haut point de perfection. Mais il n'est point encore bien prouvé que ce soient eux qui en aient donné les premières leçons aux peuples d'Italie; les tombeaux étrusques, découverts en différents lieux, quelques monuments volsques, les vases campaniens, annoncent que, de toute antiquité, la peinture était cultivée chez les nations italiques, et qu'elles en faisaient principalement usage pour décorer les édifices et certains objets usuels. D'ailleurs Pline, qui manifeste cette opinion, cite des tableaux que l'on voyait encore de son temps dans les temples de la ville d'Ardée, en Campanie, et qui étaient antérieurs à la fondation de Rome (*Hist. Nat.*, liv. XXXV, ch. 6). Il y en avait d'autres à Cère, ville d'Étrurie, plus anciens encore que ceux-là (*Ibid.*). L'usage d'enluminer les statues des dieux avec du minium, pratique qui remontait, pour les Romains, jusqu'à l'origine de leur culte, décèle l'enfance de l'art, mais atteste néanmoins l'existence de l'emploi des couleurs sur les ornements de relief, ce qui a donné naissance à la peinture de décor. Un autre fait, qui prouve encore l'antiquité de cette sorte d'ornement, c'est que, dans les premiers temps, les meilleurs sculpteurs en terre cuite étaient encore peintres, et qu'ils se chargeaient à la fois de l'un et de l'autre genre de décoration (PLINE, *Hist. Nat.*, liv. XXXV, ch. 45). Au surplus, sans chercher l'origine précise de cet art en Italie, il n'est pas douteux que, malgré la simplicité de leurs mœurs, les Romains ne fissent déjà un grand usage de la peinture dès le temps de leurs rois. Les Étruriens eurent sur les arts, à Rome, la plus grande influence, principalement sous le règne des Tarquins. Or, on sait combien l'usage de la peinture était générale en Étrurie; et la famille des Tarquins devait, plus que toute autre, chercher à propager ce bel art, puisqu'elle passait pour avoir introduit en Italie les premiers peintres qui y fussent venus de la Grèce (PLINE, *Hist. Nat.*, liv. xxxv, ch. 5). C'est donc à peu près à cette époque qu'on peut en fixer l'usage général, à Rome, pour la décoration extérieure et intérieure. Cependant, jusqu'à Auguste, on se contenta de peindre les parois des salles et autres pièces des édifices privés, d'une couche unie de couleur et accompagnée d'ornements de caprice; car ce fut ce prince qui, le premier, imagina de couvrir les murs entiers de vues et de paysages animés (PLINE, *Hist. Nat.*, liv. xxxv, ch. 37). Vers l'an 450 de Rome, l'art de peindre était déjà tellement en honneur, que des personnes d'une haute noblesse et d'un grand mérite, ne dédaignèrent pas d'orner les murailles de plusieurs édifices publics avec leurs propres ouvrages (PLINE, *Hist. Nat.*, liv. xxxv, ch. 7). Enfin, Auguste ne crut point déroger à la dignité de son rang, en faisant apprendre cet art au petit-fils de son cousin Q. Pédius (*Ibid.*). Les bains de Titus et de Live, Herculanum, Stabia, Pompéies et toutes les ruines que l'on découvre journellement, prouvent assez que les Romains portèrent l'emploi du décor jusqu'à la profusion.

68. — *Namque pictura imago fit ejus, quod est seu potest esse.* On met ordinairement en avant, pour pallier certaines licences en peinture, ces paroles d'Horace tirées de son *Épître aux Pisons* (v. 9), qu'on a peut-être intitulée à tort l'*Art poétique* :

. . . . .Pictoribus atque poetis
Quidlibet audendi semper fuit æqua potestas.

Mais on oublie que, huit vers plus haut, il dit qu'on ne pourrait s'empêcher de rire à l'aspect d'un tableau où un peintre s'aviserait d'ajuster une tête d'homme sur un cou de cheval; de bigarrer de plumes disparates un assemblage bizarre de membres hétérogènes, de terminer en monstre marin le buste d'une jolie femme.

Humano capiti cervicem pictor equinam
Jungere si velit, et varias inducere plumas,
Undique collatis membris, ut turpiter atrum
Desinat in piscem mulier formosa superne,
Spectatum admissi risum teneatis amici?

Horace pensait donc qu'on ne devait peindre que ce qui n'était pas contraire à la nature; mais Vitruve et Horace n'en ont point été crus sur le jugement qu'ils ont porté des grotesques; et, loin de persuader à la postérité que ce qu'ils ont de ridicule les doit faire rejeter, l'opinion de Perrault est que ce que Vitruve en a dit n'a servi qu'à en donner le goût, et qu'on n'aurait peut-être jamais eu l'idée de ces extravagances, sans ce qu'il en a écrit, parce que toutes les particularités de cette espèce de peinture sont ici si bien décrites, qu'il a parfaitement réparé la perte que les injures du temps ont fait faire des peintures de cette espèce.

69. — *Silaceorum miniaceorumque cuneorum.* Baldi a cru que ces deux couleurs étaient les mêmes. Les auteurs qui conviennent tous de la couleur du cinabre, ne sont pas d'accord sur celle du sil. Hermolaüs Barbarus, sur Pline, a dit d'abord que c'était du bleu, et ensuite que c'était du rouge, et cette dernière opinion a été suivie par tous les savants. Mais par cet endroit de Vitruve, et par ce qu'il dit encore du sil (ch. 7), l'ocre et le sil sont une même chose ; le jaune est sa couleur naturelle, et il n'est rouge que quand il est brûlé : ce qui est confirmé par Pline, quand il dit qu'on peut imiter la rubrique en brûlant le sil et en l'arrosant de vinaigre.

70. — *Varietatibus topiorum ornarent.* Des commentateurs veulent que par ces mots on entende les représentations faites avec des arbrisseaux taillés de toute forme. Mais il n'est pas possible de croire que ce soit l'intention de Vitruve qui parle ici de peinture ; il faut donc entendre par *topiarium opus* les verdures et tous les accidents d'un paysage. Pour lever toute espèce de doute, je renvoie à Pline, qui (*Hist. Nat.*, liv. xxxv, ch. 37) fait une peinture délicieuse de l'art de décorer les murailles des appartements.

D'après toutes les peintures qui ont été trouvées hors de Rome, dit de Bioul, il est certain que cet art était connu longtemps avant Auguste ; mais il se peut, et il est même à croire, que c'est lui qui en a introduit l'usage et la mode à Rome. Les paysages trouvés en très-grand nombre à Herculanum et à Pompéies paraissent, pour la plupart, avoir été peints longtemps avant la destruction de ces villes, qui eut lieu la première année du règne de Titus, l'an 79 de J.-C. Ces paysages représentent divers points de vue des campagnes superbes que les Romains avaient dans la Campanie. Les plus belles étaient situées aux environs du mont Vésuve, et autour du golfe de Naples, entre les promontoires de Mycènes et de Minerve. Ce golfe présente dans son vaste contour les villes de Naples, de Baïes, de Pouzzol, Herculanum, Pompéies, Sorrento, etc., liées les unes aux autres par de belles voies et par une suite non interrompue de belles habitations. Ce fut dans ces contrées, délicieuses d'ailleurs par la salubrité du terroir, que s'établit ce luxe prodigieux, introduit d'abord par Lucullus, que

Paterculus appelait à cause de cela le Xerxès citoyen, parce que ses dépenses étaient celles d'un empereur, plutôt que d'un riche particulier. Sénèque parle aussi de la campagne superbe qu'avait C. César dans le voisinage d'Herculanum. La multitude des édifices répandus autour du Vésuve semblait, dit Strabon, ne faire qu'une seule ville. On peut juger par là combien de telles situations étaient favorables à la peinture. Dans ces paysages, trouvés à Herculanum, et conservés dans le muséum de Portici, on reconnaît tous les sites dont Vitruve parle dans ce chapitre. On y voit de vastes jetées en voûtes sur la mer; c'était une des magnificences des Romains. On éloigne la mer de ses bords, dit Sénèque, par les môles qu'on y jette : *Maria summoventur projectis molibus.* On y voit des ports de mer, des rivières et autres sujets, dont il est parlé dans ce chapitre. Ces tableaux sont souvent animés par des personnages; on y voit des traits d'histoire peints en grand : c'est le genre de peinture que l'auteur appelle *megalographia.* Nous lisons dans la *Vie de Miltiade* écrite par Corn. Népos, que dans le portique d'Athènes nommé le Pécile, on peignit la bataille de Marathon et la défaite des Perses. Pausanias fait aussi la description d'une infinité de mégalographies, ou traits tirés de la mythologie ou de l'histoire, qui étaient peints sur les murs des temples et des portiques dans toute la Grèce. Dans le musée de Portici, on distingue parmi les tableaux de ce genre, celui qui représente l'exploit de Thésée, en Crète, vainqueur du Minotaure, qu'il a terrassé à ses pieds; autour de lui sont représentés quatre jeunes Athéniens ou Athéniennes qui semblent lui rendre grâce de leur délivrance.

71. — *Flumina, fontes, euripi.* Cicéron, après avoir dit (*de Legibus*, lib. II, c. 1) qu'il prend en mépris ces magnifiques maisons de campagne, et leurs pavés de marbre, et leurs riches lambris, s'écrie : *Ductus vero aquarum quos isti Nilos et Euripos vocant, quis non irriserit?* Ces euripes étaient donc des filets d'eau, des ruisseaux, des canaux, dont on embellissait une campagne, et qu'on décorait des noms de *Nils* et d'*Euripes.*

On donnait encore le nom d'euripes aux canaux pleins d'eau qui ceignaient les anciens cirques. Tous ceux de la Grèce avaient leurs euripes; mais celui du cirque de Sparte, formé par un bras de l'Eurotas, acquit ce nom par excellence. C'était là que tous les ans les éphèbes, c'est-à-dire les jeunes Spartiates qui sortaient de leur seizième année, se partageaient en deux troupes, l'une sous le nom d'Hercule, l'autre sous le nom de Lycurgue, et que, chacune entrant dans le cirque par deux ponts opposés, elles

venaient sans armes se livrer un combat , qui ne se terminait que
lorsque l'un des deux partis avait jeté l'autre dans l'euripe.

72. — *Harpagæ et mituli.* Il n'est pas un des commentateurs
de Vitruve qui ne soit embarrassé ou sur l'orthographe , ou sur
la signification de ce passage. Philander avoue qu'il n'y comprend
rien , malgré toutes les recherches qu'il a faites. Turnèbe , mécon-
tent des interprétations des savants , a recours à de vieux exemplaires de Vitruve , dans lesquels il trouve *apaginæ oculi striati* ,
qu'il se permet de corriger avec moins de respect qu'on ne l'aurait cru , en *aparinæ oculi striati* , ou bien , si on l'aime mieux , en
aparinæ coliculi ; ce qui rend la chose encore plus obscure , si
c'est possible. Du reste , il fait très-bon marché de ses corrections.
Cesariano et J. Martin s'imaginent qu'il est ici question de harpies
qu'on affuble de feuillages et de volutes. Barbaro garde un silence
prudent dans son commentaire latin , et laisse *harpaginetuli* dans
sa traduction italienne. Perrault pense que *harpaginetuli* est un
diminutif de *harpagines* , qui signifie des crochets ; voilà pourquoi il traduit par entortillements de tiges : *un entortillement de
tiges des plantes cannelées.* Ce n'est certainement pas plus clair.
Et , en vérité , il est difficile , pour ne pas dire impossible , de
donner de ce mot une explication bien satisfaisante. Serait-ce
Baldi qui se serait le plus rapproché de la vérité ? Baldi croit que
le mot est écrit d'une manière incorrecte ; certes , il n'y aurait rien
de surprenant ; jamais auteur fut-il , comme Vitruve , maltraité
par les copistes ? Au lieu de *harpaginetuli* , il faut lire *harpagæ et
mituli.* Convenons qu'un copiste ignorant et endormi aura bien
pu se tromper d'une lettre ou deux , surtout avec ces malheureuses
abréviations du moyen âge.

73. — *Sigilla , alia humanis , alia bestiarum capitibus similia.*
On voit , dit Bellori dans son introduction aux peintures antiques,
on voit au palais Farnèse , à Rome , un morceau d'ornement
admirable ; il représente des feuillages avec un mascaron (tête
grotesque) , deux enfants , une figure , dont la moitié offre le
corps d'une nymphe , et l'autre moitié le corps d'un cheval. Ces
figures sortent des branches , des feuillages , et cette composition
est un de ces caprices réprouvés par Vitruve , que nous appelons
grotesques , du mot italien *grotta* , parce que ce genre de sujets ,
que nous nommons aussi *ornement* et *arabesque* , est une imitation
de certaines peintures anciennes qui ont été découvertes dans des
grottes souterraines.

74. — *Neque enim picturæ probari debent, quæ non sunt similes* *veritati.* Dans tout ce chapitre, Vitruve s'attache à prouver que la vérité doit être respectée dans tous les tableaux Or, la peinture a deux sortes de vérités, l'une historique, et l'autre naturelle. La vérité historique consiste dans l'arrangement et l'ensemble des choses qui sont représentées, en sorte que la vérité est blessée quand on réunit des choses qui ne peuvent être ensemble, comme Alexandre avec une barbe blanche. La vérité naturelle consiste à représenter les choses absolument telles que la nature les a faites, c'est-à-dire quand elle donne la saillie, l'enfoncement, la lumière, l'ombre, la force, la délicatesse, le contour, la grâce, la grada-tion, l'union, à l'aide desquels on arrive à faire une complète illusion. Cette dernière vérité appartient plus particulièrement à la peinture, que l'autre, qui lui est étrangère. La vérité historique demande dans le peintre le sens commun ; mais il faut avoir un génie rare et extraordinaire pour satisfaire à tout ce que requiert la vérité naturelle. Ordinairement cependant on examine plutôt un tableau sur la vérité historique que sur la vérité naturelle.

75. — *Habuerint rationes sine offensionibus explicatas.* Malgré tout ce que dit Vitruve, le goût pour ces sortes de peintures existait avant lui ; elles plaisaient de son temps, et il n'a pu per-suader à la postérité de les rejeter, en montrant combien elles sont ridicules. « La ville de Pompéies, dit Le Mazois, 1re part., p. 23, est presque entièrement peinte dans le goût de ces ara-besques, qui commencèrent à devenir de mode sous Auguste, et contre lesquelles Vitruve s'emporte si vivement. Ces décorations sont pleines de grâce et de légèreté. » Raphaël a fait revivre ce goût, qui subsiste encore aujourd'hui, surtout en Italie. Ortiz s'est élevé contre ce genre de peinture. Mais tout ce qui a rapport aux ornements doit-il être soumis aux règles de la sévère raison, et ne faut-il rien accorder à l'imagination ? Il existe dans l'archi-tecture même des exemples d'ornements qui, soumis au niveau de la sévère raison, peuvent paraître absurdes, et qui ne laissent pas d'être approuvés. Il y a des frontons au dedans du Panthéon, à Rome ; on fait des mutules aux quatre côtés d'un édifice, bien que les bouts des forces ne paraissent que de deux côtés. Les tri-glyphes se font également sur toutes les faces ; on en fait d'aussi étroits sur les colonnes angulaires que sur celles du milieu, bien que les colonnes soient beaucoup plus larges en cet endroit qu'au-tre part ; on met des têtes de lion dans les corniches, au droit des entre-colonnements, quoiqu'elles ne doivent point servir en cet endroit.

76. — *Efficiat et nos Alabandeos aut Abderitas.* Ces deux peu-

ples étaient décriés parmi les Grecs à cause de leur stupidité ; c'est pourquoi il faut entendre que c'est par raillerie que Licinius dit que les Alabandins passent pour grands politiques. Il est à remarquer, dit Perrault, que la réputation que les Alabandins avaient de manquer d'esprit et de jugement ne se trouve fondée que sur des choses appartenant à l'architecture, et que cependant le plus célèbre des anciens architectes, Hermogène, était Alabandin. Les Abdéritains passaient aussi pour peu éclairés, parce qu'ils avaient accusé de folie un de leurs concitoyens, qu'ils voyaient s'occuper à disséquer toutes sortes d'animaux, et cet Abdéritain était Démocrite.

77. — *Minio parce videtur usus esse.* Notre minium est une préparation de plomb qui est d'un rouge très-vif, mais tirant toujours un peu sur le jaune. On l'appelle aussi *vermillon.* Ce que Vitruve, Pline et les auteurs anciens appellent *minium,* est notre *cinabre naturel,* c'est-à-dire un minéral rouge, très-pesant, plus ou moins compacte ; c'est une combinaison faite par la nature, du mercure avec une portion de soufre. Il était fort cher ; aussi ne l'employait-on dans la peinture qu'en très-petite quantité. Pline (*Hist. Nat.,* liv. xxxiii, ch. 36) dit qu'aux grandes fêtes on en colorait le visage de la statue de Jupiter, et que les triomphateurs s'en frottaient tout le corps.

78. — *Accedit huc chrysocolla.* La chrysocolle des anciens était une substance qu'on trouvait dans les mines d'or et de cuivre. *Voyez* PLINE, *Hist. Nat.,* liv. xxxiii, ch. 27 et 29.

79. — *Armenium.* — *Voyez* PLINE, *Hist. Nat.,* liv. xxxv, ch. 28.

80. — *Ut ab domino, non a redemptore, repræsententur.* Parmi les couleurs, dit Pline (*Hist. Nat.,* liv. xxxv, ch. 12), les unes sont dures, les autres sont fleuries. Parmi les unes et les autres, il en est que fournit la nature, il en est qui se font artificiellement. Les couleurs fleuries sont celles que fournit au peintre celui pour qui il travaille, le minium, l'armenium, le cinabre, la chrysocolle, l'indicum, le purpurissum.

81. — *Quibus autem locis hæ copiæ non sunt.* Outre le plâtre, le sable et la chaux, les anciens faisaient encore entrer la poudre de marbre dans la composition des enduits, comme on le fait encore aujourd'hui en Italie, et c'est de cette poudre uniquement que Vitruve veut parler dans ce chapitre. L'espèce de marbre à laquelle il donne la préférence pour faire les enduits, c'est le marbre blanc, à gros grain, mêlé de particules brillantes comme des grains de sel, et qu'on appelle pour cela en Italie *marmo*

salino ; et il y a apparence, dit de Bioul, que c'est celui que les anciens appelaient le marbre pentélicien. Cependant le mot *glebæ* semble indiquer ces cailloux roulés qu'on rencontre dans les montagnes et dans le lit des torrents. Il est beaucoup plus dur, et meilleur, conséquemment, pour faire le stuc. Quand cette espèce manque, toutes les autres sont également bonnes, puisque Vitruve n'en désigne aucune particulièrement.

82. — *Colores alii sunt.* L'auteur, comme nous le voyons, distingue deux sortes de couleurs, savoir, les couleurs naturelles et les couleurs artificielles. La seule différence qui existe entre elles, c'est que dans les premières le mélange des oxydes minéraux avec les parties terreuses s'est fait naturellement, tandis que dans les autres, c'est l'art qui a imité ce mélange. Dans son liv. xxxv, Pline nous fait connaître les couleurs qu'employaient les anciens, et la manière dont ils s'en servaient. Il y traite à fond l'art de peindre chez les anciens, ce qui facilite beaucoup l'intelligence des chapitres dans lequels Vitruve traite des couleurs.

Nous avons dit, à la note 80, que Pline distinguait les couleurs en dures et en fleuries, et nous avons nommé les couleurs fleuries. Puis il ajoute que toutes les autres sont des couleurs dures ; que de celles-ci on trouve dans la nature la sinopide, la rubrica, la parétonienne, la méline, l'érétrie, l'orpiment, et qu'on doit à l'art, d'abord celles dont il a parlé dans les compositions métalliques, puis l'ocre, la céruse brûlée, la sandaraque, la sandyx, le syricum, l'atramentum, qui sont des couleurs communes.

83. — *Uti sil, quod Græce* ὤχρα *dicitur.* Nous avons conservé à cette couleur, dans notre langue, le nom qu'elle a en grec. En latin, on la nomme *sil ;* ce dont quelques personnes ont paru douter tout à fait à tort.

L'ocre est un oxyde de fer combiné avec une matière terreuse. On la trouve non-seulement auprès des mines de fer et d'argent, mais encore près des mines de cuivre et de plomb. Sa couleur jaune change et devient presque rouge par l'action du feu. Brûlée dans des chaudières neuves bien lutées, comme le dit Pline (*Hist. Nat.,* liv. xxxv, ch. 16), elle donne de la *rubrica.*

84. — *Egregia copia silis.* Pline (*Hist. Nat.,* liv. xxxiii, ch. 56) nomme trois sortes principales de sil : le sil attique, c'est le meilleur ; le sil de marbre, qui valait moitié moins ; puis le sil foncé ou sil syrique, que fournissait l'île de Syros. Il parle encore du sil d'Achaïe qui servait à ombrer, et du sil lucide qui venait

des Gaules. Le sil gaulois et le sil attique exprimaient les clairs
et les jours. Pour les mosaïques, on n'employait que le marbré,
parce que le marbre qui y était contenu résistait à l'action corrosive de la chaux.

85. — *Item rubricæ copiose.* On ne peut douter que la rubrique ne soit la terre ou craie rouge que nous nommons *sanguine.*
La grande abondance qu'on trouvait de cette matière dans beaucoup d'endroits, le bas prix auquel on la vendait, son nom enfin
prouvent évidemment que c'est notre craie rouge ou sanguine ;
c'est aussi un oxyde de fer rouge mêlé avec quelques parties terreuses.

Ce que Vitruve dit ici de la rubrique, Pline l'applique à la
sinopide (*Hist. Nat.*, liv. xxxv, ch. 13) : « Sinopis inventa est
primum in Ponto : nomen a Sinope urbe. Nascitur et in Ægypto,
Baleáribus, África : sed optima in Lemno, et in Cappadocia,
effossa e speluncis. » Pline n'est pas le seul qui dise qu'on la trouve
en Cappadoce ; Strabon le dit aussi au liv. xii, et Dioscoride au
liv. v, ch. 61. Celle de Lemnos était la plus estimée, parce que
sa couleur approchait de celle du minium ; on ne la vendait que
munie d'un sceau.

Les anciens employaient diverses espèces de rouge ; ils s'en
servaient ordinairement pour les peintures faites par le moyen
d'une seule couleur, variée par le seul effet du clair obscur ; c'est
ce que nous nommons camaïeu. Pour faire ces peintures, que
Pline appelle monochromes (μόνος, *seul*, et χρῶμα, *couleur*), on
emploie, dit-il, le *cinnabari*, qui est le sang-dragon, ensuite
l'*ephesium minium*, qui est le cinabre ; mais ces deux couleurs
étaient très-chères ; on aima mieux se servir de la terre rouge,
transire ad rubricam et sinopidem. Ce sinope n'était autre chose
qu'une terre rouge d'une qualité supérieure. Pline fait remarquer
que cette couleur était déjà en vogue avant la ruine de Troie,
jam enim Trojanis temporibus rubrica in honore erat.

86. — *Parætonium.* La couleur parétonienne et la méline
étaient probablement si connues du temps de Vitruve, qu'il se
contente de les nommer, sans en faire aucune description. Ce
sont deux couleurs qu'il nous serait impossible de deviner aujourd'hui, si Pline ne nous les avait fait connaître (*Hist. Nat.*,
liv. xxxv, ch. 18). Le parétonium, d'après ce naturaliste, ainsi
nommé d'un lieu de l'Égypte, est un mélange de limon et
d'écume de mer solidifiée. C'est la plus grasse des couleurs blanches, et le plus tenace des enduits, à cause de son poli

87. — *Melinum.* Le melinum est blanc aussi, dit Pline (*Hist. Nat.*, liv. xxxv, ch. 19); le meilleur vient de l'île de Mélos. On en trouve aussi à Samos; mais ce dernier est trop gros pour que les peintres en fassent usage. Ceux qui l'extraient se couchent à terre pour découvrir le filon entre les rochers. Il dit encore que la méline était un métal; mais les anciens avaient l'habitude d'appeler indifféremment métal tout ce qui se tirait de la terre. Il est cependant certain, et c'est l'opinion de G. Agricola, que la méline est une terre; Dioscoride dit aussi que c'est une terre alumineuse. Les auteurs ne s'accordent cependant pas sur sa couleur : Pline la fait blanche; Servius croit qu'elle est fauve; Dioscoride la dit jaune. La couleur que les peintres appellent ocre de rue, dit de Bioul, approche fort de la description que Dioscoride fait de cette terre.

88. — *Creta viridis.* La terre verte, que nous nommons aussi vert de montagne, est un oxyde de cuivre ou d'argent, mêlé avec des parties terreuses.

89. — *Hanc autem Græci* θεοδότιον *vocant.* On voit que Pline (*Hist. Nat.*, liv. xxxv, ch. 19) applique cette particularité à la céruse : est-ce avec raison ? « La troisième couleur blanche est la céruse. Jadis on trouvait cette terre à l'état natif, dans les propriétés d'un certain Théodote, à Smyrne, et les anciens s'en servaient pour peindre les vaisseaux; aujourd'hui on la fabrique avec du plomb et du vinaigre »

90. — *Auripigmentum.* L'orpiment est de l'oxyde d'arsenic sulfuré jaune, qui est une combinaison d'arsenic et de soufre, qui se sublime dans les fissures des cratères volcaniques. On en trouve ordinairement dans les mines de cuivre. La couleur est le plus souvent jaune; mais il y en a encore de deux sortes : de couleur d'or, et d'un jaune orangé presque rouge. Il se trouve en Syrie, à fleur de terre, dit Pline (*Hist. Nat.*, liv. xxxiii, ch. 22). Les peintres en usent. Il offre les nuances de l'or, mais la fragilité de la pierre spéculaire.

91. — *Sandaraca.* Nous appelons aujourd'hui *minium* la couleur que les Grecs et les Latins nommaient sandaraque. *Cerussa quum in fornace coquitur, mutato colore ad ignis incendium, efficitur sandaraca.* (VITRUVIUS, lib. vii, c. 12, p. 160 de ce vol.). Or, on sait que le minium artificiel se fait avec du blanc de céruse brûlé. Puisqu'il traite des couleurs naturelles, c'est du minium natif qu'il est ici question. Cette couleur est un oxyde de plomb coloré en rouge par l'action du feu. En brûlant et en calcinant le plomb,

on le fait aisément passer à l'état d'oxyde. Vitruve parlera encore
du *minium* naturel, ou sandaraque, au ch. 3 du liv. viii, comme
étant la cause de l'amertume des eaux du fleuve Hypanis : « Tantam magnitudinem fluminis facit amaram, ideo quod per id genus
terræ et venas, unde sandaraca foditur, ea aqua manando perficitur
amara. » Pline dit (*Hist. Nat.*, liv. xxxiv, ch. 55) qu'on trouve la
sandaraque dans les mines d'or et d'argent, et qu'elle est plus **pâle**
que l'arsenic, dont la couleur imite celle de l'or. Il dit **encore**
(liv. xxxv, ch. 22) qu'on la trouve à Topaze, île de la **mer**
Rouge; que sa couleur est celle de la flamme, et qu'il s'en fait de
fausse à l'aide de la céruse calcinée.

92. — *Ingrediar nunc minii rationes explicare.* **Nous avons**
déjà dit que la sandaraque des anciens n'est autre chose que
notre minium, et leur minium notre cinabre. Ce chapitre et le
chapitre suivant nous en convaincront facilement. Nous avons
dit aussi que ce qui est connu parmi nous sous le nom de
sang de dragon, les anciens le nommaient *cinnabaris*. Galiani
croit que ce qui a fait donner le nom de minium à la sandaraque des anciens, c'est que les marchands vendaient, dans le
principe, cette sandaraque pour du cinabre, et le cinabre pour
ce que nous nommons le sang de dragon, que les anciens appelaient *cinnabaris*, mot dont fut dérivé, sans doute à cause de
cela, celui de cinabre. Galiani fait encore observer, que c'est
d'après un passage de Pline, qu'il a vu dans le cinnabaris des
anciens ce que nous nommons le sang de dragon : « Sic enim
appellant illi saniem draconis elisi elephantorum morientium
pondere, permixto utriusque animalis sanguine. » (*Hist. Nat.*,
lib. xxxiii, c. 38.) Il n'est pas de couleur au monde, ajoute
Pline, qui rende mieux le sang en peinture. Ce que dit ici Pline
des dragons et des éléphants était une fable accréditée probablement de son temps. On sait que le sang de dragon est une résine
qui découle d'une plante de la famille des aloës. Mais, abstraction
faite de cette fable, on voit, par ce que dit Pline, que le *cinnabaris* des anciens n'était pas notre cinabre, et que c'était vraiment la résine appelée sang de dragon.

Cette couleur, si estimée des anciens, est le cinabre naturel ou
mine de mercure : c'est un mercure naturellement minéralisé
avec le soufre. On avait déjà remarqué alors avec quelle facilité
le mercure se volatilise par la chaleur; on connaissait aussi la
propriété qu'il a de s'attacher fortement à plusieurs métaux, et
même de les pénétrer. Plusieurs statues anciennes, dit de Bioul,
furent dorées, comme on le voit encore par l'or qui s'est cou-

servé sur la statue équestre de Marc-Aurèle qui est au Capitole,
sur les quatre chevaux de Venise, sur l'Hercule du Capitole, et
sur les débris des quatre chevaux et du char placés au fronton
du théâtre d'Herculanum.

93. — *Natat in summo.* Les anciens avaient déjà remarqué le
rapport de la gravité d'un corps à celle d'un autre de même
volume, ce qu'on nomme *gravité spécifique*, puisque Vitruve
fait observer qu'une pierre du poids de cent livres surnagera au-
dessus du mercure, tandis qu'un grain d'or du poids d'un scrupule s'y enfoncera incontinent, et cela, parce que l'or se trouve
avoir une gravité spécifique supérieure à celle du mercure. Pline a
fait la même observation.

94. — *Sed genere singularum rerum.* C'est-à-dire par la proportion qui est entre la grandeur de leur volume et la quantité
de la matière pesante qui les compose : car, dit Perrault, un morceau de bois qui surnage sur l'eau, a plus de matière pesante que
la cendre qu'on en tire et qui cependant va au fond, parce
qu'elle a un moindre volume que le bois, qui ne reste sur l'eau
que parce qu'il n'y saurait enfoncer qu'il n'en fasse élever une
égale à son volume; et il ne le saurait faire, parce que l'eau,
dans ce volume, a plus de matière pesante que n'en a le bois.

95. — *Neque enim argentum, neque æs sine eo potest recte
inaurari.* C'est sur la propriété que le mercure a de s'attacher
aux métaux, qu'est fondé l'art de dorer avec de l'or moulu, ce
qui consiste à amalgamer l'or avec le mercure, à appliquer cet
amalgame sur de l'argent ou du cuivre jaune, et ensuite à mettre
la pièce au feu. Le feu fait évaporer le mercure, et l'or reste fortement attaché à l'argent. Mais d'après ce que dit Pline (*Hist. Nat.*,
liv. xxxiii, ch. 32), il paraît que les anciens n'employaient pas
tout à fait ce moyen; ils doraient avec des feuilles, après avoir
enduit le métal de mercure, ou après l'avoir avivé avec un outil.

96. — *Purum invenitur.* Il est impossible qu'il n'y ait que le
mercure qui passe au travers du linge, et qu'il n'y ait que l'or
qui reste dedans. Les plus petites parties de l'or sont si bien
amalgamées avec le mercure, qu'elles passent avec lui, et les
plus grosses qui restent dans le linge doivent y retenir beaucoup
de mercure; et en effet, dit Perrault, on ne l'en sépare qu'avec
peine par le moyen du feu qui volatilise le mercure, ou par
l'acide nitrique qui le dissout, et cette dernière manière, inconnue
des anciens, est la meilleure.

97. — *Revertar nunc ad minii temperaturam.* Quoiqu'on distingue deux sortes de cinabre, le naturel et l'artificiel, le premier n'est pas moins composé que l'autre, puisque l'un est minéralisé avec le soufre par la nature, et l'autre par l'art. Le cinabre, qui est une des plus belles couleurs rouges qui existent, a l'inconvénient de se ternir quand on ne prend pas certaines précautions, surtout quand on l'emploie au grand air. Ce n'est pas, comme dit Vitruve, parce qu'il a perdu sa force naturelle par les préparations qu'il a subies, mais parce qu'il se décompose; c'est là l'inconvénient de presque toutes les couleurs composées. Sur le mont Esquilin, aujourd'hui mont de Sainte-Marie-Majeure, à Rome, on voit des ruines que quelques-uns soupçonnent être celles de la maison dorée de Néron, et que Philander prend pour celles du palais de Titus; on y admire une peinture des plus élégantes qui a si bien résisté aux injures du temps, que les couleurs paraissent avoir été tout fraîchement étendues. Deux surtout ont frappé Philander, qui a cru les reconnaître pour le cinabre et la chrysocolle.

98. — *Apertis vero, id est in peristyliis, aut exedris, aut ceteris ejusmodi locis.* Les anciens, qui peignaient presque tous les murs intérieurs de leurs édifices, et dont certaines parties, telles que les galeries, les portiques, les vestibules, les exèdres, se trouvaient ouvertes par les côtés où les colonnes seules soutenaient la couverture, avaient éprouvé combien cette couleur était sujette à changer dans ces sortes d'endroits, surtout lorsqu'elle était exposée aux rayons du soleil. On sera peut-être surpris de voir les exèdres mis par Vitruve au nombre des salles dont l'intérieur était exposé au soleil; mais il faut entendre qu'elles étaient ouvertes seulement d'un côté, qui était occupé par plusieurs fenêtres ou soutenu par des colonnes, comme paraissait être la partie des thermes de Dioclétien qu'on nomme encore aujourd'hui les *exèdres*; une partie des peintures se trouvait ainsi exposée aux rayons du soleil.

99. — *Tunc ceram Punicam.... inducat.* Pour préserver les couleurs de l'action du soleil, Vitruve nous donne la recette du vernis qu'employaient les anciens. Ce vernis, dit-il, était composé de cire punique et d'un peu d'huile. Or, la cire punique n'était autre chose que de la cire blanche, dont la meilleure venait probablement de Carthage. Pline (*Hist. Nat.,* liv. xxxiii, ch. 40) répète tout ce que dit ici Vitruve, en ajoutant quelques détails. Il donne encore (liv. xxxi, ch. 49) la manière de faire la cire punique.

100. — *Deinde cum candela.... subigat.* Pline, comme nous avons pu le voir, dit presque la même chose. Le procédé est obscur, à moins que nous ne comprenions qu'on se servait d'une bougie pour frotter la surface peinte, et de linges blancs pour étendre la cire bien uniment et enlever les parties inutiles, à peu près comme on fait pour une table ou un meuble ciré. Les mots *ut signa marmorea nuda curantur* sembleraient l'indiquer, ainsi que cette fin d'un vers de Juvénal : *genua incerare deorum.* C'était une espèce de culte de nettoyer les statues de marbre des dieux, de faire disparaître cette teinte jaunâtre que leur imprime le temps, de les cirer, de leur rendre leur lustre, pour se rendre les divinités favorables.

101. — Καῦσις. Saumaise veut qu'on substitue à ce mot celui de ἐγκαῦσις, c'est-à-dire *encaustique, peinture à l'aide du feu,* pratiquée par les anciens. Il ne reste d'eux aucun monument en ce genre; on n'en peut donc juger que d'après les auteurs. On ne sait, dit Pline (*Hist. Nat.,* liv. xxxv, ch. 39), qui inventa l'encaustique, ou peinture par la cire et le feu. Quelques-uns en attribuent la découverte à Aristide, et le perfectionnement à Praxitèle. Cependant il y a eu avant eux des artistes en encaustique, par exemple, Polygnote, Nicanor et Arcésilas de Paros. Sur une peinture de Lysippe, à Égine, se lit le mot ἐνέκαυσεν (a peint à l'encaustique), inscription inadmissible, si l'encaustique n'eût été dès lors inventée. On dit aussi que Pamphile, maître d'Apelles, non-seulement peignit à l'encaustique, mais encore en donna des leçons à Pausias, le premier qui se distingua en ce genre.

Nicias, qui s'y distingua aussi, mit à ses tableaux la même inscription ἐνέκαυσεν.

Voilà les inventeurs de l'encaustique, en voici les espèces. On sait, dit Pline (*Hist. Nat.,* liv. xxxv, ch. 61), qu'il y eut autrefois deux procédés pour peindre à l'encaustique : dans l'un on emploie la cire; dans l'autre, le cestra ou touret sillonne l'ivoire; ils furent seuls en usage jusqu'au temps où l'on voulut peindre les navires : alors on trouva une cinquième manière, qui consiste à faire fondre au feu la cire colorée, dans laquelle on trempe ensuite le pinceau. Cette peinture étant inaltérable à l'eau salée, au soleil et aux vents, est affectée aux navires.

Nous venons de voir, dans Vitruve (*quum paries expolitus et aridus fuerit, tum ceram, etc.*), qu'on avait déjà une manière d'employer la cire au feu et à la brosse, et que ces trois sortes de peintures encaustiques n'en sont qu'une extension.

La préparation de Vitruve est un véritable vernis *encaustique* et à la cire. Son procédé jette du jour sur l'obscurité de Pline, qui, en faisant mention de ce vernis, ne dit pas un mot de l'ustion, puisqu'il décide à la fois la réalité de l'ustion et la manière de la faire.

Ce n'est qu'en supposant une ustion réelle, que le distique suivant a un sens net :

> Encaustus Phaethon tabula depictus in ista est :
> Quid tibi vis, Dipyron qui Phaethonta facis ?
>
> (Martialis, lib. iv, epigr. 47.)

C'est une preuve que l'ustion ne se faisait qu'après la peinture.

Les anciens, qui avaient un vernis encaustique, imaginèrent de teindre la cire pour la substituer à la détrempe ; mais il ne faut pas croire qu'ils y employassent beaucoup de couleurs. Pline (*Hist. Nat.*, liv. xxxv, ch. 31) dit que de toutes les couleurs, celles qui aiment la craie, et qui refusent de prendre sur tout enduit humide, sont le purpurissum, l'indicum, le cæruleum, le melinum, l'orpiment, le vert appien, la céruse ; qu'elles prennent, au contraire, sur la cire dans les peintures dites à l'encaustique dont on couvre non-seulement les murailles, mais encore les galères et même les bâtiments de transport. Il dit encore, quelques lignes plus loin, que les chefs-d'œuvre immortels des premiers peintres ne présentent que quatre couleurs, le blanc, le jaune, le rouge et le noir.

Ce ne furent pas d'abord des peintures au pinceau ; ils gravaient ; ils imaginèrent d'enluminer leurs gravures. La détrempe avait peu de consistance ; ils employèrent leurs cires colorées, et l'ustion en fit des encaustiques. Quel que fût leur procédé, on conçoit que ces peintures durent être assez grossières. Voici comment Quintilien en parle (*Instit. orat.*, liv. xii, ch. 10) : « Les premiers peintres célèbres dont les ouvrages ne se recommandent pas seulement par leur antiquité, sont, dit-on, Polygnote et Aglaophon. Quoiqu'ils n'employassent qu'une seule couleur, leur peinture a encore aujourd'hui des amateurs si zélés, qu'ils préfèrent ces ébauches presque grossières, et où l'on ne peut guère qu'entrevoir les germes de l'art, aux productions des plus grands maîtres qui les ont suivis, mais sans autre raison, selon moi, que la prétention de passer pour habiles connaisseurs. »

Zeuxis, qui, selon Quintilien, inventa le premier l'art des ombres et des clairs, n'eut vraisemblablement pas beaucoup d'imitateurs ; car le même auteur dit (liv. viii, ch. 5) : « C'est ainsi que sans ombres la peinture n'a point de relief; et c'est pour cela que les peintres, après avoir représenté plusieurs sujets dans un seul et même tableau, les distinguent, les détachent, afin que les ombres ne tombent pas sur les corps. » C'est-à-dire qu'ils n'entendent guère le clair-obscur, ni les reflets, ni la dégradation des teintes, ni toutes les finesses de la perspective qui font le charme de la peinture. Aussi leurs compositions n'étaient pas chargées, et tout devait y être distribué sur les devants, comme dans leurs bas-reliefs. Cela devait être encore plus dans l'encaustique au pinceau, par l'embarras de manier les cires. De là vient que Pausias ne faisait guère que de petits tableaux, et surtout des enfants. Comme ses rivaux expliquaient le choix de ses sujets, en disant que cette espèce de peinture était lente, il voulut prouver que son genre admettait aussi un faire rapide, et il acheva en un jour un tableau qui représentait encore un enfant. Cette production fut appelée ἡμερήσιος, *peinture d'un jour*. Pline, qui rapporte ces faits (*Hist. Nat.*, liv. xxxv, ch. 4o), ajoute, peut-être comme quelque chose de remarquable, que Pausias fit aussi de grands tableaux; c'est une observation qu'il fait encore sur Nicias, *fecit et grandes picturas*. Et les cires qu'il fallait maintenir à un certain point de liquidité pour fondre les teintes, devaient rendre en effet, dans les grandes peintures, la difficulté tout autre. Elle était moins grande sans doute pour les vaisseaux, qui ne devaient pas exiger des peintures bien finies, bien qu'on y représentât de grandes figures :

> . . . . Et picta coloribus ustis
> Cœlestum matrem concava puppis habet.
>
> (OVIDIUS, *Fast.* lib. IV, v. 275.)

Résumons. Il y avait des cires colorées, *ceræ tinguntur iisdem his coloribus;* elles étaient mêlées d'un peu d'huile, *paulo oleo temperatum;* elles étaient conservées dans des boîtes à compartiments, *pictores loculatas habent arculas, ubi discolores sunt ceræ* (VARRON, *Écon. rur.*, liv. III, ch. 17); ils faisaient fondre les cires, et les employaient au pinceau, *resolutis igni ceris, penicillo utendi;* ils fixaient leur tableau par l'ustion, *picturam inurere,* avec un réchaud plein de charbons qu'ils promenaient à la surface, *carbonibus in ferreo vase compositis;* enfin, ils frottaient et polissaient le tout avec des linges blancs, *linteis puris subigat.*
Ce même art, appelé communément *encaustique*, inustion. Callixène de Rhodes, dans Athénée, le nomme κηρογραφία, *peinture en cire.*

102. — *Ferrea lamna sumatur.* — *Voyez* PLINE , *Hist. Nat.*, liv. XXXIII , ch. 40.

103. — *Chrysocolla.* Nous appelons la chrysocolle *borax , soude boratée , borate de soude.* — *Voyez* PLINE , *Hist. Nat.*, liv. XXXIII, ch. 26.

104. — *Apportatur a Macedonia.* La meilleure , dit Pline (*Hist. Nat.*, liv. XXXIII , ch. 27), vient d'Arménie. Celle de Macédoine n'était que de seconde qualité ; la plus riche en parties colorantes venait d'Espagne.

105. — *Armenium et indicum.* — *Voyez* PLINE , *Hist. Nat.*, liv. XXXV, ch. 27 et 28. D'après ce qu'il dit de l'*indicum*, il est vraisemblable que c'est notre *indigo*, puisqu'il donnait ce bleu foncé qui est presque noir ; et le nom d'*indigo*, donné à la plante d'Amérique, de laquelle on tire ce beau bleu, vient sans doute du mot *indicum*.

106. — *Ædificatur locus uti laconicum.* Il a déjà parlé du laconicum au ch. 10 du liv. V. C'était une étuve maçonnée en forme de petite tour ronde , et voûtée en cul de four.

107. — *Ad usum atramenti librarii.* Pline a imité ce passage. *Voyez* ce qu'il ajoute, *Hist. Nat.*, liv. XXXV, ch. 25.

Le noir indiqué , dont parle Pline, semble être l'encre de Chine, dont la composition est encore un secret, malgré tout ce qui s'en fabrique en Europe. Il est probable que la liqueur noire des sèches est la base de l'encre de Chine véritable. L'atrament des sèches a très-peu besoin de préparation ; il faut seulement y joindre un peu d'alun. Les peuples du nord s'en sont souvent servis ; les anciens mêmes semblent en avoir composé une encre : témoin Perse (Sat. III , v. 13) :

Nigra quod infusa vanescat sepia lympha.

Témoin Ausone (*Éptt.* IV , v. 72) :

Cadmi nigellas filias ,
Melonis albam filiam ,
Notasque furvæ sepiæ ,
Cnidiosque nodos prodidit.

Au reste, l'encre de Chine n'a point été inventée dans le pays dont elle porte le nom ; elle est venue de l'Inde. On conte que vers l'an 620 avant J.-C., un roi de Corée, tributaire de la Chine, envoya à l'empereur des tablettes de ce noir. Les Chinois en recherchèrent la composition , et s'occupèrent de l'imiter ; ils n'y parvinrent que quinze siècles après, c'est-à-dire vers l'an 900 de J.-C.

108. — *Glutinum admiscentes.* Les anciens connaissaient donc la gomme et la colle, et les employaient, comme nous, dans leurs peintures à sec. On sait que la gomme est un suc végétal concret, qui suinte naturellement par les gerçures de l'écorce de certains arbres. Quant à la colle, elle se fait avec des pieds, des peaux, des nerfs, des oreilles de bœuf, de veau, de mouton, des cartilages, des rognures de peau, etc., qu'on fait bouillir et dissoudre dans l'eau sur le feu, jusqu'à ce que tout devienne liquide; après quoi on passe la matière avec un gros linge ou tamis. Quand ce suc est assez épaissi, on le verse sur des pierres plates, ou dans des moules, pour le couper par morceaux qu'on fait sécher sur des réseaux de cordes.

109. — *Cærulei temperationes.* Si les anciens ont composé l'azur artificiel, ce n'était sans doute que pour imiter l'azur naturel, qu'ils connaissaient. *Voyez* PLINE, *Hist. Nat.,* liv. XXXIII, ch. 57.

Après avoir dit que l'azur était un sable tiré d'Égypte, de Scythie et de Chypre, Pline (*Hist. Nat.,* liv. XXXVII, ch. 38) en fait une pierre gemme qui, sous le nom de cyanos, charme l'œil par sa couleur azurée. Elle se tire, du reste, des mêmes lieux que le cæruleum, avec des qualités différentes pourtant, puisque le plus beau cyanos est celui de Scythie, puis celui de Chypre et celui d'Égypte. Le cyanos est quelquefois parsemé de points d'or, différents de ceux qui couvrent les saphirs. Ce cyanos me paraît être le lapis-lazuli, duquel on tirait le beau bleu appelé *outremer,* parce qu'on l'apportait d'Orient.

La manière de préparer l'azur naturel appelé lapis, dont on fait la couleur d'outre-mer, est une chose qui n'est guère moins ingénieuse que la préparation du bleu artificiel des anciens, dit Perrault, et la couleur en est sans comparaison plus belle, parce que le bleu des anciens, tant le naturel que l'artificiel, étant fait avec le cuivre, qui est un métal fort sujet à la rouille, il est impossible que la couleur qu'il donne ne change pas; et, en effet, elle devient bientôt verte et noirâtre : au lieu que le lapis dont on fait l'outre-mer, est une pierre précieuse qui ne change point sa couleur naturelle; et, comme il est tiré des mines d'or, il tient de la nature de ce métal qui n'est point sujet à la rouille. L'artifice dont on se sert pour le préparer consiste en deux choses : la première est de réduire la pierre en une poudre impalpable, ce qu'on obtient en faisant rougir le lapis, et en l'éteignant dans le vinaigre; l'autre est de séparer la partie de la pierre qui fait le bleu pur, d'avec une partie blanchâtre et quelquefois jaunâtre qui gâte la belle couleur, si on l'y laisse. Pour cela, on mêle la poudre du lapis brûlé et bien broyé sur le porphyre avec une composition de poix, d'encens et d'huile de lin, qu'on fait fondre ensemble pour en faire une pâte. Cette pâte, à demi refroidie, est jetée dans de l'eau froide, et pétrie avec les mains, qui font sortir tout ce qu'il y a de lapis pur; tandis que la pâte retient tout le reste, c'est-à-dire les parties impures du lapis et tout ce qui y est mêlé des râclures des mortiers, des marbres et des porphyres dont on s'est servi pour réduire le lapis en poudre.

110. — *Satis habet admirationis.* Vitruve veut dire que c'est une belle chose que l'art puisse imiter les ouvrages de la nature aussi heureusement qu'il le fait dans l'azur artificiel, qui se compose des matières dont on juge que l'azur naturel est formé. Car, selon Perrault, on suppose que l'azur naturel, qui se tire des mines de cuivre, est produit par la vapeur chaude qui s'élève des profondeurs de la terre, fond, dissout et mêle ensemble les minéraux qui sont près de se former en cuivre, c'est-à-dire une terre qui n'est ni cuivre ni terre, mais qui tient de l'un et de l'autre; ce que la limure de cuivre, mêlé avec le sable pilé, semble suppléer, de même que la vapeur chaude est suppléée par le nitre échauffé dans le fourneau, qui produit la fusion et le mélange de ces matières.

111. — *Usta vero.* Cette couleur, selon Pline, est de deux sortes. La première est faite avec la céruse brûlée; c'est la couleur que nous nommons aujourd'hui le minium, connu des anciens sous le nom de sandaraque. La découverte de l'*usta*, dit Pline (*Hist. Nat.*, liv. xxxv, ch. 20), eut lieu lors de l'incendie du Pirée, où l'on trouva de la céruse brûlée dans des vases; ce qui est confirmé au ch. 22 du même livre, où il dit qu'il s'en fait de fausse à l'aide de la céruse calcinée. Vitruve rapporte la même chose dans le chapitre suivant.

La seconde espèce est celle dont parle Vitruve. Nous avons déjà vu qu'on appelait en latin *sil*, la couleur que nous nommons ocre jaune; par conséquent l'*usta* qui se faisait, comme dit Vitruve, avec le sil brûlé, était la même chose que notre ocre brûlée. C'est celle que l'on fabrique à Rome, dit Pline (*Hist. Nat.*, liv. xxxv, ch. 20), en brûlant du sil marbré qu'on éteint dans du vinaigre. Elle était nécessaire pour peindre les ombres.

112. — *De cerussa.* — *Voyez* PLINE, *Hist. Nat.*, liv. XXXIV, ch. 54.

Cette *céruse*, ou *psimmythium*, est le *sous-carbonate de plomb*, connu sous les noms de *blanc de plomb*, *blanc de krems*, *blanc de céruse*, qu'on obtient en faisant passer un courant d'acide carbonique à travers une dissolution de sous-acétate de plomb.

113. — *Ne spiramentum obturata omittant.* Pline donne encore une recette pour faire le blanc de céruse. — *Voyez Hist. Nat.*, liv. XXXIV, ch. 54.

114. — *Efficiunt æruginem.* On trouve dans Pline (*Hist. Nat.*, liv. XXXIV, ch. 26) plusieurs manières d'obtenir le vert-de-gris. Le mot *ærugo*, chez les anciens, comprend trois ou même quatre composés cuivreux : l'oxyde de cuivre, le sous-carbonate de cuivre, et peut-être le deuto-acétate que l'on fabrique avec le sous-deuto-acétate et de l'acide acétique. La première et la seconde de ces substances sont seules natives.

115. — *Cerussa vero quum in fornace coquitur, mutato colore ad ignis incendium, efficitur sandaraca.* Ce passage prouve clairement que la couleur connue des anciens sous le nom de *sandaraca* était vraiment celle que nous nommons *minium*, comme nous l'avons vu ci-dessus, aux notes 91 et 111.

116. — *Incipiam nunc de ostro dicere.* Le pourpre, dont on tire cette matière colorante, si vantée par les anciens, est un coquillage operculé et univalve. *Voyez* PLINE, *Hist. Nat.*, liv. IX, ch. 61. On ne connaît pas aujourd'hui très-bien les espèces; mais il est certain que la plupart des animaux des coquilles univalves, surtout des genres buccin et murex de Linné, transsuent de leur manteau une liqueur plus ou moins rouge. Pline indique plusieurs variétés qui tirent leur nom ou des matières dont elles se nourrissent, ou des endroits où on les trouve. Il y avait le pourpre *lutensis*, qui se nourrit de limon; l'*algensis*, qui se nourrit d'algues : c'étaient les moins estimés. Le *tæniensis*, qu'on trouvait sur les rochers, valait mieux; le *calculensis*, qui se plaisait dans les cailloux, était excellent pour la couleur conchylienne; le *dialutensis*, qui se nourrissait de diverses natures de sol, était le meilleur pour les couleurs purpurines.

117. — *Carissimam.* La cherté de cette teinture tenait sans doute à la très-petite quantité de liqueur que donnait l'animal. Au reste, depuis qu'on connaît le coccus ou graine d'écarlate, surtout depuis que le nouveau monde nous a envoyé la cochenille, on n'a plus besoin de recourir aux coquillages. Alexandre, au rapport de Plutarque (*Vie d'Alexandre*, ch. xxxvi), s'étant rendu maître de Suse, trouva dans le château de cette ville quarante mille talents d'argent monnayé, et une quantité innombrable de meubles et d'effets précieux de toute espèce, entre autres, cinq mille talents de pourpre d'Hermione, qu'on y avait amassée pendant l'espace de cent quatre-vingt-dix ans, et qui conservait encore toute la fraîcheur de son coloris et de la nouveauté. Cela venait, disait-on, de ce que la teinture en écarlate s'y faisait avec du miel, et la teinture en blanc avec l'huile la plus blanche; on en voyait du temps de Plutarque d'aussi anciennes, qui avaient encore leur éclat aussi pur et aussi vif.

118. — *Excellentissimam.* — *Voyez* PLINE, *Hist. Nat.*, liv. ix, ch. 60.

Les Tyriens excellaient dans l'art de teindre la pourpre, soit qu'ils eussent quelque secret particulier, soit qu'ils donnassent à leur pourpre plus de teint qu'aux pourpres ordinaires. Voilà pourquoi les poëtes en parlent si souvent. On avait extrêmement perfectionné, chez les anciens, les teintures en pourpre, dont on faisait diverses nuances, depuis le violet mêlé de rouge, jusqu'au rouge-clair le plus brillant. Les Romains voulaient que la pourpre frappât doucement et agréablement la vue, d'une manière moins vive que ne le fait le rubis, et c'est aussi le goût moderne pour l'écarlate.

119. — *Id autem excipitur.* Cette fleur de pourpre, dit Pline, si recherchée pour la teinture, se trouve au milieu du gosier de l'animal. — Voyez *Hist. Nat.*, liv. ix, ch. 60.

Ce n'est ni de la bouche, ni de la gorge, comme le dit Pline, que suinte la pourpre, mais des bords du manteau, c'est-à-dire de cette partie membraneuse qui double la coquille.

La description de l'art de teindre en pourpre, donnée par Pline (*Hist. Nat.*, liv. ix, ch. 62), est difficile à expliquer, aujourd'hui que cet art n'existe plus. Réaumur avait fait quelques essais avec un petit buccin de nos côtes; mais ces essais n'ont eu aucune suite. Cette teinture, du reste, n'est plus en usage depuis bien longtemps; mais nous devons être d'autant moins sensibles à cette perte, que Pline lui-même, au chapitre ci-dessus, se demande d'où les couleurs conchyliennes peuvent tirer leur prix, puisqu'à la teinture leur odeur est infecte, et qu'elles contristent la vue par leur aspect verdâtre et leur couleur de mer irritée.

120. — *Et ideo hoc rubrum Rhodo etiam insula creatur.* Ce

endroit est difficile à entendre, parce que Rhodes, qui est éloigné
de l'équateur vers le pôle arctique de 36°, n'est pas aussi rapproché
du midi que les pays situés à l'orient ou à l'occident équinoxial
qui sont sous la ligne.

121. — *Et, quod ex concharum marinarum testis eximitur,
ideo ostrum est vocitatum.* On appelle en latin *ostrea*, huître, un
coquillage du genre bivalve que tout le monde connaît. Il n'a
rien de commun avec le pourpre qui est univalve et désigné par
un nom particulier; mais les Grecs appelaient l'un et l'autre coquillage ὀστρακόδερμα (qui a pour peau une écaille) : voilà pourquoi Vitruve fait dériver *ostrum* du mot grec ὄστρακον, qui désigne
un coquillage quelconque.

122. — *Nisi mel habeat circumfusum.* Nous avons vu que
Plutarque, dans la *Vie d'Alexandre*, raconte qu'à la prise de
Suse on trouva cinq mille talents de pourpre qui, préparée cent
quatre-vingt-dix ans auparavant, avait conservé toute la fraîcheur de son coloris, parce que la rouge avait été préparée avec
du miel, et la blanche avec de l'huile. Quelle est cette pourpre
rouge et cette pourpre blanche? De quel moyen se servait-on
pour les conserver dans le miel et l'huile? Mercurial, dans ses
diverses leçons, dit que les anciens conservaient la pourpre de
deux manières : d'abord en mettant dans le miel la chair du coquillage pilée avec son suc, ce qui faisait une masse rouge; ensuite
en séparant de la chair une veine blanche dans laquelle l'humeur
pourprée était contenue, ce qui faisait ce que Plutarque appelle
la pourpre blanche. Plongée dans l'huile, elle s'y conservait de
même que l'autre dans le miel. Il semble néanmoins, d'après
Vitruve, que c'était le suc seul exprimé du pourpre qui se
mettait dans le miel pour y être conservé.

123. — *Creta.* — *Voyez* PLINE, *Hist. Nat.*, liv. xxxv, ch. 26.
Quelle est cette espèce de craie dont parle Vitruve et Pline?
Comme elle n'entrait dans la composition que pour donner du
corps à la couleur, on devait la choisir très-légère, ne donnant
par elle-même presque aucune couleur, et propre à recevoir
toutes celles dont elle était imprégnée. Il est probable qu'on se
servait de la terre érétrienne, qu'il nomme un peu plus bas, en
parlant de la couleur qu'on faisait avec des fleurs de violette des-
séchées.

124. — *Rubiæ radice.* Au lieu de cochenille, les anciens employaient le suc de la racine de garance, qu'on emploie encore
aujourd'hui pour teindre en rouge. Cette plante, haute de quatre

à cinq pieds, se cultive présentement, dit de Bioul, en Flandre et dans le Brabant. Elle s'appelle *rubia* en latin, et on la connaît encore sous la dénomination de *rubia tinctorum.* « L'έρυθρόδανον (Hippocr. et Dioscor.), nommé par d'autres *ereuthodanus*, est appelé par les Latins *rubia*, dit Pline (*Hist. Nat.*, liv. xxiv, ch. 56); elle sert communément à teindre les laines et à corroyer les peaux. » Il est impossible de douter que ce ne soit là notre *garance.* Le mot *rub*, rouge, en celtique, a formé *rubia, ruber;* Robert, nom autrefois appliqué exclusivement aux hommes à cheveux roux; *rubis* et *rubicon; rubrique*, donné jadis aux livres de droit, parce qu'ils étaient écrits avec une encre rouge, dont la base était la garance. Sans trop savoir au juste d'où vient le mot *garance*, il est certain qu'on le retrouve dans le mot *warrentia*, nom qui est donné à la garance dans les capitulaires de Charlemagne.

125. — *Et hysgino.* On ne sait pas précisément ce que c'est que le *hysginum*, dit Perrault. Tous les auteurs conviennent que c'est une plante qui sert à teindre, et que Pausanias appelle ὕση; mais quelle est-elle? quelle couleur donne-t-elle? Les uns croient que c'est la pourprée, les autres la jaune; ceux-ci la bleue, ceux-là la rouge. Il y a néanmoins beaucoup d'apparence que c'est la bleue : car Vitruve dit qu'on imite la pourpre qui est le violet, avec la garance qui est rouge et le *hysginum;* et l'on sait que le mélange du rouge avec le bleu fait le violet. Pline dit aussi que le *hysginum* se cultive dans la Gaule, ce qui peut faire croire que c'est l'herbe *isatis* des Grecs (le *glastum* des Latins), qui est appelée *guède* en France, où elle croît en abondance et meilleure qu'en nul autre pays, pour teindre en bleu, principalement en Languedoc : car celle de Normandie appelée vouède, a bien moins de force; on fait de l'une et de l'autre ce qu'on appelle *pastel*, c'est-à-dire une pâte faite de l'herbe pilée et séchée avec son suc.

Mais Galiani pense que, suivant le texte de l'auteur qui lui semble ici très-clair, la teinture que l'*hysginum* donnait devait être aussi un rouge de pourpre, puisque venant de traiter assez amplement, dans tout le chapitre qui précède, de la véritable couleur pourpre qu'on extrait du coquillage nommé *ostrum*, il achève, au commencement de celui-ci, cette matière, en enseignant comment on composait une pourpre artificielle, au moyen de la garance et de l'hysgine. On sait, comme le fait observer Galiani, que ce n'est pas Vitruve qui a divisé par chapitres les livres de son ouvrage; cette division a été probablement faite longtemps après lui, et assez mal, puisque la division des chapitres ne suit pas celle des matières, ce qui est arrivé ici, où l'on a mis au commencement de ce quatrième chapitre ce qui devait finir le treizième, qui traitait des couleurs. C'est ce qui a fait croire que l'auteur allait parler de couleurs différentes de celles dont il avait traité dans le chapitre précédent. On a été également trompé par le titre de ce chapitre 14, qui porte *de purpureis coloribus*, comme s'il ne devait y être question que de couleurs pourprées, tandis qu'on y parle d'autres couleurs, comme du jaune, du vert, de l'azur.

Perrault a donné dans cette erreur, dit de Bioul; il a cru que le mot latin *purpureus* signifiait du violet qui tient de la pourpre, puisque cette couleur se compose de rouge et de bleu. Il était incontestable que la racine de garance donnait le rouge; celle de l'hysgine devait conséquemment donner le bleu, cette teinte étant nécessaire pour fabriquer le violet dont il croyait qu'il était ici question : rien n'est cependant plus contraire à ce que nous dit Pline de l'hysgine. Parmi les couleurs que fournit au peintre celui pour qui il travaille, on distingue la pourpre, *purpurissum*, qui est certainement celle dont les dames composaient le fard qui servait à leur toilette. Ensuite, parmi les différentes pourpres, il distingue celle de Pouzzol, parce qu'elle était composée de racines de garance et d'hysgine, *quare Puteolanum potius laudatur.... quod hysgino maxime inficiatur, rubiamque cogitur sorbere*. L'hysgine donnait donc une teinture rouge, sans que rien d'ailleurs ne nous indique ce que c'était que cette plante.

126. — *Non minus et ex floribus.* Perrault fait remarquer que les belles couleurs dont on peint les toiles de coton et les satins, à la Chine, sont des sucs d'herbes et de fleurs, sans mélange d'aucune autre chose. Les plantes qui croissent dans nos contrées ne produisent pas de couleurs aussi vives; il faut, principalement en ce qui regarde le rouge, leur donner de la vivacité et de l'éclat, par des lessives et des aluns. Ce sont les moyens dont on se sert pour augmenter la beauté de la garance et de la cochenille.

127. — *Sil Atticum imitari.* C'était la meilleure espèce, selon Pline (*Hist. Nat.*, liv. XXXIII, ch. 56).

128. — *Et eo cretam Eretriam infundentes.* Il y a deux espèces de terre d'Érétrie, dit Pline (*Hist. Nat.*, liv. XXXV, ch. 54) : il y en a de blanche; il y en a aussi de cendrée.

129. — *Efficiunt silis Attici colorem.* Démontiosus prétend que c'était une couleur bleue, et il se fonde sur ce passage de Vitruve, supposant que la violette, avec laquelle Vitruve dit qu'on imite le *sil*, fait une couleur bleue. Philander pense de même à l'égard de la couleur de la violette, à cause d'un endroit où Pline ayant parlé du *sil*, et de la poudre d'azur, dit : « Fraus viola arida decocta in aquam succoque per linteum expresso in cretam Eretriam. » Mais Perrault est incertain de quelle sophistication Pline veut parler, et ne saurait dire si c'est le *sil* ou l'azur que l'on imite avec les violettes (il me paraît néanmoins impossible de douter que ce ne soit de l'azur qu'il est ici question); de même que le texte de Vitruve ne nous indique pas clairement la couleur que donnent les violettes. Ce qui a trompé Démontiosus et Philander, c'est que de toutes les espèces de violettes, on ne donne ce nom en France qu'à celle qui tire sur le bleu; mais les anciens, qui joignent toujours *nigra* ou *purpurea* avec *viola*, quand ils veulent signifier la violette qui tire sur le bleu, n'entendent par *viola*, pris absolument, que la violette jaune, appelée autrement *leucoïon*, à cause de la blancheur des feuilles de sa tige : *tinctus viola pallor amantium*, a dit Horace. Le *sil Atticum* devait être jaune, si l'on en croit Pline, quand il dit que les anciens se servaient du *sil Atticum* pour les clairs, et du *sil Lydium* pour les ombres : car la vérité est que des quatre couleurs, la rouge, la bleue, la verte et la jaune, la plus claire est la jaune, avec laquelle on peut éclaircir toutes les autres; et qu'il n'y a point de jaune brun, de même qu'il y a du rouge brun, du vert brun et du bleu brun, parce que le jaune brun n'est pas à proprement parler du jaune.

Pline nous apprend qu'on imitait encore l'ocre jaune, en faisant brûler de la terre rouge dans une marmite neuve, lutée hermétiquement. *Ex ea fit ochra, exusta rubrica in ollis novis luto circumlitis.* Aujourd'hui encore, de même que le blanc de céruse brûlé dans la fournaise produit du minium, de même en faisant brûler le minium, on produit un fort beau jaune que nous nommons *massicot*.

130. — *Eadem ratione vaccinium temperantes.* La signification du mot *vaccinium* est une chose fort controversée. Tous les auteurs, dit Perrault, demeurent d'accord que c'est une couleur bleue fort obscure; mais la difficulté est de savoir quelle était sa composition. Il y a trois opinions là-dessus : les uns croient qu'elle était faite avec la fleur d'hyacinthe, parce que Dioscoride dit que les Romains appellent l'hyacinthe *vaccinium*. La seconde

opinion est qu'il était fait de l'herbe *isatis*, parce que Pline dit que le vaccinium croît en Gaule, où l'on sait que l'isatis est la meilleure. La troisième est que c'est le fruit du *ligustrum*, ou troëne, à cause de ce vers de Virgile (*Égl.* ii, v. 18) :

> Alba ligustra cadunt, vaccinia nigra leguntur.

Mais la fleur d'hyacinthe n'est point propre à la teinture, et le fruit du troëne ne teint point en bleu, mais en rouge obscur : l'hyacinthe et le fruit du troëne ne seraient donc appelés *vaccinia* que par métaphore, à cause de leur couleur obscure, et de la ressemblance qu'ils ont avec le vrai *vaccinium* qui est l'*isatis*, ou pastel ; de même que , quand on parle de la pourpre des violettes ou des iris , on n'entend point la véritable pourpre qui est le sang d'un coquillage.

Pline dit (*Hist. Nat.*, liv. xvi, ch. 31) que dans les Gaules le *vaccinium* sert à teindre en pourpre, *purpuræ tingendæ causa*, les vêtements des esclaves. Le commentateur de Pline, après avoir réfuté l'opinion de ceux qui veulent que le *vaccinium* des Latins soit le ὑάκινθος des Grecs, établit que ce *vaccinium* n'est autre chose que le *vaciet*. Quant au vers de Virgile, dit-il, n'est-il pas bien plus simple de penser que le poëte opposait l'un à l'autre deux arbrisseaux , et que sans cela l'antithèse serait inexacte et froide ? Les deux arbrisseaux mis en regard sont, d'une part, *ligustrum album*, le blanc troëne, et, de l'autre, *vaccinium nigrum*, le noir vaciet. Ce nom de vaciet, conservé par la tradition, servait de guide pour retrouver le *vaccinium* de Virgile ; et, en effet, la plante du poëte est le *vaccinium myrtillus* de Linné, dont les petits fruits noirs en corymbe , susceptibles de donner une nourriture champêtre, peuvent être mis avantageusement en parallèle avec la grappe blanche des fleurs du troëne. Le *vaccinium* des Latins, ajoute-t-il plus loin, notre myrtille, est un petit arbrisseau anguleux qui ne s'élève guère. Ses fruits, d'abord rougeâtres, puis noirs, ont une acidité très-agréable. On s'en sert encore aujourd'hui en Suède, où ses variétés abondent, pour teindre en violet les toiles et les papiers. Vitruve confirme l'assertion de Pline : *Vaccinium temperantes, et lac miscentes, purpuram faciunt elegantem.* Ovide (*Tristes*, liv. i, élég. i, v. 5) place la couleur que fournit le vaciet parmi les couleurs pourpres :

> Nec te purpureo velent vaccinia fuco ;
> Non est conveniens luctibus ille color.

131. — *Herba, quæ lutum appellatur.* Cette herbe, qui a sin-

gulièrement exercé la verve des commentateurs, dont il est absolument inutile de rappeler les opinions diverses, est celle que
nous appelons *gaude* en français. On s'en sert pour teindre en
jaune.

132. — *Cretam Selinusiam.... inficientes.* Pline dit également
(*Hist. Nat.*, liv. xxxv, ch. 27) qu'on falsifie l'indicum avec de
la fiente de pigeon, de la craie de Sélinonte, ou de l'annulaire
teinte à l'aide du verre. Plus loin (ch. 56), le naturaliste romain
dit encore que la terre de Sélinonte, blanche comme le lait et
très-facile à délayer dans l'eau, sert pour la peau des femmes.

133. — *Aut annulariam vitro, quod Græci* ἴσατιν *appellant, inficientes.* «L'annulaire est blanche, dit Pline (*Hist. Nat.*, liv. xxxv,
ch. 30); les peintres s'en servent pour représenter la carnation
des femmes. On la fait aussi avec de la craie combinée aux verres,
qui tiennent lieu de gemmes dans les anneaux des gens du peuple,
et de là son nom d'annulaire.»

Joconde, comme le pense Ortiz, a corrompu le texte dans ce
passage, au point de lui ôter toute clarté, et cela pour n'avoir
pas songé à une herbe appelée *pastel* dans notre langue, *vitrum*
chez les Latins, ἴσατις chez les Grecs. Il a pensé que Vitruve avait
voulu parler du verre, et que ἴσατις était une corruption pour
ὕαλον, qui signifie verre. Aucun commentateur, dit Stratico, n'a
relevé cette erreur, ni dans Vitruve, ni dans Pline, qui copie
Vitruve.

COULEURS DONT PARLE VITRUVE.

	1. *Sil*, ocre jaune.	
	2. *Rubrica*, sanguine ou craie rouge.	
	3. *Parætonium*,	blanc minéral.
	4. *Melinium*,	
NATURELLES.	5. *Creta viridis*, terre verte ou terre de montagne.	
	6. *Auripigmentum*, orpiment, orpin.	
	7. *Sandaraca*, minium.	
	8. *Minium*, cinabre.	
	9. *Chrysocolla*, chrysocolle ou borax.	
	10. *Indicum*, indigo.	
	1. *Atramentum*, noir de fumée.	
	2. *Cæruleum*, azur.	
	3. *Usta*, ocre brûlée.	
ARTIFICIELLES.	4. *Ceruse*, blanc de céruse.	
	5. *Ærugo*, vert-de-gris.	
	6. *Sandaraca*, minium.	
	7. *Ostrum*, pourpre.	

La peinture passa à Rome, de la Grèce qui l'avait reçue de

l'Egypte ; mais la politique des Égyptiens avait toujours entretenu
cet art, selon Platon, dans le même état de médiocrité, sans aucune altération comme sans aucun progrès, tandis que les Grecs
le portèrent au plus haut point de grandeur et de perfection.
C'est à l'expiration du beau siècle de la peinture grecque, lequel
avait commencé par Apollodore, vers 404 avant J.-C., qu'on
voit, pour la première fois, un jeune Romain prendre le pinceau.
A quelle hauteur la peinture fut-elle portée à Rome ? c'est ce qu'il
est impossible de déterminer par les fragments qui nous restent ;
mais il paraît, par les écrits des anciens, que les peintres qui ont
travaillé à Rome sous Auguste et sous ses premiers successeurs,
étaient bien inférieurs à Apelle et à ses illustres contemporains.
Pline, qui composait son Histoire sous Vespasien, et quand les
arts avaient atteint le plus haut point de perfection où ils soient
parvenus sous les empereurs, ne cite point, parmi les tableaux
qu'il regarde comme un des plus grands ornements de la capitale
de l'univers, un seul tableau qu'on puisse croire avoir été fait
du temps des Césars. Il ne compte de peintres romains que les
suivants, dont les noms ne rappellent rien d'heureux pour la
peinture : Fabius Pictor, Pacuvius, Sopolis, Dionysius, Philiscus,
Arellius, Ludius, Quintus Pedius, Antistius Labeo, Amulius,
Turpilius, Cornelius Pinus, Accius Priscus. *Voir* deux mémoires donnés par MM. de Caylus et de la Nause, dans le
Recueil de littérature, t. xxv.

LIBER OCTAVUS.

PRÆFATIO.

DE septem sapientibus Thales Milesius [1] omnium rerum principium aquam est professus, Heraclitus ignem,
magorum sacerdotes aquam et ignem; Euripides audi-
tor Anaxagoræ, quem philosophum Athenienses scenicum appellaverunt, aera et terram, eamque ex cœlestium imbrium conceptionibus inseminatam, fetus
gentium et omnium animalium in mundo procreavisse,
et quæ ex ea essent prognata, quum dissolverentur temporum necessitate coacta, in eamdem redire, quæque de
aere nascerentur item in cœli regiones reverti, neque
interitiones recipere, sed dissolutione mutata in eamdem
recidere, in qua fuerant, proprietatem. Pythagoras vero,
Empedocles, Epicharmus aliique physici et philosophi,
hæc principia quatuor esse proposuerunt, aerem, ignem,
aquam, terram, eorumque inter se cohærentiam naturali figuratione ex generum discriminibus efficere
qualitates.

Animadvertimus vero non solum nascentia ex his
esse procreata, sed etiam res omnes non ali sine eorum
potestate, neque crescere, nec tueri. Namque corpora
sine spiritus redundantia non possunt habere vitam,
nisi aer influens cum incremento fecerit auctus et

LIVRE HUITIÈME.

INTRODUCTION.

Le premier des sept sages, Thalès de Milet, soutenait que l'eau était le principe de toutes choses; Héraclite prétendait que c'était le feu. Les prêtres mages admettaient l'eau et le feu. Euripide, qui avait été disciple d'Anaxagore, et que les Athéniens appelaient le philosophe du théâtre, assurait que c'étaient l'air et la terre; que la terre fécondée par les pluies qui tombent du ciel, avait engendré dans le monde les hommes et les animaux; que les choses qui étaient produites par elle, forcées par le temps de se dissoudre, retournaient à leur principe, tandis que celles qui naissaient de l'air retournaient dans l'air; que les corps ne périssaient point; que modifiés seulement par la dissolution, ils reprenaient leur qualité première. Pythagore, Empédocle, Epicharme avec d'autres physiciens et philosophes, mirent en avant qu'il y avait quatre principes : l'air, le feu, l'eau, la terre; que la proportion dans laquelle ils entraient dans la formation des corps, produisait cette différence de qualités qu'on y remarque.

Nous remarquons, en effet, que non-seulement tout ce qui naît est le produit de ces éléments, mais encore que ce sont eux qui ont la vertu de les faire croître et de les conserver. En effet, les animaux ne pourraient avoir vie, s'ils ne respiraient largement l'air qui, en pénétrant avec abondance dans les poumons, produit cette dilata-

remissiones continenter. Caloris vero si non fuerit in corpore justa comparatio, non erit spiritus animalis, neque erectio firma, cibique vires non poterunt habere concoctionis temperaturam. Item si non terrestri cibo membra corporis alantur, deficient, et ita a terreni principii mixtione erunt deserta.

Animalia vero, si fuerint sine humoris potestate, exsanguinata et exucta a principiorum liquore, interarescent. Igitur divina mens, quæ proprie necessaria essent gentibus, non constituit difficilia et cara, uti sunt margaritæ, aurum, argentum, ceteraque, quæ nec corpus nec natura desiderat, sed sine quibus mortalium vita non potest esse tuta, effudit ad manum parata per omnem mundum. Itaque ex his si quid forte desit in corpore spiritus, ad restituendum aer assignatus, id præstat : apparatus autem ad auxilia caloris, solis impetus, et ignis inventus tutiorem efficit vitam : item terrenus fructus escarum præstans copiis supervacuis, desiderationes alit et nutrit animales pascendo continenter : aqua[2] vero non solum potus, sed infinitas usui præbendo necessitates, gratas, quod est gratuita, præstat utilitates.

Ex eo etiam qui sacerdotia gerunt moribus Ægyptiorum, ostendunt omnes res e liquoris potestate consistere : itaque quum hydriam tegunt[3], quæ ad templum ædemque casta religione refertur, tunc in terra procumbentes, manibus ad cœlum sublatis, inventionibus gratias agunt divinæ benignitatis.

tion et cette compression incessantes de la poitrine. Si la chaleur ne se trouve point dans un corps au degré qui lui convient, ce corps manquera d'un principe vital; il ne prendra point de développement solide; les sucs alimentaires ne pourront avoir la coction nécessaire. Et si les parties du corps viennent à manquer de nourriture terrestre, elles ne subsisteront pas, privées qu'elles seront du concours de l'un des principes de la vie.

De même, si les animaux sont dépourvus de l'humide radical, ils périront, faute de ce principe. Aussi la Divinité, loin de vouloir que les choses absolument nécessaires aux hommes, soient aussi rares et aussi difficiles à avoir que les perles, l'or, l'argent et les autres choses dont notre corps et notre nature peuvent se passer, la Divinité a prodigué aux mortels, elle a semé sous les pas de chaque homme tout ce dont il a besoin pour sa conservation. Que les esprits vitaux viennent à manquer au corps, l'air destiné à les réparer ne fait point défaut. Faut-il un auxiliaire à la chaleur naturelle, le soleil et le feu lui viennent en aide pour entretenir la vie. Les fruits de la terre, bien préférables à l'abondance superflue des mets, fournissent une nourriture assurée qui suffit pour réparer les forces du corps; et l'eau ne sert pas seulement de boisson, mais, nécessaire en mille circonstances, elle est d'autant plus agréable qu'elle ne coûte rien.

Les prêtres égyptiens, pour faire voir que tout ne subsiste que par la vertu de cet élément, couvrent un vase à eau qu'on porte en grande cérémonie dans un temple; puis, se prosternant contre terre, ils lèvent les mains vers le ciel; ils rendent grâce à la bonté divine du présent qu'elle leur a fait.

I. De aquæ inventionibus.

Quum ergo et a physicis, et a philosophis, et ab
sacerdotibus judicetur, ex potestate aquæ omnes res
constare, putavi, quoniam in prioribus septem voluminibus rationes ædificiorum sunt expositæ, in hoc oportere de inventionibus aquæ, quasque habeat in locorum
proprietatibus virtutes, quibusque rationibus ducatur,
et quemadmodum interea probetur, scribere. Est enim
maxime necessaria et ad vitam et ad delectationes et ad
usum quotidianum. Ea autem facilior erit, si fontes
erunt aperti et fluentes : sin autem non profluent, quærenda sub terra sunt capita et colligenda, quæ sic erunt
experienda : uti procumbatur in dentes [4], antequam sol
exortus fuerit, in locis quibus erit quærendum, et in
terra mento collocato et fulto prospiciantur eæ regiones.
Sic enim non errabit excelsius quam oporteat visus,
quum erit immotum mentum, sed libratam altitudinem
in regionibus certa finitione designabit. Tunc in quibus
locis videbuntur humores concrispantes et in aera surgentes, ibi fodiatur : non enim in sicco loco hoc signum
potest fieri.

Item animadvertendum est quærentibus aquam, quo
genere sint loca [5]; certa enim sunt in quibus nascitur.
In creta tenuis et exilis et non alta est copia; ea erit non
optimo sapore. Item sabulone soluto tenuis; sed si inferioribus locis invenietur, ea erit limosa et insuavis. In
terra autem nigra sudores et stillæ exiles inveniuntur,
quæ ex hibernis tempestatibus collectæ in spissis et
solidis locis subsidunt; eæ habent optimum saporem.
Glarea vero mediocres et non certæ venæ [6] reperiun-

I. De la manière de trouver l'eau.

Puisque les physiciens, les philosophes et les prêtres ont pensé que rien ne subsiste que par la vertu de l'eau, j'ai cru qu'après avoir expliqué dans les sept livres précédents tout ce qui a rapport aux édifices, je devais dans celui-ci parler des moyens de trouver l'eau, des qualités que lui donne la nature des lieux, de la manière de la conduire et d'en connaître les propriétés. Est-il, en effet, rien de plus nécessaire que l'eau, rien de plus agréable, rien de plus journellement utile? Pas de difficulté, quand une fontaine fera jaillir ses eaux du sol; mais quand il n'en sera point ainsi, quand il faudra aller les chercher sous terre et en recueillir les sources, voici comment on devra s'y prendre : on se couchera la face contre terre, avant le lever du soleil, dans le lieu où il y aura une recherche à faire, et, le menton appuyé sur le sol, on dirigera ses regards vers l'horizon. Dans cette position immobile du menton, la vue, loin de s'égarer plus haut qu'il ne faut, s'étendra devant elle d'une manière invariable, au niveau de l'œil. Les endroits dans lesquels on verra s'élever des vapeurs ondoyantes, devront être creusés : car les lieux secs ne peuvent présenter cette particularité.

Celui qui cherche l'eau doit encore examiner la nature des terrains : car ils donnent les mêmes eaux d'une manière constante. La craie ne fournit que le mince filet d'une eau peu profonde et peu agréable au goût. Il en est de même du sable mouvant; seulement, si on ne trouve l'eau qu'à une grande profondeur, elle sera bourbeuse et détestable. Dans la terre noire, au contraire, on trouve des eaux qui, s'infiltrant goutte à goutte pendant les hivers, vont se réunir et s'arrêter dans les endroits compactes et solides; celles-là sont excellentes.

tur; eæ quoque egregia sunt suavitate. Item sabulone
masculo arenaque et carbunculo certiores et stabiliores
sunt copiæ, eæque sunt bono sapore. Rubro saxo et
copiosæ et bonæ, si non per intervenia dilabantur et
liquescant. Sub radicibus autem montium et in saxis
silicibus uberiores et affluentiores, eæque frigidiores
sunt et salubriores. Campestribus autem fontibus salsæ,
graves, tepidæ, non suaves, nisi quæ ex montibus sub
terra submanantes erumpunt in medios campos, ibique
arborum umbris contectæ præstant montanorum fontium
suavitatem.

Signa autem quibus terrarum generibus subeunt aquæ [7]
præter quod supra scriptum est, hæc erunt : si inve-
nientur nascentia, tenuis juncus, salix erratica, alnus,
vitex, arundo, hedera, aliaque, quæ ejusmodi sunt,
quæ non possunt nasci per se sine humore. Solent autem
eadem in lacunis nata esse, quæ sidentes præter reliquum agrum excipiunt ex imbribus et agris per hiemem
diutiusque propter capacitatem conservant humorem;
quibus non est credendum : sed quibus regionibus et
terris, non lacunis, ea signa nascuntur non sata, sed
naturaliter per se creata, ibi est quærenda.

In quibus locis si hæ non significabuntur inventiones,
sic erunt experiundæ. Fodiatur quoquoversus locus latus
pedes tres, altus ne minus pedes quinque [8], in eoque
collocetur circiter solis occasum scaphium æreum aut

Les veines qu'on rencontre dans le gravier ne sont ni abondantes ni certaines ; mais elles sont aussi très-bonnes. Dans le sablon mâle, dans le sable, dans le carboncle, elles sont plus sûres, plus constantes ; elles sont d'une bonne qualité. Dans la pierre rouge, elles sont copieuses et bonnes, quand elles ne s'échappent pas, qu'elles ne s'infiltrent pas à travers ses pores. Au pied des montagnes et des roches siliceuses, elles sont plus abondantes, plus riches, et en même temps plus fraîches et plus salutaires. Dans les fontaines qui se trouvent dans les plaines, elles sont saumâtres, pesantes, tièdes et désagréables, à moins qu'elles ne partent des montagnes pour aller sous terre jaillir au milieu des champs, où, à l'abri de la verdure des arbres, elles offrent la même douceur que celles des montagnes.

Outre les signes qui viennent d'être indiqués, il en est encore d'autres qui font connaître les endroits où l'eau se trouve sous terre ; ce sont les petits joncs, les saules sauvages, les aunes, l'agnus-castus, les roseaux, les lierres et les autres plantes de même nature, qui ne peuvent naître d'elles-mêmes sans humidité. On voit ordinairement pousser ces mêmes plantes dans les marais qui, étant plus bas que les terres qui les environnent, reçoivent pendant l'hiver les eaux qui tombent du ciel et celles qui viennent de ces terres, et les conservent longtemps par le défaut d'écoulement ; il ne faut point s'en rapporter à cela ; mais si dans les terres qui ne sont pas marécageuses, ces plantes indicatives naissent sans avoir été semées, d'elles-mêmes, naturellement, on peut y chercher de l'eau.

Si ces indices n'annoncent pas la présence de l'eau, voici l'expérience qu'il faudra faire. On pratiquera un trou de trois pieds d'ouverture en tout sens, et de cinq pieds au moins de profondeur ; on y placera, vers le coucher du soleil, un vase d'airain ou de plomb,

15.

plumbeum aut pelvis, ex his quod erit paratum , idque intrinsecus oleo ungatur ponaturque inversum, et summa fossura operiatur arundinibus aut fronde; supra terra obruatur; tum postero die aperiatur, et, si in vase stillæ sudoresque erunt, is locus habebit aquam.

Item si vas ex creta factum non coctum in ea fossione eadem ratione opertum positum fuerit, si is locus aquam habuerit, quum apertum fuerit, vas humidum erit, et etiam dissolvetur ab humore. Vellusque lanæ si collocatum erit in ea fossura, insequenti autem die de eo aqua expressa erit, significabit eum locum habere copiam. Non minus si lucerna concinnata oleique plena et accensa in eo loco operta fuerit collocata, et postero die non erit exusta, sed habuerit reliquias olei et elly-chnii, ipsaque humida invenietur, indicabit eum locum habere aquam, ideo quod omnis tepor ad se ducit humores. Item in eo loco ignis si factus fuerit, et per-calefacta terra et adusta vaporem nebulosum ex se susci-taverit, is locus habebit aquam.

Quum hæc ita erunt pertentata, et quæ supra scripta sunt signa inventa, tum deprimendus est puteus in eo loco; et si caput erit aquæ inventum, plures sunt circa fodiendi et per specus in unum locum omnes condu-cendi. Hæc autem maxime in montibus et regionibus septentrionalibus sunt quærenda 9, eo quod in his et suaviora et salubriora et copiosiora inveniuntur; aversi enim sunt solis cursui, et in his locis primum crebræ sunt arbores et silvosæ, ipsique montes suas habent umbras obstantes, ut radii solis non directi perveniant ad terram, nec possint humores exurere.

ou un bassin, peu importe; après l'avoir intérieurement
frotté d'huile et renversé, on couvrira l'ouverture de la
fosse avec des roseaux ou des feuillages qu'on chargera
de terre; puis on l'ouvrira le lendemain, et s'il se trouve
des gouttes d'eau attachées aux parois du vase, c'est
que cet endroit contient de l'eau.

On peut encore placer un vase de terre non cuite dans
cette fosse recouverte de la même manière; s'il y a de
l'eau dans cet endroit, lorsqu'on ouvrira la fosse, le
vase sera humide, et même se dissoudra par l'humidité.
Si l'on dépose dans la fosse une toison, et que le lendemain
on en exprime de l'eau, c'est que ce lieu en renferme beaucoup. Voulez-vous y mettre une lampe bien remplie
d'huile et tout allumée, et boucher hermétiquement la
fosse? si, le jour suivant, on ne la trouve plus enflammée,
s'il y reste de l'huile et de la mèche, si on la trouve humide, c'est une preuve que ce lieu contient de l'eau, parce
qu'une chaleur modérée attire l'humidité. Si l'on allume
aussi du feu dans cet endroit, et que de la terre échauffée
et desséchée s'élève une vapeur épaisse, c'est qu'il y aura
de l'eau.

Après toutes ces épreuves, après avoir rencontré les
signes indiqués ci-dessus, on creusera un puits, et si
l'on trouve une source, il faudra pratiquer plusieurs
autres puits tout autour, et faire que par des conduits
ils aboutissent tous au même point. C'est surtout dans
les montagnes et dans les lieux qui regardent le septentrion, qu'il faut chercher l'eau, parce qu'elle s'y trouve
plus douce, plus saine et plus abondante. Ces lieux ne
sont point exposés à la chaleur du soleil, dont ils sont
garantis par les arbres touffus des forêts; les montagnes
elles-mêmes ont leurs ombres qui empêchent les rayons
du soleil d'arriver directement jusqu'à la terre, et qui
les rendent incapables d'en pomper l'humidité.

Intervalla quoque montium maxime recipiunt imbres,
et propter silvarum crebritatem, nives ibi ab umbris
arborum et montium diutius conservantur : deinde
liquatæ per terræ venas percolantur, et ita perveniunt
ad infimas montium radices ; ex quibus profluentes
fontium erumpunt ructus. Campestres autem loci e contrario non possunt habere copias, et quæcumque sunt,
non possunt habere salubritatem, quod solis vehemens
impetus propter nullam obstantiam umbrarum eripit
exhauriendo fervens ex planitie camporum humorem ;
et si quæ ibi sunt aquæ apparentes, ex his, quod est
levissimum tenuissimumque et subtili salubritate, aer
avocans dissipat in impetum cœli, quæque gravissimæ
duræque et insuaves sunt partes, eæ in fontibus campestribus relinquuntur.

II. De aqua imbrium.

Itaque quæ ex imbribus aqua colligitur salubriores
habet virtutes [10], eo quod eligitur ex omnibus fontibus
levissimis subtilibusque tenuitatibus ; deinde per aeris
exercitationem percolata tempestatibus liquescendo pervenit ad terram. Etiamque non crebriter in campis
confluunt imbres, sed in montibus aut ad ipsos montes [11],
ideo quod humores ex terra matutino solis ortu moti
quum sunt egressi, in quamcumque partem cœli sunt
proclinati, trudunt aera, deinde quum sunt moti,
propter vacuitatem loci post se recipiunt aeris ruentes
undas.

Aer [12] autem qui ruit trudens quocumque humorem
prævium, spiritus, et impetus, et undas crescentes facit

Les vides qui se trouvent au haut des montagnes servent surtout de réservoirs aux pluies, et, à cause de l'épaisseur des forêts, les ombres des arbres et des montagnes y conservent longtemps les neiges; lorsqu'elles viennent à fondre, elles filtrent à travers les terres, et parviennent ainsi jusqu'au pied des montagnes d'où elles s'échappent en fontaines bouillonnantes. Dans les plaines, au contraire, les eaux ne peuvent être abondantes, et quelles qu'elles soient, elles ne peuvent être bonnes, parce que les rayons brûlants du soleil, ne rencontrant aucun ombrage qui les intercepte, enlèvent, épuisent et absorbent toute l'humidité de cette surface découverte; et si quelque source y apparaît, tout ce qu'elle contient de plus léger, de plus subtil, de plus salubre, est attiré par l'air qui le dissipe dans l'immensité, et il ne reste plus dans ces fontaines que les parties les plus pesantes, les plus crues et les plus désagréables.

II. De l'eau de pluie.

L'eau de pluie a des propriétés que n'ont point les autres. Extraite des eaux de toutes les fontaines, elle se compose des parties les plus légères, les plus subtiles, les plus délicates; purifiée par l'agitation de l'air, elle ne tombe à terre que liquéfiée par la violence du vent. Les plaines sont beaucoup moins sujettes à la pluie que les montagnes ou leurs environs, parce que les vapeurs qu'aspire le soleil du matin, poussent, en s'élevant, l'air dans la partie du ciel vers laquelle elles se développent, et que, lorsqu'elles sont mises en mouvement, elles attirent encore celui qui se précipite en ondoyant dans le vide qu'elles laissent après elles.

Or, l'air qui se précipite en poussant de tous côtés les vapeurs qu'il rencontre, augmente le souffle et l'impé-

ventorum. A ventis autem quocumque feruntur humores
conglobati ex fontibus, et fluminibus, et paludibus, et
pelago, cum tepore solis colliguntur, exhauriuntur et
ita tolluntur in altitudinem nubes : eæ deinde cum
aeris unda nitentes, quum perveniunt ad montes, ab
eorum offensa et procellis, propter plenitatem et gravitatem, liquescendo disperguntur et ita diffunduntur in
terras.

Vaporem autem et nebulas et humores ex terra
nasci [13], hæc videtur efficere ratio, quod ea habet in se
et calores fervidos, et spiritus immanes refrigerationes-
que et aquarum magnam multitudinem. Ex eo quum
refrigeratur noctu, ventorum flatus oriuntur per tene-
bras, et ab humidis locis egrediuntur in altitudinem
nubes : sol oriens impetu tangit orbem terræ; aer tunc
a sole percalefactus cum rorationibus ex terra tollit
humores.

Licet ex balneis exemplum capere; nullæ enim cameræ, quæ sunt caldariorum, supra se possunt habere
fontes; sed cœlum quod est ibi, ex præfurniis ab ignis
vapore percalefactum, corripit ex pavimentis aquam, et
aufert secum in camerarum curvaturas et sustinet; ideo
quod semper vapor calidus in altitudinem se trudit, et
primo non remittitur propter brevitatem; simul autem
plus humoris habet congestum, non potest sustineri
propter gravitatem, sed stillat supra lavantium capita.
Item eadem ratione cœlestis aer quum ab sole percepit
calorem, ex omnibus locis hauriendo tollit humores et
congregat ad nubes. Ita enim terra fervore tacta ejicit
humores, ut corpus hominis ex calore emittit sudores.

Indices autem sunt ejus rei venti, ex quibus qui a

tuosité des vents, et en produit les bouffées. De leur
côté, les vents entraînent les vapeurs qui, en s'arron-
dissant, se forment des fontaines, des fleuves, des marais et de la mer, attirées par la chaleur du soleil, et se
convertissent en nuées qui s'élèvent dans l'espace : ces
nuées portées en avant par les tourbillons de l'air, venant à heurter contre les montagnes ou contre d'autres
nuées, se compriment, se condensent, se résolvent en
pluies qui se répandent sur la terre.

Les vapeurs, les nuées, l'humidité naissent de la
terre; en voici une raison vraisemblable : c'est que la
terre contient de grandes chaleurs, beaucoup d'air, des
parties froides, et une grande quantité d'eau. De là il
arrive que, lorsque la terre se refroidit pendant la nuit,
les vents soufflent dans les ténèbres, que les brouillards
montent des lieux humides, et que le soleil levant, venant à frapper la terre de ses rayons, l'air échauffé
par son action, enlève de la terre l'humidité avec les
rosées.

Les bains peuvent nous fournir un exemple de ce
phénomène : il n'y a point d'eau au-dessus des voûtes des
bains chauds ; mais l'air échauffé par le feu des fourneaux,
attire l'humidité des pavés, l'enlève jusqu'aux parois
de la voûte, où elle s'attache; la vapeur chaude s'élève
et se presse sans cesse; aussi ne retombe-t-elle pas
d'abord à cause de sa légèreté; mais aussitôt que l'humidité s'est condensée, elle ne peut plus se soutenir, étant
devenue trop pesante, et finit par tomber en gouttes
sur la tête des baigneurs. Par la même raison, l'air extérieur pénétré par le soleil qui l'échauffe, attirant de
toutes parts l'humidité, l'enlève et en forme les nuées.
Ainsi, de la terre soumise à la chaleur, s'échappe l'humidité, comme du corps échauffé de l'homme se dégage
la sueur.

Les vents nous en fournissent encore une preuve

frigidissimis partibus veniunt procreati, septentrio ei aquilo, extenuatos siccitatibus in aere flatus spirant; auster vero et reliqui qui a solis cursu impetum faciunt, sunt humidissimi, et semper apportant imbres; quod percalefacti ab regionibus fervidis adveniunt, et ex omnibus terris lambentes eripiunt humores, et ita eos profundunt ad septentrionales regiones.

Hæc autem sic fieri, testimonio possunt esse capita fluminum [14], quæ orbe terrarum chorographiis picta [15], itemque scripta, plurima maximaque inveniuntur egressa ab septentrione [16]. Primumque in India Ganges et Indus a Caucaso monte oriuntur; Syria Tigris et Euphrates; Asiæ item Ponto Borysthenes, Hypanis, Tanais; Colchis Phasis; Gallia Rhodanus; Celtica Rhenus; citra Alpés Timavus et Padus; Italia Tibris; Maurusia, quam nostri Mauritaniam appellant, ex monte Atlante Dyris [17], qui ortus ex septentrionali regione progreditur per occidentem ad lacum Heptabolum, et mutato nomine dicitur Nigir, deinde ex lacu Heptabolo sub montes desertos subterfluens, per meridiana loca manat, et influit in paludem Coloe quæ circumcingit Meroen, quod est Æthiopum meridianorum regnum : ab hisque paludibus se circumagens per flumina Astasobam et Astaboram et alia plura, pervenit per montes ad catarrhactam, ab eaque se præcipitans per septentrionalem pervenit inter Elephantida et Syenem Thebaicosque in Ægyptum campos, et ibi Nilus appellatur.

Ex Mauritania autem caput Nili profluere ex eo maxime cognoscitur, quod ex altera parte montis Atlantis sunt alia capita item profluentia ad occidentem

Ceux qui viennent des régions les plus froides, comme le septentrion et l'aquilon, donnent un air sec qui épuise; tandis que l'auster et tous ceux qui soufflent de la ligne que parcourt le soleil sur l'horizon, sont très-humides et apportent toujours la pluie, parce que, échauffés par la chaleur des pays qu'ils traversent, ils enlèvent l'humidité des contrées qu'ils effleurent, et vont la répandre vers les régions septentrionales.

Une preuve encore de cette vérité, c'est que les sources des fleuves qui sont indiqués et tracés sur les cartes de géographie, se trouvent couler du septentrion plus nombreux et plus larges. Tels sont, dans l'Inde, le Gange et l'Indus qui descendent du mont Caucase; dans l'Assyrie, le Tigre et l'Euphrate; dans l'Asie et le royaume de Pont, le Borysthène, l'Hypanis, le Tanaïs; en Colchide, le Phase; en Gaule, le Rhône; dans la Gaule celtique, le Rhin; en deçà des Alpes, le Timave et le Pô; en Italie, le Tibre; en Maurusie, que nous appelons Mauritanie, le Dyris qui, descendant du versant septentrional de l'Atlas, se dirige par l'occident vers le lac Heptabole, où, changeant de nom, il est appelé Nigir; puis sortant du lac Heptabole pour aller passer sous des montagnes désertes, il coule à travers les pays méridionaux, et se jette dans le marais Coloé qui entoure le royaume de Méroé, dans l'Éthiopie méridionale. C'est en sortant de ces marais, que faisant plusieurs détours pour former les fleuves Astasobas et Astaboras, et plusieurs autres, il parvient, à travers les montagnes, à la cataracte, et de là se précipitant vers le septentrion, il arrive par Éléphantine, Syène et la Thébaïde en Égypte, où il prend le nom de Nil.

Et l'on reconnaît surtout que c'est en Mauritanie que le Nil prend sa source, en ce que du côté opposé du mont Atlas, se trouvent les sources d'autres fleuves qui

oceanum, ibique nascuntur ichneumones, crocodili et aliæ similes bestiarum pisciumque naturæ præter hippopotamos.

Ergo quum omnia maxima flumina in orbis terrarum descriptionibus ab septentrione videantur profluere, Afrique campi, qui sunt in meridianis partibus subjecti solis cursui, latentes penitus habeant humores, nec fontes crebros amnesque raros, relinquitur uti multo meliora inveniantur capita fontium, quæ ad septentrionem aquilonemve spectant, nisi si inciderint in sulphurosum locum aut aluminosum seu bituminosum; tunc enim permutantur, et aut calidæ aquæ aut frigidæ odore malo et sapore perfundunt fontes.

Neque enim calidæ aquæ est ulla proprietas; sed frigida aqua quum incidit percurrens in ardentem locum effervescit, et percalefacta egreditur per venas extra terram; ideo diutius non potest permanere, sed brevi spatio fit frigida. Namque si naturaliter esset calida, non refrigeraretur calor ejus. Sapor autem et odor et color ejus non restituitur, quod intinctus et commixtus est propter naturæ raritatem.

III. De aquis calidis et de variorum fontium, fluminum lacuumque natura.

Sunt autem etiam nonnulli fontes calidi, ex quibus profluit aqua sapore optimo, quæ in potione ita est suavis, uti nec fontinalis ab Camœnis [18] nec Marcia saliens [19] desideretur. Hæc autem a natura perficiuntur his rationibus. Quum in imo per alumen [20] aut bitumen seu sulphur ignis excitatur, ardore percandefacit terram, quæ est circa se : supra se autem fervidum emittit

portent leurs eaux dans l'océan Occidental, et où naissent les ichneumons, les crocodiles et d'autres espèces
d'animaux et de poissons, outre les hippopotames.

Puis donc qu'on voit dans les descriptions de la
terre tous les plus grands fleuves couler du septentrion,
et que les campagnes d'Afrique qui, dans les parties
méridionales, sont plus rapprochées du soleil, n'ont
d'eau que fort avant dans la terre, de fontaines et de
rivières qu'en très-petit nombre, on doit conclure que
les meilleures sources sont celles dont les eaux s'écoulent
vers l'aquilon et le septentrion, à moins qu'elles ne traversent des lieux remplis de soufre, d'alun ou de bitume :
car alors elles perdent leur qualité, et chaudes ou froides, elles ont un goût et une odeur désagréables.

Il n'est point d'eau qui soit essentiellement chaude;
mais l'eau froide qui, dans son cours, traverse un lieu
brûlant, s'échauffe et sort bouillante des veines de la
terre. Elle ne peut rester longtemps dans cet état; bientôt elle se refroidit; et si elle était naturellement chaude,
elle ne perdrait point sa chaleur. Quant à sa saveur, à
son odeur et à sa couleur, elle ne les reprend point,
parce qu'à cause de la subtilité de sa nature, il se fait
avec les matières qui les produisent un mélange trop
intime.

III. Des eaux chaudes, et de la nature de plusieurs fontaines, fleuves et lacs.

Il existe quelques fontaines chaudes qui donnent des
eaux d'un goût excellent. Elles sont si bonnes à boire
qu'elles ne le cèdent en rien à celles de la fontaine Camène et à celles de Marcia qui jaillissent de terre. Or, voici
comment la nature communique cette chaleur aux eaux.
Lorsque, dans les profondeurs de la terre, le feu s'allume
dans l'alun, le bitume ou le soufre, il échauffe la terre
qui l'environne, et envoie dans les parties supérieures

in superiora loca vaporem, et ita si qui in his locis qui
sunt supra, fontes dulcis aquæ nascuntur, offensi eo
vapore effervescunt inter venas, et ita profluunt incor-
rupto sapore.

Sunt.etiam odore et sapore non bono frigidi fontes,
qui ab inferioribus locis penitus orti, per loca ardentia
transeunt, et ab his per longum spatium terræ percurrentes, refrigerati perveniunt supra terram, sapore,
odore coloreque corrupto, uti in Tiburtina via fluens
Albula [21] et in Ardeatino fontes frigidi [22] eodem odore,
qui sulphurati dicuntur, et reliquis locis similibus. Hi
autem quum sint frigidi, ideo videntur aspectu fervere,
quod quum in ardentem locum alte penitus inciderunt,
humore et igni inter se congruentibus offensi, vehementi
fragore validos in se recipiunt spiritus, et ita inflati vi
venti coacti, bullientes crebro per fontes egrediuntur.
Ex his autem qui non sunt aperti, sed aut saxis aut alia
vi continentur, per angustas venas vehementia spiritus
extruduntur ad summos grumorum tumulos.

Itaque qui putant tanta se altitudine, qua sunt grumi,
capita fontium posse habere, quum aperiunt fossuras
latius, decipiuntur. Namque uti æneum vas non in summis labris plenum, sed aquæ mensuram suæ capacitatis
habens e tribus duas partes, operculumque in eo collocatum, quum ignis vehementi fervore tangatur, percale-
fieri cogit aquam. Ea autem propter naturalem raritatem
in se recipiens fervoris validam inflationem, non modo

une vapeur brûlante; de sorte que s'il se trouve au-dessus quelques fontaines d'eau douce, rencontrées par cette vapeur, elles s'échauffent dans leurs conduits, et coulent sans rien perdre de leur goût.

Il y a, d'un autre côté, des fontaines d'eau froide qui ont une odeur et un goût qui ne sont point agréables. Prenant naissance à de grandes profondeurs, elles traversent des lieux brûlants, et ont encore, en les quittant, de grands espaces à parcourir sous terre, d'où elles ne sortent que refroidies, après avoir perdu leur goût, leur odeur et leur couleur propres : c'est ce qu'on remarque sur le chemin de Tibur, à la fontaine Albula; dans le territoire d'Ardée, à des fontaines froides qui ont, comme elle, une odeur sulfureuse, et dans d'autres lieux semblables. Or, bien que ces eaux soient froides, elles paraissent néanmoins bouillonner, parce que, quand elles viennent à rencontrer un lieu brûlant dans les profondeurs de la terre, leur contact avec le feu les irrite, les fait entrer dans une violente ébullition qui les remplit d'une grande quantité de gaz, et gonflées par la force de l'air qui s'y trouve resserré, elles s'élancent à plusieurs reprises de leurs sources en bouillonnant. Les eaux qui ne trouvent point d'issue, et que des rochers ou tout autre obstacle arrêtent, chassées par la violence de cet air, s'élèvent dans d'étroits conduits jusqu'au sommet de certaines montagnes.

Ceux qui s'imaginent qu'ils vont trouver des sources d'eau vive à la même hauteur que ces montagnes, reviennent de leur erreur, quand ils y creusent de larges puits. Voyez un vase d'airain qui n'a point été rempli jusqu'au bord, et qui ne contient de l'eau que jusqu'aux deux tiers de sa grandeur; fermez-le avec son couvercle, et approchez-le d'un feu ardent, bientôt l'eau sera extrêmement chaude. Cette eau naturellement susceptible de raréfaction, reçoit de la chaleur une forte dilata-

implet vas, sed spiritibus extollens operculum et crescens abundat : sublato autem operculo, emissis inflationibus in aere patenti, rursus ad suum locum residet. Ad eumdem modum capita fontium, quum sunt angustiis compressa, ruunt in summo spiritus aquæ bullitus : simul autem latius sunt aperti, exinaniti per raritates liquidæ potestatis residunt, et restituuntur in libramenti sui proprietatem.

Omnis autem aqua calida, ideo quidem est medicamentosa, quod in præviis rebus percocta, aliam virtutem recipit ad usum. Namque sulphurosi fontes nervorum labores reficiunt, percalefaciendo exurendoque caloribus e corporibus humores vitiosos : aluminosi autem, quum dissoluta membra corporum paralysi aut aliqua vi morbi receperunt, fovendo per patentes venas refrigerationem contraria caloris vi reficiunt, et ex hoc continenter restituuntur in antiquam membrorum curationem. Bituminosi autem interioris corporis vitia potionibus purgando, solent mederi.

Est autem aquæ frigidæ genus nitrosum, uti Pinnæ Vestinæ, Cutiliis 23 aliisque locis similibus, quod potionibus depurgat, per alvumque transeundo etiam strumarum minuit tumores. Ubi vero aurum, argentum 24, ferrum, æs, plumbum reliquæque res earum similes fodiuntur, fontes inveniuntur copiosi; sed hi maxime sunt vitiosi : habent enim vitia contraria aquæ calidæ, quam sulphur, alumen, bitumen emittit; qui per potiotiones quum in corpus ineunt et per venas permanando nervos attingunt et artus, eos durant inflando : igitur nervi inflatione turgentes, ex longitudine contrahuntur,

tion, et, grâce à la vapeur, non-seulement elle remplit le vase, mais encore elle soulève le couvercle et déborde abondamment; mais ôtez le couvercle, la vapeur s'échappe dans l'air et l'eau retombe à son niveau. Il en est de même des eaux d'une source : comprimées dans un étroit espace, le bouillonnement produit par l'air qu'elles contiennent, les fait monter avec effort; mais elles n'ont pas plutôt trouvé un plus large passage, que l'air se dégage à travers leurs pores, qu'elles s'affaissent et reprennent leur équilibre naturel.

Toutes les eaux chaudes sont médicinales, parce que cuites, pour ainsi dire, dans les matières qu'elles traversent, elles acquièrent une nouvelle propriété et un autre usage. Les eaux sulfureuses sont bonnes pour les maladies de nerfs, qu'elles fortifient en les échauffant, et en consumant les mauvaises humeurs du corps; les alumineuses guérissent les corps affaiblis par la paralysie ou quelque autre maladie, en redonnant aux veines de l'élasticité, et en neutralisant le froid par une chaleur qui remet bientôt les membres dans leur ancien état de santé; les bitumineuses se boivent, et chassent ordinairement, par la purgation, les maladies internes.

Il est une espèce d'eau froide qui est nitreuse : on la trouve à Pinna, ville des Vestins, à Cutilies, et dans d'autres localités semblables. On en boit pour se purger, et ces purgations diminuent aussi les tumeurs scrofuleuses. Dans les mines d'or, d'argent, de cuivre, de plomb et d'autres métaux semblables, on trouve des sources abondantes; mais elles sont très-mauvaises, et leur propriété est contraire à celle de l'eau chaude chargée de soufre, d'alun, de bitume; quand on les boit, quand elles ont pénétré dans le corps, et que s'insinuant par les veines, elles atteignent les nerfs et les articulations, elles les enflent et les durcissent; les nerfs ainsi gonflés par l'inflammation, se raccourcissent, pro-

et ita aut neuricos aut podagricos efficiunt homines, ideo quod ex durissimis et spissioribus frigidissimisque rebus intinctas habent venarum raritates.

Aquæ autem species est, quæ quum habeat non satis perlucidas venas, spumà uti flos natat in summo, colore similis vitri purpurei. Hæc maxime consideratur Athenis; ibi enim ex ejusmodi locis et fontibus in Asty et ad portum Piræeum ducti sunt salientes, e quibus bibit nemo propter eam causam , sed lavationibus et reliquis rebus utuntur : bibunt autem ex puteis, et ita vitant eorum vitia. Trœzene non potest id vitari, quod omnino aliud genus aquæ non reperitur, nisi quod Cibdeli habent; itaque in ea civitate aut omnes aut maxima ex parte sunt pedibus vitiosi. Ciliciæ vero civitate Tarso flumen est nomine Cydnos [25], in quo podagrici crura macerantes levantur dolore.

Sunt autem et alia multa genera, quæ suas habent proprietates, uti in Sicilia flumen est Himeras, quod a fonte quum est progressum, dividitur in duas partes; quæ pars profluit contra Ætnam, quod per terræ dulcem succum percurrit , est infinita dulcedine; altera pars, quæ per eam terram currit unde sal foditur, salsum habet saporem. Item Parætonio et quo est iter ad Hammonem , et Casio ad Ægyptum lacus sunt palustres, qui ita sunt salsi, ut habeant insuper se salem congelatum. Sunt autem et aliis pluribus locis et fontes et flumina et lacus, qui per salis fodinas percurrentes necessario salsi perficiuntur.

Alii autem per pingues terræ venas profluentes uncti oleo fontes erumpunt, uti Solis [26], quod oppidum est

duisent les névralgies et la goutte, parce que les pores des veines sont imprégnés d'humeurs crues, épaisses et froides.

Il y a encore une sorte d'eau qui, avec peu de limpidité, se couvre d'une écume d'une couleur de verre rouge qui monte à la surface comme une crème. On la voit surtout auprès d'Athènes; on la prend à sa source pour la conduire dans la ville et auprès du port du Pirée où elle jaillit. La particularité qui la distingue, empêche que personne n'en boive; mais on s'en sert pour les bains et pour d'autres usages; on ne boit que de l'eau de puits pour échapper à ce qu'elle a de nuisible. Trézène ne peut éviter cet inconvénient, en ce qu'on n'y trouve pas d'autre eau que celle de Cibdèle : aussi tous les habitants, ou au moins une grande partie, ont-ils la goutte aux pieds. En Cilicie, la ville de Tarse est traversée par le fleuve Cydnus, dans les eaux duquel les podagres, en se baignant les jambes, trouvent un soulagement à leur douleur.

On rencontre encore plusieurs autres espèces d'eaux avec des qualités particulières. En Sicile, le fleuve Himère, après être sorti de sa source, se divise en deux bras; celui qui coule le long de l'Etna, passe sur une terre dont les sucs sont doux, et donne une eau douce; l'autre traverse un terrain d'où l'on tire du sel, et l'eau en est salée. A Parétonium, et auprès de la route qui conduit au temple de Jupiter Hammon, à Casium, auprès de l'Égypte, s'étendent des lacs marécageux qui sont tellement salés qu'on y voit surnager du sel cristallisé. Il y a encore dans plusieurs autres lieux des fontaines, des fleuves, des lacs qui, traversant des salines, sont nécessairement salés.

D'autres sources coulant à travers les veines d'une terre onctueuse, semblent imprégnées d'huile : tel est à

Ciliciæ flumen nomine Liparis, in quo natantes aut la-
vantes ab ipsa aqua unguntur. Similiter Æthiopiæ lacus
est, qui unctos homines efficit, qui in eo nataverint; et
in India, qui sereno cœlo emittit olei magnam multitudinem. Item Carthagine fons est, in quo natat insuper
oleum odore ut e scobe citreo; quo oleo etiam pecora
solent ungi. Zacyntho [27] et circa Dyrrhachium et Apolloniam [28] fontes sunt, qui picis magnam multitudinem
cum aqua vomunt. Sub Babylone lacus amplissima
magnitudine qui λίμνη Ἀσφαλτῖτις [29] appellatur, habet
supra natans liquidum bitumen [30], quo bitumine et latere
testaceo structo muro Semiramis circumdedit Babylo-
nem. Item Joppe in Syria, Arabiaque Numidarum,
lacus sunt immani magnitudine, qui emittunt bituminis
maximas moles, quas diripiunt qui habitant circa.

Id autem non est mirandum : nam crebræ sunt ibi
lapicidinæ bituminis duri. Quum ergo per bituminosam
terram vis erumpit aquæ, secum extrahit, et quum sit
egressa extra terram, secernitur, et ita rejicit ab se
bitumen. Etiamque est in Cappadocia in itinere, quod
est inter Mazaca et Tuana, lacus amplus, in quem lacum
pars sive arundinis sive alii generis si demissa fuerit, et
postero die exempta, ea pars, quæ fuerit exempta, invenietur lapidea, quæ autem pars extra aquam manse-
rit, permanet in sua proprietate.

Ad eumdem modum Hierapoli Phrygiæ effervet aquæ
calidæ multitudo, ex qua circum hortos et vineas fossis
ductis immittitur. Hæc autem efficitur post annum crusta
lapidea, et ita quotannis dextra ac sinistra margines ex
terra faciendo inducunt eam, et efficiunt his crustis in

Soli, ville de Cilicie, le fleuve nommé Liparis. Ceux qui nagent ou qui se baignent dans ses eaux, en sortent le corps tout couvert d'huile. Un lac d'Éthiopie produit le même effet sur les personnes qui s'y baignent ; et dans l'Inde on en voit un autre qui, par un ciel serein, jette de l'huile en abondance. A Carthage se trouve une source sur laquelle nage une huile, dont l'odeur est semblable à celle de l'écorce du citron ; on se sert habituellement de cette huile pour oindre les troupeaux. A Zacynthe, et aux environs de Dyrrhachium et d'Apollonie, il y a des sources qui jettent avec l'eau une grande quantité de poix. Auprès de Babylone, se trouve un lac immense appelé λίμνη Ἀσφαλτῖτις [1] ; ses eaux sont couvertes d'un bitume liquide que Sémiramis employa pour construire le mur de brique dont fut entourée Babylone. A Joppé, en Syrie, et dans la partie de l'Arabie qu'habitent les Numides, on rencontre de grands lacs qui produisent des masses de bitume que ramassent les habitants d'alentour.

Il n'y a rien là d'étonnant, puisque dans ces localités se trouvent des mines de bitume solide. Lorsqu'au travers de cette matière bitumineuse l'eau se précipite avec violence, elle en entraîne dans son cours ; puis une fois entrée dans ce lac, elle se dégage de ce bitume, qu'elle pousse sur les bords. Dans la Cappadoce, auprès de la route qui s'étend entre Mazaca et Tuana, on remarque un vaste lac. Si l'on y enfonce un roseau ou toute autre chose, et qu'on l'en retire le lendemain, on trouve pétrifiée la partie qui était dans l'eau, sans que celle qui était dehors ait éprouvé de changement.

Il en est de même à Hiéropolis, en Phrygie, d'une grosse source d'eau bouillante. Dans les fossés qui entourent les jardins et les vignes où elle coule, elle forme au bout d'un an une croûte de pierre qui en tapisse les deux bords. On enlève ces croûtes chaque année pour en

---

(1) Lac Asphaltite.

agris septa. Hoc autem ita videtur naturaliter fieri, quod in his locis et ea terra, quibus is fons nascitur, succus subest coaguli naturæ similis : deinde quum commixta vis egreditur per fontes extra terram, a solis et aeris calore cogitur congelari; ut etiam in areis salinarum videtur [31].

Item sunt ex amaro succo terræ fontes exeuntes vehementer amari, ut in Ponto est flumen Hypanis, qui a capite profluit circiter millia quadraginta sapore dulcissimo; deinde quum pervenit ad locum, qui est ab ostio ad millia centum sexaginta, admiscetur ei fonticulus oppido quam parvulus : is quum in eum influit, tunc tantam magnitudinem fluminis facit amaram, ideo quod per id genus terræ et venas, unde sandaraca foditur, ea aqua manando perficitur amara.

Hæc autem dissimilibus saporibus a terræ proprietate perficiuntur, uti etiam in fructibus videtur. Si enim radices arborum, aut vitium, aut reliquorum seminum, non ex terræ proprietatibus succum capiendo temperarent fructus, uno genere essent in omnibus locis et regionibus omnium sapores. Sed animadvertimus apud insulam Lesbon vinum protyrum [32], Mæoniam κατακεκαυμενίτην [33], item Lydiam Tmolitem [34], Siciliam Mamertinum [35], Campaniam Falernum [36], in Terracina et Fundis Cæcubum [37], reliquisque locis pluribus innumerabili multitudine genera vini virtutesque procreari, quæ non aliter possunt fieri, nisi quum terrenus humor suis proprietatibus arborum in radicibus infusus enutrit materiam, per quam egrediens ad cacumen, profundit proprium loci et generis sui fructus saporem.

faire des clôtures dans les champs. La cause de cet effet
semble toute naturelle. Dans les lieux d'où sort cette
source, se trouve une substance semblable à celle de la
chaux ; cette substance mêlée en grande quantité à l'eau
de cette source sort de terre avec elle, et se durcit par
l'action du soleil et de l'air, comme nous voyons se former le sel dans les salines.

Il y a aussi des sources auxquelles les sucs amers de
la terre donnent une grande amertume. Tel, au royaume
de Pont, le fleuve Hypanis qui, à partir de sa source,
roule des eaux très-douces par un espace d'environ quarante milles ; parvenu à un endroit qui se trouve à
cent soixante milles de son embouchure, il reçoit dans
son cours une toute petite source qui n'a pas plutôt
mêlé son filet d'eau à la masse des eaux du fleuve, qu'elle
les rend amères : c'est que l'eau de cette source traverse
les veines d'une terre d'où l'on tire la sandaraque qui
lui donne son amertume.

Or, toutes ces différences de goût ne sont dues qu'aux
diverses qualités du terroir, comme on le remarque
aussi dans les fruits : car si les racines des arbres, ou des
vignes, ou des autres plantes, ne composaient pas leurs
fruits des sucs qu'elles tirent de la nature du terrain,
les mêmes fruits auraient partout le même goût. Nous
savons cependant que dans l'île de Lesbos se fait le vin
appelé *protyrum* [1] ; en Méonie, le κατακεκαυμενίτης [2], en
Lydie, le tmolitès [3] ; le mamertin, en Sicile ; le falerne,
en Campanie ; à Terracine et à Fundi, le cécube ; et
dans un grand nombre d'endroits divers, de nombreuses
espèces de vin de qualités différentes ; et il ne peut en
être ainsi que parce que les sucs de la terre communiquant leurs propriétés aux racines, en saturent le bois
qui les fait monter jusqu'au sommet des branches où les
fruits reçoivent le goût particulier à la nature du terroir.

_____

(1) Vin de mère-goutte. — (2) Vin brûlé. — (3) Mélange de vin du mont Tmolus.

Quod si terra generibus humorum non esset dissimilis
et disparata , non tantum in Syria et Arabia in arundinibus et juncis [38] herbisque omnibus essent odores, neque arbores thuriferæ [39] neque piperis darent baccas [40],
nec myrrhæ glebulas [41], nec Cyrenis in ferulis laser
nasceretur [42], sed in omnibus terræ regionibus et locis
eodem genere omnia procrearentur. Has autem varietates regionibus et locis inclinatio mundi et solis impetus propius aut longius cursum faciendo tales efficit
terræ humores : quæ qualitates non solum in his rebus,
sed etiam in pecoribus et armentis , discernuntur. Hæc
non ita dissimiliter efficerentur, nisi proprietates singularum terrarum in regionibus ad solis potestatem tem-
perarentur.

Sunt enim Bœotiæ flumina Cephisos et Melas [43], Lucaniæ Crathis [44], Trojæ Xanthus [45], inque agris Clazo-
meniorum, et Erythræorum, et Laodicensium, fontes
ac flumina; quum pecora suis temporibus anni parantur
ad conceptionem partus, per id tempus adiguntur eo
quotidie potum, ex eoque, quamvis sint alba, procreant
aliis locis leucophæa, aliis locis pulla, aliis coracino
colore. Ita proprietas liquoris, quum init in corpus,
proseminat intinctam sui cujusque generis qualitatem.
Igitur quoniam in campis Trojanis proxime flumen ar-
menta rufa et pecora leucophæa nascuntur, ideo id
flumen Ilienses Xanthum appellavisse dicuntur.

Etiamque inveniuntur aquæ genera mortifera, quæ
per maleficum succum terræ percurrentia recipiunt in
se vim venenatam, uti fuisse dicitur Terracinæ fons,

Si les sucs de la terre n'avaient pas des qualités si différentes, la Syrie et l'Arabie ne seraient pas les seuls pays qui produisissent des roseaux, des joncs, des herbes si odoriférantes, les arbrisseaux qui donnent l'encens, ceux qui portent les baies du poivre, ceux qui répandent les larmes de la myrrhe, et l'on trouverait ailleurs que dans la Cyrénaïque la plante férulacée du laser; tous les pays, toutes les contrées de la terre produiraient également les mêmes choses. Ces différences que l'on remarque dans chaque pays, sont dues à l'inclinaison du globe, et à la chaleur du soleil qui, en s'approchant plus ou moins de la terre, lui donne tel ou tel suc; et ces différentes qualités ne se rencontrent pas seulement dans les productions du sol; elles se remarquent encore dans le gros et dans le petit bétail. Cette variété aurait-elle lieu, si les qualités des terrains ne dépendaient de leur situation à l'égard du soleil?

En Béotie coulent le Céphise et le Mélas; en Lucanie, le Crathis; à Troie, le Xanthe; et sur le territoire de Clazomène, d'Érythrée et de Laodicée, plusieurs rivières et fontaines. Lorsque les animaux sont arrivés à l'époque de l'année favorable à la conception, on les mène boire tous les jours, et quoiqu'ils soient parfaitement blancs, ils font des petits gris-cendrés dans certains lieux, bruns dans d'autres endroits, noirs dans d'autres : tant il est vrai que l'eau qui pénètre dans les corps, a la propriété de leur donner une couleur particulière à sa nature. Voilà pourquoi, dit-on, les Troyens voyant que les bœufs qui naissent sur les bords du fleuve qui arrose leurs campagnes sont roux, et les moutons gris-cendrés, ont donné à ce fleuve le nom de Xanthe.

On rencontre aussi des eaux dont l'usage est mortel. Coulant à travers des terres dont les sucs sont nuisibles, elles en prennent l'essence vénéneuse. Telle était, à ce qu'on dit, une fontaine de Terracine, appelée fontaine

qui vocabatur Neptunius : ex quo qui biberant imprudentes vita privabantur. Quapropter antiqui eum ob-
struxisse dicuntur. Et apud Cychros Thraciæ lacus, ex
quo non solum qui biberint moriuntur, sed etiam qui
laverint : item in Thessalia fons est profluens [46], ex quo
fonte nec pecus ullum gustat nec bestiarum genus ullum
propius accedit; ad quem fontem proxime est arbor
florens purpureo colore.

Non minus in Macedonia quo loci sepultus est Euripides [47], dextra ac sinistra monumenti advenientes duo
rivi concurrunt in unum, e quibus ad unum accumbentes
viatores pransitare solent propter aquæ bonitatem; ad
rivum autem, qui est ex altera parte monumenti, nemo
accedit, quod mortiferam aquam dicitur habere. Item
est in Arcadia Nonacris [48] nominata terræ regio, quæ
habet in montibus e saxo stillantes frigidissimos humores. Hæc autem aqua Στυγὸς ὕδωρ nominatur, quam neque argenteum neque æneum neque ferreum vas potest
sustinere, sed dissilit et dissipatur; conservare autem
eam et continere nihil aliud potest nisi mulina ungula [49];
quæ etiam memoratur ab Antipatro in provinciam, ubi
erat Alexander, per Iollam filium perlata esse, et ab eo
ea aqua regem esse necatum.

Item Alpibus in Cotti regno [50] est aqua, quam qui
gustant statim concidunt. Agro autem Falisco, via Cam-
pana, in campo Corneto est lucus, in quo fons oritur,
ibique avium et lacertarum reliquarumque serpentium
ossa jacentia apparent. Item sunt nonnullæ acidæ venæ
fontium, uti Lyncesto [51], et in Italia Velino, Campania Teano [52], aliisque locis pluribus, quæ habent vir-

de Neptune : ceux qui avaient l'imprudence d'en boire, mouraient à l'instant. On dit que les anciens la comblèrent à cause de cela. On voit aussi en Thrace, chez les Cychriens, un lac dont les eaux font périr et ceux qui en boivent, et ceux même qui s'y baignent. Il existe encore en Thessalie une fontaine à laquelle les troupeaux ne goûtent point, et dont aucun animal ne veut approcher; elle coule auprès d'un arbre dont les fleurs sont de couleur de pourpre.

En Macédoine, deux ruisseaux, après avoir baigné les deux côtés du tombeau d'Euripide, se réunissent pour n'en plus faire qu'un. Sur les bords de l'un les voyageurs viennent s'asseoir, et faire un repas, à cause de la bonté de son eau; mais le ruisseau qui coule de l'autre côté du monument éloigne tout le monde de ses eaux que l'on dit être mortelles. Il y a en Arcadie une contrée appelée Nonacris. D'une roche de ses montagnes distille une eau très-froide. On l'appelle Στυγὸς ὕδωρ [1]. Elle ne peut être contenue ni dans un vase d'argent, ni dans un de cuivre, ni dans un de fer : elle le fend; elle le fait éclater. On ne peut la mettre et la conserver que dans la corne du pied d'un mulet. On rapporte qu'Antipater chargea son fils Iollas de porter de cette eau dans la province où était Alexandre, et qu'il fit périr le roi en lui en donnant à boire.

Au royaume de Cottus, dans les Alpes, il y a une eau qui fait immédiatement mourir ceux qui en boivent. Au pays des Falisques, près de la voie Campanienne, dans le champ Cornetus, se trouve un bocage avec une fontaine dans laquelle on aperçoit des os d'oiseaux, de lézards et de serpents. Il y a encore quelques sources dont les eaux sont acides, comme à Lynceste; à Vélino, en Italie; à Téano, en Campanie, et dans plusieurs autres

_____
[1] Eau du Styx.

tutem, uti calculos in vesicis qui nascuntur in corporibus hominum, potionibus discutiant.

Fieri autem hoc naturaliter ideo videtur, quod acer et acidus succus [53] subest in ea terra, per quam egredientes venæ intinguntur acritudine, et ita quum in corpus inierunt, dissipant quæ ex aquarum subsidentia in corporibus et concrescentia offenderunt. Quare autem discutiantur ex acidis eæ res, sic possumus animadvertere. Ovum in aceto si diutius positum fuerit, cortex ejus mollescet et dissolvetur : item plumbum, quod est lentissimum et gravissimum, si in vase collocatum fuerit, et in eo acetum suffusum, id autem opertum et oblitum si erit, efficietur, uti plumbum dissolvatur et fiat cerussa.

Eisdem rationibus æs, quod etiam solidiore est natura, similiter curatum si fuerit, dissipabitur et fiet ærugo. Item margarita, non minus saxa silicea [54], quæ neque ferrum neque ignis potest per se dissolvere, quum ab igni sunt percalefacta, aceto sparso dissiliunt et dissolvuntur. Ergo quum has res ante oculos ita fieri videamus, ratiocinemur iisdem rationibus ex acidis propter acritudinem succi etiam calculosos e natura rerum similiter posse curari.

Sunt autem etiam fontes uti vino mixti, quemadmodum est unus Paphlagoniæ, ex quo, etiam sine vino, potantes fiunt temulenti. Æquiculis autem in Italia et in Alpibus natione Medullorum est genus aquæ, quam qui bibunt efficiuntur turgidis gutturibus.

In Arcadia vero civitas est non ignota Clitoris, in cujus agris est spelunca profluens aqua [55], quam qui biberint fiunt abstemii. Ad eum autem fontem epigramma

lieux : elles ont la vertu de dissoudre, quand on en boit, les calculs qui se forment dans la vessie de l'homme.

Ce phénomène semble tout naturel. Des sucs âcres et acides se trouvent dans la terre que parcourent les eaux de ces fontaines. Elles se saturent de ces principes acides, et après avoir été bues, elles dissolvent par le contact les matières que l'eau dépose dans les corps et qui s'y durcissent. Mais comment des acides peuvent-ils opérer cette dissolution? Nous pouvons le comprendre de cette manière : laissons tremper quelque temps un œuf dans du vinaigre; bientôt sa coque s'amollira et se dissoudra. Le plomb, qui est si malléable et si pesant, mis avec du vinaigre dans un vase hermétiquement bouché, se dissout et se change en céruse.

Le cuivre, qui est d'une nature encore plus dure, soumis à la même opération, se dissout et se change en vert-de-gris. Les perles et les silex sur lesquels le fer et le feu n'ont point d'action, viennent-ils à être chauffés et arrosés de vinaigre, ils se fendent et se dissolvent. Ces expériences nous mettent facilement à même de juger par analogie que les acides, par l'activité de leur nature, peuvent produire le même effet pour la guérison des personnes malades de la pierre.

On rencontre encore des sources dans les eaux desquelles il semble qu'il y ait du vin de mêlé. La Paphlagonie en possède une de ce genre. Ceux qui en boivent deviennent ivres sans y avoir mis de vin. Chez les Èques, en Italie, et chez les Médulliens, dans les Alpes, il y a une espèce d'eau qui fait enfler la gorge à ceux qui en boivent.

En Arcadie se trouve une ville assez connue, appelée Clitor. Sur son territoire se remarque une caverne d'où sort une source qui fait haïr le vin à ceux qui boivent

est in lapide inscriptum hac sententia versibus Græcis,
eam non esse idoneam ad lavandum, sed etiam inimicam
vitibus, quod apud eum fontem Melampus sacrificiis
purgasset rabiem Prœti filiarum restituissetque earum
virginum mentes in pristinam sanitatem. Epigramma
autem est id quod est subscriptum :

Ἀγρότα σὺν ποίμναις τὸ μεσημβρινὸν ἤν σε βαρύνῃ
    Δίψος ἀν' ἐσχατιᾶς Κλείτορος ἐρχόμενον,
Τῆς μὲν ἀπὸ κρήνης ἀρύσαι πόμα, καὶ παρὰ Νύμφαις
    Ὑδριάσι στῆσον πᾶν τὸ σὸν αἰπόλιον·
Ἀλλὰ σὺ μήτ' ἐπὶ λουτρὰ βάλῃς χρόα, μή σε καὶ αὔρη
    Πημήνῃ θερμῆς ἐντὸς ἐόντα μέθης·
Φεῦγε δ' ἐμὴν πηγὴν μισάμπελον, ἔνθα Μελάμπους
    Λουσάμενος λύσσης Προιτίδας ἀργαλέης,
Πάντα καθαρμὸν ἔκοψεν ἀπόκρυφον, εὖτ' ἂν ἀπ' Ἄργους
    Οὔρεα τρηχείης ἤλυθεν Ἀρκαδίης.

Item est in insula Chio fons, e quo qui imprudentes
biberint, fiunt insipientes, et ibi est epigramma in-
sculptum ea sententia : jucundam esse potionem fontis
ejus, sed qui biberit, saxeos habiturum sensus. Sunt
autem versus hi :

Ἡδεῖα ψυχροῦ πόματος λιβάς, ἥν ἀνίησι
    Πηγὴ, ἀλλὰ νόῳ πέτρος ὁ τῆσδε πιών.

Susis autem, in qua civitate est regnum Persarum,
fonticulus est, ex quo qui biberint amittunt dentes.
Item in eo est scriptum epigramma, quod significat
hanc sententiam : egregiam esse aquam ad lavandum,
sed eam, si bibatur, excutere e radicibus dentes : et
hujus epigrammatos sunt versus Græce :

Ὕδατα κρανάεντα βλέπεις, ξένε, τῶν ἀπὸ χερσὶ
    Λουτρὰ μὲν ἀνθρώποις ἀβλαβῆ ἐστιν ἔχειν·

de son eau. Sur cette fontaine on a gravé en vers grecs
une inscription dont le sens est qu'elle ne vaut rien pour
les bains, et qu'elle est ennemie de la vigne, parce que
c'est dans ses eaux que Melampus, après avoir sacrifié,
purifia les filles de Prétus, pour les guérir de leur folie,
et ramena la raison dans leur esprit. Voici cette inscription :

« Villageois, si les feux du soleil du midi te surprennent avec
tes troupeaux sur le territoire de Clitor, et allument ta soif, bois
à ma source, et fais arrêter tes chèvres auprès des nymphes de
mes eaux ; mais garde-toi d'y baigner tes membres ; que le poi-
son de sa chaude vapeur ne te fasse point tomber dans l'ivresse ;
fuis mes eaux ennemies de la vigne ; c'est là que Melampus
guérit les filles de Prétus de leur fureur terrible, après avoir
accompli un sacrifice mystérieux, quand, à son départ d'Argos,
il arriva dans les montagnes de la sauvage Arcadie. »

L'île de Chio possède de même une fontaine dont les
eaux font perdre la raison à ceux qui en boivent impru-
demment ; on y lit aussi une inscription qui signifie que
ses eaux sont agréables à boire, mais que celui qui en
boit aura le cœur dur comme un rocher. En voici les
vers :

« Il est agréable de boire les eaux fraîches que répand cette
fontaine ; mais elles changent en rocher le cœur de celui qui en
boit. »

A Suse, capitale du royaume de Perse, il y a une
petite fontaine qui fait tomber les dents de ceux qui y
boivent. Elle a aussi son inscription qui porte que les
eaux en sont bonnes pour le bain, mais que ceux qui
en boivent perdent leurs dents. Cette inscription est en
vers grecs :

« Étranger, qui vois cette fontaine, tu peux sans danger y baigner tes mains ; mais si tu en fais descendre les eaux limpides

Ἦν δὲ βάλῃς κοίλης ποτὶ νηδύος ἀγλαὸν ὕδωρ,
Ἄκρα μόνον δολιχοῦ χείλεος ἀψάμενος,
Αὐτῆμαρ πριστῆρες ἐπὶ χθονὶ δαιτὸς ὀδόντες
Πίπτουσι, γενύων ὀρφανὰ θέντες ἕδη.

IV. De proprietate nonnullorum locorum et fontium.

Sunt etiam nonnullis locis fontium proprietates, quæ procreant qui ibi nascuntur egregiis vocibus ad cantandum, uti Tarso, Magnesiæ aliisque ejusmodi regionibus. Etiamque Zama est civitas Afrorum [56] cujus mœnia rex Juba duplici muro sepsit, ibique regiam domum sibi constituit : ab ea millia passuum viginti est oppidum Ismuc [57], cujus agrorum regiones incredibili finitæ sunt terminatione. Quum esset enim Africa parens et nutrix ferarum bestiarum, maxime serpentium, in ejus agris oppidi nulla nascitur, et si quando allata ibi ponatur, statim moritur : neque id solum ibi, sed etiam terra ex his locis, si alio translata fuerit, similiter efficit. Id genus terræ etiam Balearibus dicitur esse ; sed aliam mirabiliorem virtutem ea habet terra, quam ego sic accepi.

C. Julius, Masinissæ filius [58], cujus erant totius oppidi agrorum possessiones, cum patre Cæsare militavit [59] : is hospitio meo est usus ; ita quotidiano convictu necesse fuerat de philologia disputare. Interim quum esset inter nos de aquæ potestate et ejus virtutibus sermo, exposuit esse in ea terra ejusmodi fontes, ut qui ibi procrearentur voces ad cantandum egregias haberent [60] : ideoque semper transmarinos catulastros emere formosos et puellas maturas, eosque conjungere, ut qui nascerentur

dans le creux de ton estomac, tu n'en auras pas plutôt touché la surface de tes lèvres allongées, que ce régal fera immédiatement tomber à terre tes dents grinçantes, sans en laisser une seule dans ta mâchoire. »

IV. Des qualités particulières à certains lieux et à certaines fontaines.

Il y a des contrées où les fontaines ont la vertu de donner aux naturels de ces pays des voix admirablement propres au chant, comme Tarse, Magnésie et d'autres lieux encore. Zama est une ville d'Afrique; le roi Juba la fit entourer d'un double mur, et y fit bâtir son palais : à vingt milles de distance se trouve le fort d'Ismuc. La campagne qui l'environne est d'une immense étendue. Bien que l'Afrique produise et nourrisse beaucoup de bêtes nuisibles, et surtout des serpents, il n'en naît pas une seule dans la circonscription de cette campagne, et si l'on y en apporte quelqu'une, elle meurt immédiatement. Ce n'est pas tout, la terre transportée autre part produit le même effet. On dit que la terre des îles Baléares est de même nature; mais elle a une autre propriété bien plus merveilleuse encore. Voici ce que j'en ai entendu raconter.

C. Julius, fils de Masinissa, à qui appartenaient les terres qui entourent ce fort, servait sous les drapeaux de César, votre père; il reçut l'hospitalité dans ma maison, et dans nos rapports journaliers, la philologie servait de texte à nos entretiens. Notre conversation étant tombée un jour sur la nature des eaux et leurs propriétés, il me raconta que, dans cette terre, il y avait des fontaines dont les eaux donnaient de la beauté à la voix de ceux qui y naissaient; que c'était pourquoi les habitants allaient au delà des mers acheter de jeunes et beaux esclaves de l'un et de l'autre sexe, afin que les

ex his, non solum egregia voce, sed etiam forma essent non invenusta.

Quum hæc tanta varietas sit disparibus rebus natura distributa, quod humanum corpus est ex aliqua parte terrenum, in eo autem multa genera sunt humorum, uti sanguinis, lactis, sudoris, urinæ, lacrymarum : ergo si in parva particula terreni tanta discrepantia invenitur saporum, non est mirandum, si in tanta magnitudine terræ innumerabiles succorum reperiuntur varietates, per quarum venas aquæ vis percurrens tincta[61] pervenit ad fontium egressus, et ita ex eo dispares variique perficiuntur in propriis generibus fontes propter locorum discrepantiam et regionum qualitates terrarumque dissimiles proprietates.

Ex his autem rebus sunt nonnulla, quæ ego per me perspexi; cetera in libris Græcis scripta inveni, quorum scriptorum hi sunt auctores[62] : Theophrastus, Timæus, Posidonius, Hegesias, Herodotus, Aristides, Metrodorus, qui magna vigilantia et infinito studio locorum proprietates, regionumque qualitates et aquarum virtutes ab inclinatione cœli ita distributas esse scriptis declaraverunt. Quorum sequutus ingressus, in hoc libro perscripsi quæ satis esse putavi de aquæ varietatibus; quo facilius ex his perscriptionibus eligant homines aquæ fontes, quibus ad usum salientes possint ad civitates municipiaque perducere.

Nulla enim ex omnibus rebus tantas videtur habere ad usum necessitates quantas aqua; ideo quod omnium animalium natura, si frumenti fructu privata fuerit arbustisve aut carne aut piscatu aut etiam qualibet ex his rebus, reliquis escarum utendo poterit tueri vitam; sine

enfants qui en naîtraient, réunissent en eux la beauté
de la voix à celle du corps.

Si la nature a répandu dans ses diverses productions
une variété telle que le corps humain, dans la composition duquel entre une petite partie de terre, contient
plusieurs sortes de substances liquides, comme du sang,
du lait, de la sueur, de l'urine, des larmes; si donc avec
une si petite portion de terre, on voit réunies tant de
matières de qualités différentes, il ne faut pas s'étonner
qu'il se rencontre dans la masse du globe terrestre une
si prodigieuse variété de sucs à travers lesquels venant à
passer les eaux s'en trouvent imprégnées quand elles
arrivent à la source des fontaines, où elles présentent
toutes les différences, toutes les variétés qu'elles doivent à la nature si diverse de toutes les parties de la
terre.

De tous ces phénomènes, il en est quelques-uns que
j'ai vérifiés moi-même; j'ai lu le reste dans des auteurs
grecs, tels que Théophraste, Timée, Posidonius, Hégésias, Hérodote, Aristide, Métrodore, qui, grâce au soin
et au zèle qu'ils ont apportés dans leurs recherches, ont
prouvé que c'était à la différence des climats que chaque
pays, chaque fontaine devait ses propriétés, ses qualités, ses vertus. J'ai puisé dans les ouvrages de ces auteurs, et j'ai écrit dans ce livre ce qu'il m'a paru indispensable de faire connaître sur la diversité des eaux,
afin que mes observations donnent plus de facilité pour
choisir les fontaines dont l'usage sera le plus avantageux aux villes et aux municipes où on les conduira.

Est-il, en effet, rien sur la terre dont l'usage soit d'une
nécessité aussi absolue que celui de l'eau? Que les êtres
animés viennent à manquer ou de blé, ou de fruits, ou
de chair, ou de poisson, ou même de toutes ces choses
à la fois, ne restera-t-il pas quelque autre aliment dont
ils pourront se servir pour sustenter leur vie? Mais sans

aqua vero nec corpus animalium nec ulla cibi virtus potest nasci nec tueri nec parari. Quare magna diligentia industriaque quærendi sunt et eligendi fontes ad humanæ vitæ salubritatem.

***

V. De aquarum experimentis.

Expertiones autem et probationes eorum sic sunt providendæ [63]. Si erunt profluentes et aperti antequam duci incipiantur, aspiciantur, animoque advertantur qua membratura sint [64] qui circa eos fontes habitant [65] homines : et, si erunt corporibus valentibus, coloribus nitidis, cruribus non vitiosis, non lippis oculis, erunt probatissimi. Item si fons novus fuerit fossus, et in vas Corinthium [66] sive alterius generis, quod erit ex ære bono, ea aqua sparsa maculam non fecerit, optima erit. Itemque in æneo si ea aqua defervefacta et postea requieta et defusa fuerit, neque in ejus ænei fundo arena aut limus invenietur, ea aqua erit item probata.

Item si legumina in vas cum ea aqua conjecta, ad ignem posita celeriter percocta fuerint, indicabunt eam aquam esse bonam et salubrem. Non etiam minus ipsa aqua, quæ erit in fonte, si fuerit limpida et perlucida, et, quocumque pervenerit aut perfluxerit, muscus non nascetur neque juncus, neque inquinatus ab aliquo inquinamento is locus fuerit, sed puram habuerit speciem, innuetur his signis esse tenuis et in summa salubritate.

***

VI. De librationibus aquarum et instrumentis ad hunc usum.

Nunc de perductionibus ad habitationes mœniaque, ut fieri oporteat, explicabo : cujus ratio est prima per-

l'eau, ni les êtres animés, ni tout ce qui sert à les alimenter, ne pourront naître, ni se conserver. Aussi est-ce avec le plus grand soin, la plus grande précaution, qu'on doit chercher et choisir des fontaines qui soient favorables à la santé de l'homme.

V. Moyen de connaître la qualité des eaux.

Voici la manière de connaître, d'apprécier la qualité des eaux. Si elles coulent à découvert, avant de se mettre à établir des conduits, il faudra examiner avec attention quelle est la complexion des habitants du lieu : des membres robustes, un teint coloré, des jambes saines, des yeux purs sont les meilleures preuves de la bonté des eaux. Une fontaine a-t-elle été nouvellement ouverte, que quelques gouttes de son eau soient jetées sur du cuivre de Corinthe, ou sur toute autre espèce de cuivre de bonne qualité; l'absence de tache prouvera l'excellence de cette eau. Mettez encore de cette eau à bouillir dans un vase de cuivre, laissez-la ensuite reposer; si, après avoir été transvasée, elle n'a laissé aucun dépôt de sable ou de limon, c'est une preuve de sa bonté.

Des légumes mis dans un vase viennent-ils à cuire promptement dans cette eau, regardez-la comme bonne et saine. Cette même eau, dans sa source, est-elle limpide et transparente, sans mousse, sans jonc qui naisse dans les lieux que son cours sillonne, sans ordure qui les salisse, conserve-t-elle toujours une apparence de pureté, ce sont des signes qui attestent qu'elle est légère et très-salubre.

VI. De la manière de niveler les eaux, et des instruments qu'on doit employer.

Je vais maintenant expliquer les moyens de conduire les eaux aux habitations et aux villes. Le premier, est

libratio [67]. Libratur autem dioptris [68] aut libris aquariis [69] aut chorobate ; sed diligentius efficitur per choro-
batem, quod dioptræ libræque fallunt. Chorobates [70]
autem est regula longior circiter pedum viginti : ea habet ancones in capitibus extremis æquali modo per-
fectos, inque regulæ capitibus ad normam coagmentatos,
et inter regulam et ancones a cardinibus compacta transversaria, quæ habent lineas ad perpendiculum recte
descriptas pendentiaque ex regula perpendicula in singulis partibus singula : quæ, quum regula est collocata,
eaque tangent æque ac pariter lineas descriptionis, in-
dicant libratam collocationem.

Sin autem ventus interpellaverit [71], et motionibus
lineæ non potuerint certam significationem facere, tunc
habeat in superiore parte canalem longum pedes quinque, latum digitum, altum sesquidigitum, eoque aqua
infundatur ; et si æqualiter aqua canalis summa labra
tanget, scietur esse libratum. Ita eo chorobate quum
perlibratum ita fuerit, scietur quantum habuerit fastigii.

Fortasse qui Archimedis libros legit, dicet non posse
fieri veram ex aqua librationem ; quod ei placet, aquam
non esse libratam, sed sphæroides habere schema, et
ibi habere centrum quo loci habet orbis terrarum. Hoc
autem, sive plana est aqua seu sphæroides, necesse
est, extrema capita canalis regulæ dextra ac sinistra,
quum librata regula erit, pariter sustinere aquam : sin
autem proclinatum erit ex una parte, quæ erecta altiorem habuerit regulæ canalem, in summis labris aquam
non esse : necesse enim est, quocumque aqua sit infusa,
in medio inflationem curvaturamque habere, sed capita

d'en prendre le niveau. Pour cela on se sert du dioptre, des balances faites pour cet usage, et du chorobate. Ce dernier instrument est le plus exact; on peut se tromper avec les deux autres. Le chorobate se compose d'une règle, longue d'environ vingt pieds; aux extrémités de cette règle se trouvent deux pièces de même dimension, qui y sont assemblées en forme de bras d'équerre, et entre la règle et les extrémités de ces deux pièces coudées s'étendent deux traverses fixées par tenons, sur lesquelles on trace des lignes perpendiculaires; sur ces lignes viennent correspondre des plombs attachés de chaque côté à la règle. Ces plombs, lorsque la machine est en place, venant à rencontrer perpendiculairement les lignes tracées sur les pièces de dessous, font voir que l'instrument est bien de niveau.

S'il arrivait que le vent, en agitant le plomb, l'empêchât de se fixer d'une manière certaine, il faudrait alors creuser sur le haut de la règle un canal long de cinq pieds, large d'un doigt, profond d'un doigt et demi, et y verser de l'eau; si l'eau touche également l'extrémité des bords du canal, c'est que l'instrument sera bien de niveau. Ainsi, à l'aide du chorobate, il sera facile de connaître la hauteur de l'eau.

Ceux qui ont lu les livres d'Archimède diront peut-être que l'eau ne peut pas donner un niveau bien juste, parce qu'il pense que l'eau présente non une surface plane, mais une surface arrondie, dont le centre est celui de la terre. Mais que la superficie de l'eau soit plane ou courbe, il faudra que les deux bouts du canal creusé dans la règle mise à niveau soutiennent également l'eau à droite et à gauche, et que si, au contraire, le canal penche d'un côté, l'eau ne monte plus de l'autre qui sera plus élevé, jusqu'au bord du canal : car, bien que l'eau, dans quelque chose qu'on la mette, s'arrondisse au milieu et y fasse une courbe, les deux extrémités n'en

dextra ac sinistra inter se librata esse. Exemplar autem chorobatis erit in extremo volumine descriptum. Et si erit fastigium magnum, facilior erit decursus aquæ : sin autem intervalla erunt lacunosa, substructionibus erit succurrendum.

VII. De ductionibus aquarum ; de puteorum fossionibus ; de cisternis et de signinis operibus.

Ductus autem aquæ [72] fiunt generibus tribus [73] : rivis per canales structiles, aut fistulis plumbeis, seu tubulis fictilibus : quorum hæ sunt rationes. Si canalibus, ut structura fiat quam solidissima, solumque rivi libramenta habeat fastigata ne minus in centenos pedes semipede [74] : eæque structuræ confornicentur, ut minime sol aquam tangat : quumque venerit ad mœnia, efficiatur castellum [75], et castello conjunctum ad recipiendum aquam triplex immissarium, collocenturque in castello tres fistulæ æqualiter divisæ [76] inter receptacula conjuncta, uti quum abundaverit ab extremis, in medium receptaculum aqua redundet.

Ita in medio ponentur fistulæ in omnes lacus [77] et salientes [78] ; ex altero in balneas vectigal quotannis populo præstent ; ex tertio in domos privatas [79]. Hæc autem quare divisa constituerim, hæ sunt causæ : uti ne desit in publico ; non enim poterunt avertere, quum habuerint a capitibus proprias ductiones ; et qui privatim ducent in domos, vectigalibus tueantur per publicanos aquarum ductus.

seront pas moins équilibrées entre elles à droite et à
gauche. On trouvera à la fin de ce livre la figure du
chorobate. Si l'eau a beaucoup de pente, il n'en sera
que plus facile de la conduire, et si elle rencontre des
fondrières sur son passage, il faudra avoir recours,
pour soutenir l'aqueduc, à des constructions inférieures.

VII. De la manière de conduire les eaux, de creuser les puits, de faire les
citernes, et autres ouvrages maçonnés à chaux et à ciment.

On peut conduire les eaux de trois manières, ou par
des aqueducs en maçonnerie, ou par des tuyaux de
plomb, ou par des tuyaux en poterie. Si l'on fait usage
de la première manière, la construction devra être
d'une grande solidité, et l'on fera couler l'eau sur un lit
dont la pente sera d'un demi-pied au moins sur une
longueur de cent pieds; cet aqueduc sera voûté, afin
que l'eau ne soit point exposée à l'action du soleil. Quand
il sera arrivé auprès des murailles de la ville, on construira un bassin près duquel on placera trois réservoirs.
De ce bassin, trois robinets seront disposés sur la même
ligne au-dessus des réservoirs, de manière que si l'eau
vient à être trop abondante dans ceux des extremités,
elle puisse tomber dans celui du milieu.

Ainsi, de ce réservoir du milieu, partiront les tuyaux
qui enverront l'eau dans tous les lavoirs et dans les
fontaines jaillissantes; le second bassin fournira l'eau
des bains qui, chaque année, assureront un revenu au
peuple; le troisième approvisionnera les maisons des
particuliers. Voici la raison de cette distribution : l'eau
ne manquera point pour les besoins publics, puisque les
conduits particuliers qui la prendront au réservoir empêcheront qu'elle ne puisse être détournée; et les citoyens
qui voudront avoir de l'eau chez eux payeront aux rece-
veurs un impôt qui servira à l'entretien des aqueducs.

Sin autem medii montes erunt inter mœnia et caput fontis, sic erit faciendum, uti specus fodiantur sub terra[80], librenturque ad fastigium, quod supra scriptum est; et si tophus erit aut saxum, in suo sibi canalis excidatur[81] : sin autem terrenum aut arenosum erit solum, parietes cum camera in specu struantur, et ita perducatur : puteique ita sint facti, ut inter duos, sint actus[82].

Sin autem fistulis plumbeis ducetur[83], primum castellum ad caput struatur, deinde ad copiam aquæ lumen fistularum constituatur, eæque fistulæ ab eo castello collocentur ad castellum quod erit in mœnibus. Fistulæ ne minus longæ pedum denum fundantur[84] : quæ si centenariæ erunt, pondus habeant in singulas pondo MCC; si octogenariæ, pondo DCCCCLX; si quinquagenariæ, pondo DC; quadragenariæ, pondo CCCCLXXX; tricenariæ, pondo CCCLX; vicenariæ, pondo CCXL; quindenum, pondo CLXXX; denum, pondo CXX; octonum, pondo XCVI[85]; quinariæ, pondo LX. Ex latitudine autem lamnarum, quot digitos habuerint, antequam in rotundationem flectantur, magnitudinum ita nomina concipiunt fistulæ : namque quæ lamna fuerit digitorum quinquaginta, quum fistula perficietur ex ea lamna, vocabitur quinquagenaria, similiterque reliquæ.

Ea autem ductio, quæ per fistulas plumbeas est futura, hanc habebit expeditionem : quod si caput habeat libramenta ad mœnia, montesque medii non fuerint altiores ut possint interpellare, sic intervalla necesse est

S'il se rencontre des montagnes entre la ville et la source de la fontaine, il faudra les percer en ménageant la pente dans les proportions indiquées plus haut; s'il s'y trouve du tuf ou de la pierre, on y creusera le canal; si le sol est terreux ou sablonneux, on construira deux murailles avec une voûte qu'on continuera jusqu'à l'extrémité. Dans la longueur de l'aqueduc, on pratiquera des puits à la distance de cent vingt pieds les uns des autres.

Si l'on conduit l'eau dans des tuyaux de plomb, on construira sur la source un regard, et depuis ce regard jusqu'à celui qui est contre les murs de la ville, on posera des tuyaux dont le diamètre devra être proportionné à la quantité d'eau. Les tuyaux seront fondus de la longueur de dix pieds au moins. Si les lames ont cent doigts de largeur, chaque tuyau pèsera douze cent six livres; si elles en ont quatre-vingts, il pèsera neuf cent soixante livres; si elles en ont cinquante, il pèsera six cent livres; si elles en ont quarante, il pèsera quatre cent quatre-vingts livres; si elles en ont trente, il pèsera trois cent soixante livres; si elles en ont vingt, il pèsera deux cent quarante livres; si elles en ont quinze, il pèsera cent quatre-vingts livres; si elles en ont dix, il pèsera cent vingt livres; si elles en ont huit, il pèsera quatre-vingt-seize livres; si elles en ont cinq, il pèsera soixante livres. Or, c'est du nombre des doigts qui forment la largeur des lames avant d'être arrondies que les tuyaux prennent leur dénomination. Et la lame de cinquante doigts, destinée à faire un tuyau, lui fera donner le nom de tuyau de cinquante doigts, et ainsi des autres.

La conduite des eaux qui doit se faire par le moyen de tuyaux de plomb, aura cet avantage, que si, depuis la source jusqu'à la ville, la pente est convenable, et que les montagnes intermédiaires ne soient point trop hautes pour l'interrompre, il faudra remplir les intervalles avec

substruere ad libramenta, quemadmodum in rivis et caualibus : sin autem non longa erit circumitio, circum- ductionibus : sin autem valles erunt perpetuæ, in decli- nato loco cursus dirigentur[86]; quum venerit ad imum, non alte substruitur, ut sit libramentum quam longissi- mum : hoc autem erit venter, quod Græci appellant κοιλίαν; deinde, quum venerit ad adversum clivum, ex longo spatio ventris leniter tumescit et exprimitur in altitudinem summi clivi.

Quod si non venter in vallibus factus fuerit, nec sub- structum ad libram factum, sed geniculus erit, erumpet et dissolvet fistularum commissuras. Etiam in ventre columnaria sunt facienda[87], per quæ vis spiritus relaxe- tur. Ita per fistulas plumbeas aquam qui ducent, his rationibus bellissime poterunt efficere, quod et decur- sus, et circumductiones, et ventres, et expressus[88] pos- sunt fieri hac ratione, quum habebunt a capitibus ad mœnia fastigii libramenta.

Item inter actus ducentos non est inutile castella col- locari, ut si quando vitium aliquis locus fecerit, non totum omneque opus contundatur, et in quibus locis sit factum, facilius inveniatur. Sed ea castella neque in decursu, neque in ventris planitie, neque in expressioni- bus, neque omnino in vallibus, sed in perpetua fiant æqualitate.

Sin autem minore sumptu voluerimus aquam ducere, sic erit faciendum. Tubuli crasso corio ne minus digito- rum duorum fiant ex texta; sed ita ut hi tubuli ex una

de la maçonnerie jusqu'au niveau de la pente, comme pour les aqueducs; et même si le détour n'est pas trop long, on pourra faire poser les tuyaux autour de la montagne; mais si l'on rencontre une vallée qui ait beaucoup de largeur, on fera suivre l'inclinaison aux tuyaux, jusqu'à ce qu'ils soient arrivés au fond de cette vallée, dont ils conserveront le niveau le plus longtemps possible, sans maçonnerie qui les élève : c'est cette partie qu'on appelle *ventre,* en grec κοιλία; puis, lorsque les tuyaux seront parvenus au coteau opposé, l'eau, un peu resserrée par la longueur du ventre, finira par s'élever jusqu'au sommet.

Si les tuyaux ne formaient point ce ventre au fond de la vallée; si, au lieu de leur donner une légère pente, on leur faisait faire immédiatement le coude, l'eau séparerait, briserait les jointures des tuyaux. Dans l'espace appelé *ventre,* on fera aussi des ventouses qui donneront jour à l'air qui s'y trouve enfermé. Ainsi, ceux qui se serviront de tuyaux de plomb pour conduire les eaux, pourront parfaitement le faire, et en droite ligne, et par des détours, et en la faisant descendre, et en la faisant monter, lorsqu'on aura une pente raisonnable depuis la source jusqu'à la ville.

Il ne sera point inutile de placer des regards à des distances de quatre mille pieds, afin que si quelque endroit vient à se détériorer, il soit facile de le trouver, sans qu'on soit obligé de briser tout l'ouvrage. Mais ces regards ne doivent se faire ni sur les pentes, ni dans la partie qu'on appelle ventre, ni dans celle où l'eau remonte, ni dans les vallées, mais seulement dans les lieux où les tuyaux parcourent un long espace en conservant le niveau de la source.

Si l'on veut faire moins de frais pour conduire l'eau, on se servira de tuyaux en terre cuite, de l'épaisseur de deux doigts au moins. Ces tuyaux devront être plus pe-

parte sint lingulati[89], ut alius in alium inire convenireque possint : coagmenta autem eorum calce viva ex oleo
subacta sunt illinenda, et in declinationibus libramenti
ventris, lapis est ex saxo rubro in ipso geniculo collo-
candus, isque perterebratus, uti ex decursu tubulus
novissimus in lapide coagmentetur, et primus similiter
librati ventris : ad eumdem modum adversum clivum
novissimus librati ventris in cavo saxi rubri[90] hæreat,
et primus expressionis ad eumdem modum coagmentetur.

Ita librata planitia tubulorum ac decursus et expressionis non extolletur : namque vehemens spiritus in
aquæ ductione solet nasci, ita ut etiam saxa perrum-
pat, nisi primum leniter et parce a capite aqua immit-
tatur, et in geniculis aut versuris alligationibus aut
pondere saburræ contineatur[91] : reliqua omnia uti
fistulis plumbeis ita sunt collocanda. Item quum primo
aqua a capite immittitur, ante favilla immittetur[92],
uti coagmenta si qua sunt non satis oblita, favilla
oblinantur.

Habent autem tubulorum ductiones ea commoda :
primum in opere, quod si quod vitium factum fuerit,
quilibet id potest reficere : etiamque multo salubrior
est ex tubulis aqua quam per fistulas; quod per plumbum videtur esse ideo vitiosa, quod ex eo cerussa nascitur : hæc autem dicitur esse nocens corporibus humanis. Ita si, quod ex eo procreatur, id est vitiosum, non
est dubium quin ipsum quoque non sit salubre.

tits par un bout, afin qu'ils puissent facilement s'emboîter l'un dans l'autre. Quant aux joints, on les fixera avec de la chaux vive délayée avec de l'huile. Les tuyaux qui descendent sont réunis par un coude à ceux qui forment le ventre : ce coude sera fait avec un morceau de pierre rouge, qu'on percera de manière que le dernier des tuyaux qui descendent puisse s'ajuster à la pierre aussi bien que le premier de ceux qui forment le ventre. Du côté opposé, il y aura un autre coude, également en pierre rouge, où viendront s'ajuster le dernier des tuyaux qui forment le ventre, et le premier de ceux qui remontent.

Après avoir ainsi organisé les tuyaux, tant ceux qui se trouvent horizontalement placés, que ceux qui montent ou qui descendent, il n'y aura point d'accident à craindre. C'est que souvent il se forme dans les conduits des eaux un air assez violent pour les faire éclater, si l'on n'a point eu la précaution d'y introduire tout doucement l'eau par la première embouchure, et de les bien assujettir aux coudes ou aux détours par des liens ou par une charge de gravier. Pour tout le reste, ce sont les mêmes précautions que pour les tuyaux de plomb. Il est encore bon, avant que les tuyaux ne reçoivent l'eau, d'y faire entrer de la cendre chaude, afin que si quelque jointure n'avait point été assez calfeutrée, la cendre pût y remédier.

Les tuyaux de terre cuite ont cet avantage, que s'il arrive quelque accident, il est facile de le réparer, et que l'eau y est bien meilleure que dans les tuyaux de plomb. Ce qui la rend mauvaise dans ces derniers, c'est qu'il s'y forme de la céruse, matière que l'on dit être très-nuisible au corps de l'homme. Or, si le plomb produit des matières malsaines, nul doute qu'il ne soit lui-même contraire à la santé.

Exemplar autem ab artificibus plumbariis possumus accipere, quod palloribus occupatos habent corporis colores; namque quum fundendo plumbum flatur, vapor ex eo insidens corporis artus, et in dies exurens, eripit ex membris eorum sanguinis virtutes. Itaque minime fistulis plumbeis aqua duci videtur, si volumus eam habere salubrem : saporemque meliorem ex tubulis esse, quotidianus potest indicare victus, quod omnes exstructas quum habeant vasorum argenteorum mensas, tamen propter saporis integritatem fictilibus utuntur.

Sin autem fontes non sunt, unde ductiones aquarum faciamus, necesse est puteos fodere. In puteorum autem fossionibus non est contemnenda ratio, sed acuminibus solertiaque magna naturales rerum rationes considerandæ; quod habet multa variaque terra in se genera. Est enim uti reliquæ res ex quatuor principiis composita : et primum est ipsa terrena, habetque ex humore aquæ fontes : item calores, unde etiam sulphur, alumen, bitumen nascitur; aerisque spiritus immanes[93], qui quum graves per intervenia fistulosa terræ perveniunt ad fossionem puteorum, et ibi homines offendunt fodientes[94], ut naturali vapore obturant in eorum naribus spiritus animales, ita qui non celerius inde effugiunt, ibi interimuntur.

Hoc autem quibus rationibus caveatur, sic erit faciundum. Lucerna accensa demittatur : quæ si permanserit ardens, sine periculo descendetur; sin autem eripietur lumen vi vaporis, tunc secundum puteum dextra ac sinistra defodiantur æstuaria : ita, quemadmodum

Nous pouvons en voir une preuve dans les plombiers, dont le teint est d'une extrême pâleur. Lorsque le plomb est en fusion, la vapeur qui s'en exhale pénétrant dans les corps, les dessèche de plus en plus, et finit par enlever au sang ses qualités essentielles ; aussi semble-t-il qu'il faille ne se point servir de tuyaux de plomb pour conduire les eaux, si l'on veut les avoir bonnes. Les tuyaux de terre cuite la rendent même meilleure à boire : c'est ce que confirme l'expérience de tous les jours. Ne voyons-nous pas, en effet, que ceux qui ont des buffets garnis de vaisselle d'or et d'argent, aiment mieux boire dans des vases de terre ?

Dans les endroits où il n'y aura point de fontaines dont on puisse amener les eaux, il faudra nécessairement creuser des puits ; mais c'est un travail qui ne doit pas être fait à la légère : il faut, au contraire, mettre toute sa science, toute son habileté à examiner les dispositions que présente la nature ; et la terre renferme des substances aussi variées que nombreuses : car, comme toutes les autres choses, elle est composée de quatre principes : de terre d'abord, puis d'eau : de là les fontaines ; ensuite de feu : c'est lui qui fait naître le soufre, l'alun, le bitume ; elle se compose enfin d'air. Les vapeurs en sont nuisibles et pernicieuses ; et, par les nombreuses veines de la terre, elles arrivent jusqu'aux puits, où elles font beaucoup de mal aux fossoyeurs. En s'insinuant dans leurs narines, elles leur ôtent la respiration, de sorte qu'ils étouffent, s'ils ne se soustraient pas au plus vite à leur action.

Pour prévenir cet accident, voici ce qu'il faut faire : on descend dans le puits une lampe allumée : si elle y reste sans s'éteindre, on ne risque rien d'y pénétrer ; mais si, par la force de la vapeur, elle cesse de brûler, on devra alors, à droite et à gauche du puits, creuser des soupiraux : par ces ouvertures, la vapeur pourra

per nares, spiritus ex æstuariis dissipabuntur. Quum hæc
sic explicata fuerint, et ad aquam erit perventum, tunc
sepiatur structura, ne obturentur venæ.

Sin autem loca dura erunt aut nimium venæ penitus
fuerint, tunc signinis operibus[95] ex tectis aut a superioribus locis excipiendæ sunt copiæ. In signinis autem
operibus hæc sunt facienda : uti arena primum puris-
sima asperrimaque paretur; cæmentum de silice fran-
gatur ne gravius quam librarium[96]; calx quam vehe-
mentissima mortario misceatur, ita ut quinque partes
arenæ ad duas calcis respondeant; mortario cæmentum
addatur; ex eo parietes in fossa ad libramentum altitudinis quod est futurum depressa, calcentur vectibus ligneis ferratis.

Parietibus calcatis, in medio quod erit terrenum
exinaniatur ad libramentum infimum parietum : hoc
exæquato solum calcetur ad crassitudinem, quæ constituta fuerit. Ea autem si duplicia aut triplicia facta fuerint, uti percolationibus transmutare possint, multo sa-
lubriorem et suaviorem ejus usum efficient. Limus enim
quum habuerit quo subsidat, limpidior aqua fiet, et sine
odoribus conservabit saporem; si non, salem addi necesse erit, et extenuari.

Quæ potui de aquæ virtute et varietate, quasque habeat utilitates, quibusque rationibus ducatur et probetur, in hoc volumine posui; de gnomonicis vero rebus et
horologiorum rationibus in sequenti perscribam.

s'échapper, comme par le registre d'un fourneau. Lorsque ce travail sera une fois terminé, et que l'eau apparaîtra, on élèvera le mur du puits, de manière à ne point boucher les sources.

Mais si le sol était trop dur, ou que les sources fussent trop avant dans la terre, on construirait alors à chaux et à ciment des citernes dans lesquelles on recevrait l'eau qui tomberait des toits ou d'autres lieux élevés. Voici comment se fait ce genre de maçonnerie. On prépare du sable pur et rude ; on casse des cailloux par morceaux qui pèsent une livre au plus ; on a de très-forte chaux. Un bassin reçoit ce mélange, composé de cinq parties de sable contre deux de chaux, auquel on ajoute les cailloux ; on creuse ensuite une tranchée jusqu'à la profondeur que l'on veut donner à la citerne, et on la remplit de ce mortier, que l'on bat avec des leviers ferrés.

Une fois les quatre murs terminés, on enlève la terre du milieu jusqu'au bas des murs, et quand le fond a été bien aplani, on le couvre d'une couche de ce même mortier, que l'on bat jusqu'à ce qu'elle ait acquis l'épaisseur nécessaire. Si l'on fait deux ou trois citernes, de manière qu'en passant de l'une dans l'autre, l'eau puisse se clarifier, elle est bien meilleure, bien plus douce à boire. Le limon trouvant où se déposer, l'eau devient plus limpide et conserve son goût naturel, sans prendre une odeur étrangère ; sinon, on est obligé d'y ajouter du sel pour la rendre plus légère.

Tout ce que j'ai pu découvrir sur la qualité de l'eau, sur ses variétés, sur l'usage qu'on en peut faire, sur les moyens de la conduire et d'en connaître les propriétés, je l'ai consigné dans ce livre ; la manière de faire les cadrans solaires et les horloges fera la matière du livre suivant.

NOTES

DU LIVRE HUITIÈME.

1. — *Thales Milesius.* Cette introduction est à peu près la répétition de ce qui a été dit dans le 2ᵉ chapitre du ııᵉ livre, où l'auteur cherche à appuyer, par l'opinion des philosophes, les raisonnements qu'il contient sur les divers matériaux qu'on emploie pour la construction des édifices, particulièrement dans le 9ᵉ chapitre, où il traite des arbres. Tout ce qu'il dit dans ce ııᵉ livre facilite beaucoup l'intelligence de cette introduction. Il commence dans les deux endroits par citer l'opinion de Thalès, qui prétendait que l'eau était le principe de toutes choses. Il cite ensuite celle d'Heraclius, qui disait que c'était le feu; puis, après avoir parlé du système de ces philosophes, il revient à celui des pythagoriciens, son système favori, et termine en traitant de tout ce qui concerne les eaux, que les prêtres égyptiens honoraient d'un culte religieux.

2. — *Aqua.* Lire dans Pline (*Hist. Nat.*, liv. xxxı, ch. ı) l'éloge qu'il fait de l'eau, proclamée par lui comme la cause de toutes les forces terrestres.

3. — *Itaque quum hydriam tegunt.* Pour terminer l'introduction de ce livre, où Vitruve va traiter de tout ce qui concerne les eaux, il raconte comment les prêtres égyptiens honoraient d'un culte religieux, l'élément si utile auquel ils devaient surtout la fécondité de la terre qu'ils habitaient, et que fertilisait le débordement du Nil. Ils couvrent, dit-il, le vase à mettre de l'eau, et le portent dans un temple, où ils se prosternent devant lui, en élevant les mains vers le ciel. Perrault n'a pas ainsi rendu ce passage. Suivant lui, les prêtres considéraient ce vase comme un temple dans lequel résidait leur divinité. Il faut, dit Galiani, que le texte dont s'est servi Perrault soit différent de tous les autres. Ce n'est pas, selon de Bioul, pour cette raison; mais Perrault aura cru que le vase dont parle ici Vitruve, était le dieu Canope qu'on représentait sous la forme d'un vase couvert d'hiéroglyphes, et surmonté d'une tête humaine qui lui servait de couvercle; on en voit plusieurs à Rome, un entre autres, au Capitole, qui est de basalte.

4. — *Uti procumbatur in dentes.* Les moyens indiqués ici par Vitruve pour la recherche des eaux se retrouvent tous dans Pline (*Hist. Nat.*, liv. xxxi, ch. 21 et suiv.). *Voyez* PALLADIUS, *Écon. rur.*, liv. ix, ch. 8.

Les mots *in dentes* semblent une altération de *videntes*, qu'on trouve, du reste, dans quelques manuscrits. Il faudrait peut-être lire, comme Pontédéra : *uti procumbantur videntes,* ou mieux *procumbant.* Celui qui est couché sur les dents ne peut guère voir que le sol qu'il a immédiatement sous les yeux, et l'expression *in terra mento collocato* rend la première inutile : quand on est appuyé sur le menton, peut-on être étendu sur les dents? Cette idée, que fait naître le passage de Palladius, est encore cité par Pline (liv. xxxi, ch. 27) : « Certior multo nebulosa exhalatio est, ante ortum solis longius intuentibus : quod ex edito quidam speculantur, proni terram mento attingente. »

Cassiodore, dans une lettre de Théodoric, premier roi des Ostrogoths, où il rapporte une grande partie des signes que Vitruve donne ici pour trouver des sources, ajoute que la hauteur à laquelle ces vapeurs s'élèvent, montre combien les eaux sont avant sous terre. Il ajoute encore un autre signe qu'il dit être regardé comme infaillible par ceux qui découvrent les sources; c'est lorsque le matin on voit comme des nuées de petites mouches qui volent contre terre toujours au même endroit.

5. — *Quo genere sint loca.* Il faut examiner la nature du terrain pour pouvoir juger de la quantité et de la qualité des eaux. Pline et Palladius donnent les mêmes renseignements que Vitruve. Palladius (*Écon. rur.*, liv. ix, ch. 8) est assez concis; comparez les deux textes.

6. — *Et non certæ venæ.* On trouve, dans un grand nombre de manuscrits et dans les premières éditions de Vitruve : *et non incertæ venæ reperiuntur;* mais le texte de Pline est contraire à cette version : *glarea incertas venas, sed boni saporis.* La même chose se rencontre dans Palladius et dans le *Compendium architecturæ.*

7. — *Signa autem quibus terrarum generibus subeunt aquæ.* Six indices, outre celui dont nous venons de parler, sont propres à éclaircir les recherches de l'eau : ce sont les petits joncs, les

saules sauvages, les aunes, l'osier, les roseaux, les lierres. On
peut s'y fier, dit Palladius, lorsqu'il n'y a point de mare dans
l'endroit, et que l'eau n'y séjourne ou n'y passe point habituellement. Deux autres indices naturels de l'eau, dit Pline, sont le
bechion sauvage, *tussilago silvestris* (*Hist. Nat.*, liv. xxvi,
ch. 16), et surtout ces grenouilles que l'on trouve posées sur le
ventre, *pectore incumbans rana* (liv. xxxi, ch. 27).

8. — *Fodiatur quoquoversus locus latus pedes tres, altus ne
minus pedes quinque.* On trouve dans de vieux textes de Vitruve :
fodiatur quoquoversus locus latus ne minus pedes quinque. Mais
latus doit être mis pour *altus.* Palladius (*Écon. rur.*, liv. ix, ch. 8)
dit : *fodiatur latitudine pedibus tribus, altitudine pedibus quinque ;* Pline (*Hist. Nat.*, liv. xxxi, ch. 27) : *loco in altitudinem pedum
quinque defosso ;* il aura négligé d'indiquer, comme chose inutile,
la largeur que donne Palladius. Vitruve parle des expériences
du vase d'airain, du pot de terre non cuite, de la toison de laine,
de la lampe allumée. Voici ce que dit Pline (liv. xxxi, ch. 27) :
« Ollisque e figlino opere crudis, aut peruncta pelvi ærea coo-
perto [loco], lucernaque ardente concamerata frondibus, dein
terra. » Bien que l'expérience de la toison soit omise ici, Pline
la connaissait néanmoins, comme le font voir les lignes suivantes :
« Si figlinum humidum ruptumve, aut in ære sudor, vel lucerna
sine defectu olei restincta, aut etiam vellus lanæ madidum repe-
riatur. »

9. — *Hæc autem maxime in montibus et regionibus septentrionalibus sunt quærenda.* Cette généralité n'est pas exacte, dit
l'annotateur de Pline. Les exemples par lesquels Pline l'infirme,
ne sont pas seulement les exceptions inévitables d'une règle générale. La même chose a lieu dans tous les pays du monde. Ré-
duisons à deux les directions des chaînes de montagnes : que
l'une soit de l'est à l'ouest ou réciproquement, que l'autre marche du nord au sud et *vice versa.* Dans celle-ci les deux versants
envoient des cours d'eau à l'ouest et à l'est ; leurs ramifications
en envoient au sud et au nord qui vont joindre le cours d'eau
principal. Dans celle-là, les cours d'eau se dirigent naturellement
vers le nord et vers le sud. On peut citer de simples monts qui
envoient des fleuves dans toutes de directions. Du Fichtelberg,
par exemple, sortent, pour courir au sud, la Sala ; au nord, le
Rade ; à l'est, l'Eger ; à l'ouest, le Mein.

10. — *Itaque quæ ex imbribus aqua colligitur salubriores habet
virtutes.* On sait que la pluie vient des nuées dont les molécules

aqueuses qui demeurent suspendues dans l'air, tant qu'elles sont séparées les unes des autres, tombent quand, rapprochées et réunies par une cause quelconque, elles sont devenues plus pesantes que l'air.

Paul d'Égine donne la préférence à l'eau de pluie, à cause de sa légèreté, de sa douceur, de sa limpidité, de sa ténuité. C'est aussi l'opinion de Columelle (*Écon. rur.*, liv. 1, ch. 5) : « Cœlestis aqua maxime salubris intelligitur. » Telle n'était point l'opinion de Pline, qui (*Hist. Nat.*, liv. xxxi, ch. 21) donne la préférence à l'eau courante.

Il n'en est pas moins certain que l'eau de pluie est ordinairement la plus pure, puisque c'est par une véritable distillation qu'elle a été élevée dans l'atmosphère ; cependant, soit qu'elle ait volatilisé une partie des matières auxquelles elle était unie avant son élévation, soit qu'après avoir été parfaitement épurée par ce moyen, elle se soit de nouveau chargée de diverses substances répandues dans l'air, il est démontré que l'eau de pluie, dans le plus grand état de pureté où il paraisse possible de l'obtenir, contient encore quelques principes étrangers.

11. — *Etiamque non crebriter in campis confluunt imbres, sed in montibus aut ad ipsos montes.* Il est vrai, comme le fait observer Vitruve quelques lignes plus bas (*quum perveniunt ad montes, ab eorum offensa.... disperguntur*), que les hautes montagnes arrêtent les nuages, les rompent ; ce qui serait, ce me semble, une raison pour qu'il plût moins sur les montagnes que dans les plaines, parce que, comme le dit Perrault, les nuées qui sont un air propre à être condensé et changé en eau, après avoir passé sur les vallées, et s'être épaissies par la rencontre des montagnes contre lesquelles elles vont frapper, ne pourraient tomber que sur le penchant de la montagne contre lequel elles viendraient heurter.

12. — *Aer.* Dans ce chapitre, Vitruve répète à peu près ce qu'il a déjà dit dans le 6e chapitre du livre 1er, sur les causes qui produisent les vents. L'air, comme on sait, est un fluide compressible qui se dilate par la chaleur et se condense par le froid. Quand une partie de l'atmosphère s'échauffe ou se refroidit, il se fait un mouvement de translation de l'air, par lequel une partie assez considérable est poussée d'un lieu dans un autre avec plus ou moins de vitesse ; c'est ce qu'on nomme le vent. Vitruve a donc raison de dire que la chaleur du soleil occasionne dans l'air chargé de beaucoup d'humidité, l'expansibilité de ce

fluide qui pousse celui d'alentour qui n'est pas raréfié; mais, comme
le fait observer de Bioul, l'attraction qu'il attribue à la raréfaction
de l'air n'existe pas. Si, dans quelque partie de l'atmosphère, la
chaleur du soleil occasionne l'expansibilité de l'air, et que dans une
autre partie il se trouve condensé, l'air qui se trouve entre eux,
poussé par celui qui se raréfie, se portera vers celui qui se condense,
si bien que toute l'impulsion de l'air raréfié agit vers l'endroit où
la condensation se fait, parce que l'espace qu'occupait l'air avant
d'être condensé, devenant moins rempli par la condensation,
donne place à celui qui est poussé par l'air raréfié, ce qui paraît
une attraction, quoique en réalité cela détermine seulement le
lieu vers lequel l'impulsion se fait.

13. — *Vaporem autem et nebulas et humores ex terra nasci.*
Presque tous les corps liquides exposés à la chaleur de l'air se
décomposent; alors les parties les plus volatiles se dégagent des
plus pesantes, et s'élèvent peu à peu dans l'atmosphère. L'évaporation de l'eau est la plus abondante de toutes. De ce fluide,
répandu sur toute la surface du globe, qui occupe la vaste étendue des mers, il s'élève sans cesse une quantité de vapeurs.
L'hydrogène, le plus léger de tous les fluides pondérables, qui
l'est treize fois plus que l'air que nous respirons, est une des
parties constituantes de l'eau. Dès que la chaleur agit sur celle-ci,
et en décompose une partie, l'hydrogène se dégage; plus léger
que l'air atmosphérique, il s'élève et emporte quelques parcelles
d'eau : cette évaporation continuelle et abondante forme les
nuages que nous voyons dans les airs. Il est tout simple qu'à
mesure que les climats se rapprochent du cours du soleil, l'action
de sa chaleur ait plus de force, soit plus continuelle; que conséquemment l'évaporation soit plus considérable; que le sol de
ces climats en devienne plus sec. Vitruve apporte, pour preuve
de cette assertion, que les vents méridionaux sont très-humides,
et amènent beaucoup de pluie, parce que le soleil a pompé beaucoup de vapeurs dans cette partie; et pour la raison contraire,
les vents du nord n'amènent que la sécheresse : ce qui est en
partie vrai, surtout pour la Grèce et l'Italie, parce que, pour
ces pays, les vents du midi viennent de la mer; mais il n'en est
pas moins vrai que les vents du nord sont aussi très-pluvieux
dans les pays qui ont la mer au septentrion, et qu'au contraire le
vent du midi y sera très-sec, s'il y vient du côté de la terre.

14. — *Capita fluminum.* L'argument que Vitruve tire de l'exposition de la source des grands fleuves au midi, pour prouver

l'attraction que le soleil fait de l'humidité, n'est pas très-exact, parce que la grandeur des fleuves ne dépend pas de leurs sources, qui ne sont bien souvent que de petites fontaines.

15. — *Orbe terrarum chorographiis picta.* La chorographie (des mots grecs χορός, *région, contrée, lieu,* et γράφειν, *décrire*) est différente de la géographie, comme la description d'un pays l'est de celle de toute la terre. On ne sait guère à quel temps cette science peut remonter dans l'antiquité. Ce qu'il y a de certain, c'est que les peuples qui ont eu le plus de réputation, ont reconnu l'utilité de la géographie. La première carte dont parlent les anciens auteurs, s'il faut les en croire sur des temps aussi éloignés, serait celle que Sésostris, le premier et le plus grand conquérant de l'Égypte, fit exposer devant son peuple, pour lui faire connaître, dit-on, les nations qu'il avait soumises, et l'étendue de son empire, dont les embouchures du Danube et de l'Indus faisaient les bornes. La table de Peutinger est le seul monument de ce genre qui nous soit resté des anciens.

16. — *Plurima maximaque inveniuntur egressa ab septentrione.* On doit entendre, dit Stratico, que les plus grands fleuves coulent, non du septentrion proprement dit, mais de l'hémisphère septentrional vers l'hémisphère austral.

Perrault voit ici une contradiction avec ce qui a été dit au chapitre précédent, savoir, que les sources qui sont sur la pente des montagnes tournées vers le septentrion sont les plus abondantes, et que la faiblesse des rayons du soleil est une des principales causes des sources des fontaines, comme si le soleil ayant pu attirer en l'air, et consumer l'humidité qui est dans la terre, faisait qu'elle s'y amasse en si grande quantité qu'elle est contrainte par sa pesanteur d'en sortir en coulant ; et ici ce sont les rayons du soleil qui attirent les eaux et les font couler vers le midi. Et même, parmi les fleuves qu'il cite comme venant du nord, plusieurs dont les eaux coulent vers le nord, comme le Rhin et le Nil, ont leur source au midi.

La description que fait Vitruve du cours des fleuves exigerait bien encore d'autres observations. Il dit, par exemple, que le Tigre et l'Euphrate sont dans la Syrie, tandis que ces fleuves passent au milieu de l'Assyrie, fort loin de la Syrie. Il est vrai que les anciens géographes ont souvent confondu ces deux pays.

17. — *Ex monte Atlante Dyris.* La description que Vitruve fait du Nil est très-intéressante. Si on la confronte avec les cartes modernes les plus exactes, on verra qu'il connaissait le cours de ce fleuve jusqu'à sa source, à peu près comme nous le connaissons aujourd'hui. Ce fleuve commence effectivement au mont Atlas, et comme les Barbares, d'après ce que rapporte Strabon, appelaient cette montagne Dyris, on aura probablement donné aussi le nom de Dyris à la partie du Nil qui s'étend depuis sa source, et prend son cours vers l'occident, jusqu'au lac qui s'appelait alors *Eptabole*, aujourd'hui Dambea. Sorti de ce lac, il s'avance, en tournant, vers le midi, jusqu'à ce qu'il entre dans le marais Coloé.

Il y a ici une erreur, suivant Lamarche : Eptabole, Dambea, Coloé désignent le même lac dans lequel le Nil n'entre pas du tout ; et ce géographe, d'accord avec Cellarius, place le marais à la source du fleuve Astasobas.

« Cette partie du fleuve s'appelait le Nigir, dit de Bioul. Les cartes modernes n'indiquent pas ce marais ; si on les suppose exactes, il faut croire que cette omission vient de ce que c'est le fleuve même qui produit ces marécages, où il doit couler longtemps au travers de ses propres sables, tellement qu'on aura négligé d'indiquer ces marais, les regardant comme un accessoire qui semblait faire partie du fleuve. Cellarius, qui ne connaissait pas ce passage de Vitruve, place mal à propos ce marais à la source du fleuve Astasobas, dont nous allons parler. Vitruve dit que ces marais entourent le royaume de Méroé, dans l'Éthiopie méridionale. Plusieurs auteurs, parmi lesquels se trouve Pomponius Méla, ont cru que ce royaume était une île formée par le Nil ; ils le divisent pour cela en deux branches, dont ils appellent l'une Astaboras et l'autre Astape. L'Astaboras et l'Astape ne sont pas deux branches du Nil qui forment une île, mais deux rivières, différentes du Nil, dont celui-ci s'approche dans son cours. »

Voilà bien des erreurs de part et d'autre. Les auteurs, parmi lesquels se trouve Pomponius Méla, se sont trompés en croyant que l'île de Méroé, qui n'est en réalité qu'une presqu'île, était formée par le Nil qui se séparait en deux branches. De Bioul se trompe en faisant d'Astaboras et d'Astape deux rivières différentes du Nil, avec lequel elles n'auraient aucune communication. L'Astape est une rivière qui prend sa source au lac Coloé, et va se jeter dans le Nil au-dessus de la ville de Méroé, et l'Astaboras est une autre rivière qui borne le royaume de Méroé, de l'autre côté, au nord, et qui tombe dans le Nil au-dessous de la même ville. *Voir* Lamarche, *Carte du monde connu des anciens, au temps de Ptolémée*, et la *carte d'Afrique*.

18. — *Nec fontinalis ab Camœnis.* La fontaine de Camène, dit

de Bioul, existe encore aujourd'hui auprès de Rome, en dehors de la porte Saint-Sébastien. Elle se trouvait autrefois au milieu du bois des Muses (*Camœnarum*) qui lui a donné son nom, ainsi qu'à la porte de la ville qui s'appela d'abord porte Camène, puis Capène, et enfin Saint-Sébastien. *Voyez* TITE-LIVE, liv. I, ch. 21.

Elle était regardée comme sacrée par les Romains, qui, non contents de la voir décorée par la nature, voulurent encore y joindre les ornements de l'art. Ils la firent couvrir d'une voûte spacieuse, sous laquelle ils pratiquèrent des niches pour y placer les statues des Muses. La nymphe Égérie y eut aussi la sienne, de même que Numa. Cette voûte existe encore, ainsi que la statue de Numa, qui est cependant très-mutilée. *Voyez* JUVÉNAL, sat. III, v. 10.

Cette fontaine est à peu près revenue aujourd'hui à l'état où Juvénal désirait la voir. Elle est couverte d'une grotte vieillie par le temps, chargée de mousses et de plantes différentes. Dans le fond se trouve cette figure de marbre à demi couchée et très mutilée, qu'on dit être la statue de Numa.

19. — *Nec Marcia saliens*. Pline (*Hist. Nat.*, liv. XXXI, ch. 24) parle de l'eau Marcia comme de la plus célèbre de toutes les eaux, par sa fraîcheur et ses effets salutaires, et la regarde comme un don des dieux. *Voyez* FRONTIN, *des Aqueducs de Rome*, ch. VII.

C'est ce ruisseau qui fournit encore aujourd'hui à Rome des eaux si belles et si abondantes. Des traditions mystiques en firent un bras souterrain de l'Alphée, qui s'était étendu jusque dans le Latium. Indépendamment des souvenirs d'Aréthuse, le nom d'Aufeia peut-être fut pour quelque chose dans l'origine de cette fable.

20. — *Per alumen*. Entre toutes les espèces d'alun, il ne s'en trouve point qui prennent feu; il y en a même qui sont moins combustibles que les pierres et que les métaux.

21. — *Fluens Albula*. Le Tibre portait primitivement le nom d'Albula; mais ce n'est pas de lui qu'il est ici question, Vitruve veut parler des eaux de l'Albula, sur le chemin de Rome à Tivoli, où l'on rencontre cette petite rivière, à trois milles de cette dernière ville. Elle forme près du chemin un petit lac qui produit une écume ou concrétion qui surnage sur les eaux; cette croûte se charge d'herbes et d'arbrisseaux, ce qui forme de petites îles flottantes que les vents poussent dans toutes les parties du lac. On se servit autrefois de ces eaux pour des bains qui

furent fréquentés par Auguste et par Néron. Quoiqu'elles passent généralement pour sulfureuses, elles sont plutôt alumineuses. C'était l'opinion de Galien, de Célius Aurelianus et surtout de Baccio. *Voyez* Sénèque, *Quest. Nat.*, liv. iii, ch. 20; Pline, *Hist. Nat.*, liv. xxxi, ch. 6, et Strabon, liv. v. Aujourd'hui on les appelle *Bagni di Tivoli*.

22. — *Et in Ardeatino fontes frigidi.* — *Voyez* Strabon, liv. v; Pline, *Hist. Nat.*, liv. iii, ch. 9, et Virgile, *Énéide*, liv. vii, v. 408.

23. — *Cutiliis.* — *Voyez* Pline, *Hist. Nat.*, liv. xxxi, ch. 6; Strabon, liv. v, et Celse, *Traité de la médecine*, liv. iv, ch. 5.

24. — *Ubi vero aurum, argentum.* Toutes ces eaux, dont Vitruve nous fait connaître les propriétés, ne sont autre chose que des eaux minérales qui tiennent en dissolution des substances étrangères, qui leur donnent des qualités bonnes ou mauvaises, qu'elles n'auraient pas sans cela. Les unes sont ferrugineuses, sulfatées, etc.; d'autres sont gazeuses ou acidules; d'autres sont salines; d'autres sont sulfureuses ou hépatiques; d'autres sont chargées de chlorure de soude ou sel marin, et de sélénites. Toutes les sources qui produisent ces eaux, doivent leurs qualités, comme le fait observer Vitruve, aux mines par lesquelles elles passent.

25. — *Flumen est nomine Cydnos.* — *Voyez*, au sujet de ce fleuve, Q. Curce, liv. iii, ch. 4 et 5; Pline, *Hist. Nat.*, liv. v, ch. 22, et liv. xxxi, ch. 8.

C'est dans les eaux glacées du Cydnus qu'Alexandre faillit périr en se baignant, et que Frédéric Ier, empereur d'Allemagne, qui y était tombé par accident en revenant de la Terre-Sainte, perdit la vie (1190).

26. — *Uncti oleo fontes erumpunt, uti Solis.* Polycrite attribue les propriétés de l'huile à une source voisine de Soles, en Cilicie. Théophraste en dit autant d'une autre source située en Éthiopie, qui porte le même nom. Lycus parle d'une fontaine des Indes dont l'eau remplace l'huile dans les lampes. Le même phénomène se voit, dit-on, à Ecbatane. *Voyez* Pline, *Hist. Nat.*, liv. xxxi, ch. 14. Ce sont des sources d'huile de pétrole. La Hongrie, l'Iran, les bords de la mer Caspienne en ont beaucoup. Λιπαρός, en grec, signifie *luisant*, d'un *luisant huileux*, et est peut-être la racine du nom donné au fleuve.

27. — *Zacyntho.* Voici comment Hérodote (liv. iv, ch. 195) raconte la manière de tirer la poix d'un lac de Zacynthe : « Cette île renferme plusieurs lacs ; le plus grand a soixante-dix pieds en tout sens, sur deux orgyies de profondeur. On enfonce dans ce lac une perche, à l'extrémité de laquelle est attachée une branche de myrte ; on retire ensuite cette branche avec de la poix qui a l'odeur du bitume, mais qui d'ailleurs vaut mieux que celle de Piérie. On jette cette poix dans une fosse creusée près du lac, et quand on y en a amassé une quantité considérable, on la retire de la fosse pour la mettre dans des amphores.

28. — *Et circa Dyrrhachium et Apolloniam*. — *Voyez* Pline, *Hist. Nat.*, liv. xxiv, ch. 25.

29. — Λίμνη Ἀσφαλτῖτις. *Voyez* ce que disent, au sujet de ce lac, Pline (*Hist. Nat.*, liv. v, ch. 15) et son annotateur.

30. — *Liquidum bitumen*. Le bitume est une matière molle, visqueuse, gluante, qui coule le long des montagnes, ou sourd de terre, nageant sur les lacs et sur les fontaines. Celui qui vient de Babylone, de Zacynthe et d'Apollonie est liquide. *Voyez* Pline, *Hist. Nat.*, liv. xxxv, ch. 51.

Il faut distinguer là le *naphte* ou *pétrole*, liquide inflammable, volatile, soluble dans l'alcool, jaunâtre quand il est pur, et le *bitume*, proprement dit, ou *asphalte*, solide, insoluble dans l'alcool, noir, etc. *Voyez* Pline, *Hist. Nat.*, liv. v, ch. 15 ; vii, 13 ; xxviii, 23.

31. — *Ut etiam in areis salinarum videtur*. Le sel, comme on le voit dans Pline (*Hist. Nat.*, liv. xxxi, ch. 39), est natif ou factice. Le sel factice se tire de la mer, des étangs et des fontaines salées, des puits salants. Le sel natif, qui est de la même nature que l'autre, se tire du sein de la terre ; on en rencontre en Catalogne, en Calabre, en Hongrie, etc. Les mines les plus fameuses et les plus abondantes sont celles qui se trouvent en Pologne, dans le voisinage de Cracovie.

32. — *Apud insulam Lesbon vinum protyrum*. Philander et Barbaro ont remplacé par le mot *protropon*, qui signifie *mère-goutte*, celui de *protyron* que portent la plus grande partie des éditions de Vitruve, et auquel, du reste, MM. Quicherat et Daveluy donnent la même signification dans leur excellent *Dictionnaire latin-français*. Cependant, je suis très-porté à croire que *protyron* ou *protyrum* désigne un cru, comme les mots suivants : *Mamertinum*, *Falernum*, etc. Car que veut prouver Vitruve, sinon que les différents lieux donnent des goûts différents aux fruits de la terre, et la différence qui se trouve entre les vins de *mère-goutte*

et ceux de pressurage, ne me paraît rien faire à l'intention de
Vitruve, qui, je le répète, ne me semble vouloir apporter ici que
des exemples de vins dont le nom est pris du lieu qui les produit,
et non d'aucune autre qualité qu'ils pourraient avoir d'ailleurs.
Et la raison qu'il y aurait de mettre *protropon* à la place de *protyron* devrait être, à mon avis, moins parce que *protropon* signifie
mère-goutte, que parce qu'il serait le nom de quelque peuple, de
quelque localité de Lesbos qui nous est inconnue. Pline dit bien
que les *Abellinates* étaient appelés *Protropi* ; mais c'était un peuple
de l'Apulie. Pour revenir encore une fois au mot *protyrum*, je
suis persuadé qu'on entrerait mieux dans le sens de l'auteur, si
on le prenait pour un vin de terroir, et qu'il n'y aurait pas grand
inconvénient à croire qu'il ne nous est point resté d'historiens ni
de géographes qui fassent mention de ce lieu, ou que la localité
avait trop peu d'importance pour qu'ils eussent à s'en occuper.

33. — *Mæoniam* χαταχεχαυμενίτην. Le *catakecaumenite* (PLINE,
Hist. Nat., liv. XIV, ch. 9) est une espèce de vin nommé ainsi
d'une contrée des environs de Laodicée, qui, selon Strabon
(liv. XIII), porte ce nom, dont la signification est *brûlé.* Est-ce
de ce vin que parle Virgile dans le vers 380 du liv. IV des *Géorgiques?*

> ....Cape Mæonii carchesia Bacchi.

34. — *Lydiam Tmoliten.* On lit *Meliton;* mais ce mot est-il
bien pur? N'aurait-il point été mis pour *Tmolium*, ou plutôt
pour *Tmoliten,* avec une terminaison semblable à celle de *catake-
caumeniten?* C'est l'opinion de Philander. La ville la plus célèbre
de la Lydie, dit Pline (*Hist. Nat.*, liv. V, ch. 30), est Sardes sur
le flanc du Tmol, couvert de vignobles. Dioscoride et Galien
parlent aussi du vin du Tmole. Cette montagne était jadis appelée
Tymole : témoin Ovide, *Métam.*, liv. VI, v. 15, et liv. XI, v. 86.

35. — *Siciliam Mamertinum.* Pline (*Hist. Nat.*, liv. XIV,
ch. 8) dit que César, qui le premier assigna aux vins un rang
dans les banquets publics, donna le quatrième au *mamertin* que
produit Messine, en Sicile. Il s'agit ici des vins de Messine, dont
les habitants se nommaient Mamertins. Messine récolte encore
aujourd'hui de très-bons vins qui s'exportent au loin. Ce vin
peut atteindre une très-longue durée. Quand il a vieilli pendant
trois générations, il peut aller de pair avec les meilleurs vins, et
en prendre le nom.

> Amphora Nestorea tibi Mamertina senecta
> Si detur, quodvis nomen habere potest.
>
> (MARTIALIS, lib XIII, epigr. 117.)

36. — *Campaniam Falernum.* La plaine de Falerne était fertile en grains, et la montagne, en vins très-estimés des Romains, et si souvent célébrés par Horace. *Voyez* PLINE, *Hist. Nat.*, liv. xiv, ch. 8, et liv. xxiii, ch. 20.

Ce clos fameux n'a pas même laissé de trace. On conjecture pourtant que le village de la Rocca Mandragone est bâti sur ses ruines. Les vins de Campanie n'ont plus leur ancienne réputation ; ils sont âpres et peu agréables au goût. Cette décadence qui commençait du temps de Pline, est aujourd'hui complète.

37. — *In Terracina et Fundis Cæcubum.* Auguste donnait la préférence au vin de Sétia, dit Pline (*Hist. Nat.*, liv. xiv, ch. 8), et presque tous ses successeurs en ont fait autant.

Dioscoride (liv. v, ch. 7) le juge inférieur au vin d'Albanum. Horace devait en faire un bien grand cas : « Un héritier plus sage, dit-il (liv. ii, ode 14), boira le cécube que tu gardes sous cent clefs, et fera ruisseler sur les dalles de marbre ce vin qu'envierait la table des pontifes. » Le territoire de Cécube a perdu son renom, bien que les vins de ce canton soient encore assez agréables au goût. *Cæcuba jam non gignuntur,* dit déjà Pline (*Hist. Nat.*, liv. xxiii, ch. 20); et pourtant (liv. xvii, ch. 3) il indique les Marais Pontins comme étant une localité où se plaît la vigne cécube : *Cæcubæ vites in Pomptinis paludibus madent.*

38. — *In arundinibus et juncis.* — *Voyez* (*Hist. Nat.*, liv. xii, ch. 48) ce que dit Pline du calamus odorant.

Il ne faut pas confondre le calamus odorant avec le calamus aromatique des modernes, dont Pline (*Hist. Nat.*, liv. xxv, ch. 100) traite avec assez de détails pour qu'on puisse reconnaître parfaitement en lui l'*acorus calamus*, L. *Spect.*, 568. Le *calamus verus* ne peut, dans l'état actuel de la science, être rapporté à aucune plante connue. Il est probable néanmoins qu'il s'agissait d'une graminée du genre *andropogon*.

39. — *Neque arbores thuriferæ.* L'arbre qui produit l'encens arabique est encore inconnu, et l'on doit espérer de le trouver plutôt parmi les térébinthacées que parmi les conifères, du moins si l'on consulte les lois analogiques, moins trompeuses que les opinions qui ne reposent que sur des traditions. Ce qui semble fortifier cette opinion, c'est que Pline nous apprend (*Hist. Nat.*, liv. xii, ch. 34) que quelques personnes avaient avancé que la myrrhe et l'encens étaient fournis par le même arbre. Or, on sait que la myrrhe est due à un *amyris*, arbuste de la famille des térébinthacées. Il rapporte même (liv. xii, ch. 31) que le roi Autigone, quand on lui en apporta un arbrisseau, fut de l'avis de ceux qui disaient que c'était une sorte de térébinthe.

C'était une opinion reçue chez les Romains, que l'Arabie seule fournissait l'encens :

India mittit ebur, molles sua thura Sabæi.
(Virgilius, *Georg.* lib. i, v. 57.)

Thura, præter Arabiam, nullis, ac ne Arabiæ quidem universæ, dit Pline (*Hist. Nat.,* liv. xii, ch. 30). C'est seulement d'après Théophraste, Dioscoride et les écrivains grecs, que les auteurs du moyen âge parlent d'un encens indien et d'un encens arabique. Nous avons aujourd'hui la preuve que cette distinction est raisonnable; il est même prouvé que la plus grande partie de l'encens qui, de l'Arabie, se répandait dans toute l'Europe, venait des Indes.

40. — *Neque piperis darent baccas.* — *Voyez* Pline, *Hist. Nat.,* liv. xii, ch. 14, et la note dans laquelle bon nombre d'inexactitudes sont relevées.

41. — *Nec myrrhæ glebulas.* Dioscoride dit (liv. ier, ch. 67) que la myrrhe est la larme d'un arbre qui croît en Arabie, assez semblable à l'épine d'Égypte. On l'obtient par des incisions que l'on fait aux arbres, depuis les racines jusqu'aux branches. Celle qu'ils rendent d'eux-mêmes, avant toute incision, s'appelle *stacte,* dit Pline (*Hist. Nat.,* liv. xii, ch. 35); c'est la plus précieuse.

La myrrhe était très-célèbre chez les anciens, qui s'en servaient pour donner du bouquet aux vins les plus précieux, et la comptaient parmi leurs parfums les plus exquis; ce qui a fait douter que la myrrhe des anciens et la nôtre fussent identiques. Nous ferons remarquer cependant que les peuples ne sont pas souvent d'accord sur le mérite des parfums, non plus que sur l'excellence des mets. Les anciens nommaient l'assa que nous avons qualifié de *fétide,* le parfum des dieux. Il paraît que la myrrhe était un parfum employé pour les cheveux :

. . . . .Et fœdare in pulvere crines
Vibratos calido ferro myrrhaque madentes.
(Virgilius, *Æneidos* lib. xii, v. 99.)

42. — *Nec Cyrenis in ferulis laser nasceretur.* Le *laserpitium* que les Grecs, même au rapport d'Apicius (*de l'Art culinaire,* liv. i, ch. 2, et liv. vii, ch. 1), appellent *silphion,* se trouve, se

lon Pline (*Hist. Nat.*, liv. xix, ch. 15), dans la Cyrénaïque qu'on qualifiait de *laserpitifère*.

> Laserpitiferis jacet Cyrenis.
>
> (Catullus, eleg. 7, v. 4.)

Son suc est connu sous le nom de *laser*. Columelle (*des Arbres*, ch. xxiii) emploie l'expression *laser Cyrenaicum*, et Palladius (*Écon. rur.*, liv. iii, ch. 29) celle de ὀπὸς Κυρηναϊκός, c'est-à-dire suc de Cyrène; Solin celle de *syrpe* et de *lac syrpicum*. Apicius nous apprend en plus d'un endroit qu'on se servait du laser dans la cuisine : *pullus laseratur*, dit-il (liv. vi, ch. 6); *carnes lasere infectas*, dit Apulée (*Métamorph.*, liv. x). Théophraste (*Hist. des plantes*, liv. vi) et Pline (*Hist. Nat.*, liv. xix, ch. 15) lui assignent les mêmes usages. Dioscoride (liv. iii, ch. 76) rapporte que quelques-uns appellent sa tige *silphion*, sa racine *magydaris*, et sa feuille *maspeton*. Il est fait mention du *laserpitium* dans Strabon, au dernier livre. *Voyez* Pline, *Hist. Nat.*, liv. xix, ch. 15.

Le suc du *laserpitium* a toujours été rare. Du temps de Néron, il ne s'est trouvé qu'un seul pied, qui lui fut envoyé. Celui qui est de bonne qualité est roux, transparent, a une odeur semblable à celle de la myrrhe, et non alliacée, d'un goût agréable et blanchissant dans l'eau. Le meilleur est celui de Cyrène. Celui de Syrie et de Médie est moins bon et d'une odeur moins agréable. On obtenait cette gomme résine de la tige et du collet de la racine, qui quelquefois s'élevait au-dessus du sol.

43. — *Sunt enim Bœotiæ flumina Cephisos et Melas.* — *Voyez* Pline, *Hist. Nat.*, liv. ii, ch. 106.

44. — *Lucaniæ Crathis.* Théophraste dit que le Crathis, près de Thurium, rend blanches les brebis et les vaches, tandis que le Sybaris les rend noires. Les hommes mêmes se ressentent de cette diversité des eaux : une chevelure noire, dure, crépue distingue ceux qui boivent celles du Sybaris; l'usage des eaux du Crathis, au contraire, fait pousser les cheveux et leur communique du moelleux et des nuances plus pâles. *Voyez* Pline, *Hist. Nat.*, liv. xxxi, ch. 9 et 10.

45. — *Trojæ Xanthus.* — *Voyez* Pline, *Hist. Nat.*, liv. ii, ch. 106.

46. — *Item in Thessalia fons est profluens.* — *Voyez* Pline, *Hist. Nat.*, liv. xxxi, ch. 19.

47. — *Quo loci sepultus est Euripides.* Les biographes et les compilateurs racontent qu'Euripide fut mis en pièces par des chiens. Ovide a consigné la tradition relative à Euripide, dans son *Ibis*, v. 597 :

> Utque cothurnatum vatem tutela Dianæ,
> Dilaniet vigilum te quoque turba canum.

Voyez PLINE, *Hist. Nat.*, liv. xxxi, ch. 19.

48. — *Item est in Arcadia Nonacris.* La fontaine de Nonacris, en Arcadie, n'offre en elle-même aucune particularité de nature à inspirer la défiance. On croit qu'elle n'a de funeste que son excessive fraîcheur, vu qu'elle se pétrifie même en coulant. *Voyez* PLINE, *Hist. Nat.*, liv. xxxi, ch. 19, et liv. ii, ch. 106.

49. — *Conservare autem eam et continere nihil aliud potest nisi mulina ungula.* A la mule, Justin (liv. xii, ch. 14) et Pausanias (liv. viii, ch. 18) substituent le cheval; Q. Curce (liv. x, ch. 10), le mulet (*jumentum*); Plutarque (*Vie d'Alexandre*), l'âne; Élien, l'onagre ou âne de Scythie. *Voyez* PLINE. *Hist. Nat.*, liv. xxx, à la fin.

50. — *Item Alpibus in Cotti regno.* En dépit de presque tous les manuscrits qui portent *Crobi*, Philander et d'autres commentateurs préfèrent le mot *Cotti*. Cottius était, en effet, un petit prince de la Gaule Cisalpine, que César Auguste reçut dans son alliance, au rapport d'Ammien Marcellin (liv. xv), et qui donna son nom aux Alpes Cottiennes. Strabon (liv. iv) place le petit État indépendant de Cottius dans la Ligurie, et Pline (*Hist. Nat.*, liv. iii, ch. 24) parle de douze cités cottiennes se trouvant dans la contrée des Alpes, et jouissant des priviléges latins.

51. — *Item sunt nonnullæ acidæ venæ fontium, uti Lyncesto.* — *Voyez* PLINE, *Hist. Nat.*, liv. ii, ch. 106. Vibius Sequester emploie le mot *Lycesus*, et dit que c'est un fleuve de Thrace. Ovide en parle au liv. xv de ses *Métamorphoses*, v. 329 :

> Huic fluit effectu dispar Lyncestius amnis:
> Quem quicumque parum moderato gutture traxit,
> Haud aliter titubat quam si mera vina bibisset.

52. — *Et in Italia Velino, Campania Teano.* Le mot *Velino*, adopté par Perrault, Galiani, Newton et Ortiz, présente bien des variantes. C'est tantôt *Virenna*, *Virenu* qu'on lit; tantôt *Vienna*, *Vicina*, *Vicinia*. C'est, du reste, le mot employé par Pline (*Hist. Nat.*, liv. xxxi, ch. 5).

53. — *Quod acer et acidus succus.* Pline (*Hist. Nat.*, liv. xv, ch. 32) distingue treize espèces de saveurs, soit dans les fruits, soit dans les sucs.

54. — *Item margarita, non minus saxa silicea.* La vertu pénétrante du vinaigre brise les rochers que le feu même n'a pu calciner, dit Pline (*Hist. Nat.*, liv. xxiii, ch. 27). Vitruve et Pline rappellent sans doute ici le passage d'Annibal dans les Alpes, et cette prétendue trouée qu'il fit à travers les rochers, en les dissolvant avec du vinaigre. Il est vraiment curieux, dit un annotateur de Pline, qu'une pareille fable ait pu trouver des gens crédules. Que le vinaigre disgrège les calcaires, soit : le gaz carbonique se dégage, et il y a formation de sous-acétate de chaux; mais la totalité du vinaigre que produit l'Europe entière, si elle était réunie au pied des Alpes, ne pourrait, en plus de temps qu'Annibal n'en mit à subjuguer la presque totalité de l'Italie, parvenir à disgréger complétement les molécules d'une seule de ces roches. Quelques auteurs ont pensé que par *rupit aceto*, il fallait entendre qu'Annibal avait doublé la dose de *posca* (boisson d'eau et de vinaigre) à ses soldats, afin qu'ils supportassent mieux les fatigues de la traversée; mais pourquoi Pline prend-il ici la chose au sérieux? Les exploits miraculeux d'Annibal, sa brusque invasion en Italie, étaient extraordinaires; il fallait des moyens qui le fussent aussi pour les expliquer : or, dissoudre des rochers pour se frayer un passage dans l'intérieur de leur masse, a paru un moyen digne de cet homme qui mit l'empire romain à deux doigts de sa perte. *Voyez* dans Pline (*Hist. Nat.*, liv. ix, ch. 58) l'histoire des deux perles de Cléopâtre.

55. — *In Arcadia vero civitas est non ignota Clitoris, in cujus agris est spelunca profluens aqua.* Cette source avait formé et alimentait sans doute un lac; car nous lisons dans Pline : « Vinum in tædium venire his qui ex Clitorio lacu biberint, ait Eudoxus. » *Voyez* PLINE, *Hist. Nat.*, notes du liv. xxxi, ch. 13.

56. — *Zama est civitas Afrorum.* La ville de Zama est célèbre par la victoire que Scipion y remporta sur Annibal, victoire qui mit fin à la deuxième guerre punique (201 ans av. J.-C.). *Voyez* PLINE, *Hist. Nat.*, liv. v, ch. 4.

57. — *Oppidum Ismuc.* Le nom de cette place forte ne se rencontre dans aucun des écrivains anciens; et les modernes qui en parlent citent Vitruve pour toute autorité. Ortiz croit devoir rapporter à cette place ce passage d'Hirtius, *de Bello Africano*, c. xl : « Il y avait dans la plaine où cette action se passait, une

grosse maison de campagne, flanquée de quatre tours, qui empêchait Labienus de voir qu'il était coupé par la cavalerie de
César. Aussi ne s'aperçut-il de l'arrivée de ces troupes que par le
carnage des siens qu'elles avaient pris par derrière. »

58. — *C. Julius, Masinissæ filius.* Vitruve est le seul écrivain
qui parle de ce Jules, fils de Masinissa. Salluste, qui nomme
tous les fils de ce célèbre ami des Romains, ne dit rien de celui-ci,
et il semble que Masinissa est trop éloigné du temps d'Auguste,
pour que Vitruve ait pu voir quelqu'un de ses enfants; de là on
tire un argument en faveur de ceux qui ne veulent pas que Vitruve ait vécu du temps d'Auguste. Mais comme il est constant
que ce Masinissa a eu beaucoup d'enfants, tant légitimes que naturels, et même dans son extrême vieillesse, il n'y a rien qui puisse
empêcher de croire que le fils qu'il eut d'une concubine à quatre-
vingt-douze ans, ne soit ce Jules qui, n'ayant joué aucun rôle sous
le règne de Micipsa, successeur de Masinissa, n'a donné à Salluste
aucune occasion de parler de lui; et ce caractère de philosophe
que lui donne Vitruve, rend cette conjecture assez probable.
Pour ce qui est du temps, dit Perrault, il n'est pas impossible,
puisqu'il ne se trouve qu'environ cent ans entre la naissance de
ce fils de Masinissa et le commencement de l'empire d'Auguste,
époque à laquelle Vitruve, déjà fort âgé, a composé son livre,
que cet architecte ait pu voir dans sa jeunesse C. Jules déjà avancé
en âge.

59. — *Cum patre Cæsare militavit.* On sait qu'Auguste,
connu jusqu'à son avénement au trône sous le nom d'Octave,
premier empereur romain, était fils du sénateur C. Octavius, et
neveu de César; qu'il naquit à Rome l'an 63 avant J.-C., perdit
son père de bonne heure, et fut adopté par son oncle. De là le
nom de *père* donné à César.

60. — *Ut qui ibi procrearentur voces ad cantandum egregias
haberent.* La sandaraque prise avec de l'hydromel rend la voix
claire, dit Dioscoride. S'il en est ainsi, n'y aurait-il point lieu de
croire que les eaux de ces fontaines traversent quelques veines
de sandaraque? Mais il peut y avoir dans les dispositions particulières d'un pays, pour rendre la voix des habitants fort agréable, d'autres causes que l'eau des fontaines, dont les musiciens ne
sont pas généralement grands amateurs; et en effet, dit Perrault,
Vitruve, dans les deux endroits de ce chapitre où il parle de la
beauté de la voix, particulière aux voisins de ces fontaines, ne

dit point que ceux qui boivent de leurs eaux ont la voix belle ; il dit seulement que ce sont ceux qui naissent dans le pays.

61. — *Per quarum venas aquæ vis percurrens tincta.* Théophraste et les anciens pensaient que les eaux s'imprègnent des sucs de la terre qu'elles traversent, comme les fruits de la vigne et des arbres qui ont toujours un goût de terroir. *Voyez* PLINE, *Hist. Nat.*, liv. xxxi, ch. 29.

62. — *Quorum scriptorum hi sunt autores.* Vitruve rappelle ici les noms de quelques philosophes grecs : Théophraste est connu par ses *Caractères*, une *Histoire des plantes*, un *Traité des pierres*, etc ; Timée par un *Traité sur l'âme du monde, et sur la nature, sur les remèdes tirés des minéraux*, etc.; Posidonius par ses traités *de la Divination et du Destin*, et *de la Nature des dieux;* Hégésias par ses écrits sur l'agriculture. N'y aurait-il point ici une erreur de nom, et ne faudrait-il point lire Ctésias, dont Pline invoque l'autorité au liv. xxxi, ch. 5, 18, 19, de son *Hist. Nat.*, où il ne fait que répéter la plupart des choses que raconte Vitruve sur la nature des fontaines et des eaux ? Hérodote par une histoire que personne n'ignore. Aristide : serait-ce un Aristide de Milet qui, selon Plutarque et d'autres auteurs, a écrit sur les affaires de la Perse, de l'Italie et de la Sicile ? Ou bien, n'y aurait-il point encore ici erreur de nom, et ne serait-il point question d'Aristote, qui, dans un livre ayant pour titre Περὶ θαυμασίων ἀκουημάτων, embrasse presque toute la matière dont traite ici Vitruve ? Ce qui pourrait fortifier cette conjecture, c'est qu'on trouve dans un manuscrit *Aristotides*, mot qui se rapproche plus d'*Aristoteles* que d'*Aristides*. Métrodore : il y a eu plus d'un Métrodore. Celui que nomme Vitruve paraît avoir été de la Phrygie, ou de la Troade. Il a écrit sur la géographie, comme on peut le conjecturer d'après Pline.

63. — *Expertiones autem et probationes eorum sic sunt providendæ.* — *Voyez* PLINE, *Hist. Nat.*, liv. xxxi, ch. 22, et PALLADIUS, *Écon. rur.*, liv. x, ch. 10, pour la manière de faire l'essai d'une eau nouvellement trouvée.

64. — *Qua membratura sint.* Cette considération est la plus importante et la plus sûre, dit Perrault ; les autres signes de la qualité des eaux sont plus équivoques. Ce n'est pas à dire que d'autres causes provenant de l'air, des fruits de la terre, des autres qualités d'un lieu, ne puissent quelquefois compenser les bonnes ou mauvaises qualités des eaux ; mais tous les autres signes sont absolument incertains. Sans l'expérience, ou du moins sans un examen bien exact et bien particulier des causes qui peuvent rendre les eaux bonnes ou mauvaises, telles que sont les qualités des terres à travers lesquelles elles passent, et le mélange des différents sels qu'elles en reçoivent. Car il paraît, par ce qui a été dit dans le chapitre précédent, que la limpidité, le bon goût, la bonne odeur de l'eau, ne sont point des marques certaines de sa bonté, puisqu'il s'en trouve dont la boisson est mortelle avec tous ces signes de salubrité, tandis qu'il y a des eaux troubles, limoneuses, d'odeur et de goût désagréables, qu'on boit sans en éprouver d'incommodité. Ainsi, les eaux du Nil qui sont si troubles, sont mises au rang des bonnes eaux, quand elles sont filtrées. Perrault ajoute beaucoup d'autres choses qu'il est inutile de répéter ici, parce qu'elles ne sont pas absolument vraies, et qu'elles ne s'accordent pas avec les connaissances acquises depuis son temps.

65. — *Qui circa eos fontes habitant.* Vitruve nous a dit au ch. 4 du liv. 1, que c'était en examinant l'intérieur des animaux tués pour les sacrifices, que les anciens jugeaient si l'air, l'eau et les pâturages étaient sains ou malsains. Il veut ici, d'après les mêmes principes, qu'on examine le tempérament des hommes qui habitent un endroit, pour juger de la qualité des eaux, puisque, comme il le dit dans le chap. 3 de ce livre, l'eau qu'on boit influe beaucoup sur la santé.

66. — *Et in vas Corinthium.* On sait combien le cuivre de Corinthe était estimé des anciens. Plusieurs passages de Pline le Naturaliste nous font connaître que le métal de Corinthe était un composé d'or, d'argent et d'airain. *Voyez* les liv. ix, ch. 65; liv. xxxiv, ch. 3; liv. xxxvii, ch. 12. Le nom de Corinthe fut donné à ce métal, raconte Florus (liv. ii, ch. 16), parce que, lors de l'incendie de cette ville, il fut formé du mélange de statues et de simulacres sans nombre, mis en fusion par le feu, et coulant en ruisseaux d'airain, d'or et d'argent. L'airain de Corinthe s'oxydait difficilement. « Il y a cette différence entre les âmes grossières et celles qui ne le sont pas, dit Cicéron (*Tusculanes,* liv. iv, ch. 14), que celles-ci, semblables à l'airain de Corinthe qui a de la peine à s'oxider, ne deviennent que difficilement malades, et se rétablissent fort vite.

67. — *Cujus ratio est prima perlibratio.* Prendre le niveau de l'eau, c'est établir la différence de hauteur qu'il y a entre le lieu d'où l'eau part et celui où elle doit s'arrêter, soit qu'on emploie des lignes droites ou des lignes obliques.

68. — *Libratur autem dioptris.* Nous n'avons point en français de mot qui traduise *dioptra.* Si nous nous servons du mot *dioptre,* c'est pour simplifier la traduction : car le dioptre est un instrument qui sert en chirurgie. Qu'il nous suffise de savoir que le mot *dioptra,* formé des mots grecs διά (à travers) et ὄπτομαι (regarder), signifie en général toute sorte d'instrument où il y a des pinnules, comme sont l'astrolabe, le carré géométrique, le bâton de Jacob et particulièrement l'alidade.

69. — *Aut libris aquariis.* Galiani a traduit *libra aquaria* par *niveau d'eau;* j'ai adopté sa traduction, bien que le niveau d'eau ne ressemble pas à celui que nous nommons ainsi aujourd'hui; et, comme le dit de Bioul, les nouveaux instruments dont on a introduit l'usage, sont cause que nous ne sommes pas assurés de ceux dont se servaient les anciens. Par *libra aquaria* on ne devait

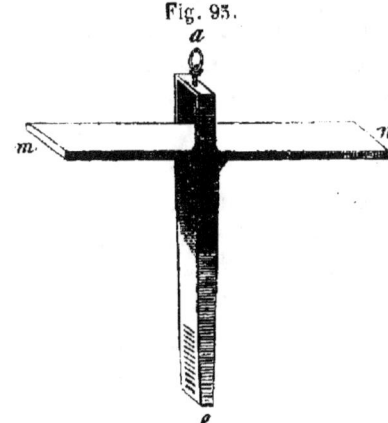

Fig. 95.

point désigner un niveau où l'eau était employée, puisque Vitruve parle du chorobate, où on l'employait comme d'un instrument différent de celui-ci; on entendait sans nul doute un instrument qui servait à prendre le niveau de l'eau, tel que celui-ci (fig. 95). Il est suspendu par un anneau *a,* et reste parfaitement en équilibre, à cause du poids qui est en bas *e;* la règle *mn* indique conséquemment le niveau. Cet instrument est encore, du reste, en usage aujourd'hui.

70. — *Chorobates.* La figure du chorobate est perdue avec toutes celles que Vitruve avait mises dans son livre; mais d'après la description qu'il en fait, on ne peut douter qu'elle ne soit, à très-peu de chose près, telle que l'ont représentée tous les traducteurs et commentateurs de Vitruve. Galiani a ajouté deux pinnules dont il n'est point parlé dans le texte, ce que je regarde comme chose tout à fait de luxe. La figure de Newton, avec ses légères modifications, me paraît préférable à celles des auteurs qui s'en sont occupés, plus appropriée à l'usage auquel elle est destinée, plus conforme aux paroles de l'auteur. Si l'on suppose que cette règle *aa* (fig. 96), à laquelle on assigne la longueur de vingt pieds, soit mince et légère, elle sera sujette à se tordre et à se courber; si, au contraire, on suppose qu'elle ait l'épaisseur et la solidité nécessaires, la machine sera si pesante, surtout si, au-dessous de cette première règle, et parallèlement, on en place

Fig. 96.

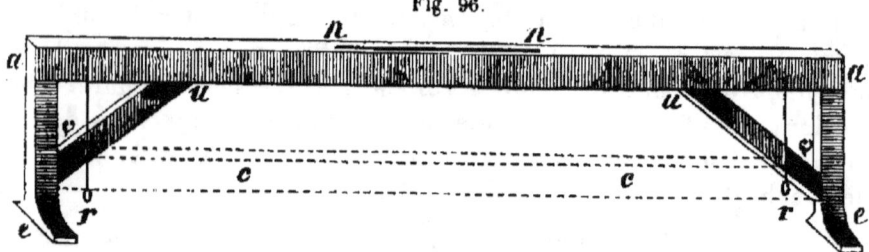

une autre *cc* de même volume, qu'on aura peine à la mouvoir et à la transporter. Perrault fait remarquer que Vitruve recommande de fixer des traverses avec tenons et mortaises, entre la règle *aa* et les pièces coudées *ae, ae,* tandis que, absolument et simplement, il n'y a rien entre elles, puisqu'elles sont jointes ensemble. Mais la préposition *inter* est quelquefois employée par Vitruve pour indiquer l'espace terminé par les pièces dont on a parlé auparavant. Le sens est donc que les traverses doivent être placées dans l'espace qui se trouve entre la règle et les pièces coudées, partant du point de cette règle *u,* pour aller se joindre au point *v* des pièces coudées. Ces traverses seront donc *uv, uv,* au lieu d'être comme dans les autres figures *cc.* Elles présentent cet avantage immense, que les pièces coudées sont constamment à angle droit avec la règle qui, soutenue par elles, ne fléchira point au milieu ; que, par cela même, la règle pourra être moins forte, sera seule, et que l'instrument étant beaucoup plus léger, sera d'un transport beaucoup plus facile.

71. — *Sin autem ventus interpellaverit.* Bien que le chorobate soit un instrument auquel on doive se fier pour avoir un niveau assez juste, soit qu'on s'en serve avec les plombs *rr,* ou avec l'eau du canal *nn ;* bien que l'inconvénient qui pourrait résulter de la courbe que fait la superficie de l'eau, ne doive pas être compté, parce que, dans le court espace de cinq pieds, cette courbe est insensible, ce qu'Archimède lui-même a très-bien remarqué, le niveau dont nous nous servons aujourd'hui est préférable, composé comme il l'est, d'un tube de fer-blanc, aux extrémités duquel s'élèvent perpendiculairement deux fioles de verre. Ce tube est soutenu dans le milieu par deux liens de fer et par une douille. L'eau qu'on met dans cette machine communique d'une fiole à l'autre par le tube. En plaçant l'œil contre l'une des fioles, à la hauteur de l'eau, on trouve le niveau, en apercevant la hauteur de l'eau dans l'autre fiole. Ce moyen n'est pas sujet à in-

duire en erreur, comme le chorobate et les autres instruments
dont parle Vitruve.

72. — *Ductus autem aquæ.* Quoique le mot *aqueduc*, d'après
son étymologie, paraisse s'appliquer à tout ouvrage destiné à la
conduite des eaux, cependant il ne s'applique généralement qu'à
ceux de ces ouvrages qui sont exécutés en maçonnerie. Les plus
anciennes et les plus remarquables constructions de ce genre
que nous connaissions, sont celles des Romains. Il semble,
en effet, que la rapide et prodigieuse extension de la ville de
Rome, ainsi que les richesses énormes qui s'y concentrèrent, ont
dû former, par leur réunion, les conditions les plus favorables
qui se fussent encore vues dans aucun lieu pour l'établissement
des aqueducs. Aussi les Romains en ont-ils élevé un grand nombre, et ils leur ont donné une solidité telle, que ni les injures du
temps, ni celles des hommes, n'ont pu les faire disparaître entièrement. Encore aujourd'hui, ces grandes constructions nous
frappent d'admiration par l'imposante majesté de leurs ruines, et
embellissent maintenant les contrées qu'elles fertilisaient jadis.
Mais c'est surtout dans les environs de l'ancienne métropole qu'on
les retrouve nombreuses et pittoresques; et c'est un beau spectacle
que celui de cette vaste et inculte campagne de Rome, sillonnée
par d'innombrables lignes d'arcades, qui se croisent dans tous les
sens, enjambent par-dessus les voies, les tombeaux et les temples
ruinés, et vont se perdre dans les montagnes de Tivoli et d'Al-
bano.

Ces aqueducs étaient des canaux en maçonnerie, réglés en général suivant une pente uniforme, et, par conséquent, souterrains
ou élevés au-dessus du sol, suivant que les collines ou les vallées
se rencontraient sur leur chemin. Dans les parties souterraines,
ils étaient voûtés, et chacun d'eux y était muni d'une banquette
intérieure, placée sur un de ses côtés, qui permettait de le parcourir dans toute sa longueur; au passage des vallées, ils étaient
soutenus par un ou plusieurs rangs d'arcades construites en pierres
ou en briques; et ils étaient recouverts de longues dalles, dans
lesquelles on pratiquait des ouvertures pour donner passage à
l'air. Les eaux déposaient les corps étrangers qu'elles pouvaient
tenir en suspension, dans des enfoncements ménagés dans les lits
de ces canaux, et dans de grands réservoirs, où elles étaient re-
cueillies à l'entrée de la ville qu'elles devaient desservir. C'était
dans ces réservoirs ou châteaux d'eau (*castella*) qu'étaient établies
les différentes prises d'eau appartenant soit aux édifices publics,
soit aux particuliers qui en avaient obtenu la concession.

Les endroits les plus élevés de Rome, comme les plus bas, avaient des fontaines abondantes dont plusieurs existent encore. On avait choisi les sources dont les eaux étaient les plus salutaires, quoique souvent très-éloignées de la ville. Dès qu'on avait reconnu qu'on pouvait les y amener, la chose était exécutée. Le plus ancien aqueduc est celui de l'*aqua Claudia*. Appius Claudius le fit construire l'an 442 de la fondation de Rome. L'*aqua Marcia* avait sa source dans les montagnes des Samnites. L'eau *Vierge*, qui se dégage par la belle fontaine de Trévi, est la meilleure qu'on boive aujourd'hui à Rome. *Voyez* FRONTIN, *des Aqueducs de Rome*, ch. x, et PLINE, *Hist. Nat.*, liv. xxxi, ch. 25. Agrippa fit venir cette eau dans un bassin qui était à la tête du Champ de Mars; les deux aqueducs qui la distribuent aujourd'hui dans Rome sont encore les mêmes qu'Agrippa fit construire. A ceux-là se joint celui qui traverse la campagne de Rome, et que Pie V fit réparer. Au haut du mont Janicule, près de Saint-Pierre *in Montorio*, se trouve la grande fontaine que Paul V fit construire. Ces eaux viennent du lac Bracciano, qu'on appelait *lacus Sabbatinus*, qui est à trente-cinq milles de Rome.

Pour donner une idée des aqueducs décrits par Frontin, nous allons indiquer la longueur de chacun, tant en constructions souterraines qu'en substructions et arcades.

L'aqueduc	de l'eau Appia a............	11,190	pas romains.
——	de l'Anio vieux............	43,000	——
—	de l'eau Marcia............	61,710	——
—	de l'eau Tepula et de la Julia.	15,426	——
—	de l'eau Vierge............	14,105	——
——	de l'Alsietina ou Augusta....	22,172	——
——	de l'eau Claudia............	46,406	——
——	du nouvel Anio............	58,700	——
	Total des longueurs.....	272,709	pas romains.

Ce qui fait plus de 91 lieues, de 25 au degré. Les trois quarts de cette longueur étaient en conduits souterrains voûtés, et pour le surplus, environ un tiers, ou 7 lieues, était en arcades, et le reste en substructions.

Le volume d'eau qu'ils fournissaient était de 14,018 *quinaires* (mesure romaine), ce qui équivaut, d'après l'estimation de M. de Prony, à 787,000 mètres cubes par vingt-quatre heures; et encore Frontin, dans son précieux ouvrage sur les *Aqueducs de Rome*, évalue-t-il à 23,582 *quinaires*, ou 1,320,592 mètres cubes, la quantité d'eau qu'on aurait pu obtenir dans le même temps, en s'opposant aux déperditions qui avaient lieu, soit par fraude, soit par négligence, soit peut-être aussi par suite de vices de construction ou de tracé.

Toutes les eaux amenées par ces aqueducs n'étaient pas également bonnes. *Voyez* FRONTIN, ch. XI. Un édit, en classant les eaux suivant leurs qualités, détermina les usages auxquels elles pouvaient être employées. La Marcia fut placée au premier rang, et réservée tout entière pour la boisson.

D'autres édits des empereurs réglèrent le mode d'action des entrepreneurs chargés de la construction et de la réparation des aqueducs sur les propriétés avoisinantes, et prononçaient les peines les plus sévères contre ceux qui tenteraient de détourner une partie des eaux.

La charge d'administrateur des eaux était considérée comme une des premières de l'État, et il paraît que des personnages consulaires en étaient revêtus. On leur accorda les mêmes marques de dignité qu'aux magistrats, et leurs fonctions furent déterminées par un senatus-consulte que nous trouvons dans Frontin, ch. c.

Une chose digne de remarque, c'est que les aqueducs qu'on pouvait conduire en droite ligne à Rome, n'y parvenaient que par des sinuosités fréquentes. On a cherché à expliquer cette disposition, en disant que ces brusques changements de direction avaient pour but de diminuer la vitesse de l'eau et d'augmenter la solidité de la construction. Mais comme ni Vitruve ni Frontin ne font mention de ces changements de direction, eux qui entrent d'ailleurs dans tant de détails sur tout ce qui a rapport aux aqueducs, on ne peut guère penser qu'une disposition dont ils ne parlent pas ait été le résultat de quelque règle de conduite des eaux ou de construction; et il paraîtra sans doute plus juste de l'attribuer, tantôt au désir d'éviter des bas-fonds qui auraient nécessité des arcades trop élevées, tantôt à celui de satisfaire à des exigences de localité qu'il est aujourd'hui difficile de préciser, mais qu'on peut très-bien se figurer.

Les Romains ont construit des aqueducs dans les diverses parties de leur vaste empire; nous dirons seulement quelques mots de ceux dont on trouve encore les restes en France. L'un des premiers, par son importance, et probablement aussi par son antiquité, est celui de Nîmes, dont on attribue la construction à Agrippa, gendre d'Auguste. Il conduisait dans cette ville les eaux des fontaines d'Eure et d'Airan, situées près d'Uzès, et il avait environ dix lieues de longueur. Sa partie la plus remarquable est parfaitement conservée. Elle traverse la vallée profonde dans laquelle coule le Gard, et elle est connue sous le nom de *Pont du*

Gard. Elle est composée de trois rangs d'arcades superposées
(*Voyez* la vignette du titre de ce second volume); le rang inférieur est
formé par six arches, le second en a onze, et le troisième trente-
cinq. La hauteur des eaux de l'aqueduc au-dessus de celles de la
rivière est de quarante-huit mètres. Les pieds-droits et les voûtes
sont construits en pierre de taille, sans aucune espèce de ciment;
la cuvette seule est en moellon maçonné à bain de mortier, et
recouvert à l'intérieur d'un enduit de cinq centimètres d'épaisseur. Aujourd'hui, au-dessus de cette couche, il en existe une
autre extrêmement dure, provenant de dépôts formés par les eaux.
Cet aqueduc fut rompu à ses deux extrémités, lors de l'invasion
des barbares qui assiégèrent la ville de Nîmes, vers le commencement du v⁵ siècle. Depuis ce temps, il n'a pas été réparé. Seulement, en 1743, on y fit quelques travaux de soutènement; on
prolongea les piles inférieures, et on y établit un pont qui fait
partie de la route de Nîmes à Avignon.

Trois aqueducs fournissaient de l'eau dans la ville de Lyon. Le
premier, construit par les troupes de M. Antoine, tirait ses eaux
du mont d'Or; le second les prenait dans la Loire, près de Feurs,
et le troisième conduisait sur les hauteurs de Fourvières les eaux
du Janon et du Giers. Ces trois aqueducs sont revêtus, à l'extérieur, de l'ouvrage désigné sous le nom de *opus reticulatum*.

Un aqueduc, dont il reste encore dix-sept arches, auprès de
Jouy, amenait à Metz les eaux du ruisseau de Gorze. Il avait environ six lieues de développement; il traversait la vallée de la
Moselle, à un endroit où elle a plus d'un quart de lieue de largeur. Sa disposition devait être analogue à celle du Pont du Gard.

Enfin, l'aqueduc d'Arcueil, construit par l'empereur Julien,
conduisait au palais de ce prince et aux thermes, dont on voit
encore les restes dans la rue de la Harpe, à Paris, des eaux de
sources rassemblées près des villages de Louan, Montjean et
Chilly. Il a été détruit pendant les guerres du moyen âge, et ré-
tabli suivant un nouveau plan, dans le cours du xvii⁵ siècle.

Nos principaux aqueducs modernes sont celui de Montpellier,
celui de Buc, près de Versailles, et celui de Maintenon, l'une
des plus vastes entreprises du règne de Louis XIV, qui fut aban-
donné après avoir coûté près de neuf millions.

73. — *Fiunt generibus tribus*. Palladius (*Écon. rur.*, liv. ix,
ch. 11) ajoute une quatrième manière de conduire les eaux; ce sont
les canaux de bois : « Quand il s'agit de conduire l'eau, dit-il, d'un
lieu dans un autre, on a recours à un canal construit en maçonnerie, ou à des tuyaux de plomb, ou à des canaux de bois, ou

enfin à des tuyaux de terre cuite. » Les canaux de bois peuvent
assurément être d'un grand usage, si l'on fait choix d'une matière
qui ne pourrisse pas facilement et qui ne contienne pas de sucs,
dont le mélange avec les eaux pourrait les corrompre. Il ne faudrait point, par exemple, les employer pour les eaux thermales,
dont le goût, la couleur ou les autres qualités ne manqueraient pas
de se ressentir de l'action qu'elles auraient sur le bois. Quant aux
eaux douces des fontaines et des fleuves, les canaux de bois sont
excellents, comme le prouve l'usage multiplié qu'on en fait à
Londres.

74. — *Solumque rivi libramenta habeat fastigata ne minus in
centenos pedes semipede.* Nous trouvons dans Pline (*Hist. Nat.*,
liv. XXXI , ch. 31) : « Libramentum aquæ in centenos pedes sicilici
minimum erit. » Il est bien extraordinaire que Pline, qui suit
constamment Vitruve , prescrive une pente vingt-quatre fois
moindre que celle que prescrit Vitruve, qui encore prend l'inclinaison la moins forte ; je ne doute pas que *semipede* n'ait été
changé en *sicilici.* « Si planum veniet, dit Palladius (*Écon. rur.*,
liv. XI , ch. 11), inter centenos vel sexagenos pedes, sensim recli-
netur structura in sesquipedem, ut vim possit habere currendi. »
La version de Palladius, qui, comme Pline, suit si souvent pas à
pas notre auteur, diffère tellement de celle de Vitruve, qu'il m'est
impossible de ne pas croire à une altération de texte, et il n'y a
pas loin de *sesquipede* à *semipede.* On a beau dire que Vitruve
donne à la pente la plus petite inclinaison et Palladius la plus
grande, je ne puis croire à une aussi énorme différence, surtout
quand Palladius applique sa proportion à une longueur de cent
pieds ou de soixante. Ceux qui, de nos jours, prennent le niveau
des eaux ne suivent pas la même proportion : car ils ne donnent
qu'un pouce de pente à une longueur de soixante pieds. Peuvent-
ils s'en contenter partout ?

75. — *Quumque venerit ad mœnia, efficiatur castellum.* Quand
l'eau était parvenue au mur de la ville, les Romains construisaient en cet endroit, pour la recevoir, une espèce d'édifice que
Vitruve appelle *castellum*, et que Perrault nomme à tort *regard*,
puisque par ce mot nous entendons un jour ménagé sur les
aqueducs pour s'assurer des réparations qu'il est nécessaire d'y
faire ; et c'est dans ce sens qu'à la page 268, Vitruve emploie
aussi le mot *castellum*, lorsqu'il dit : « Item inter actus ducentos
non est inutile castella collocari, ut si quando vitium aliquis
locus fecerit, non totum omneque opus contundatur, et in qui-

bus locis sit factum, facilius inveniatur. » Dans le passage qui
fait l'objet de cette note, *castellum* signifie un édifice qui contient
un bassin élevé *aa* (fig. 97), destiné à recevoir l'eau qu'y amènent

Fig. 97.

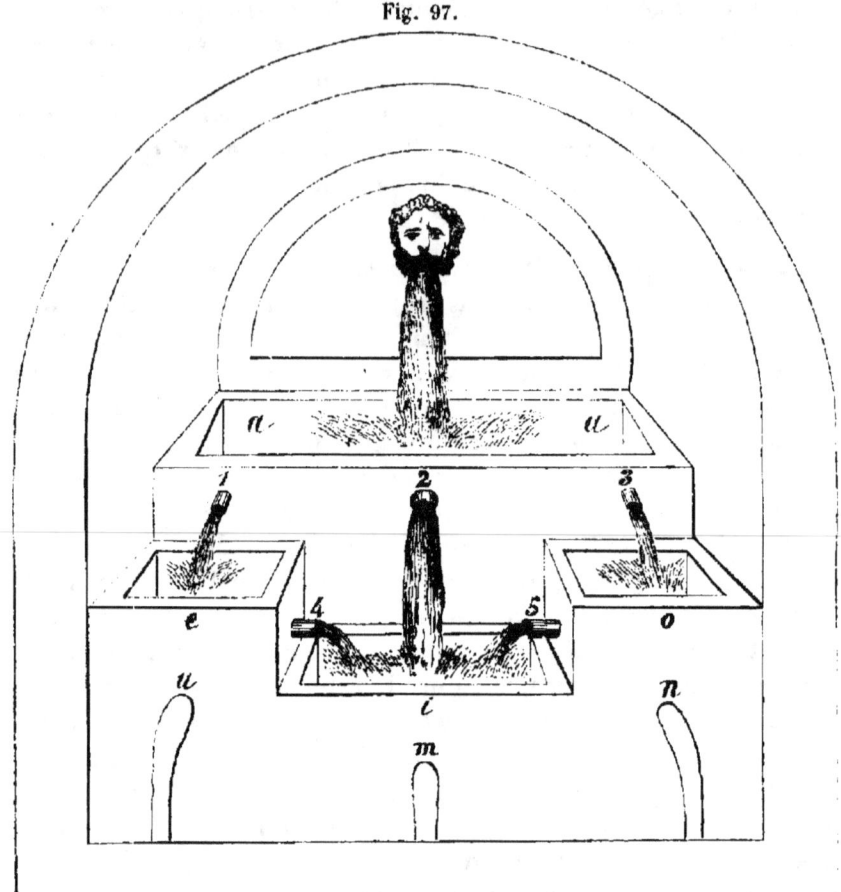

les aqueducs. C'était contre ce bassin qu'on construisait trois réservoirs *e i o*, deux sur les côtés; ils étaient plus élevés que le troisième, qui se trouvait au milieu. Les robinets 1, 2, 3, versent l'eau
du bassin *a* dans les trois réservoirs *e i o*, et les deux autres robinets marqués 4, 5, jettent dans le réservoir du milieu l'eau qui
surabonde dans les deux réservoirs latéraux, dont le premier envoie l'eau dans les bains par le tuyau *u*, et l'autre dans les maisons particulières par le tuyau *n*; celui du milieu l'envoie aux
lavoirs et aux fontaines jaillissantes par le tuyau *m*. Tels étaient
les bassins, les réservoirs principaux qu'on faisait pour chaque
aqueduc, contre les murs de la ville. Celui de l'*aqua Claudia*,
dit de Bioul, existe encore à Rome, près de la porte Majeure.
Mais, comme nous l'apprend Frontin, il se trouvait, dans l'in-

térieur même de la ville, plusieurs bassins particuliers qui servaient pour subdiviser l'eau distribuée par les trois premiers tuyaux *umn*.

76. — *Æqualiter divisæ*. Ai-je eu tort de donner au mot *æqualiter* la signification de *sur la même ligne* (*trois robinets seront disposés sur la même ligne*), quand Perrault et de Bioul ont traduit par *également* (*distribueront également l'eau*)? Ce qui m'a fait adopter ce sens, c'est ce passage de Frontin (ch. CXIII) : « Quant à la manière de placer les calices, il faut observer qu'ils soient rangés sur la même ligne (*ut ad lineam ordinentur*), et que l'un ne soit pas plus bas et l'autre plus haut : car le plus bas débite plus d'eau, et le plus haut en fournit moins, parce que le cours de l'eau se précipite avec plus de force dans le tuyau inférieur. » Or, le calice était un module de bronze adapté au conduit ou au château d'eau, pour recevoir les tuyaux de distribution; sa longueur ne devait pas être de moins de douze doigts ; avec ce métal difficile à ployer, on n'avait pas à craindre que les orifices du module fussent élargis ou resserrés par fraude.

77. — *Lacus*. Ce mot se retrouve souvent dans Frontin. C'étaient des réservoirs publics où le petit peuple de Rome allait laver son linge, ou satisfaire à d'autres nécessités. Il s'y baignait aussi. Les foulons, les corroyeurs y lavaient leurs draps et leurs cuirs. Ils servaient à l'irrigation des jardins. Parmi les nombreux avantages qu'on retirait de ces réservoirs, Frontin ne place pas le dernier celui qu'ils procuraient à la ville, en faisant disparaître toutes ces causes d'insalubrité, toutes ces exhalaisons impures qui viciaient perpétuellement l'air d'une ville chez les anciens.

78. — *Et salientes*. Le bout des tuyaux, quand l'eau devait continuellement couler, était muni d'un ajutage appelé *mastus*, c'est-à-dire *mamma* (mamelle). Varron (*Écon. rur.*, liv. XIV, ch. 3) le nomme *papilla* (bouton de la mamelle), ou, selon quelques éditions, *mamilla* (petite mamelle), et Cassiodore, *uber* (teton). Quelquefois, en place d'ajutages, on sculptait des têtes de lion, usage venu d'Égypte, selon Plutarque (quest. 5 du liv. IV des *Symposiaques*). « Les Égyptiens, dit-il, terminent les tuyaux de leurs fontaines par des têtes de lion, parce que le Nil inonde leurs campagnes, lorsque le soleil est dans le signe du Lion. » Et Sidoine Apollinaire leur donne le nom de *liones*. On peut les fermer et les ouvrir à volonté, à l'aide de robinets qui, quand on en tourne la clef, donnent passage à l'eau par les narines qui se referment par un mouvement contraire de la même clef.

79. — *Ex tertio in domos privatas.* — *Voyez* FRONTIN, ch. XCIV. Il se faisait des concessions de ces eaux tombantes (*aquæ caducæ*), dit-il plus loin ; mais c'était une faveur rarement accordée, à cause des fraudes auxquelles donnait lieu cette distribution. *Voyez* les ch. CX et CXI. *Voyez* encore le ch. XCVII.

80. — *Uti specus fodiantur sub terra.* Ces *specus subterranei* étaient des conduits souterrains pratiqués pour l'écoulement des eaux (ULPIEN, *Pandect.*, liv. XLIII, *De rivis*). Cette interprétation vaut mieux que celle qu'il donne lui-même, lorsque, au même chapitre, expliquant les paroles d'un préteur, il dit que le mot *specus* désigne un lieu d'où l'on abaisse les regards, mot qui aurait donné *spectacula*.

81. — *In suo sibi canalis excidatur.* Cette expression *in suo sibi* se rencontre assez souvent dans Plaute, Térence, Apulée, Columelle et Aulu-Gelle.

82. — *Puteique ita sint facti, ut inter duos sint actus.* Philander, Stratico, Barbaro et Baldi entendent par *putei* des soupiraux qui doivent être faits d'espace en espace dans les aqueducs ; mais ils n'ont pas remarqué, dit Perrault, que l'espace de cent vingt pieds romains (environ 35 mètres) que contenait l'*actus*, est bien moins que 195 mètres ; que cet espace est fort court, puisqu'il suivrait de là qu'il faudrait cent puits par chaque lieue d'aqueduc : de sorte qu'il y a apparence qu'après le mot *actus* il y avait un nombre, et qu'il faut lire *sint actus* II, c'est-à-dire qu'entre chaque puits il y avait 78 mètres : car il n'est pas nécessaire de faire tant d'ouvertures, quand il ne s'agit que de donner de l'air aux aqueducs. Si, près de Versailles, à l'aqueduc de Roquencour qui est de plus de 1950 mètres, les puits, qui ont 42 mètres de profondeur, ne sont qu'à 39 mètres l'un de l'autre, c'est que ces puits n'ont pas été faits, tant pour donner de l'air, que pour faciliter le service de cet édifice qui perce une montagne composée en entier de sables mouvants.

La correction de Perrault est approuvée par Galiani, Newton et Ortiz. Cependant Newton a vu *sit* dans cinq manuscrits ; Galiani a trouvé le même mot dans un manuscrit du Vatican ; Ortiz a lu *sit* dans un manuscrit de la bibliothèque de l'Escurial, et il ajoute que les puits qui ont été creusés au-dessus de l'aqueduc de l'*aqua Virgine*, à Rome, sont distants de deux *actes* au moins, et quelquefois plus, et qu'en général ils ont été ouverts selon la facilité présentée par les lieux. Les puits de l'aqueduc de Palmire étaient à la distance de 26 mètres les uns des autres, selon Wood. D'ailleurs Pline dit positivement (*Hist. Nat.*, liv. xxxi, ch. 31) que *si cuniculo veniet, in binos actus lumina esse debebunt.* Ces puits n'étaient pas faits seulement pour que l'eau pût de temps à autre recevoir l'impression de l'air, ils facilitaient encore la descente des ouvriers chargés de nettoyer les aqueducs.

83. — *Sin autem fistulis plumbeis ducetur.* Outre Pline le Naturaliste, Frontin et Palladius, le jurisconsulte Paul (*Pandectes*, liv. xxxix, *De aqua pluvia arcenda*) écrit que c'était un usage de conduire l'eau par des tuyaux. Stace a dit au premier livre des *Silves*, silv. iii, v. 66 :

> Teque per obliquum penitus quæ laberis amnem
> Marcia, et audaci transcurris flumina plumbo.

Et Ovide, *Métamorphoses*, liv. iv, v. 122 :

> Non aliter quam quum vitiato fistula plumbo
> Scinditur, et tenues stridente foramine longe
> Ejaculatur aquas, atque ictibus aera rumpit.

84. — *Fistulæ ne minus longæ pedum denum fundantur.* Les tubes devaient donc être longs de dix pieds. Pline et Palladius leur assignent la même longueur.

Les anciens indiquaient les divers calibres des tuyaux par le nombre de doigts que contenait la largeur de la lame de plomb avant d'avoir reçu la forme circulaire, c'est-à-dire par l'étendue de sa circonférence. On sait que la circonférence est égale à trois diamètres, plus une septième partie du diamètre, c'est-à-dire que la circonférence est au diamètre comme 22 est à 7 ; il est donc facile, d'après le nombre de doigts que Vitruve assigne à la circonférence de chaque espèce de tuyaux, de connaître leur diamètre. Ainsi les lames ont :

	Doigts de largeur.	— de diamètre.	Livres de pesanteur.
Centenariæ........	100	31 9/11	1200
Octogenariæ......	80	25 5/11	960
Quinquagenariæ	50	15 10/11	600
Quadragenariæ.....	40	12 8/11	480
Tricenariæ........	30	9 6/11	360
Vicenariæ.........	20	6 4/11	240
Quinum denum	15	4 17/22	180
Denum..........	10	3 2/11	120
Octonum.........	8	2 6/11	96
Quinariæ.........	5	1 13/22	60

Nous lisons dans Frontin (ch. xxxviii et suivants) que le doigt

était la quantité qui servait à régler la proportion qui se trouvait
entre les mesures qu'on employait pour l'eau ; mais que c'était le
diamètre, qu'on divisait en plusieurs doigts et non la circonférence. Il ajoute (ch. xxv) qu'Agrippa, et, suivant d'autres, Vitruve, introduisit l'usage de mesurer l'eau d'après un certain module appelé *quinarius*. Ceux qui en attribuent l'invention à
Agrippa, disent qu'on appelle ce module *quinarius*, parce qu'il
était divisé en cinq modules très-petits qui n'étaient pas plus gros
qu'un tuyau de plume ; que c'était d'après ce petit module qu'on
distribuait l'eau à Rome, lorsqu'elle y était encore rare, avant
qu'on y eût introduit les fontaines dont nous avons parlé. Ceux,
au contraire, qui font Vitruve auteur de cette espèce de mesure,
disent qu'on l'appelait ainsi parce qu'elle contenait la largeur de
cinq doigts, qui est celle que Vitruve assigne à la plus petite des
lames de plomb dont on devait former les tuyaux. D'après cette
dernière réflexion, Galiani est porté à croire que c'est plutôt
Vitruve qu'Agrippa qui a introduit l'usage du module quinaire.

85. — *Octonum pondo* **xcvi.** Dans Pline (*Hist. Nat.*, liv. xxxi,
ch. 31), qui emprunte presque mot pour mot tout ce passage à
Vitruve, on a mis à tort *pondo centena*, au lieu de *pondo* xcvi.
Le ch. 12 du liv. ix de Palladius est entièrement copié de Vitruve.

86. — *In declinato loco cursus dirigentur.* La disposition du
terrain peut donc donner lieu à trois manières différentes de conduire les eaux : 1° lorsque l'eau doit être conduite d'un lieu à un
autre sans qu'il y ait de montagne ni de vallée intermédiaire ;
dans ce cas, l'aqueduc doit être mené directement, avec de petites excavations, s'il se présente quelque légère éminence, avec
de petites substructions, s'il se présente quelque légère dépres-
sion de terrain ; 2° lorsque la conduite d'eau est interrompue par
une montagne de formation rocheuse, il faut alors faire faire à
l'eau un circuit autour de la montagne, s'il ne doit pas être trop
long ; 3° si une vallée profonde vient à se rencontrer, pour éviter,
dans ce cas, les constructions à simple, double et triple rang d'arcades, Vitruve, Frontin et Palladius nous apprennent le moyen
de faire descendre les eaux au fond de la vallée, à l'aide de tubes,
et de les faire remonter de la même manière du côté opposé, en
évitant toutefois les détours trop brusques, les angles trop aigus.
Vitruve exige donc qu'on ne fasse pas remonter tout de suite
l'eau qu'on aura conduite par des tuyaux au fond d'une vallée,
parce que l'angle ou le coude ne pourrait résister au choc de
l'eau ; il veut qu'auparavant on la conduise à peu près horizon-

talement dans un certain espace, c'est ce qu'il appelle un *ventre*. Un des grands avantages qu'offrent les tuyaux pour la conduite des eaux, c'est qu'une fois qu'elles y sont renfermées, on peut les faire descendre, les faire monter à volonté; ce qui n'est pas possible avec des aqueducs, qu'il faut toujours maintenir de niveau ou en pente, tellement que, quand ils doivent traverser une vallée, il n'y a pas d'autre moyen que de les faire porter par des arcades.

87. — *Etiam in ventre columnaria sunt facienda.* Les mots *putei, columnaria, columbaria*, désignent tous des ouvertures destinées au même usage, c'est-à-dire à l'immission de l'air dans les tuyaux, pour que l'eau puisse en recevoir l'impression, ou à l'échappée des vents qui s'engendrent dans les tuyaux. Vitruve a appelé d'abord des soupiraux *putei*, parce qu'ils sont enfoncés dans la terre en forme de puits jusqu'à l'aqueduc qui forme une voûte souterraine. Ici il les nomme *columnaria,* parce que, suivant Baldi et Philander, il faut enter des bouts de tuyaux s'élevant comme des colonnes, sur ceux qui sont dans des lieux bas, ou élever sur l'aqueduc qui doit être porté sur des arcades, de petites tours qui ressemblent en effet à des colonnes. Quelques-uns, comme Laët, lisent *columbaria*, mot qui signifie les *boulins* où les pigeons font leurs nids; et ils croient que Vitruve a entendu par là les trous des robinets par lesquels on doit donner de l'air aux tuyaux, et les décharger quand besoin est. Joconde a corrigé pour mettre *colluviaria* (égout, cloaque); cette expression me paraît tout à fait contraire à l'idée de Vitruve.

88. — *Expressus.* Par ce mot, Vitruve indique la partie de l'aqueduc dans laquelle l'eau monte, pressée par le poids de celle qui descend. C'est une sottise de dire que les anciens ont ignoré que l'eau montait dans un tube à la hauteur d'où elle était descendue par des tubes communiquant avec les premiers, et que c'est pourquoi ils ont construit à tant de frais des aqueducs, quand ils auraient pu, avec des tuyaux, arriver si facilement au même but. Ce passage prouve clairement que les anciens connaissaient la loi de l'équilibre pour les fluides; s'ils faisaient des aqueducs, c'est qu'avant tout ils voulaient avoir des eaux saines; c'est que, comme le dit Vitruve, les tubes de plomb étaient dangereux pour la santé; mais ils ne pouvaient pas toujours, surtout dans des espaces de plusieurs milles, les remplacer par des tuyaux en poterie.

89. — *Ut hi tubuli ex una parte sint lingulati.* Pline (*Hist.*

20.

Nat., liv. xxxi, ch. 31) s'est servi pour exprimer la même idée des mots *commissuris pyxidatis*, c'est-à-dire les extrémités des tubes étant faites de manière qu'elles puissent s'emboîter l'une dans l'autre, ce qui se trouve ainsi expliqué dans Palladius (liv. ix, ch. 11) : « Ex una parte reddantur angusti, ut palmi spatio unus in alterum possit intrare. »

90. — *Saxi rubri.* Il est probable que cette pierre rouge que Vitruve veut qu'on emploie pour former les coudes, lorsqu'on se sert de tuyaux de terre cuite, est cette terre pétrifiée, ou tuf, dont la couleur est quelquefois d'un noir grisâtre, et quelquefois rosacée, qui se trouve en abondance aux environs de Rome ; ou, comme le soupçonne Galiani, cette autre pierre d'une couleur rouge de feu qui se trouve dans les environs de Sienne, et qui est aussi dure que la pierre de touche.

91. — *Aut pondere saburræ contineatur.* — *Saburra* signifie le *lest*, c'est-à-dire cette charge de gros sable qu'on met au fond de la cale d'un navire pour le tenir en estive.

> Excursusque breves tentant, et sæpe lapillos,
> Ut cymbæ instabiles fluctu jactante saburram,
> Tollunt : his sese per inania nubila librant.
> (VIRGILIUS, *Georg.* lib. iv, v. 194.)

Saburra s'emploie ici par métaphore pour désigner la charge de gravier qu'on employait pour assujettir les tuyaux aux coudes qu'on leur faisait faire quelquefois.

92. — *Item quum primo aqua a capite immittitur, ante favilla immittetur.* — *Voyez* PALLADIUS, *Écon. rur.*, liv. ix, ch. 11. Le mot *favilla* désigne proprement cette cendre rouge qui enveloppe un charbon qui s'éteint. Virgile a dit (*Én.*, liv. vi, v. 226) :

> Postquam collapsi cineres, et flamma quievit,
> Reliquias vino, et bibulam lavere favillam.

93. — *Aerisque spiritus immanes.* Cet inconvénient, connu de temps immémorial dans les mines, a été neutralisé par la lampe de sûreté inventée par Davy.

Perrault ne peut s'imaginer qu'après avoir creusé un puits on ait besoin d'y descendre une lampe, pour s'assurer si l'on peut y descendre soi-même sans danger ; que cette lampe, en s'éteignant, fasse connaître si les vapeurs sont dangereuses, et que le remède soit de creuser deux autres puits pour faire partir les vapeurs du premier : car, selon lui, les deux nouveaux puits auront aussi leurs vapeurs dangereuses ; et pour concevoir que ces nouveaux puits diminuassent la vapeur du premier, il faudrait supposer qu'il n'y a dans la terre qu'une certaine quantité de vapeurs qui sortent toutes par ce premier puits, et qui se partageraient entre les deux autres ; ce qui est difficile à croire.

Ce n'est pas, comme le pense Perrault, une vapeur qui se trouve sous la terre ; c'est un air qui, se fixant au fond des puits, et y devenant stagnant, n'est plus respirable. La pression exercée par la colonne d'air augmente, en effet, à mesure que la colonne s'allonge ; et, en conséquence, elle agit avec bien plus de force au fond des mines. Mais la grande cause de cette espèce de pesanteur de l'air, c'est que, par la forme même des puits, il est difficile à l'air de se renouveler ; mais qu'on vienne à établir un courant d'air au moyen d'un second puits communiquant avec l'autre par une galerie, tout inconvénient disparaît. Vitruve ne parle cependant pas du point essentiel, dit de Bioul ; c'est qu'il faut que l'ouverture du second puits soit plus élevée que celle du premier, afin que la colonne d'air renfermée dans celui-ci, force par son poids l'air qui est dans celui-là de sortir, et le remplace continuellement, ce qui établit la circulation. Vitruve veut qu'on ajoute deux puits ; un seul suffit.

94. — *Et ibi homines offendunt fodientes.* — *Voyez* Palladius, *Écon. rur* , liv. ix, ch. 9; et Pline, *Hist. Nat.*, liv. xxxi, ch. 28.

95. — *Tunc signinis operibus.* Ces mots, également employés par Palladius, ne signifient pas proprement une citerne, ils désignent cette espèce d'ouvrage fait avec des cailloux , qu'on appelle en Italie *smalte*. Galiani est étonné de ce que Vitruve n'indique ici qu'une seule couche de chaux et de cailloux concassés pour l'enduit des citernes, quand , au ch. 1er du liv. vii , il en exige beaucoup plus pour le pavé des maisons ; il croit que Vitruve n'a voulu parler que de la première couche, et qu'il a négligé de parler des autres. Palladius (liv. 1er, ch. 17) entre dans quelques détails qui viennent compléter ce que dit Vitruve ; j'y renvoie le lecteur.

Il y a beaucoup de citernes en Belgique ; mais lorsqu'elles sont voûtées, et que l'eau y est très-froide, les poissons ne peuvent y vivre.

96. — *Ne gravius quam librarium.* C'est-à-dire du poids d'une livre. Vitruve a déjà dit (liv. vii, ch. 8) *lapidis centenarii* (pierre du poids de cent livres). Columelle dit aussi (*Écon. rur.*, liv. xii, ch. 55) : *Caro in libraria frusta conciditur* (on coupe la chair en morceaux d'une livre) , et (liv. iii , ch. 15) : *qui singuli non excedunt quinquelibrale pondus* (dont chacun n'excède pas le poids de cinq livres).

LIBER NONUS.

PRÆFATIO.

Nobilibus athletis [1] qui Olympia, Pythia, Isthmia, Nemea vicissent, Græcorum majores ita magnos honores constituerunt, uti non modo in conventu stantes cum palma et corona ferant laudes, sed etiam quum revertantur in suas civitates cum victoria, triumphantes quadrigis in mœnia et in patrias invehantur, e reque publica perpetua vita constitutis vectigalibus fruantur. Quum ergo id animadvertam, admiror quid ita non scriptoribus [2] iidem honores etiamque majores sint tributi, qui infinitas utilitates ævo perpetuo omnibus gentibus præstant. Id enim magis erat institui dignum; quod athletæ sua corpora exercitationibus efficiunt fortiora; scriptores non solum suos sensus perficiunt, sed etiam omnium animos exacuendo libris ad discendum præparant præcepta.

Quid enim Milo Crotoniates, quod fuit invictus, prodest hominibus? aut ceteri qui eo genere fuerunt victores? nisi quod dum vixerunt ipsi, inter suos cives habuerunt nobilitatem. Pythagoræ vero præcepta, Democriti, Platonis, Aristotelis, ceterorumque sapientium quotidiana, perpetuis industriis culta, non solum suis civibus, sed etiam omnibus gentibus, recentes et floridos edunt

LIVRE NEUVIÈME.

INTRODUCTION.

Les célèbres athlètes qui sortaient victorieux des jeux Olympiques, Pythiens, Isthmiques et Néméens, recevaient autrefois des Grecs de magnifiques honneurs. La palme et la couronne dont on les décorait au milieu de l'assemblée, n'étaient pas les seules récompenses qu'on leur accordait : lorsqu'ils retournaient dans leur patrie, c'était sur des chars de triomphe qu'ils étaient portés, et le trésor public pourvoyait à leurs besoins pendant toute leur vie. A la vue de telles distinctions, je suis étonné qu'on n'ait pas rendu les mêmes honneurs, et de plus grands encore, à ceux dont les écrits rendent d'immenses services dans tous les temps et chez tous les peuples. Et il y eût eu certes plus de justice, puisque l'athlète se borne à donner par l'exercice plus de force à son corps, tandis que l'écrivain, tout en perfectionnant son esprit, dispose celui des autres à la science par les leçons utiles qu'il répand dans ses ouvrages.

Milon le Crotoniate ne fut jamais vaincu! Quel avantage les hommes en ont-ils retiré? Et tous ceux qui, comme lui, furent vainqueurs, ont-ils fait autre chose que de jouir pendant leur vie d'une glorieuse réputation au milieu de leurs concitoyens? Mais il n'en est pas de même des préceptes de Pythagore, de Démocrite, de Platon, d'Aristote et des autres sages : journellement lus et mis en pratique, ils produisent sans cesse des

fructus : e quibus qui a teneris ætatibus doctrinarum abundantia satiantur, optimos habent sapientiæ sensus, instituuntque civitatibus humanitatis mores, æqua jura, leges, quibus absentibus nulla potest esse civitas incolumis.

Quum ergo tanta munera ab scriptorum prudentia privatim publiceque fuerint hominibus præparata, non solum arbitror palmas et coronas his tribui oportere, sed etiam decerni triumphos, et inter deorum sedes eos dedicandos judicari. Eorum autem cogitata utiliter hominibus ad vitam explicandam, e pluribus singula paucorum uti exempla ponam; quæ recognoscentes, necessario his tribui honores oportere homines confitebuntur.

Et primum Platonis e multis ratiocinationibus utilissimis unam, quemadmodum ab eo explicata sit, ponam. Locus aut ager paribus lateribus si erit quadratus, eumque oportuerit duplicare, quod opus fuerit genere numeri, quod multiplicationibus non invenitur, ex descriptionibus linearum emendatis reperitur. Est autem ejus rei hæc demonstratio. Quadratus locus [3], qui erit longus et latus pedes denos, efficit areæ pedes centum. Si ergo opus fuerit eum duplicare, et pedes ducentos item ex paribus lateribus facere, quærendum erit, quam magnum latus ejus quadrati fiat, ut ex eo ducenti pedes duplicationibus areæ respondeant. Id autem numero nemo potest invenire : namque si xiv constituentur, erunt multiplicati pedes cxcvi; si xv, pedes ccxxv.

fruits toujours nouveaux, non-seulement pour leurs concitoyens, mais encore pour tous les peuples. Ceux qui, dès leur jeunesse, puisent à la source de leur doctrine, possèdent les excellents principes de la sagesse, et dotent les villes de bonnes mœurs, de droits basés sur la justice, de sages lois, sans lesquelles il n'est point d'État qui puisse subsister.

Puisque, grâce à leurs connaissances, les écrivains peuvent procurer à tous les hommes de si grands avantages, ce n'est pas seulement par des palmes et des couronnes qu'il convient, à mon avis, de les honorer, il faudrait encore leur décerner des triomphes, et les mettre au rang des dieux. Ils ont fait un grand nombre de découvertes dont les hommes ont profité pour agrandir leur savoir : je vais à quelques-uns d'entre eux en emprunter une que je proposerai comme exemple ; on sera forcé de reconnaître et d'avouer qu'on doit des honneurs à de tels hommes.

Commençons par Platon, et suivons-le dans le développement qu'il donne d'un de ses si nombreux et si utiles raisonnements. Une place, ou un champ, est parfaitement carrée : on veut en doubler la grandeur, en lui donnant une forme également carrée. Comme on ne peut le faire par la multiplication des nombres, il faut avoir recours à la règle et au compas. Voici la démonstration qu'il emploie. Le carré qui aura dix pieds de longueur et autant de largeur, donnera une surface de cent pieds ; on veut doubler cette surface, lui donner deux cents pieds, en lui conservant sa forme carrée : il faut chercher quelle sera la grandeur de chaque côté du carré, pour que la multiplication de ces côtés produise les deux cents pieds que doit avoir la superficie ; ce qu'il est impossible de trouver par des nombres : car si nous prenons le nombre quatorze, la multiplication donnera cent quatre-vingt-seize. Si nous recourons au nombre quinze, nous obtiendrons deux cent vingt-cinq.

Ergo quoniam id non explicatur numero, in eo quadrato longo et lato pedes decem quæ fuerit linea ab angulo ad angulum diagonios perducatur, uti dividantur duo trigona æqua magnitudine, singula areæ pedum quinquagenum, ad ejusque lineæ diagonalis longitudinem locus quadratus paribus lateribus describatur : ita quam magna duo trigona in minore quadrato quinquagenum pedum linea diagonica fuerint designata, eadem magnitudine et eodem pedum numero quatuor in màjore erunt effecta. Hac ratione [4] duplicatio grammicis rationibus a Platone, uti est schema subscriptum, fuit explicata.

Item Pythagoras normam sine artificis fabricationibus inventam ostendit, et quam magno labore fabri normam facientes vix ad verum perducere possunt, id rationibus et methodis emendatum ex ejus præceptis explicatur. Namque si sumantur regulæ tres [5], e quibus una sit pedes tres, altera pedes quatuor, tertia pedes quinque, hæque regulæ inter se compositæ tangant alia aliam suis cacuminibus extremis schema habentes trigoni, deformabunt normam emendatam. Ad eas autem regularum singularum longitudines, si singula quadrata paribus lateribus describentur, quod erit pedum trium latus, areæ habebit pedes novem; quod erit quatuor, sexdecim; quod quinque erit, viginti quinque.

Ita quantum areæ pedum numerum duo quadrata ex tribus pedibus longitudinis laterum et quatuor efficiunt, æque tantum numerum unum ex quinque descriptum [6]. Id Pythagoras quum invenisset, non dubitans a Musis se in ea inventione monitum, maximas gratias agens, hostias dicitur iis immolavisse [7]. Ea autem ratio quem-

Ce problème ne pouvant être résolu par des nombres, il faut tirer dans ce carré de dix pieds de longueur sur autant de largeur, une ligne diagonale pour le diviser en deux triangles égaux, ayant chacun cinquante pieds de surface, et sur la longueur de cette diagonale tracer un carré dont les côtés soient égaux à cette ligne. Par ce moyen, on aura dans le grand carré quatre triangles aussi grands et ayant le même nombre de pieds que les deux triangles qui ont pour base la diagonale du petit carré, et qui contiennent chacun cinquante pieds. C'est par ces lignes que Platon a expliqué la manière de doubler le carré. Voyez la figure tracée ci-dessous.

Pythagore a de même inventé et fait connaître la manière de tracer un angle droit, sans employer l'équerre dont se servent les ouvriers; et cet instrument qui sort si rarement juste des fabriques, malgré tout se qu'on se donne de peine pour le faire, Pythagore nous a expliqué et appris le moyen de le tracer avec justesse et certitude. On prend trois règles qui ont de longueur, l'une trois pieds, l'autre quatre, la troisième cinq. On les dispose de manière que, se joignant par leurs extrémités, elles présentent un triangle qui donnera une équerre juste. Si la longueur de chacune de ces règles sert de base pour tracer trois carrés équilatéraux, celui dont le côté sera de trois pieds, aura neuf pieds de surface; celui dont le côté sera de quatre, en aura seize; celui dont le côté sera de cinq, en aura vingt-cinq.

De cette manière les deux carrés, dont l'un présente trois pieds et l'autre quatre sur chacun de leurs côtés, donnent ensemble une surface égale à celle du troisième carré, qui a cinq pieds de chaque côté. Dès qu'il eut fait cette découverte, Pythagore ne doutant point qu'il ne la dût à une inspiration des Muses, leur rendit de très-grandes actions de grâces, et leur immola, dit-on, des

admodum in multis rebus et mensuris est utilis, etiam in ædificiis scalarum ædificationibus, uti temperatas habeant graduum librationes, est expedita.

Si enim altitudo contignationis ab summa coaxatione ad imum libramentum divisa fuerit in partes tres, erit earum quinque in scalis scaporum justa longitudine inclinatio[8]; nam quam magnæ fuerint inter contignationem et imum libramentum altitudinis partes tres quatuor a perpendiculo recedant et ibi collocentur inferiores calces scaporum : ita enim erunt temperatæ graduum et ipsarum scalarum collocationes[9]. Item ejus rei erit subscripta forma.

Archimedis vero quum multa miranda inventa et varia fuerint, ex omnibus etiam infinita solertia id quod exponam videtur esse expressum nimium. Hiero enim Syracusis auctus regia potestate, rebus bene gestis quum auream coronam votivam diis immortalibus in quodam fano constituisset ponendam, manupretio locavit faciendam, et aurum ad sacoma appendit redemptori. Is ad tempus opus manu factum subtiliter regi approbavit et ad sacoma pondus coronæ visus est præstitisse.

Posteaquam indicium est factum [10], dempto auro, tantumdem argenti in id coronarium opus admixtum esse; indignatus Hiero se contemptum esse, neque inveniens, qua ratione id furtum deprehenderet, rogavit Archimedem, uti in se sumeret sibi de eo cogitationem. Tunc is, quum haberet ejus rei curam, casu venit in balneum, ibique quum in solium descenderet, animadvertit, quantum corporis sui in eo insideret, tantum aquæ extra

victimes. Or, ce procédé si utile dans beaucoup d'applications, surtout quand il s'agit de mesurer, est aussi d'un immense avantage dans les édifices pour la construction des escaliers, afin d'en bien proportionner les degrés.

Si, en effet, la hauteur comprise entre le premier étage et le rez-de-chaussée est divisée en trois parties, il suffit de donner cinq de ces parties au limon de l'échiffre, pour que la pente ait une grandeur convenable : car si le potelet qui se trouve entre le premier étage et le rez-de-chaussée comprend une hauteur divisée en trois parties, le patin qui s'en éloignera horizontalement devra en avoir quatre à l'endroit où viendra s'emboîter le pied de l'échiffre; par ce moyen, les degrés et l'ensemble de l'escalier seront bien proportionnés. On en peut juger par la figure tracée ci-dessous.

Archimède a fait une foule de découvertes aussi admirables que variées. Parmi elles, il en est une surtout dont je vais parler, qui porte le cachet d'une grande intelligence. Hiéron régnait à Syracuse. Après une heureuse expédition, il voua une couronne d'or aux dieux immortels, et voulut qu'elle fût placée dans un certain temple. Il convint du prix de la main d'œuvre avec un artiste, auquel il donna au poids la quantité d'or nécessaire. Au jour fixé, la couronne fut livrée au roi, qui en approuva le travail. On lui trouva le poids de l'or qui avait été donné.

Plus tard, on eut quelque indice que l'ouvrier avait soustrait une partie de l'or, et l'avait remplacée par le même poids en argent mêlé dans la couronne. Hiéron, indigné d'avoir été trompé, et ne pouvant trouver le moyen de convaincre l'ouvrier du vol qu'il avait fait, pria Archimède de penser à cette affaire. Un jour que, tout occupé de cette pensée, Archimède était entré dans une salle de bains, il s'aperçut par hasard qu'à mesure que son corps s'enfonçait dans la baignoire, l'eau passait

solium effluere. Itaque quum ejus rei rationem explicationis offendisset, non est moratus, sed exilivit gaudio motus de solio, et nudus vadens domum versus, significabat clara voce invenisse quod quæreret. Nam currens identidem Græce clamabat : Εὔρηκα, εὔρηκα.

Tum vero ex eo inventionis ingressu duas dicitur fecisse massas æquo pondere, quo etiam fuerat corona, unam ex auro, alteram ex argento. Quum ita fecisset, vas amplum ad summa labra implevit aqua, in quo demisit argenteam massam : cujus quanta magnitudo in vase depressa est, tantum aquæ effluxit. Ita exempta massa, quanto minus factum fuerat, refudit sextario mensus, ut eodem modo, quo prius fuerat, ad labra æquaretur. Ita ex eo invenit, quantum pondus argenti ad certam aquæ mensuram responderet.

Quum id expertus esset, tum auream massam similiter pleno vase demisit, et ea exempta, eadem ratione mensura addita, invenit ex aqua non tantum defluxisse, sed tantum minus, quanto minus magno corpore eodem pondere auri massa esset quam argenti. Postea vero repleto vase in eadem aqua ipsa corona demissa, invenit plus aquæ defluxisse in coronam, quam in auream eodem pondere massam : et ita ex eo, quod plus defluxerat aquæ in corona quam in massa, ratiocinatus, deprehendit argenti in auro mixtionem, et manifestum furtum redemptoris.

Transferatur mens ad Archytæ Tarentini et Eratosthenis Cyrenæi cogitata. Hi enim multa et grata a mathematicis rebus hominibus invenerunt. Itaque quum in

par-dessus les bords. Cette découverte lui donna l'explication de son problème. Il s'élance immédiatement hors
du bain, et, dans sa joie, se précipite vers sa maison,
sans songer à s'habiller. Dans sa course rapide, il criait
de toutes ses forces qu'il avait trouvé ce qu'il cherchait,
disant en grec : Εὕρηκα, εὕρηκα.

Aussitôt après cette première découverte, il fit faire,
dit-on, deux masses de même poids que la couronne,
l'une d'or, l'autre d'argent; ensuite il remplit d'eau jusqu'aux bords un grand vase, et y plongea la masse d'argent qui, à mesure qu'elle enfonçait, faisait sortir un
volume d'eau égal à sa grosseur. Ayant ensuite ôté cette
masse, il mesura l'eau qui manquait, et en remit un se-
tier dans le vase pour qu'il fût rempli jusqu'aux bords,
comme auparavant. Cette expérience lui fit connaître
quel poids d'argent répondait à une certaine mesure
d'eau.

Il plongea aussi de même la masse d'or dans le vase
plein d'eau; et après l'en avoir retirée et avoir également
mesuré l'eau qui en était sortie, il reconnut qu'il n'en
manquait pas autant, et que le moins répondait à celui
qu'avait le volume de la masse d'or comparé avec le volume de la masse d'argent qui était de même poids. Le
vase fut rempli une troisième fois, et la couronne elle-
même y ayant été plongée, il trouva qu'elle en avait fait
sortir plus d'eau que la masse d'or, qui avait le même
poids, n'en avait fait sortir; et, calculant d'après le volume d'eau que la couronne avait fait sortir de plus que
la masse d'or, il découvrit la quantité d'argent qui avait
été mêlée à l'or, et fit voir clairement ce que l'ouvrier
avait dérobé.

Transportons maintenant notre attention sur les travaux d'Archytas de Tarente et d'Ératosthène le Cyré-
néen. Les mathématiques leur doivent un grand nombre
de belles découvertes. Quoiqu'elles soient toutes inté-

ceteris inventionibus fuerint grati, in ejus rei concerta-
tionibus maxime sunt suspecti. Alius enim alia ratione
explicare curavit, quod Delo imperaverat responsis
Apollo, uti aræ ejus quantum haberent pedum quadratorum, id duplicaretur [11], et ita fore, ut hi qui essent
in ea insula, tunc religione liberarentur.

Itaque Architas hemicylindrorum descriptionibus,
Eratosthenes organica mesolabi ratione idem explicave-
runt. Quum hæc sint tam magnis doctrinarum jucunditatibus animadversa, et cogamur naturaliter inventionibus, singularum rerum considerantes effectus, moveri;
multas res attendens admiror etiam Democriti de rerum
natura volumina et ejus commentarium, quod inscribitur Χειροκμήτων [12], in quo etiam utebatur annulo, signans cera ex milto [13] quæ esset expertus.

Ergo eorum virorum cogitata non solum ad mores
corrigendos, sed etiam ad omnium utilitatem perpetuo
sunt præparata. Athletarum autem nobilitates brevi spatio cum suis corporibus senescunt; itaque neque quum
maxime sunt florentes, neque posteritate, neque institutis hi, quemadmodum sapientium cogitata, hominum
vitæ prodesse possunt.

Quum vero neque moribus neque institutis scriptorum
præstantibus tribuantur honores, ipsæ autem per se
mentes, aeris altiora prospicientes, memoriarum gradibus ad cœlum elatæ, ævo immortali non modo sententias, sed etiam figuras eorum, posteris cogunt esse notas.
Itaque qui litterarum jucunditatibus instinctas habent
mentes non possunt non in suis pectoribus dedicatum
habere, sicuti deorum, sic Ennii poetæ simulacrum.

ressantes, il en est une surtout, à laquelle ils ont travaillé
tous deux, qui mérite toute notre admiration. Chacun
d'eux est parvenu, par des moyens différents, à résoudre
le problème qu'Apollon avait proposé dans sa réponse
aux habitants de Délos : il s'agissait de faire un cube qui
fût le double de celui de son autel ; la solution devait
délivrer les habitants de l'île des maux que faisait peser
sur eux la colère des dieux.

Architas y arriva par le moyen des hémicylindres, et
Ératosthène par celui du mésolabe. Bien que ce soit
avec tout le plaisir qu'inspirent les sciences que je suis
ces découvertes, et que chacune d'elles, considérée dans
ses effets, excite naturellement notre enthousiasme, portant mon attention sur d'autres objets, j'admire aussi les
livres de Démocrite sur la nature, et son commentaire
qu'il a intitulé Χειροκμήτων [1], où il s'est servi de cire
rouge empreinte de son cachet pour marquer les choses
qu'il avait expérimentées lui-même.

Les ouvrages de ces grands hommes ne servent pas
seulement à corriger les mœurs, ils seront dans tous les
temps d'une grande utilité pour tous les hommes, tandis
que les athlètes voient bientôt leur célébrité s'affaiblir
avec leurs forces ; et ce n'est ni dans le temps de leur
plus grande vigueur, ni après leur mort, ni par les préceptes de leur art, qu'ils peuvent procurer aux hommes
les avantages qu'on retire des œuvres des savants.

Mais comme on n'accorde point d'honneurs au génie
ni aux talents supérieurs des écrivains, s'élançant eux-
mêmes par leur intelligence dans les régions de l'air, ils
s'élèvent par la suite des temps jusqu'au ciel, et impo-
sent pour toujours à la postérité non-seulement la connaissance de leurs pensées, mais encore celle de leurs
traits. Aussi quiconque se sent entraîner par le charme
des belles-lettres, ne peut manquer d'avoir l'image du

[1] Recueil d'expériences.

Accii autem carminibus qui studiose delectantur, non modo verborum virtutes, sed etiam figuram ejus videntur secum habere præsentem.

Item plures, post nostram memoriam nascentes, cum Lucretio videbuntur velut coram de rerum natura disputare, de arte vero rhetorica cum Cicerone; multi posterorum cum Varrone conferent sermonem de lingua Latina : non minus etiam plures philologi cum Græcorum sapientibus in ulta deliberantes, secretos cum his videbuntur habere sermones : et ad summam sapientium scriptorum sententiæ, corporibus absentibus, vetustate florentes quum insunt inter consilia et disputationes, majores habent, quam præsentium sunt, auctoritates, omnes.

Itaque, Cæsar, his auctoribus fretus, sensibus eorum adhibitis et consiliis, ea volumina conscripsi : et prioribus septem de ædificiis [14], octavo de aquis; in hoc de gnomonicis rationibus, quemadmodum de radiis solis in mundo sunt per umbras gnomonis inventæ, quibusque rationibus dilatentur aut contrahantur, explicabo.

I. De zona duodecim signorum et septem astrorum contrario cursu.

Ea autem sunt divina mente comparata, habentque admirationem magnam considerantibus, quod umbra gnomonis æquinoctialis alia magnitudine est Athenis, alia Alexandriæ, alia Romæ, non eadem Placentiæ [15]

poëte Ennius gravée dans son cœur, comme celle des dieux. Et ceux qui aiment les vers d'Accius, ne croient pas seulement avoir sous les yeux les grâces de son style, ils s'imaginent encore qu'ils possèdent l'image vivante du poëte.

Il en sera de même de ceux qui naîtront après nous, ils croiront s'entretenir avec Lucrèce lui-même sur la nature des choses, et avec Cicéron sur la rhétorique. Beaucoup de nos descendants discourront avec Varron sur la langue latine; et combien d'érudits, consultant sur beaucoup de sujets les sages de la Grèce, s'imagineront avoir avec eux des entretiens secrets! En un mot, lorsque les anciens philosophes, malgré leur absence, sont invoqués dans les conseils et dans les discussions, ils doivent tous à l'ancienneté de leur gloire une autorité plus grande que n'est celle des philosophes vivants.

C'est appuyé sur le crédit de ces illustres écrivains, c'est guidé par leurs lumières et leurs conseils, que j'ai écrit ces livres, ô César! Les sept premiers ont traité des édifices, et le huitième des eaux; dans celui-ci, je vais expliquer les règles de la gnomonique, dire comment, par le moyen des ombres du gnomon, on arrive à connaître la hauteur du soleil, et dans quelle proportion elles s'allongent et se raccourcissent.

---

1. Des douze signes du zodiaque, et des sept astres qui ont un mouvement contraire à celui de ces signes.

Il y a des découvertes qui semblent avoir été faites par un esprit divin, et qui excitent au plus haut point l'admiration de ceux qui les examinent. On a vu, par exemple, que l'ombre du gnomon équinoxial avait une grandeur différente à Athènes, à Alexandrie, à Rome, à

ceterisque orbis terrarum locis. Itaque longe aliter distant descriptiones horologiorum locorum mutationibus. Umbrarum enim æquinoctialium magnitudinibus designantur analemmatorum formæ, ex quibus perficiuntur ad rationem locorum et umbræ gnomonum horarum descriptiones. Analemma est ratio conquisita solis cursu[16] et umbræ decrescentis a bruma observatione inventa[17], e qua per rationes architectonicas circinique descriptiones est inventus effectus in mundo.

Mundus autem est omnium naturæ rerum conceptio summa[18] cœlumque sideribus conformatum. Id volvitur continenter circum terram atque mare per axis cardines extremos[19]. Namque in his locis naturalis potestas ita architectata est collocavitque cardines tanquam centra, unum a terra et a mari in summo mundo ac post ipsas stellas septentrionum, alterum transcontra sub terra in meridianis partibus; ibique circum eos cardines orbiculos, tanquam circum centra ut in torno, perfecit[20], qui Græce πόλοι nominantur[21], per quos pervolitat sempiterno cœlum : ita media terra cum mari centri loco naturaliter est collocata.

His natura dispositis ita, uti septentrionali parte a terra excelsius habeat altitudine centrum[22], in meridiana autem parte in inferioribus locis subjectum a terra obscuretur; tunc etiam per medium transversa et inclinata in meridiem circuli lata zona duodecim signis est conformata; quæ eorum species stellis dispositis, duodecim partibus peræquatis, exprimit depictam a natura figurationem[23]. Itaque lucentia cum mundo reliquoque

Plaisance et dans les autres lieux de la terre. Voilà pourquoi les cadrans présentent de si grandes différences dans leur plan, selon le changement des lieux. C'est en effet d'après la grandeur des ombres équinoxiales qu'on décrit la figure des analèmes au moyen desquels on tire, suivant la situation des lieux et l'ombre du gnomon, les lignes qui indiquent les heures. L'analème est un instrument réglé d'après le cours du soleil, et dû à l'observation des ombres qui décroissent à partir du solstice d'hiver; il sert, à l'aide de l'équerre et du compas, à décrire les effets de cet astre dans le monde.

Le monde est l'ensemble qui comprend toutes les parties de la nature, le ciel et les étoiles. Le ciel tourne sans cesse autour de la terre et de la mer sur un axe dont les extrémités servent de pivots : car, dans ces endroits, la puissance qui gouverne la nature a construit et placé deux pivots semblables à deux centres : l'un, partant de la terre et de la mer, va aboutir au plus haut du ciel, auprès des étoiles du septentrion; l'autre, diamétralement opposé, se trouve sous la terre dans les parties méridionales. Là, autour de ces pivots, comme autour de deux centres semblables à ceux d'un tour, elle a placé deux petits cercles appelés en grec πόλοι [1], sur lesquels le ciel tourne sans cesse : la terre, placée au milieu avec la mer, en est naturellement le centre.

La nature a disposé les pôles de manière que celui qui est dans la partie septentrionale est élevé sur notre horizon, et que l'autre, qui est dans la partie méridionale, se trouve placé au-dessous de la terre, qui le cache. De plus, entre ces deux pôles, le ciel est traversé par une large zone sphérique, qui est inclinée vers le midi; elle se compose de douze signes que la nature a représentés par la disposition des étoiles divisées en douze parties égales. Ces étoiles, aussi bien que les autres astres qui tournent

[1] Pôles.

siderum ornatu circum terram mareque pervolantia, cursus perficiunt ad cœli rotunditatem.

Omnia autem visitata et invisitata temporum necessitudine sunt constituta : ex quibus sex signa numero supra terram cum cœlo pervagantur, cetera sub terram subeuntia ab ejus umbra obscurantur. Sex autem ex his semper supra terram nituntur : quanta pars enim novissimi signi depressiore coacta versatione subiens sub terram occultatur, tantumdem ejus contrariæ versationis necessitate suppressa, rotatione circumactum trans e locis non patentibus et obscuris egreditur ad lucem. Namque vis una et necessitas utrumque simul orientem et occidentem perficit.

Ea autem signa quum sint numero xii, partesque duodecimas singula possideant mundi, versenturque ab oriente ad occidentem continenter, tunc per ea signa contrario cursu luna, stella Mercurii, Veneris, ipse sol, itemque Martis et Jovis et Saturni[24], ut per graduum ascensionem percurrentes, alius alia circuitionis magnitudine ab occidente ad orientem in mundo pervagantur[25]. Luna die octavo et vigesimo et amplius circiter hora[26] cœli circuitionem percurrens, ex quo cœperit signo ire, ad id signum revertendo perficit lunarem mensem.

Sol autem signi spatium quod est duodecima pars mundi, mense vertente vadens transit : ita duodecim mensibus duodecim signorum intervalla pervagando, quum redit ad id signum unde cœperit, perficit spatium vertentis anni[27]. Ex eo quem circulum luna terdecies in duodecim mensibus percurrit[28], eum sol iisdem mensibus semel permetitur. Mercurii autem et Veneris stellæ[29] circum solis radios, solem ipsum, uti centrum, itine-

autour de la terre et de la mer, suivent dans leur cours la circonférence du ciel.

Toutes ces étoiles sont nécessairement tantôt visibles et tantôt invisibles. Il y a toujours six de ces constellations qui se promènent au-dessus de l'horizon, quand les six autres se trouvent au-dessous, cachées par l'ombre de la terre. Or, s'il y a toujours six de ces signes qui soient au-dessus de la terre, c'est parce que, à mesure que le dernier signe, emporté par le mouvement de rotation, s'abaisse d'un côté pour disparaître entièrement au-dessous de la terre, du côté opposé un autre signe, entraîné par le même mouvement circulaire, s'élève de la même quantité des lieux où il était caché, pour paraître à nos yeux : car l'orient et l'occident sont tous deux soumis à la même force et à la même nécessité.

Ces signes, au nombre de douze, et occupant chacun la douzième partie du ciel, tournent perpétuellement d'orient en occident, tandis qu'au-dessous d'eux, par un mouvement contraire, la lune, l'étoile de Mercure, celle de Vénus, le soleil lui-même, les étoiles de Mars, de Jupiter et de Saturne, s'élevant comme par des degrés et parcourant une ligne plus ou moins grande, se transportent d'occident en orient. La lune fait le tour du ciel en vingt-huit jours et environ une heure de plus. Le temps qu'elle emploie à revenir au même point du zodiaque d'où elle était partie, forme le mois lunaire.

Le soleil, dans l'espace d'un mois, parcourt un signe qui est la douzième partie du ciel. Ainsi, traversant en douze mois les douze signes, lorsqu'il est revenu au point du zodiaque d'où il était parti, il a accompli une année; de sorte que le cercle que parcourt la lune treize fois en douze mois, le soleil met le même temps à le parcourir une fois. L'étoile de Vénus et celle de Mercure, faisant leur révolution autour du soleil qui leur sert de centre,

ribus coronantes, regressus retrorsum et retardationes
faciunt[30]; etiam stationibus propter eam circinationem,
morantur in spatiis signorum.

Id autem ita esse, maxime cognoscitur ex Veneris
stella, quod ea, quum solem sequatur, post occasum ejus
apparens in cœlo, clarissimeque lucens, Vesperugo vocitatur; aliis autem temporibus eum antecurrens, et
oriens ante lucem, Lucifer appellatur. Ex eoque non-
nunquam plures dies in uno signo commorantur, alias
celerius ingrediuntur in alterum signum. Itaque, quod
non æque peragunt numerum dierum in singulis signis,
quantum sunt moratæ prius, transiliendo celerioribus
itineribus perficiunt, uti, quod demorentur in nonnullis
signis, nihilo minus quum eripiunt se a necessitate moræ,
celeriter consequantur justam circuitionem.

Iter autem in mundo Mercurii stella ita pervolitat[31],
uti trecentesimo et sexagesimo die per signorum spatia
currens perveniat ad id signum, ex quo priore circulatione cœpit facere cursum : et ita peræquatur ejus iter,
ut circiter tricenos dies in singulis signis habeat numeri
rationem.

Veneris[32] autem, quum est liberata ab impeditione
radiorum solis, xxx diebus percurrit signi spatium[33],
quod minus quadragenos dies in singulis signis patitur,
quum stationem fecerit, restituit eam summam numeri
in uno signo morata. Ergo totam circuitionem in cœlo
quadringentesimo et octogesimo et quinto die permensa
iterum in id signum redit, ex quo signo prius iter facere
cœpit.

reviennent sur leurs pas et retardent dans certains cas ;
dans d'autres même elles restent stationnaires au milieu
des signes, par l'effet de leur marche circulaire.

C'est une remarque qu'il est très-facile de faire sur
l'étoile de Vénus : tantôt elle suit le soleil, et, après le
coucher de cet astre, elle brille encore dans le ciel d'un
vif éclat ; alors on la nomme *Vesperugo* [1]. A d'autres
époques, elle le précède et se lève avant le jour ; alors on
l'appelle *Lucifer* [2]. De là vient que quelquefois ces deux
étoiles restent plusieurs jours dans un signe, que quelquefois elles passent plus rapidement dans un autre. Mais,
bien qu'elles ne mettent pas le même nombre de jours à
parcourir chaque signe, en regagnant le temps qu'elles
ont perdu dans un signe par un passage plus rapide à
travers un autre, elles trouvent moyen, lorsqu'elles se
sont débarrassées de la cause qui semble les forcer à s'arrêter dans certains signes, de toujours fournir leur carrière dans le même espace de temps.

Quant à l'étoile de Mercure, ses mouvements alternatifs dans le ciel s'exécutent de telle sorte au travers des
signes, qu'au bout de trois cent soixante jours elle revient
au point du zodiaque d'où elle était partie pour commencer sa course, et sa marche se trouve balancée de
manière qu'elle reste environ trente jours dans chaque
signe.

Pour l'étoile de Vénus, lorsqu'elle se dégage des rayons
du soleil qui empêchent de la voir, elle ne met que trente
jours à parcourir l'espace d'un signe ; mais le nombre de
jours de moins que quarante qu'elle met ainsi à parcourir
chacun de ces signes, lorsqu'elle fait une station, elle le re-
gagne en s'arrêtant plus longtemps dans un autre signe ;
de sorte que c'est en quatre cent quatre-vingt-cinq jours
qu'elle fait sa révolution complète, et qu'elle revient au
signe d'où elle était partie au commencement de son cours.

_____

(1) Qui amène le soir (*vesperum agere*). — (2) Qui apporte la lumière (*lucem ferre*).

Martis [34] vero circiter sexcentesimo octogesimo tertio die siderum spatia pervagando pervenit eo, ex quo initium faciendo cursum fecerat ante : et in quibus signis celerius percurrit, quum stationem fecit, explet dierum numeri rationem. Jovis [35] autem, placidioribus gradibus scandens contra mundi versationem, circiter tricenis sexaginta quinque diebus singula signa permetitur, et consistit per annos undecim et dies trecentos sexaginta tres, et redit in id signum, in quo ante duodecim annos fuerat. Saturni [36] vero, mensibus XXIX et amplius paucis diebus pervadens per signi spatium, anno nono et vigesimo et circiter diebus CLX in quo ante tricesimo fuerat anno in id restituitur, ex eoque quo minus ab extremo distat mundo, tanto majorem circinationem rotæ percurrendo tardior videtur esse.

Hi autem qui supra solis iter circinationes peragunt, maxime quum in trigono fuerint [37], quod is inierit, tum non progrediuntur, sed regressus facientes morantur, donicum idem sol de eo trigono in aliud signum transitionem fecerit. Id autem nonnullis sic fieri placet, quod aiunt solem, quum longius absit abstantia quadam, non lucidis itineribus errantia per eam sidera obscuratis morationibus impedire. Nobis vero id non videtur. Solis enim splendor perspicibilis et patens, sine ullis obscurationibus est per omnem mundum, ut etiam nobis appareat, quum faciunt eæ stellæ regressus et morationes. Ergo si tantis intervallis nostra species potest id animadvertere, quid ita divinitatibus splendoribusque astrorum judicamus obscuritates objici posse?

Ergo potius ea ratio nobis constabit, quod fervor, quemadmodum omnes res evocat et ad se ducit, ut

L'étoile de Mars met environ six cent quatre-vingt-trois jours à parcourir tous les signes et à revenir au point d'où elle était antérieurement partie; et si, dans quelques signes, sa marche est plus rapide, s'arrêtant dans d'autres, elle arrive à compléter ce nombre de jours. Jupiter, plus lent dans sa marche, qui est opposée au mouvement général du ciel, parcourt chaque signe en trois cent soixante-cinq jours environ. Il met onze ans et trois cent soixante-trois jours à revenir au signe d'où il était parti douze ans auparavant. Saturne est vingt-neuf mois quelques jours à parcourir un signe, et revient au bout de vingt-neuf ans et cent soixante jours environ au signe où il était trente ans auparavant; et moins il est éloigné des limites du ciel, plus le cercle qu'il a à parcourir est grand, plus son mouvement paraît lent.

Lorsque les étoiles qui décrivent leur tour au-dessus du soleil sont en trine aspect avec lui, elles n'avancent plus, mais s'arrêtent et rétrogradent jusqu'à ce que le soleil quitte cet aspect, en passant dans un autre signe. Voici comment quelques auteurs expliquent ce phénomène. Lorsque le soleil est éloigné d'elles par de grandes distances, il ne les éclaire plus dans leur marche; l'obscurité les empêche d'avancer; elles s'arrêtent. Tel n'est pas notre sentiment : car l'éclat du soleil resplendit et pénètre dans toute l'étendue du ciel, sans que rien puisse l'obscurcir, puisqu'il brille même à nos yeux lorsque ces étoiles font ce mouvement rétrograde et s'arrêtent. Or si, à une si grande distance du soleil, nous, chétifs mortels, nous pouvons en voir la lumière, comment croire que ces astres, qui sont des êtres divins et lumineux, puissent se trouver dans l'obscurité?

Voici une raison qui aurait plus de poids auprès de nous : c'est que, de même que la chaleur fait pousser et

etiam fructus ex terra surgentes in altitudinem per calorem videmus , non minus aquæ vapores a fontibus ad
nubes per arcus excitari [38] : eadem ratione solis impetus
vehemens, radiis trigoni forma porrectis, insequentes
stellas ad se perducit, et antecurrentes, veluti refre-
nando retinendoque, non patitur progredi , sed ad se
cogit regredi et in alterius trigoni signum esse.

Fortasse desiderabitur, quid ita sol quinto a se signo
potius quam secundo aut tertio, quæ sunt propiora,
faciat in his fervoribus retentiones? Ergo quemadmodum
id fieri videatur, exponam. Ejus radii in mundo, uti
trigoni paribus lateribus forma, lineationibus extenduntur : id autem nec plus nec minus est ad quintum
ab eo signo [39]. Igitur si radii per omnem mundum fusi
circinationibus vagarentur, neque extentionibus porrecti
ad trigoni formam linearentur, propiora flagrarent. Id
autem etiam Euripides Græcorum poeta animadvertisse
videtur : ait enim , quæ longius a sole essent, hæc vehementius ardere [40], propiora vero eum temperata habere.
Itaque scribit in fabula *Phaethonte* sic :

Καίει τὰ πόρρω, τἀγγύθεν δ'εὔκρατ᾽ ἔχει.

Si ergo res et ratio et testimonium poetæ veteris id
ostendit, non puto aliter oportere judicari, nisi quemadmodum de ea re supra scriptum habemus. Jovis
autem inter Martis et Saturni circinationem currens
majorem quam Mars, minorem quam Saturnus, pervolat cursum. Item reliquæ stellæ, quo majore absunt
spatio ab extremo cœlo proximamque habent terræ cir-

attire à elle toutes choses, comme nous le voyons par
les fruits qui, grâce à la force de la chaleur, sont élevés
à une certaine hauteur de la terre, et par les vapeurs
qui montent des fontaines jusqu'aux nues par le moyen
de l'arc-en-ciel, de même l'ardeur puissante du soleil,
lorsque ses rayons s'étendent en trigone, attire à elle les
étoiles qui le suivent, modère celles qui le devancent, les
arrête, les empêche d'avancer, les fait revenir et ren-
trer dans le signe d'un autre trigone.

Peut-être désirera-t-on savoir pourquoi le soleil
exerce l'action coërcitive de sa chaleur plutôt dans le
cinquième signe que dans le deuxième et le troisième, qui
sont plus rapprochés de lui? Voici, ce me semble, comment ce phénomène se produit. Les rayons du soleil,
pour former un triangle équilatéral, ne doivent s'étendre dans le ciel ni plus ni moins que jusqu'au cinquième
signe. Si ces rayons actifs se répandaient en cercles par
tout le monde, s'ils n'étaient pas retenus dans la forme
d'un trigone par leur extension au loin, les corps les plus
rapprochés seraient embrasés. C'est ce que semble avoir
remarqué le poëte grec Euripide : car il dit que les objets
les plus éloignés du soleil éprouvent une chaleur violente, tandis que les plus rapprochés n'en éprouvent
qu'une modérée. Voici son vers; il se trouve dans la tragédie de *Phaéthon :*

Καίει τὰ πόῤῥω, τἀγγύθεν δ'εὔκρατ' ἔχει.

Si le fait, le raisonnement, le témoignage de cet ancien poëte s'accordent ainsi, je ne pense pas qu'on puisse
avoir une autre opinion que celle que je viens de faire
connaître. Jupiter, qui fait son cours entre Mars et Saturne, décrit un cercle plus grand que Mars, plus petit
que Saturne. Il en est de même des autres étoiles : plus

---

(1) Sa chaleur est brûlante pour les objets éloignés ; pour ceux qui sont rapprochés, elle
est tempérée.

cinationem, celerius percurrere videntur, quod quæ
cumque earum minorem circinationem peragens, sæpius
subiens præterit superiorem.

Quemadmodum si in rota, qua figuli utuntur, impo-
sitæ fuerint septem formicæ, canalesque totidem in rota
facti sint circum centrum in imo accrescentes ad extremum, in quibus hæ cogantur circinationem facere,
verseturque rota in alteram partem, necesse erit eas
contra rotæ versationem nihilominus adversa itinera
perficere, et quæ proximum centrum habuerit celerius
pervagari, quæque extremum orbem rotæ peraget,
etiamsi æque celeriter ambulet, propter magnitudinem
circinationis, multo tardius perficere cursum : similiter
astra nitentia contra mundi cursum, suis itineribus perficiunt circuitum, sed cœli versatione redundationibus
referuntur quotidiana temporis circulatione.

Esse autem alias stellas temperatas, alias ferventes,
etiamque frigidas, hæc esse causa videtur, quod omnis
ignis in superiora loca habet scandentem flammam.
Ergo sol æthera, qui est supra se, radiis exurens efficit
candentem, in quibus locis habet cursum Martis stella;
itaque fervens ab ardore solis efficitur. Saturni autem,
quod est proxima extremo mundo, tangitque congelatas
cœli regiones, vehementer est frigida. Ex eo Jovis,
quum inter utriusque circuitiones habeat cursum, a
refrigeratione caloreque eorum medio, convenientes
temperatissimosque habere videtur effectus.

De zona duodecim signorum [4t] et septem astrorum
contrario opere ac cursu, quibus rationibus et numeris

elles sont éloignées de l'extrémité du ciel, plus la ligne qu'elles suivent est rapprochée de la terre, plus leur marche semble rapide, puisque celles de ces planètes qui décrivent un cercle plus étroit, devancent celles qui sont plus éclairées en passant plusieurs fois au-dessous.

Supposons une de ces roues dont se servent les potiers. Vous y faites, dans l'espace compris entre le centre et les extrémités, sept canaux circulaires : vous y placez autant de fourmis, que vous forcez à marcher dans le sens opposé à celui dans lequel tourne la roue; il est certain que, malgré le mouvement contraire de la roue, elles achèveront leur tour; que celle qui sera la plus rapprochée du centre le fera le plus promptement, et que la fourmi qui aura à parcourir le plus grand cercle de la roue, bien qu'elle marche aussi vite que les autres, mettra beaucoup plus de temps à fournir sa carrière, à cause de la grandeur du cercle. C'est ainsi que les planètes gravitent contre le cours général du ciel, et font chacune leur mouvement de rotation; mais dans la révolution universelle de chaque jour, elles ne s'avancent pas également vers leur point de départ.

Les étoiles sont les unes tempérées, les autres chaudes, les autres froides; cela vient sans doute de ce que tout feu pousse sa flamme vers les parties supérieures. Voilà pourquoi le soleil brûle, embrase la partie de l'air qui se trouve au-dessus de lui, et que traverse Mars dans son cours; sa chaleur lui vient donc des feux du soleil. Saturne, au contraire, qui est voisin des extrémités de l'espace, et qui touche aux régions glacées du ciel, est extrêmement froid. Et Jupiter qui dirige son cours entre les lignes suivies par ces deux planètes, se trouvant à égale distance du froid et du chaud, doit offrir un état doux et tempéré.

Après avoir expliqué, selon les principes de mes maîtres, la zone des douze signes, la marche des sept

transeant ex signis in signa, et circuitum eorum, uti a
præceptoribus accepi, exposui : nunc de crescenti
lumine lunæ deminutioneque, uti traditum est nobis a
majoribus, dicam.

II. De lunæ lumine crescenti et deminutione.

Berosus, qui a Chaldæorum civitate seu natione
progressus in Asiam etiam disciplinam Chaldaicam pate-
fecit, ita est professus, pilam esse ex dimidia parte candentem, reliqua habere cœruleo colore. Quum autem
cursum itineris sui peragens subiret sub orbem solis,
tunc eam radiis et impetu caloris corripi convertique
candentem, propter ejus proprietatem luminis, ad
lumen : quum autem ea evocata ad solis orbem superiora spectet, tunc inferiorem partem ejus, quod candens non sit, propter aeris similitudinem obscuram
videri : quum ad perpendiculum exstet ad ejus radios [42],
totum lumen ad superiorem speciem retineri, et tunc
eam vocari primam.

Quum præteriens vadat ad orientis cœli partes, re-
laxari ab impetu solis, extremamque ejus partem candentiæ oppido quam tenui linea ad terram mittere
splendorem; et ita ex eo eam secundam vocari. Quotidiana autem versationis remissione, tertiam, quartam
in dies numerari : septimo die, sol quum sit ad occidentem, luna autem inter orientem et occidentem medias cœli teneat regiones, quod dimidia parte cœli
spatio distet a sole, item dimidiam candentiæ conver-

planètes contraires au mouvement universel du ciel, et
avoir dit de quelle manière et en combien de temps,
passant d'un signe dans un autre, elles achèvent leur
cours, je vais parler de ce que j'ai appris des anciens sur
le croissant et le décours de la lune.

II. Du croissant et du décours de la lune.

Bérose ayant quitté la ville ou le pays des Chaldéens
pour aller en Asie, y professa la science chaldéenne. Il
y enseigna que la lune était un globe dont la moitié est
d'une éclatante lumière, tandis que l'autre a une couleur bleue ; que, lorsque faisant sa révolution dans son
orbe, elle se trouve sous le soleil, attirée alors par ses
rayons et par la force de sa chaleur, elle tourne vers lui
sa partie brillante, à cause de la sympathie que ces deux
lumières ont entre elles ; que, tandis que sa partie supérieure est ainsi tournée par attraction vers le disque du
soleil, la partie inférieure, qui ne reçoit point ses rayons,
paraît obscure, à cause de sa ressemblance avec l'air ;
que, se trouvant perpendiculairement exposée à l'action
des rayons du soleil, elle en réunit tout l'éclat sur sa
face supérieure, et s'appelle alors première lune.

Il ajoute que, poursuivant sa marche en se dirigeant
vers l'orient, elle est moins soumise à l'action vive du
soleil, et que l'extrémité de sa partie brillante apparaît
à la terre comme un filet de lumière ; qu'alors on l'appelle seconde lune ; que s'éloignant ensuite de plus en
plus du soleil par son mouvement journalier de rotation, elle prend successivement le nom de troisième et
de quatrième lune ; qu'au septième jour, lorsque le
soleil est vers l'occident, la lune se trouvant au milieu
du ciel, entre l'orient et l'occident, laisse voir à la terre
la moitié de sa partie éclairée, parce qu'elle est alors

sam habere ad terram. Inter solem vero et lunam quum distet totum mundi spatium, et lunæ orientis orbem sol retrospiciens quum transit ad occidentem, eam, quod longius absit, a radiis remissam, quarta decima die plena rota totius orbis mittere splendorem, reliquosque dies decrescentia quotidiana ad perfectiotionem lunaris mensis, versationibus et cursu, a sole revocationibus subire sub rotam radiosque ejus, et menstruas dierum efficere rationes.

Uti autem Aristarchus, Samius mathematicus, vigore magno rationes varietatis disciplinis de eadem reliquit, exponam. Non enim latet lunam suum propriumque non habere lumen [43], sed esse uti speculum, et a solis impetu recipere splendorem. Namque luna de septem astris circulum proximum terræ in cursibus minimum pervagatur. Itaque quot mensibus sub rotam solis radiosque uno die, antequam præterit, latens obscuratur, et ejus quæ ad solem pars spectat, ea tantum est illuminata; et quoniam est cum sole, nova vocatur; postero autem die, quo numeratur secunda, præteriens a sole, visitationem facit tenuem extrema rotundationis. Quum triduum recessit a sole, crescit et plus illuminatur : quotidie vero discedens quum pervenit ad diem septimum, distans a sole occidente circiter medias cœli regiones, dimidia lucet.

Quarto autem decimo die quum in diametro spatio

éloignée du soleil de la moitié du ciel ; qu'enfin, lorsque
entre le soleil et la lune s'étend tout l'espace du ciel,
lorsque le soleil regardant en arrière du fond de l'occident, aperçoit à l'orient le globe de la lune, cette planète étant alors dans le plus grand éloignement où elle
puisse être des rayons du soleil, montre, le quatorzième
jour, à la terre, toute sa partie éclairée sous la forme
d'un disque entier ; qu'ensuite diminuant chaque jour,
et s'avançant par ses mouvements successifs de rotation,
vers l'accomplissement du mois lunaire, soumise de
nouveau à l'action du soleil, et se retrouvant au-dessous
de ses rayons, elle complète alors le nombre de jours
qui constituent son mois.

Comme le mathématicien Aristarque, de Samos, a
laissé un système lunaire basé sur de fortes raisons qu'il
a puisées dans la variété de ses connaissances, je vais
aussi l'exposer. Il est évident, dit-il, que la lune n'a
point de lumière qui lui soit propre ; qu'elle ressemble
à un miroir ; qu'elle reçoit son éclat du soleil. Car des
sept planètes la lune est celle dont l'orbite est la plus
rapprochée de la terre, et la moins longue à parcourir.
Aussi, chaque mois, passe-t-elle sous le soleil ; le premier jour de sa course, elle se trouve cachée sous son
disque radieux, et reste obscurcie, parce qu'il n'y a que
la partie qui regarde le soleil qui soit éclairée ; comme
elle est en conjonction avec le soleil, on l'appelle nouvelle. Le jour suivant on l'appelle seconde lune : elle
laisse apercevoir une petite partie de l'extrémité de son
disque. Le troisième jour, comme elle se trouve plus
éloignée du soleil, sa partie éclairée s'est encore agran-
die. S'éloignant ainsi de plus en plus jusqu'au septième
jour, elle se trouve alors distante du soleil couchant
d'environ la moitié du ciel, et fait voir la moitié de sa
partie éclairée.

Le quatorzième jour, lorsque la lune est diamétrale-

totius mundi absit a sole, perficitur plena et oritur, quum sol sit ad occidentem, ideo quod toto spatio mundi distans consistit contra, et impetu solis totius orbis in se recipit splendorem [44]. Septimo decimo die quum sol oriatur, ea pressa est ad occidentem : vigesimo et altero die quum sol est exortus, luna tenet circiter medias cœli regiones et id quod spectat ad solem habet lucidum, in reliquis obscura. Item quotidie cursum faciendo, circiter octavo et vigesimo die subit sub radios solis, et ita menstruas perficit rationes. Nunc ut in singulis mensibus sol signa pervadens [45] auget et minuit dierum et horarum spatia [46] dicam.

III. Quemadmodum sol signa pervadens augeat et minuat dierum et horarum spatia.

Namque quum sol Arietis signum init [47] et partem octavam pervagatur, perficit æquinoctium vernum [48]; quum progreditur ad caudam Tauri [49] sidusque Vergiliarum, e quibus eminet dimidia pars prior Tauri, in majus spatium mundi quam dimidium procurrit, procedens ad septentrionalem partem. E Tauro quum ingreditur in Geminos, exorientibus Vergiliis, magis crescit supra terram [50], et auget spatia dierum; deinde e Geminis quum init ad Cancrum, qui brevissimum tenet cœli spatium, quum pervenit in partem octavam, perficit solstitiale tempus [51]; et pergens pervenit ad caput et pectus Leonis, quod eæ partes Cancro sunt attributæ.

Ex pectore autem Leonis et finibus Cancri, solis exitus, percurrens reliquas partes Leonis, imminuit dici

ment opposée au soleil, elle se montre pleine, et se lève au moment où le soleil se couche, parce que, séparée de cet astre par tout l'espace du ciel, elle se trouve en opposition avec lui, et tout son disque en reçoit les rayons qui le rendent brillant de lumière. Le dix-septième jour, quand le soleil se lève, elle est abaissée au couchant. Le vingt-unième jour, au moment du lever du soleil, la lune se trouve à peu près au milieu du ciel, et la partie qui regarde le soleil est éclairée, le reste est obscur. Continuant toujours sa course, elle arrive vers le vingt-huitième jour sous le soleil et achève ainsi son mois. Je vais maintenant expliquer comment le soleil, traversant chaque mois l'espace d'un signe, allonge ou raccourcit les jours et les heures.

III. Comment le soleil, parcourant les douze signes du zodiaque, allonge ou diminue les jours et les heures.

Lorsque le soleil entre dans le Bélier, et arrive à la huitième partie de ce signe, il produit l'équinoxe du printemps. Lorsqu'il se dirige vers la queue du Taureau et les Pléiades, à partir desquelles commence la moitié antérieure du Taureau, il a ainsi parcouru plus de la moitié du ciel en s'avançant vers le septentrion. Passant du Taureau dans les Gémeaux, au lever des Pléiades, il s'élève davantage au-dessus de la terre, et augmente la longueur des jours; sortant ensuite des Gémeaux pour entrer dans le Cancer, qui occupe au ciel le moins d'espace, quand il arrive à la huitième partie de ce signe, il marque le solstice d'été, et, continuant son cours, il parvient jusqu'à la tête et jusqu'à la poitrine du Lion, qui sont des parties attribuées au Cancer.

Depuis la poitrine du Lion et les extrémités du Cancer, le soleil franchissant les autres parties du Lion,

magnitudinem et circinationis, reditque in Geminorum æqualem cursum. Tunc vero a Leone transiens in Virginem, progrediensque ad sinum vestis ejus, contrahit circinationem et æquat eam, quam Taurus habet, cursus rationem. E Virgine autem progrediens per sinum, qui sinus Libræ partes habet primas, in Libræ parte octava perficit æquinoctium autumnale; qui cursus æquat eam circinationem, quæ fuerat in Arietis signo.

Scorpionem autem quum sol ingressus fuerit, occidentibus Vergiliis, minuit progrediens ad meridianas partes longitudines dierum. E Scorpione quum percurrendo init in Sagittarium ad femina ejus, contractiorem diurnum pervolat cursum. Quum autem incipit a feminibus Sagittarii, quæ pars est attributa Capricorno, ad partem octavam, brevissimum cœli percurrit spatium. Ex eo a brevitate diurna, bruma[52] ac dies brumales appellantur. E Capricorno autem transiens in Aquarium adauget et exæquat Sagittarii longitudine diei spatium. Ab Aquario quum ingressus est in Pisces, favonio flante, Scorponis comparat æqualem cursum. Ita sol ea signa pervagando certis temporibus, auget aut minuit dierum et horarum spatia. Nunc de ceteris sideribus quæ sunt dextra ac sinistra zonam signorum meridiana septentrionalique parte mundi stellis disposita figurataque dicam.

IV. De sideribus ad dextram orientis inter zonam signorum et septentrionem.

Namque Septentrio, quem Græci nominant Ἄρκτον[53]

diminue la longueur des jours en diminuant la grandeur de sa courbe, et décrit une ligne égale à celle qu'il suivait dans les Gémeaux. Passant ensuite du Lion dans la Vierge, et s'avançant jusqu'au pan de sa robe qui occupe la première partie de la Balance, il arrive à la huitième partie de ce signe et fait l'équinoxe d'automne; les arcs qu'il décrit alors sont égaux à ceux qu'il faisait dans le signe du Bélier.

Après cela le soleil entre dans le Scorpion, au coucher des Pléiades, et diminue la longueur des jours en s'approchant des parties méridionales. Lorsque, quittant le Scorpion, il continue sa marche pour entrer dans le Sagittaire et s'avancer jusqu'aux cuisses de ce signe, il raccourcit encore la courbe qu'il décrit pendant le jour. Quand, des cuisses du Sagittaire, qui font partie du Capricorne, il s'avance jusqu'à la huitième partie de ce signe, alors il parcourt le plus petit espace du ciel. C'est cette brièveté des jours qui les a fait appeler solstice d'hiver, et jours du solstice d'hiver. Du Capricorne passant dans le Verseau, il rallonge les jours, et les rend égaux à ceux du Sagittaire. Sortant du Verseau pour entrer dans les Poissons, quand souffle le favonius, il fournit une course égale à celle qu'il faisait dans le Scorpion. C'est ainsi que le soleil, en parcourant les signes dans des temps déterminés, augmente ou diminue la durée des jours et des heures. Il me reste à parler des autres constellations qui se trouvent à droite et à gauche du zodiaque, et qui sont placées et représentées dans les régions méridionales et septentrionales du ciel.

IV. Des constellations qui sont placées à la droite de l'orient, entre le zodiaque et le septentrion.

Après la constellation septentrionale que les Grecs

sive Ἑλίκην, habet post se collocatum Custodem. Ab eo non longe conformata est Virgo, cujus supra humerum dextrum lucidissima stella nititur, quam nostri Provindemiam, Græci Προτρυγητὴν vocitant[54]. Colorata item alia contra est stella media genuorum[55] custodis Arcti[56], qui Arcturus[57] dicitur.

Est ibi dedicatus e regione capitis Septentrionis transversus ad pedes Geminorum Auriga; stant in summo cornu lævo Tauri pedes Aurigæ, itemque sinistra manu Auriga tenet stellas[58], qui appellantur Hædi, Capram lævo humero. Tauri quidem et Arietis insuper Perseus dexteriori supercurrens basi Vergilias, sinisteriori caput Arietis, et manu dextra innitens Cassiopeæ simulacro supra Aurigam, læva tenet Gorgoneum adsumens caput subjiciensque Andromedæ pedibus.

Item Pisces supra Andromedam et ejus ventrem et Equi, quæ sunt supra spinam Equi, cujus ventris lucidissima stella finit ventrem Equi et caput Andromedæ. Manus Andromedæ dextra supra Cassiopeæ simulacrum est constituta, læva supra aquilonalem piscem. Item Aquarius supra Equi caput : Equi auriculæ attingunt Aquarii genua[59]. Aquarii media est dedicata Capricorno[60]. Supra in altitudine Aquila et Delphinus : secundum eos est Sagitta[61] : ab ea autem Volucris, cujus penna dextra Cephei manum attingit et sceptrum, læva supra Cassiopeam innititur : sub Avis cauda pedes Equi sunt subjecti[62].

Inde Sagittarii, Scorpionis, Libræ insuper Serpens summo rostro Coronam tangit[63] : at eum medium Ophiuchus in manibus tenet Serpentem, lævo pede

appellent Ἄρκτος[1] ou Ἑλίκη[2], est placé le Bouvier. Non loin de lui a été figurée la Vierge. Sur son épaule droite s'appuie une étoile très-brillante que les Latins appellent *Provindemia*[3] et les Grecs Προτρυγητής[3]. Vis-à-vis brille, entre les genoux du gardien de l'Ourse, une autre étoile qui est appelée Arcture.

Près de là, dans la direction de la tête de l'Ourse, vers les pieds des Gémeaux, se trouve le Cocher, dont les pieds s'étendent à l'extrémité de la corne gauche du Taureau, et qui tient dans la main gauche des étoiles qu'on appelle les Chevreaux; la Chèvre brille à son épaule gauche. Au-dessus du Taureau et du Bélier se montre Persée, qui, à droite, passe sur les Pléiades, et, à gauche, sur la tête du Bélier, s'appuyant de la main droite sur Cassiopée, au-dessus du Cocher, tenant de la main gauche la tête de Méduse, et la mettant sous les pieds d'Andromède.

On voit les Poissons à côté d'Andromède, le long de son ventre et de celui de Pégase; ils s'étendent jusqu'au dos de ce cheval, au ventre duquel se trouve une étoile très-brillante qui le termine et forme la tête d'Andromède. La main droite d'Andromède s'étend au-dessus de Cassiopée, et sa gauche au-dessus du Poisson septentrional. Le Verseau est sur la tête de Pégase, dont les oreilles se dirigent vers les genoux du Verseau. Au milieu de la constellation du Verseau est une étoile qui fait partie de celle du Capricorne. Au-dessus, en montant, se rencontrent l'Aigle et le Dauphin, près desquels est la Flèche. Dans le voisinage de celle-ci est le Cygne, dont l'aile droite touche la main de Céphée et son sceptre, tandis que la gauche s'étend au-dessus de Cassiopée. Sous la queue de l'Aigle sont placés les pieds de Pégase.

Au-dessus du Sagittaire, du Scorpion, de la Balance, s'allonge le Serpent, qui de l'extrémité de sa tête touche

(1) Ourse. — (2) Hélice. — (3) La Vendangeuse.

calcans mediam frontem Scorpionis. Ad dextram partem
Ophiuchi capitis non longe positur.i est caput ejus qui
dicitur Nixus in genibus : eorum autem faciliores
sunt capitum vertices ad cognoscendum, quod non
obscuris stellis sunt conformati.

Pes Ingeniculati ad id fulcitur capitis tempus Ser-
pentis, qui est inter Arctos, qui Septentriones dicuntur,
implicatus. Parve per Equi os flectitur Delphinus [64].
Contra Volucris rostrum est proposita Lyra. Inter
humeros Custodis et Geniculati Corona est ordinata. In
septentrionali vero circulo, duæ positæ sunt Arcti,
scapularum dorsis inter se compositæ et pectoribus
aversæ, e quibus minor Κυνόσουρα, major Ἑλίκη a
Græcis appellatur, earumque capita inter se dispicientia
sunt constituta; caudæ capitibus earum adversæ con-
trariæque dispositæ figurantur : utrarumque enim supe-
rando eminent in summo.

Per caudas earum esse dicitur item Serpens exporrecta;
eaque stella, quæ dicitur polus, elucet contra caput
majoris Septentrionis [65] : namque pars Draconis quæ
est proxime, circum caput ejus involvitur, una vero
circum Cynosuræ caput injecta est flexu, porrectaque
proxime ejus pedes : hic autem intorta replicataque se
attollens reflectitur a capite minoris ad majorem Avem
contra rostrum et capitis tempus dextrum [66]. Item supra
caudam minoris pedes sunt Cephei, ibique ad summum
cacumen, facientes stellæ sunt trigonum, paribus lateribus [67] insuper Arietis signum. Septentrionis autem
minoris et Cephei simulacri complures sunt stellæ
confusæ.

la Couronne ; le Serpentaire tient par le milieu le Serpent dans ses mains, et appuie le pied gauche sur le milieu du front du Scorpion. A droite et auprès de la tête du Serpentaire se trouve la tête de celui qu'on appelle l'Agenouillé ; les sommets de leurs têtes sont très-faciles à reconnaître, parce qu'ils sont formés d'étoiles assez brillantes.

Le pied de l'Agenouillé s'appuie sur la tête du Dragon, qui est entre les Ourses qu'on appelle *Septentriones*. Un peu en avant de la tête du Cheval se courbe le Dauphin. Devant le bec du Cygne brille la Lyre. Entre les épaules du Bouvier et celles de l'Agenouillé a été placée la Couronne. Dans le cercle septentrional sont groupées les deux Ourses : elles sont dos à dos, ayant la poitrine tournée dans un sens contraire ; la petite s'appelle en grec Κυνόσουρα [1], la grande Ἑλίκη [2] ; leurs têtes sont disposées de manière à regarder deux points opposés, la queue de l'une étant placée au droit de la tête de l'autre ; et leurs queues sont toutes deux levées.

Entre elles s'allonge, dit-on, le Dragon ; et cette étoile, qu'on appelle polaire, brille à l'opposé, et au droit de la tête de la grande Ourse : car la partie du Dragon qui en est voisine se courbe auprès de sa tête, tandis qu'une autre partie s'arrondit autour de celle de la petite Ourse, et s'étend jusqu'auprès de ses pieds, où, s'enroulant et se repliant, elle se redresse et s'élance de la tête de la petite Ourse vers le grand Oiseau [3], dans la direction de son bec et de la tempe droite de sa tête. Au-dessus de la queue de la petite Ourse s'abaissent aussi les pieds de Céphée ; et là, tout en haut, au-dessus du Bélier, on voit les étoiles qui composent un Triangle qui a deux côtés égaux. Il y a confusion dans un assez grand nombre d'étoiles de la petite Ourse et de Céphée.

(1) Cynosure. — (2) Hélice. — (3) Le Cygne.

Quæ sunt ad dextram orientis inter zonam signorum et septentrionum sidera in cœlo disposita dixi : nunc explicabo quæ ad sinistram orientis meridianisque partibus ab natura sunt distributa.

V. De sideribus ad sinistram orientis inter zonam signorum et meridiem.

Primum sub Capricorno subjectus Piscis austrinus [68] caudam prospiciens Ceti [69] : ab eo ad Sagittarium locus est inanis [70]. Thuribulum [71] sub Scorpionis aculeo. Centauri priores partes proximæ sunt Libræ et Scorpioni : tenet in manibus simulacrum id [72], quod Bestiam astrorum periti nominaverunt [73]. At Virginem et Leonem et Cancrum Anguis, porrigens agmen stellarum, intortus succingit, regione Cancri erigens rostrum, ad Leonem medioque corpore sustinens Craterem, ad manumque Virginis caudam subjiciens, in qua inest Corvus. Quæ autem sunt supra scapulas [74] peræque sunt lucentia.

Ad Anguis inferius ventris sub caudam subjectus est Centaurus : juxta Craterem et Leonem Navis est quæ nominatur Argo [75], cujus prora obscuratur ; sed malus et quæ sunt circa gubernacula eminentia videntur ; ipsaque navicula et puppis per summam caudam Cani jungitur [76]. Geminos autem minusculus Canis sequitur [77] contra Anguis caput : major item sequitur minorem [78]. Orion vero transversus est subjectus, pressus ungula Tauri, manu læva tenens clypeum, clavam altera ad Geminos tollens.

Après avoir parlé des constellations qui sont placées à la droite de l'orient, entre le zodiaque et le septentrion, il me reste à expliquer celles que la nature a distribuées vers la partie gauche de l'orient, dans les régions méridionales.

V. Des constellations qui sont placées à la gauche de l'orient,
entre le zodiaque et le midi.

Premièrement sous le Capricorne est placé le Poisson austral, la tête tournée vers la queue de la Baleine; entre le Poisson et le Sagittaire, il y a un vide. L'Autel est au-dessous de l'aiguillon du Scorpion. Tout près de la Balance et du Scorpion se trouve la partie antérieure du Centaure, qui tient dans ses mains la constellation que les astronomes appellent la Bête. Sous la Vierge, le Lion et le Cancer, l'Hydre s'enroule, se déployant sur une bande d'étoiles, dressant la tête dans la région du Cancer, soutenant la Coupe sur le milieu de son corps, dans la direction du Lion, et étendant sous la main de la Vierge sa queue, sur laquelle est posé le Corbeau. Les étoiles qui sont au-dessus de ses épaules brillent tout à fait du même éclat.

Auprès de la partie inférieure du ventre de l'Hydre, sous sa queue, est placé le Centaure. En regard de la Coupe et du Lion se trouve le Navire, qu'on appelle Argo, dont on ne voit pas la proue; mais le mât et les parties qui entourent le gouvernail brillent sur notre horizon. La poupe du Navire touche au bout de la queue du grand Chien. Les Gémeaux sont suivis par le petit Chien, qui est auprès de la tête de l'Hydre, et le grand Chien suit le petit. Orion est en face du Taureau, qui le presse d'un pied; de la main gauche il tient un bouclier, et de l'autre une massue qu'il élève vers les Gémeaux.

Apud vero ejus basim Lepus quem Canis parvo intervallo insequitur [79]. Arieti et Piscibus Cetus est subjectus,
a cujus crista ordinate utrisque Piscibus disposita est
tenuis fusio stellarum, quæ Græce vocitatur ἀρπεδόναι [80] :
magnoque intervallo introrsus pressus nodus Piscium [81]
attingit summam Ceti cristam. Eridani per speciem [82]
stellarum flumen profluit, initium fontis capiens a lævo
pede Orionis; quæ vero ab Aquario fundi memoratur
aqua, profluit inter Piscis austrini caput et caudam
Ceti.

Quæ figurata formataque sunt siderum in mundo simulacra, natura divinaque mente designata, ut Demo-
crito physico placuit, exposui; sed ea tantum, quorum
ortus et occasus possumus animadvertere et oculis con-
tueri. Namque uti Septentriones circum axis cardinem
versantes non occidunt, neque sub terram subeunt; sic
et circa meridianum cardinem, qui est propter inclinationem mundi subjectus terræ, sidera versabunda laten-
tiaque non habent egressus orientes supra terram. Itaque eorum figurationes propter obstantiam terræ non
sunt notæ. Hujus autem rei index est stella Canopi [83],
quæ his regionibus est ignota; renuntiant autem nego-
tiatores, qui ad extremas Ægypti regiones proximasque
ultimis finibus terræ terminationes fuerunt.

VI. De astrologia ad divinationes genethliacas et tempestatum translata.

De mundi circa terram pervolitantia, duodecimque
signorum, et septentrionali meridianaque parte siderum

Il a sous les pieds le Lièvre, qui suit de près le grand Chien. Sous le Bélier et les Poissons est la Baleine. A partir de sa crête, des étoiles disposées avec ordre forment entre les Poissons un étroit ruban que les Grecs appellent ἀρπεδόναι [1]. A un grand intervalle se replie en dedans le nœud des Poissons qui tombe de l'extrémité de la tête de la Baleine. L'Éridan semble une rivière d'étoiles qui prend sa source au pied gauche d'Orion. Quant à l'eau que l'on dit être répandue par le Verseau, elle coule entre la tête du Poisson austral et la queue de la Baleine.

Je viens d'exposer le système du philosophe Démocrite sur les formes que la nature et l'esprit divin ont données aux constellations ; mais je n'ai parlé que de celles dont nous pouvons voir le lever et le coucher. Car de même que les sept étoiles de la grande Ourse, en tournant autour du pôle, ne se couchent point et ne passent jamais sous la terre, de même les constellations, dont le cours se fait autour du pôle méridional, qui, à cause de l'inclinaison du ciel, est au-dessous de notre globe, nous restent cachées, sans jamais se lever sur la terre. Aussi la terre empêche-t-elle qu'on en connaisse les figures. Nous en avons une preuve dans l'étoile de Canope, invisible dans nos régions, qui ne nous est connue que par ce qu'en disent les marchands qui ont voyagé dans les contrées les plus éloignées de l'Égypte, et jusqu'aux extrémités de la terre.

VI. De l'astronomie employée pour prédire les changements de temps, et ce qui doit arriver aux hommes, d'après l'aspect des astres au moment de leur naissance.

J'ai démontré avec exactitude quel était le mouve-

[1] Cordeau.

dispositione, ut sit, perfectus docui : namque ex ea
mundi versatione, et contrario solis per signa cursu,
gnomonumque æquinoctialibus umbris, analemmatorum inveniuntur descriptiones.

Cetera ex astrologia, quos effectus habeant signa
duodecim, stellæ quinque, sol, luna, ad humanæ vitæ
rationem, Chaldæorum ratiocinationibus [84] est conce-
dendum : quod propria est eorum genethliologiæ ratio [85], uti possint antefacta et futura ex ratiocinationibus astrorum explicare. Eorum autem inventiones
quas scriptis reliquerunt, qua solertia, quibusque acuminibus et quam magni fuerint qui ab ipsa natione
Chaldæorum profluxerunt, ostendunt ; primusque Berosus in insula et civitate Co consedit, ibique aperuit
disciplinam ; postea studens Antipater itemque Achinapolus, qui etiam non e nascentia sed ex conceptione
genethliologiæ rationes explicatas reliquit.

De naturalibus autem rebus Thales Milesius, Anaxagoras Clazomenius, Pythagoras Samius, Xenophanes
Colophonius, Democritus Abderites, rationes quibus
natura rerum gubernaretur, quemadmodum quosque
effectus habeant, excogitatas reliquerunt. Quorum inventa sequuti siderum ortus et occasus tempestatumque
significatus Eudoxus, Euchæmon, Callippus, Meto,
Philippus, Hipparchus, Aratus [86] ceterique ex astrologia
invenerunt, et eas parapegmatorum disciplinas [87] posteris explicatas reliquerunt. Quorum scientiæ sunt hominibus suspiciendæ, quod tanta cura fuerunt, ut etiam

ment rapide du ciel autour de la terre, et la disposition des douze signes du zodiaque, et des constellations qui sont au septentrion et au midi, parce que c'est de ce mouvement de rotation du ciel, c'est de la marche du soleil en sens contraire à travers les signes, c'est de l'ombre équinoxiale des gnomons, que dépend la construction des analèmes.

Quant à l'astronomie consistant à rechercher quelle est l'influence des douze signes, des cinq planètes, du soleil et de la lune sur les phases de la vie humaine, c'est aux calculs des Chaldéens qu'il faut s'en rapporter, parce qu'ils se sont particulièrement occupés de la généthliologie, afin de pouvoir, par le moyen des astres, expliquer le passé et l'avenir. Les découvertes qu'ils nous ont transmises dans leurs écrits font voir quels étaient le savoir et le talent des grands hommes qui sont sortis de la nation des Chaldéens. Le premier fut Bérose, qui vint s'établir dans l'île et la cité de Cos et y ouvrir une école. Puis cette science fut l'objet des études d'Antipater et aussi d'Achinapolus, qui ont démontré que la généthliologie était plutôt fondée sur la conception que sur la naissance.

Mais si l'on veut connaître le principe des choses, il faut lire les savants ouvrages des Thalès de Milet, des Anaxagore de Clazomène, des Pythagore de Samos, des Xénophane de Colophon, des Démocrite d'Abdère, qui nous font connaître les lois qui gouvernent la nature, et les effets qu'elles produisent. Sans s'écarter de leur système, Eudoxe, Euchémon, Callippe, Méton, Philippe, Hipparque, Aratus et tous les autres philosophes ont fait, à l'aide des parapegmes, les observations les plus exactes sur le lever et le coucher des étoiles, ainsi que sur les saisons de l'année; observations qu'ils ont transmises à la postérité. Leurs connaissances sont bien dignes de l'admiration des hommes, puisque, à force

videantur divina mente tempestatum significatus post futuros, ante pronuntiare[88] : quas ob res hæc eorum curis studiisque sunt concedenda.

VII. Docetur analemmatos deformatio.

Nobis autem ab his separandæ sunt horologiorum rationes, et explicandæ menstruæ dierum brevitates itemque depalationes[89]. Namque sol æquinoctiali tempore Ariete Libraque versando quas ex gnomone partes habet novem, eas umbræ facit octo in declinatione cœli[90] quæ est Romæ. Itemque Athenis quam magnæ sunt gnomonis partes quatuor, umbræ sunt tres; ad septem Rhodo quinque; at Tarenti novem ad undecim; Alexandriæ tres ad quinque; ceterisque omnibus locis aliæ alio modo umbræ gnomonum æquinoctiales ab natura rerum inveniuntur disparatæ.

Ita in quibuscumque locis horologia erunt describenda[91], eo loci sumenda est æquinoctialis umbra : et si erunt, quemadmodum Romæ, gnomonis partes novem, umbræ octonæ, describatur linea in planitia, et ex media πρὸς ὀρθὰς erigatur, uti sit ad normam, quæ dicitur gnomon; et a linea, quæ erit planitiæ, in linea gnomonis circino novem spatia dimetiantur, et quo loco nonæ partis signum fuerit, centrum constituatur, ubi erit littera A : et diducto circino ab eo centro ad lineam planitiæ, ubi erit littera B, circinatio circuli describatur, quæ dicitur meridiana.

Deinde ex novem partibus, quæ sunt a planitia ad gnomonis centrum, octo sumantur et signentur in linea,

d'études, ils sont parvenus, comme par inspiration divine, à prédire les changements du temps. Rapportons-nous-en donc à leurs lumières sur des choses qu'ils ont étudiées avec le plus grand soin.

VII. Manière de faire un analème.

Pour moi, je vais me contenter de donner la manière de décrire les cadrans, et d'expliquer la longueur des jours dans chaque mois, et l'inégalité de l'ombre projetée par le gnomon. Si, lorsque le soleil est à l'équinoxe, faisant son cours dans le Bélier ou dans la Balance, le gnomon est divisé en neuf parties, l'ombre en aura huit sous le parallèle de Rome. Si à Athènes le gnomon est divisé en quatre parties, l'ombre en aura trois; s'il est divisé en sept à Rhodes, elle en aura cinq; s'il l'est en onze à Tarente, elle en aura neuf; en cinq à Alexandrie, trois. Dans tous les autres lieux, les ombres équinoxiales des gnomons présentent des longueurs naturellement différentes.

Aussi, dans quelque lieu qu'on veuille faire un cadran, faudra-t-il qu'on prenne la longueur de l'ombre équinoxiale de ce lieu; et si, comme à Rome, le gnomon ayant neuf parties, l'ombre en a huit, on tirera sur un plan une ligne au milieu de laquelle on en élèvera une autre à angle droit, **afin** qu'elle soit d'équerre avec la première. Cette ligne est appelée gnomon. A partir de cette première ligne tirée sur le plan, on mesurera avec un compas, sur celle du gnomon, neuf parties égales, et au point où aboutira la neuvième partie, on établira un centre qui sera marqué A ; puis ouvrant le compas appuyé sur ce centre jusqu'à la ligne du plan où l'on mettra la lettre B, on décrira un cercle appelé méridien.

Ensuite, sur les neuf parties qui s'étendent depuis la ligne du plan jusqu'au centre qui forme l'extrémité du

quæ est in planitia , ubi erit littera C. Hæc autem erit
gnomonis æquinoctialis umbra; et ab eo signo et littera
C per centrum , ubi est littera A , linea perducatur, ubi
erit solis æquinoctialis radius. Tunc ab centro diducto
circino ad lineam planitiæ æquilatatio signetur, ubi erit
littera E sinisteriore parte , et I dexteriore in extremis
lineis circinationis, et per centrum perducenda linea ,
ut æqua duo hemicyclia sint divisa : hæc autem linea a
mathematicis dicitur horizon.

Deinde circinationis totius sumenda pars est quinta
decima [92], et circini centrum collocandum in linea
circinationis quo loci secat eam lineam æquinoctialis radius, ubi erit littera F , et signandum dextra ac sinistra
ubi sunt litteræ G , H. Deinde ab his, et per centrum ,
lineæ usque ad lineam planitiæ perducendæ sunt , ubi
erunt litteræ T , R ; ita erit solis radius unus hibernus,
alter æstivus. Contra autem E , littera I erit, ubi secat
circinationem linea, quæ est trajecta per centrum ; et
contra G et H , litteræ erunt K et L , et contra C et F
et A , erit littera N.

Tunc perducendæ sunt diametri [93] ab G ad L , et ab
H ad K : quæ erit inferior, partis erit æstivæ, superior
hibernæ. Quæ diametri sunt æque mediæ dividendæ ,
ubi erunt litteræ M et O, ibique centra signanda, et per
ea signa , et centrum A , linea ad extremas lineas circinationis est perducenda, ubi erunt litteræ P , Q. Hæc
erit linea πρὸς ὀρθὰς radio æquinoctiali; vocabitur autem
hæc linea mathematicis rationibus axon : et ab eisdem
centris diducto circino ad extremas diametros, descri-

gnomon, on prendra la longueur de huit, qu'on marquera sur la ligne du plan au point de la lettre C. Ce sera l'ombre équinoxiale du gnomon. De ce point C, par le centre où est la lettre A, tirez une ligne qui indiquera le rayon du soleil à l'équinoxe. Cela fait, on ouvrira le compas depuis le centre jusqu'à la ligne du plan, et aux extrémités de la ligne de circonférence, on fera deux marques à égale distance, l'une en F du côté gauche, l'autre en I du côté droit; puis on tirera par le centre une ligne qui coupera le cercle en deux parties égales : cette ligne est appelée horizon par les mathématiciens.

Ensuite on prendra la quinzième partie de tout le cercle, et plaçant la branche centrale du compas sur la ligne circulaire, au point où elle est coupée par le rayon équinoxial, où sera la lettre F, on fera à droite et à gauche deux points marqués par les lettres G et H. Puis de ces points on conduira, en les faisant passer par le centre, deux lignes jusque sur celle du plan où seront les lettres T et R; l'une représentera le rayon du soleil d'hiver, l'autre celui du soleil d'été. Du côté opposé à la lettre E sera la lettre I, au point où le cercle est coupé par la ligne qui passe par le centre; en face de G et de H seront les lettres K et L, et en face de C, de F et de A sera la lettre N.

On tirera alors deux lignes diamétrales, l'une depuis G jusqu'à L, et l'autre depuis H jusqu'à K; celle d'en bas sera pour l'été et celle d'en haut pour l'hiver. Ces deux lignes diamétrales doivent être également divisées par le milieu aux points M et O; on en fera deux centres par lesquels, aussi bien que par le centre A, on fera passer une ligne qui ira d'une extrémité de la circonférence à l'autre, où seront les lettres P et Q. Cette ligne sera perpendiculaire à la ligne équinoxiale, et s'appellera, mathématiquement parlant, axe. De ces deux

bantur hemicyclia duo, quorum unum erit æstivum, alterum hibernum.

Deinde in quibus locis secant lineæ parallelæ lineam eam, quæ dicitur horizon, in dexteriore parte erit littera S, in sinisteriore V, et ab extremo hemicyclio, ubi est littera G, ducatur linea parallelos axoni ad sinistrum hemicyclium, ubi est littera H. Hæc autem parallelos linea vocatur lacotomus 94 : et tum circini centrum collocandum est eo loci, quo secat eam lineam æquinoctialis radius, ubi erit littera X, et deducendum ad cum locum, quo secat circinationem æstivus radius, ubi est littera H. E centro æquinoctiali intervallo æstivo circinatio circuli menstrui agatur, qui manacus dicitur 95. Ita habebitur analemmatos deformatio.

Quum hoc ita sit descriptum et explicatum, sive per hibernas lineas, sive per æstivas, sive per æquinoctiales, aut etiam per menstruas, in subjectionibus rationes horarum erunt ex analemmatis describendæ, subjicienturque in eo multæ varietates, et genera horologiorum, et describentur rationibus his artificiosis. Omnium autem figurarum descriptionumque earum effectus unus, uti dies æquinoctialis, brumalisque, itemque solstitialis in duodecim partes æqualiter sit divisus. Quas res non pigritia deterritus prætermisi, sed ne multa scribendo offendam : a quibusque inventa sunt genera descriptionesque horologiorum exponam. Neque enim nunc nova genera invenire possum, nec aliena pro meis prædicanda videntur. Itaque quæ nobis tradita sunt a quibus sint inventa, dicam.

centres M et O, où l'on appuiera une des branches du
compas, en étendant l'autre jusqu'à l'extrémité des lignes
diamétrales, on décrira deux demi-cercles, dont l'un
sera pour l'été et l'autre pour l'hiver.

Aux points où les lignes parallèles coupent la ligne
appelée horizon, on mettra à droite la lettre S, à gauche
la lettre V, et depuis l'extrémité du demi-cercle, où se
trouve la lettre G, on tirera une ligne parallèle à l'axe
jusqu'à l'autre demi-cercle qui est à gauche, où est la
lettre H. Cette ligne parallèle s'appelle lacotome. Enfin
on placera une branche du compas au point de section
de cette ligne avec la ligne équinoxiale, marqué X, et l'on
étendra l'autre jusqu'à l'endroit où le cercle est coupé
par le rayon d'été, au point marqué H. Puis du centre
qui est sur la ligne équinoxiale, on mènera, par l'intervalle du rayon d'été, un cercle pour les mois, appelé
manacus. Cette dernière opération complétera la figure
de l'analème.

Après cette description et cette explication, qu'on
prenne pour plan ou le tropique d'hiver, ou le tropique
d'été, ou l'équateur, ou l'écliptique, on devra se servir
de l'analème pour tracer les lignes horaires. On peut
faire plusieurs espèces de cadrans solaires ; tous se décrivent d'après cette méthode ; la seule chose à observer
dans leurs figures et descriptions, c'est que les jours de
l'équinoxe, et ceux des tropiques d'hiver et d'été, soient
divisés en douze parties égales. Si je n'entre pas dans
plus de détails, ce n'est point devant le travail que je
recule, mais devant la crainte de devenir fastidieux en
devenant trop long. Il me reste maintenant à dire quels
sont ceux qui ont inventé et décrit les différentes espèces
de cadrans. Je ne puis en inventer de nouvelles, et je
ne veux point proclamer comme miennes les inventions
d'autrui. Je vais donc parler des inventeurs de celles que
nous connaissons.

VIII. De horologiorum inventione[86], de horologiis ex aqua , et de horologiis hibernis vel anaphoricis.

Hemicyclium excavatum ex quadrato ad enclimaque succisum [97] Berosus Chaldæus dicitur invenisse; scaphen sive hemisphærium [98] Aristarchus Samius : idem etiam discum in planitia[99] : arachnen [100] Eudoxus astrologus; nonnulli dicunt Apollonium. Plinthium sive lacunar [101], quod etiam in circo Flaminio est positum , Scopinas Syracusius; πρὸς τὰ ἱστορούμενα [102] Parmenion : πρὸς πᾶν κλῖμα Theodosius et Andreas : Patrocles pelecinon [103] , Dionysiodorus conum , Apollonius pharetram [104]: aliaque genera, et qui supra scripti sunt, et alii plures inventa reliquerunt, uti gonarchen, engonatum , antiboræum [105]. Item ex his generibus viatoria pensilia uti fierent, plures scripta reliquerunt : ex quorum libris, si quis velit, subjectiones invenire poterit, dummodo sciat analemmatos descriptiones.

Item sunt ex aqua conquisitæ ab eisdem scriptoribus horologiorum rationes, primumque a Ctesibio Alexandrino , qui etiam spiritus naturales pneumaticasque res invenit. Sed uti fuerint ea exquisita, dignum studiosis est agnoscere. Ctesibius enim fuerat Alexandriæ natus patre tonsore : is ingenio et industria magna præter reliquos excellens, dictus est artificiosis rebus se delectare. Namque quum voluisset in taberna sui patris speculum ita pendere, ut, quum duceretur sursumque reduceretur, linea latens pondus deduceret , ita collocavit machinationem.

VIII. De l'invention des horloges d'été ou cadrans solaires; des clepsydres
et des horloges d'hiver ou anaphoriques.

L'hémicycle creusé dans un carré et construit sur un
plan réclinant, est, dit-on, de l'invention de Bérose le
Chaldéen. Le scaphé ou hémisphère est d'Aristarque de
Samos, aussi bien que le disque horizontal. L'araignée
appartient à l'astronome Eudoxe; quelques-uns disent à
Apollonius. Le plinthe ou brique, celui-là même qui a
été placé dans le cirque de Flaminius, a été inventé par
Scopinas de Syracuse; le πρὸς τὰ ἱστορούμενα [1] par Par-
ménion; le πρὸς πᾶν κλῖμα [2] par Theodosius et Andreas.
Patrocle a inventé le *pelecinon*; Dionysiodore, le cône;
Apollonius, le carquois. Les auteurs cités plus haut, et
quelques autres, nous ont encore laissé un certain nombre d'horloges de leur invention, comme le gonarque,
l'engonate, l'antiborée. Nous trouvons aussi dans quelques auteurs la manière de rendre quelques-uns de ces
cadrans portatifs, pour les voyages On en pourra consulter, si l'on veut, des modèles dans leurs ouvrages,
pourvu qu'on sache la description de l'analème.

Ces mêmes auteurs sont aussi parvenus à trouver le
moyen de faire des horloges avec l'eau, et la première fut
inventée par Ctesibius d'Alexandrie, qui, de plus, a découvert le parti qu'on pouvait tirer de la force des vents, soit
naturels, soit artificiels. La manière dont cette découverte
fut faite est digne de l'attention de ceux qui cultivent les
sciences. Ctesibius était fils d'un barbier d'Alexandrie. Il
se faisait remarquer par son esprit inventif et une grande
adresse, et la mécanique avait, dit-on, pour lui beaucoup d'attrait. Il eut un jour envie de suspendre un miroir
dans la boutique de son père, de manière à ce qu'on pût
le faire descendre et monter à l'aide d'une corde cachée
soutenant un poids. Voici le mécanisme qu'il imagina.

---

(1) Pour les endroits dont on parle dans l'histoire. — (2) Pour tous les climats.

Canalem ligneum sub tigno fixit, ibique trochleas collocavit ; per canalem lineam in angulum deduxit, ibique tubulos struxit : in eos pilam plumbeam per lineam demittendam curavit. Ita pondus quum decurrendo in angustias tubulorum premeret coeli crebritatem, vehementi decursu per fauces frequentiam coeli compressione solidatam extrudens in aerem patentem, offensione et tactu sonitus expresserat claritatem.

Ergo Ctesibius quum animadvertisset, ex tactu coeli et expressionibus spiritus voces nasci, his principiis usus, hydraulicas machinas primus instruxit. Item aquarum expressione automatas machinas multaque deliciarum genera, in his etiam horologiorum ex aqua comparationes, explicuit [106]. Primumque constituit cavum ex auro perfectum, aut ex gemma terebrata ; ea enim nec teruntur percussu aquæ, nec sordes recipiunt, ut obturentur.

Namque æqualiter per id cavum influens aqua sublevat scaphium inversum, quod ab artificibus phellos sive tympanum dicitur ; in quo collocata regula, versatilia tympana denticulis æqualibus sunt perfecta : qui denticuli alius alium impellentes, versationes modicas faciunt et motiones. Item aliæ regulæ aliaque tympana, ad eumdem modum dentata, una motione coacta, versando faciunt effectus varietatesque motionum, in quibus moventur sigilla, vertuntur metæ, calculi aut tona projiciuntur [107], buccinæ canunt, reliquaque parerga.

In his etiam aut in columna, aut parastatica, horæ describuntur, quas sigillum egrediens ab imo virgulæ

Il attache un canal de bois sous une poutre et y met des poulies. Il fait ensuite passer une corde dans ce canal jusqu'à l'angle formé par le mur qui portait la poutre, et là il établit un tuyau dans lequel il fait descendre au bout de la corde une boule de plomb. Cette boule, en allant et en venant dans ce tuyau étroit, y comprimait l'air, et, par l'impulsion de son mouvement, faisait sortir avec force, par les deux bouts, l'air condensé par la compression dont la rencontre et le choc avec l'air extérieur rendait un son clair.

Ctesibius s'étant donc aperçu du bruit que produisait le choc de l'air comprimé contre l'air libre, partit de ce principe pour inventer les machines hydrauliques. Ce fut aussi par l'impulsion de l'eau qu'il fit mouvoir des automates et plusieurs autres machines récréatives, entre autres la clepsydre. Et d'abord il perça une lame d'or, ou une pierre précieuse, pour l'écoulement de l'eau ; ces matières, en effet, ne s'usent pas par le frottement de l'eau, et ne produisent point de rouille qui puisse en boucher l'ouverture.

L'eau, coulant d'une manière égale par cette ouverture, soulève une nacelle renversée que les ouvriers appellent *phellos* ou *tympanum*. On ajuste dessus une règle dentelée qui fait tourner une roue dentelée de la même manière. Ces dents se poussant l'une l'autre impriment à la roue un léger mouvement de rotation. On fait encore d'autres règles et d'autres tambours, dentelés de la même manière, qui, soumis à un seul et même mouvement, produisent en tournant différents effets : de petites figures s'agitent, des pyramides tournent ; on voit lancer de petits cailloux, qui en retombant forment des sons ; des trompettes sonnent. Il y a encore d'autres combinaisons étrangères à notre matière.

On trace encore sur des colonnes ou sur des pilastres les heures, qu'une petite figure vient, pendant tout le

significat in diem totum; quarum brevitates aut crescentias cuneorum adjectus aut exemptus in singulis diebus et mensibus perficere cogit. Præclusiones aquarum,
ad temperandum, ita sunt constitutæ. Metæ fiunt
duæ [108], una solida, altera cava, ex torno ita perfectæ,
ut alia in aliam inire convenireque possit, et eadem
regula [109] laxatio earum aut coartatio efficiat aut vehe-
mentem, aut lenem in ea vasa aquæ influentem cursum.
Ita his rationibus et machinatione ex aqua componuntur horologiorum ad hibernum usum [110] collocationes.

Sin autem cuneorum adjectionibus et detractionibus
correptiones dierum aut crescentiæ non probabuntur,
quod cunei sæpissime vitia faciunt, sic erit explicandum. In columella horæ ex analemmatis transverse
describantur [111] menstruæque lineæ in columella signentur; eaque columella versatilis perficiatur, uti ad sigillum virgulamque (qua virgula egrediens sigillum ostendit
horas), columna versando continenter, suas cuique
mensi brevitates et crescentias faciat horarum.

Fiunt etiam alio genere horologia hiberna, quæ anaphorica [112] dicuntur, perficiunturque rationibus his.
Horæ disponuntur ex virgulis æneis, ex analemmatos
descriptione [113], ab centro dispositæ in fronte: in ea
circuli sunt circumdati, menstrua spatia finientes. Post
has virgulas tympanum collocatur, in quo descriptus et
depictus est mundus signiferque circulus, descriptioque
duodecim cœlestium signorum sit figurata, cujus e centro
deformatur cujuslibet signi spatium, unum majus, alterum minus. Posteriori autem parti tympano medio

jour, montrer avec le bout d'une baguette. Pour les rendre plus courtes ou plus longues, on ajoute ou on ôte des coins tous les jours et tous les mois dans une proportion voulue. Voici comment on organise l'orifice pour modérer l'écoulement de l'eau. On fait deux cônes, l'un solide, l'autre creux, assez bien façonnés sur le tour, pour qu'ils puissent entrer juste l'un dans l'autre, et pour que, par le moyen d'une même règle, lâchant ces coins ou les serrant, on puisse donner à l'écoulement de l'eau dans le vase plus ou moins de rapidité. C'est par ces moyens mécaniques qu'on arrive à composer des horloges pour l'hiver.

S'il se fait que par le jeu de ces coins on n'arrive point exactement à raccourcir et à rallonger les jours, à cause des dérangements qui surviennent très-souvent aux coins, on pourra employer cette autre manière. Sur une petite colonne on marquera les heures au moyen de l'analème, par des lignes transversales, et l'on en tracera un système spécial pour chaque mois; cette petite colonne sera mobile, afin que, en tournant sur elle-même uniformément, sans s'arrêter devant la petite figure qui, par son mouvement d'ascension, indique les heures avec sa baguette, elle lui présente les heures plus ou moins longues qui conviennent à chaque mois.

On fabrique encore une autre espèce d'horloges d'hiver qu'on appelle anaphoriques. Voici la manière de les construire. On dispose les heures sur des baguettes d'airain, selon la description de l'analème, dans la direction du centre à la circonférence. On trace tout autour des cercles déterminant l'espace consacré à chaque mois. Derrière ces baguettes on place une roue sur laquelle est décrit et peint le ciel avec le zodiaque et ses douze signes, dont l'espace plus ou moins grand est déterminé par des lignes qui partent du centre. A la partie postérieure de cette roue et au milieu, on emboîte un essieu

axis versatilis est inclusus, inque eo axi ænea mollis catena est involuta, ex qua pendet ex una parte phellos sive tympanum, quod ab aqua sublevatur, ex altera æquo pondere phelli sacoma saburrale.

Ita quantum ab aqua phellos sublevatur, tantum saburræ pondus infra deducens versat axem, axis autem tympanum; cujus tympani versatio, alias efficit uti major pars circuli signiferi [114], alias minor in versationibus, suis temporibus designet horarum proprietates. Namque in singulis signis sui cujusque mensis dierum numeri cava sunt perfecta, cujus bulla, quæ solis imaginem horologiis tenere videtur, significat horarum spatia : ea translata ex terebratione in terebrationem mensis vertentis perficit cursum suum.

Itaque quemadmodum sol per siderum spatia vadens, dilatat contrahitque dies et horas, sic bulla in horologiis ingrediens per puncta contra centri tympani versationem, quotidie quum transfertur, aliis temporibus per latiora, aliis per angustiora spatia, menstruis finitionibus imagines efficit horarum et dierum. De administratione autem aquæ, quemadmodum se temperet ad rationem, sic erit faciendum.

Post frontem horologii, intra collocetur castellum, in idque per fistulam saliat aqua, et in imo habeat cavum. Ad id autem affixum sit ex ære tympanum [115] habens foramen, per quod ex castello in id aqua influat. In eo autem minus tympanum includatur cardinibus ex torno, masculo et femina inter se coartatis, ita uti minus tympanum, quemadmodum epistomium, in majore circumagendo arte leniterque versetur.

mobile autour duquel s'enroule une chaîne flexible de cuivre, à laquelle pend, d'un côté, le *phellos* ou *tympanum*, que l'eau soutient, et, de l'autre, un sac de sable du même poids que le *phellos*.

A mesure que le *phellos* monte soutenu par l'eau, le poids du sable en descendant fait tourner l'essieu, et l'essieu, la roue. Le mouvement imprimé à cette roue fait que c'est tantôt la plus grande partie du zodiaque et tantôt la plus petite qui marque, en tournant, les heures avec les différences propres à chaque temps. Car dans le signe de chaque mois, on fait autant de trous qu'il y a de jours, et dans l'un de ces trous on met un clou dont la tête représente le soleil et marque les heures. Ce clou placé successivement d'un trou dans un autre achèvera son tour tous les mois.

De même que le soleil en parcourant les espaces des signes agrandit ou diminue les jours et les heures, de même dans les horloges, le clou avançant de trou en trou dans un sens opposé au mouvement de la roue, et changeant de place tous les jours, franchissant tantôt des espaces plus larges, tantôt des espaces plus étroits, représente les heures et les jours avec la longueur qu'ils doivent avoir chaque mois. Si par le moyen de l'eau on veut arriver au même résultat, voici comment on en réglera l'usage.

Derrière le cadran, à l'intérieur de l'horloge, on placera un réservoir dans lequel l'eau tombera par un robinet. Au bas de ce réservoir se trouvera un conduit, dont le bout sera fixé à un tambour de cuivre également percé pour recevoir l'eau qui y communique du réservoir. Dans ce tambour en est renfermé un plus petit, comme un pivot dans une crapaudine. Ces deux pièces, appelées l'une mâle, l'autre femelle, sont si bien ajustées, que la plus petite, semblable à la clef d'un robinet, tourne dans la plus grande avec un mouvement doux et régulier.

Majoris autem tympani labrum æquis intervallis
ccclxv̄ puncta habeat signata; minor vero orbiculus in
extrema circinatione fixam habeat lingulam, cujus cacumen dirigat ad punctorum regiones : inque eo orbiculo temperatum sit foramen [116], quia in tympanum
aqua influit per id, et servat administrationem. Quum
autem in majoris tympani labro fuerint signorum cœlestium deformationes, id autem sit immotum, et in summo
habeat deformatum Cancri signum, ad perpendiculum
ejus in imo Capricorni, ad dextram spectantis Libræ,
ad sinistram Arietis. Signa quoque cetera inter eorum
spatia designata sint, uti in cœlo videntur.

Igitur quum sol fuerit in Capricorno, orbiculi lingula
in majoris tympani parte Capricorni, quotidie singula
puncta tangens, ad perpendiculum habens aquæ cur-
rentis vehemens pondus, celeriter per orbiculi foramen
id extrudit ad vas, tum excipiens eam (quoniam brevi
spatio impletur), corripit et contrahit dierum minora
spatia et horarum. Quum autem quotidiana versatione
minoris tympani lingula ingreditur in Aquario, tum descendit foramen a perpendiculo, et aquæ minus vehementi cursu cogitur tardius emittere salientem. Ita quo
minus celeri cursu vas excipit aquam, dilatat horarum
spatia.

Aquarii vero Pisciumque punctis, uti gradibus scandens, orbiculi foramen in Ariete tangendo octavam partem, aquæ temperate salienti præstat æquinoctiales horas.
Ab Ariete per Tauri et Geminorum spatia ad summa

Le rebord du grand tambour sera marqué de 365 points également espacés, et à l'extrémité de la circonférence du petit tambour il faut fixer une languette dont la pointe servira à diriger vers chacun des points du grand tambour. Le petit tambour aura une rainure disposée de manière à ne laisser passer que la quantité d'eau nécessaire, parce que c'est cette eau qui coule dans le réceptacle où est le tympanum, qui en règle la hauteur. Quand on aura représenté les signes célestes au rebord du grand tambour, il devra être immobile, ayant en haut le signe de l'Écrevisse; en bas, au point diamétralement opposé, le Capricorne; à droite du spectateur, la Balance; à gauche, le Bélier. Les autres signes occuperont aussi la place qu'ils ont dans le ciel.

Lors donc que le soleil est dans le Capricorne, la languette du petit tambour, qui chaque jour doit avancer d'un point, se place au droit de ce signe marqué sur le grand tambour. L'ouverture de ce grand tambour se trouve perpendiculairement au-dessus de la partie la plus large de la rainure du petit, et donne un libre passage à l'eau, qui coule avec toute la rapidité qu'elle peut avoir dans le réceptacle, qui se remplit en peu de temps, et diminue, abrége la longueur des jours et des heures. Quand, après avoir parcouru de point en point la région du Capricorne, la languette du petit tambour est arrivée au Verseau, la partie la plus large de la rainure, en s'inclinant, s'éloigne de la perpendiculaire, et laisse nécessairement au cours de l'eau un passage plus étroit; le réceptacle se remplit moins vite, ce qui rend les jours plus longs.

Après avoir successivement franchi, comme des degrés, tous les points du Verseau et des Poissons, la languette du petit tambour se présente à la huitième partie du Bélier. La rainure offre alors au passage de l'eau une ouverture qui tient le milieu entre sa plus grande lar-

Cancri puncta, partis octavæ foramen seu tympanum versationibus peragens, et in altitudinem eo rediens, viribus extenuatur, et ita tardius fluendo dilatat morando spatia, et efficit horas in Cancri signo solstitiales. A Cancro quum proclinat et peragit per Leonem et Virginem, ad Libræ partis octavæ puncta revertendo, et gradatim corripiendo spatia, contrahit horas, et ita perveniens ad puncta Libræ, æquinoctiales rursus reddit horas.

Per Scorpionis vero spatia et Sagittarii proclivius deprimens sese foramen rediensque circumactione ad Capricorni partem octavam, restituitur celeritate salientis ad brumales horarum brevitates.

Quæ sunt in horologiorum descriptionibus rationes et apparatus, uti sint ad usum expeditiores, quam aptissime potui, perscripsi; restat nunc de machinationibus et de earum principiis ratiocinari. Itaque de his, ut corpus emendatum architecturæ perficiatur, in sequenti volumine incipiam scribere.

geur et sa plus petite ; ce qui donne les heures équinoxiales. Puis, quittant le Bélier pour traverser les régions du Taureau et des Gémeaux, la languette du petit
tambour monte, par suite de son mouvement de rotation, jusqu'à la huitième partie de l'Écrevisse ; là elle a
atteint les points les plus élevés. L'eau ne peut plus passer que par la partie la plus resserrée de la rainure ;
elle coule très-lentement ; les heures sont arrivées à leur
plus grande longueur dans le signe de l'Écrevisse, au
solstice d'été. Descendant de l'Écrevisse pour traverser
les signes du Lion et de la Vierge, la languette arrive à
la huitième partie de la Balance ; la rainure devient insensiblement plus étroite ; les heures raccourcissent. Parvenue au droit de la Balance, elle redonne aux heures
la longueur qu'elles doivent avoir à l'équinoxe.

Descendant de plus en plus à travers les espaces du
Scorpion et du Sagittaire, la languette du petit tambour
est ramenée par son mouvement circulaire à la huitième
partie du Capricorne, et l'eau, sortant avec abondance,
reproduit les heures si courtes du solstice d'hiver.

Je suis entré avec toute l'exactitude dont je suis capable dans tous les détails de la confection des horloges,
afin d'en faciliter l'usage ; il me reste à parler des machines et de leurs principes : aussi, pour donner un
corps complet d'architecture, vais-je consacrer le livre
suivant à cette matière.

NOTES

DU LIVRE NEUVIÈME.

1. — *Nobilibus athletis.* Quand des athlètes avaient remporté la victoire, ils étaient honorés d'une couronne aux acclamations du peuple, chantés par les poëtes, et reçus dans leur patrie comme des vainqueurs, puisqu'ils y entraient par une brèche faite aux murs de la ville; leurs noms étaient écrits dans les archives, les inscriptions, et aux monuments publics. Ils étaient toute leur vie révérés de leurs concitoyens, prenaient la première place aux jeux publics; les Grecs, si l'on en croit Horace, les regardaient comme des espèces de dieux :

> . . . . Palmaque nobilis
> Terrarum dominos evehit ad deos.
> *(Carm.* lib. ɪ, ode ɪ.)

2. — *Quid ita non scriptoribus.* Aristote, dans la trentième section de ses Problèmes, examine quelles sont les raisons pour lesquelles les anciens honoraient plutôt les athlètes que les savants, et il en rapporte deux. La première est qu'on estime et qu'on admire les choses qui sont faites par la puissance humaine, et non celles que la puissance humaine trouve faites. Or, dit-il, la victoire d'un athlète est l'ouvrage de la force et de l'adresse du corps, au lieu que toute l'intelligence d'un philosophe ou d'un mathématicien n'aboutit qu'à trouver ce qui existe déjà sans elle, puisque les plus belles spéculations se font sur des choses qui existent avant la spéculation. Par exemple, les trois angles de toute sorte de triangles auraient toujours été égaux à deux droits, quand personne n'y aurait jamais pensé. La seconde raison est que, pour donner le prix à ceux qui excellent dans les productions de l'esprit, il faut être capable d'en juger, et que cette capacité ne se rencontre que dans les hommes qui surpassent en esprit ceux dont ils sont les juges. Ce qui n'est pas toujours nécessaire dans les autres jugements : car il n'est personne qui ne puisse voir quel est celui qui surpasse les autres à la course, à la lutte et dans les autres exercices de ce genre.

3. — *Quadratus locus.* Il est très-facile de mesurer un carré. Puisque ses quatre côtés sont égaux, en multipliant deux de ces côtés l'un par l'autre, le produit donnera la surface du carré. Ainsi, chaque côté présentant dix pieds, et le nombre dix multiplié par lui-même donnant cent, la surface du carré contient cent pieds carrés. Mais que l'on veuille doubler cette surface en lui conservant sa figure carrée, on devra chercher la grandeur des côtés de ce carré, pour que la multiplication d'un de ces côtés par lui-même produise les deux cents pieds; ce qu'il sera impossible de trouver : car donnez aux côtés quatorze pieds, le produit sera de cent quatre-vingt-seize; donnez-leur en quinze, le produit sera de deux cent vingt-cinq. Il faudra donc avoir recours aux lignes, et l'on verra (fig. 98) que le carré *aeou,* tracé sur la diagonale *ae,* est double du petit carré *aren,* dans lequel on a tiré la diagonale.

Fig. 98.

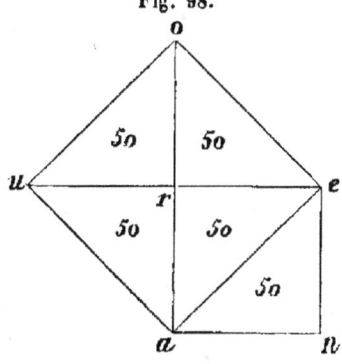

Nous venons de voir qu'il est reconnu en géométrie, qu'en multipliant par elles-mêmes les quantités qui divisent la longueur d'un des côtés du carré, on a l'étendue de sa superficie; qu'il est encore reconnu, par conséquent, que le côté *ar* du carré est incommensurable avec sa diagonale *ae;* qu'il est donc impossible d'indiquer avec des nombres la longueur de la diagonale d'un carré dont on connaît le côté. C'est ce que Vitruve entend, quand il dit qu'on ne peut trouver un nombre qui, multiplié par lui-même, donne un carré qui soit le double d'un autre qui a été produit par un nombre donné. La démonstration qu'il en donne ici est plutôt pratique que géométrique, dit de Bioul. En géométrie, la démonstration de cette proposition ou problème se fait de la même manière que celle de la célèbre proposition d'Euclide, qui est la 47ᵉ de son 1ᵉʳ livre, dont il sera bientôt parlé, parce que le carré de l'hypothénuse *ae,* qui est ici la diagonale du petit carré, est égal aux deux carrés des côtés *ar, re;* ici, les deux côtés étant égaux, c'est la même chose que si l'on disait que ce carré est le double de celui dans lequel se trouve la diagonale.

4. — *Hac ratione.* On peut, d'une autre manière que celle que Platon a employée, doubler un carré dont les quatre côtés sont égaux. Si vous entourez le carré donné d'un cercle, de manière que le cercle touche les quatre angles du carré, et que vous renfermiez ce cercle dans un nouveau carré, cet autre carré sera double du premier.

5. — *Namque si sumantur regulæ tres.* La figure 99 explique

Fig. 99.

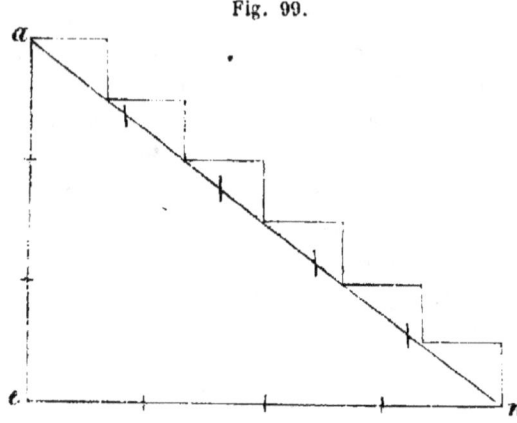

clairement tout ce qui est dit ici des propriétés et des usages des trois règles de Pythagore ; le texte même, sans la figure, est assez clair.

ae. Règle de trois pieds.
en. Règle de quatre pieds.
na. Règle de cinq pieds.
ae est la hauteur comprise entre le premier étage et le rez-de-chaussée, divisée en trois parties.

na représente le limon de l'échiffre, divisé en cinq parties.

en est le patin qui se divise en quatre parties, depuis le potelet *ae* jusqu'au point *n*, où vient s'emboîter le pied de l'échiffre *na*.

On voit que chez les anciens la longueur de la base d'un escalier était à sa hauteur comme quatre est à trois ; cette proportion était pour les escaliers des maisons : car ceux des temples en avaient une toute différente, comme nous l'avons vu au ch. 3 du liv. III.

6. — *Ita quantum areæ pedum numerum duo quadrata ex tri-*

Fig. 100.

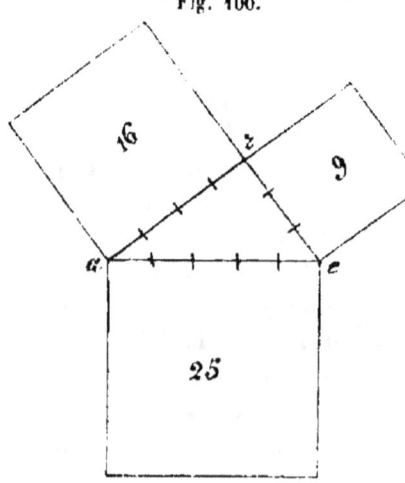

bus pedibus longitudinis laterum et quatuor efficiunt, æque tantum numerum unum ex quinque descriptum. La 47ᵉ proposition du 1ᵉʳ livre d'Euclide est que le carré 25 (fig. 100) fait sur celui des côtés d'un triangle rectangle *ae*, qui est sous l'angle droit *z*, est égal aux deux autres carrés 16, 9. qui sont faits sur les deux autres côtés *az*, *ez*. Et cela est vrai de tous les triangles rectangles. Celui de Pythagore a cela de particulier, qu'il est le premier de ceux dont les côtés sont comme nombre à nombre.

7. — *Hostias dicitur iis immolavisse.* Cicéron dit que Pythagore avait coutume d'immoler un bœuf toutes les fois qu'il découvrait quelque chose de nouveau en géométrie ; mais Athénée rapporte qu'il en immola cent pour avoir découvert la proposition dont il s'agit.

8. — *Erit earum quinque in scalis scaporum justa longitudine inclinatio.* Galiani reproche à Perrault de n'avoir pas assez respecté le texte, et d'avoir substitué *scapus scalarum* aux mots *scalis scaporum*, qui se trouvent dans tous les manuscrits. *Scapus* signifie un fût de colonne, un poteau ; ainsi *scapus scalarum* signifierait le poteau qui sert de noyau ou de vis à un escalier rond. Perrault dit ensuite : « Les degrés des escaliers qui sont carrés oblongs, et qui ont des rampes droites, sont appuyés sur des poteaux inclinés suivant la pente des rampes : les charpentiers appellent ces poteaux les limons de l'échiffre. J'ai cru, ajoute-t-il, que Vitruve les a voulu désigner par *scapi scalarum* : car je crois avoir eu raison de corriger cet endroit, en mettant *scapi scalarum* au lieu de *scala scaporum*, parce qu'il est vrai de dire que les escaliers ont des poteaux, et non pas que les poteaux ont des escaliers. » Voici comment Perrault aurait dû faire la construction : *Erit in scalis inclinatio scaporum.* Rien ne répugne donc à ce que le texte reste tel qu'il est, pour exprimer le limon de l'échiffre qui est une pièce de bois posée obliquement, ou un ouvrage en pierre ou en maçonnerie qui sert à porter les marches.

9. — *Ita enim erunt temperatæ graduum et ipsarum scalarum collocationes.* La proportion des degrés prise sur celle du triangle de Pythagore n'est pas suivie partout, dit Perrault. Nous trouvons en France qu'elle rend les escaliers trop roides, et nous voulons que ce que Vitruve appelle le pied des échiffres *en* (fig. 99), ait au moins le double de ce qu'il nomme la perpendiculaire *ea*.

10. — *Posteaquam indicium est factum.* Philander pense que Vitruve a fait venir *indicium* du mot *index*, dont on s'est quelquefois servi pour désigner la pierre de touche qu'on emploie pour éprouver les métaux. Les Latins l'appellent aussi *coticula* Théophraste lui a donné le nom d'*héracléenne*, Pline celui de *lydienne*.

> . . . . .Perjuraque pectora vertit
> In durum silicem qui nunc quoque dicitur index.
> (Ovidius, *Metamorph.* lib ii, v. 705.)

D'après cela, Perrault a traduit *indicium* par pierre de touche

Mais Galiani n'adopte point leur opinion; il trouve que la signification qu'ils ont donnée à ce mot répugne au sens de l'auteur :
si en effet, dit-il, le roi Hiéron avait connu par la pierre de
touche le vol qu'on lui avait fait, en mêlant de l'argent à l'or,
quel besoin aurait-il eu d'avoir recours à Archimède ? Galiani
croit donc que *indicium* signifie simplement la connaissance que
l'on a d'une chose par un signe quelconque. Newton et Ortiz sont
du même avis; et même, selon Ortiz, la pierre de touche n'aurait été connue que 200 ans avant J.-C.; mais c'est une assertion
qu'il n'appuie sur aucune autorité. Et une observation qui conclut
d'une manière péremptoire contre l'inexactitude de la traduction
de Perrault, c'est celle de M. Bary, professeur de physique au
collége Charlemagne et répétiteur à l'École polytechnique. « Pour
conserver sa couleur, dit-il dans une note (p. 108) de la traduction de Priscien par M. Corpet, l'or aurait dû être *appliqué* sur
l'argent, et non *allié à l'argent par fusion;* or, une parcelle de
ce placage, de ce *masque* d'or pur, détachée et posée sur une
pierre de touche, n'aurait pu trahir le fripon. Il est plus naturel
de penser que la fraude fut découverte ou par suite d'une *dénon-
ciation (indicium)*, ou sur quelque soupçon causé au roi par le
trop grand volume de la couronne. »

11. — *Uti aræ ejus quantum haberent pedum quadratorum, id
duplicaretur.* Selon Vitruve, on doit à Architas de Tarente et à
Ératosthène de Cirène la solution du problème de la duplication
du cube. Cette découverte a été très-célèbre dans l'antiquité. Les
Grecs, qui aimaient le merveilleux, ont arrangé deux fables pour
la rendre plus intéressante. Elles sont toutes deux rapportées
dans la lettre d'Ératosthène à Ptolémée, qui est parvenue jusqu'à
nous. Nous venons de voir la première dans Vitruve, qui prétend qu'on a trouvé cette solution à l'occasion de l'oracle rendu
par Apollon. Dans la seconde, on introduit Minos, élevant un
monument à Glaucus, et voulant qu'il représentât un cube qui
fût le double d'un autre cube, dont chaque face aurait cent palmes
de superficie. On crut d'abord parvenir à le faire en doublant les
faces; mais il arrivait qu'au lieu de les doubler, on les quadru-
plait, ce qui produisait un cube dont le solide était huit fois aussi
fort que celui qu'on voulait seulement doubler. On proposa la
question à plusieurs géomètres, qui ne purent la résoudre. Il n'y
eut qu'un certain Hippocrate de Chio qui, après avoir réfléchi
à la nature relative des cubes, reconnut que tout le problème se
réduisait à trouver deux moyennes proportionnelles entre deux
lignes droites, dont l'une serait deux fois plus grande que l'autre :

parce qu'en formant un cube sur la première des deux moyennes proportionnelles, celui-ci serait au cube donné, en raison triple des côtés, comme la première de ces quatre lignes proportionnelles est à la dernière, c'est-à-dire le double. Si nous en croyons les Grecs sur parole, voilà comment fut trouvée la solution de ce fameux problème. Il est plus probable cependant que les Égyptiens la leur avaient fait connaître avec le reste de la géométrie; mais il paraît qu'on la perdit par la suite, puisqu'elle fut le sujet des recherches de plusieurs savants, parmi lesquels on compte Platon, Archimède, Ménechme, Philon, Héron, Pappus, Apollonius, etc. Ils parvinrent par différentes méthodes à la retrouver.

Descartes nous a appris, par un moyen aussi ingénieux que facile, la manière de trouver les deux moyennes proportionnelles.

12. — *Quod inscribitur* Χειροκμήτων. C'était un recueil composé de fables. « Il est hors de doute que le livre intitulé *Chirocmeta* est de Démocrite, » dit Pline, *Hist. Nat.*, liv. xxiv, ch. 102. On comprend difficilement que des hommes comme Pythagore et Démocrite aient pu attacher de l'importance à de semblables choses. « Les premiers qui ont célébré les plantes magiques, en Europe, sont Pythagore et Démocrite, tous deux attachés à la doctrine des mages, » dit Pline, même livre, ch. 99. Je renvoie au liv. xxiv, ch. 102 du naturaliste romain ceux qui voudraient avoir des échantillons des faits merveilleux qu'ils débitent.

13. — *Signans cera ex milto*. Que de variantes présente ce passage! La bonne version est certainement celle qu'a adoptée Philander. *Milto* est la même chose que *minio*; il n'était pas toujours nécessaire d'y ajouter le mot *cera* :

> Nec titulus minio, nec cedro charta notetur.
> (Ovidius, *Tristium* lib. i, eleg. i, v. 7.)

Cera ex milto, c'est de la cire coloriée avec du cinabre, *miniata cerula*, comme dit Cicéron dans la lettre 14 du liv. xv adressée à Atticus : « Quæ quidem, vereor, ne miniata cerula pluribus locis notanda sint; » et dans la lettre 11 du liv. xvi, au même : « Cerulas enim tuas miniatulas illas extimescebam. » Dans ces passages, Cicéron nous fait voir que ce qu'Atticus n'approuvait pas dans ses lettres, il le marquait ordinairement avec de la cire rouge. C'était de cette manière que Démocrite signalait les choses qu'il avait lui-même examinées.

14. — *Et prioribus septem de ædificiis*. Anciennement on comptait trois chapitres à partir du quatrième alinéa, et Perrault,

Galiani et de Bioul n'ont rien changé à cette division, tout en reconnaissant qu'ils devraient faire partie de l'introduction, puisqu'ils contiennent trois découvertes que l'auteur rapporte comme exemples, pour prouver l'avantage de la philosophie. Le premier chapitre en contient une de Platon : il comprend les alinéa quatrième et cinquième ; le second, une de Pythagore : il comprend les alinéa sixième, septième et huitième ; le troisième, une d'Archimède : il comprend le reste de l'introduction. Ces découvertes n'ont aucun rapport avec l'objet principal de ce livre, qui traite de la gnomonique. Ensuite la manière dont l'auteur termine ce troisième chapitre, prouve évidemment que c'était seulement là que finissait l'introduction et que devait commencer le livre.

15. — *Non eadem Placentiæ.* Il est assez étonnant que Vitruve cite ici spécialement Plaisance, qui n'était point une capitale comme Rome, Alexandrie et Athènes. Il est vrai que c'était une ancienne colonie romaine, qui par sa position pouvait arrêter les incursions des Gaulois. Si l'on ne savait d'ailleurs qu'elle ne fut point la patrie de Vitruve, on pourrait croire que c'était une distinction dont il voulait honorer sa patrie. Il est probable qu'il y avait fait, pour veiller à l'organisation des machines de guerre, quelque séjour, pendant lequel il s'était livré à des études sur l'ombre du gnomon, lorsqu'il écrivait ce livre.

16. — *Analemma est ratio conquisita solis cursu.* Le mot *analème* vient de ἀνάλημμα, qui signifie *hauteur*, parce que cet instrument sert à trouver la hauteur du soleil, à une heure quelconque, par une opération graphique. C'est pourquoi, comme le dit de Bioul, on appelait analèmes des espèces de cadrans qui montraient la hauteur que le soleil avait tous les jours à midi ; par la grandeur des ombres du gnomon, ils n'indiquaient pas les heures, mais seulement les mois et les signes. Depuis, on y joignit des cadrans horaires ; par là ils marquaient ensemble et les mois par la longueur des ombres, et les heures par leur inclinaison, ce qui était nécessaire pour les cadrans d'alors, parce que, comme nous le verrons tout à l'heure, les Romains divisaient le jour en douze heures et les nuits également, si bien que pendant une partie de l'année, c'étaient les heures du jour qui étaient les plus longues, et pendant l'autre, c'étaient celles de la nuit.

17. — *Et umbræ decrescentis a bruma observatione inventa.* Saumaise, qui a modifié ce passage en mettant *a bruma* au lieu de *a brumæ observatione*, ne l'a corrigé qu'à demi : car au lieu de *crescentis* il faut évidemment lire *decrescentis*, parce qu'il n'est pas vrai que les ombres des gnomons commencent à croître après le

solstice d'hiver ; c'est, au contraire, le temps où elles commencent à diminuer, jusqu'au solstice d'été, où elles sont les plus courtes.

18. — *Mundus autem est omnium naturæ rerum conceptio summa.* « Le monde entier, dit Apulée (*de Mundo*), est composé de deux substances, du ciel et de la terre, et de tout ce qui participe à leur double nature. On peut dire encore que le monde est un ordre magnifique, établi par la providence divine, conservé par le soin vigilant des dieux, ayant pour pivot (je traduis ainsi le mot κένθρον) solide et immobile, cette terre où se produisent et vivent toutes sortes d'animaux. » *Voyez* le t. III, p. 375 des *OEuvres d'Apulée* de l'édition Panckoucke, traduites par M. Bétolaud.

19. — *Per axis cardines extremos.* Ἄξων κόσμου, dit Proclus, ἐστὶν ἡ διάμετρος περὶ ἣν στρέφεται. Lucain, *Pharsale*, liv. I, v. 56 :

> Ætheris immensi partem si presseris unam ,
> Senties axis onus....

Galien fait observer, dans son quatrième commentaire sur le VIe livre d'Hippocrate, *Des maladies ordinaires*, que les anciens appelaient *æther* le ciel parfaitement pur, et *aer* le ciel couvert de nuages.

Homère qui, en sa qualité de poëte, pouvait se donner carrière, a fait porter à Atlas (*Odyssée*, liv. I, v. 51) des colonnes qui soutiennent le ciel et la terre :

> Νῆσος δενδρήεσσα, θεὰ δ᾽ ἐν δώμασι ναίει
> Ἄτλαντος θύγατηρ ὀλοόφρονος, ὅστε θαλάσσης
> Πάσης βένθεα οἶδεν, ἔχει δέ τε κίονας αὐτὸς
> Μακράς, ἃι γαῖάν τε καὶ οὐρανὸν ἀμφὶς ἔχουσι.

20. — *Ibique circum eos cardines orbiculos, tanquam circum centra ut in torno, perfecit.* Le ciel tournant sur deux pivots présente une image un peu matérielle ; mais alors tous les auteurs s'accordaient à dire que le ciel tournait autour d'un axe dont les extrémités s'appelaient pôles : c'était une opinion reçue.

Le mot *orbiculos* rend ce passage assez obscur, dit de Bioul, parce que Vitruve aurait peut-être voulu désigner par là les cercles polaires dans lesquels sont les pôles de l'écliptique, et autour desquels tourne, par conséquent, le ciel particulier des planètes ; mais en y réfléchissant bien, il paraît que par *orbiculos* il a tout simplement entendu deux anneaux ou deux espèces de moyeux dans lesquels il suppose que tournent les extrémités de l'axe du monde. Aulu-Gelle (*Nuits att.*, liv. III, ch. 10) dit qu'outre les

cinq cercles ordinaires, l'équinoxial, les deux tropiques et les
deux cercles polaires, M. Varron en mettait encore deux autres
plus petits qui touchent immédiatement l'axe qui les traverse :
« Circulos quoque ait in cœlo circum longitudinem axis septem
esse, e queis duos minimos qui axem extimum tangunt, πόλους
appellari dicit. »

21. — *Qui Græce* πόλοι *nominantur.* Les Latins se servaient du
mot *vertex* pour désigner les pôles :

> Hic vertex nobis semper sublimis. . . .
> (VIRGILIUS, *Georg.* lib. 1, v. 242.)

Pline et ceux qui ont imité les Grecs ont employé, pour les
désigner, le mot *polus*, de πόλος, dérivé de πολέω, *je tourne.*

22. — *Uti septentrionali parte a terra excelsius habeat altitudine centrum.* Du temps de Vitruve, on était fort ignorant en fait
de géographie et de sphère. Les uns croyaient que la terre était
un corps plat, les autres un cylindre, les autres enfin un tympan.
Vitruve partageait une de ces erreurs; on voit que ses idées sur
le globe terrestre n'étaient pas justes, qu'il ignorait surtout les
trois différentes positions de la sphère, l'horizontale, la verticale
et l'oblique : car il considère la sphère comme si l'on devait toujours la placer obliquement; parce que c'est la position qu'elle
doit avoir à Rome, il croit qu'elle ne doit point en avoir d'autre
pour toutes les parties de la terre. Voilà pourquoi il dit que la
terre cache le pôle antarctique; et les notions que les anciens
avaient sur l'hémisphère austral étaient extrêmement étroites. Ils
connaissaient pourtant les antipodes, ou plutôt ils comprenaient
la possibilité des antipodes. «Il y a ici une grande controverse entre les savants et le vulgaire, dit Pline (*Hist. Nat.*, liv. 11, ch. 65).
Quoi, une sphère qui de toutes parts porte des hommes! Les
hommes debout, pieds contre pieds, tous ayant le ciel pour dôme,
tous foulant la terre! Et comment les antipodes ne tombent-ils
pas? Comme si ces antipodes ne pouvaient pas en demander autant! etc. »

23. — *Exprimit depictam a natura figurationem.* Il serait plus
vrai de dire que cela a été l'affaire du génie des hommes. Les anciens astronomes ayant remarqué certaines figures dans la disposition des étoiles, ont donné à ces groupes certains noms tirés de
leur ressemblance avec les objets qui leur étaient le plus familiers.
Dans les premiers temps ces noms étaient peu nombreux; dans
Job, dans Homère, dans Hésiode, nous ne trouvons que sept
constellations qui aient des noms. Ce nombre fut considérablement

augmenté, surtout par les modernes, qui, à l'aide des télescopes et de la navigation, ont pu observer un grand nombre d'étoiles. Vitruve décrit quarante-huit constellations distinctes, déjà connues depuis longtemps, savoir, les douze signes du zodiaque, vingt autres qui se trouvaient dans l'hémisphère boréal, seize dans l'hémisphère austral. Il ne fait que nommer Canope, parce que, en Europe, on ne le découvre jamais. Dans cette description, c'est le système de Démocrite qu'il suit, comme il nous le dit au ch. 5 (page 351) : c'est sans doute là la raison pour laquelle il ne parle pas de la *Chevelure de Bérénice*. Il ne nomme pas, non plus, le *Petit Cheval*, parce que cette constellation ne prit figure qu'après Démocrite. Antinoüs ne fut, non plus, décrit et dénommé que dans les temps qui suivirent Vitruve. On peut douter que le signe de la Balance fût figuré au temps d'Auguste, bien qu'il soit nommé par Vitruve.

24. — *Tunc per ea signa contrario cursu Luna, stella Mercurii, Veneris, ipse, Sol, itemque Martis, et Jovis, et Saturni.* L'ordre que suit Vitruve dans la description de chacune de ces planètes semblerait faire croire que les mots *ipse Sol* ne sont pas à leur place, et devraient venir immédiatement après *Luna*.

Dion Cassius, dans son *Hist. rom.* (liv. xxxvii), prétend que les sept planètes ont donné aux Égyptiens l'idée de diviser le temps en semaines, et qu'ils en ont tiré les sept noms de la semaine. Toutefois, les anciens n'ont pas suivi dans leur ordre la disposition des orbes des planètes, car cet ordre est Saturne, Jupiter, Mars, le Soleil, Vénus, Mercure et la Lune. La suite des jours de la semaine aurait donc dû être samedi, jeudi, mardi, dimanche, vendredi, mercredi et lundi. Pourquoi le dérangement que nous voyons? On répond que les anciens ayant soumis les jours, les heures mêmes de chaque jour à quelques planètes dominantes, il est croyable que le jour prenait le nom de la planète qui commandait à la première heure. Ainsi on a pu appeler le jour de Saturne, qui est notre samedi, celui dont la première heure était sous le commandement de Saturne. La seconde heure était pour Jupiter, qui suit immédiatement Saturne; la troisième, pour Mars; la quatrième, pour le Soleil; la cinquième, pour Vénus, la sixième pour Mercure, et la septième pour la Lune; après quoi la huitième retournait sous l'autorité de Saturne; et suivant le même ordre, il avait encore la quinzième et la vingt-deuxième. La vingt-troisième était, par conséquent, pour Jupiter, et la vingt-quatrième, c'est-à-dire la dernière de ce jour, sous la dénomination de Mars; de cette manière, la première heure du jour suivant tombait sous celle du Soleil, qui donnait conséquemment son nom à ce second jour. En suivant le même ordre, la huitième, la quinzième et la vingt-deuxième heure appartenaient toutes au Soleil; la vingt-troisième à Vénus, et la dernière à Mercure; par conséquent, la première du troisième jour appartenait à la Lune, et on appelait ce jour, à cause de cela, *jour de la lune*. On trouve par cet arrangement la naissance et la suite nécessaire de ces noms; on conçoit pourquoi le jour du Soleil, qui est le dimanche, vient après celui de Saturne, qui est le samedi, le jour de la Lune après celui du Soleil, ou le lundi après le dimanche; celui de Mars après celui de la Lune, ou le mardi après le lundi, etc., jusqu'au samedi. *Voir* l'*Histoire du calendrier romain*, par M. Blondel.

M. l'abbé Roussier, dans un savant *Mémoire sur la musique des anciens*, croit que cet arrangement des jours et des heures vient des intervalles de la musique, comme l'insinue Xiphilin, d'après Dion, et il en a donné des preuves qui paraissent très-fortes, dans les *Mémoires de Trévoux*, ou *Journal des beaux-arts et des sciences*, novembre et décembre 1770, et août 1771.

L'ordre des douzièmes et des quintes justes est exprimé par les termes de la progression triple 1, 3, 9, 27, 81, 243, 729, auxquels répondent les sons *si*, *mi*, *la*, *ré*, *sol*, *do*, *fa*, dont on a formé la série des sept tons diatoniques *si*, *do*, *ré*, *mi*, *fa*, *sol*, *la*; ou, selon les idées modernes, *do*, *ré*, *mi*, *fa*, *sol*, *la*, *si*. Dion Cassius nous dit que les jours de la semaine forment entre eux une consonnance de quarte; or, si l'on applique aux jours de la semaine la série des quartes *si*, *mi*, *la*, *ré*, *do*, *fa*, qui en est le résultat, il nous sera très-aisé d'en déduire l'ordre que les Égyptiens, ou pour mieux dire les Chaldéens, avaient mis entre les planètes. Il ne faut pour cela que disposer les sons de cette série, selon l'ordre diatonique qu'ils ont dans le système des Grecs, savoir: *si*, *do*, *ré*, *mi*, *fa*, *sol*, *la*, et nous aurons pour les planètes l'ordre suivant: Saturne, Jupiter, Mars, le Soleil, Vénus, Mercure, la Lune. C'est en effet là l'ordre des planètes suivant les Égyptiens, en partant de Saturne, qui est la plus éloignée.

La quarte a été de tout temps regardée en Grèce comme la première des consonnances; mais il faut observer que, chez eux, cette quarte se prenait en descendant, ce qui revient pour lors à notre quinte en montant; si l'on abaisse chacune de ces notes d'une ou de plusieurs octaves, ce qui ne change point la nature des tons, à cause de l'identité des octaves, on retrouve le système diatonique des Grecs, savoir: *si*, *do*, *ré*, *mi*, *fa*, *sol*, *la*, qui donne pour les planètes l'ordre ancien : Saturne, Jupiter, Mars, le Soleil, Vénus, Mercure, la Lune. C'est cet ordre qui, appliqué périodiquement aux vingt-quatre heures du jour, produit à son tour l'ordre des quartes que l'on remarque entre les jours de la semaine : Saturne, le Soleil, la Lune, Mars, Mercure, Jupiter, Vénus ; et cet ordre de la semaine commence par Sabathe, Sabaï ou Saturne, le plus ancien des dieux, et la planète la plus grave, la plus lente et la plus éloignée. Voici donc l'ordre des planètes correspondant aux jours de la semaine, avec les sons qu'elles désignent, et les nombres qui fixent à ces sons leur intonation radicale :

1.	3.	9.	27.	81.	243.	729.
si.	*mi.*	*la.*	*ré.*	*sol.*	*do.*	*fa.*
Saturne.	Le Soleil.	La Lune.	Mars.	Mercure.	Jupiter.	Vénus.
I.	II.	III.	IV.	V.	VI.	VII.

A l'ordre que suit Vitruve en nommant les planètes, on reconnaît, dit de Bioul, qu'il adopte les principes qui furent par la suite la base du système de Ptolémée qui fait de la terre un centre immobile de l'univers. Ce fut cependant plus de cent cinquante ans après, que Ptolémée publia son livre intitulé *De la grande construction des planètes*, qui contient les principes du système qui a porté son nom, sans que pour cela il en fût l'auteur ; il existait longtemps avant lui ; Ptolémée a seulement rassemblé dans son ouvrage ce qu'Aristote et Posidonius avaient pensé sur l'arrangement du monde, en y ajoutant toutefois quelques réflexions qui étaient de lui. Il est donc assez curieux de trouver dans Vitruve un traité d'astronomie écrit longtemps avant que Ptolémée eût publié le sien. Celui-ci, en rédigeant son ouvrage, avait rectifié tous les calculs et perfectionné le travail de ses prédécesseurs. Du temps de Vitruve, on n'avait pas encore calculé d'une manière bien exacte le temps que les planètes emploient à parcourir leur orbite, ou du moins Vitruve ne s'en était pas assuré, ou encore, ce qui est plus probable, les copistes ont fait plusieurs fautes, puisqu'on rencontre bon nombre de contradictions dans le texte. Les anciens ne connaissaient donc que six planètes, y compris la Terre ; le Soleil et la Lune doivent être retranchés de ce nombre. On en compte aujourd'hui seize, dont voici l'ordre à partir de l'astre central : Mercure, Vénus, la Terre, Mars, Jupiter, Saturne, Uranus ou Herschell, Neptune ou Le Verrier, et le groupe des petites planètes dites Astéroïdes, actuellement connues au nombre de huit : Cérès, Pallas, Junon, Vesta, Astrée, Hébé, Iris et Flore.

25. — *Ab occidente ad orientem in mundo pervagantur.*
Toutes les étoiles errantes, c'est-à-dire les planètes, font leur rotation en sens inverse du monde, c'est-à-dire, selon Pline (*Hist. Nat.*, liv. ɪɪ, ch. 6), vers la gauche, tandis que le monde se meut vers la droite.

Pline place la droite du monde au couchant, à l'exemple de Varron, qui avait dit en parlant du ciel : « *Ejus templi partes quatuor dicuntur,* sinistra *ab oriente,* dextra *ab occasu,* antica *ad meridiem,* postica *ad septentrionem.* » C'était, comme le présume l'annotateur de Pline, une prétention propre aux Occidentaux. Au contraire, Pythagore, Platon et Aristote mettent la droite du monde à l'orient et la gauche à l'occident (Plutarque, *Opinions des philosophes,* liv. ɪɪ, ch. 10), et Empédocle plaçait la droite du monde vers le tropique d'été, et la gauche vers le tropique d'hiver. Selon Solin et Hygin, le septentrion est la droite du monde, et le midi la gauche. Les Juifs prennent le midi pour la droite et le nord pour la gauche. Les Égyptiens placèrent la droite du monde au nord, et la gauche au sud (Plutarque, *sur Isis et Osiris*). Ptolémée place la droite du monde à l'est. On se contente aujourd'hui d'exprimer les positions respectives par deux des points cardinaux. On dit donc : la Terre tourne d'occident en orient ; le Soleil et la Lune tournent d'orient en occident, etc.

26. — *Luna die octavo et vigesimo et amplius circiter hora.*
Pline (*Hist. Nat.*, liv. ɪɪ, ch. 6) dit qu'il suffit à la Lune, la planète la plus voisine de la Terre, de 27 j. 1/3 pour décrire la révolution que Saturne, la plus éloignée, n'achève qu'en 30 ans. Martianus Capella (liv. vɪɪɪ) dit qu'il lui faut 27 j. 2/3 ; Cassiodore (lib. Variar., ɪɪ), 30 j. Voici, du reste, ce qu'il dit sur le cours des planètes :

Saturne parcourt en 30 ans son orbite ; Jupiter, en 12 ans ; Mars, en 18 mois ; le Soleil, en 1 an ; Vénus, en 15 mois ; Mercure, en 13 mois ; la Lune, en 30 jours.

Ceux qui ont recours à un calcul plus exact, prétendent, d'après Ptolémée et les tables alphonsines que Saturne fait sa révolution en 10,746 j., c'est-à-dire en 29 ans 154 j. et presque 5 h. ; Jupiter, en 4,331 j., c'est-à-dire en 11 ans 330 j. et à peu près 14 h. ; Mars, en 687 j. et 1 h., c'est-à-dire en 1 an 321 j. 19 heures et 10′ à peu près ; le Soleil, en 365 j. 5 h. et 49′ à peu près ; Vénus et Mercure, en autant de temps ; la Lune, en 27 j. 7 h. et 40′ à peu près.

D'après les observations les plus certaines des astronomes modernes, la révolution périodique de la Lune, c'est-à-dire le temps que la Lune emploie à revenir au point du zodiaque d'où elle est partie, embrasse 27 j. 7 h. 43′ 11″. Sa révolution périodique, c'est-à-dire l'espace de temps compris entre deux conjonctions de la Lune avec le Soleil, ou entre deux nouvelles lunes, est de 29 j. 12 h. 44′ 2″. La raison de cette différence vient, comme on sait, de ce que, pendant une révolution de la Lune, le Soleil fait environ 27° dans le même sens : il faut donc pour que la Lune se retrouve en conjonction avec le Soleil, qu'elle le rattrape, et il lui faut pour cela 2 j. 5 h. 0′ 51″.

On voit que Pline est presque d'accord avec les astronomes modernes.

27. — *Sol autem.... perficit spatium vertentis anni.* Le Soleil, comme les autres planètes, a un double mouvement de rotation : l'un par lequel il est emporté avec le monde, d'orient en occident; l'autre par lequel il parcourt son orbite dans le sens opposé au mouvement du monde. Le Soleil, d'après les observations des astronomes modernes, fait sa révolution en 365 j. 5 h. 48′ 48″, c'est-à-dire en un an.

Hipparque, le plus grand astronome de l'antiquité, a évalué l'année solaire à 365 j. 5 h. 55′ 12″.

Avant Thalès (611 avant J.-C.), les Grecs évaluèrent l'année solaire à 360 j.; mais ils corrigèrent l'inexactitude de cette estimation, en observant avec soin les levers héliaques des Pléiades, et en posant comme principe que le solstice d'été a lieu 40 j. après cette émersion matutinale des rayons du Soleil.

Thalès, en évaluant l'année solaire à 365 j., imita les Égyptiens, dont l'année civile et religieuse ne dépassait pas ce nombre. Platon et Eudoxe apprirent, vers 370, en Égypte, que l'année solaire était de 6 h., ou de 5 h. 55′ 12″ plus grande que l'intervalle de 365 j. Hérodote (liv. II, ch. 4) pense avec Thalès que l'année solaire renferme 365 j., et rien de plus : « Les prêtres de Vulcain me dirent tous unanimement que les Égyptiens avaient inventé les premiers l'année, et qu'ils l'avaient distribuée en douze parties, d'après la connaissance qu'ils avaient des astres. Ils me paraissent en cela beaucoup plus habiles que les Grecs, qui, pour conserver l'ordre des saisons, ajoutent au commencement de la troisième année un mois intercalaire, au lieu que les Égyptiens font chaque mois de 30 j., et que tous les ans ils ajoutent à leur année 5 j. surnuméraires au moyen desquels les saisons reviennent toujours au même point. »

Lorsque l'idée d'un être purement spirituel se fut effacée dans l'esprit des hommes, le premier objet de leur idolâtrie fut le

Soleil. Sa beauté, le vif éclat de sa lumière, la rapidité de sa course, sa régularité à éclairer successivement toutes les parties de la terre, et à porter partout la lumière et la fécondité ; tous ces caractères essentiels à la Divinité, trompèrent aisément les hommes grossiers :

C'était le Bel, ou Baal des Chaldéens ; le Moloch des Chananéens ; le Béelphégor des Moabites ; l'Adonis des Phéniciens et des Arabes ; le Saturne des Carthaginois ; l'Osiris des Égyptiens ; le Mithras des Perses ; le Dionysius des Indiens ; l'Apollon ou Phébus des Grecs et des Romains.

Pindare, Homère, Virgile, Ovide, etc., l'ont célébré dans leurs vers comme *le père et le modérateur des saisons, l'œil et le maître du monde, les délices des humains, la lumière de la vie*, etc.

28. — *Quem circulum luna terdecies in duodecim mensibus percurrit.* Supposé le mois lunaire de 28 j., comme le dit Vitruve, treize de ces mois composent un nombre de 364 j. Mais il est constant que les lunaisons sont alternativement tous les ans de 13 et de 12, parce qu'en effet la révolution sydonique de la Lune prend un temps qui approche plus de 30 j. que de 29.

29. — *Mercurii autem et Veneris stellæ.* Vitruve ne paraît pas d'accord avec ce qu'il a dit plus haut, et fait ici du Soleil le centre des révolutions de Mercure et de Vénus ; mais il faut comprendre que le Soleil, avec ces deux étoiles qui roulent autour de lui, fait sa révolution autour de la Terre. Vénus ne s'éloigne jamais du Soleil de plus de 48°, et Mercure de plus de 28° 20'.

30. — *Regressus retrorsum et retardationes faciunt.* On appelle planète *rétrograde*, celle qui se meut contre l'ordre des signes, c'est-à-dire d'orient en occident. Celle qui paraît pendant quelques jours dans le même point du ciel, se nomme *stationnaire*. Quand une planète marche selon l'ordre, la suite et la succession des signes, on l'appelle *directe*. Le Soleil et la Lune paraissent toujours directs ; Saturne, Jupiter, Mars, Vénus et Mercure sont quelquefois directs, quelquefois stationnaires, quelquefois rétrogrades.

L'intervalle de temps entre les deux rétrogradations de différentes planètes est différent :

Dans Saturne, il est de 1 an et 13 j.; dans Jupiter, de 1 an et 43 j.; dans Mars, de 2 ans et 50 j.; dans Vénus, de 1 an et 220 j.; dans Mercure, de 115 j. Saturne demeure rétrograde pendant environ 140 j.; Mars, pendant 73 j.; Vénus, pendant 42 j.; Mercure, pendant 22 j.

Ces changements de cours et de mouvements des planètes ne
sont qu'apparents. Si les planètes étaient vues du centre du système, c'est-à-dire du Soleil, leurs mouvements paraîtraient toujours uniformes et réguliers, c'est-à-dire dirigés d'occident en
orient. Les inégalités qu'on y observe, vues de la Terre, naissent
du mouvement et de la position de la Terre, d'où on les voit.

L'opinion de Vitruve, qui attribue aux rayons du Soleil la
cause des stations et des rétrogradations des planètes, est rapportée
par Pline (*Hist. Nat.*, liv. II, ch. 13), qui en parle comme s'il
en était le premier auteur : « Frappées, dit-il, par les rayons solaires, les planètes, au lieu de suivre leur route directe, obéissent
à la force ignée qui les porte vers les hautes régions. » Comme
nous l'avons remarqué, dit de Bioul, Pline était de beaucoup
postérieur à Vitruve ; nous avons vu même qu'il avait souvent
compilé notre auteur ; ainsi cette opinion n'est pas de lui. Dans
le fond, elle n'est pas très-ingénieuse ; mais en supposant la Terre
dans le centre, et en faisant tourner les planètes autour d'elle, il
fallait bien se contenter de ces raisons pour expliquer ces stations
et ces rétrogradations apparentes des planètes de Mercure et de
Vénus. Dans l'hypothèse de Copernic, où le Soleil est le centre
de l'univers, toutes les difficultés disparaissent. Si nous voyons,
en effet, passer la planète de Vénus sous quatre signes, et qu'ensuite nous la voyions s'arrêter ou reculer sous ces signes, ce n'est
pas parce qu'elle ne tient pas une route uniforme ; mais cette
diversité d'aspects, cette apparence d'irrégularité, vient de ce
qu'elle tourne autour du Soleil et que la terre y tourne aussi,
mais Vénus plus vite et la Terre plus lentement.

31. — *Iter autem in mundo Mercurii stella ita pervolitat.* « L'astre
le plus voisin de Vénus, dit Pline (*Hist. Nat.*, liv. II, ch. 6), est
Mercure, ou, comme l'appellent quelques auteurs, Apollon. Il
parcourt une orbite inférieure, et achevant sa révolution en
339 jours, il paraît alternativement avant le lever et après le coucher du soleil, dont jamais il ne s'éloigne plus que de 23°, suivant
Timée et Sosigène. »

Mercure est la plus petite des planètes inférieures et la plus
rapprochée du Soleil. L'inclinaison de son orbite, c'est-à-dire
l'angle formé par le plan de son orbite avec le plan de l'écliptique, est de 6° 52′. Son diamètre est à celui de la Terre comme
3 est à 4 ; conséquemment son globe est à celui de la Terre à peu
près comme 2 est à 5. Sa révolution autour du Soleil se fait en
87 j. 23 h.

Mercure a ses phases comme la Lune, selon ses différentes positions avec le Soleil et la Terre. Il paraît plein dans ses conjonctions supérieures avec le Soleil, parce qu'alors nous voyons tout l'hémisphère illuminé; mais dans ses conjonctions inférieures, on ne voit que l'hémisphère obscur; sa lumière va en croissant ou en diminuant, comme celle de la Lune, à mesure qu'il se rapproche ou qu'il s'éloigne du Soleil. Ce qui prouve la fausseté du système de Ptolémée, c'est qu'on aperçoit bien quelquefois Mercure entre la Terre et le Soleil, et quelquefois au delà du Soleil, mais que jamais on ne voit la Terre entre Mercure et le Soleil, ce qui devrait arriver, si les cieux de toutes les planètes renfermaient la Terre dans leur centre, comme le suppose Ptolémée.

32. — *Veneris.* « Au-dessous du Soleil, dit Pline (*Hist. Nat.*, liv. ii, ch. 6), roule un grand astre nommé étoile de Vénus. Il a deux cours alternatifs, et ses surnoms indiquent à la fois le rival du Soleil et de la Lune. » Il finit en disant que par lui tout naît sur la terre, que la rosée fécondante qu'il répand, à l'un et à l'autre de ses deux levers, non-seulement remplit le sein productif de la terre, mais encore stimule la force génératrice des animaux.

Cette dernière idée sur Vénus était partagée par les Grecs et les Romains; Lucrèce s'en est servi pour commencer son poëme par une invocation à cette déesse : « Mère des Romains, dit-il, charme des dieux et des hommes, bienfaisante Vénus, etc. »

33. — xxx *diebus percurrit signi spatium.* Perrault fait remarquer qu'il y a ici une erreur, et qu'on doit écrire quarante au lieu de trente. Newton fait la même observation; mais le sens de Vitruve n'a été saisi ni par Perrault ni par Newton. Ils ont traduit comme si l'auteur avait entendu que cette planète ne devait rester que 30 j. dans chaque signe, et que si elle y restait 40 j., arrêtée par les rayons du soleil, elle regagnait le nombre de jours qu'elle avait tardé dans ce signe, en allant plus vite dans les autres. Ce n'est pas là ce qu'a voulu dire l'auteur; il entend, au contraire, que le moins de temps que peut rester la planète dans un signe, c'est 30 j. : ce qui n'arrivait, suivant l'opinion d'alors, que quand elle n'était pas arrêtée par les rayons du Soleil; qu'autrement elle y restait 40 j., et que, quand elle y restait moins de 40 j., elle retardait sa marche dans les autres signes, puisqu'il lui fallait nécessairement 485 j. pour parcourir son orbite.

La note de Perrault renferme elle-même une erreur assez singulière : « Vitruve, dit-il, a dû entendre plus de 40 j., parce que le chemin que Vénus fait dans les douze signes, n'irait qu'à 400 j., supposé que, n'étant point empêchée, elle ne demeurât que 40 j. dans chaque. » Mais 12 fois 40 font pourtant bien 480.

Il reste néanmoins sur ce passage beaucoup d'obscurité ; et sur quelle autorité s'appuyer ? Vitruve dit que Vénus fait sa révolution en 485 j.; Ptolémée, qu'elle la fait en 575 j.; Pline, en 348 j., ne s'éloignant du Soleil, selon Timée, que de 46°. Et d'après les observations modernes, elle la ferait en 224 j.

34. — *Martis.* Mars est une des trois planètes supérieures ; elle est placée entre la Terre et Jupiter. L'inclinaison de son orbite est de 1° 52' ; sa révolution autour du Soleil se fait en 1 an 331 j. 23 h., et autour de son axe en 24 h. 40'. Il a des phases différentes, selon ses différentes situations à l'égard de la terre et du Soleil. Dans sa situation acronyque, c'est-à-dire lorsqu'elle est en opposition avec le Soleil, elle se trouve deux fois plus près du Soleil, phénomène qui a beaucoup servi à faire tomber absolument l'hypothèse de Ptolémée.

« Mars, dit Pline (*Hist. Nat.*, liv. 11, ch. 6), ou, selon quelques-uns, Hercule, astre étincelant, et qu'embrase le voisinage du Soleil, met presque 2 ans à opérer sa révolution. » Ce furent les Égyptiens et les Chaldéens qui donnèrent à Mars le nom d'Hercule. Les Grecs le surnommèrent πυρόεις, *igné*, tout feu et tout flammes. Mars étant très-voisin du Soleil, doit avoir en effet une température très-élevée ; toute petite qu'est cette planète, elle ressemble au feu par la vivacité de sa lumière. Hygin donne à ce surnom une origine toute mythologique.

35. — *Jovis.* Galiani, d'après le manuscrit du Vatican, veut que la planète de Jupiter ne reste que 360 j. dans chaque signe, ce qui fait pour la révolution entière 11 ans 316 j., calcul à peu près conforme à celui de Ptolémée. Mais si l'on calcule d'après le nombre de 365 j. passés dans chaque signe, il y aura pour le tout 12 ans et 22 jours, ce qui ne se rapporte ni au calcul de Ptolémée, ni à la version commune de 11 ans 363 j. Mais Ortiz fait remarquer que Vitruve dit que l'étoile de Jupiter parcourt chaque signe en 365 j. environ, c'est-à-dire en 364 j. 20 h.; que, par conséquent, la révolution entière se fait en 11 ans 363 j., comme on le voit dans le texte. Newton avertit qu'en général le temps que Vitruve assigne aux planètes pour leur révolution, ne s'accorde pas, surtout pour Mercure et Vénus, avec celui que leur donnent les astronomes modernes, qui ne sont pas plus d'accord avec Ptolémée et Pline. Ainsi les planètes font leur révolution périodique :

Mercure en 87 j. 23 h. 21' 43" ; Vénus en 224 j. 16 h. 49' 11" ; la Terre en 365 j. 6 h. 9' 11" ; Mars en 686 j. 23 h. 30' 39" ; Jupiter en 4332 j. 14 h. 18' 40" ; Saturne en 10758 j. 23 h. 16' 34".

Revenons à Jupiter. C'est une des planètes supérieures ; elle est remarquable par son éclat ; elle est située entre Saturne et Mars , et tourne autour de son axe en 9 h. 56'. Nous venons de voir en combien de jours elle fait sa révolution périodique autour du Soleil. C'est la plus grande des planètes. L'inclinaison de son orbite est de 20'. Quoique Jupiter soit la plus grande des planètes , c'est néanmoins celle dont la révolution autour de son axe est la plus prompte. La vitesse de la rotation rendant la force centrifuge de ses parties fort considérable, fait que l'aplatissement de cette planète est beaucoup plus sensible que celui d'aucune autre ; aussi a-t-on remarqué que la longueur de son axe est au diamètre de son équateur comme 8 est à 9.

36. — *Saturni.* « Saturne, que les Grecs surnomment φαίνων, *luisant*, est le plus haut des astres ; son orbite est la plus vaste de toutes, dit Pline (*Hist. Nat.*, liv. ii, ch. 6) , et en trente ans, il revient à l'espace minime d'où il était parti. Il est froid et glacé. »

L'année de Saturne renferme donc 30 années solaires ; elle est plus longue que celle des autres planètes connues des anciens ; cette planète est plus éloignée de la terre que toutes les autres (excepté, bien entendu, Uranus découvert si longtemps après Pline, et dont la révolution périodique est de 30688 j. 17 h. 6' 16") ; son orbite renferme, par conséquent, celle des autres planètes.

L'inclinaison de l'orbite de Saturne à l'écliptique est de 2° 33' 32".

On doute si Saturne tourne autour de son axe comme les autres planètes ; aucune observation astronomique ne le prouve.

Les phases de Saturne sont très-variées et fort singulières ; il a, comme Mars et Jupiter, des bandes changeantes ; il paraît tantôt rond et tantôt elliptique ; mais ce qu'il a de plus remarquable, ce sont deux espèces d'anses lumineuses qui paraissent et disparaissent de temps en temps. Il a une chose qui lui est particulière : c'est un anneau qui l'entoure à peu près comme l'horizon d'un globe, sans le toucher en aucun endroit.

37. — *Maxime quum in trigono fuerint.* Les anciens comptaient cinq aspects, la *conjonction*, l'*opposition*, l'*aspect trine*, l'*aspect* *quadrat*, l'*aspect sextil*. Or, par aspect il faut entendre la rencontre ou l'angle des rayons lumineux qui viennent de deux planètes à la Terre.

La conjonction est la rencontre de deux astres ou de deux planètes, du même côté de la Terre, dans le même degré du zodiaque, de manière qu'une ligne droite tirée du centre de la terre, par celui de l'un des astres, passe aussi par le centre de l'autre.

L'opposition est la situation de deux étoiles ou planètes, lorsqu'elles sont diamétralement opposées, c'est-à-dire éloignées de 180° ou de l'étendue d'un demi-cercle ; mais ici la Terre se trouve entre deux.

L'aspect trine est la situation d'un astre par rapport à un autre, lorsqu'ils sont distants de 120°. On l'appelle aussi *trigone*.

S'il se trouve entre deux planètes la distance de la quatrième partie du zodiaque, c'est-à-dire l'espace de trois signes ou 90°, la position de ces deux planètes est ce qu'on appelle *quadrat* ou *tétragone*.

L'aspect sextil est la position de deux planètes, lorsqu'elles sont éloignées l'une de l'autre de la sixième partie du zodiaque, c'est-à-dire de 60°, ou de la distance de deux signes. Saturne, Jupiter, Mars et la Lune, peuvent partager tous ces aspects avec le Soleil ; Mercure et Vénus, point, parce que la plus grande élongation de Vénus, c'est-à-dire la plus grande distance dont elle s'éloigne du Soleil, par rapport à un œil placé sur la Terre, est de 45° ; et que la plus grande élongation de Mercure est de 30° ; ce qui fait que Mercure est si rarement visible, et qu'il se perd d'ordinaire dans la lumière du Soleil.

38. — *Aquæ vapores a fontibus ad nubes per arcus excitari.* Sénèque (*Quest. Nat.*, liv. 1er, ch. 3) entre sur l'arc-en-ciel dans beaucoup de détails auxquels je renvoie. Je dirai seulement qu'il pensait comme nous, que l'arc-en-ciel est formé par la réfraction des rayons du Soleil, au travers des gouttes sphériques d'eau dont l'air est rempli dans le temps pluvieux ; qu'il connaissait les arcs-en-ciel artificiels qu'on forme en tournant le dos au Soleil et faisant jaillir de l'eau, et qu'il n'ignorait pas qu'ils retracent les couleurs du Soleil. *Voyez* (*Hist. Nat.*, liv. 11, ch. 60) ce que pensait Pline de la formation de l'arc-en-ciel.

39. — *Id autem nec plus nec minus est ad quintum ab eo signo.* Bien qu'il y ait *ad quintum*, Perrault a cru qu'il fallait lire *ad quartum* ; la raison est que, dans la doctrine des aspects des planètes, le sextil indique l'éloignement de deux signes, le quadrat, celui de trois ; le trine, celui de quatre ; l'opposition,

celui de six. Il y a apparence, dit-il, que dans le premier exemplaire le nombre quatre était marqué IV, et que le caractère I ayant été effacé, on a écrit *ad quintum* au lieu de *ad* IV qu'il y avait dans l'original. Et l'on ne peut pas dire que parce que le point qui termine le quatrième signe est le commencement du cinquième, Vitruve a entendu que le Soleil est au cinquième signe, quand il a achevé le quatrième : car ce qui est dit ici du cinquième signe, est pour répondre à ce qui a été demandé un peu auparavant, savoir : pourquoi le Soleil, par sa chaleur, retient plutôt les planètes dans le signe dont il s'agit, que celles qui sont dans le second et le troisième signe : car il est évident que le second et le troisième signe, qui sont comparés à celui dont il est question, sont appelés comme les signes où se font les autres aspects : or, si l'on dit que l'aspect trine se fait au cinquième signe, parce que le Soleil l'a atteint, il faudrait dire aussi que les autres aspects sont faits au troisième et au quatrième signe, et non au second et au troisième.

Mais Galiani, Newton et Ortiz font remarquer que cette correction n'est pas nécessaire : car la planète qui est éloignée du Soleil de 120° est en trine aspect, et dans le cinquième signe à partir d'elle, si l'on compte les deux extrêmes. Perrault dit que si l'on compare le cinquième signe au second et au troisième, que si l'aspect trine se fait au cinquième signe, il faudra dire aussi que les autres aspects se font au troisième et au quatrième signe ; Newton répond qu'il est à présumer que c'est par ces mots que Vitruve a désigné ces deux aspects, comme aussi on peut supposer que par les mots *second* et *troisième*, il a indiqué le signe le plus rapproché du Soleil ou celui qui n'en était éloigné que par un seul signe, ce qui s'accorde parfaitement avec ce qui suit, que le Soleil a plus d'action sur les planètes éloignées que sur celles qui sont plus près N'est-ce pas ainsi qu'en musique on appelle *quinte*, la consonnance composée de quatre degrés ?

40. — *Quæ longius a sole essent, hæc vehementius ardere.* Cette opinion, dit Perrault, est fondée sur ce que la moyenne région de l'air qui est plus proche du Soleil, nous paraît plus froide que la basse qui en est éloignée ; mais la conséquence qu'on tire de cette expérience est fausse, parce que la moyenne région n'est pas froide, à cause de la faiblesse de la chaleur du Soleil, mais parce que les corps qui sont en cet endroit sont moins capables de recevoir l'impression de ses rayons, faute de cette opacité que n'ont point les corps transparents où ses rayons ne sont point arrêtés, comme ils le sont sur la terre.

41. — *De zona duodecim signorum.* Le zodiaque auquel Vitruve donne le nom de *zona* (ceinture), Manilius l'appelle *balteus* (baudrier) et *fascia* (bande). Voyez *Astronomiques*, liv. I, v. 656.

42. — *Quum ad perpendiculum exstet ad ejus radios.* On sait que la Lune est un satellite de notre terre, vers laquelle elle se dirige toujours dans son mouvement comme vers un centre. Jamais philosophe, soit dans l'antiquité, soit dans les temps modernes, n'a pensé à faire un système différent. Je ne parle point du P. D. Jacques Alexandre, bénédictin, qui s'avisa un beau jour de faire tourner la Terre autour de la Lune.

La multiplicité de ses formes et de ses révolutions a mis à la torture les esprits de ceux qui la contemplent, dit Pline. — Voyez *Hist. Nat.,* liv. II. ch. 6.

La cause de la plupart des apparences de la Lune, c'est qu'elle est un corps obscur, opaque et sphérique, et qu'elle ne brille que de la lumière qu'elle reçoit du Soleil; voilà pourquoi il n'y a que celle des deux moitiés qui est tournée vers cet astre qui soit éclairée, la moitié opposée conservant toujours son obscurité naturelle.

La face de la Lune qui est visible pour nous, c'est cette partie de son corps qui est tournée vers la Terre et éclairée par le Soleil; d'où il arrive que, suivant les différentes positions de la Lune par rapport au Soleil et à la Terre, on en voit une plus ou moins grande partie éclairée, parce que c'est tantôt une plus grande portion, et tantôt une plus petite de son hémisphère lumineux qui nous est visible.

Pour bien comprendre ces différentes phases, supposons que S (fig. 101, p. 394) représente le Soleil, T la Terre, *mn* une portion de l'orbite de la Terre, et *a e i o u b d t* l'orbite de la Lune, où elle fait sa révolution autour de la Terre dans l'espace d'un mois, et d'occident en orient; joignez les centres du Soleil et de la Lune par la droite S*a*, et imaginez un plan *zar* qui passe par le centre de la Lune, et qui soit perpendiculaire à la droite S*a*, la section de ce plan avec la surface de la Lune marquera la ligne qui termine la lumière et l'ombre, et qui sépare la face lumineuse de l'obscure.

Joignez les centres de la Terre et de la Lune par la ligne T*v*, à laquelle vous mènerez par le centre de la Lune un plan perpendiculaire *cvx*, ce plan donnera sur la surface de la Lune le cercle qui sépare l'hémisphère visible, c'est-à-dire celui qui est tourné vers nous, de l'hémisphère invisible, cercle que l'on nomme pour cette raison cercle de vision. Il suit de là que, si la Lune est en

a, le cercle qui termine la lumière et l'ombre, et le cercle de
vision coïncide-

Fig. 101.

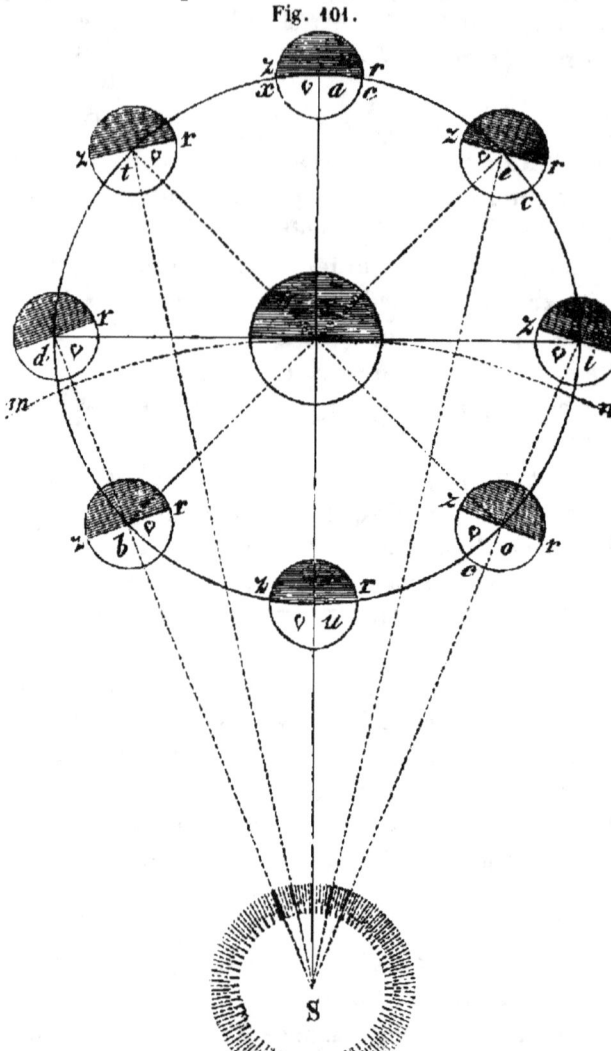

ront, de façon
que toute la sur-
face lumineuse
de la Lune sera
tournée alors
vers la Terre ;
la Lune , en ce
cas, sera pleine
par rapport à
nous, et luira
toute la nuit ;
mais par rap-
port au Soleil ,
elle sera en op-
position , parce
que le Soleil et
la Lune seront
vus de la Terre
dans des points
des cieux direc-
tement oppo-
sés, l'un de ces
astres se levant,
quand l'autre
se couchera.

Quand la
Lune arrive en
e , le disque
éclairé *rez* (fig.
101) ne sera pas
tourné en entier vers la Terre , de façon que la partie qui sera
alors tout à la fois éclairée et visible, ne sera pas tout à fait un
cercle, et la Lune paraîtra bossue, comme en e (fig. 102).

Quand elle sera arrivée en i, où l'angle iTS (fig. 101) est droit,
il n'y aura plus qu'environ la moitié du disque éclairé qui sera
tournée vers la Terre , et nous ne verrons alors qu'une demi-lune.
Dans cette situation, le Soleil et la Lune ne sont éloignés l'un de
l'autre que d'un quart de cercle , et on dit que la Lune est dans
son aspect quadrat ou dans sa quadrature.

La Lune arrivant en o, il n'y aura plus qu'une petite partie du disque éclairé *roz* (fig. 101) qui soit tournée vers la Terre, ce qui fera que la petite partie qui nous luira paraîtra cornue, comme en *o* (fig. 102).

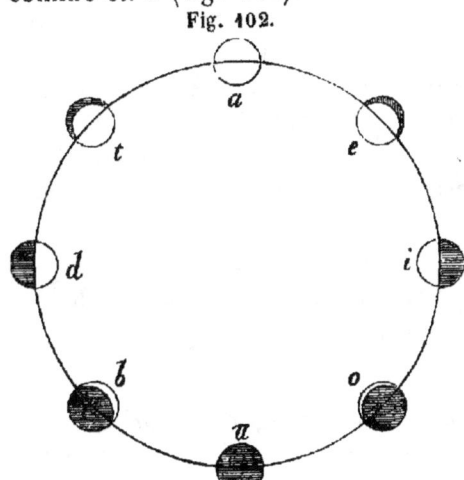

Fig. 102.

Enfin, la Lune arrivant en *u* (fig. 101 et 102) ne montre plus à la Terre aucune partie de sa face éclairée, et c'est cette position qu'on appelle *nouvelle Lune;* la Lune est dite alors en conjonction avec le Soleil, parce que ces deux astres répondent à un même point de l'écliptique.

A mesure que la Lune avance vers *b* (fig. 101 et 102), elle reprend ses cornes, mais avec cette différence, qu'avant la nouvelle Lune, les cornes étaient tournées vers l'occident, au lieu qu'à présent elles changent de position et regardent l'orient. Lorsqu'elle est arrivée en *d*, elle se trouve de nouveau coupée en deux; en *t* elle est encore bossue, et en *a* elle redevient pleine.

43. — *Non enim latet lunam suum propriumque non habere lumen.* Jamais astronome ne pensa autrement sur la lumière de la Lune. Pline (*Hist. Nat.*, liv. ii, ch. 6) dit que la Lune ne brille que de la lumière qu'elle emprunte au Soleil; il ajoute un peu plus loin qu'elle ne montre à la Terre que ce qu'elle en reçoit du Soleil. Et cette opinion de Pline sur l'illumination de la Lune par le Soleil, était partagée par la plupart des astronomes de son temps; cependant, longtemps avant lui, Geminus expliquait les phases de la Lune absolument comme les modernes. « De tous les corps célestes, dit Cicéron (*de la République,* liv. vi, ch. 11), le plus petit qui est situé aux derniers confins du ciel, et le plus près de la Terre, brille d'une lumière empruntée. » Euripide, dans *les Phéniciennes,* dit que la Lune est fille du Soleil, parce qu'empruntant de lui sa lumière, elle paraît en quelque sorte en être engendrée : Ὦ θύγατερ Ἀελίου Σελάνα, « O fille du Soleil, Lune ! » s'écrie-t-il.

44. — *Totius orbis in se recipit splendorem.* Ce texte n'a point de sens, dit Perrault : car dans quelque position que se trouve la Lune, elle reçoit toujours la lumière du Soleil de la même manière ; mais elle ne renvoie vers la Terre toute la lumière qu'elle reçoit du Soleil , que lorsqu'elle est pleine. C'est pourquoi il veut qu'on lise *totius orbis Solis in se recipit splendorem* : car, bien qu'en tout temps la Lune rejette absolument toute la lumière du Soleil , de même qu'elle la reçoit toujours tout entière , il est pourtant vrai qu'il ne s'agit ici que de ce que fait la Lune à l'égard de la Terre , sur laquelle elle renvoie tantôt plus , tantôt moins de cette lumière, quoiqu'elle la reçoive toujours également. Cependant Galiani désapprouve cette correction : car les mots *totius orbis* se rapportent au disque de la Lune et non à celui du Soleil , *orbis totius* (*Lunæ*) *recipit*, etc. Et comme la Lune ressemble à un miroir, dire qu'elle reçoit les rayons du Soleil , ou qu'elle les réflète, c'est tout un ; il est donc inutile de changer la version ordinaire.

45. — *Nunc ut in singulis mensibus sol signa pervadens.* Ces deux premiers chapitres et les trois suivants contiennent un petit traité d'astronomie qui est d'autant plus intéressant, dit de Bioul, que nous y retrouvons les principes du système de Ptolémée, et nous voyons qu'ils étaient connus à Rome longtemps avant que le philosophe d'Alexandrie eût publié son traité. Il nous fait connaître en partie jusqu'où les anciens avaient porté alors cette science : je dis en partie , car les opinions sur l'ordre des cieux, sur le mouvement des planètes, étaient partagées. Il y avait alors plusieurs systèmes. Longtemps avant Vitruve, les pythagoriciens, ensuite Philolaüs , Aristarque et Cléanthe de Samos, avaient enseigné que le ciel était en repos, et que c'était la Terre qui tournait autour du Soleil , selon la ligne oblique du zodiaque, tout en tournant journellement sur son axe. Archimède avait aussi soutenu ce système dans un de ses ouvrages; mais après lui il fut entièrement négligé et même oublié jusqu'au commencement du xve siècle, époque à laquelle le fit revivre Copernic.

46. — *Horarum spatia.* Ceux qui pensent que les anciens divisaient les jours comme nous, ne pourront s'imaginer comment le Soleil, dans son cours, peut diminuer les heures qui chez nous sont toujours égales. Mais il n'en était pas de même chez les anciens : ils divisaient le jour en 12 h., aussi bien que la nuit, tellement que les heures étaient chaque jour d'inégale longueur, selon que les jours étaient ou plus longs ou plus courts. Toutes les horloges , tous les cadrans solaires dont nous verrons la description dans les chapitres suivants , sont construits d'après ces principes. C'est sans doute à cause de la difficulté qu'entraînait leur exécution, et des connaissances qu'elle exigeait, que cette partie était attribuée aux architectes.

47. — *Namque quum sol Arietis signum init.* Dans ce chapitre, Vitruve trace les quatre principales révolutions de l'année, les équinoxes et les solstices. C'est à la huitième partie des signes qu'elles arrivent, dit-il. Pline parle comme lui (*Hist. Nat.*, liv. ii, ch. 17).

48. — *Perficit equinoctium vernum.* Ce qui n'a plus lieu aujourd'hui. Il est prouvé par les observations astronomiques que les pôles, les solstices, les équinoxes, ont un mouvement rétrograde, et vont continuellement d'orient en occident; par ce mouvement, les points de l'écliptique reculent continuellement contre l'ordre des signes, de la quantité d'environ 50″ par an, et ce mouvement rétrograde est appelé *précession* ou *rétrocession des équinoxes.*

C'est pour cette raison qu'aucune constellation n'est aujourd'hui au même endroit où les anciens astronomes l'avaient placée. Du temps d'Hipparque, les points équinoxiaux étaient aux premières étoiles du Bélier et de la Balance ; mais ces points en sont à présent fort éloignés; et les étoiles qui étaient alors en conjonction avec le Soleil au temps de l'équinoxe, en sont aujourd'hui distantes, vers l'orient, d'un signe entier, c'est-à-dire de 30° : ainsi, la première étoile du Bélier est à présent dans la portion de l'écliptique appelée le Taureau ; la première étoile du Taureau est dans les Gémeaux, et les Gémeaux sont au Cancer.

49. — *Quum progreditur ad caudam Tauri.* Aujourd'hui, dans les planisphères célestes, la constellation du Taureau est représentée sans queue ; elle manque même de la partie postérieure du corps. Autrefois, comme on le voit par ce passage de Vitruve, elle était autrement figurée. De là naît l'incertitude sur l'expression *dimidia pars Tauri.* Pline (*Hist. Nat.*, liv. ii, ch. 41) a dit qu'à la queue du Taureau étaient les sept Pléiades; ce qui est contre l'usage des astronomes qui n'attribuent les étoiles de la constellation du Taureau qu'à la moitié de son corps, c'est-à-dire à la partie de devant. Quand même on entendrait par la queue du Taureau l'extrémité de la constellation, il n'est pas vrai que les Pléiades soient dans cette extrémité ; elles sont entre cette extrémité et la tête, comme le dit Vitruve.

50. — *E Tauro quum ingreditur in Geminos, exorientibus Vergiliis, magis crescit supra terram.* Les anciens astronomes s'accordent à croire que les Vergilies ou Pléiades, se lèvent le matin,

lorsque le Soleil est dans le Taureau, et non lorsqu'il entre dans
les Gémeaux ; et les Latins en fixent le moment au vingt-troisième
jour du Taureau, comme Pline, Varron et Columelle en font foi,
aussi bien que la table d'Auguste que suit Vitruve, qui place les
équinoxes et les solstices au huitième jour des signes, c'est-à-dire
lorsque le Soleil entre dans la huitième partie du Bélier, de la
Balance, du Cancer et du Capricorne. Ce qu'ont arrêté, sur le
coucher matutinal des Vergilies, les Latins qui signalent la dispa-
rition de cette constellation le vingt-troisième jour du Scorpion,
au matin, à partir duquel commence l'hiver, Vitruve le conserve
en disant : « Après cela le Soleil entre dans le Scorpion, au coucher des Pléiades, et diminue la longueur des jours en s'approchant des parties méridionales. » On dira cependant que, malgré
les anciens astronomes, qui croient que c'est dans le Verseau que
commence à souffler le Favonius qui ouvre le printemps, malgré
les Latins et Auguste qui pensent que c'est au vingt-troisième jour
du Verseau que ce mouvement arrive, Vitruve ne laisse pas de
le reporter aux Poissons : « Sortant du Verseau, dit-il, pour entrer dans les Poissons, quand souffle le Favonius, il fournit une
course égale à celle qu'il faisait dans le Scorpion. » Tout cela
s'accorde parfaitement : car si le Favonius commence à souffler
dans le Verseau, et souffle longtemps, il doit souffler encore dans
les Poissons ; aussi Vitruve n'a point écrit *incipiente Favonio*,
mais *flante*, soufflant encore. Voilà pourquoi Pontédéra repousse
la version *Vergiliis exorientibus*, et lui préfère *Vergiliis appa-
rentibus*, ou *eminentibus*, ou quelque autre mot de ce genre.

51. — *Quum pervenit in partem octavam, perficit solstitiale
tempus.* — *Voyez* Columelle, qui (*Écon. rur.*, liv. IX, c. 14)
rapporte la raison pour laquelle les anciens ne plaçaient pas les
solstices et les équinoxes au commencement des signes, mais à
leur huitième partie. Chaque signe occupe un arc de 30° ; la huitième partie d'un signe équivaut donc au huitième degré, et au
huitième jour à partir duquel le Soleil entre dans un signe,
abstraction faite de la fraction qui dépend du nombre de jours
composant l'année solaire, fraction qui n'est jamais plus de 5° ou
6° du zodiaque. Pline et Columelle, suivant en cela les anciens
astronomes, placent le commencement des quatre saisons de
l'année, le printemps, l'été, l'automne, l'hiver, à la huitième
partie des signes du Bélier, du Cancer, de la Balance et du Capricorne. Hipparque, comme nous venons de le voir dans Columelle, le place au premier jour de l'entrée du Soleil dans chacun
de ces signes. Hippocrate mettait le commencement du printemps

au 25 mars, celui de l'été au 24 juin, celui de l'automne au 25 septembre, celui de l'hiver au 1er janvier. Sosigène le plaçait au 25 de chacun de ces quatre mois.

52. — *Bruma.* Chez les anciens le mot *bruma* signifie le *solstice d'hiver*, à cause de la brièveté des jours à cette époque de l'année. On trouve dans Vossius différentes étymologies de ce mot; celle qui le fait dériver de *brevis*, lui paraît mériter la préférence : de *brevis* on aura fait *brevissima*, *brevimus*, *breumus*, *brumus*, *bruma*, comme du mot *exterrimus* on a dit *extremus*, *extemus*, *extimus*.

53. — *Namque Septentrio, quem Græci nominant* Ἄρκτον. Une constellation ou astérisme est l'assemblage de plusieurs étoiles représentées sous le nom et la figure d'un animal ou de quelque autre chose.

C'est pour les faire connaître plus facilement que les anciens astronomes ont partagé le firmament en plusieurs parties ou constellations ; et cette division des cieux est fort ancienne, aussi ancienne peut-être que l'astronomie même. « Peux-tu arrêter les douces influences des Pléiades, ou détacher les bandes d'Orion ? » s'écrie Job. Homère et Hésiode répètent souvent le nom de plusieurs constellations.

Les astronomes ont divisé le ciel en trois parties principales, dont celle du milieu, appelée zodiaque, est terminée par deux régions immenses du ciel, l'une au nord, nommée boréale, l'autre au midi, nommée australe.

Les constellations des anciens ne comprenaient que ce qu'ils pouvaient apercevoir dans le firmament. Elles étaient au nombre de quarante-huit.

Deux vers d'Ausone rappellent les noms et l'ordre des douze signes qui sont renfermés dans le zodiaque :

> Sunt Aries, Taurus, Gemini, Cancer, Leo, Virgo,
> Libraque, Scorpius, Arcitenens, Caper, Amphora, Pisces.

C'est-à-dire : le Bélier, le Taureau, les Gémeaux, le Cancer, le Lion, la Vierge, la Balance, le Scorpion, le Sagittaire, le Capricorne, le Verseau, les Poissons.

Les étoiles qui se trouvaient au nord du zodiaque, dans la partie boréale, furent rangées sous vingt et une constellations : la grande Ourse, ou le Chariot; la petite Ourse, ou le petit Chariot; le Dragon; Céphée; le Bouvier; la Couronne septentrionale; Hercule; la Lyre; le Cygne; Cassiopée; Persée; An—

dromède ; le Triangle ; le Cocher ; Pégase ; le petit Cheval ; le Dauphin ; la Flèche ; l'Aigle ; le Serpentaire ; le Serpent.

Ausone, dans ses vers n'en compte que dix-neuf.

On a ajouté depuis d'autres constellations formées de quelques étoiles qui se trouvent entre les anciennes, et qu'on nommait *étoiles informes*. Ce sont : la Girafe, entre les deux Ourses, Cassiopée, Persée et le Cocher ; le Lynx, entre le Cocher et la grande Ourse ; le petit Lion, au-dessous de la grande Ourse ; la chevelure de Bérénice, entre le Bouvier et la grande Ourse ; Antinoüs, au-dessus du Capricorne.

On distribua celles du sud en quinze constellations, dont les noms sont : la Baleine, l'Éridan, le Lièvre, Orion, le grand Chien, le petit Chien, le Navire, l'Hydre, la Coupe, le Corbeau, le Centaure, le Loup, l'Autel, la Couronne australe, le Poisson.

Ausone n'en compte que douze.

On ajouta depuis à ces constellations : la Licorne, entre le petit Chien et Orion ; le Solitaire, au-dessous du bassin austral de la Balance ; le Télescope, sous la flèche du Sagittaire ; la Grue, au-dessous du Poisson austral ; le Paon, au-dessus du Sagittaire ; et plusieurs autres encore qui, trop voisins du pôle austral, ne sont pas visibles à Paris.

Les étoiles sont ordinairement distinguées des constellations par la partie de la figure qu'elles occupent. Beaucoup ont leurs noms particuliers, comme : l'Arcture, entre les pieds du Bouvier ; les Pléiades, dans le dos du Taureau ; les Hyades, dans le front du Taureau ; Sirius, dans la bouche du grand Chien, etc.

54. — *Cujus supra humerum dextrum lucidissima stella nititur, quam nostri Provindemiam, Græci* Προτρυγητὴν *vocitant.* Dans Cassianus Bassus, cette étoile est surnommée *Antevindemiator ;* dans Pline, imprimé, *Vindemitor,* manuscrit, *Vindemiator ;* dans Columelle, *Vindemiator ;* dans Ovide, *Vindemitor.* Cependant l'explication de Proclus et celle de Pline (*Hist. Nat.*, liv. xviii, ch. 74) font prévaloir le mot *Provindemia.* Proclus place cette étoile à l'aile droite de la Vierge.

55. — *Stella media genuorum.* Proclus, Ptolémée et Bassus sont d'accord avec Vitruve sur la position de cette étoile. Germanicus et Hygin la placent au nœud de la ceinture du gardien de l'Ourse. Avienus (*Phén. d'Aratus*, v. 271) est de l'opinion de ces derniers :

Aurea qua summos adstringunt cingula amictus.

Dans tous les cas, *genuorum* est mis ici pour *genuum*.

56. — *Custodis Arcti.* C'est de la grande Ourse qu'il est ici question. On lui donne aussi le nom de *Arctophilax*, qui a la même signification que *Arcti custos.* Si on l'appelle encore *Bootes*, c'est parce que la grande Ourse se nomme aussi *Chariot* (*Plaustrum*), et que le Bouvier semble le suivre.

57. — *Arcturus.* On a dit que ce nom signifie *queue de l'Ourse* (ἄρκτος, ourse, et οὐρά, queue), parce que cette étoile est en effet placée à la queue de l'Ourse, entre les jambes du Bouvier. Mais cette opinion a déjà été relevée par le scoliaste grec d'Aratus, qui compose le mot ἀρκτοῦρος d'ἄρκτος, et de οὖρος, gardien. Arcture est synonyme de Arctophylax.

58. — *Stant in summo cornu lævo Tauri pedes Aurigæ, itemque sinistra manu Auriga tenet stellas.* Dans tous les exemplaires que Philander a eus entre les mains, il a lu : « Itemque in summo cornu lævo ad Aurigæ sedes, una tenet parte stellam, et appellatur Aurigæ manus. Hædi capra lævo humero Tauri quidem et Arietis. » Mais cette version est tellement maculée, tellement désordonnée, comme on en peut juger par la lecture des auteurs et par cette version elle-même, qu'il avoue son impuissance à la corriger. Il est souvent plus difficile, en effet, de rétablir un texte que d'y faire voir des adultérations et des falsifications. Ce qu'il y a de sûr, c'est qu'à l'extrémité de la corne gauche du Taureau s'étendent les pieds du Cocher ; que dans la main gauche il tient deux étoiles qu'on appelle les Chevreaux, et que la Chèvre brille à son épaule gauche. De toutes les corrections qui ont été faites, celle que j'ai adoptée me paraît la meilleure, bien entendu. Quant aux quatre mots de la mauvaise version *Tauri quidem et Arietis*, il faut les joindre avec les suivants *insuper Perseus*. Et bien que la pureté de la langue latine admette difficilement une telle manière d'écrire, elle ne jurera peut-être pas beaucoup avec quelques passages de Vitruve, qui ne se pique pas d'être un profond grammairien. Nous lisons encore, un peu plus loin : *Inde Sagittarii, Scorpionis, Libræ insuper;* nous supposons, toutefois, que le texte n'est point altéré. Il est possible que Vitruve ait écrit : *Tauro quidem et Ariete insuper,* comme au liv. v, ch. 1, *quibus insuper,* et au liv. x, ch. 21, *quo insuper;* ou bien encore : *Taurum quidem et Arietem insuper,* comme au même liv. v, ch. 3, *insuper fundamenta,* et au liv. iii, ch. 5, *insuper coronas.*

59. — *Equi auriculæ attingunt Aquarii genua.* Jusqu'à présent on a lu *Equi ungulæ;* cependant les pieds du Cheval ne touchent pas les genoux du Verseau : ils sont tournés du côté contraire, et touchent les ailes du Cygne. Philander et Perrault ont cru qu'au

lieu de *Aquarii genua*, il fallait lire *Avis pennas*. L'idée n'était pas
mauvaise ; mais Galiani trouve avec raison cette correction un
peu forcée. Il est plus probable , dit-il , qu'au lieu de *ungulæ* il
faut lire *auriculæ*. Les oreilles du Cheval se dirigent en effet vers
les genoux du Verseau ; ensuite le mot *attingere*, dont se sert ici
Vitruve, ne signifie pas *toucher*, comme les sabots du Cheval touchent les ailes du Cygne : il signifie s'étendre pour atteindre ,
comme font les oreilles du Cheval vers les genoux du Verseau.

60. — *Aquarii media est dedicata Capricorno*. Pour traduire le
texte dans l'état où on le trouve avant la correction , il faudrait
dire que l'étoile du milieu de Cassiopée est dédiée au Capricorne ;
ce qui est impossible, puisque ces deux constellations sont trop
éloignées l'une de l'autre : mais, comme le fait remarquer Galiani,
l'étoile qui est au milieu du Verseau fait partie du Capricorne ;
cette étoile est commune aux deux signes. D'après cela , on voit
qu'au lieu de *Cassiopeæ*, il faut lire *Aquarii*. Philander, qui a
remarqué l'erreur, ne l'a pas corrigée. Perrault, pour la corriger
et conserver le mot *Cassiopeæ*, a cru qu'au lieu de *Cassiopeæ
media est dedicata Capricorno , supra in altitudine Aquila et Delphinus*, il fallait lire : *Cassiopeæ media est (scilicet Cephei et Andromedæ) dedicata (est) Capricorno supra in altitudine Aquila (sicut)
et Delphinus*, parce que l'Aigle et le Dauphin sont au-dessus du
Capricorne. Voilà bien des corrections pour une seule qui suffisait.

61. — *Secundum eos est Sagitta*. « La voûte céleste, dit Avienus
(*Phénom.*, v. 689), connaît encore une autre Flèche ; toutefois elle
n'a point d'arc arrondi, point de corde, parce qu'elle n'a point
de maître. Au-dessus du trait vole un oiseau ; cet oiseau est le
Cygne ; mais, voisin du pôle de Thrace , il allonge son cou blanc
vers les Ourses couvertes de frimas. »

62. — *Sub Avis cauda pedes Equi sunt subjecti*. Pour expliquer
ce qu'on vient de lire sur la constellation du Cygne, qui n'est
pas conforme à ce que nous voyons sur les cartes célestes modernes , il faut supposer que du temps de Vitruve on représentait
cette constellation tout autrement qu'aujourd'hui, c'est-à-dire
qu'on plaçait son aile gauche où l'on place maintenant sa queue, et
la queue où l'on met l'aile gauche ; comme cela, l'aile gauche serait
étendue vers Cassiopée, et la queue couvrirait les pieds du Cheval.

63. — *Coronam tangit*. Les astronomes modernes l'ont appelée
Couronne boréale, pour la distinguer de la Couronne australe.
Ptolémée parle des deux. Si Aratus la nomme couronne d'Ariane,
c'est que , au dire des mythologues, elle est la couronne de lierre
dont Bacchus orna la tête de cette princesse lorsqu'il l'épousa.

64. — *Parve per Equi os flectitur Delphinus.* Philander, dont
Perrault a suivi l'opinion , croit qu'au lieu de ces mots *parve per
vos flectitur*, il faut lire *equi parvi per os.* Il est vrai que le Dauphin se trouve près de la bouche du petit Cheval; mais comme
Vitruve ne dit pas un mot de cette constellation, qu'on n'avait
peut-être pas encore reconnue de son temps, Galiani avoue qu'il
n'a pas osé changer le texte, d'autant que rien ne répugne à ce
qu'il reste tel qu'il est. Cependant, comme Pégase se trouve tout
à côté , je n'hésite pas à mettre, non pas comme Pontédéra , *parte
per Equi os flectitur*, mais *parve per Equi os flectitur.*

65. — *Eaque stella quæ dicitur polus, elucet contra caput ma-
ioris Septentrionis.* On lisait *circum caput;* ce qui n'est pas exact,
puisque l'étoile polaire se trouve au bout de la queue de la petite
Ourse. Galiani, adoptant la correction de Philander, a substitué
le mot *caudam* à celui de *caput*, et *minoris* à *majoris;* mais je
trouve la correction un peu hardie, et il me semble qu'en rempla-
çant tout simplement *circum* par *contra,* on aura le véritable sens.

66. — *Namque quæ est proxima , Draconem circum caput ejus
involvitur, una vero circum Cynosuram caput injecta est fluxu
porrectaque proxime ejus pedes : hæc autem intorta replicataque
se attollens reflectitur a capite minoris ad majorem contra rostrum
et capitis tempus dextrum.* Cette version est pleine de fautes et
d'obscurité. Pas un commentateur ne me semble l'avoir expliquée convenablement, et Perrault dormait quand il l'a traduite.
J'ai dû , la carte céleste sous les yeux , y faire quelques changements, pour la mettre en harmonie avec ce que je voyais. Et
voici comment je la rétablis, comment je la traduis : *Namque pars
Draconis,* car la partie du Dragon (la queue) *quæ est proxime,*
qui en est voisine (voisine de la tête de la grande Ourse), *circum
caput ejus involvitur,* se courbe auprès de sa tête (toujours de la
tête de la grande Ourse); *una vero circum Cynosuræ caput injecta
est flexu,* tandis qu'une autre partie s'arrondit autour de celle
(de la tête) de la petite Ourse, *porrectaque proxime ejus pedes,*
et s'étend jusqu'auprès de ses pieds, *hic autem intorta replicataque,* où s'enroulant et se repliant, *se attollens reflectitur a capite
minoris,* elle se redresse et s'élance de la tête de la petite Ourse,
ad majorem Avem contra rostrum et capitis tempus dextrum, vers
le grand Oiseau (le Cygne) dans la direction de son bec et de
la tempe droite de sa tête.

57. — *Trigonum , paribus lateribus.* Selon Germanicus, le Triangle , appelé par les Grecs *Deltoton,* est le Delta du Nil; selon
Hygin , cette constellation a été figurée dans le ciel en l'honneur

de Jupiter, dont le nom grec (Ζεύς, gén. Διός) commence par un delta. Ptolémée appelle le *Deltoton* Τρίγωνον, Triangle. Nous le nommons encore ainsi, et les Romains se servent souvent du mot *triangulum* pour désigner le Deltoton qu'on trouve encore dans Pline.

> Et prope conspicies parvum sub pectore claro
> Andromedæ signum, Deltoton dicere Graii
> Quod soliti, simili quia forma littera claret :
> Huic spatio ductum simili latus exstat utrumque,
> At non tertia pars lateris : namque est minor illis,
> Sed stellis longe densis præclara relucet.
>
> (Cicero, *Fragm. Arati*, v. 4.)

68. — *Piscis austrinus.* Ce poisson est appelé tantôt *notius* (méridional), tantôt *austrinus* (austral), quelquefois *magnus* et *meridionalis.* Bassus lui donne pour petits-fils les Poissons du zodiaque, ceux dont parle Ovide dans ses *Fastes*, liv. II, v. 458.

69. — *Piscis austrinus caudam prospiciens Ceti.* On lisait *cauda prospiciens Cephea.* Mais le grand éloignement de Céphée ne permettait pas d'admettre cette version. *Voyez* AVIENUS, *les Phénomènes d'Aratus.*

70. — *Ab eo ad Sagittarium locus est inanis.* Il semble que Vitruve n'ait pas connu la Couronne australe que Proclus dit avoir été appelée par quelques-uns Οὐρανίσκος : car il passe immédiatement à l'Autel sans en parler. Elle est placée entre le Sagittaire et l'Autel.

71. — *Thuribulum.* Cette constellation est appelée par Aratus Θυτήριον, mot qui signifie *Autel*, selon l'interprétation de Cicéron, de Rufus, de Firmicus, de Manilius et d'Hygin. Germanicus l'a nommée *Thuribulum*, comme Proclus Θυμιατήριον (Encensoir); Bassus lui donne le nom de *Sacrarium* et de *Pharus* (Sanctuaire, Phare); Ptolémée et Alphonse celui de *Lar* (Autel).

72. — *Centauri priores partes proximæ sunt Libræ et Scorpioni : tenet in manibus simulacrum id....* On lisait : *Centauri priores partes proximæ sunt Libræ, et Scorpionem tenent in manibus. Simulacrum id....* Ce qui n'avait aucun sens. Il faut remarquer qu'il y avait deux Centaures dans le ciel, le Sagittaire dont on vient de parler, et le Centaure qui porte le Loup. « Contemplez les flancs ardents de cet être à double forme dont les membres sont formés de deux astres. A l'endroit où ce quadrupède élève sur son corps de cheval un buste d'homme, se voit l'énorme Scorpion. » (AVIENUS, *Phénomènes d'Aratus*, v. 879.)

« Mais où brille le Centaure ? dans les plages élevées où le Scorpion répand ses feux éblouissants. Ses parties antérieures, semblables à celles de l'homme, étincellent sous le Scorpion, sous les bras duquel il cache sa croupe de cheval. » C'est une erreur d'Aratus dans laquelle sont tombés Cicéron et Avienus dans leur traduction littérale. C'est sous la Vierge, et non sous le Scorpion, qu'est située la partie qui ressemble à un cheval, comme en ont fait la remarque Hipparque et Germanicus.

73. — *Simulacrum id, quod Bestiam astrorum periti nominaverunt.* La victime que Chiron, c'est-à-dire le Centaure, immole aux dieux sur leur autel, les Grecs ne l'ont jamais désignée par un nom particulier, dit Cicéron dans les *Phénomènes*. Aratus, il est vrai, ne l'appelle que Θηρίον, les Latins *Fera* et quelquefois *Bestia* et *Bestiola*. Firmicus, Ptolémée et Alphonse l'ont nommée *Loup*, et Martianus Capella *Panthère*.

74. — *Supra scapulas.* Ce n'est point de la Vierge que parle ici Vitruve ; c'est à quoi Perrault n'a point fait attention. Il parle du Serpent sur le dos duquel brillent, en effet, des étoiles. Newton, dit Galiani, ne partage ni l'un ni l'autre sentiment, et pense que Vitruve a voulu désigner les épaules du Corbeau, dont il vient de parler, et sur les épaules duquel se trouvent deux étoiles qui ont le même éclat, comme on n'en rencontre ni sur le Serpent ni sur l'Hydre. Et puis le mot *scapulæ* peut-il s'appliquer au corps d'un serpent ? Non, dit Galiani, si vous le traduisez pas *épaules* ; oui, si vous l'interprétez par le mot *dos*.

75. — *Navis est quæ nominatur Argo.* Ératosthène, Hygin, Aratus et le scoliaste de Germanicus, s'accordent à nommer cette constellation Argo ; Ératosthène ajoute que c'est Minerve qui l'a placée au ciel. Manilius l'appelle *Navis heroum*, par allusion au vaisseau des Argonautes, et Avienus, *Jasonia Argo*, parce que Jason en était le commandant.

76. — *Ipsaque navicula et puppis per summam caudam Cani jungitur.* Vitruve parle ici du grand Chien, qui est spécialement désigné par le mot *Canis*. Il a dans la gueule une étoile très-brillante, qui est quelquefois appelée du nom de la constellation entière, *Canis* (Chien), quelquefois *Canicula* (Canicule) et *Sirius*. Quand le soleil s'en approche, sa chaleur redouble, dit Bassus. Selon Hygin, on appelle *Canis* l'étoile qui est à la langue du grand Chien, et *Sirius* celle qu'il a sur la tête. Selon Bassus, le grand Chien a deux étoiles : l'une sur la tête, appelée *Isis* ; l'autre sur la langue, nommée *Sirius* ou *Canis*, qui est une étoile de première grandeur. *Voyez* AVIENUS, *Phénomènes d'Aratus*, v. 724.

77. — *Geminos autem minusculus Canis sequitur.* Le petit Chien est appelé *Procyon* par les Grecs, auxquels les Latins ont emprunté leur mot *Antecanis :*

> Antecanem, Grajo Procyon qui nomine fertur.
>
> (Cicéron, *In Phænomenon Arati* v. 222.)

Le petit Chien se lève plus tôt que le grand; de là le nom de Procyon, *Avant-Chien.*

Il ne suivait point les Gémeaux; il était placé dessous, comme en font foi, dans les *Phénomènes d'Aratus*, Cicéron, v. 221 :

> . . . . Et hic Geminis est ille sub ipsis ;

et Avienus, v. 903 :

> Ultimus est Procyon Geminorum subditus astro.

78. — *Major item sequitur minorem.* Soit : toutefois c'est à une assez grande distance, puisque les astronomes modernes ont pu mettre entre eux la Licorne.

79. — *Orion vero transversus est subjectus, pressus ungula Centauri, manu læva tenens clavam, alteram ad Geminos tollens, caput vero ejus basim, Canis parvo intervallo insequens Leporem.* Il y a beaucoup de fautes dans ce passage. Ainsi nul doute, comme l'ont pensé Philander et d'autres commentateurs, qu'il ne faille mettre *Tauri* à la place de *Centauri :* car Vitruve a déjà dit que le Centaure est voisin de la Balance et du Scorpion. Il dit ici qu'Orion étend le bras vers les Gémeaux; il ne peut donc être placé auprès du Centaure. Ce n'est point à la main gauche qu'il tient sa massue, qui n'en est point une; c'est un bouclier ou un vêtement : au lieu de *clavam,* c'est *clypeum* qu'il faut mettre, en reportant le mot *clavam* à l'autre membre de phrase, et changeant *alteram* en *altera,* parce que c'est en effet cette main droite armée d'un bouclier qu'Orion lève vers les Gémeaux. Le reste n'est pas moins altéré. Le planisphère céleste représente aux pieds d'Orion le Lièvre que poursuit le Chien à une petite distance; ce qu'exprimera le latin, si nous remplaçons *caput* par *apud,* et si après *basim* nous transportons *Leporem,* préalablement changé en *Lepus quem :* la construction demande tout naturellement *insequitur* à la place de *insequens.*

80. — Ἀρπεδόναι. On lit le mot Ἑρμηδόνη, qui, s'il était grec, pourrait signifier *délices de Mercure.* Pourquoi délices de Mercure? je n'en vois aucune raison. Ἀρπεδόναι, au contraire, signifie un *cordeau,* un *ruban;* c'est « cette longue courroie qui retient la queue des Poissons, s'étend en arrière le long du fleuve, et se replie vers le dos de la Baleine. »

. . . . .Proceraque Vincla videbis
Quæ retinent Pisces, caudarum parte locata,
Flumine mixta retro ad Pistricis terga reverti.
(Cicero, *Phænomenôn Arati* v. 150.)

« Cependant, dit Avienus (v. 552), semant au loin l'espace de
leurs rangs d'étoiles, ils entrelacent leurs queues ; chaque queue tire
de son côté la chaîne flexible, puis de nouveau se réunit à l'autre
dans le ciel : elles sont comme fixées l'une à l'autre par un astre
d'or ; c'est ce que la Grèce ingénieuse appelle le Nœud céleste. »

Proclus l'appelle Λίνα ; Bassus, *Lineolæ* ; quelques-uns *Linum* ;
d'autres *Ligamentum* ; les astronomes modernes *Cordons* et *Nœud*.

81. — *Magnoque intervallo introrsus pressus nodus Piscium.* Je
ne puis m'imaginer, dit Philander, que Vitruve ait voulu se servir du mot *Serpentium* pour désigner les Poissons ; aussi soup-
çonné-je fort qu'il faut écrire *Piscium*.

Cette opinion, du reste, est partagée par Barbaro, Perrault
et aussi presque par Galiani.

A la rigueur on pourrait, en sous-entendant *stellarum*, laisser
le mot *Serpentium* ; ce nœud, formé d'étoiles, imite tout à fait dans
son développement le mouvement des serpents. C'est le sentiment
d'Ortiz ; et Pontanus, tout en approuvant *piscium*, ne condamne
pas *serpentium*.

82. — *Eridani per speciem.* Les astronomes égyptiens ont dit
que ce fleuve était le Nil ; les Grecs, que c'était une petite rivière
de ce nom qui coule dans l'Attique ; les Français, que c'était le
Rhône ou bien le Rhin ; les Espagnols, le Guadalquivir, la Gua-
diana ou le détroit de Gibraltar ; les Grecs et les Latins, le Pô.
Hérodote et Strabon pensent que l'Éridan n'a jamais existé.

83. — *Stella Canopi.* Cette étoile, très-remarquable par sa
grandeur, fait partie de celles qui composent la proue du Navire ; elle n'est pas aperçue par ceux qui habitent le nord, parce
que, comme le fait observer Vitruve, cette partie du Navire est
invisible pour nous.

84. — *Chaldæorum ratiocinationibus.* Les Chaldéens sont regar-
dés comme les pères de l'astronomie. Selon leur doctrine, le
Soleil, la Lune et les autres astres, et surtout les planètes, étaient
des divinités qu'il fallait adorer. Ils ne se bornèrent pas à connaître l'état du ciel, ils cherchèrent à tirer un meilleur parti de
leur science, en persuadant au peuple que ces astres, qui étaient
autant de dieux, avaient une grande influence sur le bonheur ou
le malheur des humains. De là naquit l'astrologie judiciaire, dans
laquelle les Chaldéens eurent la réputation d'exceller si fort entre
les autres nations, que tous ceux qui s'y distinguaient s'appe-

laient Chaldéens, quelle que fût leur patrie. D'après les aspects, les positions des corps célestes, et les influences qu'ils leur attribuaient, ils s'avisèrent de prédire l'avenir, et cette prétendue science leur avait donné une telle importance aux yeux du vulgaire, qu'il n'était plus possible de rien entreprendre de sérieux sans avoir auparavant consulté les augures et les aruspices. Et, en effet, comme ils annonçaient exactement, dans leurs éphémérides, le cours du Soleil pour chaque jour de l'année, les changements de Lune, le mouvement des planètes; comme ils prédisaient les éclipses, on ne douta pas qu'ils n'eussent un commerce direct avec le ciel. Ils prétendaient surtout décider quelle serait la destinée d'un homme, en examinant quel était l'aspect des astres à l'instant de sa naissance ou de sa conception; de là deux branches dans l'astrologie, l'*astrologie naturelle* et l'*astrologie judiciaire*.

Nous avons vu que le zodiaque était divisé en douze parties égales : ces douze parties avaient chacune leur attribut, comme les richesses, la science, etc. La partie la plus décisive était celle qui était sur le point de monter et de paraître sur l'horizon lorsqu'un homme venait au monde. Les planètes étaient divisées en favorables, en nuisibles et en mixtes : c'est cette science que Vitruve appelle généthliologie. De la Chaldée elle pénétra en Égypte, en Grèce. Les Grecs, très-amateurs du merveilleux, donnèrent beaucoup dans cette science chimérique. A ce charlatanisme près, on ne peut nier que les Chaldéens n'eussent des connaissances assez profondes en astronomie. Quoique privés de télescopes et de beaucoup d'autres instruments qui ont été si utiles aux astronomes modernes, ils n'en connaissaient pas moins le cours des planètes, et ils avaient formé à peu près les mêmes systèmes que nous avons aujourd'hui. On voit que Vitruve était persuadé qu'on pouvait connaître l'avenir par l'aspect des astres; mais il ne dit pas comment, et il nous renvoie aux ouvrages des Chaldéens, parce que cette science était inutile pour la confection des cadrans solaires, objet de ce livre. *Voyez* Cicéron, *de la Divination*, liv. 1er, ch. 1er; Aulu-Gelle, *Nuits att.*, liv. 1er, ch. 9, et liv. xiv, ch. 1er; Tacite, *Ann.*, liv. ii, ch. 27 et 32, vi, 22; Saint Augustin, *Confessions*, liv. iv, ch. 3; Eustathe, liv. 1er de l'*Iliade* d'Homère.

85. — *Genethliologiæ ratio*. Ce mot formé de γενέθλη, *origine*, *génération*, et de λόγος, *raisonnement*, *discours*, désigne donc cet art frivole qui consiste à prédire l'avenir par le moyen des astres en les comparant avec la naissance, ou, selon d'autres, avec la conception des hommes. On appelait *généthliaques* ceux des astrologues qui dressaient des horoscopes, et ces sortes de devins

étaient appelés par les anciens *Chaldœi*, et en général *mathematici*. Les lois civiles et canoniques qu'on trouve contre les mathématiciens, ne regardent que les généthliaques.

86. — *Aratus*. Poëte et astronome qui a composé sur l'astronomie un poëme intitulé les *Phénomènes*. Il a été traduit en vers
latins par Cicéron, Germanicus, Avienus, et commenté par Hipparque, Ératosthène et Théon.

87. — *Parapegmatorum disciplinas*. S'il faut en croire Saumaise, les parapegmes auraient été des tables d'airain sur lesquelles étaient gravés la figure du ciel, le lever et le coucher des
astres, avec l'indication des saisons de l'année. Ainsi les parapegmes seraient l'effet, le produit de la science, bien que l'opinion ordinaire en fasse des instruments, à l'aide desquels on est
arrivé à la science elle-même, ce qui est plus en harmonie avec le
sens du texte; et le mot *parapegme*, pris dans sa signification
grecque, peut très-bien signifier un assemblage de plusieurs parties
liées ensemble, ce qui est loin de jurer avec l'idée des instruments
de mathématiques qui servent aux observations des astronomes.

88. — *Tempestatum significatus post futuros, ante pronuntiare*.
Il est impossible de prédire d'une manière certaine les changements de temps, et la proposition est tout à fait fausse, non-seulement en ce qui regarde le temps, mais encore, et à bien plus
forte raison, en ce qui a rapport aux actions libres des hommes.

89. — *Itemque depalationes*. Perrault traduit *dierum depalationes* par la *proportion de l'ombre équinoxiale*, en supposant que
depalatio vient de *palus* (un pieu), qui signifie le gnomon, qui,
étant fiché droit comme un pieu, fait des ombres à midi qui sont
chaque jour différentes. Turnèbe et Baldi confessent qu'ils ne
savent pas bien précisément ce que Vitruve a voulu exprimer par
ce mot, qui ne se retrouve point dans les autres auteurs latins.
Turnèbe croit que Vitruve entend par *depalatio* (*pali remotio*),
cette manière d'allonger et d'accourcir les jours dont il sera parlé
bientôt, et qui se faisait dans les clepsydres par le moyen d'un
coin de bois qui, étant tiré ou poussé, faisait lever ou baisser un
cône qui, fermant plus ou moins un entonnoir, en faisait tomber
plus ou moins d'eau, ce qui servait à allonger ou à accourcir les
heures. Baldi, qui ne trouve pas à propos de transférer aux cadrans solaires ce qui appartenait aux clepsydres, croit que *depalatio* (*palari*, errer, courir çà et là) dénote l'inégalité des ombres qui, s'augmentant et se diminuant, semblent courir tantôt
d'un côté, tantôt d'un autre. Cependant Galiani a lu dans le
deuxième manuscrit du Vatican, *explanationes*, expression connue

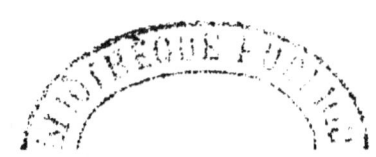

qu'il préfère à l'autre. Ortiz, convaincu du sens que Vitruve veut donner à ce mot, trouve inutile de prendre tant de peine pour en chercher l'étymologie. Que ce mot vienne encore de *dispalari*, mot souvent usité dans le latin, ou de *depalare* qu'on rencontre dans plusieurs inscriptions antiques, on est sûr que Vitruve a voulu parler de l'augmentation et de la diminution du jour.

90. — *In declinatione cœli*. La déclinaison du ciel ou du soleil, se dit de la distance de cet astre, mesurée par un arc sur le cercle du méridien ou zénith du lieu du spectateur. Or, on sait que s'il s'agit de la latitude boréale, la déclinaison, lorsque le soleil avance de l'équateur vers le tropique du Cancer, est égale à la somme qui résulte de la latitude du lieu donné, et à la distance du soleil à l'équateur. Si le soleil avance de l'équateur vers le tropique du Capricorne, la déclinaison est alors égale à la diffé-rence qu'il y a entre la latitude du lieu et la distance du soleil à l'équateur. Si enfin le soleil est à l'équateur même, la déclinai-son est alors égale à la latitude du lieu donné. L'ombre méridienne équinoxiale dépend donc de la latitude du lieu à laquelle est égale la déclinaison du soleil. On peut donc définir avec exactitude les longueurs de ces ombres, d'après les latitudes données des lieux. Les latitudes des endroits nommés par Vitruve, sont ainsi déter-minées d'après les observations des géographes : à Rome, latitude 41° 47′ boréale ; à Athènes, latitude 38° 5′ boréale ; à Rhodes, lati-tude entre 36° et 37° boréale ; à Tarente, latitude 40° 30′ boréale ; à Alexandrie, latitude 30° 39′ boréale.

Cela posé, il est facile de déterminer, d'après les tables des sinus, la longueur de l'ombre équinoxiale de midi, qui sera pour

Rome, avec un gnomon de 9 p., de 7 p. 3/74, selon Vitruve 8 p.

Athènes,	—	4	3	10/78	—	3
Rhodes,	—	7	5	14/70	—	5
Tarente,	—	11	9	21/76	—	9
Alexandrie,	—	5	2	83/86	—	3

Vitruve s'est servi de nombres ronds qui diffèrent un peu, comme on voit, des nombres exacts.

Cette longueur de l'ombre, proportionnée à la hauteur du gnomon, est le fondement de la description que donne Vitruve de l'analème.

91. — *Ita in quibuscumque locis horologia erunt describenda*. Nous avons vu, au commencement du premier chapitre de ce livre, ce que c'est que l'analème, qui fait connaître la hauteur du soleil à midi, chaque jour de l'année. Pour bien comprendre la description que Vitruve en fait dans ce chapitre septième, il

faut la lire avec cette figure 103 sous les yeux. On doit observer

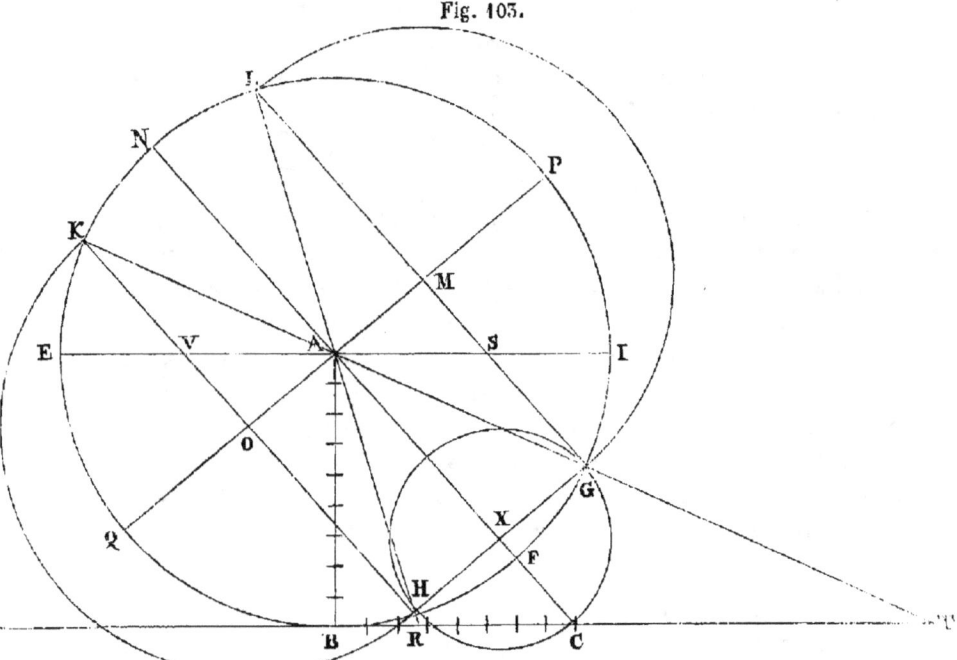

Fig. 103.

cependant que dans cette figure l'auteur s'est borné à indiquer
la grandeur de l'ombre dans les deux solstices et dans les deux
équinoxes, et à décrire le cercle GCH, qu'il appelle le cercle des
mois. Pour trouver la grandeur de l'ombre du gnomon, chaque
mois de l'année, il suffit, comme Joconde, Perrault et autres,
l'ont enseigné, de diviser ce cercle en douze parties égales qui
représenteront les douze mois ou les douze signes, comme on le

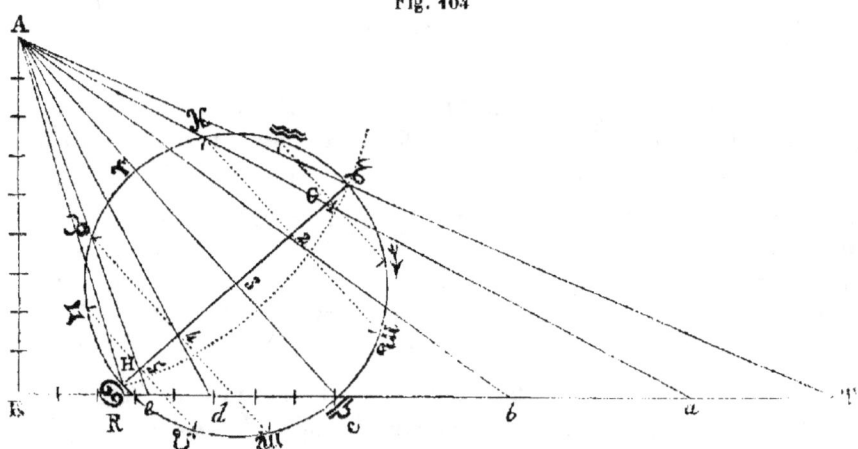

Fig. 104

voit dans la fig. 104. Ce cercle, qui représente l'écliptique, sert à marquer sur la ligne du plan BT, les huit signes qui restent, outre les quatre qui sont désignés dans la figure de l'analème de Vitruve. c'est-à-dire ceux des solstices BT et ceux des équinoxes C, et il doit naturellement se trouver deux autres signes entre chacun de ceux-ci. Voici comment cela se fait : le cercle des mois GCH étant, comme on vient de le dire, divisé en douze parties, on tire des points de division qui sont sur la ligne HG, appelée *lacotome*, les perpendiculaires 1,2,4,5. Ensuite du point A, par les points d'intersection que font ces lignes sur celle HG, on tire d'autres lignes jusqu'à celle du plan BT, où l'on marque *abde*, qui indiquent la grandeur de l'ombre pour chaque mois de l'année, la ligne A*e* pour les Gémeaux et pour le Lion, A*d* pour le Taureau et pour la Vierge, A*b* pour les Poissons et pour le Scorpion, et la ligne A*a* pour le Verseau et pour le Sagittaire.

On pourrait de même trouver la grandeur de l'ombre, pour chaque jour du mois ; il suffirait pour cela de faire la figure beaucoup plus grande, et de diviser sur le cercle GCH les mois en autant de jours qu'ils en contiennent.

92. — *Deinde circinationis totius sumenda pars est quinta decima.* Des trois cent soixante parties ou degrés qui composent le cercle, la quinzième partie est de vingt-quatre. Cependant Ptolémée dit que la plus grande inclinaison du Soleil est de 23° 51' ; il s'en manque donc de 9' qu'il n'y ait une quinzième partie, s'il est vrai que chaque partie ou degré soit composée de 60'. D'après les calculs les plus exacts faits en dernier lieu, la plus grande déclinaison du zodiaque n'est que de 23° 1/2.

93. — *Tunc perducendæ sunt diametri.* Ce ne sont point encore des diamètres ; ce ne sont que des bases d'arcs, qui deviendront plus tard les diamètres des demi-cercles qui sont l'un pour l'été, l'autre pour l'hiver.

94. — *Hæc autem parallelos linea vocitatur lacotomus.* On comprend parfaitement ici ce que signifie *lacotomus* ; mais les grammairiens ne sont pas sûrs de la signification générale de ce mot, qui paraît grec, et qui ne se trouve pas dans le traité que Ptolémée a fait de l'analème. L'opinion la plus commune est qu'il se compose de λάκος, *loque*, *lambeau*, et de θέμνω, *couper*, parce que cette ligne appelée *lacotomus* coupe une petite partie du méridien entre les tropiques.

95. — *Qui manacus dicitur.* La plupart des éditions de Vitruve, dit Perrault, ont *monacus* sans raison. Joconde lit *manacus*, qui signifie *appartenant aux mois.* L'étymologie se prend du grec μάν, *mois.* Scaliger croit que le mot *almanach* vient de ce mot *manacus.* Ce cercle représente la ligne écliptique, qui est divisée en douze parties pour les douze signes qui font les douze mois.

96. — *De horologiorum inventione.* Comme il fallait désigner les deux espèces de machines dont les anciens se servaient pour connaître et marquer les heures, c'est-à-dire les cadrans solaires et les clepsydres, qui ne ressemblent pas, il est vrai, à nos horloges; comme, du reste, les anciens les nommaient l'un et l'autre des horloges (*horologia*), ce nom a dû être conservé dans le titre, bien qu'il se dise plus particulièrement de celles qui sont à contre-poids et qui sonnent.

97. — *Ad enclimaque succisum.* — *Enclima* signifie *inclinaison* ou *pente.* Il y a apparence que le cadran de Bérose était une plinthe inclinée comme l'équinoxiale, et que cette plinthe était coupée en hémicycle ou demi-cercle concave dans la partie supérieure qui regarde le septentrion, et qu'il y avait, sortant du milieu de l'hémicycle, un style dont la pointe représentait le centre de la terre, de sorte que son ombre tombant sur la concavité de l'hémicycle, qui représentait l'espace qu'il y a d'un tropique à l'autre, marquait non-seulement les déclinaisons du soleil, c'est-à-dire les jours du mois, mais aussi les heures de chaque jour. Cela pouvait se faire en divisant la ligne de chaque jour en douze parties égales, ce qui doit s'entendre des jours compris entre l'équinoxe d'automne et celui du printemps : car il était nécessaire d'augmenter l'hémicycle au droit des autres jours qui ont plus de douze heures équinoxiales.

98. — *Scaphen sive hemisphærium.* Vitruve semble joindre ensemble ces deux mots, pour faire entendre que ce cadran était sphérique concave, et non ovale, comme l'ont cru quelques interprètes. Martianus Capella dit que les cadrans appelés *scaphia* étaient creusés en rond, ayant un style élevé au milieu; et il y a raison de croire, suivant Perrault, que l'extrémité du style répondant au centre de l'hémisphère concave, faisait dans ce cadran le même effet que dans l'hémicycle. Il est difficile de décider précisément quelles étaient leurs différentes formes, puisque nous n'avons plus de modèle. Dans le *Journal littéraire d'Italie*, année 1646, art. 14, on trouve la description de quelques horloges ou cadrans antiques, par le P. Boscovich, et particulièrement celle d'un cadran trouvé dans des excavations faites auprès de Frascati. Le P. Boscovich est parvenu très-ingénieusement à le rétablir et à remplacer le style qui manquait. Il soupçonne avec raison que

c'est l'espèce de cadran dont Vitruve attribue l'invention à Bérose, étant de même composé d'un hémicycle incliné et enfoncé
dans un carré. Poleni rapporte aussi, dans ces *Exercices sur Vitruve*, III, n° 3, la construction de l'hémicycle de Bérose, telle
qu'elle avait été publiée auparavant par J. Ziegler.

99. — *Discum in planitia.* Δίσκος, en grec, signifie un corps rond
et plat. L'opinion de Perrault est que le disque d'Aristarque était
un cadran horizontal dont les bords étaient un peu relevés pour
remédier à l'inconvénient qui a été ci-devant remarqué dans les
cadrans dont le style est droit et élevé perpendiculairement sur
l'horizon : car ces bords ainsi relevés empêchent que les ombres
ne s'étendent trop loin.

100. — *Arachnen.* Si cette araignée est la même chose que celle
qui se trouve aux astrolabes, comme il paraît assez probable, on en
trouvera la description ci-après dans ce chapitre, sous le nom
d'horloge anaphorique.

101. — *Plinthium sive lacunar.* Perrault aimait mieux qu'on
lût *plinthium sive laterem :* car πλίνθος et *later* signifient la même
chose, c'est-à-dire une brique ou carreau ; tandis que *lacunar* indique une chose tout à fait contraire à celle d'une brique, c'est-à-
dire une chose creuse, deux choses conséquemment qui ne peuvent se prendre l'une pour l'autre, comme semblerait le vouloir
la particule *sive.* Baldi avait déjà proposé cette correction. Galiani
avoue qu'il l'aurait volontiers adoptée, s'il n'avait pas encore
trouvé une autre version dans le manuscrit du Vatican. D'ailleurs,
ajoute-t-il, on lit ici plusieurs noms d'horloges qui sont assez
extraordinaires. Et quelle en était la forme ? quelle en est l'étymologie ? C'est ce qu'il est impossible de découvrir.

102. — Πρὸς τὰ ἱστορούμενα. Les interprètes diffèrent d'opinion
sur l'explication de ce cadran. Baldi croit qu'il est opposé à celui
qui est appelé πρὸς πᾶν κλῖμα, c'est-à-dire qui peut servir à tous
les climats de la terre, tandis que l'autre n'est que pour les lieux
dont on parle dans l'histoire. Cesariano croit que ce nom lui a
été donné, parce que les figures des signes y étaient peintes suivant ce qui a été rapporté dans les fables ; mais cela n'est point
de l'essence du cadran.

103. — *Pelecinon.* Les cadrans faits en hache sont probablement ceux où les lignes transversales qui marquent les signes et
les mois, sont serrées vers le milieu et s'élargissent sur les côtés :
ce qui leur donne la forme d'une hache à double tranchant.

104. — *Dionysiodorus conum, Apollonius pharetram.* Les cadrans en forme de cône et de carquois sont apparemment les verticaux qui regardent l'orient et l'occident. Comme ils sont longs et placés obliquement, ils représentent un carquois.

105. — *Inventa reliquerunt, uti gonarchen, engonatum, antiborœum.* Ces deux premiers mots ne se trouvent ni dans les auteurs grecs, ni dans les latins ; ils semblent dérivés du grec, et signifier des cadrans faits sur des superficies différentes, dont les unes horizontales, les autres verticales, les autres obliques, font plusieurs angles ; ce qui les fait appeler cadrans angulaires, et pliés, parce que γόνυ signifie un *angle* et un *genou.* Quant à l'*antiborœum*, c'est, selon Baldi, un cadran équinoxial opposé au septentrion ; mais, dit Perrault, la vérité est qu'un cadran équinoxial a deux parties : l'une, tournée vers le septentrion, pour le printemps et pour l'été ; l'autre, vers le midi pour l'automne et pour l'hiver.

106. — *In his etiam horologiorum ex aqua comparationes, explicuit.* Il est étonnant que Vitruve, qui affecte partout de citer des mots grecs pour signifier des choses qui ont leurs noms en latin, emploie ici une circonlocution latine, au lieu de se servir du mot grec *clepsydre,* qui était fort en usage parmi les Romains. Ces horloges, dont il y avait plusieurs espèces, comme on le voit dans ce chapitre, avaient toutes cela de commun, que l'eau tombait insensiblement par un petit trou, d'un vaisseau dans un autre, où, s'élevant peu à peu, elle faisait monter un morceau de liége qui, au moyen d'une règle qui y était attachée, indiquait les heures de différentes manières. Elles étaient toutes sujettes à deux inconvénients : le premier, comme l'a remarqué Plutarque, c'est que l'eau s'écoulait avec plus ou moins de difficulté, selon que l'air était plus ou moins épais, ou plus froid ou plus chaud, ce qui empêchait que les heures ne fussent justes ; l'autre, c'est que quand le vaisseau d'où l'eau tombait était plein, l'eau s'écoulait plus promptement au commencement qu'à la fin, parce que la masse d'eau, et par conséquent sa pesanteur, était plus grande quand il était rempli que quand il était vide ; et c'est pour remédier à cet inconvénient qu'Orance inventa la clepsydre, qui est formée d'une petite nacelle qui nage sur l'eau et qui la vide par un siphon placé au milieu de la nacelle ; par ce moyen, la nacelle baisse à mesure que l'eau se vide par le siphon qui la fait sortir toujours également, parce qu'il ne cesse de la prendre près de sa superficie. Nous avons substitué aux clepsydres des anciens nos horloges de sable.

107. — *Aut tona projiciuntur.* Presque tous les exemplaires ont *tona,* et je pense que c'est à tort que Cesariano, et après lui Barbaro et Perrault ont remplacé ce mot par celui de *ova.* Ils croient que ces pierres que faisaient tomber les horloges, probablement dans quelque bassin de cuivre, indiquaient les heures, comme la sonnerie le fait dans les nôtres, ce qui semblerait, au contraire, exiger le mot *tona.* Vitruve, d'ailleurs, au ch. 14 du liv. x, ne se sert pas du mot *ova* pour qualifier ces petites pierres, et les nomme *calculi rotundi,* tandis que le mot *ova* indique une figure qui n'est pas parfaitement ronde.

108. — *Metæ fiunt duæ.* La fig. 105 représente la première espèce des clepsydres qui tempèrent l'eau. C'est celle à deux cônes.

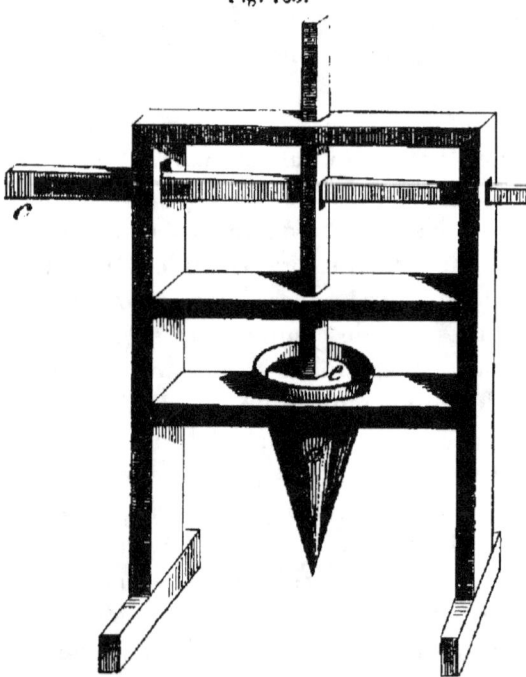

Fig. 105.

a est le cône creux dans lequel il faut concevoir qu'il tombe de l'eau suffisamment pour en fournir la quantité nécessaire, lorsque le trou qui est à la pointe du cône en laisse sortir davantage, et concevoir encore que ce qui est de reste, lorsque le même trou en laisse moins sortir, s'écoule par un conduit qui empêche qu'elle ne tombe au même endroit où tombe celle qui sort par la pointe du cône: ce conduit, non plus que celui qui apporte l'eau, n'est pas représenté, parce qu'il n'est point particulier à cette clepsydre. *e* est le cône solide qui remplit toute la cavité du cône creux, quand il est tout à fait baissé, et qui laisse couler plus ou moins d'eau à proportion qu'il est plus ou moins levé. *c* est la règle en forme de coin qui lève plus ou moins le cône solide, selon qu'elle est plus ou moins poussée, d'après les marques qu'elle a pour chaque jour.

109. — *Et eadem regula.* Cette règle, appelée coin un peu plus haut, avait en effet la forme d'un coin, étant plus étroite à un bout qu'à l'autre, afin que poussée ou tirée, elle fît hausser ou baisser le cône solide qui est attaché au bout d'une autre règle au travers de laquelle elle passe. Elle a aussi, marqués à une de ses extrémités, des degrés qui font voir combien il faut pousser ou tirer la règle chaque jour. Elle est représentée par la lettre *c* (fig. 105).

110. — *Ad hibernum usum.* Les clepsydres étaient des horloges d'hiver, parce que les cadrans solaires servaient peu dans cette saison où le ciel est souvent obscur et couvert de nuages. Outre les horloges d'hiver ou clepsydres, et celles d'été ou cadrans solaires, les anciens en avaient une troisième espèce que l'on appelait des horloges de nuit. Il en est parlé au ch. 14 du liv. x. Les horloges des anciens étaient bien plus difficiles à construire que les nôtres, où les heures sont toujours égales. Leurs heures changeaient tous les jours, parce qu'ils partageaient le temps qui s'écoule depuis le lever du soleil jusqu'à son coucher, et la nuit de même, en douze heures inégales. Pour faire marquer à leurs clepsydres ces heures différentes, ils se servaient de deux moyens : le premier était de faire mouvoir le cadran de façon qu'il changeât tous les jours, tellement que le mouvement de l'index étant toujours égal, les heures ne laissaient pas d'être inégales, suivant que les espaces qui les séparaient étaient plus grands ou plus petits. Vitruve apporte deux exemples de ces sortes de clepsydres, la clepsydre de Ctesibius représentée par la fig. 107, p. 419, et la clepsydre anaphorique.

La seconde espèce de clepsydre était celle où, sans changer de cadran, les heures étaient tantôt grandes, tantôt petites par l'inégalité du mouvement de l'index qui dépendait du tempérament que l'on donnait à l'eau, pour parler comme Vitruve. Ce tempérament se faisait en augmentant ou en diminuant la grandeur du trou par lequel l'eau sortait ; ce qui faisait qu'aux longs jours où les heures étaient plus grandes, le trou étant rapetissé, il tombait peu d'eau en beaucoup de temps ; par là l'eau montait lentement, et baissait aussi, lentement, le contre-poids qui faisait tourner le pivot auquel l'index était attaché. Vitruve donne aussi deux exemples de cette espèce de clepsydre, la clepsydre aux deux cônes représentée par la fig. 105, et la clepsydre aux deux tympans.

111. — *In columella horæ ex analemmatis transverse descri-bantur.* Les fig. 106, p. 418, et 107, p. 419, expliquent clairement cette machine qui est fort ingénieuse. On voit qu'elle exécute une

chose assez difficile, qui est de marquer des heures différentes chaque jour, par la progression d'un mouvement toujours égal produit
par l'eau qui tombe en tout temps avec la même quantité. Cela se
fait au moyen d'une colonne dont la fig. 106 présente le développement; sur cette colonne (fig. 107) qui tourne sur son centre,
les heures sont marquées et diversement disposées; chaque jour
elle fait rencontrer celles qui conviennent, et les présente à un
index qui est la baguette que tient la figure de l'enfant *a*; cette
figure, soulevée par l'eau, monte insensiblement depuis le bas de
la colonne jusqu'au haut, dans l'espace d'un jour et d'une nuit :
pour cet effet, la circonférence de la colonne est partagée de haut
en bas en douze parties égales qui sont pour les douze mois. La
ligne AB et la ligne CD (fig. 106) qui sont pour les équinoxes,
sont partagées en vingt-quatre heures égales, pour les **heures
équinoxiales**; on prend le nombre d'heures que contient le plus

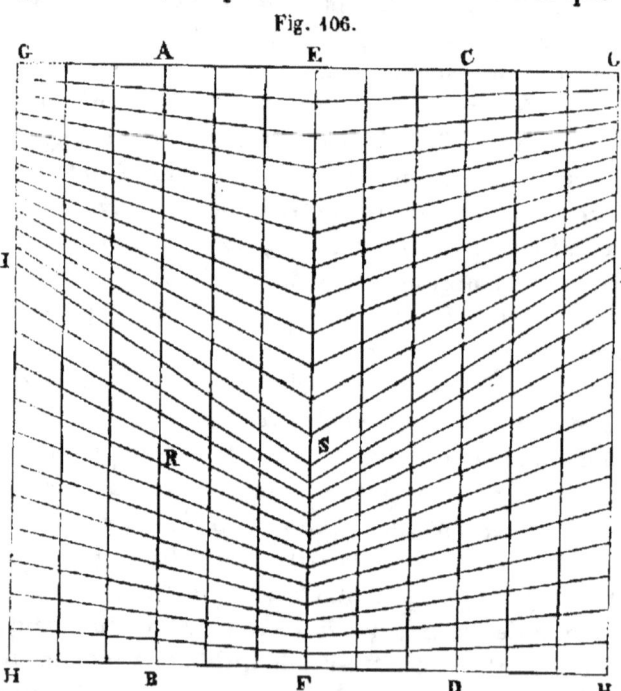

Fig. 106.

grand jour dans le lieu où la clepsydre doit être posée : par exemple, pour Paris, on prend environ seize heures équinoxiales depuis A jusqu'à R, et suivant cette mesure, on partage les jours des solstices GH et EF en deux parties inégales, et l'on donne l'espace de seize

heures équinoxiales IH, au jour du solstice d'été, et celui des
huit autres heures IG, à la nuit. De même on donne l'espace des
huit heures équinoxiales SF aux jours du solstice d'hiver EF, et
l'espace des seize heures ES à la nuit. Cela étant fait, on partage
tous ces jours et toutes ces nuits, chacun en douze parties égales,
et par ces divisions on tire des lignes qui règlent toutes les heures
pour tous les jours. La petite figure *c* (fig. 107) s'élève par un mou-

vement très-égal pendant vingt-quatre heures, puis elle descend en un instant, et la colonne tourne d'un degré.

La fig. 107 représente la machine de Ctesibius. Elle consiste en une colonne qui tourne sur son piédestal et fait son tour en un an. Sur cette colonne, des lignes perpendiculaires marquent les mois, et des lignes horizontales indiquent les heures. A l'un des côtés de la colonne, on voit la figure *a* d'une enfant qui laisse couler goutte à goutte l'eau de la clepsydre. Cette eau tombant dans l'in-

Fig. 107.

térieur de la machine, dans un conduit long et étroit, monte insensiblement dans ce conduit à mesure qu'elle l'emplit; et au moyen d'un morceau de liége qui nage sur l'eau, une autre petite figure *c* s'élève; elle tient une baguette avec laquelle, à mesure qu'elle monte, elle montre les heures marquées sur la colonne.

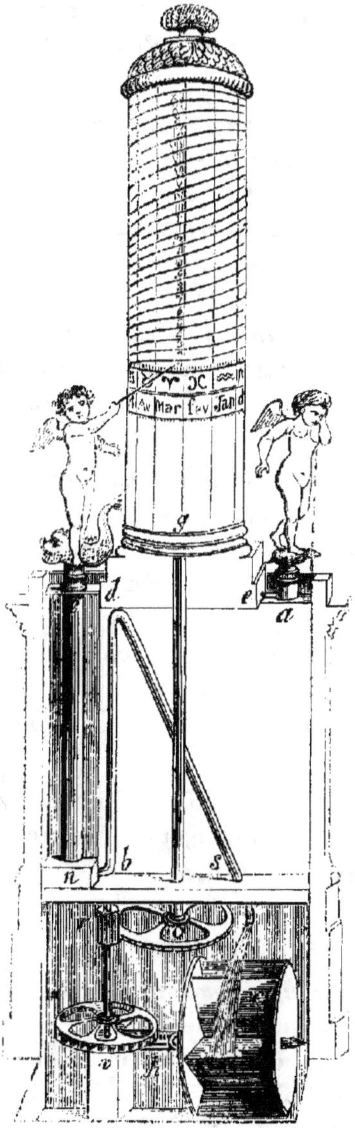

A partir des pieds des deux petites figures, c'est l'intérieur de la machine que l'on voit. *a* est le tuyau par où l'eau monte dans la figure de l'enfant qui la laisse tomber de ses yeux dans le carré, du milieu duquel sort le tuyau; de là elle passe par le trou qui est auprès de *e* pour aller vers *d* tomber dans l'espace qui renferme la petite colonne *cn*, au bout de laquelle se trouve le morceau de liége *n* qui nage sur l'eau, se hausse, à mesure qu'elle monte, avec la petite colonne *cn* qui y est attachée, et élève insensiblement l'enfant qu'elle soutient, et qui montre les heures avec une baguette. Lorsque dans l'intervalle de vingt-quatre heures l'eau a rempli l'espace qui lui est destiné, et qu'en s'élevant elle a aussi rempli le tuyau *db* qui fait partie du syphon *bds*, elle se vide par la partie *ds*, et tombe sur la roue *x* qui, composée de six caisses, fait nécessairement son tour en six jours. Le pignon *h* qui y est attaché et qui a six

dents, fait agir la roue *v* qui en a soixante, et à laquelle est
attaché le pignon *r* qui a six dents, pour faire agir la roue *o* qui
en a soixante et une, et fait, par conséquent, son tour en trois
cent soixante-six jours. Cette dernière roue *o*, au moyen de son
pivot *og* fait tourner la colonne *g*, sur laquelle les signes, les mois
et les heures sont marqués; de sorte que la colonne, faisant tous
les jours une trois cent soixante-sixième partie de son tour, met
directement au bout de la baguette de la petite figure une des
lignes perpendiculaires divisée en vingt-quatre parties par des
lignes horizontales, suivant les proportions que les heures du
jour et de la nuit avaient anciennement les unes à l'égard des
autres.

112. — *Anaphorica.* Ce mot grec signifie une chose qui monte.
Il semble que cette dénomination conviendrait mieux à l'horloge
dont il vient d'être fait mention, dans laquelle une figure s'élève
insensiblement pour marquer les heures. Baldi croit qu'elle est
ainsi appelée à cause des signes qui y sont représentés s'élevant
incessamment sur l'horizon les uns après les autres. Cette horloge en effet ressemble, d'après sa description, à l'araignée de
l'astrolabe sur laquelle le zodiaque est représenté avec les signes
par un cercle excentrique à la circonférence de la roue qui représente l'araignée.

113. — *Ex analemmatos descriptione.* C'est-à-dire suivant la
latitude ou l'élévation du pôle du lieu où cette clepsydre doit
servir, et qui se prend par le moyen de l'analème : car la disposition des fils de cuivre est différente selon l'élévation du pôle qui
détermine l'horizon par le moyen duquel toutes les lignes qui
marquent les heures sont réglées : car la ligne qui représente
l'horizon coupant le tropique du Cancer, l'équinoxiale et le
tropique du Capricorne, laisse douze heures au-dessus pour le
jour et autant au-dessous pour la nuit.

114. — *Uti major pars circuli signiferi.* Le zodiaque, comme on
l'a dit, est divisé en parties inégales dans l'astrolabe et dans les cadrans anaphoriques; mais ce que Vitruve veut dire ici est, suivant l'opinion de Perrault, que, selon que le soleil est en
différents endroits du zodiaque, il fait les heures différentes.

115. — *Ex ære tympanum.* Par le mot *tympanum* sont désignées
beaucoup de choses différentes; c'est quelquefois le dedans d'un
fronton, quelquefois une roue d'horloge, quelquefois une roue
creuse qui sert à élever de l'eau; c'est, dans les clepsydres de
Ctesibius, un vase renversé qui nage sur l'eau; ici c'est un cercle

de cuivre large et semblable à un tambour de basque ; et ce tambour est de deux espèces, l'un plus grand que l'on nomme femelle, l'autre plus petit qui s'emboîte dans le grand, et qui est appelé mâle.

116. — *Inque eo orbiculo temperatum sit foramen.* Le grand tympan renferme le petit, qui a tout à l'entour une rainure d'inégale largeur, de même qu'un robinet renferme sa clef ; et cette rainure du petit tympan devient un canal fermé dans lequel l'eau entre par le trou qui est au grand. Il arrive qu'à mesure qu'on tourne le petit tympan, la rainure qui, à l'endroit où elle est le plus large, laisse l'ouverture du grand tympan entièrement libre, et donne passage à beaucoup d'eau, n'en laisse plus passer que fort peu, lorsqu'elle lui présente sa partie la plus étroite et la bouche presque tout à fait. Cela étant, il tombe en vingt-quatre heures, soit que le jour soit grand, soit qu'il soit petit, une même quantité d'eau qui fait élever le liége toujours à une même hauteur, quand le jour finit, et, par conséquent, fait faire à l'aiguille deux tours entiers de cadran qui sont de douze heures chacun ; mais cette même quantité d'eau est longtemps à tomber, aux grands jours, et elle tombe plus promptement aux courts, parce qu'au moyen de l'index que l'on met chaque jour sur le degré du signe, on fait que la partie la plus large de la rainure se rencontre au droit du trou du grand tympan, aux jours courts, et que la partie étroite s'y rencontre, aux longs ; ainsi, à mesure que les jours croissent ou diminuent, la rainure, qui va en croissant ou en diminuant, laisse passer plus ou moins d'eau, et rend les jours de différente longueur, suivant la grandeur ou la petitesse qu'elle a.

LIBER DECIMUS.

PRÆFATIO.

Nobili Græcorum et ampla civitate, Ephesi, lex ve-
tusta dicitur a majoribus dura conditione sed jure esse
non iniquo constituta. Nam architectus quum publicum
opus curandum recipit, pollicetur quanto sumptu id sit
futurum ; tradita æstimatione, magistratui bona ejus
obligantur, donec opus sit perfectum : absoluto autem
quum ad dictum impensa respondet, decretis et hono-
ribus ornatur. Item si non amplius quam quarta ad æsti-
mationem est adjicienda, de publico præstatur, neque
ulla pœna tenetur : quum vero amplius quam quarta in
opere consumitur, ex ejus bonis ad perficiendum pe-
cunia exigitur.

Utinam dii immortales [1] fecissent quod ea lex etiam
populo Romano, non modo publicis, sed etiam privatis
ædificiis esset constituta : namque non sine pœna grassa-
rentur imperiti ; sed qui summa doctrinarum subtilitate
essent prudentes, sine dubitatione profiterentur architecturam ; neque patresfamiliarum inducerentur ad infinitas sumptuum profusiones, et ut ex bonis ejicerentur ;
ipsique architecti pœnæ timore coacti diligentius modum
impensarum ratiocinantes explicarent, uti patresfamiliarum ad id quod præparavissent, seu paulo amplius

LIVRE DIXIÈME.

INTRODUCTION.

Dans une grande et célèbre ville de la Grèce, à Éphèse, il existe, dit-on, une vieille loi à laquelle on a attaché une sanction sévère, mais juste. Tout architecte qui se charge d'un ouvrage public, est tenu de déclarer quels doivent en être les frais, et une fois l'estimation faite, ses biens passent comme garantie dans les mains du magistrat, jusqu'à l'accomplissement des travaux. Si les dépenses répondent au devis, on lui accorde des récompenses et des honneurs; si elles ne dépassent l'estimation que du quart, on a recours aux deniers publics, sans qu'il soit contraint de subir aucune peine; mais si elles montent au delà du quart, on prend l'excédant sur ses biens.

Combien il serait à souhaiter que les Romains eussent une loi semblable, non-seulement pour leurs édifices publics, mais encore pour leurs bâtiments particuliers! l'impunité n'autoriserait pas les désordres de l'ignorance; il n'y aurait que ceux dont l'habileté serait reconnue qui oseraient exercer la profession d'architecte; les pères de famille ne seraient point jetés dans ces dépenses excessives qui les ruinent; les architectes arrêtés par la crainte d'une peine, apporteraient plus de soin dans le calcul de leurs dépenses, et l'on verrait s'achever les édifices pour la somme qu'on se proposait d'y employer, ou peu

adjicientes, ædificia expedirent. Nam qui quadringenta
ad opus possunt parare, si adjiciant centum, habendo
spem perfectionis, delectationibus tenentur; qui autem
adjectione dimidia aut ampliore sumptu onerantur,
amissa spe et impensa abjecta, fractis rebus et animis,
desistere coguntur.

Nec solum id vitium in ædificiis, sed etiam in muneribus, quæ a magistratibus Foro gladiatorum scenisque
ludorum dantur [2]; quibus nec mora, neque exspectatio
conceditur, sed necessitas finito tempore perficere cogit,
uti sunt sedes spectatorum [3], velorumque inductiones [4] et
ea omnia, quæ scenicis moribus per machinationem ad
spectationes populo comparantur. In his vero opus est
prudentia diligenti et ingenii doctissimi cogitatu; quod
nihil eorum perficitur sine machinatione studiorumque
vario ac solerti vigore.

Igitur quoniam hæc ita sunt tradita et constituta,
non videtur esse alienum, uti caute summaque diligentia, antequam instituantur opera, eorum expediantur
rationes. Ergo quoniam neque lex, neque morum insti-
tutio id potest cogere, et quotannis et prætores et ædiles
ludorum causa machinationes præparare debent, visum
mihi est, imperator, non esse alienum, quoniam de
ædificiis in prioribus voluminibus exposui, in hoc, quod
finitionem summam corporis habet constitutam, quæ
sint principia machinarum ordinata, præceptis explicare.

de chose en sus. Car celui qui veut dépenser quatre cent mille sesterces à la construction d'un bâtiment, peut bien y en ajouter cent mille autres pour avoir le plaisir de le voir terminer; mais quand les frais se trouvent doublés, plus que doublés, on perd toute confiance, on ne veut plus entendre parler de rien, on se voit ruiné, on n'a plus de courage, on est forcé de tout abandonner.

Et c'est un vice qui ne frappe pas seulement les édifices, on le voit encore s'attacher aux préparatifs que les magistrats font faire dans le Forum pour la représentation des jeux des gladiateurs et des acteurs. Point de délais, point de retardements pour ces sortes de choses; il faut, à heure dite, avoir établi les gradins pour les spectateurs, étendu les voiles, dressé les machines, fait, en un mot, toutes les dispositions que nécessitent les spectacles donnés au peuple. Ce sont des choses qui exigent toute l'expérience, tout le soin, toute l'application d'un esprit exercé, et dont on ne peut venir à bout sans avoir étudié l'art de faire des machines, sans avoir acquis de nombreuses et solides connaissances.

Toutes ces considérations me font penser qu'il ne serait pas inutile, avant de commencer ces travaux, d'examiner avec soin ce qu'ils peuvent coûter. Mais comme il n'y a ni loi ni ordonnance qui prescrive de telles mesures, et que tous les ans les préteurs et les édiles sont obligés de faire préparer des machines pour les jeux, j'ai cru, ô César, qu'il était à propos, après avoir traité des édifices dans les livres précédents, d'expliquer dans celui-ci, qui va terminer le corps de cet ouvrage, quels sont les principes qui doivent diriger la confection des machines.

I. De machina et ejus ab organo differentia.

Machina est continens[5] ex materia conjunctio maximas ad ouerum motus habens virtutes. Ea movetur ex
arte[6] circulorum rotundationibus[7], quam Græci κυκλικήν
κίνησιν appellant. Est autem unum genus scansorium[8],
quod Græce ἀκροβατικόν dicitur; alterum spiritale, quod
apud eos πνευματικὸν appellatur; tertium tractorium : id
autem Græci βαροῦλκον vocitant. Scansorium autem est
quum machinæ ita fuerunt collocatæ, ut ad altitudinem
tignis statutis et transversariis colligatis sine periculo
scandatur ad apparatus spectationem[9] : et spiritale,
cum spiritus impulsu, et plagæ vocesque ὀργανικῶς
exprimuntur[10].

Tractorium vero, quum onera machinis pertrahuntur,
aut ad altitudinem sublata collocantur. Scansoria ratio
non arte, sed audacia gloriatur : ea catenationibus, et
transversariis, et plexis colligationibus, et erismatum
fulturis continetur. Quæ autem spiritus potestate assu-
mit ingressus, elegantes artis subtilitatibus consequitur
effectus. Tractoria autem majores et magnificentia plenas
habet ad utilitatem opportunitates et in agendo cum
prudentia summas virtutes.

Ex his sunt alia quæ μηχανικῶς, alia quæ ὀργανικῶς
moventur[11]. Inter machinas et organa id videtur esse
discrimen, quod machinæ pluribus operibus aut vi majore coguntur effectus habere, uti balistæ torculario-
rumque prela. Organa autem unius operæ prudenti tactu
perficiunt quod propositum est, uti scorpionis[12] seu

1. Des machines; en quoi elles diffèrent des *organa*.

Une machine est un assemblage solide de pièces de
bois disposées de manière à faire mouvoir les plus lourds
fardeaux. L'effet de la machine dépend de l'art, et il
est fondé sur le mouvement circulaire que les Grecs
appellent κυκλικὴ κίνησις. Les machines se divisent en
trois genres : le premier sert à monter : les Grecs l'appellent ἀκροβατικός; le second se meut par le vent : en
grec πνευματικός; le troisième sert à tirer : les Grecs le
nomment βαροῦλκος. Les machines qui servent à monter
sont organisées de telle sorte qu'à l'aide de pièces de
bois mises debout auxquelles s'ajoutent d'autres pièces
transversales, on peut monter sans danger pour voir ce
qui se passe. Les machines à vent sont celles qui, par
l'impulsion de l'air, imitent le son des instruments que
l'on touche, et la voix humaine.

Les machines qui servent à tirer sont celles à l'aide
desquelles on transporte ou on élève des fardeaux. Pour
monter on a moins besoin d'art que de hardiesse. La
machine se compose de chaînes, de pièces de bois transversales, d'un mannequin fait avec de l'osier entrelacé,
et d'un montant solide qui soutient le tout. Celles que
la force du vent fait agir, produisent des effets étonnants, grâce aux moyens ingénieux que l'art emploie.
Celles qui servent à tirer sont si utiles, que les résultats
qu'on en obtient sont prodigieux, quand on met avec
habileté leur puissance en action.

De toutes ces machines, les unes se meuvent μηχανικῶς, les autres ὀργανικῶς. Entre les *machinæ* et les
organa, il me semble qu'il y a cette différence, que les
machinæ demandent, pour avoir leur effet, plus de
bras, plus de forces, comme les balistes et les arbres
des pressoirs, et que les *organa*, maniés avec adresse
par un seul homme, exécutent ce à quoi ils sont desti-

anisocyclorum versationes [13]. Ergo et organa et machinarum ratio ad usum sunt necessaria, sine quibus nulla res potest esse non impedita.

Omnis autem machinatio est a rerum natura procreata ac præceptrice et magistra mundi versatione instituta. Namque animadvertamus primum et aspiciamus continentem solis, lunæ, quinque etiam stellarum naturam, quæ ni machinata versarentur, non habuissemus interdiu lucem nec fructuum maturitates. Quum ergo majores hæc ita esse animadvertissent, e rerum natura sumpserunt exempla, et ea imitantes, inducti rebus divinis, commodas vitæ perfecerunt explicationes. Itaque comparaverunt, ut essent expeditiora, alia machinis et earum versationibus, nonnulla organis : et ita quæ animadverterunt ad usum utilia esse studiis, artibus, institutis, gradatim augenda doctrinis curaverunt.

Attendamus enim primum inventum de necessitate, ut vestitus, quemadmodum telarum organicis administrationibus connexus staminis ad subtegmen, non modo corpora tegendo tueatur, sed etiam ornatus adjiciat honestatem. Cibi vero non habuissemus abundantiam, nisi juga et aratra bobus jumentisque omnibus essent inventa : sucularumque, et prelorum, et vectium, si non fuisset torcularis præparatio, neque olei nitorem, neque vineum fructum habere potuissemus ad jucunditatem : portationesque eorum non essent, nisi plaustrorum, seu sarracorum per terram, navicularum per aquam, inventæ essent machinationes.

nés. Tels sont les arbalètes et les anisocycles. Toutes ces
machines, de quelque espèce qu'elles soient, sont d'un
usage indispensable; sans elles il n'est rien qui se fasse
sans difficulté.

L'art de faire des machines est entièrement fondé sur
la nature, et sur l'étude qu'on a faite du mouvement
circulaire du monde. Regardons d'abord et observons
la marche continuelle du soleil, de la lune et des cinq
autres planètes; si leur mouvement de rotation n'était
pas basé sur les règles de la mécanique, nous n'aurions
point de lumière pendant le jour, et les fruits n'arrive-
raient point à leur maturité. A la vue de ce mécanisme,
les anciens prirent modèle sur la nature, et, suivant la
marche que ces corps divins semblaient leur indiquer,
ils obtinrent des résultats qui sont si nécessaires à la vie.
Aussi, pour rendre leurs ouvrages plus faciles à faire,
ont-ils inventé toutes sortes de machines dont la puissance a été appropriée à leur destination. C'est ainsi que
tout ce dont ils ont reconnu l'utilité dans les sciences,
dans les arts, dans les métiers, a été insensiblement
amené par leur sagacité à une plus grande perfection.

Remarquons que la première invention a été due à la
nécessité : c'est le vêtement. L'entrelacement des fils de
la chaîne avec ceux de la trame, a produit, à l'aide de
certains instruments, un tissu qui, en couvrant le corps,
ne le protège pas seulement, mais lui sert encore
d'un grand ornement. Et les aliments, nous ne les aurions pas eus en abondance, si l'on n'avait point inventé
le joug et la charrue pour les bœufs et pour toutes les
bêtes de somme; et sans les moulinets, sans les pressoirs,
sans les leviers, sans la manière employée pour pressu-
rer les olives et les raisins, nous ne jouirions point des li-
queurs qu'on en exprime. Et quels seraient nos moyens de
transport, si l'on n'avait inventé les chariots, les voitures
et les bateaux, pour transporter par terre et par eau ?

Trutinarum vero librarumque ponderibus examinatio
reperta, vindicat ab iniquitate justis moribus vitam :
non minusque sunt innumerabili modo rationes machinationum; de quibus non necesse videtur disputare,
quoniam sunt ad manum quotidianæ, ut sunt rotæ,
folles fabrorum [14], rbedæ, cisia, torni, ceteraque quæ
communes ad usum consuetudinibus habent opportunitates. Itaque incipiemus de his, quæ raro veniunt ad
manus, ut nota sint, explicare.

II. De machinis tractoriis.

Primumque instituemus de his, quæ ædibus sacris
ad operumque publicorum perfectionem necessitate
comparantur, quæ fiunt ita. Tigna tria [15] ad onerum
magnitudinem ratione expediuntur, a capite fibula conjuncta et in imo divaricata eriguntur, funibus in capitibus collocatis et circa dispositis erecta retinentur :
alligatur in summo trochlea [16], quem etiam nonnulli
rechamum dicunt [17]. In trochleam induntur orbiculi
duo per axiculos versationes habentes; per orbiculum
summum trajicitur ductarius funis, deinde demittitur
et traducitur circa orbiculi imum trochleæ inferioris,
refertur autem ad orbiculum imum trochleæ superioris,
et ita descendit ad inferiorem, et in foramine ejus religatur; altera pars funis refertur inter imas machinæ partes.

In quadris autem tignorum posterioribus, quo loci
sunt divaricata, figuntur chelonia, in quæ conjiciuntur
sucularum capita, ut faciliter axes versentur. Eæ suculæ
proxime capita habent foramina bina ita temperata, ut

L'invention des trébuchets et des balances nous met
à même de nous assurer du poids de chaque chose, et
empêche la fraude d'exercer ses manœuvres. Il existe
encore une infinité d'autres machines dont je crois inutile de parler, parce qu'elles se trouvent journellement
sous la main : telles sont les roues, les soufflets de forge,
les carrosses, les cabriolets, les tours et toutes les autres choses qui sont d'un usage ordinaire dans la vie.
Nous allons commencer l'explication de celles dont on
se sert rarement, afin de les bien faire connaître.

II. Des machines qui servent à tirer.

Nous allons commencer par les machines dont l'emploi est nécessaire pour la construction des temples et
des édifices publics. Voici comment on les fait. On prépare trois pièces de bois proportionnées au poids des
fardeaux qu'elles doivent lever. On les joint ensemble
par le haut avec une cheville, puis on les dresse et on
les écarte par en bas, après avoir lié à leur tête des
cordes qu'on attache dans les environs pour tenir la machine droite et l'affermir. On attache au haut une moufle
appelée par quelques-uns *rechamus*. On y introduit deux
poulies qui tournent sur des boulons. Sur la poulie supérieure on fait passer un câble qu'on tire jusqu'à la
poulie de la moufle inférieure, sous laquelle poulie on
le fait passer pour le ramener à la seconde poulie de la
moufle supérieure ; puis on le fait redescendre à la
moufle inférieure dans un trou de laquelle on l'attache ;
l'autre bout du câble est ramené au bas de la machine.

A la partie postérieure des pièces de bois équarries,
vers l'endroit où elles sont écartées, on fixe deux anses
de fer qui reçoivent les bouts du moulinet, afin qu'ils y
tournent facilement comme des essieux. Ce moulinet,

vectes in ea convenire possint. Ad rechamum autem imum ferrei forcipes religantur [18], quorum dentes in saxa forata accommodantur. Quum autem funis habet caput ad suculam religatum, et vectes ducentes eam versant, funis se involvendo circum suculam extenditur, et ita sublevat onera ad altitudinem et operum collocationes.

Hæc autem ratio machinationis, quod per tres orbiculos circumvolvitur, trispastos appellatur. Quum vero in ima trochlea duo orbiculi in superiore tres versantur, id pentaspaston dicitur. Sin autem majoribus oneribus erunt machinæ comparandæ, amplioribus tignorum longitudinibus et crassitudinibus erit utendum, et eadem ratione in summo fibulationibus, in imo sucularum versationibus expediundum. His explicatis antarii funes ante laxi collocentur, retinacula supra scapulas machinæ longe disponantur [19], et, si non erit ubi religentur, pali resupinati defodiantur, et circum fistucationibus solidentur, quo funes alligentur.

Trochlea in summo capite machinæ rudenti contineatur, et ex eo funis perducatur ad palum, et quæ est in palo trochlea illigata, circa ejus orbiculum funis indatur, et referatur ad eam trochleam, quæ erit ad caput machinæ religata. Circum autem orbiculum ab summo trajectus funis descendat, et redeat ad suculam, quæ est in ima machina, ibique religetur. Vectibus autem coacta sucula versabitur, et eriget per se machinam sine periculo : ita circa dispositis funibus, et retinaculis in

vers chacun de ses bouts, a deux trous disposés de manière que des leviers puissent y entrer. A la partie inférieure de la moufle d'en bas, on attache des tenailles de fer dont les deux branches vont s'enfoncer dans des trous que l'on fait aux pierres. Comme le bout du câble est attaché au moulinet que les leviers font tourner, le câble, s'enroulant tout autour, se tend et fait monter les fardeaux jusqu'à la hauteur à laquelle ils doivent être placés.

La machine dans laquelle se meuvent trois poulies, s'appelle trispaste; quand elle en a cinq, deux dans la moufle d'en bas, trois dans celle d'en haut, on la nomme pentaspaste. Si l'on veut avoir des machines capables de lever de plus lourds fardeaux, il faudra se servir de pièces de bois plus longues et plus grosses, et augmenter à proportion la grosseur des boulons qui sont en haut, et la force des moulinets qui sont en bas. Après ces préparatifs, on commencera par attacher, sans qu'ils soient tendus, les câbles destinés à soutenir la machine; puis pour empêcher que les deux pièces de bois où sont attachées les amarres ne reculent, on y mettra des cordes que, faute de mieux, on liera autour de pieux auxquels on donnera un certain degré d'inclinaison en les fichant en terre, et en les y enfonçant bien avant à coups de maillet.

Après cela, on attachera solidement une moufle au haut de la machine d'où l'on fera descendre un câble vers une autre moufle attachée à un pieu; on le fera passer dans la poulie de cette moufle inférieure pour le faire remonter jusqu'à la poulie qui est attachée à la tête de la machine. Après l'avoir fait passer par-dessus la poulie de cette moufle supérieure, on le ramènera vers le moulinet qui est au bas de la machine, et on l'y fixera. Le moulinet mis en mouvement par les leviers fera lui-même monter la machine sans aucun danger; et grâce aux

palis hærentibus, ampliore modo machina collocabitur.
Trochleæ et ductarii funes, uti supra scriptum est,
expediuntur.

Sin autem colossicotera amplitudinibus et ponderibus
onera in operibus fuerint, non erit suculæ committendum; sed quemadmodum sucula cheloniis retinetur,
ita axis includatur, habens in medio tympanum amplum, quod nonnulli rotam appellant, Græci autem
ἀμφίρευσιν alii περιτρόχιον vocitant.

In his autem machinis trochleæ non eodem sed alio
modo comparantur: habent enim et in imo et in summo
duplices ordines orbiculorum: ita funis ductarius trajicitur in inferioris trochleæ foramen, uti æqualia duo
capita sint, funis quum erit extensus; ibique secundum
inferiorem trochleam resticula circumdata et connexa,
utræque partes funis continentur, ut neque in dextram,
neque in sinistram partem possint prodire. Deinde
capita funis referuntur in summa trochlea ab exteriore
parte, et dejiciuntur circa orbiculos imos, et redeunt
ad imum conjiciunturque infimæ trochleæ ad orbiculos
ex interiore parte, et referuntur dextra ac sinistra ad
caput circa orbiculos summos.

Trajecta autem ab exteriori parte referuntur dextra
ac sinistra tympanum in axe, ibique ut hæreant, colligantur. Tum autem circa tympanum involutus alter
funis refertur ad ergatam [20], et is circumactum tympanum et axem se involvendo, funes qui in axe religati
sunt, pariter se extendunt, et ita leniter levant onera
sine periculo. Quod si majus tympanum collocatum [21]
aut in medio aut in una parte extrema habuerit sine

câbles disposés autour d'elle, et aux cordes attachées aux pieux pour la retenir, la machine sera bien affermie. On pourra alors, comme on l'a lu plus haut, se servir des moufles et des cordes qui servent à tirer.

Si dans un ouvrage il se rencontre des fardeaux d'une grosseur et d'un poids énormes, il ne faudra point se fier au moulinet; dans les anses qui le retiennent, il faudra passer un essieu au milieu duquel il y aura un grand tympan appelé par quelques Romains *rota*, et par les Grecs ἀμφίρευσις ou περιτρόχιον.

Dans ces machines, les moufles sont d'une autre forme : toutes deux, celle du haut comme celle du bas, ont un double rang de poulies. On passe le câble dans l'anneau de la moufle inférieure, jusqu'à ce que les deux bouts soient d'égale longueur, quand il sera tendu. Là, auprès de la moufle inférieure, avec une ficelle qui, après plusieurs tours, y sera fortement nouée, les deux parties du câble seront arrêtées de manière à ne pouvoir glisser ni à droite ni à gauche. Les deux bouts du câble sont ensuite montés jusqu'à la moufle supérieure où on les fait passer, par la partie extérieure, sur les secondes poulies, pour les ramener en bas, les faire passer sous les poulies de la moufle inférieure par la partie intérieure, et les faire retourner encore à droite et à gauche jusqu'en haut, où on les fait passer sur les premières poulies.

Après les avoir fait passer par la partie extérieure, on les ramène, à droite et à gauche de la roue, jusqu'à l'essieu, où on les attache pour les y fixer. Alors, de la roue autour de laquelle il est entortillé, un autre câble se dirige vers un vindas. En même temps que ce câble file autour de la roue et du treuil du vindas, ceux qui sont attachés à l'essieu de la machine, se tendent et lèvent insensiblement les fardeaux sans danger. Que si l'on veut, sans employer de vindas, se servir d'une roue

ergata calcantes homines, **expeditiores habere poterit
operis effectus.**

Est autem aliud genus machinæ[22] satis artificiosum,
et ad usum celeritatis expeditum, sed in eo dare operam
non possunt nisi periti. Est enim tignum, quod erigitur
et distenditur retinaculis quadrifariam; sub retinaculis
chelonia duo figuntur; trochlea funibus supra chelonia
religatur; sub trochlea regula longa circiter pedes duos,
lata digitos sex, crassa quatuor, supponitur. Trochleæ
ternos ordines orbiculorum in latitudinem habentes collocantur; ita tres ductarii funes in summo machinæ
religantur, deinde referuntur ad imam trochleam et
trajiciuntur ex interiore parte per ejus orbiculos summos : deinde referuntur ad superiorem trochleam, et
trajiciuntur ab exteriore parte in interiorem, per orbiculos imos.

Quum descenderint ad imum, ex interiore parte et
per secundos orbiculos traducuntur in exteriorem, et
referuntur in summum; ad orbiculos secundos trajecti,
redeunt ad imum; ex imo referuntur ad caput, et trajecti per summos, redeunt ad machinam imam. In radice
autem machinæ collocatur tertia trochlea; eam autem
Græci ἐπάγοντα, nostri artemonem appellant [23]. Ea trochlea religatur ad machinæ radicem habens orbiculos
tres, per quos trajecti funes traduntur hominibus ad
ducendum. Ita tres ordines hominum ducentes, sine
ergata, celeriter onus ad summum perducunt.

Hoc genus machinæ polyspaston appellatur, quod
multis orbiculorum circuitionibus, et facilitatem sum-

plus grande, en la faisant tourner par des hommes qui agiront avec leurs pieds, soit au milieu, soit à l'une de ses extrémités, on en obtiendra des résultats encore plus prompts.

Il y a une autre machine assez ingénieuse; elle est très-expéditive, mais elle veut être dirigée par une main adroite. C'est une longue pièce de bois qui, mise debout, est arrêtée de quatre côtés par des cordes. Au haut de cette pièce de bois, au-dessous de l'endroit où ces cordes sont attachées, on cloue deux anses sur lesquelles on fait passer les cordes qui retiennent la moufle. On appuie cette moufle par une règle longue d'environ deux pieds, large de six doigts, épaisse de quatre. Les moufles présentent sur leur largeur trois rangs de poulies, en sorte que trois câbles attachés au haut de la machine descendent jusqu'à la moufle inférieure, sous les trois premières poulies de laquelle on les fait passer du dedans au dehors. On les remonte ensuite à la moufle supérieure pour les faire passer de dehors en dedans sur les poulies d'en bas.

De là, descendant à la moufle inférieure, ces câbles passent de dedans en dehors sous les secondes poulies, et retournent en haut pour passer sur les poulies du second rang, d'où ils redescendent en bas pour remonter encore en haut, où, après avoir passé sur les trois poulies du dernier rang, ils redescendent au bas de la machine. Or, au pied de la machine, se trouve une troisième moufle, que les Grecs appellent ἐπάγων, et les Romains *artemon*. Cette moufle, qui est attachée au pied de la machine, a trois poulies dans lesquelles passent les trois câbles qu'on donne à tirer à des hommes. Ainsi trois rangées d'hommes, sans le secours d'un vindas, peuvent tirer et élever promptement les fardeaux.

Cette espèce de machine s'appelle polyspaste, parce que, à l'aide d'un grand nombre de poulies, on tire avec

mam præstat et celeritatem. Una autem statutio tigni
hanc habet utilitatem, quod ante quantum velit a dextra
ac sinistra, ad latera declinando [24] onus deponere potest.
Harum machinationum omnium, quæ supra scriptæ,
rationes, non modo ad has res, sed etiam ad onerandas
et exonerandas naves sunt paratæ, aliæ erectæ, aliæ
planæ in carchesiis versatilibus collocatæ. Non minus
sine tignorum erectionibus in plano, etiam eadem ratione
et temperatis funibus et trochleis, subductiones navium
efficiuntur.

Non est autem alienum etiam Chersiphronis ingenio-
sam rationem exponere. Is enim scapos columnarum ex
lapidicinis quum deportare vellet Ephesum ad Dianæ
fanum, propter magnitudinem onerum et viarum cam-
pestrem mollitudinem, non confisus carris, ne rotæ
devorarentur, sic est conatus. De materia trientali
scapos quatuor, duos transversarios interpositos duobus
longis, quanta longitudo scapi fuerat, complectit et
compegit, et ferreos cnodaces, uti subscudes [25] in capitibus scaporum implumbavit, et armillas in materia ad
cnodaces circumdandos infixit, item baculis iligneis
capita religavit. Cnodaces autem in armillis inclusi
liberam habuerunt versationem tantam, uti quum boves
ducerent subjuncti, scapi versando in cnodacibus et
armillis sine fine volverentur.

Quum autem scapos omnes ita vexissent, et instarent
epistyliorum vecturæ, filius Chersiphronis Metagenes
transtulit eam rationem e scaporum vectura etiam in
epistyliorum deductione. Fecit enim rotas circiter pedum

autant de facilité que de promptitude. L'emploi d'une seule pièce de bois a cela d'avantageux, que, en lui donnant préalablement l'inclinaison que l'on veut, à droite ou à gauche, elle peut déposer les fardeaux sur les côtés. Toutes les machines qui ont été décrites ci-dessus peuvent encore servir à charger et à décharger les navires, les unes debout, les autres couchées sur des pièces de bois faciles à mettre en mouvement. On peut encore, sans élever d'arbre, étendre à terre les mêmes câbles et les mêmes poulies, et s'en servir pour tirer les navires hors de l'eau.

Il n'est pas hors de propos d'expliquer aussi l'invention ingénieuse de Chersiphron. Cet architecte voulait transporter des fûts de colonnes, des carrières où on les prenait, jusqu'à Éphèse, où il bâtissait le temple de Diane. Craignant que la pesanteur des fardeaux et le peu de solidité des chemins de campagne ne fissent enfoncer les roues, voici l'expédient qu'il trouva. Quatre pièces de bois de quatre pouces carrés, deux placées en travers et les deux autres en long, égales à la grandeur de chaque fût de colonne, furent solidement assemblées. Aux deux bouts des fûts, il scella avec du plomb des boulons de fer en forme de queue d'aronde, et enfonça dans les traverses des anneaux en fer pour y faire passer les boulons. De plus, il attacha aux deux extrémités de la machine, des timons en bois de chêne auxquels on attela des bœufs, et les boulons passés dans les anneaux de fer y tournaient si librement, que les fûts des colonnes, grâce à ces boulons et à ces anneaux de fer, roulèrent sans aucune difficulté.

Quand tous les fûts des colonnes eurent été transportés, il fut aussi question du transport des architraves. Métagène, fils de Chersiphron, prit modèle sur cette machine pour les amener. Il fit des roues de douze pieds environ, et au milieu de ces roues il en-

duodenum [26], et epistyliorum capita in medias rotas, eadem ratione cum cnodacibus et armillis in capitibus, inclusit. Ita quum trientes a bubus ducerentur, in armillis inclusi cnodaces versabant rotas; epistylia vero inclusa, uti axes, in rotis [27], eadem ratione qua scapi, sine mora ad opus pervenerunt. Exemplar autem erit ejus, quemadmodum in palæstris cylindri exæquant ambulationes. Neque hoc potuisset fieri, nisi primum propinquitas esset : non enim plus sunt ab lapidicinis ad fanum quam millia pedum octo : nec ullus est clivus, sed perpetuus campus.

Nostra vero memoria, quum colossici Apollinis in fano basis esset a vetustate defracta, et metuentes ne caderet ea statua et frangeretur, locaverunt ex eisdem lapidicinis basim excidendam. Conduxit quidam Paconius. Hæc autem basis erat longa pedes duodecim, lata pedes octo, alta pedes sex : quam Paconius, gloria fretus, non uti Metagenes apportavit [28], sed eadem ratione alio genere constituit machinam facere.

Rotas enim circiter pedum quindecim fecit, et in his rotis capita lapidis inclusit; deinde circa lapidem fusos sextantales, ab rota ad rotam, ad circinum compegit ita, uti fusus a fuso non distaret pedem nisi unum. Deinde circa fusos funem involvit, et bubus junctis funem ducebat; ita quum explicaretur, volvebat rotas, sed non poterat ad lineam via recta ducere [29], sed exibat in unam vel alteram partem. Ita necesse erat rursus retroducere. Sic Paconius ducendo et reducendo pecuniam contrivit, ut ad solvendum non esset.

chassa les deux bouts des architraves, auxquels il adapta de la même manière des boulons et des anneaux de fer, de sorte que, les bœufs une fois attelés à la machine faite de pièces de bois de quatre pouces carrés, les boulons passés dans les anneaux de fer faisaient tourner les roues; et les architraves enfermées dans les roues comme des essieux, arrivèrent de la même manière que les fûts de colonnes, au lieu de leur destination. On peut avoir une idée de cette machine par les cylindres qui servent à aplanir les allées dans les palestres. Mais il eût été impossible de réussir sans le peu de distance qu'il y avait entre la carrière et le temple, distance qui n'était que de huit mille pas; encore n'y avait-il ni à monter ni à descendre.

De notre temps, le piédestal de la statue colossale d'Apollon menaçait ruine de vétusté. On craignait que cette statue, placée dans son temple, ne vînt à tomber et à se briser. On proposa un marché pour tirer de la même carrière un nouveau piédestal. Ce fut un nommé Paconius qui l'accepta. Ce piédestal avait douze pieds de longueur, huit de largeur, six de hauteur. Paconius, piqué d'honneur, ne se servit point de l'appareil de Métagène; il voulut monter une machine d'un autre genre, d'après le même système.

Il fit faire des roues d'environ quinze pieds, et y enferma les deux bouts de la pierre; ensuite, tout autour de cette pierre, il disposa en rond des fuseaux de deux pouces de grosseur qui, passant d'une roue à l'autre, n'avaient entre eux que la distance d'un pied. Puis il entortilla ces fuseaux d'un câble qu'il fit tirer par un attelage de bœufs. A mesure que le câble se déroulait, les roues tournaient; mais elles ne pouvaient aller droit, et dérivaient tantôt à droite, tantôt à gauche. Il fallait à chaque instant reculer. Aussi Paconius, à force d'avancer et de reculer, finit par se mettre dans l'impossibilité de faire face aux frais.

Pusillum extra progrediar, et de his lapidicinis, quemadmodum sint inventæ, exponam. Pixodorus fuerat pastor : is in his locis versabatur. Quum autem cives Ephesiorum cogitarent fanum Dianæ ex marmore facere, decernerentque a Paro, Proconneso, Heraclea, Thaso, uti marmore, per id tempus propulsis ovibus Pixodorus in eodem loco pecus pascebat, ibique duo arietes inter se concurrentes, alius alium præterierunt, et impetu facto unus cornibus percussit saxum, ex quo crusta candidissimo colore fuerat dejecta. Ita Pixodorus dicitur oves in montibus reliquisse, et crustam cursim Ephesum, quum maxime de ea re ageretur, detulisse. Ita statim honores ei decreverunt [30], et nomen mutaverunt, ut pro Pixodoro Evangelus nominaretur. Hodieque quotmensibus magistratus in eum locum proficiscitur, et ei sacrificium facit, et, si non fecerit, pœna tenetur.

III. De linea recta et rotunda, motus omnis principiis.

De tractoriis rationibus, quæ necessaria putavi, breviter exposui. Quarum motus et virtutes duæ res diversæ et inter se dissimiles, uti congruentes, ita principia pariunt ad eos effectus, unum porrecti, quam Græci εὐθεῖαν vocitant, alterum rotunditatis, quam κυκλωτήν appellant; sed vere neque sine rotunditate motus porrecti, nec sine porrecto rotationis versationes onerum possunt facere levationes. Id autem ut intelligatur, exponam [31].

Je vais faire une petite digression pour raconter de quelle manière furent trouvées les carrières d'Éphèse. Il y avait un berger nommé Pixodore qui vivait dans ces parages. Dans le temps que les citoyens d'Éphèse pensaient à élever à Diane un temple de marbre, et se proposaient de faire venir leurs marbres de Paros, de Proconèse, d'Héraclée et de Thasis, Pixodore avait mené paître son troupeau dans ce même endroit. Voilà que deux de ses béliers, se précipitant pour se choquer, passèrent l'un à côté de l'autre sans se toucher; mais il y en eut un qui alla donner de ses cornes contre un rocher dont il enleva un fragment de la couleur la plus blanche. Pixodore laisse, dit-on, ses moutons dans la montagne, court à Éphèse, où il arrive avec son fragment au moment où il était le plus question de l'affaire des marbres. On lui décerna à l'instant de grands honneurs; on changea son nom de Pixodore en celui d'Evangelus. Et de nos jours encore, le magistrat est tenu de se rendre tous les mois sur le lieu même, pour y faire un sacrifice, faute de quoi il subit une punition.

III. De la ligne droite et de la ligne circulaire, principes de tout mouvement.

J'ai exposé en peu de mots ce que j'ai cru nécessaire de dire pour l'intelligence des machines qui servent à tirer. Les deux moteurs ou puissances qui les font agir, différents l'un de l'autre, ne se ressemblent pas; ils concourent pourtant à produire les principes de deux actions : l'une est la force de la ligne droite que les Grecs appellent εὐθεῖα; l'autre, celle de la ligne circulaire qu'ils nomment κυκλωτή. Il n'en est pas moins vrai que la ligne droite ne peut agir sans la circulaire, ni la circulaire sans la droite, dans l'élévation des fardeaux. Cette proposition, pour être bien comprise, demande quelque explication.

Inducuntur uti centra axiculi in orbiculos, et in trochleis collocantur[32], per quos orbiculos funis circumactus directis ductionibus, et in sucula collocatus[33]
vectium versationibus onerum facit egressus in altum :
cujus suculæ cardines, uti centra, porrecti in cheloniis,
foraminibusque ejus vectes conclusi, capitibus ad circinum circumactis, torni ratione versando, faciunt
oneris elationem. Quemadmodum etiam ferreus vectis[34]
quum est admotus ad onus, quod manuum multitudo
non potest movere, supposita uti centro cito porrecta
pressione, quod Græci ὑπομόχλιον appellant, et lingula
sub onus subdita, caput ejus unius hominis viribus
pressum id onus extollit.

Id autem fit, quod brevior pars prior vectis ab ea
pressione, quod est centrum, subit sub onus, et quod
longius ab eo centro distans caput ejus, per id quum
ducitur, faciundo motus circinationis, cogit pressionibus examinari paucis manibus oneris maximi pondus.
Item si sub onus vectis ferrei lingula subjecta fuerit,
neque ejus caput pressione in imum, sed adversus in
altitudinem extolletur, lingula fulta in areæ solo habebit eam pro onere, oneris autem ipsius angulum pro
pressione; ita non tam faciliter quam oppressione[35],
sed adversus nihilominus id pondus oneris erit excita-
tum. Igitur si plus lingula vectis supra hypomochlion
posita sub onus subierit, et caput ejus propius centrum pressiones habuerit, non poterit onus elevare,

Les chevilles qui traversent les poulies comme des axes, sont placées dans les moufles, et le câble qui passe sur les poulies et qui va directement s'attacher au moulinet, fait monter les fardeaux, grâce au mouvement de rotation que lui imprime le levier. Les bouts du treuil du moulinet qui, comme des centres, s'étendent entre les deux amarres, et les leviers qui entrent dans les trous du moulinet, et dont l'extrémité décrit un cercle dans son mouvement de rotation, semblable à celui d'un tour, élèvent les fardeaux. On peut, de même, au moyen d'un levier en fer, lever un fardeau que plusieurs hommes ne sauraient remuer. Pour servir de centre, on place sous le levier un appui que les Grecs appellent ὑπομόχλιον; on passe la pince sous le fardeau; qu'un seul homme alors vienne à appuyer sur le manche, on le verra lever ce fardeau.

En voici la raison : c'est que la première partie du levier comprise entre le point d'appui, qui est le centre, et le fardeau sous lequel on met la pince, est la plus courte; et que la plus longue, celle qui s'étend depuis ce centre jusqu'à la tête du levier, étant la partie sur laquelle on agit, peut, par le mouvement circulaire qu'on lui fait faire, donner aux quelques mains qui la pressent, une force égale à la pesanteur d'un très-lourd fardeau. Mais si l'on met la pince du levier de fer sous le fardeau, et qu'au lieu de peser sur le bout opposé, on veuille, au contraire, le soulever, la pince appuyant sur le sol, agira contre la terre, comme elle agissait contre le fardeau, et l'angle du fardeau sera son point d'appui : l'opération ne sera pas aussi facile que lorsqu'on appuyait sur le levier; on en viendra néanmoins à bout, bien qu'avec plus de peine. S'il arrive que la pince du levier qui est posé sur l'hypomochlium, se trouve engagée sous le fardeau, de manière que la tête du manche sur lequel on appuie, soit plus près du cen-

nisi, quemadmodum supra scriptum est, examinatio
vectis longius per caput deductionibus fuerit facta[36].

Id autem ex trutinis, quæ stateræ dicuntur, licet
considerare[37] : quum enim ansa propius caput, unde
lancula pendet, uti ad centrum est collocata, et æqui-
pondium in alteram partem scapi, per puncta vagando
quo longius, aut etiam ad extremum perducitur, paulo
et impari pondere amplissimam pensionem parem perficit, per scapi librationem examinatio longius a centro
recedens. Ita imbecillior æquipondii brevitas, majorem
vim ponderis momento deducens, sine vehementia,
molliter, ab imo sursum versum egredi cogit.

Quemadmodum etiam navis onerariæ maximæ guber-
nator, ansam gubernaculi tenens[38], qui οἴαξ a Græcis
appellatur, una manu, momento per centrum pressionibus ex ratione artis agitans, versat eam amplissimis
et immanibus mercis et penus ponderibus oneratam;
ejusque vela quum sunt per altitudinem mediam mali
pendentia, non potest habere navis celerem cursum;
quum autem in summo cacumine antennæ subductæ
sunt, tunc vehementiori progreditur impetu, quod non
proxime calcem mali, quod est loco centri, sed in
summo et longius ab eo progressa recipiunt in se vela
ventum.

Itaque uti vectis sub onere subjectus, si per medium
premitur, durior est, neque incumbit; quum autem
caput ejus summum deducitur, faciliter onus extollit :

tre, on ne pourra point lever le fardeau, à moins que, suivant ce que nous avons dit plus haut, en allongeant le manche, on ne ramène l'équilibre entre la résistance du fardeau et la puissance qui doit le lever.

C'est une expérience qu'il est facile de faire avec les balances qu'on appelle statères. L'anse est placée auprès de l'extrémité à laquelle le bassin est suspendu; c'est là qu'est le centre du mouvement du fléau. De l'autre côté se trouve le poids qui tient la machine en équilibre. Plus, en le faisant glisser vers l'extrémité du fléau, vous lui ferez franchir de ces points qui y sont marqués, plus, malgré l'inégalité de sa pesanteur, vous lui donnerez de force pour faire équilibre avec les plus lourds fardeaux, puisque sa puissance augmente à mesure qu'il s'éloigne du centre. Ainsi, le poids si léger destiné à établir l'équilibre, acquérant en un moment une force proportionnée à son éloignement du centre, peut faire monter doucement et sans peine un très-grand fardeau.

Cette même force, qui agit loin du centre, fait qu'un pilote qui dirige la barre du gouvernail que les Grecs appellent οἴαξ, vient à bout de faire tourner en un moment, avec une seule main, les plus gros bâtiments de transport, chargés, en marchandises et en provisions, des fardeaux les plus lourds, les plus considérables. C'est aussi par la même raison que, si les voiles ne sont montées que jusqu'à la moitié du mât, un vaisseau ne peut courir avec rapidité, tandis que si les antennes ont été élevées jusqu'au haut, on le voit alors s'élancer avec impétuosité; c'est que le vent agit avec moins de force sur les voiles qui reçoivent son souffle aussi près du pied du mât, que l'on considère comme le centre, que sur celles qui le reçoivent en haut à une plus grande distance.

Ainsi de même que le levier, quand on le prend par le milieu, a beaucoup moins de force, et ne soulève qu'avec peine le fardeau sous lequel il est placé, tandis

similiter vela, quum sunt per medium temperata, minorem habent virtutem; quæ autem in capite mali summo
collocantur discedentia longius a centro, non acriore,
sed eodem flatu, pressione cacuminis vehementius cogunt progredi navem [39]. Etiam remi, circa scalmos stro-
phis religati, quum manibus impelluntur et reducuntur,
extremis progredientibus a centro [40] scalmi [41] in maris
undis spumantibus, impulsu vehementi protrudunt por-
rectam navem, secante prora liquoris raritatem.

Onerum vero maxima pondera quum feruntur a phalangariis [42] hexaphoris et tetraphoris, examinantur per
ipsa media centra phalangarum, ut ita diviso oneris
solido pondere, certa quadam divisionis ratione æquas
partes collis singuli ferant operarii. Mediæ enim partes
phalangarum, quibus lora tetraphororum invehuntur,
clavis sunt finitæ, ne labantur in unam vel alteram partem.
Quum enim extra finem centri promoventur, premunt
ejus collum, ad quem propius accesserunt; quemadmodum in statera pondus cum examine progreditur ad
fines ponderationum.

Eadem ratione jumenta, quum juga eorum subjugio-
rum loris per medium temperantur, æqualiter trahunt
onera; quum autem impares sunt eorum virtutes, et
unum plus valendo premit alterum, loro trajecto fit
una pars jugi longior, quæ imbecilliori auxiliatur ju-
mento. Ita in phalangis et jugis, quum in medio lora
non sunt collocata, sed unam partem, qua progreditur

que, si l'on pèse sur l'extrémité du manche, on le sentira fonctionner avec facilité; de même, les voiles, lorsqu'elles sont attachées au milieu du mât, agissent avec moins de puissance que quand elles sont hissées jusqu'au haut : car alors, se trouvant plus éloignées du centre, bien que le vent ne les enfle pas avec plus de force, elles donnent au vaisseau une impulsion plus énergique et accélèrent sa marche. C'est encore par la même raison que, quand les rames qui sont attachées à leur cheville par un anneau, sont plongées dans l'eau et ramenées à force de bras, si la partie qui va frapper l'eau de la mer s'étend loin de la cheville qui est le centre autour duquel elles se meuvent, le vaisseau sille avec impétuosité, la proue fend les vagues avec plus de légèreté.

Lorsque la pesanteur d'un fardeau exige qu'il y ait quatre ou six hommes pour le porter, on le met parfaitement en équilibre au milieu des bâtons qui doivent servir, afin que tout le poids de la charge soit divisé de manière que chaque porteur n'ait à soutenir sur son épaule qu'une part proportionnée à leur nombre. Pour cela, le milieu des bâtons où sont attachées les courroies des porteurs, est armé de clous pour empêcher que les fardeaux ne glissent d'un côté ou de l'autre : car s'ils s'écartent du centre, ils pèsent davantage sur l'épaule de celui dont ils se sont approchés. C'est ce qui arrive dans la statère, lorsque le poids s'éloigne de l'anse pour avancer vers l'extrémité du fléau.

C'est encore par la même raison que deux bœufs, lorsque leurs jougs sont attachés par le milieu avec une courroie, ont à tirer autant l'un que l'autre; mais s'ils ne sont pas d'égale force, et que le plus fort fatigue trop son compagnon, on allonge un des côtés du joug avec une courroie qu'on y passe, pour soulager le bœuf le plus faible. Ainsi, pour les bâtons à porter comme pour les jougs, quand la courroie n'est pas placée au milieu,

lorum a medio, breviorem efficit, alteram partem longiorem : ea ratione, si per id centrum, quo loci perductum est lorum, utraque capita circumagentur, longior pars ampliorem, brevior minorem aget circinationem.

Quemadmodum vero minores rotæ duriores et difficiliores habent motus, sic phalangæ et juga, in quibus partibus habent minora a centro ad capita intervalla, premunt duriter colla; qua autem longiora habent ab eodem centro spatia, levant oneribus extrahentes et ferentes. Quum hæc ita ad centrum porrectionibus et circinationibus recipiant motus, tum vero plaustra, rhedæ, tympana, rotæ, cochleæ, scorpiones, balistæ, prela, ceteræque machinæ, iisdem rationibus per porrectum centrum et rotationem circini versatæ, faciunt ad propositum effectus.

IV. De organorum ad aquam hauriendam generibus.

Nunc de organis, quæ ad hauriendam aquam inventa sunt, quemadmodum variis generibus comparentur, exponam; et primum dicam de tympano[43]. Id autem non alte tollit aquam, sed exhaurit expeditissime multitudinem magnam. Fit axis ad tornum aut circinum fabricatus, capitibus lamina ferratis, habens in medio circa se tympanum ex tabulis inter se coagmentatis, collocaturque in stipitibus habentibus in se sub capite axis ferreas laminas. In ejus tympani cavo interponuntur octo tabulæ transversæ, tangentes axem

quand, en s'éloignant du centre, elle a rendu l'un des côtés plus court, et l'autre plus long, si sur le nouveau centre formé par le déplacement de la courroie on vient à faire tourner le bâton, l'extrémité de la partie la plus longue décrira un cercle plus grand que l'extrémité de la partie la plus courte.

De même que les petites roues ont plus de peine, plus de difficulté à rouler que les grandes, de même aussi les bâtons à porter et les jougs pèsent davantage du côté où il se trouve le moins d'intervalle, depuis le centre jusqu'à l'extrémité, comme ils deviennent plus légers pour ceux qui tirent ou qui portent du côté qui présente le plus de longueur à partir du centre. Puisque c'est en raison de l'éloignement du centre et de la grandeur du cercle que le mouvement devient plus facile, les charrettes, les voitures, les tympans, les roues, les vis, les scorpions, les balistes, les pressoirs et toutes les autres machines remplissent le but auquel elles sont destinées, quand elles sont soumises aux principes qui règlent l'éloignement du centre et le mouvement circulaire.

IV. Des différentes espèces de machines destinées à tirer l'eau.

Je vais maintenant parler des différentes espèces de machines qui ont été inventées pour tirer de l'eau ; je commence par le tympan. Cette machine n'élève pas l'eau bien haut, mais elle en tire une grande quantité en très-peu de temps. On fait au tour ou au compas un essieu dont les extrémités sont garnies d'une lame de fer. On le passe au travers d'un tympan formé de planches jointes ensemble, et on le fixe au milieu ; puis on le place sur deux pieux qui ont des lames de fer aux deux endroits où portent les deux bouts de l'essieu. Dans la cavité de ce tympan, on dispose huit planches en

et extremam tympani circuitionem , quæ dividant
æqualia in tympano spatia.

Circa frontem ejus figuntur tabulæ, relictis semipe-
dalibus aperturis ad aquam intra concipiendam. Item
secundum axem columbaria fiunt , excavata in singulis
spatiis ex una parte. Id autem quum est navali ratione
picatum , hominibus calcantibus versatur[44], et hauriendo aquam per aperturas, quæ sunt in frontibus
tympani , reddit per columbaria secundum axem sup-
posito labro ligneo habenti una secum conjunctum canalem. Ita hortis ad irrigandum vel ad salinas ad temperandum præbetur aquæ multitudo.

Quum autem altius extollendum erit , eadem ratio
commutabitur sic : rota fiet circum axem ea magnitudine , ut ad altitudinem , qua opus fuerit , convenire
possit : circum extremum latus rotæ figentur modioli
quadrati [45], pice et cera solidati. Ita quum rota a calcantibus versabitur, modioli pleni ad summum elati ,
rursus ad imum revertentes , infundent in castellum
ipsi per se quod extulerint.

Sin autem magis altis locis erit præbendum, in ejusdem rotæ axe involuta duplex ferrea catena[46] demissa-
que ad imum libramentum collocabitur, habens situlos
pendentes æreos congiales. Ita versatio rotæ catenam
in axem involvendo efferet situlos in summum;
qui, quum super axem pervehentur, cogentur in-

travers, depuis l'essieu jusqu'à la circonférence, lesquelles divisent le tympan en autant d'espaces égaux.

Autour de cette machine, on arrondit des planches dans lesquelles on pratique des ouvertures d'un demipied, pour que l'eau puisse pénétrer à l'intérieur. De plus, on creuse le long de l'essieu autant de petits canaux qu'il y a de compartiments, et on les fait aboutir à un des côtés de l'essieu. Quand le tout a été bien goudronné comme un bateau, on charge des hommes de faire tourner avec leurs pieds la machine qui, en puisant l'eau par les ouvertures pratiquées dans la circonférence du tympan, la rend par les conduits qui sont le long de l'essieu; elle tombe alors dans une auge de bois à laquelle on a adapté un tuyau. C'est par ce moyen qu'on conduit une grande quantité d'eau dans les jardins pour les arroser, et dans les salines pour les approvisionner.

Si l'on veut faire monter l'eau plus haut, on peut employer le même procédé avec cette modification : on fait autour de l'essieu une roue assez grande pour qu'elle puisse atteindre à la hauteur à laquelle on veut élever l'eau. Autour de la circonférence de la roue, on cloue des caisses bien calfeutrées avec de la poix et de la cire, de sorte que, quand des hommes font tourner la roue avec leurs pieds, les caisses s'élèvent pleines jusqu'au haut, puis, lorsqu'elles viennent à redescendre, elles versent d'elles-mêmes dans le réservoir l'eau qu'elles ont montée.

Si l'on doit fournir d'eau des lieux plus élevés encore, on placera sur l'essieu de la même roue une double chaîne de fer qui descendra jusque dans l'eau; à cette chaîne seront suspendus des seaux de cuivre de la capacité d'un conge. Le mouvement de la roue, en faisant tourner la chaîne avec l'essieu, fera monter les seaux qui, arrivés au-dessus de l'essieu, se renverseront nécessaire-

verti, et infundere in castellum id aquæ quod extulerint.

Fiunt etiam in fluminibus rotæ[47] eisdem rationibus, quibus supra scriptum est. Circa earum frontes affiguntur pinnæ, quæ quum percutiuntur ab impetu fluminis, cogunt progredientes versari rotam, et ita modiolis aquam haurientes et in summum referentes, sine operarum calcatura, ipsius fluminis impulsu versatæ, præstant quod opus est ad usum.

Eadem ratione etiam versantur hydromylæ[48], in quibus eadem sunt omnia, præterquam quod in uno capite axis tympanum dentatum est inclusum. Id autem ad perpendiculum collocatum in cultrum versatur cum rota pariter; secundum id tympanum minus, item dentatum, planum est collocatum[49], quo continetur axis habens in summo capite subscudem ferream, qua mola continetur. Ita dentes ejus tympani, quod est in axe inclusum, impellendo dentes tympani plani, cogunt fieri molarum circinationem; in qua machina impendens infundibulum subministrat molis frumentum, et eadem versatione subigitur farina.

Est autem etiam cochleæ ratio[50], quæ magnam vim haurit aquæ, sed non tam alte tollit, quam rota. Ejus autem ratio sic expeditur[51]. Tignum sumitur, cujus

ment, et verseront dans le réservoir toute l'eau qu'ils contiendront.

On fait aussi dans les rivières des roues du même genre que celles dont nous venons de parler. Autour de la circonférence de ces roues sont fixées des aubes qui, en recevant l'impulsion du courant, donnent nécessairement à cette circonférence un mouvement de rotation, sans qu'il soit besoin d'hommes pour mettre en jeu les roues que la force seule du courant fait tourner ; les caisses puisent l'eau, l'élèvent jusqu'en haut et en fournissent la quantité nécessaire pour l'usage.

Les moulins à eau que le même mécanisme met en mouvement, sont faits de la même manière, avec cette différence pourtant que l'une des extrémités de l'essieu traverse un rouet qui, posé à plomb, perpendiculairement, tourne avec la roue. Auprès de ce rouet s'en trouve un autre plus petit, dentelé aussi et placé horizontalement ; au milieu de ce petit rouet s'élève un essieu à l'extrémité supérieure duquel se trouve un fer en forme de hache, qui l'affermit dans la meule. Ainsi les alichons du grand rouet qui termine l'essieu de la roue, s'engrenant avec ceux du petit qui est placé horizontalement, font tourner la meule au-dessus de laquelle est suspendue la trémie qui laisse tomber le blé entre les meules, où il est converti en farine par le même mouvement de rotation.

La limace est une espèce de machine qui puise beaucoup d'eau, mais qui ne l'élève pas aussi haut que la roue. Voici de quelle manière elle se construit : on prend

tigni quanta fuerit pedum longitudo, tanta digitorum expeditur crassitudo [52]. Id ad circinum rotundatur : in capitibus circino dividuntur circinationes eorum tetrantibus in partes quatuor, vel octantibus in partes octo ductis lineis, eæque lineæ ita collocentur, uti, in plano posito tigno, ad libellam utriusque capitis lineæ inter se respondeant : ab his deinde lineæ ab capite ad alterum caput perducantur ad perpendiculum convenientes, et quam magna pars sit octava circinationis tigni, tam magna spatia dividantur in longitudinem. Sic et in rotundatione et in longitudine æqualia spatia fient. Ita quo loci describuntur lineæ, quæ sunt in longitudinem spectantes, faciendæ decussationes, et in decussationibus finita puncta.

His ita emendate descriptis, sumitur salignea tenuis, aut de vitice secta regula, quæ uncta liquida pice figitur in primo decussis puncto; deinde trajicitur oblique ad insequentes longitudines et circuitiones decussium : item ex ordine progrediens, singula puncta prætereundo et circuminvolvendo, collocatur in singulis decussationibus, et ita pervenit et figitur ad eam lineam, recedens a primo in octavum punctum, in qua prima pars ejus est fixa. Eo modo quantum progreditur oblique spatium per octo puncta, tantumdem in longitudine procedit ad octavum punctum. Eadem ratione per omne spatium longitudinis et rotunditatis singulis decussationibus oblique fixæ regulæ, per octo crassitudinis divisiones involutos faciunt canales, et justam cochleæ naturalemque imitationem [53].

Ita per id vestigium aliæ super alias figuntur unctæ

une pièce de bois qui a autant de pieds en longueur que de doigts en épaisseur. On l'arrondit au compas. Le cercle qui est à chaque bout se divise avec un compas en quatre parties égales ou en huit, en conduisant du centre à la circonférence autant de lignes qu'il y a de divisions, et ces lignes doivent être tracées de telle sorte que, la pièce de bois étant couchée à terre, leurs extrémités correspondent parfaitement à chaque bout. Puis, d'un bout à l'autre de ces extrémités, on tire le long de la pièce de bois d'autres lignes sur lesquelles on marque des espaces égaux à la huitième partie de la circonférence; si bien que les divisions, prises sur la longueur, sont les mêmes que celles de la circonférence. On tire ensuite autour de la circonférence des lignes qui coupent celles qui sont tracées dans la longueur, et on marque des points aux endroits où elles s'entre-croisent.

Toutes ces dispositions ayant été faites avec exactitude, on prend une tringle flexible de saule ou d'osier qui, après avoir été enduite de poix liquide, est appliquée sur le premier point. On la fait passer ensuite obliquement sur les points suivants marqués par les lignes longitudinales et transversales, et en avançant graduellement, après avoir traversé chaque point en tournant, après avoir placé la tringle sur chaque intersection, et l'y avoir fixée, on arrive du premier point au huitième, jusqu'à la ligne sur laquelle on avait commencé à la fixer. Ainsi, la marche qu'on lui fait suivre obliquement à travers huit points de la circonférence, la conduit également au huitième point de la ligne longitudinale. Les tringles fixées obliquement sur les intersections formées par la rencontre de toutes les lignes droites et arrondies, composent autour du cylindre autant de canaux qu'on y a fait de divisions, et ces canaux ressemblent parfaitement à celui que la nature a tracé dans le limaçon.

Sur ces premières tringles on en applique d'autres,

pice liquida, et exaggerantur ad id, uti longitudinis octava pars fiat summa crassitudo. Supra eas circumdantur et figuntur tabulæ, quæ pertegant eam involutionem : tunc eæ tabulæ pice saturantur, et laminis ferreis colligantur, ut ab aquæ vi ne dissolvantur. Capita tigni ferreis clavis et laminis continentur, iisque infiguntur styli ferrei; dextra autem ac sinistra cochleam tigna collocantur, in capitibus utraque parte habentia transversaria confixa. In his foramina ferrea sunt inclusa, inque ea inducuntur styli, et ita cochlea hominibus calcantibus [54] facit versationes.

Erectio autem ejus ad inclinationem sic erit collocanda, uti, quemadmodum Pythagoricum trigonum orthogonium describitur, sic id habeat responsum; id est uti dividatur longitudo in partes quinque : earum trium extollatur caput cochleæ : ita erit ad perpendiculum ad imas nares spatium earum quatuor. Qua ratione autem oporteat id esse, in extremo libro ejus forma descripta est.

Quæ de materia fiunt organa, quibus rationibus perficiantur, quibusque rebus motus recipientia præstent versationibus infinitas utilitates, ut essent notiora, quam apertissime potui, perscripsi.

VII. De Ctesibica machina, quæ altissime extollit aquam.

Insequitur nunc de Ctesibica machina, quæ in altitudinem aquam educit, monstrare. Ea fit ex ære [55],

enduites aussi de poix liquide, et on les accumule les
unes sur les autres jusqu'à ce qu'elles aient donné à la
limace une grosseur égale à la huitième partie de sa longueur. Sur ces tringles, tout autour de la machine, on
attache des planches pour couvrir cet entortillement de
canaux. Alors on recouvre ces planches d'une forte couche de poix, et on les lie avec des cercles de fer, pour que
la force de l'eau ne les disjoigne pas. Les deux bouts du
cylindre armés chacun d'un pivot en fer sont entourés de
cercles de même métal qu'on arrête avec des clous. Puis
à droite et à gauche de chacun des bouts de la limace, on
plante des pieux dont les extrémités sont liées par des traverses. Au milieu de ces traverses, on enchâsse deux
pitons dans lesquels on fait entrer les pivots, et dans
cet état des hommes la font tourner avec leurs pieds.

Le degré d'inclinaison de la limace répond à la description du triangle rectangle de Pythagore, c'est-à-dire
que si l'on divise la longueur de la limace en cinq parties, on en donnera trois à l'élévation de sa tête, de
sorte qu'il s'en trouvera quatre depuis la ligne perpen
diculaire de l'élévation jusqu'aux ouvertures qui sont au
bas de la machine. On verra facilement comment cela
doit se faire par la figure que j'en donne à la fin du livre.

Je viens d'expliquer le plus clairement que j'ai pu,
afin de les mieux faire connaître, les machines qui se
font avec du bois. J'ai dit de quelle manière on les con-
fectionnait, et comment, à l'aide du mouvement circulaire, on les mettait en jeu pour en retirer de si nombreux avantages.

VII. De la machine de Ctesibius qui élève l'eau très-haut.

J'ai maintenant à parler de la machine de Ctesibius
qui fait monter l'eau à une grande hauteur. Elle se fait

cujus in radicibus modioli fiunt gemelli paulum distantes, habentes fistulas (furcillæ sunt figura) similiter cohæ- rentes, in medium catinum concurrentes : in quo catino fiunt asses [56], in superioribus naribus fistularum coag- mentatione subtili collocati; qui præobturantes foramina narium, non patiuntur exire id quod in catinum fuerit expressum [57].

Supra catinum penula [58], ut infundibulum inversum, est attemperata et per fibulam cum catino cuneo tra- jecto continetur, ne vis inflationis aquæ eam cogat ele vare. Insuper fistula, quæ tuba dicitur, coagmentata, in altitudine fit erecta. Modioli autem habent infra nares inferiores fistularum asses interpositos supra fora- mina earum quæ sunt in fundis.

Ita de supernis in modiolis emboli masculi torno po- liti, et oleo subacti, conclusique regulis et vectibus commoventur, qui ultro citroque frequenti motu pre- mentes aerem, qui erit ibi cum aqua, assibus obtu- rantibus foramina, cogunt et extrudunt inflando pres- sionibus per fistularum nares aquam in catinum; e quo recipiens penula spiritus exprimit per fistulam in alti- tudinem; et ita ex inferiore loco castello collocato, ad saliendum aqua subministratur.

Nec tamen hæc sola ratio Ctesibii fertur exquisita, sed etiam plures et variis generibus aliæ quæ ab eo liquore pressionibus coacto spiritus, efferre a natura mutuatos effectus ostenduntur, uti merularum aquæ

en cuivre. On place en bas de cette machine, à une petite distance l'un de l'autre, deux barillets auxquels on adapte des tuyaux qui vont en forme de fourche s'ajuster à un petit bassin posé entre ces deux barillets. Dans ce bassin sont pratiquées deux soupapes qui s'adaptent parfaitement à l'orifice supérieure des tuyaux qu'elles bouchent hermétiquement, pour empêcher que ce qui a été poussé dans le bassin par le moyen de l'air, ne s'échappe.

On ajuste sur le bassin une chape semblable à un entonnoir renversé, et on l'y retient par le moyen de pitons traversés par des clavettes, de crainte que la force avec laquelle l'eau est poussée ne vienne à la faire sauter. On soude avec la chape, perpendiculairement au-dessus, un autre tuyau qu'on appelle trompe. Les barillets ont au-dessous de l'orifice inférieure des tuyaux, des soupapes qui ferment les trous qui sont au fond.

Ensuite on fait entrer par le haut, dans les barillets, des pistons polis au tour et frottés d'huile. Ces pistons, une fois enfermés dans les barillets, sont mis en jeu à l'aide de tringles et de leviers; puis par le mouvement répété qui les fait hausser et baisser, ils compriment l'air qui s'y trouve condensé, et l'eau que retiennent les soupapes qui bouchent les ouvertures par lesquelles elle est entrée dans les barillets. Alors l'eau est contrainte, par la compression, de se précipiter par les ouvertures des tuyaux, dans le petit bassin d'où l'air qui la pousse contre la chape la fait sortir par la trompe qui est en haut; par ce moyen, l'eau peut être élevée d'un endroit bas dans un réservoir pour y former un jet.

Cette machine n'est pas la seule dont on attribue l'invention à Ctesibius; il en est plusieurs autres de différentes sortes qui, par le moyen de l'eau poussée par la compression de l'air, produisent des effets imités de la nature : telles sont les machines hydrauliques qui imi-

motus voces, atque angibata [59], quæ bibentia tandem movent sigilla, ceteraque quæ delectationibus oculorum et aurium usu sensus eblandiuntur.

E quibus quæ maxime utilia et necessaria judicavi, selegi, et in priore volumine de horologiis posui; in hoc de expressionibus aquæ dicendum putavi. Reliqua, quæ non sunt ad necessitatem, sed ad deliciarum voluptatem, qui cupidiores erunt ejus subtilitatis, ex ipsius Ctesibii commentariis poterunt invenire.

VIII. De hydraulicis organis.

De hydraulicis [60] autem quas habeant ratiocinationes, quam brevissime proximeque attingere potero et scriptura consequi, non prætermittam. De materia compacta basi, arca in ea ex ære fabricata collocatur. Supra basim eriguntur regulæ dextra ac sinistra scalari forma compactæ, quibus includuntur ærei modioli, fundulis ambulatilibus ex torno subtiliter subactis, habentibus fixos in medio ferreos ancones [61], et verticulis cum vectibus conjunctos, pellibusque lanatis involutos [62]. Item in summa planitia foramina circiter digitorum ternum, quibus foraminibus proxime in verticulis collocati ærei delphini [63], pendentia habent e catenis cymbala ex ære infra foramina modiolorum chalata.

Intra arcam, quo loci aqua sustinetur [64], inest pni-

tent le chant des oiseaux, et ces petites figures creuses que l'eau met en mouvement dans des vases de verre, et d'autres encore qui sont faites pour charmer les sens de la vue et de l'ouïe.

Parmi ces machines, j'ai choisi celles qui m'ont paru les plus utiles et les plus nécessaires, et, après avoir parlé des horloges dans le livre précédent, j'ai jugé à propos de traiter dans celui-ci des machines hydrauliques. Quant aux autres machines qui sont faites moins pour servir que pour amuser, ceux qui désireront en connaître le mécanisme ingénieux pourront consulter l'ouvrage de Ctesibius lui-même.

VIII. Des orgues hydrauliques.

Je n'omettrai point d'expliquer le mécanisme des orgues mises en jeu par le moyen de l'eau; mais je ne vais traiter cette matière que le plus succinctement que je pourrai, et avec le moins de mots possible. Sur une base faite avec du bois, on met un coffre de cuivre; de cette base s'élèvent, à droite et à gauche, deux règles jointes ensemble en forme d'échelle; entre ces règles on enferme des cylindres creux en cuivre, avec des pistons parfaitement arrondis au tour et attachés à des branches de fer qui, faisant au milieu le coude à l'aide de charnières, tiennent elles-mêmes de la même manière à des leviers, et sont enveloppées de peaux encore garnies de leur laine. Dans la plaque qui forme le haut des cylindres, sont des trous de la grandeur d'environ trois doigts. Tout près de ces trous sont placés des dauphins de cuivre également attachés avec des charnières. Ils tiennent suspendus à des chaînes des cônes en cuivre qui, ayant leur base en bas, descendent dans les trous des cylindres.

Dans le coffre où l'eau est suspendue, il y a un pui-

geus [65] uti infundibulum inversum, quem subter taxilli alti circiter digitorum ternum suppositi, librant spatium imum ima inter labra pnigeos et arcæ fundum. Supra autem cerviculam ejus coagmentata arcula sustinet caput machinæ, quæ Græce κανὼν μουσικὸς appellatur : in cujus longitudine canales, si tetrachordos est, sunt quatuor, si hexachordos, sex, si octochordos [66], octo.

Singulis autem canalibus singula epistomia [67] sunt inclusa, manubriis ferreis collocata : quæ manubria quum torquentur, ex arca patefaciunt nares in canales. Ex canalibus autem canon habet ordinata in transverso foramina respondentia naribus, quæ sunt in tabula summa, quæ tabula Græce πίναξ dicitur. Inter tabulam et canona regulæ sunt interpositæ, ad eumdem modum foratæ et oleo subactæ, ut faciliter impellantur, et rursus introrsus reducantur, quæ obturant ea foramina pleuritidesque appellantur, quarum itus et reditus [68] alias obturat, alias aperit terebrationes.

Hæ regulæ habent ferrea choragia [69] fixa et juncta cum pinnis, quarum pinnarum tactus motiones efficit regularum. Continentur supra tabulam foramina, quæ ex canalibus habent egressum spiritus : regulis aliis [70] sunt annuli agglutinati, quibus lingulæ omnium includuntur organorum. E modiolis autem fistulæ sunt continenter conjunctæ pnigeos cervicibus pertingentesque ad nares, quæ sunt in arcula, in quibus asses sunt ex torno subacti et ibi collocati, qui, quum recipit arcula animam, spiritum non patientur obturantes foramina rursus redire.

Ita quum vectes extolluntur, ancones deducunt fundos modiolorum ad imum, delphinique, qui sunt in

gée, espèce d'éteignoir, sous lequel on place des sortes
de dés d'environ trois doigts qui laissent le même espace
entre ses bords inférieurs et le fond du coffre. Au-dessus
de son col, qui va en rétrécissant, est soudé un coffret
qui soutient la partie supérieure de la machine appelée
en grec κανών μουσικός[1] : cette partie a dans la longueur
quatre canaux, si l'orgue est à quatre jeux ; six, s'il est
à six jeux ; huit, s'il est à huit.

Chaque canal a un robinet, avec une clef de fer. Cette
clef, quand on la tourne, laisse passer dans les canaux
l'air renfermé dans le coffre. Le long de ces canaux qui
traversent le κανών, il y a une rangée de trous qui répondent à d'autres qui sont dans la table supérieure,
appelée en grec πίναξ[2]. Entre cette table et le κανών, on
place des règles percées en face des trous du κανών, et
frottées d'huile pour qu'elles puissent être facilement
poussées et ramenées à l'intérieur. Leur destination est
de boucher les trous qui sont le long des canaux : on les
appelle *pleuritides*[3] ; lorsqu'elles vont ou qu'elles viennent, elles donnent ou ôtent le vent aux tuyaux.

Ces règles ont des ressorts en fer qui les attachent aux
marches ; quand ces marches sont touchées, elles font
remuer ces règles. Au-dessus de la table il y a des trous
qui laissent sortir le vent des tuyaux. A d'autres règles
encore sont soudés des anneaux dans lesquels sont enfermés les bouts de tous les tuyaux. Depuis les cylindres
jusqu'au col du pnigée, s'étendent les uns à la suite des
autres des conduits qui communiquent avec les trous du
coffret. Dans ces trous sont placés des focets qui, les
bouchant hermétiquement, ne laissent point ressortir le
vent que renferme le coffret.

Ainsi, quand on lève les leviers, les tringles de fer

[1] Règle musicale. — [2] Table. — [3] Côtes.

verticulis inclusi, chalantes in eos cymbala, replent spatia modiolorum, atque ancones, extollentes fundos intra modiolos vehementi pulsus crebritate, et obturantes foramina cymbalis superiora, aera, qui est ibi clausus, pressionibus coactum in fistulas cogunt, per quas in pnigea concurrit, et per ejus cervices in arcam : motione vero vectium vehementiore spiritus frequens compressus epistomiorum aperturis influit, et replet anima canales.

Itaque quum pinnæ manibus tactæ propellunt et reducunt continenter regulas, alternis obturando foramina, alternis aperiundo, ex musicis artibus multiplicibus modulorum varietatibus sonantes excitant voces.

Quantum potui niti, ut obscura res per scripturam dilucide pronuntiaretur, contendi; sed hæc non est facilis ratio, neque omnibus expedita ad intelligendum præter eos, qui in his generibus habent exercitationem. Quod si qui parum intellexerint e scriptis, quum ipsam rem cognoscent, profecto invenient curiose et subtiliter omnia ordinata.

IX. Qua ratione rheda vel navi vecti peractum iter dimetiantur.

Transferatur nunc cogitatio scripturæ ad rationem non inutilem, sed summa solertia a majoribus traditam, qua in via rheda sedentes, vel mari navigantes, scire possimus, quot millia numero itineris fecerimus.

coudées font couler les pistons jusqu'au fond des cylindres, et les dauphins qui sont retenus par des charnières, laissant descendre les cônes dans les cylindres, donnent entrée à l'air qui les remplit. Puis les tringles de fer, par le mouvement rapide imprimé aux pistons, les faisant monter dans les cylindres, et bouchant en même temps les ouvertures avec les cônes soulevés par la force de l'air intérieur, forcent cet air comprimé dans les cylindres par les coups de piston, à passer dans les conduits par lesquels il se précipite dans le pnigée, et de là, par son col, dans le coffret. Aussi, l'air fortement comprimé par la fréquente impulsion des leviers, entre par les ouvertures des robinets et remplit les canaux de vent.

Lors donc qu'une main habile touche les marches qui, en poussant continuellement les règles, et en les laissant revenir, ouvrent ou ferment le passage au vent, elle produit une grande harmonie par la nombreuse variété des inflexions.

J'ai cherché, autant qu'il était en mon pouvoir, à éclaircir, dans ce chapitre, une matière par elle-même fort obscure : c'est un instrument qui ne peut être facilement compris que par ceux qui en ont étudié de près toutes les parties. Et si la description que j'en donne est peu intelligible pour quelques personnes, je suis sûr qu'en le voyant exécuté, elles en trouveront le mécanisme aussi ingénieux que régulier.

IX. *Du moyen de connaître combien on a fait de chemin, dans une voiture ou sur un bateau.*

Passons maintenant à une invention qui, si elle n'est pas des plus utiles, est au moins une des plus ingénieuses que nous aient laissées les anciens : je veux parler du moyen d'arriver à connaître combien on a fait de

Hoc autem erit sic. Rotæ quæ erunt in rheda, sint latæ per mediam diametron pedum quaternum[71], ut, quum finitum locum habeat in se rota, ab eoque incipiat progrediens in solo viæ facere versationem, perveniendo ad eam finitionem, a qua cœperit versari, certum modum spatii habeat peractum pedum XIIS.

His ita præparatis, tunc in rotæ modiolo ad partem interiorem, tympanum stabiliter includatur[72], habens extra frontem suæ rotundationis exstantem denticulum unum. Insuper autem ad capsum rhedæ loculamentum firmiter figatur, habens tympanum versatile in cultro collocatum et in axiculo conclusum : in cujus tympani fronte denticuli perficiantur æqualiter divisi, numero quadringenti[73], convenientes denticulo tympani inferioris. Præterea superiori tympano ad latus figatur alter denticulus prominens extra dentes.

Super autem tertium tympanum planum eadem ratione dentatum inclusum in altero loculamento collocetur, convenientibus dentibus denticulo, qui in secundi tympani latere fuerit fixus : in eoque tympano foramina fiant, quantum diurni itineris milliariorum numero cum rheda possit exiri : minus plusve rem nihil impedit. Et in his foraminibus omnibus calculi rotundi collocentur, inque ejus tympani theca (sive id loculamentum est) fiat foramen, unum habens canaliculum, qua calculi, qui in eo tympano impositi fuerint, quum ad eum locum venerint, in rhedæ capsum et vas æneum, quod erit suppositum, singuli cadere possint.

Ita quum rota progrediens secum agat tympanum imum, et denticulum ejus singulis versationibus tym-

milles, soit dans une voiture, soit sur un bateau. Le
voici : les roues du char doivent avoir de diamètre quatre pieds, afin que, d'après une marque faite à l'une
des roues, à laquelle elle aura commencé à tourner sur
la terre, ou puisse connaître d'une manière certaine
qu'en revenant au point auquel elle s'était mise à rouler,
elle a parcouru un espace de douze pieds et demi.

Cela fait, on attachera solidement au moyeu de la
roue, du côté intérieur, un tympan ayant une petite
dent qui excède sa circonférence au-dessus de ce tympan. Au corps de la voiture, on clouera avec la même
solidité une boîte, contenant un autre tympan posé
perpendiculairement et traversé par un petit essieu. Ce
tympan doit avoir, à sa circonférence, quatre cents petites dents également espacées, qui se rapportent à la
petite dent du tympan inférieur. De plus, le tympan
supérieur doit avoir, à une de ses parties latérales, une
autre dent qui s'avance en dehors de celles qui sont à sa
circonférence.

Il faudra encore renfermer, dans une autre boîte, un
troisième tympan placé horizontalement, et ayant,
comme le second, quatre cents dents qui se combinent
avec celle qui aura été fixée à la partie latérale du second
tympan. Dans ce troisième tympan, on fera autant de
trous que la voiture pourra faire de milles en un jour;
qu'il y en ait un peu plus ou un peu moins, peu importe.
Dans chacun de tous ces trous on mettra un petit caillou
rond, et dans l'étui ou boîte qui contient ce tympan, il
y aura une ouverture débouchant sur un petit canal
par où les petits cailloux qui auront été mis dans ce
tympan, arrivés en cet endroit, pourront tomber l'un
après l'autre, par le corps de la voiture, dans un vase
de cuivre qui sera placé au fond.

Ainsi, lorsque la roue du char, dans son mouvement
de rotation, emporte avec elle le tympan d'en bas, et

pani superioris denticulos impulsu cogat præterire, efficiet, ut, quum quatercenties imum versatum fuerit,
superius tympanum semel circumagatur, et denticulus,
qui est ad latus ejus fixus, unum denticulum tympani
plani producat. Quum ergo quadringentis versationibus
imi tympani semel superius versabitur, progressus efficiet spatia pedum millia quinque, id est passus mille.
Ex eo quot calculi deciderint, sonando singula millia
exisse monebunt. Numerus vero calculorum ex imo
collectus, summa diurni milliariorum itineris numerum
indicabit.

Navigationibus vero similiter [74], paucis rebus com-
mutatis, eadem ratione efficiuntur. Namque trajicitur
per latera parietum axis, habens extra navem prominentia capita, in quæ includuntur rotæ diametro pedum
quaternum, habentes circa frontes affixas pinnas aquam
tangentes : item medius axis in media navi habet tympanum cum uno denticulo exstanti extra suam rotunditatem. Ad eum locum collocatur loculamentum habens
inclusum in se tympanum, peræquatis dentibus quadringentis convenientibus denticulo tympani, quod est
in axe inclusum; præterea ad latus affixum exstantem
extra rotunditatem alterum dentem.

Unum insuper in altero loculamento cum eo confixo
inclusum tympanum planum ad eumdem modum dentatum collocetur, convenientibus dentibus denticulo,
qui est ad latus fixus tympano quod est in cultro collocatum, ita ut eos dentes, qui sunt plani tympani, singulis versationibus singulos dentes impellendo in orbem,
planum tympanum verset. In plano autem tympano foramina fiant, in quibus foraminibus collocabuntur cal-

que la dent frappant à chaque tour une des dents du tympan supérieur, le fait tourner d'autant, il arrive que les quatre cents tours du premier tympan ne font faire qu'un tour au second, et que la petite dent latérale ne fait avancer que d'une dent le tympan horizontal. Ainsi, pendant que le premier tympan, avec ces quatre cents tours, n'en aura fait faire qu'un seul au second, la voiture aura parcouru un espace de cinq mille pieds, c'est-à-dire de mille pas. Le bruit que fera chaque caillou en tombant, avertira qu'on aura avancé d'un mille, et le nombre de ceux qu'on ramassera au fond du vase fera connaître de combien de milles sera la route parcourue en un jour.

Avec quelques changements, on arrivera au même résultat sur l'eau. On fait passer à travers les flancs du vaisseau un essieu dont les extrémités, saillant au dehors, portent des roues de quatre pieds de diamètre, ayant autour de leur circonférence des aubes qui touchent l'eau. Autour de cet essieu s'arrondit, au milieu du navire, un tympan avec une petite dent qui excède sa circonférence. A cet endroit, on place une boîte renfermant un second tympan divisé également en quatre cents dents, qui se rapportent à celle du tympan traversé par l'essieu; il a de plus une autre dent latérale qui dépasse sa circonférence.

Dans une autre boîte, on renferme encore un autre tympan posé horizontalement, et dont les dents disposées comme celles du second, se rapportent à cette petite dent qui est attachée au côté du tympan placé verticalement, de sorte que cette dent latérale du tympan vertical, faisant à chaque tour avancer d'une dent le tympan horizontal, finit par lui faire faire un tour entier. Au tympan posé horizontalement, on perce aussi des trous dans lesquels on met des petits cailloux ronds;

culi rotundi; in theca ejus tympani, sive loculamentum est, unum foramen excavetur habens canaliculum, qua calculus liberatus ab obstantia quum ceciderit in vas æneum, sonitum significet [75].

Ita navis quum habuerit impetum, aut remorum, aut ventorum flatu, pinnæ quæ erunt in rotis tangentes aquam adversam, vehementi retrorsus impulsu coactæ versabunt rotas; eæ autem involvendo se agent axem, axis vero tympanum : cujus dens circumactus singulis versationibus singulos secundi tympani dentes impellendo, modicas efficit circinationes. Ita quum quatercenties ab pinnis rotæ fuerint versatæ [76], semel tympanum in cultro circumagent cujus denticulus qui est ad latus ejus fixus, unum denticulum tympani plani producet : igitur circuitio tympani plani quotiescumque ad foramen perducet calculos, emittet per canaliculum. Ita et sonitu et numero indicabit milliaria spatia navigationis [77].

Quæ, pacatis et sine metu temporibus, ad utilitatem et delectationem paranda, quemadmodum debeant fieri, peregisse videor.

X. De catapultarum et scorpionum rationibus.

Nunc vero quæ ad præsidia periculi et necessitatem salutis sunt inventa, id est scorpionum [78], catapultarum [79] et balistarum rationes, quibus symmetriis comparari possint, exponam. Omnes proportiones eorum organorum ratiocinantur ex proposita sagittæ longitudine,

et dans l'étui ou boîte qui le renferme, on creuse une ouverture communiquant à un canal par où le caillou, libre de tout obstacle, tombera dans le vase de cuivre qu'il fera sonner.

Ainsi, lorsque le vaisseau sillera, poussé par la rame ou par le vent, les aubes qui sont aux roues, trouvant dans l'eau une force qui les repousse avec violence, imprimeront aux roues un mouvement de rotation. Ces roues, en tournant, forceront l'essieu de suivre leur mouvement, et l'essieu fera tourner lui-même le tympan dont la dent, à chacun de ses tours, poussera une de celles du second tympan, et lui fera opérer lentement sa révolution. De cette manière, lorsque les aubes auront fait tourner quatre cents fois les roues, elles n'auront fait faire qu'un tour à ce tympan vertical, dont la dent latérale aura fait avancer d'une dent le tympan horizontal. A mesure donc que le tympan horizontal amènera, dans son mouvement progressif de rotation, les petits cailloux à l'ouverture qui est dans sa boîte, ils tomberont dans le petit canal. Par le bruit qu'ils produiront en tombant, et par le nombre qu'on trouvera dans le vase, il sera facile de compter les milles qu'on aura parcourus sur l'eau.

Voilà les machines dont on peut retirer de l'utilité et de l'agrément dans les temps de paix et de sécurité. La manière de les construire doit être connue, je crois, par tout ce que j'en ai dit.

X. Des proportions des catapultes et des scorpions.

Je vais maintenant traiter des proportions qu'on peut donner aux machines qui ont été inventées pour nous mettre à l'abri du danger et défendre nos jours : je veux parler des scorpions, des catapultes et des balistes. Toutes les proportions de ces machines se règlent sur la longueur des traits qu'elles sont destinées à lancer. On

quam id organum mittere debet, ejusque nonæ partis
fit foraminum in capitulis magnitudo, per quæ tenduntur
nervi torti, qui brachia continere catapultarum debent.

Ipsa tum eorum foraminum capituli deformatur altitudo et latitudo. Tabulæ, quæ sunt in summo et in imo
capituli parallelique vocantur, fiant crassitudine unius
foraminis [80], latitudine unius et ejus dodrantis : in extremis foraminis unius et s. Parastatæ dextra ac sinistra,
præter cardines, altæ foraminum quatuor, crassæ foraminum quinum; cardines foraminis s 9. A foramine ad
medianam parastatam item foraminis s 9. Latitudo pa-
rastados mediæ unius foraminis et ejus I r crassitudo
foraminis unius.

Intervallum, ubi sagitta collocatur in media parastade,
foraminis partis quartæ. Anguli quatuor, qui sunt circa
in lateribus et frontibus, laminis ferreis aut stilis æreis
et clavis configantur. Canaliculi, qui Græce σύριγξ dicitur, longitudo foraminum XIX. Regularum, quas nonnulli bucculas appellant, quæ dextra ac sinistra canalem figuntur, foraminum XVIIII, altitudo foraminis
unius et crassitudo; et affiguntur regulæ duæ, in quas
inditur sucula, habentes longitudinem foraminum trium,
latitudinem dimidium foraminis. Crassitudo bucculæ,
quæ affigitur, vocitatur scamillum, seu, quemadmodum
nonnulli, loculamentum, securiclatis cardinibus fixa,
foraminis I altitudo foraminis s, suculæ longitudo ⁖
foraminum ⦂, crassitudo scutulæ foraminum VIIII.

en prend la neuvième partie pour déterminer la grandeur des trous du chapiteau, à travers lesquels on tend les cordes à boyau qui doivent arrêter les bras des catapultes.

Voici quelles doivent être la hauteur et la largeur du chapiteau où ces trous sont percés. Les pièces de bois qui composent le haut et le bas du chapiteau, et que l'on nomme parallèles, doivent avoir d'épaisseur le diamètre d'un des trous, et de largeur un diamètre trois quarts. A l'extrémité, elles ne doivent plus se trouver que d'un diamètre et demi. Les poteaux de droite et de gauche doivent, sans les tenons, avoir de hauteur quatre diamètres, et de largeur cinq, et les tenons trois quarts de diamètre. Depuis le trou jusqu'au poteau du milieu, il doit y avoir aussi trois quarts de diamètre. La largeur du poteau du milieu doit être d'un diamètre et un seizième, et son épaisseur d'un diamètre.

L'intervalle où se place le javelot dans le poteau du milieu, doit avoir la quatrième partie d'un diamètre. Que les quatre angles qui sont de côté et de face soient attachés avec des lames de fer ou avec des chevilles de cuivre et des clous. Le petit canal qui, en grec, est appelé σύριγξ [1], doit avoir dix-neuf diamètres de longueur. Des règles, qu'on appelle quelquefois *bucculæ* [2], sont fixées à droite et à gauche, pour former le canal, et doivent aussi être longues de dix-neuf diamètres ; leur largeur et leur épaisseur sera d'un diamètre : on y ajoute deux autres règles, dans lesquelles on fait passer un moulinet ; elles ont une longueur de trois diamètres sur une largeur d'un demi-diamètre. L'épaisseur du *buccula* qui s'y attache se nomme *scamillum* [3], ou, selon quelques-uns *loculamentum* [4]. Il est fixé par des tenons à queue d'aronde, longs d'un diamètre et larges d'un demi-diamètre. La longueur du moulinet est de neuf diamètres et un neuvième. Le gros rouleau est de neuf diamètres.

(1) Canal — (2) Lèvres — (3) Petit banc. — (4) Étui.

Epitoxidos longitudo foraminum s⸚ crassitudo.—.
Item chelo, sive manucla dicitur, longitudo foraminum
III, latitudo et crassitudo s :—. Canalis fundi longitudo
foraminum XVI, crassitudo foraminis ✲, latitudo s:—.
Columella et basis in solo foraminum octo, latitudo in
plinthide, in qua statuitur columella, foraminis s:—,
crassitudo F z, columellæ longitudo ad cardinem foraminum XII ✲, latitudo foraminis s:—, crassitudo υ 9.
Ejus capreoli tres, quorum longitudo foraminum VIIII,
latitudo dimidium foraminis ⁖⁖, crassitudo z; cardinis
longitudo foraminis ✲, columellæ capitis longitudo
I. s. K., antefixa latitudo foraminis a. s. ✲ 9, crassitudo I.

Posterior minor columna, quæ Græce dicitur ἀντι-
βασις, foraminum octo, latitudo foraminis s.I, crassitudinis F z. subjectio foraminum XII, latitudinis et
crassitudinis ejusdem, cujus minor columna illa. Supra
minorem columnam chelonium, sive pulvinus dicitur,
foraminum IIS ✲ , altitudinis IIS ✲ , latitudinis
SI:—. Carchesia sucularum foraminum IIS. I ✲ , crassitudo foraminis IIS ✲ , latitudo IS. Transversariis
cum cardinibus longitudo foraminum X ✲ , latitudo
IS. ✲ , decem et crassitudo. Brachii longitudo IS.
foraminum VII, crassitudo ab radice[81] foraminis F z,

La longueur de l'*epitoxis*[1] est d'un demi-diamètre et un huitième; son épaisseur d'un huitième de diamètre. Le *chelo*[2], appelé aussi *manucla*[3], est long de trois diamètres, large et épais d'un demi-diamètre et un huitième. La longueur du canal qui se trouve au bas de la machine, doit avoir de longueur seize diamètres. Son épaisseur doit être de la neuvième partie d'un diamètre, et sa largeur d'un demi-diamètre et un huitième. La petite colonne avec sa base, qui est près du sol, est de huit diamètres; sa largeur, au-dessus du plinthe sur lequel elle est placée, est d'un demi-diamètre et un huitième; l'épaisseur est d'un douzième et un huitième de diamètre. La longueur de la petite colonne, jusqu'au tenon, est de douze diamètres et un neuvième; sa largeur est d'un demi-diamètre et un huitième; l'épaisseur est du tiers et du quart d'un diamètre. Elle a trois arcs-boutants, dont la longueur est de neuf diamètres, la largeur d'un demi-diamètre et un neuvième, et l'épaisseur d'un huitième. Le tenon est long de la neuvième partie d'un diamètre. La longueur de la tête de la petite colonne est d'un diamètre et demi et un seizième. La largeur de la pièce de bois placée devant est d'un diamètre et demi, avec un neuvième et un quart; l'épaisseur est d'un diamètre.

Une plus petite colonne, qui est derrière, appelée en grec ἀντίϐασις[4], a huit diamètres; sa largeur est d'un demi-diamètre; son épaisseur est d'un douzième et un huitième de diamètre. Le chevalet a douze diamètres; son épaisseur et sa largeur sont égales à la grosseur de la plus petite colonne. Le *chelonium*[5], ou oreiller, qui est sur la plus petite colonne, a deux diamètres et demi et un neuvième; sa hauteur est la même; sa largeur est d'un demi-diamètre et un huitième. Les mortaises du moulinet ont deux diamètres et demi et un neuvième; leur profondeur

<hr />

(1) Qui est sur le dard. — (2) Tortue. — (3) Petite main. — (4) Arc-boutant — (5) Carapace de tortue.

in summo foraminis uz [82] , curvaturæ foraminum octo.

Hæc iis proportionibus, aut adjectionibus, aut detractionibus comparantur : nam si capitula altiora,
quam fert longitudo, facta fuerint (quæ anatona dicuntur [83]), de brachiis demetur; ut quo mollior est tonus
propter altitudinem capituli, brachii brevitas faciat
plagam vehementiorem. Si minus altum capitulum fuerit (quod catatonum dicitur), propter vehementiam,
brachia paulo longiora constituentur, uti facile ducan-
tur. Namque, quemadmodum vectis, quum est longitudine pedum quatuor, quod onus quatuor hominibus
extollitur, is si est pedum octo, a duobus elevatur : eodem modo brachia, quo longiora sunt, mollius, quo
breviora, durius ducuntur. Catapultarum rationes ex
quibus membris et portionibus componantur dixi.

XI. De balistarum rationibus.

Balistarum autem rationes variæ sunt et differentes,
unius effectus causa comparatæ. Aliæ enim vectibus et
suculis, nonnullæ polyspastis, aliæ ergatis, quædam
etiam tympanorum torquentur rationibus. Sed tamen
nulla balista perficitur, nisi ad propositam magnitudinem ponderis saxi, quod id organum mittere debet.

est égale ; leur largeur est d'un diamètre et demi. Les traverses, avec leurs tenons, ont de longueur dix diamètres et un neuvième, de largeur un diamètre et demi et un neuvième, et dix d'épaisseur. La longueur des bras est de huit diamètres et demi ; leur épaisseur, vers le bas, est d'une douzième partie de diamètre et un huitième ; vers le haut, elle est d'une troisième partie de diamètre et un huitième. Leur courbure est de huit diamètres.

Telles doivent être les proportions des bras, soit qu'on ajoute, soit qu'on retranche : car, que le chapiteau soit plus haut que ne l'exige la longueur des bras (ce qui le fait appeler *anatonum* [1]), on devra les raccourcir, afin que, si leur tension est moins grande à cause de la hauteur du chapiteau, plus fort soit le coup, à cause du raccourcissement des bras. Que le chapiteau, au contraire, soit moins haut (ce qui le fait appeler *catatonum* [2]), les bras devant être tendus, il faudra les allonger pour qu'on puisse les courber plus facilement. Un levier de quatre pieds de longueur exigera les bras de quatre hommes pour lever tel fardeau, pour lequel deux hommes suffiront s'il est de huit pieds. Ainsi, plus les bras de la catapulte seront longs, plus ils seront faciles à bander ; plus ils seront courts, plus il y aura de difficulté. Telles sont les proportions des catapultes ; telles sont les pièces qui les composent.

XI. Des proportions des balistes.

Les balistes offrent des différences dans leur construction, bien qu'elles soient destinées au même but. Il y en a qu'on bande avec des moulinets et des leviers, d'autres avec des moufles, d'autres avec des vindas, quelques-unes enfin avec des roues dentelées. Il ne se fait néanmoins aucune baliste dont la grandeur ne soit propor-

---

(1) Qui est bande par le haut. — (2) Qui est bandé par le bas.

Igitur de ratione earum non est omnibus expeditum, nisi qui geometricis rationibus numeros et multiplicationes habent notas.

Namque fiunt in capitibus foramina, per quorum spatia contenduntur capillo maxime muliebri, vel nervo funes, qui magnitudine ponderis lapidis, quem debet ea balista mittere, ex ratione gravitatis proportione sumuntur, quemadmodum catapultis de longitudinibus sagittarum. Itaque ut etiam qui geometrice non noverint, habeant expeditum [84], ne in periculo bellico cogitationibus detineantur, quæ ipse faciendo certa cognovi, quæque ex parte accepi a præceptoribus finita, exponam; et quibus rebus Græcorum pensiones ad modulos habeant rationem, ad eam ut etiam nostris ponderibus respondeant, tradam explicata.

Nam quæ balista duo pondo saxum mittere debet, foramen erit in ejus capitulo digitorum v, si pondo quatuor, digitorum vi, et digitorum vii ⁘, decem pondo, digitorum viii ⁘, viginti pondo, digitorum x ⁘, quadraginta pondo, digitorum xii s. к. [85] sexaginta pondo, digitorum xiii et digiti octava parte ⁘, octuaginta pondo, digitorum xv ⁘, centum viginti pondo, pedis is. et sesquidigiti ⁘, centum et sexaginta pondo, pedum ii ⁘, centum et octuaginta pondo, pedum ii et digitorum v, ducenta pondo, pedum ii et digitorum vi, ducenta decem pondo, pedum ii et digitorum vii ⁙, ccl pondo xis.

Quum ergo foraminis quod Græce περίτρητον appellatur, magnitudo fuerit instituta, describatur scutula[86], cujus longitudo foraminum ii. f. z., latitudo duo et

tionnée à la pesanteur de la pierre qu'elles doivent lancer ; aussi n'est-il pas donné à tout le monde d'en bien saisir les proportions : il faut pour cela parfaitement connaître les règles de l'arithmétique et la multiplication.

On fait au chapiteau de la baliste des trous par où l'on passe des câbles faits surtout avec des cheveux de femmes ou des boyaux ; ces câbles sont proportionnés à la grosseur et à la pesanteur de la pierre que la baliste doit jeter, de même que pour les catapultes, les proportions se prennent sur la longueur des javelots. Or, pour que ceux-là mêmes qui ne connaissent pas la géométrie, sachent à quoi s'en tenir, et ne restent pas court au milieu des périls de la guerre, je vais leur faire part des connaissances que j'ai puisées dans l'expérience et dans les leçons de mes maîtres ; j'y ajouterai le calcul que j'ai fait pour réduire les mesures grecques aux poids qui sont en usage parmi nous.

La baliste doit-elle lancer une pierre du poids de deux livres, le trou de son chapiteau aura la largeur de cinq doigts ; doit-elle en lancer une de quatre livres, il aura six doigts ; une de six livres, il aura sept doigts ; une de dix livres, il aura huit doigts ; une de vingt livres, il aura dix doigts ; une de quarante livres, douze doigts et trois quarts ; une de soixante livres, treize doigts et un huitième ; une de quatre-vingts livres, quinze doigts ; de cent soixante livres, deux pieds ; de cent quatre-vingts livres, deux pieds et cinq doigts ; de deux cents livres, deux pieds et six doigts ; de deux cent dix livres, deux pieds et sept doigts ; enfin, lance-t-elle une pierre de deux cent cinquante livres, il aura deux pieds et onze doigts et demi.

Après avoir déterminé la grandeur de ce trou, qui est appelé en grec περίτρητος [1], on réglera les propor-

_____
[1] Percé tout autour.

sextæ partis : dividatur dimidium lineæ descriptæ, et, quum divisum erit[87], contrahantur extremæ partes ejus formæ in quibus procurrunt cacumina angulorum, ut obliquam deformationem habeat longitudinis sexta parte, latitudinis ubi est versura, quarta parte. In qua parte autem est curvatura, et foramina convertantur, et contractura latitudinis redeant introrsus sexta parte. Foramen autem oblongius sit tanto, quantam epizygis habet crassitudinem. Quum deformatum fuerit, circumlævigentur extrema, ut habeat curvaturam molliter circumactam ⁂.

Crassitudo ejus foraminis sr constituatur. Modioli foraminum ıı : ⁛, latitudo ısg ⁜, crassitudo, præterquam quod in foramine inditur, foraminis sı, ad extremum autem latitudo foraminis ır. Parastatarum longitudo foraminis vsr, curvatura foraminis pars dimidia, crassitudo ʋ et partis ıx : adjicitur autem ad mediam latitudinem quantum est prope foramen factum in descriptione, latitudine et crassitudine foraminis v; altitudo parte ıııı.

Regulæ, quæ est in mensa, longitudo foraminum vııı, latitudo et crassitudo dimidium foraminis; cardinis ıız ⁜ crassitudo foraminis ıgg ⁂ : curvatura regulæ r 5 κ. Exterioris regulæ latitudo et crassitudo tantumdem, longitudo quam dederit ipsa versura deformationis et parastatæ latitudo, ad suam curvaturam κ.

tions du gros rouleau, dont la longueur aura deux diamètres deux douzièmes et un huitième ; la largeur, deux diamètres un sixième : on divisera en deux parties égales la ligne décrite, et après cela, au point où se rencontrent les sommités des angles, on rapprochera les extrémités pour les contourner obliquement, de manière que la longueur du contour soit d'une sixième partie, et la largeur que forme le pli, d'une quatrième partie. A l'endroit où se fait la courbure, on arrondira le trou, et l'on rétrécira la largeur dans l'intérieur d'une sixième partie. Ce trou doit être oblong, dans la proportion de l'épaisseur de l'*epizygis*[1]. Après l'avoir tracé, on en adoucit les bords pour leur donner un léger contour dans la circonférence.

Son épaisseur sera d'un demi-diamètre et un quart. Les barillets auront deux diamètres et un huitième de long, et de large un diamètre et demi et un seizième ; leur épaisseur, sans y comprendre ce qui se met dans le trou, aura un diamètre et demi, et leur largeur vers l'extrémité sera d'un diamètre un quart. Les poteaux auront de longueur cinq diamètres et demi et un quart, de tour un demi-diamètre, d'épaisseur une moitié et un neuvième de diamètre ; on ajoute à la largeur, qui est au milieu, celle qu'on a indiquée devoir se trouver auprès du trou, c'est-à-dire une largeur et une profondeur de cinq diamètres ; la hauteur sera d'un quart de diamètre.

La règle qui est à la table doit avoir huit diamètres de longueur, et un demi-diamètre de largeur et d'épaisseur. Le tenon, de deux diamètres un huitième, aura d'épaisseur un diamètre deux seizièmes. La courbure de la règle sera d'un seizième et cinq quarts de seizième. La règle extérieure aura autant de largeur et d'épaisseur. La longueur que donnera sa courbure avec la

[1] Qui est sur le joug.

Superiores autem regulæ æquales erunt inferioribus ᴋ.
Mensæ transversarii foraminis ᴜᴜᴋ.

Climacidos scapi longitudo foraminum xɪɪɪ ⁚⁚⁚,
crassitudo ɪɪɪᴋ, intervallum medium latitudo foraminis ex quarta parte ⁚⁚⁚, crassitudo pars octava ᴋ; climacidos superioris pars, quæ est proxima brachiis,
quæ conjuncta est mensæ, tota longitudine dividatur
in partes quinque : ex his dentur duæ partes ei membro,
quod Græci χηλὴν vocant, ⁚⁚⁚ latitudo ᴦ, crassitudo
9 ⁚⁚⁚, longitudo foraminum ɪɪɪ et semis ᴋ, exstantia
cheles foraminis s, pterygomatos[88] foraminum ξ et
sicilicus; quod autem est ad axona, quod appellatur
frons transversarius, foraminum trium ⁚⁚⁚.

Interiorum regularum latitudo foraminis ᴦ, crassitudo ξ ᴋ. Cheloni replum[89], quod est operimentum,
securiculæ includitur ᴋ. Scapi climacidos latitudo z 5,
crassitudo foraminum xɪɪᴋ. Crassitudo quadrati, quod
est ad climacida, foraminis ꜰ 5, in extremis ᴋ, rotundi autem axis diametros æqualiter erit cheles. Ad
claviculas autem s minus parte sexta decima ᴋ.

Anteridon longitudo foraminum ꜰ ɪɪɪ 9, latitudo in
imo foraminis ᴦ ⁚⁚⁚, in summo crassitudo z ᴋ. Basis,
quæ appellatur eschara, longitudo foraminum ⁚⁚⁚, an-
tibasis foraminum ɪɪɪɪ ⁚⁚⁚, utriusque crassitudo et latitudo foraminis ⁚⁚⁚ : compingitur autem dimidia alti-

largeur du poteau et sa courbure sera d'un quart de diamètre. Les règles supérieures comme les inférieures auront un quart de diamètre. Les travers de la table auront deux tiers et un quart de diamètre.

Le fût du *climacis* [1] doit être long de treize diamètres, et épais de trois seizièmes de diamètre. L'intervalle du milieu aura de largeur un quart de diamètre, et d'épaisseur un huitième et un quart de huitième. La partie du climacis supérieur qui est près des bras et qui touche à la table, se divisera dans toute sa longueur en cinq parties; on en donnera deux à la pièce que les Grecs appellent χηλή [2]; sa largeur sera d'un quart de diamètre, son épaisseur d'un seizième, sa longueur de trois diamètres et demi et un huitième. La saillie de la χηλή sera d'un demi-diamètre; celle du *pterygoma* [3] du douzième d'un diamètre et d'un silique; quant à la partie appelée *front de traverse* qui est vers l'essieu, elle doit avoir trois diamètres de longueur.

Les règles intérieures auront un quart de diamètre de longueur, et d'épaisseur un douzième et un quart de douzième. Le rebord du *chelo* [4] qui sert de couverture à la queue d'aronde, doit être long d'un quart de diamètre. La largeur des montants du climacis doit être d'un huitième, et la grosseur d'un douzième et un quart de douzième. L'épaisseur du carré, qui est au climacis, doit être d'un douzième et d'une huitième partie du douzième, et vers l'extrémité d'un quart de douzième. Le diamètre de l'essieu rond sera égal à la χηλή; et vers les clavicules, il sera plus petit de la moitié et d'une seizième partie.

La longueur des arcs-boutants sera d'une douzième partie et de trois quarts de douzième; la largeur en bas, d'une treizième partie de diamètre; l'épaisseur en haut d'un huitième et d'un quart de huitième. La base qui est appelée *eschara* [5] aura de longueur un neuvième de

---

(1) Petite échelle. — (2) Pince. — (3) Aile. — (4) Tortue. — (5) Grille.

tudinis κ. Columnæ latitudo et crassitudo is; altitudo autem non habet foraminis proportionem, sed erit quod opus erit ad usum. Brachii ⦂⦂⦂ longitudo foraminum vi ⦂⦂⦂, crassitudo in radice foraminis in extremis f.

De balistis et catapultis symmetrias, quas maxime expeditas putavi exposui : quemadmodum autem contentionibus eæ temperentur e nervo capilloque tortis rudentibus, quantum comprehendere scriptis potuero, non prætermittam.

XII. De catapultarum balistarumque contentionibus et temperaturis.

Sumuntur tigna amplissima longitudine, supra figuntur chelonia, in quibus includuntur suculæ : per media autem spatia tignorum insecantur et exciduntur formæ, in quibus excisionibus includuntur capitula catapultarum, cuneisque distinentur, ne in contentionibus moveantur. Tum vero modioli ærei in ea capitula includuntur, et in eos cuneoli ferrei, quos ἐπισχίδας Græci vocant, collocantur.

Deinde ansæ rudentum induntur per foramina capitulorum et in alteram partem trajiciuntur; deinde in suculas conjiciuntur, involvunturque vectibus, uti per eas extenti rudentes, quum manibus sunt tacti, æqualem in utraque sonitus habeant responsum. Tunc autem cuneis ad foramina concluduntur, ut non possint se remittere : ita trajecti in alteram partem eadem ratione

diamètre. La pièce qui est devant la base aura quatre diamètres. L'épaisseur et la largeur de l'une et de l'autre jusqu'à la moitié de leur hauteur auront un neuvième et un seizième de diamètre. La colonne aura en largeur et en épaisseur un diamètre et demi. Sa hauteur ne se règle pas sur le diamètre du trou ; on la proportionne à l'usage auquel on la destine. La longueur du bras sera de huit diamètres ; son épaisseur vers le bas, d'un demi-diamètre, et à son extrémité d'un douzième de diamètre.

Après avoir fait connaître les proportions que j'ai jugées être les plus convenables pour les catapultes et les balistes, je vais expliquer le plus clairement qu'il sera possible, comment on doit les bander, en les tendant avec des cordes de boyau ou de cheveux.

XII. De la manière de bander avec justesse les catapultes et les balistes.

On prend deux longues pièces de bois sur lesquelles on cloue les anses de fer qui retiennent le moulinet : au milieu de ces deux pièces de bois sont faites des entailles dans lesquelles on met le chapiteau de la catapulte qu'on y attache solidement avec des clous pour qu'il ne cède point à l'action du bandage. On fait ensuite entrer dans ce chapiteau de petits tubes en cuivre dans lesquels on passe des clavettes en fer, appelées en grec ἐπισχίδες [1].

Après cela on introduit dans l'un des trous du chapiteau le bout du câble, que l'on fait passer de l'autre côté ; puis on l'attache au treuil du moulinet, autour duquel on le roule à l'aide de leviers, jusqu'à ce qu'il soit bandé de manière à rendre le son qu'il doit avoir, lorsqu'on vient à le frapper avec la main. Alors pour que les bras de la machine ne puissent plus se détendre,

[1] Coins pour fendre.

vectibus per suculas extenduntur, donec æqualiter so-
nent. Ita cuneorum conclusionibus ad sonitum musicis
auditionibus [90] catapultæ temperantur.

De his rebus quæ potui dixi [91] ; restat mihi de oppugnatoriis rebus quemadmodum machinationibus et
duces victores et civitates defensæ esse possint.

XIII. De oppugnatoriis rebus.

Primum ad oppugnationes aries sic inventus memoratur esse. Carthaginienses ad Gades oppugnandas ca-
stra posuerunt : quum autem castellum ante cepissent ,
id demoliri sunt conati. Posteaquam non habuerunt ad
demolitionem ferramenta , sumpserunt tignum , idque
manibus sustinentes, capiteque ejus summum murum
continenter pulsantes, summos lapidum ordines deji-
ciebant , et ita gradatim ex ordine totam communitio-
nem dissipaverunt.

Postea quidam faber Tyrius, nomine Pephasmenos,
hac ratione et inventione inductus, malo statuto, ex
eo alterum transversum uti trutinam suspendit, et in
reducendo et impellendo vehementibus plagis dejecit
Gaditanorum murum. Cetras autem Chalcedonius [92] de
materia primum basim subjectis rotis fecit, supraque
compegit arrectariis et jugis varas, et in his suspendit
arietem, coriisque bubulis texit, uti tutiores essent,
qui in ea machinatione ad pulsandum murum essent

on arrête le câble avec la clavette qui entre dans un des petits tubes ; on le passe ensuite de l'autre côté, et on le tend de la même manière à l'aide des leviers et du moulinet, jusqu'à ce qu'il donne un son semblable à celui de l'autre. C'est ainsi que, grâce aux clavettes avec lesquelles on arrête les bras des catapultes, d'après l'observation du son que rendent les câbles, on arrive à leur donner le degré de tension convenable.

J'ai dit sur ces matières tout ce que j'ai pu ; il me reste à parler des machines qui peuvent servir à l'attaque et à la défense des villes.

XIII. Des machines qui servent à l'attaque.

La première machine inventée pour battre une place fut, dit-on, le bélier. Les Carthaginois campaient devant Gades dont ils faisaient le siége. S'étant emparés d'une forteresse, ils essayèrent de la démolir ; mais ils n'avaient point d'instruments de fer dont ils pussent faire usage. Ils prirent une poutre, la soutinrent avec leurs bras, et d'un de ses bouts frappant à coups redoublés le haut de la muraille, ils firent tomber les premiers rangs des pierres, et poursuivant d'assise en assise, ils finirent par abattre toutes les fortifications.

Après cela, un ouvrier tyrien, nommé Péphasmenos, tirant parti de cette idée, planta un mât auquel il en suspendit un autre attaché transversalement comme le fléau d'une balance, et à force de le pousser et de le ramener, il fit tomber sous ses coups les murailles de Gades. Ce fut Cétras de Chalcédonie qui, le premier, fabriqua une base en charpente, montée sur des roues. Sur cette base il mit un assemblage de montants et de traverses au milieu desquels il suspendit le bélier. Le tout était recouvert de peaux de bœufs, afin que ceux

collocati. Id autem quod tardos conatus habuerat [93], testudinem arietariam appellare cœpit.

His tunc primis gradibus positis ad id genus machinationis, post ea, quum Philippus, Amyntæ filius, Byzantium oppugnaret, Polydus Thessalus pluribus generibus et facilioribus explicavit; a quo receperunt doctrinam Diades et Chæreas, qui cum Alexandro militaverunt. Itaque Diades scriptis suis ostendit se invenisse turres ambulatorias, quas etiam dissolutas in exercitu circumferre solebat; præterea terebram, et ascendentem machinam, qua ad murum plano pede transitus esset, etiam corvum demolitorem [94], quem nonnulli gruem appellant.

Non minus utebatur ariete subrotato, cujus rationes scriptas reliquit. Turrem autem minimam ait oportere fieri ne minus altam cubitorum LX, latitudinem XVII, contracturam autem summam imæ partis quintam : arrectaria in turris imo dodrantalia, in summo semipedalia. Fieri autem ait oportere eam turrem tabulatorum decem, singulis partibus in ea fenestratis [95].

Majorem vero turrem [96], altam cubitorum CXX, latam cubitorum XXIIIS ❖, contracturam item summam quinta parte ❖, arrectaria pedalia in imo, in summo semipedalia. Hanc magnitudinem turris faciebat tabulatorum XX [97], quum haberent singula tabulata circuitionem [98] cubitorum ternum; tegebat autem coriis crudis, ut ab omni plaga essent tutæ.

Testudinis arietariæ comparatio eadem ratione perficiebatur : habuerat autem intervallum cubitorum XXX, altitudinem præter fastigium XVI, fastigii

qui étaient placés dans la machine pour battre le mur
y trouvassent un abri sûr. La marche lente de cette machine lui fit donner le nom de tortue à bélier.

Tels furent les premiers essais de cette espèce de machine. Plus tard, au siége que Philippe, fils d'Amyntas,
mit devant Byzance, Polydus de Thessalie, la perfectionna et en inventa quelques autres plus faciles à manier. Il eut pour disciples Diade et Chéréas qui servirent
sous Alexandre. Diade, dans ses écrits, déclare que
c'est lui qui a inventé les tours roulantes qu'il démontait
pour les faire porter à la suite de l'armée, et qu'il est
aussi l'inventeur de la tarrière, de la machine montante,
au moyen de laquelle on passait de plein pied sur une
muraille, et du corbeau démolisseur qu'on appelle quelquefois grue.

Il se servait aussi du bélier monté sur des roues,
dont il nous a donné la description. Il dit que la plus
petite tour ne doit point avoir moins de soixante pieds
de hauteur et de dix-sept de largeur ; que le haut doit
être d'un cinquième plus étroit que le bas ; que les
montants doivent être à la partie inférieure de trois
quarts de pied, et à la partie supérieure d'un demi-
pied. Il dit que cette tour doit avoir dix étages, tous
garnis de fenêtres.

Il donne à la plus grande tour cent vingt coudées
de haut, vingt-trois et demie de large. Le rétrécissement
d'en haut est aussi d'un cinquième ; les montants ont
par le bas un pied de grosseur, par le haut un demi-
pied. La hauteur de ces grandes tours était divisée en
vingt étages, entourés chacun d'un parapet de trois coudées ; il les couvrait de peaux fraîches pour les mettre
à l'abri de toute espèce de coups.

La disposition de la tortue à bélier était la même ;
elle avait trente coudées de largeur, seize de hauteur,
non compris le toit, qui en avait sept depuis la plate-

autem altitudo ab strato ad summum cubita vii. Exibat autem in altum et supra medium tecti fastigium turricula lata non minus cubita xii, et supra extollebatur altitudine iiii tabulatorum, in quo tabulato summo statuebantur scorpiones et catapultæ, in inferioribus congerebatur magna aquæ multitudo ad exstinguendum, si qua vis ignis immitteretur. Constituebatur autem in ea arietaria machina, quæ Græce κριοδόχη [99] dicitur, in qua collocabatur torus perfectus in torno; in quo insuper constitutus aries, rudentium ductionibus et reductionibus, efficiebat magnos operis effectus: tegebatur autem is coriis crudis, quemadmodum turris.

De terebra has explicuit scriptis rationes: ipsam machinam uti testudinem in medio habentem collocatum in orthostatis canalem faciebat, quemadmodum in catapultis aut balistis fieri solet, longitudine cubitorum l, altitudine cubiti, in quo constituebatur transversa sucula [100]. In capite autem dextra ac sinistra trochleæ duæ, per quas movebatur quod inerat in eo canali capite ferrato tignum; sub eo autem ipso canali inclusi tori [101] crebriter celeriores et vehementiores efficiebant ejus motus. Supra autem id tignum, quod inibi erat, arcus agebantur ad canalem crebriter, uti sustinerent corium crudum, quo ea machina erat involuta.

De corace nihil putavit scribendum, quod animadverteret eam machinam nullam habere virtutem [102]. De ascensu [103], quæ ἐπιβάθρα Græce dicitur, et de marinis machinationibus, quæ per navim aditus habere posse scripsit, tantum pollicitum esse vehementer animadverti, neque rationes earum eum explicuisse.

forme jusqu'au haut. Au milieu du faîte de ce toit on voyait s'élever une petite tour qui n'avait pas moins de douze coudées de largeur; elle se composait de quatre étages, sur le plus élevé desquels on dressait les scorpions et les catapultes; dans les étages inférieurs on amassait une grande quantité d'eau pour éteindre le feu qu'on pourrait lancer dessus. Dans cette tortue on plaçait la machine à bélier, appelée en grec κριοδόχη, dans laquelle on mettait un rouleau parfaitement arrondi ; sur ce rouleau était placé le bélier qui, allant et venant à l'aide des câbles, produisait de grands effets. Il était couvert de cuirs frais comme la tour.

Voici la description qu'il nous a donnée de la tarrière. C'est une machine semblable à la tortue. Au milieu se trouve soutenu sur des piliers un canal semblable à celui des catapultes et des balistes. Sa longueur était de cinquante coudées, sa largeur d'une seule. Un moulinet se plaçait en travers dans un canal. En avant, à droite et à gauche on attachait deux poulies par le moyen desquelles on mettait en mouvement dans le canal où elle se trouvait une poutre ferrée par le bout ; sous cette poutre, dans le canal même, on enfermait des rouleaux qui aidaient à lui imprimer une impulsion plus rapide et plus violente. Au-dessus de la poutre ainsi placée, on organisait le long du canal de nombreux demi-cerceaux pour soutenir les cuirs frais qui couvraient la machine.

Quant au corbeau, il n'a pas jugé à propos de le décrire, en considérant le peu d'effet qu'il produisait. A l'égard de la machine montante appelée en grec ἐπιβάθρα, et des machines navales qui facilitaient le passage sur les vaisseaux, je remarque avec regret qu'il n'a fait que la promesse de les expliquer, sans la tenir.

Quæ sunt ab Diade de machinis scripta, quibus sint comparationibus, exposui; nunc quemadmodum a præceptoribus accepi, et utilia mihi videntur, exponam.

Testudo, quæ ad congestionem fossarum paratur, eaque etiam accessus ad murum potest habere, sic erit facienda. Basis compingatur, quæ Græce ἐσχάρα dicitur [104], quadrata, habens quoquoversus latera singula pedum xxv, et transversaria quatuor : hæc autem contineantur ab alteris duobus crassis F. s. latis s. Distent autem transversaria inter se circiter pede et s, supponanturque in singulis intervallis eorum arbusculæ [105], quæ Græce ἀμαξόποδες dicuntur; in quibus versantur rotarum axes conclusi laminis ferreis : eæque arbusculæ ita sint temperatæ, ut habeant cardines et foramina, quo vectes trajecti versationes earum expediant, uti ante et post, et ad dextrum seu sinistrum latus, sive oblique ad angulos opus fuerit, ad id per arbusculas versati progredi possint.

Collocentur autem insuper basim tigna duo in utramque partem projecta pedes senos; quorum circa projecturas figantur altera projecta duo tigna ante frontes pedes vii, crassa et lata uti in basi sunt scripta. Insuper hanc compactionem [106], erigantur postes compactiles, præter cardines pedum ix, crassitudine quoquoversus palmipedales, intervalla habentes inter se sesquipedis. Eæ concludantur superne intercardinatis trabibus : supra trabes collocentur capreoli cardinibus

Telle est d'après Diade la manière de construire ces machines. Je vais maintenant parler de ce que j'en ai appris de mes maîtres, et de l'utilité qu'elles me semblent avoir.

XIV. De la tortue destinée à combler les fossés.

La tortue destinée à combler les fossés et à faciliter l'approche des murailles doit se construire de cette manière. Avec quatre poutres on formera une base carrée, appelée en grec ἐσχάρα, dont chaque côté aura vingt-cinq pieds. On y ajoutera quatre traverses qui seront arrêtées par deux autres de l'épaisseur d'un demi-pied et un douzième, et de la largeur d'un demi-pied. Il doit y avoir entre ces traverses une distance d'environ un pied et demi. Sous ces traverses, dans chaque intervalle, on posera debout de petits arbres appelés en grec ἀμαξό-ποδες [1]; c'est dans ces pièces de bois doublées intérieurement de lames de fer que tournent les essieux des roues. Ces petits arbres seront disposés de manière que, grâce à leurs pivots et aux trous dans lesquels on fait passer des leviers pour les tourner, si l'on a besoin de diriger la machine en avant ou en arrière, à droite ou à gauche, ou obliquement dans la ligne des angles, on pourra avec leurs secours, lui faire prendre ces directions.

On placera ensuite sur la base deux poutres ayant de chaque côté six pieds de saillie, et sur cette saillie on attachera deux autres poutres qui avanceront par devant et par derrière de sept pieds, et dont l'épaisseur et la largeur seront les mêmes que celles des pièces de bois qui forment la base. Sur cet assemblage on élèvera des piliers qui y seront solidement emboîtés, et qui, sans les tenons, auront neuf pieds de haut. Leur épaisseur en tout sens sera d'un pied et d'un palme. Ils seront

(1) Pieds de chariot.

alius in alium conclusi, in altitudinem excitati pedes IX : supra capreolos collocetur quadratum tignum, quo capreoli conjungantur.

Ipsi autem laterariis circa fixis contineantur, teganturque tabulis maxime palmeis, si non, ex cetera materia, quæ maxime habere potest virtutem, præter pinum aut alnum. Hæc enim sunt fragilia et faciliter recipiunt ignem. Circum tabulata [107] collocentur crates ex tenuibus virgis creberrime textæ, maximeque recentibus, percrudis coriis duplicibus consutis, fartis alga aut paleis in aceto maceratis, circa tegatur machina tota : ita ab his rejicientur plagæ balistarum, et impetus incendiorum.

XV. De aliis testudinibus.

Est autem et aliud genus testudinis, quod reliqua omnia habet, quemadmodum quæ supra scripta sunt, præter capreolos; sed habet circa pluteum et pinnas ex tabulis, et superne subgrundas proclinatas, supraque tabulis et coriis firmiter fixis continentur : insuper vero argilla cum capillo subacta ad eam crassitudinem inducatur, ut ignis omnino non possit ei machinæ nocere. Possunt autem, si opus fuerit, eæ machinæ ex octo rotis esse, si ad loci naturam ita opus fuerit temperare. Quæ autem testudines ad fodiendum comparantur, ὄρυγες Græce dicuntur [108]. Cetera omnia habent, uti supra scriptum est : frontes autem earum fiunt, quemadmodum anguli trigonorum, uti, a muro tela quum

distants l'un de l'autre d'un pied et demi. On les assemblera par le haut en les emmortaisant dans des sablières, sur lesquelles on placera des forces liées l'une à l'autre par des tenons, et hautes de neuf pieds. Sur ces forces se mettra une pièce de bois carrée avec laquelle elles s'assembleront.

Ces forces seront encore arrêtées par des pannes clouées dessus horizontalement, et couvertes de planches de palmier ou de quelque autre bois qui offre une grande solidité, pourvu que ce ne soit ni pin ni aune, car ces bois sont cassants et prennent facilement feu. Sur la couverture en planches on posera une claie faite de baguettes vertes et flexibles, et entrelacées d'une manière très-serrée. Toute la machine sera ensuite recouverte de doubles peaux fraîches cousues ensemble et bourrées d'algues et de paille trempée dans du vinaigre; ce qui la mettra à l'abri des projectiles et du feu.

XV. De quelques autres espèces de tortues.

Il y a encore une autre espèce de tortue dans laquelle on retrouve toutes les parties qui composent celles que nous venons de décrire, à la réserve des forces. Elle a de plus tout à l'entour un parapet et des créneaux en planches, et, par-dessus, des auvents inclinés que recouvrent des planches et des cuirs solidement attachés. Sur tout cela on étend une couche d'argile pétrie avec du crin, assez épaisse pour que la machine puisse être entièrement à l'abri du feu. On peut, si besoin est, si la nature du lieu l'exige, faire rouler ces machines sur huit roues. Les tortues que l'on prépare pour miner les murailles, s'appellent en grec ὄρυγες[1]. Elles ressemblent en tout à celles dont nous venons de donner la descrip-

(1) Instruments qui servent à creuser.

in eas mittantur, non planis frontibus excipiant plagas,
sed ab lateribus labentes, sine periculoque fodientes qui
intus sunt tueantur.

Non mihi etiam videtur esse alienum de testudine,
quam Hegetor Byzantius fecit, quibus rationibus sit
facta, exponere. Fuerat enim ejus baseos longitudo pedum LX, latitudo XVIII [109], arrectaria, quæ supra
compactionem erant quatuor collocata, ex binis tignis
fuerant compacta, in altitudinibus singulorum pedum XXXVI, crassitudine palmipedali, latitudine sesquipedali. Basis ejus habuerat rotas octo, quibus age-
batur; fuerat autem earum altitudo pedum VIS $\div$,
crassitudo pedum trium, ita fabricata triplici materia,
alternis se contra subscudibus inter se coagmentata,
laminisque ferreis ex frigido ductis alligata.

Hæ in arbusculis, sive hamaxopodes dicantur, ha-
buerant versationes. Ita supra transtrorum planitiem,
quæ supra basim fuerat, postes erant erecti pedum XVIII : —, latitudinis S : —, crassitudinis F. Z.
distantes inter se IS : $\div$; supra eos trabes circumclusæ
continebant totam compactionem ⠿ latæ pedem I. $\div$
crassæ S. $\div$; supra eam capreoli extollebantur altitudine pedum XII, supra capreolos tignum collocatum
conjungebat capreolorum compactiones. Item fixa ha-
buerant lateraria in transverso, quibus insuper contabu-
latio circumdata contegebat inferiora.

Habuerat autem mediam contabulationem supra tra-
beculas, ubi scorpiones et catapultæ collocabantur : erige-

tion, seulement leur partie antérieure est en forme de triangle, afin que les projectiles qui arrivent des murailles ne viennent point frapper sur une surface plate, mais glissent par les côtés sans faire naître de danger pour les mineurs qui sont dessous.

Il ne me semble pas hors de propos de parler ici d'une tortue faite par Hégétor de Byzance. Sa base avait soixante pieds de longueur et dix-huit de largeur. Les quatre montants placés sur l'assemblage étaient composés chacun de deux poutres de trente-six pieds de hauteur sur un pied et un palme d'épaisseur et un pied et demi de largeur. Sa base avait huit roues sur lesquelles elle roulait. Ces roues étaient hautes de six pieds trois quarts, épaisses de trois; elles se composaient de trois pièces de bois jointes ensemble par tenons à queue d'aronde, et liées avec des lames de fer battues à froid.

Elles tournaient sur des pivots appelés *hamaxopodes*. Sur l'assemblage des poutres transversales qui étaient au-dessus de la base, il y avait encore des poteaux de dix-huit pieds et demi de hauteur sur trois quarts de pied de largeur et un douzième avec un huitième d'épaisseur. Il y avait entre eux la distance d'un pied et demi et un huitième. Tout cet assemblage de poutres était affermi tout autour par des sablières larges d'un pied un quart et un neuvième, et épaisses d'un demi-pied et un quart. Au-dessus s'élevaient les forces, hautes de douze pieds, qui allaient s'assembler dans un faîtage. Sur ces forces étaient cloués en travers les chevrons, et sur ces chevrons étaient assemblées les planches qui protégeaient les parties inférieures de la machine.

Il y avait au milieu un plancher porté par des solives, où l'on plaçait les scorpions et les catapultes. On

bantur et arrectaria duo [110] compacta pedum xxxv ⁝⁝
crassitudine sesquipedali ⁝⁝ latitudine pedum II, conjuncta capitibus transversario cardinato tigno, et altero
mediano inter duos scapos cardinato, et laminis ferreis
religato : quo insuper collocata erat alternis materies
inter scapos et transversarium [111] trajecta cheloniis [112]
et anconibus firmiter inclusa [113]. In ea materia fuerunt
ex torno facti axiculi duo, e quibus funes alligati reti-
nebant arietem.

Supra caput eorum qui continebant arietem, collocatum erat pluteum, turriculæ similitudine ornatum, uti
sine periculo duo milites tuto stantes prospicere possent
et renuntiare, quas res adversarii conarentur. Aries autem
ejus habuerat longitudinem pedum CIV ⁝⁝⁝, latitudine in
imo palmipedali ⁝⁝⁝, crassitudine pedali ⁝⁝⁝, contractum
a capite in latitudine pes ⁝⁝⁝ — crassitudine s. —.

Is autem aries habuerat de ferro duro rostrum, ita
uti naves longæ solent habere, et ex ipso rostro laminæ
ferreæ quatuor circiter pedum xv fixæ fuerant in materia. A capite autem ad imam calcem tigni, contenti
fuerunt funes quatuor crassitudine digitorum octo, ita
religati, quemadmodum navis malus a puppi ad proram continetur [114]; ejusque præcincturæ funes transversis erant ligati [115], habentes inter se palmipedalia
spatia. Insuper coriis crudis totus aries erat involutus;
ex quibus autem funibus [116] pendebant eorum capita,
fuerant ex ferro factæ quadruplices catenæ, et ipsæ
coriis crudis erant involutæ.

Item habuerat projectura ejus ex tabulis arcam com-
pactam, et confixam rudentibus majoribus extentis,

élevait en outre deux forts montants, longs de trente-cinq pieds un neuvième, épais d'un pied et demi, et larges de deux pieds. Ils étaient liés en haut par une poutre qui s'y emboîtait transversalement, et en bas par une autre poutre semblable, toutes les deux affermies par des lames de fer. Entre ces montants et les traverses, on avait appliqué de chaque côté, à l'intérieur, des dosses percées de deux rangs de trous alternatifs, et solidement fixées avec des équerres. Dans ces trous on mettait deux chevilles, faites au tour, auxquelles on attachait les cordes qui tenaient le bélier suspendu.

Au-dessus de ceux qui faisaient manœuvrer le bélier, il y avait une guérite semblable à une petite tour, pour que deux soldats, qui s'y trouvaient hors de danger, pussent découvrir et faire connaître les desseins de l'ennemi. Le bélier était long de cent quatre pieds, large d'un pied et d'un palme par le bas et épais d'un pied. Il allait en se rétrécissant depuis la tête jusqu'à un pied sur la largeur, et sur l'épaisseur jusqu'à un demi-pied un quart.

Ce bélier avait la tête faite de fer battu, semblable à l'éperon qu'ont ordinairement les longs vaisseaux. De cette tête partaient quatre lames de fer, de quinze pieds environ, clouées sur le bois. Depuis la tête jusqu'à l'autre extrémité de la poutre s'étendaient quatre câbles de la grosseur de huit doigts, semblables aux haubans qui arrêtent le mât d'un vaisseau à la poupe et à la proue. Des cordes mises en travers comme des ceintures serraient les câbles contre le bélier à la distance de cinq palmes les unes des autres. Tout le bélier était couvert de peaux fraîches. A l'endroit où les câbles étaient attachés à la tête du bélier, il y avait quatre chaînes de fer, aussi recouvertes de cuirs frais.

Il y avait encore sur la saillie du plancher une caisse faite de planches, et liée avec de grosses cordes tendues,

per quorum asperitates non labentibus pedibus faciliter
ad murum perveniebatur. Atque ea machina III modis
movebatur, progressu, item latere dextra ac sinistra,
porrectione non minus in altitudinem extollebatur, et
in imum inclinatione demittebatur. Erigebatur autem
machina in altitudinem ad disjiciendum murum circiter
pedes c[117]; item a latere dextra ac sinistra procur-
rendo perstringebat non minus pedes c; gubernabant
eam homines c, habentem pondus talentum quatuor
millium, quod fit $\overline{\text{CCCCLXXX}}$ pondo.

- - - - - - - - - -

XVI. De repugnatoriis rebus.

De scorpionibus, et catapultis, et balistis etiamque
testudinibus, et turribus, quæ maxime mihi videbantur idonea, et a quibus essent inventa, et quemadmodum fieri deberent, explicui. Scalarum autem et carchesiorum[118], et eorum, quorum rationes sunt imbecil-
liores, non necesse habui, scribere; hæc etiam milites
per se solent facere; neque ea ipsa omnibus locis, neque
eisdem rationibus possunt utilia esse, quod differentes
sunt munitiones munitionibus, nationumque fortitudi-
nes. Namque alia ratione ad audaces et temerarios,
alia ad diligentes, aliter ad timidos machinationes debent comparari.

Itaque his præscriptionibus si quis attendere voluerit, ex varietate eorum eligendo, et in unam compa-
rationem conferendo, non indigebit auxiliis, sed quascumque res, aut nationibus aut locis opus fuerit, sine
dubitatione poterit explicare. De repugnatoriis vero non

grâce auxquelles il était facile d'arriver jusqu'au mur sans que le pied glissât. Cette machine fonctionnait de trois manières, en frappant directement, à droite ou à gauche, en haut ou en bas, selon qu'elle était haussée ou baissée. On l'élevait jusqu'à une hauteur d'environ cent pieds pour battre une muraille; elle allait aussi à droite et à gauche frapper à la distance de cent pieds au moins. Elle était gouvernée par cent hommes et pesait quatre mille talents, c'est-à-dire quatre cent quatre-vingt mille livres.

XVI. Des machines propres à la défense.

Je viens de dire au sujet des scorpions, des catapultes, des balistes, des tortues et des tours, tout ce qui m'a paru mériter d'être connu, sans oublier les noms de ceux qui ont inventé ces machines, et la manière dont elles doivent être faites. Quant aux échelles, aux guindages et aux machines dont la construction n'offre aucune difficulté, je n'ai pas cru nécessaire de les décrire. Les soldats ont l'habitude de les faire eux-mêmes, et telle machine conviendra dans tel lieu qui dans tel autre ne sera d'aucune utilité. Les fortifications sont loin d'être les mêmes partout, et le courage des nations n'a pas toujours le même caractère. Aussi doit-on approprier les machines à l'audace et à la témérité des unes, à la vigilance des autres, à la timidité de quelques-unes.

Si l'on veut faire attention aux principes que j'ai établis, la variété de la matière mettra à même de choisir, et de faire d'heureuses applications; et, loin de manquer de ressources, on pourra certainement faire face à tout ce qu'exigera ou la nature des lieux ou celle

est scriptis explicandum : non enim ad nostra scripta hostes comparant res oppugnatorias, sed machinationes eorum ex tempore solerti consiliorum celeritate sine machinis sæpius evertuntur. Quod etiam Rhodiensibus memoratur usu venisse.

Diognetus enim fuerat Rhodius architectus ; et ei de publico quotannis certa merces pro artis dignitate tribuebatur ad honorem. Eo tempore quidam architectus ab Arado nomine Callias, Rhodum quum venisset, acroasin fecit, exemplarque protulit muri, et supra id machinam in carchesio versatili constituit, qua helepolim ad mœnia accedentem corripuit et transtulit intra murum. Hoc exemplar Rhodii quum vidissent, admirati ademerunt Diogneto quod fuerat ei quotannis constitutum, et eum honorem ad Calliam transtulerunt.

Interea rex Demetrius, qui propter animi pertinaciam Poliorcetes est appellatus [119], contra Rhodum bellum comparando, Epimachum Atheniensem, nobilem architectum secum adduxit. Is autem comparavit helepolim sumptibus immanibus [120], industria laboreque summo; cujus altitudo fuerat pedum cxxv, latitudo pedum lx : ita eam ciliciis et coriis crudis confirmavit, ut posset pati plagam lapidis balista immissi pondo ccclx, ipsa autem machina fuerat millia pondo ccclx. Quum autem Callias rogaretur a Rhodiis, ut contra eam helepolim machinam pararet, et illam, uti pollicitus erat, transferret intra murum, negavit posse.

des peuples. Quant aux machines propres à la défense,
il est impossible de les déterminer dans un ouvrage :
l'ennemi ne va pas consulter nos écrits pour la construction des machines qui servent à attaquer une ville;
et souvent celles qu'il emploie, ont été renversées
sans machines, par les moyens aussi prompts qu'ingénieux que faisaient naître les circonstances. Ce fut,
dit-on, ce qui arriva plus d'une fois aux Rhodiens.

Il y avait à Rhodes un architecte nommé Diognète;
le trésor public lui faisait tous les ans une pension
pour honorer la supériorité de son talent. A cette époque un autre architecte, nommé Callias, étant venu
d'Arado à Rhodes, présenta au peuple assemblé le
modèle d'une muraille, sur laquelle il plaça une machine
qui était ce guindas qu'on tourne facilement. A l'aide de
cette machine il enleva une hélépole qu'il avait fait approcher du rempart, et la transporta dans l'intérieur
des murs. Voyant l'effet de ce modèle, les Rhodiens,
pleins d'admiration, ôtèrent à Diognète la pension qu'on
lui accordait chaque année, et en honorèrent Callias.

Cependant le roi Demetrius, que son opiniâtreté fit
surnommer *Poliorcète* [1], déclara la guerre aux Rhodiens.
Il se fit accompagner d'un fameux architecte athénien
appelé Épimaque, qui construisit à grands frais une hélépole. Cette machine avait coûté beaucoup de soin et
de travail; sa hauteur était de cent vingt-cinq pieds, sa
largeur de soixante. Les tissus de poil, les cuirs frais
dont on l'avait couverte, lui donnaient une telle solidité qu'elle était à l'épreuve des pierres lancées par une
baliste, eussent-elles été de trois cent soixante livres;
la machine elle-même pesait trois cent soixante mille livres. Les Rhodiens prièrent Callias de préparer sa machine
contre l'hélépole et de la transporter dans la ville, comme
il l'avait promis; il répondit qu'il y avait impossibilité.

(1) Habile dans l'art d'assiéger les villes.

Non enim omnia eisdem rationibus agi possunt, sed sunt aliqua, quæ exemplaribus non magnis similiter magna facta habent effectus; alia autem exemplaria non possunt habere, sed per se constituuntur : nonnulla vero sunt, quæ in exemplaribus videntur verisimilia, quum autem crescere cœperunt, dilabuntur, ut etiam possumus hinc animadvertere. Terebratur terebra foramen semidigitale, digitale, sesquidigitale, si eadem ratione voluerimus palmare facere, non habet explicationem; semipedali autem majus ne cogitandum quidem videtur omnino.

Sic item nonnulla quemadmodum in minimis fieri videntur exemplaribus, non eodem modo in majoribus fiunt. Rhodii eadem ratione decepti injuriam cum contumelia Diogneto fecerunt. Itaque posteaquam viderunt hostem pertinaciter infestum, et machinationem ad capiendam urbem comparatam, periculum servitutis metuentes, et nil nisi civitatis vastitatem exspectandam, procubuerunt Diognetum rogantes, ut auxiliaretur patriæ.

Is primo negavit se facturum; posteaquam ingenuæ virgines et ephebi cum sacerdotibus venerunt ad deprecandum, tunc est pollicitus his legibus, ut, si eam machinam cepisset, sua esset. His ita constitutis, qua machina accessura erat, ea regione murum pertudit [21], et jussit omnes publice et privatim, quod quisque habuisset aquæ, stercoris, luti, per eam fenestram per canales progredientes effundere ante murum. Quum ibi magna vis aquæ, luti, stercoris nocte profusa fuisset,

Et en effet, tout ne se peut pas faire de la même manière. Il y a des machines qui, après avoir réussi sur un petit modèle, peuvent produire en grand le même effet; d'autres ne sauraient être représentées par des modèles; il faut les voir exécutées; quelques-unes paraissent, d'après un modèle, devoir facilement s'exécuter, qui, lorsque les proportions viennent à grandir, font complétement défaut, comme nous pouvons nous en convaincre par la tarrière. On peut bien avec cet instrument faire un trou d'un demi-doigt, d'un doigt, d'un doigt et demi; mais qu'on en veuille faire un d'un palme, on n'en trouvera point de ce diamètre; et on n'ira jamais, ce semble, s'imaginer d'en vouloir faire un de plus d'un demi-pied.

Ainsi, bien que quelquefois on voie faire certaines choses avec de petits modèles, ce n'est point une raison pour qu'on en puisse faire l'application en grand. Ce fut là l'erreur des Rhodiens, qui avaient joint l'offense au tort qu'ils faisaient à Diognète. Mais quand ils virent l'ennemi poursuivre le siége avec opiniâtreté, et s'acharner à la prise de la ville, à l'aide de cette machine, effrayés du danger que courait leur liberté, et ne voyant en perspective que la ruine de leur ville, ils allèrent se jeter aux pieds de Diognète, et le supplièrent de secourir sa patrie.

Diognète refusa d'abord toute assistance; mais à la vue de la jeune noblesse des deux sexes qui s'était réunie aux prêtres pour venir le prier encore, il se laissa fléchir, à condition que s'il prenait la machine, elle serait à lui; ce qui lui fut accordé. Aussitôt il fait percer le mur du côté par où la machine devait s'approcher, et ordonna que tous les citoyens sans distinction apportassent ce qu'ils auraient d'eau, de fumier, de boue, pour le jeter en avant du mur par le moyen de tuyaux qu'on avait fait passer par l'ouverture pratiquée dans la mu-

postero die helepolis accedens antequam appropinqua-
ret ad murum, in humida voragine acta consedit, nec
progredi nec regredi postea potuit. Itaque Demetrius
quum vidisset sapientia Diogneti se deceptum esse,
cum classe sua discessit.

Tunc Rhodii Diogneti solertia liberati bello, publice
gratias egerunt, honoribusque omnibus eum et ornamentis exornaverunt; Diognetus autem eam helepolim
reduxit in urbem et in publico collocavit et inscripsit :
Diognetus e manubiis id populo dedit munus. Ita in
repugnatoriis rebus non tantum machinæ, sed etiam
maxime consilia sunt comparanda.

Non minus Chio, quum supra naves sambucarum
machinas [122] hostes comparavissent, noctu Chii terram,
arenam, lapides projecerunt in mare ante murum. Ita
illi postero die quum accedere voluissent, naves supra
aggerationem, quæ fuerat sub aqua, sederunt, nec ad
murum accedere nec retrorsus se recipere potuerunt,
sed ibi malleolis confixæ [123] incendio sunt conflagratæ.
Apollonia quoque quum circumsideretur, et specus
hostes fodiendo cogitarent sine suspicione intra mœnia
penetrare, id autem a speculatoribus esset Apolloniati-
bus renuntiatum, perturbati nuntio, propter timorem
consiliis indigentes, animis deficiebant, quod neque
tempus neque certum locum scire poterant, quo emer-
sum facturi fuissent hostes.

Tum vero Trypho Alexandrinus, qui ibi fuerat architectus, intra murum plures specus designavit, et fo-

raille. Toute une nuit fut employée à jeter quantité d'eau, de boue et de fumier, tellement que le lendemain, quand l'hélépole se mit en mouvement, avant même qu'elle se fût avancée jusqu'au pied du mur, elle enfonça si profondément dans cette terre délayée, qu'il devint impossible de la faire approcher davantage et de la ramener en arrière. Aussi Demetrius se voyant vaincu par la prudence de Diognète, partit avec sa flotte.

Les Rhodiens, délivrés de la guerre par l'habileté de Diognète, allèrent tous le remercier, et le comblèrent d'honneurs et de dignités. Pour lui, il fit entrer l'hélépole dans la ville, où elle fut mise sur une place publique avec cette inscription : *Diognète a fait ce présent au peuple, des dépouilles de l'ennemi.* Ainsi, quand il s'agit de défendre une place, ce n'est pas tant aux machines qu'il faut avoir recours qu'aux expédients dictés par les circonstances.

La ville de Chio était aussi assiégée, et l'ennemi avait préparé sur ses vaisseaux des machines appelées sambyces. Pendant la nuit, les habitants jetèrent dans la mer, au pied de leurs murs, de la terre, du sable et des pierres. Le lendemain, les vaisseaux ayant voulu s'approcher, s'engravèrent si bien qu'ils ne purent plus ni avancer ni reculer. On lança dessus des brûlots qui les réduisirent en cendres. Lorsque les ennemis allèrent aussi mettre le siége devant Apollonie, ils s'imaginèrent qu'au moyen d'une mine ils pourraient pénétrer dans la ville. Les habitants furent bientôt instruits de leur projet par les éclaireurs. Cette nouvelle les remplit de trouble. Dans leur frayeur, ils ne savaient quel parti prendre, et le courage leur manquait, ne sachant ni à quel moment ni par quel endroit l'ennemi ferait irruption dans la ville.

Il se trouvait parmi eux un architecte d'Alexandrie, nommé Tryphon. Il fit creuser dans l'intérieur de la

diendo terram progrediebatur extra murum, duntaxat extra sagittæ emissionem, et in omnibus vasa ænea suspendit. Ex his in una fossura, quæ contra hostium specus fuerat, vasa pendentia ad plagas ferramentorum sonare cœperunt : ita ex eo intellectum est, qua regione adversarii specus agentes intra penetrare cogitabant. Sic limitatione cognita, temperavit ahena aquæ ferventis et picis desuperne contra capita hostium, et stercoris humani et arenæ coctæ candentis; dein noctu pertudit crebra foramina, et per ea repente perfundendo, qui in eo opere fuerunt hostes omnes necavit.

Item Massilia quum oppugnaretur, et numero supra xxx specus tum agerent, Massilitani suspicati, totam quæ fuerat ante murum fossam altiore fossura depresserunt; ita specus omnes exitus in fossam habuerunt : quibus autem locis fossa non potuerat fieri, infra murum, barathrum amplissima longitudine et amplitudine uti piscinam fecerunt contra eum locum, qua specus agebantur, eamque e puteis et e portu impleverunt. Itaque quum specus essent repente naribus apertis, vehemens aquæ vis immissa supplantavit fulturas, quique intra fuerunt, et ab aquæ multitudine, et ab ruina specus omnes sunt oppressi.

Etiam quum agger ad murum contra eos compararetur, et arboribus excisis eoque collocatis, locus operibus exaggeraretur, balistis vectes ferreos candentes in id mittendo, totam munitionem coegerunt conflagrare. Testudo autem arietaria quum ad murum pulsandum accessisset, demiserunt laqueum, et eo ariete constricto,

ville plusieurs contre-mines qu'on étendit en dehors des murailles jusqu'à une portée de trait ; puis il fit suspendre dans toutes ces galeries souterraines des vases de bronze. Dans un de ces conduits, ouvert auprès de la mine que creusait l'ennemi, les vases suspendus se mirent à résonner à chaque coup de pioche qu'on donnait. On apprit par là dans quelle direction minait l'ennemi, et par où il avait l'intention de pénétrer dans la ville. L'endroit ayant été ainsi précisé, Tryphon fit préparer, au-dessus des mineurs ennemis, des chaudières d'eau bouillante et de poix, avec du sable brûlant et des immondices ; puis ayant pratiqué pendant la nuit de nombreuses ouvertures dans la mine, il y fit jeter tout d'un coup toutes ces matières, qui firent périr tous les ennemis qui s'y trouvaient.

Au siége de Marseille, l'ennemi avait ouvert plus de trente mines. Les habitants, qui s'en doutèrent, creusèrent à une plus grande profondeur le fossé qui entourait leurs murailles, de sorte que toutes les mines vinrent ouvrir dans ce fossé. Mais dans les endroits où l'on n'avait pu creuser, on fit dans l'intérieur de la ville un immense réservoir en forme de vivier, en face de l'endroit vers lequel se dirigeaient les mines ; on le remplit d'eau tirée des puits et du port. Lors donc que les mines vinrent à y déboucher, il s'y précipita tout à coup une telle quantité d'eau que les étais furent renversés, et que tous les pionniers ou furent noyés par les eaux ou écrasés par l'éboulement des terres. .

Les assiégeants ayant ensuite tenté d'élever en face des murs un rempart composé d'arbres coupés et entassés les uns sur les autres, les Marseillais y lancèrent, avec des balistes, des barres de fer rouge qui mirent en feu tout cet ouvrage ; et, lorsqu'une tortue s'approcha pour battre le mur, ils firent descendre une corde avec un nœud coulant dans lequel ils serrèrent le bélier dont

per tympanum ergata circumagentes, suspenso capite ejus, non sunt passi tangi murum. Denique totam machinam candentibus malleolis et balistarum plagis dissipaverunt. Ita hæ victoria civitates, non machinis, sed contra machinarum rationem architectorum solertia sunt liberatæ.

Quas potui de machinis expedire rationes [124] et pacis bellique temporibus utilissimas putavi, in hoc volumine perfeci. In prioribus vero novem de singulis generibus et partibus comparavi, uti totum corpus omnia architecturæ membra in decem voluminibus haberet explicata.

ils levèrent si haut la tête par le moyen d'un tympan appliqué à un vindas qu'ils l'empêchèrent de toucher à la muraille. Enfin, grâce aux flèches incendiaires qu'on y lança, grâce aux coups des balistes, la machine fut entièrement ruinée. Ce fut donc moins à leurs machines que ces villes durent leur salut, qu'à l'adresse des architectes qui surent paralyser l'effet de celles des ennemis.

Tout ce que j'ai pu trouver de plus utile à dire sur les machines dont on se sert soit en paix soit en guerre, je l'ai consigné dans ce livre. Dans les neuf précédents, j'ai traité séparément des différentes parties de mon sujet, de sorte que dans ces dix livres se trouvent compris tous les membres qui composent le corps complet de l'architecture.

NOTES

DU LIVRE DIXIÈME.

1. — *Utinam dii immortales.* Galiani répèle ce vœu à propos des édifices dont on entreprenait la construction dans sa patrie ; mais c'est avec prudence que Newton fait remarquer que ces erreurs ont lieu partout, et qu'il n'est guère possible que les frais d'un édifice ne dépassent jamais l'estimation première, malgré beaucoup de soin, beaucoup d'exactitude. Il ne disconvient pas, pourtant, que ces erreurs ne soient pas quelquefois le résultat de la mauvaise foi, de la cupidité, de la légèreté de l'architecte.

2. — *Sed etiam in muneribus, quæ a magistratibus Foro gladiatorum scenisque ludorum dantur.* Nous avons vu (ch. 5 du liv. v) que, du temps de Vitruve, il n'existait à Rome qu'un seul théâtre construit en pierres, celui de Pompée. Quand on devait donner des fêtes publiques, il fallait monter des théâtres en bois pour le temps que durait la fête. C'étaient les préteurs et les édiles qui en étaient chargés. L'emplacement qu'ils prenaient pour cela, était ordinairement un forum qui était entièrement converti en théâtre, avec des siéges tout autour pour les spectateurs.

3. — *Sedes spectatorum.* Perrault traduit par amphithéâtre ; car bien qu'il soit constant que les véritables amphithéâtres ne fussent point encore en usage du temps de Vitruve, et qu'il y ait faute dans Pline où on lit *Pompeii amphitheatri*, au lieu de *Pompeiani amphitheatri*, selon la remarque de Lipse, néanmoins, le mot d'amphithéâtre est si commun en français, et sa signification est si précise pour désigner les siéges qui servent aux spectateurs, qu'il n'a pas fait difficulté de se servir de ce mot. Il lui vient cependant un scrupule, en pensant que les anciens avaient trois sortes de théâtres, dont les uns étaient entièrement de bois, les autres tout de pierres, et les autres moitié pierres et moitié bois, tel qu'était celui de Bordeaux, où les siéges qui n'étaient

que de bois étaient soutenus sur des murs tournés en rond. Cela
étant, *sedes spectatorum* signifierait ici seulement la charpenterie dont les siéges étaient formés, et qui se posait sur la maçonnerie, lorsqu'on devait donner les spectacles. Cela paraît
avoir quelque vraisemblance, parce que Vitruve met *sedes spectatorum* avec *velorum inductiones*, et que l'on sait que les
voiles ne se mettaient aux théâtres que dans le temps des spectacles. Or, ces voiles étaient de deux sortes : les uns servaient à
couvrir tout le théâtre pour empêcher que les spectateurs ne
fussent incommodés du soleil; les autres se tiraient devant la
scène, pendant qu'on travaillait aux changements du théâtre :
cette dernière sorte de voile s'appelait *siparium*, comme le fait
remarquer Philander. Newton pense que par *sedes spectatorum*, il faut entendre les planches, coussins ou autres choses
semblables qu'on mettait sur les degrés du théâtre, toutes les
fois qu'il y avait spectacle. Il est clair, pour lui, qu'il s'agit ici
de siéges temporaires, puisque Vitruve parle en même temps de
la pose des voiles qui ne pouvaient être que temporaires, et qui
servaient à couvrir les spectateurs pendant le temps des spectacles.

4. — *Velorumque inductiones.* Le *siparium* était le rideau qui
se tirait devant la scène avant qu'on ne commençât. Pendant le
spectacle, on le laissait tomber à terre, et quand il était fini, on
l'élevait pour le tendre de nouveau devant la scène. Apulée en
fait mention dans la *Métamorphose*, liv. i : « Oro, oro te, in-
quam, aulæum tragicum dimoveto, et siparium scenicum com-
plicato, et cedo verbis communibus. » Ce rideau était un voile
ordinaire, qui faisait nécessairement partie du théâtre ; mais il y
avait une autre espèce de voile bien plus considérable qu'on était
obligé de soutenir avec des cordes tendues, d'autant plus qu'il
couvrait souvent un très-grand espace. On ne peut douter que
ce ne soit de ce voile extraordinaire que Vitruve veuille parler, et
nous lisons dans Pline, dans Martial, dans Suétone, que pour
garantir les spectateurs des rayons brûlants du soleil, on en couvrait le théâtre ou l'amphithéâtre, le Forum même, pendant le
temps des spectacles de gladiateurs. Il existe, à Rome, au haut
de l'amphithéâtre de Vespasien, des trous par lesquels on faisait
passer les antennes qui soutenaient les voiles, et au-dessous, les
modillons qui les soutenaient. *Voyez* ce que T. Lucrèce, après
avoir parlé du reflet des couleurs, ajoute sur cette matière (*de
la Nature des choses*, liv. iv, v. 73).

5. — *Machina est continens.* Cette définition paraît imparfaite

à Perrault, parce que les machines ne se font pas seulement avec
du bois, et qu'on est obligé d'y employer tout aussi bien les métaux et les cordages. Mais il faut le prendre dans un sens plus
large, et d'ailleurs, c'est le bois qui, assurément, domine dans
la confection des machines dont on fait usage pour les édifices.

Ce que nous entendons par machine, est ce qui sert à transmettre l'action d'une puissance sur une résistance en général. Par
elle, on augmente et on règle les forces mouvantes de l'instrument destiné à produire du mouvement, de manière à épargner
ou du temps dans l'exécution de cet effet, ou de la force dans la
cause. Une *machine* (en grec μηχανή, *machine, invention*) semblerait plutôt consister dans l'art et dans l'invention, que dans la
force et dans la solidité des matériaux. Les forces de l'homme
étant bornées, il ne peut porter qu'un léger fardeau; mais son
génie a su les augmenter par le secours des machines. Plus rien
alors ne lui a été difficile; il a transporté les plus lourds fardeaux,
il les a élevés à de grandes hauteurs. C'est surtout pour l'architecture que l'art de les employer lui est devenu nécessaire. Sans
cet art, comment aurait-il pu transporter d'énormes colonnes,
les dresser, et élever au-dessus d'elles les diverses parties de l'entablement? On peut dire que l'architecture lui doit tout ce qu'elle
a de grand, et une partie de sa magnificence. Ce n'est donc pas
sans raison que Vitruve consacre un livre à une science qui est
si nécessaire à l'art dont il traite.

6. — *Ea movetur ex arte*. Bien qu'on puisse dire, en quelque
sorte, que la machine est remuée par art, la vérité est, dit Perrault, que c'est le poids qui est remué par l'art, et non la machine qui est proprement remuée par quelque puissance naturelle, tel qu'est, ou le poids qui emporte les balances, ou le bras
qui presse le levier; bien entendu que cette puissance naturelle
est employée et conduite par l'art. Aussi Aristote a-t-il raison de
dire que la mécanique est composée de la physique et des mathématiques.

7. — *Circulorum rotundationibus*. Aristote dit que la mécanique est fondée sur le levier, que le levier dépend de la balance,
et que l'effet de la balance doit être attribué à la vertu du cercle.
Or, par la vertu du cercle, on entend la faculté qu'il donne au
fardeau que l'on veut remuer, et à la puissance mouvante, de
s'égaler l'un à l'autre, ou de se surmonter l'un l'autre, quand ils
agissent à l'opposite l'un de l'autre; et cela se fait, dit Perrault,
par la nécessité dans laquelle ces deux puissances sont de faire

décrire des cercles aux différentes parties de l'instrument sur lequel ils agissent, lorsque du lieu où le poids pèse, à celui sur lequel la puissance mouvante agit, il y a une ligne dont une partie demeure immobile, pendant que toutes les autres sont en mouvement : car, par cette nécessité de faire des cercles qui sont plus grands ou plus petits, selon que les puissances agissent ou plus près ou plus loin du point immobile de la ligne droite, il arrive que si les cercles sont inégaux, à cause de la différente distance dans laquelle les puissances sont du point immobile de la ligne droite, le mouvement le sera aussi, et ainsi, selon la proportion qui est entre les cercles faits par la puissance mouvante et ceux qui sont faits par la puissance du poids, la puissance mouvante égalera ou surmontera la puissance du poids.

8. — *Unum genus scansorium.* La définition de la machine en général, selon Vitruve, ne convient point à ces espèces : car les échelles et les machines à vent ne sont point faites pour lever de lourds fardeaux par la vertu du mouvement.

9. — *Ad apparatus spectationem.* Barbaro, Perrault et Newton pensent que ces paroles indiquent les machines à l'aide desquelles on peut reconnaître de haut les travaux de l'ennemi Telle est aussi l'opinion de Turnèbe. Galiani, Ortiz et, il y a longtemps, Baldi, veulent qu'elles désignent les gradins que l'on faisait pour voir les spectacles et les jeux publics; mais cette opinion n'est pas probable : car les anciens avaient des théâtres, et comment croire que ces théâtres fussent la même chose que ces machines composées, comme le dit Vitruve, de pièces de bois mises debout et jointes par d'autres pièces transversales, à l'aide desquelles on peut monter sans danger, tandis qu'au contraire, de telles machines pouvaient fort bien élever un ou deux soldats assez haut pour qu'ils pussent voir au-dessus des murs d'une ville. Au chapitre 19 de ce livre, Vitruve ne parle-t-il pas d'une machine de guerre qui montait les hommes jusqu'au haut des murs de l'ennemi? Végèce décrit une machine, appelée *tolleno*, qui sert au même usage, et dont la description se rapporte à celle de Vitruve. Il y a, de plus, quelques détails qui en font connaître parfaitement le mécanisme, dans lequel nous reconnaissons celui de la *cigogne*, avec laquelle, dans certaines localités, on élève l'eau d'un puits. *Voyez* le ch. 21 du liv. IV.

Apollodore et Héron, en traitant des machines, en décrivent une à l'aide de laquelle on pouvait voir au-dessus des murs de l'ennemi. La description de cette machine convient encore à celle de Vitruve. C'est la seule opinion probable : cette machine, mal faite, peut offrir un danger ; mais solidement établie, elle ne demande que de la hardiesse de la part de ceux qui s'en servent. Perrault, en faisant de cette machine une échelle, s'est, je crois, tout à fait trompé.

10. — *Et plagæ vocesque* ὀργανικῶς *exprimuntur*. Perrault traduit le mot *plagæ* pour *les coups* ou *les battements*, ce qui comprend tous les instruments de musique qui ne sont point à vent. Or, toute la musique est divisée en vocale et en instrumentale, et l'instrumentale en *pneumatique*, c'est-à-dire qui dépend du vent, et en *psaltique*, c'est-à-dire qui est produite par le frappement. Ce n'est pas sans raison que Vitruve dit que, par le moyen des machines à vent que nous appelons orgues, on imite tout ce que la voix et les instruments que l'on touche ou que l'on frappe peuvent faire ; mais tout cela n'explique pas encore ce que signifie proprement le mot *plagæ*, ni pourquoi Vitruve emploie ici le mot ὀργανικῶς.

11. — *Ex his sunt alia quæ* μηχανικῶς, *alia quæ* ὀργανικῶς *moventur*. On distingue deux espèces de machines : les machines simples, que Vitruve appelle *organa*, et les machines composées. Il y a six machines simples, auxquelles toutes les autres peuvent se réduire : la *balance* et le *levier*, dont on ne fait qu'une seule espèce, le *treuil*, la *poulie*, le *plan incliné*, le *coin* et la *vis*. On pourrait même réduire ces six machines à deux, le *levier* et le *plan incliné* : car le treuil et la poulie agissent comme le levier ; et le coin et la vis comme le plan incliné. Les machines composées sont celles qui sont formées de plusieurs machines simples, combinées ensemble. Les anciens durent porter la science des mécaniques à une grande perfection, dès les temps les plus reculés, si nous en jugeons d'après les masses énormes qui composent les anciens temples de l'Égypte, de la Grèce et de la Sicile. Il est certain que leur manière d'opérer était beaucoup plus simple que la nôtre.

12. — *Uti scorpionis.... versationes*. On ne peut douter que le mot *scorpionis*, dont se sert ici Vitruve, ne signifie *arbalète*. Végèce dit que de son temps les *scorpiones* s'appelaient *manubalistæ*, pour être distingués des grandes balistes ou catapultes, qui n'étaient pas portatives ; il en sera parlé aux ch. 15 et 16 de ce livre. Ces petites machines étaient appelées scorpions, parce qu'elles blessaient avec des flèches, comme le scorpion blesse avec son aiguillon, et à cause de la figure de leur arc qui représentait deux bras recourbés comme les pattes d'un scorpion.

13. — *Seu anisocyclorum versationes.* Quelle était cette sorte de machine, on ne le sait pas précisément. Budée et Turnèbe ne savent que la signification littérale de ce mot, qui est *cercles iné-gaux.* Barbaro dit que les cheveux bouclés sont des anisocycles. Perrault, Baldi, Galiani, Ortiz et Newton croient que c'était un fil d'acier tourné en vis ou en spirale et enfermé dans un tube ; en tirant à soi le bout de cette vis, où se trouvait placé le trait, et en le lâchant tout à coup, on faisait partir le trait. C'était, comme le scorpion, une machine fort simple, qu'un homme seul pouvait faire agir.

14. — *Folles fabrorum.* Ce sont les soufflets dont on se sert pour exciter le feu dans les forges et dans les cheminées :

> . . . . Alii ventosis follibus auras
> Accipiunt redduntque.
> > (Virgilius, *Æneid.* lib. viii, v. 449.)

On se servait de peaux de taureaux pour faire ces soufflets, comme nous l'apprennent ces autres vers du même poëte :

> . . . . Alii taurinis follibus auras
> Accipiunt redduntque.
> > (*Georg.* lib. iv, v. 171.)

15. — *Tigna tria.* Trois poutres composent l'assemblage de cette machine, que nous nommons aujourd'hui une *chèvre.* Ce nombre est nécessaire pour qu'elle puisse se tenir dressée, et s'appuyer sur elle-même en formant le trépied. Les autres machines à tirer, décrites plus loin, sont de même composées de trois poutres, à l'exception d'une seule, qui consiste en une pièce de bois retenue par des cordes. Les différentes dénominations qu'elles ont, viennent uniquement du nombre de poulies qu'on y a adaptées.

16. — *Alligatur in summo trochlea.* Le mot *trochlea* signifie ce que nos ouvriers appellent une moufle. On a donné ce nom à toute la machine, bien qu'il ne s'applique qu'à une de ses parties. *Trochlea,* en latin, τροχαλία, en grec, signifie proprement une poulie qui est appelée dans le texte de Vitruve *orbiculus.* Or, le nom d'*orbiculus,* aussi bien que celui de *trochlea,* qui signifie une roue, convient mieux à une poulie, qu'à la moufle qui est carrée et qui enferme les poulies dans des mortaises.

17. — *Nonnulli rechamum dicunt.* Ce mot, qui a la même signification que *trochlea,* ne se trouve que dans Vitruve. Ces moufles *cx,* fig. 112, p. 523, sont des morceaux de bois ronds

ou carrés, dans lesquels il y a des mortaises où les poulies sont enchâssées. On tire le plus grand parti de cette machine pour lever toutes sortes de fardeaux. L'une des moufles étant attachée au haut de l'engin, et l'autre au fardeau, la corde qui le doit tirer produit son effet, en faisant approcher la moufle mobile de celle qui reste fixée au haut de la machine; elle facilite par là l'élévation du fardeau, par la raison que le câble faisant deux replis sur les poulies des moufles, il arrive que le câble qui descend au moulinet fait le double du chemin que fait la moufle inférieure, en s'approchant de l'autre; et, par conséquent, il n'a besoin que de la moitié de la puissance qui serait nécessaire, s'il ne passait que sur une poulie, et si la descente du câble vers le moulinet était égale à la montée du fardeau.

18. — *Ferrei forcipes religantur.* Pour prendre les pierres et les attacher à la moufle qui devait les lever, les anciens se servaient d'une espèce de tenailles qu'il nommaient *forcipes*. C'est ainsi que Philander, Perrault et Galiani ont lu, au lieu de *forfices* qu'on trouve dans quelques manuscrits, mot qui signifie des ciseaux et qui ne voudrait rien dire ici. Nos ouvriers appellent ces tenailles *louve*. On rencontre trois espèces de louves, celle des anciens, dont parle ici Vitruve, celle dont Philander dit qu'on se servait à Rome de son temps, et celle qu'en employait en France du temps de Perrault. Celle des anciens était composée

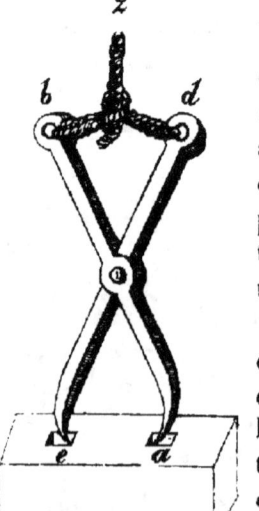

Fig. 108.

de deux pièces en fer *ba, de* (fig. 108), jointes par un clou au milieu, comme des ciseaux ou des tenailles. Ces pièces étaient un peu recourbées par en bas, pour serrer la pierre dans les deux trous *ea* qu'on y faisait, et elles avaient chacune un anneau par en haut *bd* comme des ciseaux, afin que la corde *z*, passée dans ses anneaux, fît approcher en tirant les deux extrémités d'en haut, et serrer, par conséquent, les deux d'en bas.

La seconde espèce dont parle Philander, est plus sûre que la première dont les pinces pouvaient se plier et laisser alors tomber la pierre. Elle se met dans un seul trou qui doit être creusé dans la pierre, de manière qu'il soit plus large par le fond qu'à l'entrée. On met dans ce trou les deux coins *ae* (fig. 109), dont la partie la plus large est par le bas. Au milieu de ces coins on en met un troisième *c*

Fig. 109.

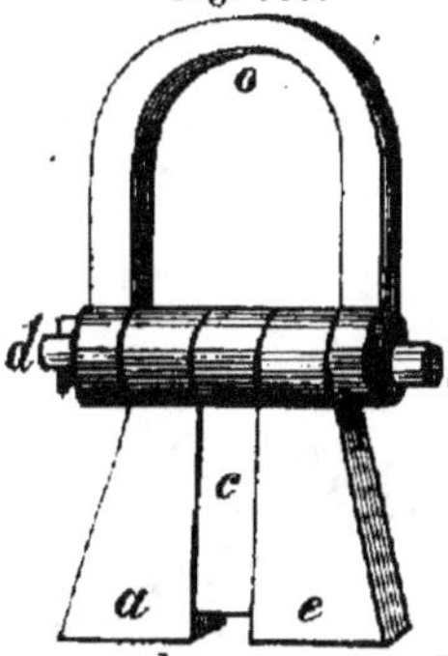

qui n'est pas plus large en bas qu'en haut, mais qui est fait pour écarter les deux autres et les serrer contre les côtés du trou. Ces trois coins sont percés par en haut, et enfilés avec l'anse *o* par la cheville *bd*. Ainsi jointes ensemble, ils forment une queue d'aronde, qu'il est impossible de faire sortir de la pierre sans ôter le coin *c* qui est au milieu.

La troisième espèce de louve est celle dont nous nous servons, dit Perrault; elle est encore plus commode que la seconde. Elle se compose d'un fer en

Fig. 110.

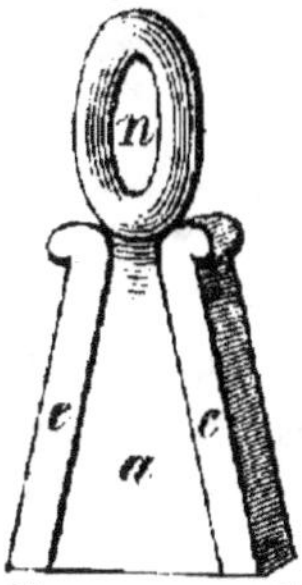

queue d'aronde *a* (fig. 110), garni d'un anneau *n* qui tient lieu de l'anse, et de deux coins *ec* qui sont égaux et aussi larges à un bout qu'à l'autre. Pour se servir de cette louve, on fait un trou de même que pour la deuxième, lequel a, par le haut, la largeur du bas de la queue d'aronde *a*, et qui, par en bas, outre cette largeur du bas de la queue d'aronde, a encore la largeur des deux coins. La queue d'aronde étant enfoncée, on y met aussi les deux coins, l'un d'un côté, l'autre de l'autre, qui font le même effet que si la queue d'aronde était élargie, comme elle l'est dans la seconde louve, par le coin du milieu; mais ces deux coins rendent la machine plus simple et plus commode.

19. — *His explicatis antarii funes ante laxi collocentur, retinacula supra scapulas machinæ longe disponantur.* Les deux mots *antarii funes* signifient tout simplement des *câbles dressés comme des arcs-boutants zzz*, fig. 112, p. 523, et qui soutiennent une machine, comme les haubans soutiennent un mât. Qu'importe qu'ils soient placés en avant ou en arrière de la machine, puisque leur fonction est absolument la même. Le mot *retinacula* ne désigne pas plus des câbles qui seraient placés en arrière, que les mots *antarii funes* n'en désignent qui seraient placés en avant. *Retinaculum* est tout ce qui sert à retenir, et Vitruve n'a certainement voulu exprimer par ce mot que les cordes *nn*, fig. 111, p. 522, qui, attachées à la partie inférieure des deux pièces de bois sur lesquelles sont les amarres *zz*, destinées à recevoir les bouts du moulinet *c*, les empêchent de reculer, lorsqu'on vient à dresser la machine. *Supra scapulas* ne peut pas, non plus, signifier le haut de la machine. La machine est composée de trois pièces de bois *xaa*, qui sont attachées à la partie supérieure par le boulon *e* qui leur traverse la tête. Ces pièces de bois sont étendues à terre, deux d'un

Fig. 114.

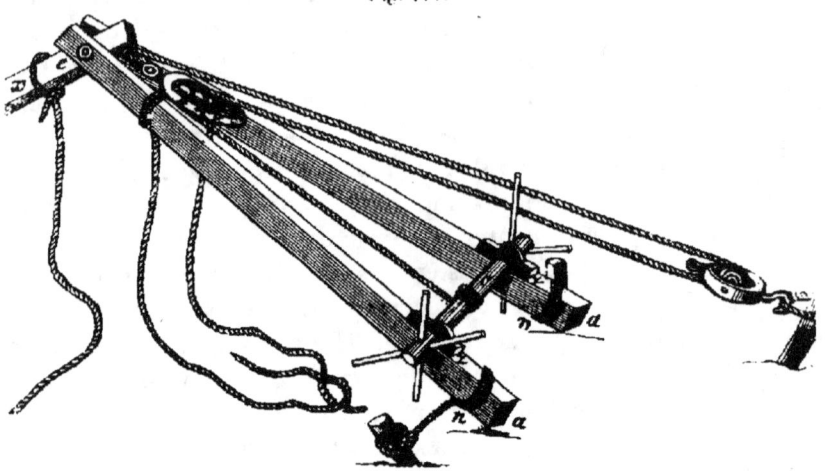

côté, la troisième de l'autre. Voyez-les se dresser ; la tête se lève au milieu ; les deux pièces de bois *aa* sont comme le dos de la machine ; la troisième *x*, semble un bras appuyé contre terre qui suit le mouvement d'ascension. Eh bien, *scapulæ*, c'est la partie supérieure, c'est le dos de la machine couchée à plat ventre. Je ne crois pas que Perrault ait compris cette phrase.

Nous voyons que Vitruve parle ici d'une machine semblable à celle qu'il a décrite plus haut, ou, pour mieux dire, de la même machine composée de pièces de bois plus grandes et plus fortes. Comme elle est plus pesante que la première, il explique la manière de la dresser, et c'est de cette opération qu'il s'agit.

20. — *Alter funis refertur ad ergatam.* Le *vindas,* que les marins appellent *vireveau,* est une espèce de moulinet ou treuil qui tourne verticalement. Il est bon de remarquer que ce vindas et les autres moyens ingénieux que Vitruve attribue particulièrement à quelqu'une de ses machines, peuvent s'adapter indistinctement à toutes les autres. Quand la force d'un homme ne suffit pas pour tirer une corde, on facilite l'opération à l'aide d'une poulie ; on la facilite encore davantage en employant le vindas, par le moyen duquel les forces réunies de plusieurs hommes agissent également et sans gêne, ou en doublant et en triplant les cordes.

21 — *Quod si majus tympanum collocatum.* Le tympan, que les Grecs appellent aussi γέρανον, est une roue large *bb,* fig. 112, autour de l'essieu de laquelle s'enroulent les câbles qui passent sur les poulies, et que l'on met en mouvement ou avec le vindas *a*, quand elle n'est pas trop grande, ou avec les pieds, quand

Fig 112.

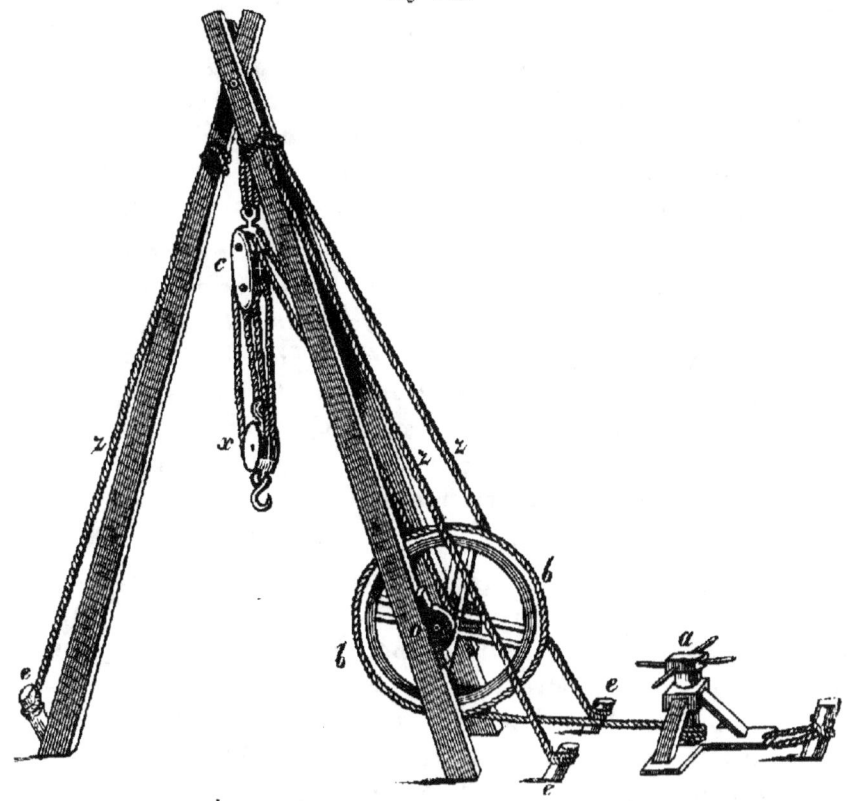

elle est disposée en forme de grand tambour, et qu'on fait entrer
dedans un ou plusieurs hommes qui marchent pour la faire tourner

> Multaque per trochleas et tympana pondere magno
> Commovet, atque levi sustollit machina nisu.
>
> (LUCRETIUS, *de Natura rerum*, lib. IV, v. 906.)

22. — *Est autem aliud genus machinæ.* Cette machine est bien
simple, puisqu'elle consiste en une seule pièce de bois qu'on
dresse et qu'on maintient dressée avec quatre cordes, comme on
maintient le mât d'un navire avec les haubans. Toute la force
de cette machine consiste dans la multiplication des poulies et des
cordes. Elle offrait encore un avantage, c'est qu'on pouvait en
incliner la cime au-dessus de l'endroit où l'on voulait placer le
fardeau. On l'appelait polyspaste, c'est-à-dire qui tire par plusieurs poulies. Plutarque donne le même nom à la machine avec
laquelle il dit qu'Archimède traîna lui seul, sans peine, hors de
l'eau, un grand navire chargé de tout ce qu'il pouvait porter sur
la mer. Il y a là exagération. On sait tout ce que la polyspate

peut faire , ce qui est bien éloigné des effets que lui attribue Plutarque.

La machine qui n'a qu'une poulie s'appelle *monospaste ;* celle qui en a deux, *dispaste ;* trois , *trispaste ;* quatre, *tétraspaste ;* cinq , *pentaspaste ;* et généralement *polyspaste,* celle qui en a plusieurs. Si la moufle contient une rangée de deux ou trois poulies , ce sera une monospaste double ou triple ; deux rangées de deux ou trois poulies , ce sera une dispaste double ou triple, etc.

23. — *Nostri artemonem appellant.* Le mot *artemon* est, à ce qu'on croit, grec comme ἐπάγων ; mais il exprime mieux la chose qu'il doit signifier : car ἐπάγων, qui signifie *tirant à soi,* ne convient point à cette moufle qui est attachée au pied de la machine, vu qu'elle ne tire rien. Hermolaüs se trompe évidemment, en prenant l'*artemon* pour un *vindas ;* il est impossible de douter que ce ne soit ici une troisième moufle ajoutée aux deux autres, qui se trouvent ordinairement aux autres machines.

24. — *Ad latera declinando.* Les machines précédentes n'étaient faites que pour élever les fardeaux à plomb, sur le lieu où ils avaient été pris, parce qu'elles étaient appuyées sur trois pièces de bois comme sur trois pieds. La polyspaste, qui n'est appuyée que sur un, pouvait être inclinée de tous côtés. Mais Perrault s'est trompé sans doute, quand il a compris qu'après avoir élevé la pierre à la hauteur nécessaire, on pouvait alors, en inclinant toute la machine, placer cette pierre à droite ou à gauche, comme on le voulait. Il me semble qu'il eût été bien difficile, pour ne pas dire impossible, de faire agir à volonté cette longue pièce de bois, quand elle était chargée et qu'elle portait en l'air ce pesant fardeau ; si l'on avait détendu une des cordes qui la retenaient, aucune force n'aurait été capable de la diriger. Il fallait donc incliner la cime de la machine au-dessus de l'endroit où l'on devait placer la pierre , avant de commencer à l'élever, idée qu'exprime clairement *quod ante quantum velit.*

25. — *Et ferreos cnodaces, uti subscudes.* On comprend que ces boulons n'étaient en queue d'aronde que par le bout qui entrait dans la pierre, où il était scellé avec du plomb, pour mieux tenir. L'autre bout qui sortait de la colonne devait être rond , afin de pouvoir tourner dans l'anneau.

La fig. 113 représente la machine dont Chersiphron se servit pour transporter le fût des colonnes qui n'étaient que grossièrement taillées dans la carrière. *aa* sont les pièces de bois placées en travers ; *cc* sont celles qui sont placées en long ; *x* est un des deux boulons de fer qui servaient d'essieu, et qui tournaient dans

Fig. 113.

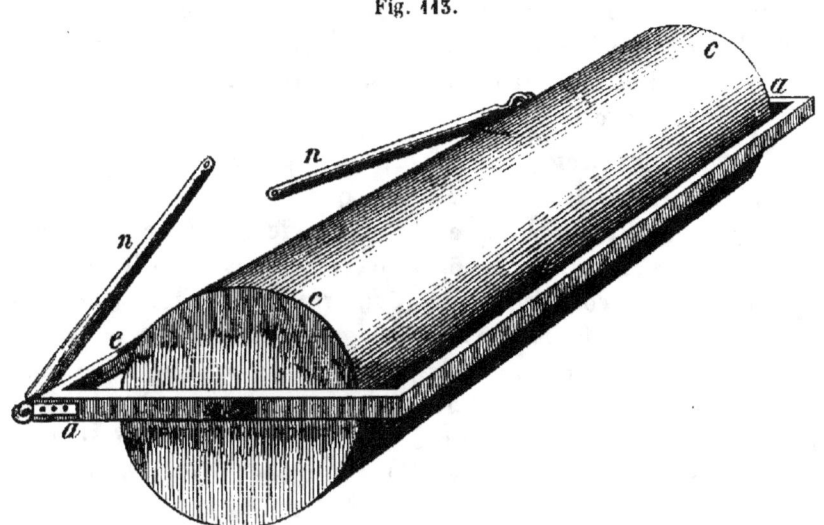

des anneaux de fer qui servaient de moyeux; *cc* est le fût de la colonne qui roulait sur terre, comme le cylindre avec lequel on aplanit les allées; *nn* sont les deux timons en chêne, attachés aux extrémités de la machine.

26. — *Fecit enim rotas circiter pedum duodenum*. Les commentateurs ont entendu que, pour transporter ces grandes architraves, les roues de douze pieds soutenaient les boulons de fer, de même que les roues des charrettes ordinaires soutiennent les essieux; mais il eût été impossible que ces masses de pierres fussent soutenues sur deux boulons de fer scellés au bout de la pierre : car, selon eux, la pierre et les deux boulons ne faisaient, pour ainsi dire, qu'un essieu. Il est donc évident que le texte a voulu dire autre chose que cela. Métagène emploie, pour transporter ses architraves, le moyen dont s'était servi son père pour transporter ses colonnes. Or, dans la machine de Chersiphron, les boulons de fer ne servaient pas pour porter; ils étaient là tout simplement pour soutenir le châssis auquel on attelait les bœufs; et cette manière particulière de transporter les colonnes et les architraves, manière que Vitruve compare à celle de faire rouler les cylindres avec lesquels on aplanit les palestres, était de faire rouler ces grandes pierres; elles servaient elles-mêmes de roues. Les architraves ne pouvant pas rouler comme des colonnes à cause de leur forme carrée, on les arrondissait avec de la charpenterie; on en faisait, comme le dit Vitruve, des roues de douze pieds. Rusconi, dans ses figures de Vitruve, a été de cette opinion.

27. — *Inclusa, uti axes, in rotis.* Oui, les architraves étaient enfermées dans les roues comme des essieux ; elles formaient le centre de la menuiserie qui en faisait un corps rond comme le fût d'une colonne, ce qui rendait l'appareil tout à fait semblable à celui de Chersiphron.

28. — *Non uti Metagenes apportavit.* Le mode de transport employé par Paconius, était le même que celui dont s'était servi Métagène : car Vitruve dit que Métagène « fecit rotas circiter pedum duodenum et epistyliorum capita in medias rotas inclusit, » et que Paconius « rotas circiter pedum quindecim fecit, et in his rotis capita lapidis inclusit. » De sorte que la machine de Paconius n'était différente de celle de Métagène, qu'en ce qu'elle n'était pas tirée par les deux bouts avec des timons attachés au châssis soutenu par les boulons, mais à l'aide d'une seule corde entortillée sur les fuseaux, ce qui tirait avec plus de force, mais moins droit que celle de Métagène.

29. — *Sed non poterat ad lineam via recta ducere.* Si pour empêcher que les roues ne dérivassent, tantôt à droite, tantôt à gauche, Paconius eût mis deux câbles au lieu d'un, sa machine eût réussi comme celle de Métagène : car elle n'en différait qu'en ce qu'elle était tirée inégalement, selon qu'il arrivait que le câble, en se dévidant, se trouvait plus ou moins éloigné du milieu. Mais la machine de Paconius avait cet avantage, sur celle de Métagène, qu'elle était plus facile à remuer, parce que le câble, tirant le haut de la machine, a bien plus de force pour vaincre la résistance qu'elle oppose au mouvement, que lorsqu'on tire par le milieu, comme à la machine de Métagène : car, dit Perrault, la résistance que ces sortes de machines font au mouvement, ne venant que des inégalités qui se rencontrent sur le plan où elles doivent agir, il est certain que la puissance doit avoir d'autant plus de force que l'endroit où elle agit est plus éloigné de ce plan. Une raison, encore, rendait la machine de Paconius plus puissante que celle de Métagène, c'est que les bœufs qui la traînaient, faisant beaucoup plus de chemin que la machine, il s'ensuivait qu'ils la remuaient avec plus de facilité que ceux qui traînaient celle de Métagène, laquelle avançait autant que les bœufs.

30. — *Ita statim honores ei decreverunt.* Cette particularité, comme le dit Perrault, fait voir quelle estime les anciens avaient pour tout ce qui appartenait aux beaux-arts et principalement à l'architecture. Ils en faisaient une affaire de la plus haute importance, et les récompenses qu'ils accordaient aux bons architectes étaient magnifiques. On peut, du moins, juger par l'honneur qu'ils firent à un berger, à qui le hasard avait fait découvrir une carrière, de la reconnaissance qu'ils témoignaient aux gens d'esprit pour leurs travaux et leur industrie. Cela doit aussi faire connaître que si les ouvrages de notre siècle surpassent en beauté tout ce qui a été fait jusqu'à présent, ceux qui les produisent sont bien inférieurs aux auteurs des ouvrages de l'antiquité, en ce qui regarde le désir et la passion de faire quelque chose d'excellent, et de n'épargner pour cela ni soin, ni travail, ni temps, ni dépense : car l'impatience que nous avons de voir les ouvrages achevés, et le peu de soin que nous mettons à les rendre durables, fait que nous croyons à peine ce que les historiens rapportent de la patience et de l'exactitude des anciens, quand nous lisons que le temple d'Éphèse a été quatre cents ans en construction, qu'on y a employé les richesses de toute l'Asie, et qu'on a été quatre ans à laisser sécher la colle qui devait servir à joindre les pièces de bois des portes du temple.

31. — *Id autem ut intelligatur, exponam.* Ce n'est pas d'après les principes de la géométrie, ni d'après ceux de la physique que Vitruve cherche à démontrer, dans ce troisième chapitre, comment les machines produisent leurs effets ; il se contente de faire connaître ces machines, et d'expliquer par certaines expériences les effets qu'elles produisent. Ainsi, c'est par des exemples qu'il fait voir que, bien que le mouvement direct soit différent du mouvement circulaire, il n'est pas d'opération mécanique où ces deux mouvements n'agissent ensemble concurremment. Dans la poulie, par exemple, se trouve le mouvement circulaire, et dans la corde qui la fait agir, le mouvement direct. Le levier agit directement, et la main qui l'emploie agit par un mouvement circulaire. Il en est de même des autres machines.

32. — *Inducuntur uti centra axiculi in orbiculos, et in trochleis collocantur.* La moufle est une machine qui consiste en un assemblage de plusieurs poulies, dont on se sert pour lever des poids énormes en peu de temps. La multiplication des poulies, dans la moufle, est fort bien imaginée : car on démontre, en mécanique, que la force nécessaire pour soutenir un poids par le moyen d'une moufle, est au poids lui-même comme l'unité est au nombre des poulies, en supposant que les cordes soient parallèles entre elles. D'où il suit que le nombre des poulies et la puissance étant donnés, on trouve aisément le poids que la moufle pourra soutenir, en multipliant la puissance par le nombre des poulies. Supposons, par exemple, que la puissance soit cinquante livres, et le nombre des poulies cinq, elles pourront être en équilibre avec un poids de deux cent cinquante livres. Un homme ordinaire peut élever avec sa seule force cent cinquante livres ; le même homme, avec une moufle à six poulies, pourra soutenir un poids de neuf cents livres. Qu'on joigne ensemble plusieurs moufles, on augmentera la puissance des poulies. Pour trouver le nombre des poulies que doit contenir une moufle, afin d'élever un poids donné avec une puissance donnée, divisez le poids par la puissance : le quotient sera le nombre cherché. Un poids est de six cents livres, par exemple, et la puissance de cent cinquante ; il doit y avoir quatre poulies à la moufle, abstraction faite de la résistance et du poids des cordes qui doit augmenter la puissance et la rendre plus grande.

33. — *Funis circumactus directis ductionibus, et in sucula collocatus.* Cet exemple qu'apporte Vitruve pour confirmer que toute la mécanique est fondée sur la ligne droite et sur la courbe, est fort bon ; mais la chose n'est pas bien expliquée dans le texte, qui semble faire entendre que le pivot de la poulie étant le centre du cercle dont la vertu agit dans les effets des moufles, la corde qui va de la poulie au moulinet est la ligne droite qui, avec la circulaire de la circonférence de la poulie, concourt à l'effet de la machine : car, dit Perrault, la corde ne tient lieu que d'une puissance externe dont il n'est point ici question, puisqu'il ne s'agit que des dispositions internes de la machine qui consiste dans la ligne qui va du centre de la poulie à la circonférence, et cette ligne est proprement la droite dont il s'agit, de même que la courbe est celle que l'extrémité de la ligne droite décrit, lorsque la poulie tourne, ces deux lignes ayant toujours une relation et une proportion pareilles, et la grandeur de l'une dépendant de la grandeur de l'autre, parce que l'effet de la machine est nécessairement proportionné à ces deux lignes.

34. — *Ferreus vectis.* Le levier est la première des machines simples dont on se sert principalement pour élever des poids à de petites hauteurs. Dans le levier, trois choses sont à considérer : le poids qu'il faut élever et soutenir, la puissance par le moyen de laquelle on doit l'élever ou le soutenir, et l'appui sur lequel le levier est soutenu, ou plutôt sur lequel il se meut circulairement, cet appui restant toujours fixe.

Il y a des leviers de trois espèces : ou l'appui est placé entre le poids et la puissance, et c'est ce qu'on nomme *levier de la pre-*

nière espèce; ou le poids est situé entre l'appui et la puissance, et c'est ce qu'on appelle *levier de la seconde espèce;* ou, enfin, la puissance est appliquée entre le poids et l'appui, et c'est ce qui fait le *levier de la troisième espèce.*

La forme du levier a pour fondement ce principe, que l'espace ou l'arc décrit par chaque point d'un levier, et par conséquent la vitesse de chaque point, est comme la distance de ce point à l'appui; d'où il suit que l'action d'une puissance et la résistance du poids augmentent à proportion de leur distance de l'appui.

35. — *Ita non tam faciliter quam oppressione.* Ce n'est point, comme le dit Perrault, par une raison mécanique que l'on a plus de force en appuyant sur le levier, que lorsqu'on le lève, mais par une raison physique, qui est que la pesanteur du corps fait une grande partie de l'effet de la compression; au lieu que, dans l'élévation, toute la force se prend dans l'action des muscles qui lèvent les bras et qui affermissent le reste du corps.

36. — *Nisi, quemadmodum supra scriptum est, examinatio vectis longius per caput deductionibus fuerit facta.* Il est bon de remarquer que les puissances ou forces qui meuvent les corps, ne peuvent agir les unes sur les autres que par l'entremise des corps mêmes qu'elles tendent à mouvoir; d'où il suit que l'action mutuelle de ces puissances n'est autre chose que l'action même des corps animés par les vitesses qu'elles leur donnent ou qu'elles tendent à leur donner. On ne doit donc entendre par l'action des puissances, et même par le terme de puissance dont on se sert communément en mécanique, que le produit d'un corps par sa vitesse ou par sa force accélératrice. De cette définition, et des lois de l'équilibre et du mouvement des corps, on conclut aisément que deux puissances égales et directement opposées se font équilibre, que deux puissances qui agissent en même sens produisent un effet égal à la somme des effets de chacune, etc.

37. — *Id autem ex trutinis, quæ stateræ dicuntur, licet considerare.* Il y a deux sortes de balances, l'ancienne et la moderne. Tout le monde connaît celle-ci. L'ancienne ou la romaine consiste en un levier qui se meut sur un centre et qui est suspendu près d'un des bouts. D'un côté du centre, du côté le plus court, on suspend le corps qu'on veut peser; de l'autre, se trouve un poids qui peut glisser le long du levier. La valeur de ce qu'on veut peser s'estime par les divisions qui sont marquées sur la partie du levier où glisse le poids. Ainsi, dans la balance romaine, le poids qui sert à peser est toujours le même qui s'appli-

que à différents points, au lieu que dans la balance ordinaire, le contre-poids varie, et le point d'application est toujours le même. Le principe sur lequel la construction des deux balances est fondée est le même, et peut se comprendre par ce qui suit : le levier est la principale partie de la balance ; c'est un levier de la première espèce, et qui, au lieu d'être posé sur un appui, centre du mouvement, est suspendu par une verge, de sorte que le mécanisme de la balance dépend du même théorème que celui du levier, savoir, que les poids qui y sont suspendus doivent être en raison inverse de leurs distances à l'appui, pour être en équilibre.

38. — *Ansam gubernaculi tenens.* La barre du gouvernail est un levier ou une longue pièce de bois de chêne, qui entre par un de ses bouts dans une mortaise pratiquée au haut du gouvernail et qui sert à le faire mouvoir.

39. — *Pressione cacuminis vehementius cogunt progredi navem.* Bien que cela soit conforme à ce que dit Aristote, il n'y a guère d'apparence, selon Perrault, que la hauteur du mât puisse servir à accélérer la marche du vaisseau, par une autre raison, que parce que le vent est plus fort en haut qu'en bas ; car on ne demeure pas d'accord que le mât remue le vaisseau comme un levier remue le fardeau qu'il lève, puisqu'il est vrai que dans l'action du vent sur le navire, par l'entremise du mât, il n'y a point de centre ou point immobile sur lequel on fasse tourner les deux cercles inégaux dans lesquels consiste, ainsi qu'il a été dit, la force du levier. Car toutes les parties du mât, et le vaisseau même, sont soumis à un même mouvement ; ce qui est contraire aux mouvements du levier, qui sont différents et inégaux : de sorte que si l'on considère les effets que le mât ou plus court ou plus long peut faire comme tel, et non étant poussé par un vent plus ou moins fort, il se trouvera que la hauteur du mât nuit plus qu'elle ne sert à la vitesse du mouvement du vaisseau, par la raison que plus il est haut, plus il a de force pour faire plonger la proue, ce qui lui fait rencontrer une plus grande quantité d'eau qui lui résiste.

40. — *Extremis progredientibus a centro.* Vitruve s'attache surtout à faire connaître, toujours par des exemples, les différents usages du levier, la plus simple et en même temps la plus importante de toutes les machines. Pour appuyer le principe que plus la puissance qui fait agir le levier est éloignée de l'appui, plus elle a de force, il cite les rames d'un vaisseau qui en accé-

lèrent d'autant plus la marche qu'elles s'avancent davantage
vers la mer. Philander et Perrault ne partagent point cette opinion. Bien que les rames de la galère qu'elles font remuer, dit
Perrault, soient en quelque façon un levier renversé à qui la mer
sert comme d'appui, il n'est pas vrai néanmoins que la longueur
des rames, depuis la cheville où elles sont attachées jusqu'à la
mer, serve à les faire agir avec plus de force par la raison du
levier : car par la raison du levier, le contraire devrait arriver,
parce que plus est longue la partie du levier qui est depuis l'appui
jusqu'à la puissance qui remue, plus elle a de force. Aristote donne
la véritable raison de l'effet de cette longueur de la rame, savoir,
que cette longueur est nécessaire, afin que l'eau étant frappée
avec plus de vitesse, comme elle l'est plus la rame est longue,
l'eau résiste davantage : car si l'eau n'obéissait point, il est certain que plus la rame serait courte depuis la cheville jusqu'à la
mer, et plus les rameurs auraient de force pour remuer le vaisseau, et, en ce cas, il vaudrait mieux, pour remuer le vaisseau
avec plus de puissance, que la plus grande longueur de la rame
fût depuis la cheville jusqu'à la main des rameurs. Mais Galiani
prétend que ces critiques n'ont pas saisi le sens de Vitruve, et
qu'ils appliquent ici fort mal à propos l'autorité d'Aristote. C'est
un axiome en physique, dit-il, que la réaction est égale à l'action, tellement que quand deux puissances agissent en sens contraire aux deux extrémités d'un levier, elles peuvent être consi-
dérées indifféremment, l'une ou l'autre, comme la force motrice,
ou comme le corps résistant. Or, Vitruve dit que quand la plus
petite partie de la rame est depuis la main du rameur jusqu'à la
cheville, et la plus grande depuis la cheville jusqu'à la mer, le
mouvement du vaisseau est plus prompt. Ces critiques prétendent, au contraire, qu'on le ferait agir plus aisément, si la partie de la rame était plus longue depuis la main du rameur jusqu'à
la cheville, que celle qui est depuis la cheville jusqu'à la mer.
Dans ce sens, ils ont raison de dire qu'il est plus aisé de le faire
agir, c'est-à-dire que les rameurs n'ont pas besoin d'y employer
autant de force. Mais ce n'est pas ce que Vitruve a entendu : il a
dit que le vaisseau irait plus vite. En supposant donc, comme le
fait Vitruve, que la quantité des rameurs soit suffisante pour
vaincre la force opposée, c'est-à-dire le poids du navire et la résistance de l'eau, tout homme de bon sens sentira, sans être mé-
canicien, que plus la rame sera longue depuis la cheville jusqu'à
la mer, plus long sera le trajet que chaque coup de rame fera faire
au navire

41. — *A centro scalmi.* On lit *a centro parmis* dans l'édition de Joconde, *a centro palmis* dans toutes les autres. Perrault a corrigé, et lit *a centro scalmi*, parce que *scalmus* signifie la cheville à laquelle chaque rame est attachée; et il est vrai que cette cheville est le centre des cercles que la rame décrit, par son bout, dans la mer, quand on la fait agir.

42. — *Onerum vero maxima pondera quum feruntur a phalangariis.* Le mot *phalangarii* signifie ceux qui portaient les fardeaux sur leurs épaules, avec des bâtons appelés *phalanges*. Le mot grec φάλαγξ signifie proprement un rouleau de bois; par métaphore, c'était un bataillon rangé, peut-être parce qu'il avait la figure d'un rouleau de bois, étant plus long que large. Il paraît que c'est encore à cause de leur ressemblance avec cette figure que Galiani, et longtemps avant lui Aristophane, au rapport de Pollux, appellent les os des doigts *phalanges*.

43. — *Et primum dicam de tympano.* Nous avons déjà dit que *tympanum* signifie un *tambour*, et que ce mot s'applique à plusieurs choses, dont pas une ne ressemble si bien à un tambour que la machine qui est ici expliquée : car ronde tout à l'entour, elle a deux fonds, l'un d'un côté, l'autre de l'autre, qui sont remplacés dans l'instrument militaire par des peaux.

44. — *Hominibus calcantibus versatur.* Pour expliquer cette expression, il faut supposer qu'il y a une autre roue jointe au tympan, dans laquelle ces hommes puissent marcher.

45. — *Modioli quadrati.* Le mot *modiolus* n'est pas moins ambigu que celui de *tympanum* : car il signifie des *corps de pompe* dans la machine hydraulique, et des *barillets* dans la pompe de Ctesibius. Dans le chapiteau des catapultes et ici, ce sont de petites caisses qui ordinairement sont des espèces de coffres carrés.

46. — *In ejusdem rotæ axe involuta duplex ferrea catena.* Il n'est pas possible qu'une double chaîne mise sur l'essieu d'une roue élève l'eau plus haut que les caisses qui sont autour de la circonférence de la roue; de sorte qu'il faut entendre que la chaîne est sur l'essieu d'une roue élevée fort haut, qui est dentelée et posée verticalement (le *hérisson* des moulins), et qu'on fait aller à bras à l'aide d'une autre roue plus petite, placée horizontalement, et appelée vulgairement *lanterne* dans un moulin. L'essieu de cette seconde roue allongé d'une manière convenable à la partie inférieure, et pivotant par en bas dans une crapaudine, est traversé, à hauteur de ceinture d'homme, par une barre que poussent un ou plusieurs hommes.

Le mot *involuta* ne peut signifier ici que la chaîne est entortillée autour de l'essieu , comme la corde l'est autour du moulinet ; elle est seulement posée sur l'essieu comme la corde l'est sur la poulie d'un puits ; seulement il est nécessaire que l'essieu soit à pans , afin que la chaîne ne puisse glisser, et qu'elle suive toujours le mouvement de l'essieu.

47. — *Fiunt etiam in fluminibus rotæ.* Vitruve traite d'abord en peu de mots, d'une manière générale , des roues que l'eau fait mouvoir sans le secours de l'homme ; il nous apprend qu'elles sont garnies d'aubes, dans lesquelles se précipite l'eau pour les mettre en mouvement. Bien qu'elles puissent servir à de nombreux usages , toutes cependant doivent être construites de la même manière. Il en est plusieurs dont la construction exige le plus grand soin, la plus grande attention : car le nombre, la longueur et la disposition des aubes , leur degré d'immersion dans l'eau , tout doit être rigoureusement calculé pour que la machine ait son entier effet.

48. — *Eadem ratione etiam versantur hydromylæ.* Il y avait dans le texte *hydraulæ* ; Turnèbe et Saumaise l'ont corrigé. Le mot *hydromylæ* signifie des meules que l'eau fait tourner, au lieu que *hydraulæ* signifie des machines qui conduisent l'eau avec des tuyaux. Perrault et Galiani ont adopté cette correction , qui est plus conforme à la suite du texte.

49. — *Secundum id tympanum minus, item dentatum, planum est collocatum.* La roue de nos moulins qui est posée horizontalement, et qu'on appelle la *lanterne*, n'est point dentelée ; elle est composée de fuseaux que joignent ensemble deux madriers, que l'abre de fer qui soutient la meule traverse aussi par le milieu. Perrault suppose que Vitruve a décrit ces roues un peu négligemment, en ne distinguant pas la roue à dents appelée hérisson d'avec le pignon ou lanterne, et comprenant sous le nom de dents tout ce qui accroche comme les véritables dents , ou qui est accroché comme les fuseaux des lanternes ou pignons : mais il me semble qu'il est aussi très-facile de supposer que les anciens, au lieu de lanternes, se servaient d'une seconde roue à dents ; la chose eût été assurément moins solide , mais non plus incommode.

D'après les principes de la mécanique, cette seconde roue , placée horizontalement, doit être plus petite que celle qui la fait mouvoir ; autrement la meule tournerait plus lentement que la roue qui va dans l'eau, ce qui ne doit pas être. C'est pourquoi

Perrault a cru qu'il fallait lire *minus*, *item dentatum*, au lieu de *majus*, etc.

50. — *Est autem etiam cochleæ ratio.* Ce que l'auteur nomme ici *cochlea*, s'appelle vulgairement *vis d'Archimède* ou *pompe spirale*. Il paraît qu'on ne l'avait pas encore attribuée à Archimède du temps de Vitruve, bien que Diodore de Sicile, qui écrivait presque à la même époque que Vitruve, fasse Archimède l'inventeur de cette machine. La grande utilité que l'auteur prétend qu'on en a retirée, pour rendre l'Égypte habitable, en épuisant les eaux dont elle était autrefois inondée, ferait cependant croire qu'elle est beaucoup plus ancienne qu'Archimède.

L'invention de cette machine est si simple et si heureuse, que l'eau monte dans le tube spirale par sa seule pesanteur. Elle est propre à élever une grande quantité d'eau avec une très-petite force; c'est pourquoi elle peut être utile pour vider des lacs et des étangs. Une seule vis ou pompe ne suffirait pas, s'il s'agissait d'élever l'eau à une hauteur considérable, parce que cette vis étant nécessairement inclinée, ne peut porter l'eau à une grande élévation, sans devenir elle-même fort longue, et par là très-pesante, et sans courir les risques de se courber et de perdre son équilibre; mais alors on peut, avec une seconde pompe, élever l'eau qu'une première a fournie, et ainsi de suite.

51. — *Ejus autem ratio sic expeditur.* On se sert encore à présent de la vis d'Archimède pour les bâtiments qui se font dans l'eau; mais, dit Perrault, la manière dont on fait les séparations du dedans, est bien plus facile que n'est ce collement de tringles d'osier avec de la poix : on se sert bien d'osier et de poix, mais d'une autre manière. On perce la pièce de bois arrondie de trous fort rapprochés, qui suivent les lignes spirales qui ont été marquées par la méthode que prescrit Vitruve, et dans ces trous on fiche des bâtons qui ont la longueur que l'on veut donner au dedans de la coquille. Dans ces bâtons on entrelace de l'osier, comme pour faire un panier, en battant et serrant les osiers les uns contre les autres. On enduit de poix, des deux côtés, cette espèce de tissu, et on couche des ais tout le long par-dessus, comme des douves de tonneau qu'on lie avec des cercles de fer.

Il y a encore une manière de faire cette vis, c'est de ne la point couvrir d'ais, mais de faire seulement avec ces ais un canal en demi-rond qui demeure immobile et incliné selon la pente que l'on veut donner à la vis : car cette vis tournant dans le canal auquel sa rondeur est ajustée, pousse l'eau en haut de même que la vis d'Archimède, quoiqu'il s'en échappe quelque peu par les jointures, entre la vis et le canal ; mais elle est plus aisée à remuer et plus facile à construire.

52. — *Tignum sumitur, cujus tigni quanta fuerit pedum longitudo, tanta digitorum expeditur crassitudo.* C'est-à-dire que la longueur de cette pièce de bois devait avoir seize fois son épaisseur, parce que le pied des anciens avait seize doigts.

53. — *Et justam cochleæ naturalemque imitationem.* Ces canaux ne sont néanmoins semblables à ceux des coquilles des limaçons qu'en ce qu'ils sont en vis ; et ils en diffèrent en ce qu'il y en a plusieurs, et même jusqu'à huit, dans la vis que Vitruve décrit, au lieu que le canal dans le limaçon est unique. Il y en a qui pensent que la vis d'Archimède ne doit avoir, en effet, qu'un canal ; d'autres, qu'elle doit en avoir trois : chacune de ces manières à ses avantages. La vis de Vitruve, qui a huit canaux, est pour élever une grande quantité d'eau ; mais elle ne pourrait l'élever aussi haut que celle qui n'en a qu'un, parce que cette dernière peut avoir son canal replié tant de fois, que son obliquité permet d'élever la vis beaucoup plus haut que lorsque la multitude des canaux rend leur position plus droite.

54. — *Hominibus calcantibus.* La position inclinée de la limace

Fig. 144.

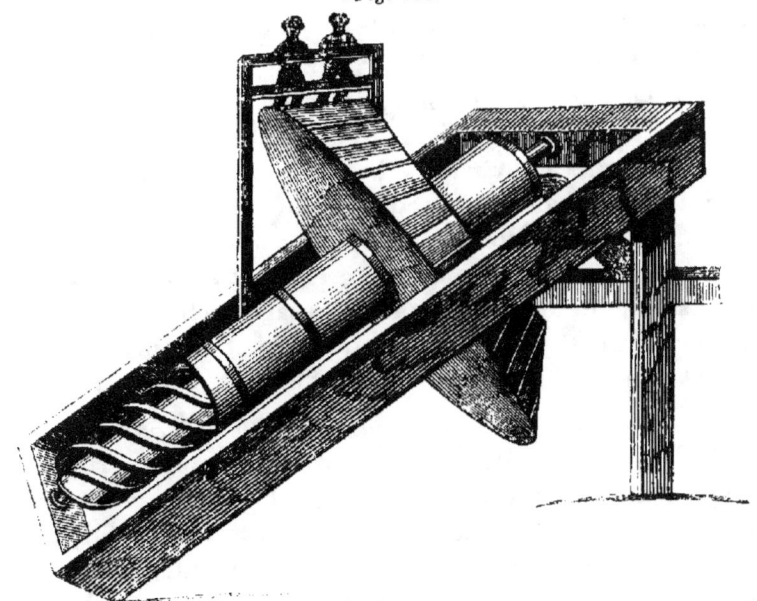

rend difficile le mécanisme de la roue qui doit servir à la faire

tourner, et le mouvement de rotation doit être assez rapide
pour que la machine ait tout son effet. La figure 114, qu'en a
faite Newton, me paraît remplir heureusement toutes les conditions.

55. — *Ea fit ex ære.* Reprenons la description de Vitruve, la
fig. 115 sous les yeux :

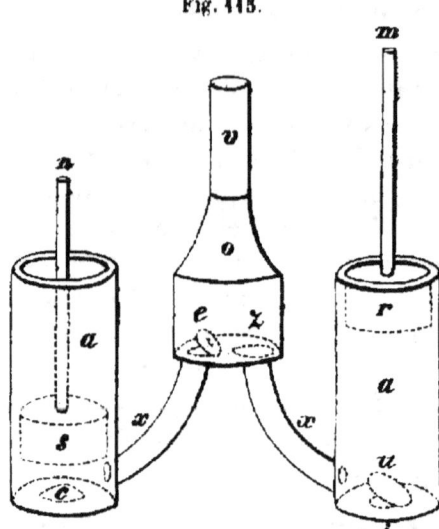

Fig. 115.

aa sont les deux barillets ou corps
de pompe ;

xx sont les deux tuyaux qui, du
fond des deux barillets, vont s'ajuster
au petit bassin placé au milieu ;

ez est le petit bassin ;

z est une des soupapes du bassin
qui est baissée ;

e est l'autre soupape qui est levée ;

o est la chape semblable à un entonnoir renversé ;

v est la trompe soudée perpendiculairement au-dessus de la chape ;

u est la soupape faite pour boucher l'ouverture du fond des barillets, et qui est levée pour laisser
entrer l'eau ;

c est l'autre soupape qui est baissée ;

r est un piston levé pour laisser entrer l'eau dans le barillet ;

s est l'autre piston baissé pour pousser l'eau dans le bassin ;

i est l'ouverture qui est au fond des barillets.

56. — *In quo catino fiunt asses.* Festus fait de *axis* le synonyme
de *tabulæ sectiles* ; et Aulu-Gelle dit que les lois de Solon étaient
écrites sur de petits ais, *axibus ligneis incisæ.* Perrault croit que
par le mot *axes,* quand il est seul, il faut entendre une soupape
plate comme un ais, celle qu'on appelle *clapet,* et non une soupape ronde et pointue, comme un *focet* ou *cône,* telles que sont
celles qui sont aujourd'hui le plus en usage, celles dont il sera
bientôt parlé dans la machine hydraulique, et qui produisent le
même effet que les véritables soupapes qui sont plates.

57. — *Non patiuntur exire id quod spiritu in catinum fuerit
expressum.* Ce passage est obscur ; il y a sans doute corruption,
soit par la faute des copistes, soit par celle de l'auteur même,
qui peut être n'a pas bien compris Ctesibius : car il semble que
Vitruve veuille faire entendre que l'eau ne monte dans le petit
bassin que parce qu'elle y est poussée par l'air, comme s'il était
nécessaire qu'il y eût de l'air entre le piston qui presse et l'eau

qui est pressée, et comme si le piston ne poussait pas l'eau immédiatement. Perrault a pensé que Ctesibius pouvait avoir entendu que la compression faite par l'air sur l'eau pour la faire monter dans sa machine, se doit prendre de la compression que l'air fait par sa pesanteur sur la surface de toute l'eau qui est dans le monde, et qui l'oblige de monter dans les espaces qui sont rendus vides par quelque moyen que ce soit, de sorte que l'eau entre dans le corps de pompe, à cause de la pesanteur de l'air qui l'y fait entrer, lorsque le piston qui occupait l'espace du bas de la pompe vient à être tiré par en haut. En rendant donc *id quod spiritu in catinum fuerit expressum* par : *ce qui a été poussé dans le petit bassin à l'aide de l'air*, Perrault fait bien entendre que l'air a contribué en quelque chose à faire entrer l'eau dans le corps de pompe, mais non qu'il en a été la cause immédiate.

58. — *Supra catinum penula.* Parmi les Romains, *penula* était proprement un *justaucorps* : car les robes des Romains, qui étaient amples et larges, ne-suffisant pas à les défendre du froid, lorsqu'ils étaient au théâtre, on inventa cette sorte de vêtement qui était plus étroit et plus serré sur le corps, comme le fait remarquer Bartholus Bartholinus dans son traité *de Penula.* Ce mot est pris ici généralement pour signifier une couverture. Les distillateurs se servent de la même métaphore, quand ils appellent *chape* le dessus de l'alambic qui est tout à fait semblable à cette partie de la machine de Ctesibius, que Vitruve appelle *penula.*

59. — *Atque angibata.* Baldi veut qu'au lieu de *engibata* on lise *angibata*, mot qu'il fait dériver du grec ἀγγεῖον, qui signifie un *vase*. Le traité des machines pneumatiques de Héron lui a donné l'idée de faire cette correction. Héron fait la description d'une machine formée d'un vase transparent, dans lequel de petites figures se meuvent. Ce vase ressemble à ceux que font nos émailleurs, où de petites figures d'émail sont enfermées avec de l'eau, et soutenues dans ce liquide par de petites bouteilles de verre contenant de l'air. Barbaro interprète ce mot autrement; il le fait venir du grec ἔγγειον, qui signifie *ce qui est près*, comme si ces figures étaient si petites qu'il fallût les regarder de près. Perrault et Galiani partagent l'opinion de Baldi.

60. — *De hydraulicis.* Quelle figure pourra jamais faire connaître la véritable forme des orgues anciennes? La description qu'en fait Vitruve ne pourra, comme il le dit lui-même, être bien comprise que par ceux qui connaissent l'instrument pour l'avoir pra-

tiqué. Or, où trouver des orgues anciennes ? Quel monument anti
que viendra nous en faciliter l'intelligence par quelque représentation conservée ? Le seul moyen qu'il y ait de s'en faire une idée,
c'est de les comparer avec les nôtres, qui semblent s'y rattacher
par beaucoup de points.

Pour introduire l'air dans nos orgues modernes, on se sert de
soufflets; un canal le conduit dans une caisse hermétiquement
fermée, qu'on nomme vulgairement la *caisse du vent*. Au lieu de
soufflets, les anciens employaient des corps de pompe qui, avec
des soupapes, produisaient le même effet en introduisant l'air
dans une caisse nommée *arca*. Cette caisse était couverte, comme
elle l'est encore à présent, par une table nommée *caput machinæ*,
et en grec χανών; nos artistes modernes l'appellent *banc*. Dans nos
orgues, le côté de cette table qui est vers la caisse, est traversé
dans sa longueur par autant de rainures ou demi-canaux que nous
avons de tons dans notre musique. Dans les orgues anciennes, au
contraire, c'étaient des tubes entiers, et non des demi-canaux,
qui étaient placés dans toute la longueur de la table; il n'y en
avait pas autant qu'il y avait de tons dans leur musique, mais ils
étaient aussi nombreux ques les différents jeux ou registres. Cette
table était percée, comme elle l'est encore aujourd'hui, par un
nombre de trous égal à celui des tuyaux qu'on devait mettre à
l'orgue. Sur ces tables on en plaçait une autre qui s'appelait alors
tabula summa, en grec πίναξ, et en français, aujourd'hui, *sommier*. Celle-ci était, comme elle l'est encore dans nos orgues,
percée exactement comme l'autre; c'était sur les trous de cette
dernière table qu'on dressait les tuyaux.

Nous faisons glisser aujourd'hui, entre ces deux tables, autant
de règles que nous voulons avoir d'espèces de jeux ou registres.
Ces règles placées dans la longueur de ces deux tables sont aussi
percées comme elles : tellement que quand leurs trous sont précisément placés entre ceux des tables de manière à correspondre
directement, l'air de la caisse du vent entre dans les tuyaux; mais
si l'on tire ces règles, la partie qui n'est pas percée se trouve
entre les trous des deux tables, et intercepte la communication
du vent. Les anciens ne faisaient pas comme cela, à l'entrée de
chaque tube ou canal qui leur servait de registres; ils avaient des
robinets avec des clefs pour les ouvrir ou les fermer, suivant qu'ils
voulaient donner ou ôter la communication de l'air.

Enfin, dans les anciennes orgues comme dans les modernes, il
y a autant de touches ou marches qu'il y a de tons. Les anciens
nommaient ces touches *pinnæ* : elles produisent les unes et les

autres le même effet; mais elles agissent différemment. Celles de nos orgues, au moyen des ficelles qui passent sur des poulies et pénètrent dans la *caisse à vent*, font lever, quand on appuie dessus, des soupapes qui laissent passer l'air dans le tuyau qu'on veut faire jouer. Les touches des orgues anciennes, quand on appuyait dessus, faisaient avancer de petites règles placées entre les deux tables dont nous avons parlé, c'est-à-dire entre le κανὼν μουσικός et la table supérieure, *tabula summa* : alors l'air pénétrait dans les tuyaux qu'on voulait faire jouer, par le trou de la règle qui répondait directement à ceux des deux tables ; ensuite un ressort, *choragia*, repoussait la règle dont le plein interceptait la communication du vent.

Athénée dit, comme Vitruve, que Ctesibius est l'inventeur de cet instrument, ou du moins qu'il l'a perfectionné, parce que la première découverte en est due à Platon, qui inventa l'horloge nocturne, c'est-à-dire une clepsydre qui faisait jouer des flûtes pour faire entendre les heures aux temps où l'on ne peut les voir.

61. — *Fixos in medio ferreos ancones.* — *Ancon* signifie en grec une chose pliée en forme de coude ; mais les pistons n'auraient pu jouer, si ces coudes de fer n'avaient été rendus flexibles à l'aide de charnières à l'endroit où ils sont coudés ; de sorte qu'il faut entendre que ce fer plié avec des charnières est soudé par un bout perpendiculairement sur le piston, et que l'autre bout est emmanché d'un levier qui, balançant sur un pivot qui le traverse, fait hausser et baisser le piston à volonté. Et ce n'est pas sans raison qu'il y a *verticulis*, c'est-à-dire par plusieurs charnières : car si la branche de fer qui tient au piston n'avait été brisée au milieu par le moyen d'une autre charnière, il eût été impossible de lever et de baisser le piston, à cause du cercle décrit par le bout du levier.

62. — *Pellibusque lanatis involutos.* Il est assez difficile de deviner à quoi servait cette peau couverte de sa laine : il faut croire que c'était pour empêcher le bruit des charnières, sans s'occuper de l'opinion de Barbaro, qui, se mettant peu en peine de la construction du texte, croit que ces peaux étaient aux pistons comme l'étoupe est à une seringue, ni celle du P. Kirker, qui a eu plus d'égard à la construction, mais qui, négligeant le sens, a cru que *ferrei ancones* étaient les pistons, à cause qu'il est dit que *ferrei ancones pellibus lanatis sunt involuti.*

63. — *Ærei delphini.* L'usage de ces dauphins est inconnu, et on ne peut pas espérer ici, dit Perrault, que, comme il arrive assez souvent, la connaissance que l'on a de la chose dont on entend parler, fasse deviner la signification des termes inconnus. L'orgue hydraulique n'a jamais été si exactement décrit que par Vitruve; mais le peu de soin qu'il a eu d'expliquer le mot *delphinus* a bien donné à penser aux commentateurs. Sans nous attacher à tout ce qu'ils ont pu dire, il faut croire que ces dauphins, dont la destination est de tenir suspendus les cônes en cuivre, sont des espèces de balances qui portent par un de leurs bouts les soupapes des corps de pompe faites en cône : car ces balances ont la forme recourbée du dauphin, et elles servent en quelque façon de contre-poids, lorsqu'elles aident à faire remonter les soupapes après qu'a cessé l'impulsion de l'air qui les avait fait entrer dans le corps de pompe.

64. — *Quo loci aqua sustinetur.* Perrault trouve étrange qu'il n'y ait que le seul mot *sustinetur* dans toute la description de la machine hydraulique, qui puisse faire deviner à quoi l'eau y sert : car le vent qui, du corps de pompe passe dans le coffre, semble devoir être suffisant pour faire agir la machine, sans qu'il soit besoin d'eau; mais il est certain que l'impulsion violente et interrompue que reçoit l'air par l'action des pistons, ferait un fort mauvais effet sans l'eau. Il était donc nécessaire qu'il y eût quelque chose qui, obéissant à cette action quand elle est trop forte et trop soudaine, ou suppléant à son défaut quand elle cesse, conservât la continuité et l'égalité qui sont nécessaires aux sons que l'instrument doit rendre; c'est ce que l'eau est capable de faire, étant, comme dit Vitruve, suspendue. Si dans un coffre découvert et à moitié plein d'eau, il y en a un autre plus petit appelé *pnigeus* qui est renversé, et dont les bords ne touchent pas au grand, soutenus qu'ils sont par de petits dés, il est certain que lorsqu'on fait entrer avec violence dans le coffret renversé plus d'air qu'il n'en peut soutenir, il pousse l'eau qui cède en s'élevant dans le grand coffre, où étant suspendue, elle sert à suppléer par son poids au défaut qui arrive dans l'interruption des impulsions, et à en modérer aussi la violence, en cédant et en s'élevant à proportion que la force qui la pousse agit avec plus de puissance.

65. — *Inest pnigeus.* Ce mot vient du grec πνίξ, qui signifie *suffocation*; c'est proprement un instrument fait pour éteindre le feu ou un flambeau en l'étouffant, tel que celui avec lequel on éteint les cierges. Il signifie aussi une cheminée. L'instrument en question est ainsi appelé parce qu'il étouffe l'air, qu'il l'empêche de s'évaporer. Sa figure aussi, qui va en se rétrécissant, ressemble à la hotte d'une cheminée, à un éteignoir. Et cette forme lui est nécessaire pour rendre plus égale la pesanteur dont l'eau suspendue dans le coffre presse l'air qui est dans le *pnigée*.

66. — *Si octochordos.* Il n'est pas vraisemblable que les orgues des anciens ne continssent que quatre tons, ou six, ou au plus huit. Elles devaient naturellement contenir leurs dix-huit tons. On ne doit donc pas entendre ici par *tétracorde*, *hexacorde*, etc., un nombre de tuyaux qui répond à pareil nombre de marches ou touches, mais on doit entendre le nombre des différentes rangées de tuyaux dont chacune répond à toutes les touches; c'est ce que nous appelons les différents jeux. Vitruve le prouve, en disant que les canaux qui sont au nombre de quatre, de six ou de huit, qui font appeler l'orgue tétracorde, hexacorde, octocorde, sont placés en long, *in longitudine*, tandis que les marches ou touches sont certainement placées, comme il le dit aussi, en travers, *ordinata in transverso foramina*. Il ajoute ensuite que le vent entre dans ces canaux par des robinets qui apparemment font l'office de ce qu'on nomme *registres* dans nos orgues.

67. — *Singula epistomia.* Le mot *epistomium* signifie proprement la clef d'un robinet. Vitruve dit que le vent entre dans les canaux par des robinets, qui sans doute font l'office de ce que nous appelons les registres dans nos orgues; et le vent entre dans les tuyaux, lorsque des règles qui répondent à chaque marche, et qui sont percées chacune d'autant de trous qu'il y a de canaux, sont poussées par les marches, quand on les abaisse pour faire que leurs trous se rencontrent au droit de ceux qui sont aux canaux, et de ceux qui sont à la table qui porte ces tuyaux : car lorsque la marche, en se relevant, laisse revenir la règle, les trous n'étant plus au droit de ceux des canaux et de ceux de la table des tuyaux, le chemin est bouché au vent. De sorte qu'il y a apparence que ces robinets étaient comme des registres dont on se servait, ou pour avoir des jeux différents, ou pour accorder plus facilement les différents tuyaux qui étaient sur une même marche.

68. — *Quarum itus et reditus.* Chacune de ces règles, comme on le voit un peu plus bas, servait à ouvrir ou à fermer les trous qui correspondaient seulement à un ton. Elles produisaient, mais par un moyen différent, le même effet que les soupapes qui font aller les touches dans nos orgues modernes.

69. — *Ferrea choragia.* D'après son étymologie, le mot *cho-*

ragia ne peut signifier autre chose que des *ressorts*, puisqu'il est dérivé du mot χοραγός, *celui qui fait sauter, danser*. On appelle encore *sauterelles*, les pièces de bois auxquelles sont attachés les morceaux de plume qui font résonner les cordes de nos clavecins, dit de Bioul. Ce ressort faisait sauter les marches du clavier, lorsqu'il faisait revenir promptement les règles, après qu'elles avaient été poussées par ces marches. Le fil de fer devait être bon pour en faire. Héron, dans ses *Pneumatiques*, dit qu'on se servait de cordes à boyau pour faire relever les marches après qu'elles avaient été baissées. Turnèbe et Baldi voudraient qu'on lût *cnodacia*, mot qui signifie des *boulons de fer*. Mais à quoi pourraient servir ici des boulons de fer? Comment auraient-ils repoussé ces règles?

70. — *Regulis aliis.* Perrault lit *aliis* au lieu de *iis*. Y a-t-il apparence, en effet, que les règles qui sont entre les canaux du sommier et le χανών, puissent avoir des trous dans lesquels soient mis les bouts des tuyaux, ces règles ayant un mouvement continuel, et les tuyaux devant rester immobiles? Il devait donc y avoir d'autres règles faisant l'office de ce que, dans nos orgues, on appelle le faux sommier : c'est un ais percé de même que la chape du sommier, mais dont les trous sont de la grosseur du corps du tuyau, au lieu que ceux de la chape ne sont que de la grosseur de l'embouchure du tuyau.

71. — *Sint latæ per mediam diametron pedum quaternum.* Les manuscrits dans lesquels on lit *pedum quaternum et sextantis*, contiennent évidemment une faute : car une roue de quatre pieds deux pouces de diamètre ne peut pas en un tour ne parcourir que douze pieds; elle en parcourt plus de treize. Il n'est pas vrai, non plus, qu'une roue qui parcourt un espace de douze pieds en un tour, en puisse parcourir cinq mille en quatre cents tours, puisque quatre cents tours d'une roue de douze pieds ne donnent que quatre mille huit cents pieds. Perrault a donc eu raison de faire disparaître *et sextantis*, et de lire seulement *pedum quaternum*, raison encore de lire douze pieds et demi, pour que les quatre cents tours fissent les cinq mille pieds. On sait d'ailleurs que la circonférence est au diamètre à peu près comme vingt-deux est à sept : conséquemment celle d'une roue qui a quatre pieds de diamètre, doit être d'environ douze pieds et demi. Aussi l'édition de Joconde porte-t-elle *pedum* XIIS.

72. — *Tympanum stabiliter includatur.* Bien que le mot *tympanum*, dont se sert ici Vitruve, dût être rendu en français par le mot *roue*, j'ai cru, comme Perrault, que pour éviter l'équivoque qu'il y aurait eu entre les roues du char et les roues dentelées de la machine, il fallait employer le mot *tympan*.

73. — *Denticuli perficiantur æqualiter divisi, numero quadringenti.* Cette machine très-ingénieuse, sans doute, ne saurait être exécutée de la manière que Vitruve le propose : car une roue qui a quatre cents dents, doit avoir pour le moins deux pieds de diamètre, pour faire que chaque dent ait une ligne de longueur, qui est le moins qu'une dent puisse avoir. Or, les dents d'une roue de deux pieds de diamètre ne peuvent donner prise que de la sixième partie d'une ligne à une autre dent qui tourne de la manière que Vitruve l'entend.

74. — *Navigationibus vero similiter.* Ce moyen ne peut donner de résultat exact, parce que les roues qui vont par l'impulsion de l'eau, tournent plus vite proportionnellement quand la marche du vaisseau est rapide, que quand il va lentement, puisqu'il est vrai que le vaisseau pourrait aller si lentement que les roues ne tourneraient pas du tout; pour peu que la machine apporte de résistance, le mouvement du vaisseau ne serait pas capable de la surmonter, d'autant que l'eau obéirait et céderait à cette résistance, ce qui n'arrive pas sur terre, où les roues étant poussées par le poids du carrosse font toutes leurs révolutions de la même manière, que le char aille vite ou lentement.

75. — *Sonitum significet.* Pancirole, dans son livre des anciennes et des nouvelles inventions, dit que l'invention de nos horloges est prise de cette machine. La combinaison des roues produit, en effet, les mêmes effets; et il est probable que les anciens auraient appliqué cette invention aux horloges, si leurs heures avaient été égales comme les nôtres. Il y a même sujet de croire qu'ils avaient quelque chose dans leurs horloges qui donnait à l'oreille aussi bien qu'à l'œil le moyen de connaître l'heure, tant par ce qui a été dit au ch. 8 du liv. IX, sur ces petits cailloux que faisaient tomber les horloges dans un bassin d'airain pour faire du bruit, que par l'invention de la clepsydre nocturne attribuée à Platon par Athénée. Éghinard parle d'une horloge de ce genre qui fut envoyée à Charlemagne par le roi de Perse; il dit que c'était une clepsydre qui, faisant tomber de temps en temps des boules de cuivre dans un bassin de même métal, sonnait les heures; mais le nombre des heures n'était point marqué par cette sonnerie comme dans nos horloges sonnantes : car on fait remarquer que les boules de cuivre n'étaient qu'au nombre de douze, et qu'il fallait soixante-dix-huit coups pour sonner douze heures

76. — *Ita quum quatercenties ab pinnis rotæ fuerint versatæ.*
Il y a une faute évidente dans les textes que j'ai sous les yeux ;
dans l'édition petit in-folio de Jean de Laet, imprimée par les
Elzévier, je lis : « Quum quatercenties ab pinnis rotæ fuerint versatæ, semel tympanum planum circumagent impulsu dentis qui
ad latus est fixus tympani in cultro. » Mais ce n'est pas le *tympanum planum*, le tympan horizontal, que les quatre cents tours
des roues du vaisseau font tourner une fois, c'est le *tympanum
in cultro*, le tympan vertical qui, dans le tour qu'il opère, ne fait
avancer que d'une dent le tympan horizontal. Il y a donc erreur.
L'édition de Leipzig porte : « Quum quatercenties ab pinnis rotæ
fuerint versatæ, semel tympanum circumactum impellet dentem
qui ad latus est fixus tympani plani. » Quel est donc ce tympan
qui, en ne faisant qu'un tour, pousse la dent qui est attachée à la
partie latérale du tympan horizontal ? Il n'y a que le tympan du
milieu qui ne fasse qu'un tour, pendant que le tympan d'en bas,
celui qui est traversé par l'essieu des roues, en fait quatre cents ;
il n'y a que lui qui ait une dent latérale, et il est placé verticalement. Le tympan horizontal n'a point de dent latérale. Il y a
donc aussi une erreur dans ce texte.

Ces machines se composent de deux roues et de trois tympans.
L'essieu autour duquel tournent les roues traverse le premier
tympan qui est vertical comme les roues. Il est armé d'une petite
dent à sa circonférence. Son mouvement de rotation est le même
que celui des roues. Le second tympan est placé au-dessus du
premier ; il est aussi vertical ; mais sa circonférence est partagée
en quatre cents dents qui se combinent avec la dent unique du
premier. De plus, il a une dent latérale. Le troisième tympan est
horizontal, lui, et, comme le second, il a quatre cents dents sur
sa circonférence. Lorsque les roues font un tour, le premier tympan en fait un aussi, et sa dent fait tourner le second d'une quatre
centième partie de sa circonférence. Donc, quatre cents tours du
premier tympan feront tourner une fois le second, dont la dent
latérale fera avancer le troisième de l'espace d'une des quatre
cents dents qui partagent sa circonférence.

Le texte doit être ici conforme à ce que Vitruve dit plus haut
sur la manière de mesurer le chemin qu'on fait sur terre.

77. — *Ita et sonitu et numero indicabit milliaria spatia navigationis.* Maintenant, pour mesurer le sillage d'un vaisseau, on
se sert du loch. C'est une pièce de bois qui, par sa pesanteur et sa
forme, reste immobile dans l'eau. Il est attaché à une corde où
sont des nœuds. Le nombre des nœuds qui ont filé avec la corde,

fait connaître la longueur du chemin qu'on a fait. On jette le
loch toutes les heures ou toutes les deux heures, et plus souvent
lorsque le vent varie. Bien que ce moyen indique les lieues qu'on
a faites plus exactement que celui des anciens, il laisse néanmoins
beaucoup à désirer ; et cependant c'est le moins défectueux que
l'on connaisse.

78. — *Id est scorpionum.* Bien que ce chapitre soit intitulé : *Des
proportions des catapultes et des scorpions,* Vitruve n'y traite
que des catapultes, à cause du peu de différence qu'il y avait
entre ces deux machines. De la manière qu'Ammien Marcellin
décrit le scorpion, il le fait ressembler à une baliste plutôt qu'à
une catapulte ; mais souvent il arrivait, chez les anciens, que des
machines de même nom, de même genre, n'étaient pas de même
structure, et qu'elles ont offert, selon les temps, de grandes
différences.

79. — *Catapultarum.* Plusieurs interprètes, suivant la remarque de Juste Lipse, ont cherché à découvrir, d'après le texte de
Vitruve, quelle était la forme de la catapulte. Les descriptions
qu'ont données de cette machine Athénée le mathématicien, Ammien Marcellin, Végèce, Joconde et Robert Valturius, les deux
figures qui sont dans le livre anonyme intitulé *Notitia imperii,* celle
que G. du Choul dit avoir tirée d'un ancien marbre, la catapulte
qu'on voit dans l'arsenal de Constantinople, celle qu'on voyait
dans celui de Bruxelles, celles qui sont représentées sur la colonne Trajane, n'ont aucun rapport avec la catapulte dont
Vitruve nous donne les proportions, et dont il est si difficile de
comprendre la structure.

On sait, dit de Bioul, que les catapultes étaient généralement
faites pour lancer des javelots, de même que les balistes servaient
à lancer des pierres, quoique les derniers auteurs latins n'aient
jamais fait cette distinction. Ils ont toujours employé le mot baliste pour exprimer l'une et l'autre machine. Les catapultes lançaient leurs javelots avec une si grande force qu'au rapport de
Lucain, ils perçaient plusieurs hommes les uns à la suite des autres ;
il y en avait qui poussaient des javelots de la grosseur de nos chevrons. Athénée en décrit qui avaient douze coudées ; il ajoute,
et on aura peine à le croire, qu'Agésistrate avait fait une catapulte qui n'avait que trois palmes de long, ce qui n'empêchait
pas qu'elle ne portât au delà de trois stades, c'est-à-dire environ
six cents mètres.

Les monuments antiques nous offrent deux sortes de catapultes :

dans les unes ce sont les bras qui se plient comme ceux d'une arbalète, en tirant une corde qui va de l'un à l'autre, pour lancer le trait; quand on la lâchait, le bras se redressant faisait partir le dard. On sent que pour tirer à soi cette corde, il fallait que l'art vînt au secours des forces humaines, et qu'on employât un moulinet.

Dans les autres catapultes, ce sont les bras ou arbres qui frappaient immédiatement le javelot, et il paraît que la catapulte dont parle Vitruve, agissait de cette manière. Les deux bras de cette machine étaient deux arbres placés debout à côté l'un de l'autre et arrêtés au bas de la machine comme le mât d'un navire. Les deux bouts d'en haut se rapprochaient des trous du chapiteau, quand on les tirait avec des cordes qui passaient par ces trous.

80. — *Unius foraminis*. — *Foramen* signifie la largeur d'un trou; le mot *diamètre* exprime absolument la même chose. Les caractères qui sont dans le texte latin, et qui varient tant selon les éditions, indiquent les mesures des parties des machines; ils sont pour la plupart diversement expliqués par Philander, Joconde, Meibomius, Perrault, Galiani. J'ai suivi généralement l'opinion de Perrault, sans attacher une grande importance à ce choix, parce qu'il n'y a pas grand intérêt à ce que toutes ces proportions et mesures soient d'une rigoureuse exactitude, et que d'ailleurs, à tout bien considérer, tous ces illustres commentateurs ne s'écartent pas extrêmement les uns des autres dans leurs appréciations qui s'accordent même assez souvent. Voici un petit tableau de ces différents caractères, avec les valeurs qu'ils représentent suivant eux :

Signification des caractères suivants :

	Philander.	Joconde.	Meibomius.	Perrault.	Galiani.
S	1/2	1/2	1/2	1/2	1/2
9	1/4	—	1/4	1/16	1/4
Γ	1/16	1/16	3/16	1/4	1/16
K	—	—	1/16	1/4	1/16
Z	1/8	1/8	1/4	1/8	1/6
ξ ou ζ	—	—	1/24	1/12	1/12
:—	—	—	1/4	1/8	1/4
F	1/12	1/12	6/16	1/12	1/6
U	1/3	1/3	1/3	1/3	1/3

⁝⁝ ⁘ Ces caractères de forme circulaire ou carrée ne semblent avoir été employés que pour distinguer les périodes.

81. — *Crassitudo ab radice*. Les mots *ab radice*, *in summo*, n·

sauraient signifier, selon Perrault, autre chose que *vers le haut*, *vers le bas;* ce qui lui fait croire que les arbres ou bras de la catapulte et de la baliste étaient debout, placés l'un contre l'autre, et également tendus, afin que, lorsqu'on détendait les cordes, ils pussent frapper d'un même coup le javelot; il ne peut admettre qu'ils fussent bandés à droite et à gauche, comme l'ont pensé d'autres interprètes. En effet, si ces bras eussent dû former un arc, est-il probable que Vitruve qui donne ici la mesure de tant de choses peu importantes, eût oublié de parler de la grosseur de la corde de cet arc dont il ne fait même aucune mention? Le mot de *bras* semblerait, il est vrai, faire soupçonner dans ces arbres quelque rapport avec un arc, parce que les deux parties de l'arc d'une arbalète sont comme ses bras étendus; mais ne peut-on point dire que ces parties appelées, avec raison, bras dans les arbalètes, ont retenu le même nom dans les catapultes, qui ont peut-être été inventées depuis les arbalètes ou scorpions, et que ce nom n'a point été changé à cause que ces parties ont le même usage que les bras des arbalètes, puisqu'elles poussent le javelot de même que les arbalètes, bien que leur disposition soit **différente**?

82. — *Foraminis vz.* Cette proportion de la grosseur des bras confirme Perrault dans l'opinion où il est, que les arbres frappaient le javelot par le bout d'en haut : car cette grosseur, qui est presque double de celle du bout d'en bas, en faisait presque une massue dont le coup était fort, non-seulement à proportion de la tension et de la roideur de l'arbre, mais aussi à proportion de la pesanteur du bout qui frappait.

83. — *Quæ anatona dicuntur.* Ce passage est, selon Perrault, le plus intelligible de tout le chapitre; et il donne lieu à entrevoir quelque chose dans tout le reste. Les interprètes ne l'ont pourtant point expliqué. Ils pensent tous que *anatona* et *catatona* signifient le ton haut ou bas que les cordes plus ou moins tendues rendent quand on les touche. Ils se fondent sur l'endroit du ch. 1er du liv. 1er, où il est dit que les cordes qui tendent les bras des catapultes doivent être *homotona*, c'est-à-dire tendues si également, qu'elles aient un même ton quand on les fait sonner. Mais il est évident que l'auteur entend ici autre chose, et que le *haut* et le *bas* désignés par ἄνω et κάτω, qui entrent dans la composition des mots dont il s'agit, ne doivent point s'interpréter du ton haut ou bas, mais du chapiteau placé ou plus haut ou plus bas, comme si par *anatonon* il avait voulu dire ἄνω τείνων, qui tend les bras de la catapulte vers le haut, et alors le chapiteau est plus

éloigné du moulinet et plus près des arbres, et κάτω τείνων, qui
les tend vers le bas, et alors le contraire a lieu ; ce qui fait que
les arbres souffrent une plus grande ou une plus petite tension.
Après tout, il faut demeurer d'accord que l'affectation que l'on
sait être ordinaire à Vitruve de se servir de mots grecs sans nécessité, et même d'en forger de nouveaux, peut donner quelque
fondement aux conjectures qu'on est obligé de faire pour deviner
ce qu'il veut dire, et supposer que, dans la composition des mots
grecs qu'il a forgés, il n'a pas toujours été fort exact à observer
les analogies.

84. — *Itaque ut etiam qui geometrice non noverint, habeant*
expeditum. Vitruve aurait obligé davantage la postérité, dit Perrault, s'il eût expliqué et décrit avec exactitude quelle était la
figure, quels étaient les usages des parties dont il donne les proportions ; il aurait été plus aisé de suppléer ces proportions que
de deviner le reste : car on ne sait rien autre chose de cette machine, sinon que des câbles d'une grosseur prodigieuse passaient
par des trous taillés, suivant un trait fort particulier ; mais il
n'est point dit ce que ces câbles tiraient, ni quelle était la partie
qui poussait la pierre ; il n'y a rien, non plus, qui puisse faire
comprendre comment des câbles de plus de huit pouces de diamètre et faits de cheveux, rendaient un son qui eût des tons que
l'on pût distinguer. Néanmoins, si l'on s'en rapporte à ce qui est
dit au ch. xii (*voyez*, p. 487), il semble que les balistes et les catapultes n'étaient différentes qu'en ce que les unes lançaient des
pierres, et les autres des javelots.

85. — *Digitorum* xii s. κ. Le peu d'espoir qu'ont les savants
de pouvoir restituer ce qui manque dans la description des catapultes, et principalement des balistes, a déterminé Buteo à corriger ce qui s'est rencontré de manifestement faux dans les
proportions du trou de la baliste avec le poids de la pierre ; ce
qu'il a fait avec l'exactitude géométrique et arithmétique que Vitruve dit être nécessaire, et qu'il semble n'avoir pas suivie. Mais
comme ces corrections changent beaucoup le texte, sans éclaircir autrement la chose, Perrault n'a pas jugé qu'il fût à propos
de les suivre, et a traduit le texte, tel qu'il est, à la lettre. Et il
faut remarquer, en passant, que Buteo, pour prouver que Vitruve s'est trompé, lorsqu'il a prétendu qu'il fallait augmenter
le trou à proportion de l'augmentation du poids de la pierre,
en doublant le diamètre du trou, lorsque le poids est doublé,
s'appuie sur la grosseur inadmissible d'une corde qui deviendrait

énorme dans les grandes balistes, et tombe lui-même dans une erreur non moins grosse, à cause de la fausse supposition qu'il fait que les cordes étaient proportionnées à la grandeur du trou : car il suit de là que pour bander une baliste qui lance une pierre de dix livres, ce qui est un poids assez médiocre, il fallait un câble de dix doigts de diamètre, c'est-à-dire de six pouces de roi environ ; et selon sa supputation, il y aurait eu des balistes dont les câbles auraient eu plus de trois pieds de diamètre : car il y en avait qui lançaient des pierres encore bien plus pesantes que ne sont celles dont il est parlé dans ce chapitre, puisqu'elles ne vont qu'à deux cent cinquante livres, tandis que le poids de celles dont il est fait mention au dernier chapitre de ce livre, allait jusqu'à trois cent soixante. Or, il n'est pas concevable qu'un câble de trois pieds de diamètre puisse servir à une baliste, parce que ce câble doit être entortillé autour d'un moulinet.

86. — *Quum ergo foraminis quod Græce* περίτρητον *appellatur, magnitudo fuerit instituta, describatur scutula.* Vitruve donne ce nom grec au trou de la baliste, qu'il appelle en latin *scutula,* mot qui signifie un bouclier de figure ovale. Περίτρητον peut s'entendre de deux manières, et signifier une chose percée tout autour, ou composée d'un seul trou qu'on a agrandi tout autour à coups de ciseau, de manière qu'il aille en s'élargissant comme un entonnoir ou comme le pavillon d'une trompette. Cette dernière manière convient beaucoup à ce que Vitruve continue de dire de ce trou de la baliste, dont il faut élargir et adoucir les bords, pour ne pas user les câbles qui doivent y passer.

87. — *Quum divisum erit.* Que faut-il comprendre de ce passage ? Contient-il la description de la ligne qui trace le trou appelé περίτρητον ? Il faut le croire ; mais quelle obscurité !

88. — *Pterygomatos.* Ce mot se trouve bien diversement écrit par les commentateurs ; les uns mettent *plentigonatos,* les autres *plintigomatos.* Baldi et Turnèbe ont eu raison de choisir *pterygomatos,* parce que toute cette machine est appelée par Ctesibius *pterix,* mot qui signifie *aile,* parce qu'elle s'avance en forme d'aile.

89. — *Cheloni replum.* Les commentateurs ne s'entendent pas sur l'explication de ce mot. Turnèbe confesse qu'il ne le comprend pas, et croit qu'il faut le remplacer par le mot *peplum.* Baldi estime qu'il est dit de *replendo,* parce qu'il occupe, dans la menuiserie, l'espace qui est entre deux panneaux. Saumaise pense qu'il est employé au lieu de *replicatum,* comme *duplum* au lieu de *duplicatum*. Suivant cette opinion adoptée par Perrault, nous avons traduit par *rebord*, parce qu'il est dit ensuite qu'il sert de couverture à la queue d'aronde.

90. — *Musicis auditionibus.* Nous avons vu, dans le ch. 1er du liv. 1er, qu'une des raisons pour lesquelles Vitruve exigeait que l'architecte connût la musique, c'était pour qu'il pût juger si les cordes de ces machines de guerre rendaient un même ton.

91. — *De his rebus quœ potui dixi.* Après la lecture de ce chapitre et des deux précédents, on reste convaincu de la difficulté, ou, pour mieux dire, de l'impossibilité d'expliquer aujourd'hui d'une manière satisfaisante, d'après le texte, quelle était la véritable forme de ces machines. Dans ce dernier chapitre, on voit que les diverses parties des catapultes et des balistes, formaient plusieurs assemblages qu'on réunissait seulement, dit de Bioul, lorsqu'on employait la machine. Ces assemblages consistaient : 1° dans les deux longues pièces de bois où l'on attachait, 2° le moulinet, et 3° le chapiteau. On avait ensuite : 4° les petits tubes ou barillets qu'on enchâssait dans le chapiteau; 5° les chevilles, et enfin 6° l'assemblage où se trouvaient les bras qui frappaient le javelot ou la pierre. *Voyez* M. DE FOLARD, *Traité de l'attaque et de la défense des places*, art. XXI et suiv.

92. — *Cetras autem Chalcedonius.* Athénée, dans son livre des machines, dit que ce fut Géras, de Carthage, qui inventa la base du bélier. Il ajoute que cet architecte ne suspendit pas son bélier, comme le dit Vitruve, mais qu'il était porté par plusieurs hommes qui le faisaient agir. Il est vrai qu'il parle ensuite d'autres béliers qu'on faisait rouler sur des cylindres. Turnèbe croit que Vitruve a tiré d'Athénée presque tout ce qu'il rapporte des machines de guerre, quoique Casaubon pense qu'Athénée a vécu longtemps après Vitruve, se fondant sur ce que Trebellius Pollion rapporte, que l'empereur Gallien fit fortifier plusieurs villes par deux architectes de Byzance, dont l'un se nommait Cleodamus et l'autre Athénée. Mais il est certain que ce dernier n'était pas le même que celui que nous citons, parce que, comme le fait observer Vossius, le nôtre a dédié son livre à Marcellus, qui existait avant Vitruve.

93. — *Id autem quod tardos conatus habuerat.* C'est aussi dans Athénée que Vitruve a trouvé qu'on avait appelé cette machine *tortue*, à cause de sa marche si lente. Au rapport de Plutarque, l'hélépole de Demetrius était un mois à faire un stade, c'est-à-dire près de deux ans, à faire une lieue. Végèce en donne une autre raison, qui est sa ressemblance avec l'animal dont elle porte le nom, qui avance la tête hors de son écaille et la retire dedans, comme le bout du bélier s'avance hors de la machine, et se retire dans l'intérieur. On peut dire encore que son usage lui a fait donner ce nom, parce qu'elle servait de couverture, et qu'elle était une forte défense contre les pierres et les traits que les assiégés pouvaient jeter d'en haut, et qu'elle mettait en sûreté ceux qui étaient dedans, comme la tortue est en sûreté dans son écaille.

94. — *Etiam corvum demolitorem.* De la description obscure du corbeau que nous trouvons dans les anciens, il semble ressortir que cette machine était construite à peu près comme le bélier, et suspendue au dedans d'une galerie; avec cette différence que l'extrémité des pièces de bois étant armée d'une espèce de griffe, on les dirigeait sur la crête des murailles pour en arracher les pierres. Il est fait mention de cette machine dans César (*Guerre des Gaules*, liv. VII, ch. 22), et dans Végèce, liv. IV, ch. 14. *Voyez*, du reste, l'*Abrégé des Commentaires de M. de Folard sur l'Histoire de Polybe*, liv. I, ch. 4, §§ 4, 5, 6, 7.

95. — *Singulis partibus in ea fenestratis.* Athénée ne parle point de fenêtres; il dit que chaque étage doit être périptère, c'est-à-dire avoir une galerie qui tourne tout autour. Cette tour avait sans doute au milieu un escalier par lequel on montait dans les galeries. Saumaise, dans son *Commentaire sur Solin*, ne peut comprendre pourquoi Vitruve a expliqué le *peripteron* d'Athénée par *fenestratum*; mais Athénée a entendu sans doute que chaque étage, qui était soutenu à chaque face sur six poteaux, représentait un périptère, c'est-à-dire un lieu entouré de colonnes, et Vitruve a trouvé vraisemblablement que les intervalles d'entre ces poteaux garnis par en bas d'un parapet, ressemblaient par en haut à des fenêtres dont le parapet faisait les appuis. *Voyez* Végèce, liv. IV, ch. 17, et M. DE FOLARD, *Traité de l'attaque et de la défense des places*, art. XV.

96. — *Majorem vero turrem.* Athénée parle, comme Vitruve, des hautes tours à plusieurs étages qu'on fait avancer contre les murs des villes assiégées, pour passer de plein pied sur les remparts; il ne donne aussi à leur base que vingt-trois coudées de large, ce qui ne fait guère que $11^m,60$. Il paraît que cet empâtement ne peut suffire pour une tour qui avait cent vingt coudées de haut, qui font à peu près $58^m,50$. Comment cette tour n'était-elle pas renver-

sée par le vent? Comment pouvait-on la faire avancer? Et quel
soin ne devait-on pas prendre pour aplanir les endroits par où
elle devait passer? *Voyez* M. de Folard, *Traité de l'attaque
et de la défense des places*, art. xiv. Ces raisons font soupçonner à de Bioul, qu'il pourrait ici y avoir faute dans le texte,
d'autant qu'il parle ensuite d'une tour, que Demetrius Poliorcète
fit faire pour le siége de Rhodes, laquelle avait un empâtement bien
plus considérable que celui dont il donne, ainsi qu'Athénée, les
proportions. Plutarque dit qu'elle avait quarante-huit coudées de
large et soixante-six de haut. On leur donnait cette hauteur pour
égaler celle des murs des villes qui allaient quelquefois jusqu'à
68 mètres. Pline parle de la hauteur des murs de Babylone;
mais ce qu'il en dit n'est pas croyable : car il serait étonnant
qu'une ville fût enfermée et comme étouffée par des murs aussi
hauts que des montagnes, au point, rapporte Q. Curce, qu'on
avait été obligé de laisser un grand espace entre ces murs et les
maisons.

97. — *Hanc magnitudinem turris faciebat tabulatorum* xx.
Athénée nous fait connaître la hauteur de tous ces étages, omise
par Vitruve; il donne sept coudées et demie au premier; cinq,
au deuxième, troisième, quatrième et cinquième; quatre et demie à tous les autres. Mais Perrault croit qu'il doit y avoir faute
dans le texte grec : car toutes ces hauteurs d'étages réunies ne
font que quatre-vingt-quinze coudées, à moins qu'Athénée n'ait
pas compris l'épaisseur des planchers; mais dans ce cas elle aurait été trop grande, cette épaisseur étant pour chacun d'une
coudée un quart, c'est-à-dire de 60 centimètres environ, ce qui est
la moitié de plus qu'il ne faut pour un plancher de bois.

98. — *Quum haberent singula tabulata circuitionem.* Ce que
Vitruve appelle *circuitio*, Athénée le nomme περιδρομή. Stevechius,
dans une figure qu'il a mise à son commentaire sur Végèce, représente ce περιδρομή comme un corridor, saillant à chaque étage
en forme de mâchecoulis; mais Philander croit que *circuitio*
signifie la même chose que ce que les anciens nommaient *peribo-
lon* et *lorica*, mots que d'Ablancourt a rendus dans sa traduction
des *Commentaires de César*, par le mot *parapet*. Περιδρομή signifie
une chose qui tourne tout autour et qui fait une enceinte, et non
un corridor formant saillie. Pollux dit que ce mot désigne l'appui
des plates-formes qui sont au haut des maisons; nous voyons,
en effet, qu'il entourait chaque étage et y servait d'appui. Athénée dit qu'il devait avoir trois coudées pour empêcher le feu.

c'est une hauteur qui convient pour un parapet. Perrault et Galiani ont adopté la même interprétation.

Diade, qui se pare de l'invention des tours mobiles, n'en devint sans doute que l'imitateur après ses voyages. Il avait accom-
pagné Alexandre en Judée, où ces tours étaient connues aussi
bien que chez les autres peuples de l'Asie, plus de 300 ans avant
son maître. *Voyez* le prophète Ézéchiel parlant aux Israélites du
futur siége de Jérusalem, ch. IV, ɣ 2, et ch. XXI, ɣ 22 ; *voyez*
aussi M. DE FOLARD, *Traité de l'attaque et de la défense des
places*, art. XIV.

99. — Κριοδόχη. Dans tous les exemplaires de Vitruve, ce mot
est écrit avec un χ, et les commentateurs qui croient qu'il est
composé de κριός, qui signifie *bélier*, et de δοχός, *poutre*, l'ont in-
terprété *trabem arietariam ;* mais Perrault croit qu'il doit être
écrit avec un χ, comme dans Athénée ; qu'il n'est pas composé de
δοχός, mais de δέχομαι, et qu'il signifie la *machine qui reçoit et qui
enferme le bélier*, ce qui s'accorde avec le texte qui porte *arietaria machina quæ Græce* κριοδόχη *dicitur ;* et la raison, c'est que la
poutre qui sert de bélier et la machine à bélier sont deux choses
différentes, comme le fait voir clairement le texte.

100. — *In quo constituebatur transversa sucula.* Quel était l'usage
de ce moulinet ? L'effet du moulinet est de tirer avec force, mais
lentement ; ce mouvement suffisait pour ramener la poutre qui
pouvait quelquefois engager son fer pointu entre les pierres ou
même dans celles qu'il perçait. Or, il est vraisemblable qu'après
que des hommes qui travaillaient à faire agir cette machine,
avaient tiré les câbles pour faire couler la poutre sur des rouleaux, en avant, il y en avait d'autres qui la retiraient en arrière
avec ce moulinet. La tarière commençait sans doute la brèche,
parce que le bélier aurait été trop longtemps à rompre une pierre
avec sa tête grosse et ronde, ce que faisait facilement la tarière
avec son bec pointu ; et lorsqu'il y avait une pierre ôtée par le
moyen de la tarière qui la mettait en pièces, le bélier n'avait
pas de peine à emporter les autres, en les poussant vers les
vides.

101. — *Inclusi tori.* Perrault a cru, avec Laët, qu'il fallait
corriger cet endroit, suivant Athénée, qui dit qu'il y avait dans
le canal, sous la poutre à tarière, des cylindres qui servaient à
la faire couler avec plus de facilité. C'est pourquoi, au lieu de
*in eo canali capite ferrato tignum, sub eo autem ipso canali in-
clusi tuti*, il lit : *sub eo autem (tigno) in ipso canali inclusi tori ;*

et il traduit *tori* par le mot *rouleaux*. Nous avons déjà vu *torus perfectus torno.*

102. — *Quod animadverteret eam machinam nullam habere virtutem.* Vitruve nous apprend que Diade a cru ne devoir rien écrire sur la machine nommée le *corbeau démolisseur,* parce que, dit-il, elle ne produisait pas beaucoup d'effet. Suivant Polybe, elle fut cependant cause de la première victoire que les Romains remportèrent sur les Carthaginois, dans un combat naval. Les grands effets qu'on raconte des machines d'Archimède, pour la défense de Syracuse, sont attribués par Plutarque principalement à ce corbeau. Polybe et Frontin disent que le consul C. Duillius, qui commandait l'armée navale des Romains, fut l'inventeur de cette machine, quoique Q. Curce en attribue l'invention aux Tyriens, lorsque leur ville fut assiégée. Athénée se plaint, comme Vitruve, que Diade n'ait point expliqué plusieurs autres machines qu'il avait promis de décrire, ce qui fait croire à Perrault que Vitruve a traduit d'Athénée ce qu'il rapporte de Diade, et qu'il n'a pas lu l'ouvrage de ce dernier.

103. — *De ascensu.* Perrault et Galiani corrigent le mot *accessu* pour mettre *ascensu,* parce qu'il y a apparence que cette machine est la même que Vitruve a appelée *ascendentem machinam.*

104. — *Basis compingatur, quæ Græce ἐσχάρα dicitur.* Il est assez difficile de comprendre, d'après la description de Vitruve, l'assemblage de ce double châssis qui forme la base; nous allons essayer de l'expliquer à l'aide de la figure de Perrault et de celle de Newton; les lettres qui accompagnent la fig. 116, serviront à

Fig. 116.

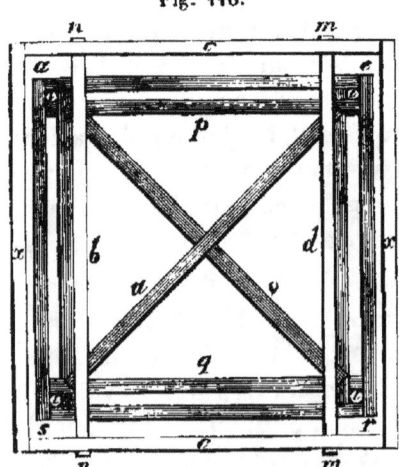

éclaircir le texte : avec quatre poutres *a e r s* on forme une base carrée appelée en grec ἐσχάρα. On y ajoute quatre traverses *b p d q* qui sont arrêtées par deux autres *u v*.... Sous ces traverses, dans chaque intervalle *iiii,* on place debout de petits arbres appelés en grec ἁμαξόποδες.... (Voilà pour la base, qui est formée d'un double châssis.)

On placera ensuite sur la base deux poutres *m m, n n,* ayant de chaque côté six pieds de saillie, et sur cette saillie on attachera deux autres poutres ce qui avanceront par devant et par derrière de sept pieds. (Joignez encore les poutres *x x*, et vous aurez une seconde base sur laquelle les poteaux seront élevés.) Par ce moyen, les roues sont couvertes par la saillie du grand châssis *c c*, *x x*, formant la seconde base de la tortue posée sur le double châssis ou première base *a e r s*, dans les coins duquel sont les *hamaxopodes*, et se trouvent à l'abri du danger d'être endommagées par les balistes ennemies.

105. — *Arbusculæ.* Ces petits arbres sont les pièces de bois

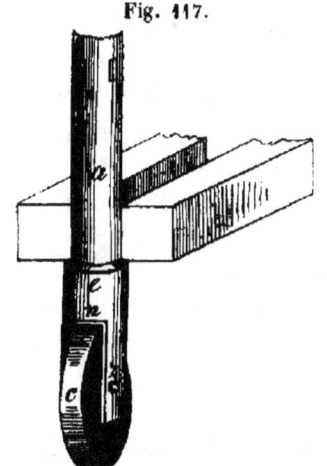

Fig. 117.

cylindriques *a e*, fig. 117, dont la moitié supérieure *a* est plus menue, pour former un pivot traversant les quatre coins *i i i i* de la base *a e r s* de la fig. 116; la partie inférieure *e*, plus grosse que l'autre, est fendue par une mortaise dans laquelle tourne la roue *c*, autour de son essieu *z*; et, pour plus grande sûreté, cette mortaise est revêtue de lames de fer *n u*. Ces petits arbres sont appelés hamaxopodes, c'est-à-dire pieds de chariot.

106. — *Insuper hanc compactionem.* La ferme de la machine figurée par Rusconi est plus compliquée que ne le demande le texte, et Perrault, qui cherche à l'expliquer, n'a point, ce me semble, compris Vitruve dans ce passage. Où voit-il dans le texte des contre-fiches et des poinçons? Il n'y en a pas. Et des contre-fiches de neuf pieds! c'est-à-dire des contre-fiches qui seraient aussi longues que les piliers qui soutiennent la ferme! Quelle serait donc la hauteur de cette ferme? Ce n'est pas au moins Rusconi qui lui a donné cette idée-là, puisque les contre-fiches de sa figure sont trois fois plus courtes. Le mot *capreoli* doit être traduit par le mot *forces*, et non par celui de *contre-fiches* qui rend la chose incompréhensible pour Perrault. Ce *quadratum tignum* dont il fait les *forces*, n'est autre chose, bien certainement, que le *faîtage* auquel vont aboutir les forces. Et puis, le texte ne dit pas du tout que sur *chaque* contre-fiche il doit y avoir une pièce de bois carrée : *supra capreolos collocetur quadratum tignum quo capreoli conjunguntur;* ce qui signifie : *que sur les forces soit placée une pièce de bois carrée* (un faîtage) *où les forces soient assemblées.* S'il avait dû y avoir plusieurs pièces de bois carrées, le texte porterait *quadrata tigna*, comme il porte *capreolos*. Je suis d'avis, avec Perrault, contre Rusconi, que les *trabes inter-*

cardinatæ ne sont autre chose que les *entraits* dans lesquels s'as-
semblent, non pas les contre-fiches, mais les forces, comme l'indique suffisamment le mot *intercardinatæ,* qui signifie s'emboîtant
par les deux bouts, et allant ici de chacun des piliers qui sont
d'un côté, à chacun de ceux qui sont de l'autre.

107. — *Circum tabulata.* Perrault fait sortir une difficulté du
mot *tabulata,* qui lui semble impropre. Le sens me paraît pourtant bien clair : nous avions tout à l'heure le mot *tabulæ,* planches, à l'occasion du toit qui devait être couvert de planches de
palmier. Quel effort faut-il donc faire pour traduire *tabulata* par
couverture en planches ? Je ne sais pas pourquoi *tabulata* aurait
pour toute signification *plusieurs planchers,* différents étages.
Quelle nécessité de croire que Vitruve ait voulu dire qu'*il faut
couvrir la tortue autour des planchers,* ce qui me paraît fort inin-
telligible, surtout quand il est question d'une machine qui n'avait
pas même un seul plancher. *Autour des planchers,* dit-il, ne signifie pas autre chose que *aux côtés de la machine.* En supposant
qu'une telle interprépation pût être admise, il y aurait encore
inexactitude. Il ne s'agit ici que du toit, qui seul pouvait être
exposé, puisque la machine était amenée jusqu'au pied du mur
contre lequel elle devait fonctionner. *Voyez* M. DE FOLARD, *Traité
de l'attaque et de la défense des places,* art. XVIII.

108. — Ὄρυγες *Græce dicuntur.* Ὄρυξ, en grec, signifie *pic,
pioche,* toute espèce d'outil qui sert à fouiller la terre.

109. — *Latitudo* XVIII. Ce n'était pas sans raison qu'on donnait à cette tortue une longueur trois fois plus grande que n'était
sa largeur, parce que la machine, étant faite pour un bélier qui
est une poutre fort longue, exigeait une forme longue et étroite
qui fût propre à couvrir et le bélier et les hommes qui le mettaient en mouvement en le tirant par les gros câbles qu'on y attachait.

110. — *Erigebantur et arrectaria duo.* La description de cette
machine est encore si obscure, qu'il est presque inutile de chercher à y comprendre quelque chose. Et ce qui décourage surtout
dans cette partie de l'ouvrage de Vitruve, c'est qu'on soupçonne
avec raison qu'il ne comprenait pas bien lui-même, c'est qu'il
ne paraît connaître ces machines que par les livres qu'il se con-
tentait de copier, ce qu'on remarque aisément par l'inégalité
qu'on rencontre dans sa manière de décrire ces diverses machines,
et par son changement de style. On ne peut douter qu'il ne connût
bien les machines de guerre de son temps, puisque, comme nous

l'avons vu dans l'introduction de son liv. 1ᵉʳ, il était chargé de
les entretenir ; mais il paraît que la plupart de celles qu'il décrit,
et entre autres celle d'Agétor de Byzance, n'étaient plus alors en
usage. Il faut donc deviner que les deux montants *ae*, fig. 118,

Fig. 118.

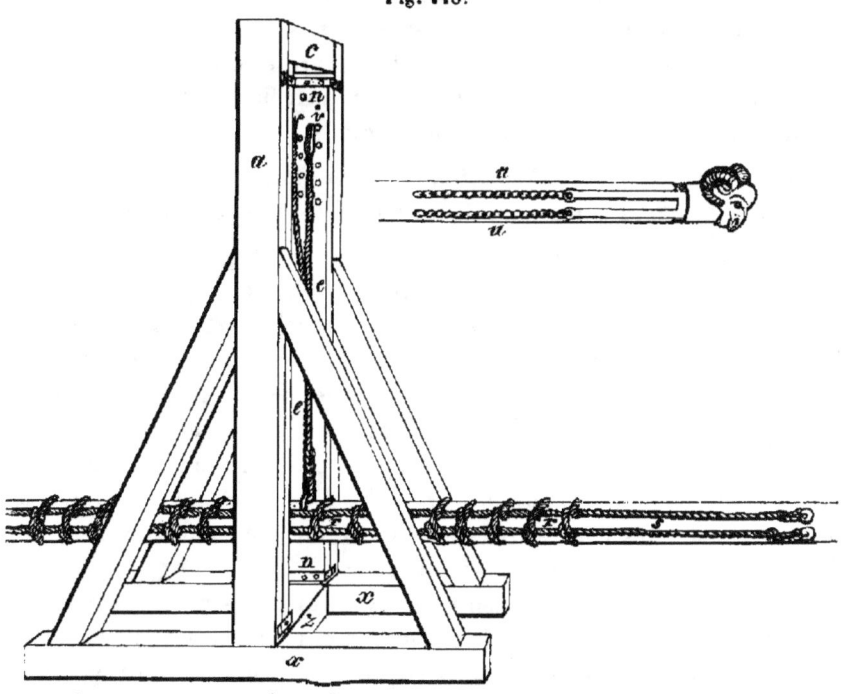

servaient à soutenir le bélier qui était suspendu par les câbles *ee*
aux chevilles de bois *v ;* que ces chevilles étaient mises dans des
trous, pour hausser plus ou moins le bélier, ce qui se faisait par
le changement des chevilles d'un trou dans un autre.

111. — *Inter scapos et transversarium.* Perrault croit qu'il faut
lire *inter scapos et transversaria,* parce qu'autrement il n'y a
point de sens. Supposé, en effet, que les montants *ae* et les traverses *cz*, fig. 118, fissent un châssis, comme cela était apparemment, il est impossible de rien mettre entre les montants et une
traverse, et il faut nécessairement que ce qui y est, soit entre les
montants et les traverses.

112. — *Alternis materies inter scapos et transversarium trajecta
cheloniis.* Le mot *materies* signifie généralement *bois.* Il semble
ici que ce bois doive être refendu, large et assez épais pour être
percé de deux rangs de trous alternatifs (*alternis cheloniis*), afin
que les degrés de la hauteur à laquelle on voulait élever le bélier,
fussent plus petits, et permissent de frapper tantôt plus haut,

tantôt plus bas. Appien d'Alexandrie, dit que les habitants d'Uti-
que empêchèrent l'effet des béliers dont Scipion faisait battre
leurs murs, en descendant des poutres suspendues à des cordes,
et mises en travers pour supporter les coups des béliers. On peut
donc dire, avec Perrault, que par le moyen des chevilles qu'on
mettait dans les trous, au-dessous de celles qui soutenaient les
câbles, on pouvait faire que le bélier frappât plus haut ou plus
bas, parce que les câbles du bélier rencontrant ces chevilles, faisaient un angle qui les rendait plus courts.

113. — *Et anconibus firmiter inclusa.* Par *anconibus* il faut
entendre des fers pliés et coudés *n n*, fig. 118, qui servaient ici
pour attacher les dosses *n v e e n*, contre les montants *a e*.

114. — *Quemadmodum navis malus a puppi ad proram continetur.* Cette comparaison des câbles qui attachaient le bélier, dont
Vitruve parle, avec ceux du mât d'un navire, n'est pas bonne,
parce qu'elle contient des choses qui se contredisent. Perrault
croit impossible que les câbles qui vont le long du bélier puissent
être serrés contre lui par des cordes mises en travers, et puissent
l'arrêter de la même façon qu'un mât est attaché à la proue et à
la poupe : car les câbles qui attachent ainsi un mât en sont fort
éloignés, au contraire des haubans qui l'attachent aux deux
bords voisins, et qui représentent assez bien les câbles qui attachaient le bélier d'Agétor, à cause des cordes qu'il avait en travers, et dont on se servait en quelque sorte comme d'anses pour
le mettre en mouvement, de même qu'il y en a au travers des
haubans qui servent pour monter à la hune. Aussi la pensée de
Perrault est-elle que Vitruve s'est mépris, quand il a voulu spécifier les câbles dont Agétor n'a parlé qu'en général, en disant
seulement que le bélier avait des câbles tendus comme ceux qui
arrêtent le mât d'un vaisseau auquel Josèphe compare aussi le
bélier qu'il décrit.

115. — *Ejusque præcincturæ funes transversis erant ligati.* Ces
cordes *r r* ne servaient pas seulement à attacher les gros câbles *s*;
elles formaient des espèces d'anses par le moyen desquels on faisait agir le bélier. Passées sous les gros câbles qu'elles entortil-
laient, elles empêchaient qu'ils ne fussent collés au bélier, et pouvaient être facilement empoignées.

116. — *Ex quibus autem funibus.* Le texte porte : « Ex quibus
autem funibus pendebant eorum capita, fuerant ex ferro facta
quadruplices catenæ. » Il n'est pas possible que par *funibus pendebant*, l'auteur ait entendu les câbles qui suspendent le bélier :

car les mots *eorum capita* qui suivent, font voir clairement qu'il n'est point question de ces câbles, parce que le bélier n'est pas suspendu par le bout, mais bien par le milieu. Il est donc évident qu'il s'agit des quatre câbles *s* dont il a déjà parlé, qui servaient à tirer et à pousser le bélier, et qui étaient liés à son extrémité, comme les haubans le sont au bout du mât d'un vaisseau. On ajoutait quatre chaînes *u u* au bout de ces câbles, c'est à-dire dans la partie qui s'avançait hors de la tortue, pour qu'on ne pût les couper.

117. — *Circiter pedes* c. Cette hauteur est exorbitante et semblerait faire croire qu'il y a faute en cet endroit, parce que, non-seulement la tortue sous laquelle était le bélier n'avait pas le tiers de cette hauteur, et que, quand même le bélier aurait pu frapper à la distance de cent pieds, le coup n'aurait eu aucune force à cause de son obliquité, selon une remarque du chapitre suivant (p. 511) où il est question du siége de Marseille.

118. — *Et carchesiorum.* Ce mot signifie encore en grec la *hune d'un vaisseau*, et se prend aussi pour exprimer des *mortaises*. Le *guindage*, mot forgé par Perrault pour désigner cette machine particulière, est différent du guindas et de la grue qui servent à enlever les marchandises qui sont dans les vaisseaux, pour les poser sur terre : car le guindage (*carchesium*) était une machine composée d'un mât planté en terre, au haut duquel il y avait comme une antenne qui était placée horizontalement en forme de fléau de balance. On s'en servait pour élever les soldats jusque sur les murailles des places que l'on assiégeait. *Voyez* Végèce, *de l'Art de la guerre*, liv. iv, ch. 21.

119. — *Interea rex Demetrius, qui propter animi pertinaciam Poliorcetes est appellatus.* Demetrius, premier de ce nom, roi de Macédoine, surnommé Poliorcète, c'est-à-dire *habile dans l'art d'assiéger les villes* (πολίς, ville, ἔρκος, clôture, barrière), était fils d'Antigone, un des capitaines et successeurs d'Alexandre. Ce ne fut point son opiniâtreté qui lui valut son surnom; il ne prenait point les villes par une longue persévérance, car les historiens rapportent qu'il prit la plus grande partie des plus fortes et des plus puissantes villes de la Grèce, comme Athènes, Mégare, Sicyone, Héraclée, Corinthe et Salamine, le même jour qu'elles avaient été assiégées.

120. — *Is autem comparavit helepolim sumptibus immanibus.* L'hélépole (de ἑλεῖν, *prendre*, et de πόλις, *ville*) était une machine propre à battre les murailles d'une ville assiégée. Diodore de Sicile (liv. xx) la met au nombre des *lithoboles* (machines qui lancent des pierres). Voici la description qu'il en fait : « Demetrius ayant préparé quantité de matériaux de toute espèce , fit faire une machine qu'on appelle hélépole, qui surpassait en grandeur toutes celles qui avaient paru avant lui. La base en était carrée. Chaque face avait cinquante coudées. Sa construction était un assemblage de poutres équarries, liées avec du fer; de fortes planches distantes les unes des autres d'environ une coudée , traversaient cette base par le milieu, pour donner de l'aisance à ceux qui faisaient jouer la machine. Toute cette masse était mise en mouvement par le moyen de huit roues proportionnées au poids de la machine ; les jantes de ces roues garnies de cercles de fer étaient de deux coudées d'épaisseur, et , pour pouvoir imprimer à la machine toute sorte de directions, on y avait adapté des pivots mobiles. Les quatre angles étaient formés par quatre piliers de cent coudées de hauteur, et tellement inclinés les uns vers les autres , que la machine étant à neuf étages, le premier avait quarante-trois lits , et le dernier neuf seulement (on croit que par ces lits il faut entendre les solives qui soutenaient le plancher de chaque étage ; c'est le sentiment de M. de Folard). Trois côtés de la machine étaient couverts de lames de fer, afin que les feux lancés de la ville ne pussent l'endommager. Chaque étage avait des fenêtres sur le devant d'une grandeur proportionnée à la grosseur des projectiles lancés sur l'ennemi. Au-dessus de chaque fenêtre était élevé un auvent, ou manière de rideau fait de cuir rembourré de laine , lequel s'abaissait à l'aide d'une machine, et contre lequel les coups portés par ceux de la place , perdaient toute leur force. Chacun des étages avait deux larges échelles, dont l'une servait pour porter aux soldats les munitions nécessaires; l'autre, pour descendre , afin de ne pas troubler la régularité du service. Trois mille quatre cents hommes poussaient cette machine, les uns par dedans, les autres par dehors. C'était l'élite de toute l'armée pour la force et pour la vigueur; mais l'art avec lequel cette machine avait été faite , facilitait beaucoup le mouvement. » Un peu plus loin, Diodore ajoute que , dans une attaque nocturne, le côté de l'hélépole exposé aux projectiles enflammés des Rhodiens fut dégarni de ses lames de fer, et que le bois dénudé menaça de prendre feu; que Demetrius, craignant que sa machine ne fût mise, par l'effet du feu, hors d'état de servir, essaya d'éteindre la flamme au moyen des réservoirs d'eau ménagés aux étages de l'hélépole.

121. — *Ea regione murum pertudit.* Le trait est différemment rapporté par Végèce , liv. IV, ch. 20.

122. — *Sambucarum machinas.* Nous avons vu que le nom de sambyce était donné à un instrument de musique triangulaire, composé de cordes faisant un des côtés, et du corps de l'instrument qui faisait les deux autres. La machine de guerre qui portait aussi ce nom, était ce que nous appelons un pont-levis; ce pont s'abattait, soutenu avec des cordes, et servait aux assiégeants pour passer de leurs tours sur les murs des assiégés. Ces cordes, qui formaient un triangle avec le pont et les poteaux qui soutenaient les cordes, avaient quelque ressemblance avec l'instrument de musique.

123. — *Sed ibi malleolis confixæ.* Les assiégés mirent alors le feu à la flotte, en lançant dessus des *flèches incendiaires.* J'ai ainsi rendu le mot *malleoli*, d'après ce que dit Végèce, liv. iii, ch. 18 : « Malleoli velut sagittæ sunt, et ubi adhæserint, quia ardentes sunt, universa conflagrant. » On voit aussi dans Nonius que c'étaient des machines enflammées par une composition combustible dont elles étaient entourées. Ammien Marcellin dit qu'elles étaient ferrées par le bout, qu'on les lançait avec des arcs, et que s'attachant aux machines de guerre et aux navires, elles les incendiaient.

124. — *Quas potui de machinis expedire rationes.* Ces différentes machines de guerre rendaient les siéges des anciens pour le moins aussi meurtriers que les nôtres. Ils en avaient de tous les genres, tant pour l'attaque que pour la défense, dont les effets étaient étonnants. Les siéges de Rhodes, de Chio et de Marseille dont parle Vitruve, prouvent combien leurs ingénieurs étaient habiles. Ce que Plutarque (*Vie de Marcellus*) rapporte des machines employées par Archimède, pour défendre Syracuse, est encore plus prodigieux. Archimède et Eudoxe furent les premiers, suivant lui, qui appliquèrent les principes de la géométrie aux machines; il dit qu'Archimède le fit pour s'amuser et par délassement, d'après la demande de Hiéron, roi de Syracuse, son parent et son ami. Il ajoute que Platon fut indigné de ce qu'ils avaient ainsi corrompu et gâté l'excellence de la géométrie, en faisant descendre cette science, qui était tout intellectuelle et spirituelle, à des objets sensibles et matériels. Archimède avait composé, pour Hiéron, quantité de machines destinées à attaquer et à défendre les villes; mais si ce roi n'en fit point usage, à cause de la paix dont il jouit pendant tout son règne, elles servirent aux habitants de Syracuse, lorsque Marcellus, à la tête des armées romaines, vint assiéger cette ville par terre et par mer. Ils les trouvèrent toutes préparées, et, ce qui valait bien mieux encore, ils possédaient Archimède qui les avait inventées. L'armée romaine, qui devait attaquer par terre, marche vers les murs sous la conduite d'Appius. Marcellus, qui commandait les galères, s'avance du côté de la mer. Il avait fait lier ensemble huit de ces galères, et dresser dessus une énorme machine pour briser les murailles. L'épouvante s'empare alors des Syracusains qui se voient attaqués des deux côtés. Archimède seul reste sans inquiétude; il fait agir ses machines. Une infinité de traits partent à l'instant de tous les côtés, des pierres énormes sont lancées dans les airs avec un bruit épouvantable; elles brisent et renversent tout ce qu'elles rencontrent; rien ne peut résister à leur impétuosité; la confusion et le trouble règnent dans les rangs des Romains. Ce fut bien autre chose encore, quand les galères vinrent attaquer du côté de la mer : les unes sont plongées au fond des eaux par de longues pièces de bois semblables à des mâts, qui sont jetées avec des machines de dessus les murailles; d'autres sont enlevées par la proue avec des mains de fer et des crochets en forme de bec de grue, qui les dressent perpendiculairement sur les ondes, et y enfoncent leur poupe; d'autres sont saisies en dedans par des machines tendues en sens contraire l'une de l'autre, qui leur font faire la pirouette dans les airs, et les brisent ensuite contre les rochers qui sont au pied des murailles. Rien n'était plus horrible que de voir ces galères s'élever et tournoyer dans les airs, où elles paraissaient suspendues avec toutes les personnes qui les montaient, dont la mort était certaine, puisque jetées au loin par le tournoiement, ces galères, à la fin, venaient se briser vides contre les murailles, ou retomber dans la mer quand les machines les lâchaient. Lorsque Marcellus fit approcher la machine qu'il avait placée sur plusieurs galères jointes ensemble, et qui s'appelle sambyce, parce qu'elle ressemble à l'instrument de musique qui porte le même nom, elle était encore éloignée, lorsqu'on lance sur elle de dessus la muraille une pierre énorme qui pesait mille livres, ensuite une seconde et puis une troisième qui tombe sur cette machine avec un bruit de tonnerre, la fracasse et disperse les galères qui la soutenaient, tellement que Marcellus ne sachant où il en était, fut obligé de se retirer et d'ordonner à ceux qui attaquaient du côté de la terre d'en faire autant. On tint conseil, et il fut décidé que le lendemain, avant le jour, on s'approcherait le plus près de la muraille qu'il serait possible, d'autant que les machines d'Archimède étant très-tendues, elles lanceraient leurs pierres et leurs traits au-dessus de la tête des assiégeants et ne pourraient leur nuire d'aussi près. Mais Archimède avait tout prévu : il avait préparé des machines dont la portée était proportionnée à toutes les distances ; de sorte que, quand les Romains s'approchent, croyant n'avoir rien à craindre, ils sont tout étonnés de se voir assaillis de nouveau par une infinité de traits, et accablés de pierres qui leur tombaient à plomb sur la tête. Ils furent contraints de se retirer encore une fois. Quoique éloignés, les traits des ennemis venaient encore les atteindre, sans qu'eux-mêmes pussent riposter, parce qu'Archimède avait dressé presque toutes ses machines à couvert derrière les murailles. Il semblait, dit Plutarque, qu'un dieu combattît les Romains, puisqu'on ne pouvait découvrir d'où partaient tous ces coups. Marcellus reprochait aux ingénieurs, qu'il avait dans son camp, de ne pouvoir venir à bout de ce géomètre qui avait submergé ses galères, anéanti ses sambyces, et surpassé les géants aux cent mains dont parlent les poëtes. Voyant ses gens si découragés et si effrayés que, dès qu'ils apercevaient le bout d'une corde ou de quelque pièce de bois sur les remparts, ils s'enfuyaient en criant qu'Archimède allait les écraser avec ses machines, il renonça à tenter aucun assaut, et résolut de traîner le siége en longueur. Il prit enfin Syracuse par surprise, et Archimède, profondément appliqué à résoudre un problème de géométrie, y fut tué par un soldat qui ne le reconnut point.

ERRATA.

Volume.	Pages.	Lignes.	Au lieu de :	Lisez :
I	223	58	Barbarin	Barberin.
Ib.	261	50	VI	IV.
Ib.	349	27	Plafonds ou larmiers	Plafonds du larmier.
Ib.	481	55	Planches	Planchers.
II.	333	26	ἔχει	ἔχει (1).
Ib.	443	6	Proconèse	Proconnèse.
Ib.	460	6	Quod in catinum	Quod spiritu in catinum.

TABLE ANALYTIQUE.

Empédocle admet les quatre éléments, II, 221.

Ἔμπλεκτον, genre de maçonnerie, I, 173.

Encaustique, II, 155.

Encyclopédie, I, 37.

Enduits. Manière de les rendre solides, II, 133. — des stucateurs grecs, ib. — Manière de les faire sur les murs de cloison, 135. — dans les lieux humides, ib. — Ornements qui doivent en relever le poli, II, 139.

Engonate, cadran au soleil, II, 361.

Ennius, II, 323.

Entr'actes, I, 455.

Entraits, I, 343.

Entre-colonnements (les) doivent être deux fois plus nombreux aux côtés qu'à la façade, I, 263.

Eolipyle, I, 71.

Ephebeum, I, 507.

Ephèse, I, 337; II, 113, 117, 439. — Garantie qu'y donne la loi contre les devis des architectes, 423. — Comment en furent trouvées les carrières, 443.

Ἐπιϐάθρα, machine de guerre, II, 493.

Epicharme admet quatre éléments, II, 221.

Epicure, II, 105. — Il prétendait que les atomes étaient les principes de toutes choses, I, 147. — Il enseignait que le sage devait peu à la fortune, II, 9.

Epimaque, architecte, II, 505.

Ἐπισχίδες, II, 487.

Epitozis, II, 477.

Epizygis, II, 483.

Equerre. Manière trouvée par Pythagore de faire cet instrument juste, II, 315.

Equinoxe du printemps, II, 341. — d'automne, 343.

Eratosthène, I, 43, 79, 81. — Il arrive à la duplication du cube, par le moyen du mésolabe, II, 321.

Eridan (l'), constellation, II, 351.

Erythrée, I, 337.

Escaliers pour les temples, I, 265. — pour les théâtres, 476, 485. — Manière de les construire, prise du triangle rectangle de Pythagore, II, 317.

Eschara, II, 485.

Eschyle fait connaître la bonne tragédie, II, 113.

Esclave. On n'en garantit point la santé, quand elle est enceinte, I, 187.

Esculape. Où ses temples doivent être bâtis, I, 49. — Temple d'Esculape, II, 113.

Esculus, arbre, I, 193; II, 121.

Espagne. Ses maisons au temps de Vitruve, I, 141.

Esprit (la beauté de l') moins estimée des anciens que la force et l'adresse du corps, II, 311.

Etables à bœufs, II, 41, 43. — à brebis et à chèvres, ib.

Etésiens (les), vents, I, 79.

Etna (l') a des pierres ponces dans ses environs, I, 161.

Etoiles. Leurs différents aspects, II, 331. — Leurs stations et leurs rétrogradations; comparaison de leur marche avec celle de la roue d'un potier, 335. — Leur température, ib.

Etrurie. Ses roches calcinées produisent le carboncle, I, 163.

Etuves naturelles dans les montagnes de Cumes et de Baïes, I, 161. — Quels jours doivent avoir, dans les bains, les étuves chaudes et les tièdes, 501. — des femmes contiguës à celles des hommes, ib. — Manière d'en faire les planchers, 503. — Leurs voûtes, ib.

Euchémon. Ses observations astronomiques, II, 353.

Eucrate. Ses principes philosophiques, II, 9.

Eudoxe. Ses observations astronomiques, II, 353. — Inventeur de l'araignée, 361.

Eumène (portiques d'), I, 495.

Euphranor, II, 115.

Euphrate (l'), fleuve, II, 235.

Euripide. Ses idées sur la nature, II, 221. — Son tombeau, 251. — Sa remarque sur la chaleur du soleil, 333.

Eurocircias (l'), vent, I, 79.

Eurus (l'), vent, I, 75, 79.

Eurythmie, I, 45.

Eustyle, I, 253, 255, 259.

Evangelus, nom donné au berger qui découvrit la carrière du marbre dont fut bâti le temple d'Ephèse, II, 443.

Exèdres, II, 33.

Ἠχεῖα, I, 35.

F

Faberius. Expérience qu'il fait du cinabre, II, 155.

Faitage, I, 343.

Fanum. Sa basilique bâtie par Vitruve, I, 461.

Farnus, arbre, II, 121.

Fasces ou bandes des architraves, I, 273.

Faune. Son temple dans l'île du Tibre, I, 251.

Favonius (le), vent, I, 73; II, 343.

Femmes (les) n'étaient point admises à la table des hommes chez les Grecs, II, 49, 51.

Fémur, I, 353.

Férente. Monuments de ses environs, I, 167.

Festons, I, 339.

Feu. Son origine, I, 137. — Sa découverte donne naissance à la société, 139. — Principe de toutes choses, selon Héraclite, II, 221.

Fidènes. Ses carrières, I, 163.

Filet, I, 267.

Flèche (la), constellation, II, 345.

Fleuron, I, 373.

Fleuves (les) coulent du septentrion plus nombreux et plus larges, II, 235.

Flore. Ses temples d'ordre corinthien, I, 47.

Fondements. Jusqu'où l'on doit les creuser, I, 65, 263. — Largeur des fondements, ib. — des théâtres, 467. — Largeur des fondements quand il y a des caves, II, 53.

Fontaines bouillantes : d'où vient leur chaleur, II, 237. — Il y a des fontaines d'eau froide qui bouillonnent comme si elles étaient sur le feu, 241. — Les fontaines d'eau chaude ont une vertu médicinale, ib. — Les meilleures fontaines sont celles dont les eaux coulent du côté du septentrion, 237.

Forces, I, 343. Leurs extrémités représentaient les mutules par leur saillie hors du mur, 345.

Fortifications, I, 65.

Fortune. Ses temples, I, 251. — Celui de la Fortune Equestre, 253.

Forum. Où il doit être placé, I, 85. — Du forum chez les Grecs et chez les Latins, 457. — Préparatifs qui s'y faisaient pour la représentation des jeux, II, 425.

Foudre. On lui élève des hypèthres, I, 47.

Foudres. Ornement de la corniche dorique, I, 355, 404.

Frêne, arbre, I, 193.

Fresque, II, 131, 139, 141.

Frigidarium, I, 507.

Frise, I, 273.

Froid (le) purifie l'air et est

TABLE

DES MATIÈRES DU TOME SECOND.

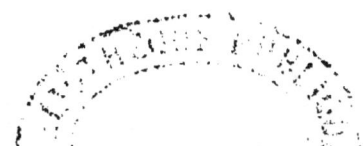

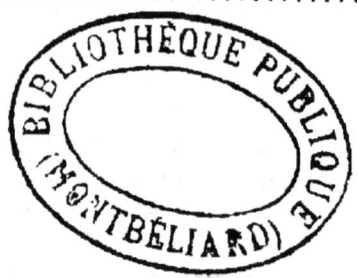
FIN DU TOME SECOND ET DERNIER.

SECONDE SÉRIE DE LA BIBLIOTHÈQUE LATINE-FRANÇAISE.

Chaque volume, contenant un seul ou plusieurs Auteurs, se vend séparément.

Les volumes, de 25 à 30 feuilles in-8°, sont en tout semblables à ceux de la Première Série de la *Bibliothèque Latine-Française*.

Le prix de chaque volume est de 7 francs, *franc de port* pour Paris et la Province.

Les Auteurs désignés par un ★ sont traduits en français POUR LA PREMIÈRE FOIS.

Auteurs publiés :

	Nombre de vol.
Aulu-Gelle, 3 vol., trad. de MM. E. DE CHAUMONT, Félix FLAMBART, prof. au lycée d'Angoulême, et E. BUISSON	3
Aurelius Victor, trad. de M. N.-A. DUBOIS, prof.	1
Ausone, 2 vol., trad. de M. E.-F. CORPET	2
Avienus' (R. Festus), Cl. Rutilius Numatianus, etc., trad. de MM. Eug. DESPOIS et Ed. SAVIOT, anciens élèves de l'École normale	1
Capitolinus (Julius), trad. de M. VALTON, prof. au lycée Charlemagne	1
Censorinus', trad. de M. MANGEART, ancien prof. de philosophie; — **Julius Obsequens, Lucilius Ampelius'**, trad. de M. VERGER, de la Bibliothèque nationale.	1
Columelle, 3 vol., *Écon. rur.*, trad. de M. Louis Du Bois, auteur de plusieurs ouvrages d'agriculture, de littérature et d'histoire.	3
Eutrope, Messala Corvinus', Sextus Rufus, trad. de M. N.-A. DUBOIS, prof.	1
Festus' (Sextus Pompeius), 2 vol., trad. de M. SAVAGNER, ancien élève de l'École des chartes, prof. d'hist. en l'Université.	2
Jornandès, trad. de M. SAVAGNER.	1
Lampridius, trad. de M. LAASS D'AGUEN; — **Flavius Vopiscus**, trad. de MM. TAILLEFERT, censeur des études au lycée de Mâcon, et Jules CHENU.	1
Lucilius' (C.), trad. de M. E.-F. CORPET; — **Lucilius Junior, Saleius Bassus, Cornelius Severus, Avianus', Dionysius Cato**, trad. de M. Jules CHENU.	1
Macrobe, 3 vol., trad. de MM. UBICINI MARTELLI, Henri DESCAMPS, LAASS D'AGUEN, N.-A. DUBOIS.	3
Mela (P.), Vibius Sequester', Éthicus Ister', P. Victor', trad. de M. Louis BAUDET, prof.	1
Palladius, *Écon. rur.*, trad. de M. CABARET-DUPATY, prof. émérite en l'Université...	1
Poetæ Minores : Arborius', Calpurnius, Eucheria', Gratius Faliscus, Lupercus Servatus', Nemesianus, Pentadius', Sabinus', Valerius Cato', Vestritius Spurinna' et le *Pervigilium Veneris*, trad. de M. CABARET-DUPATY.	1
Priscianus', trad. de M. CORPET; — **Serenus Sammonicus', Macer', Marcellus'**, trad. de M. BAUDET.	1
Solin', 1 vol., trad. de M. A. AGNANT, ancien élève de l'École normale.	1
Sulpice Sévère, tome 1er, trad. de M. HERBERT, prof. au lycée de Poitiers.	1
Spartianus, Vulcatius Gallicanus, Trebellius Pollion, trad. de M. Fl. LEGAY, prof. au lycée Rollin.	1
Varron, *Écon. rur.*, trad. de M. ROUSSELOT, prof.	1
Vitruve, 2 vol., trad. de M. Ch.-L. MAUFRAS, prof. au collège Rollin.	2

Sous presse :

SULPICE SÉVÈRE, trad. de M. HERBERT, prof. au lycée de Poitiers. — **Paulin de Périgueux', Fortunat'**, trad. pour la première fois en français par M. E.-F. CORPET. — Tome 2 et dernier.

VARRON, *De la Langue latine'*, 1 vol., trad. de M. CAFFANT, prof. au lycée de Metz.

FRONTIN, 1 vol., *Les Stratagèmes, des Aqueducs de Rome*, trad. de M. BAILLY, principal du collège de Vesoul.

Monuments gravés de la langue latine. — **ENNIUS**, trad. de M. Vat. PARISOT, prof. de littérature étrangère à la Faculté des lettres de Grenoble. — 1 vol.

Typographie Panckoucke, rue des Poitevins, 11.